全国普通高等学校平台课程特色推荐教材

成民铎　主审

大学体育与健康

唐月琴　主编

上海财经大学出版社

图书在版编目(CIP)数据

大学体育与健康/唐月琴主编 . —上海：上海财经大学出版社，2019.10
（全国普通高等学校平台课程特色推荐教材）
ISBN 978-7-5642-3386-0/F・3386

Ⅰ.①大… Ⅱ.①唐… Ⅲ.①体育-高等学校-教材②健康教育-高等学校-教材 Ⅳ.①G807.4②G647.9

中国版本图书馆 CIP 数据核字(2019)第 209750 号

□ 责任编辑　林佳依
□ 封面设计　张克瑶

大学体育与健康
唐月琴　主编

上海财经大学出版社出版发行
（上海市中山北一路 369 号　邮编 200083）
网　　址：http://www.sufep.com
电子邮箱：webmaster@sufep.com
全国新华书店经销
上海华业装璜印刷厂有限公司印刷装订
2019 年 10 月第 1 版　2023 年 7 月第 6 次印刷

787mm×1092mm　1/16　26 印张　716 千字
定价：53.00 元

前　言

毛泽东同志在1917年《体育之研究》上发文说过:“欲文明其精神,先自野蛮其体魄。”大致含义是强健的身体是做一切事情的前提的意思。这是毛泽东同志早在一百年前就渴望达成的目标,也就是精神素养与身体素质的“双高”。中国奥林匹克运动的先驱张伯苓也曾说:“教育里没有了体育,教育就不完全。”我国高校体育课程的建设由来已久,相比一些国家大学期间没有体育课,全凭学生自觉,我国教育管理机构为了大学生身体健康煞费苦心,出台了一个个政策措施,在促进高校健康教育、提升大学生体质上起到了积极作用。这是国家对青年人才的关爱,也是一种责任与担当。

2014年,我国教育部印发了《高等学校体育工作基本标准》,其中规定建立健全《国家学生体质健康标准》管理制度,学生测试成绩列入学生档案。2019年2月22日,教育部下发《教育部2019年工作要点》,其中第四条“坚决破除制约教育事业发展的体制机制障碍”中的第23条规定:深化高等教育内涵式发展,强化体育、美育和国防教育。2019年9月29日,教育部印发《关于深化本科教育教学改革 全面提高人才培养质量的意见》提出,要严把考试和毕业出口关;加强学生体育课程考核,不能达到《国家学生体质健康标准》合格要求者不能毕业。

一流大学应有一流体育。高校应树立“健康第一”的教育理念,开齐、开足体育课,帮助学生在体育锻炼中增强体质、健全人格、锤炼意志;推进课程改革,打造体育教学的“金课”,激发学生参与体育锻炼的兴趣;进行必要的健康教育,帮学生树立健康意识;加大监管力度,鞭策大学生积极投身体育锻炼。

有鉴于此,我们编写了《大学体育与健康》教材。本书根据体育课具有的实践和参与特点,在编写中充分体现内容的直观性,帮助读者建立锻炼身体的意识,教会读者锻炼身体的方法,实现身体向健康的转变。本书共三篇、二十五章。第一篇“体育知识”,包括五章,介绍了我国对体育事业发展、体育精神文化、体育制度文化、体育行为文化、体育物质文化等基础知识。第二篇“健康知识”,共五章,从运动生理、运动营养、运动保健、心理健康与社会适应几个角度对身体与心理健康知识做了专业梳理。第三篇“运动项目与身体素质”,共十五章,对健美操、羽毛球、乒乓球、足球等大学生经常进行的体育项目，进行了详细的介绍。这些项目既包括体能类运动项目，又介绍了民族传统运动项目和休闲体育运动项目，非常适合高校大学生提高体育文化素养，提升体育实践水平。

《大学体育与健康》的主审为成民铎，主编为唐月琴，本书的编写是集体智慧的结晶，具体分工如下：

第一篇，由褚婷编写第一章，樊静编写第二章、第三章，梁毅编写第四章、第五章。第二篇，由成民铎编写第六章，耿红霞编写第七章，宋洁编写第八章，唐月琴编写第九章，陈静编写第十章。第三篇，由郝平平编写第十一章，马娇编写第十二章，潘岩编写第十三章，许庆编写第十四章，杨晓敬编写第十五章，乔京转编写第十六章，师捷璇编写第十七章，张旗编写第十八章，苏凤娥编写第十九章，刘波编写第二十章，郭蓉编写第二十一章，党燕鹏编写第二十二章，田慧芳编写第二十三章，马娜编写第二十四章，金永编写第二十五章。

在本教材的编写过程中，我们学习和参考了大量的相关专著、教材和文献资料，借鉴了同行的研究成果，得到了山西大学商务学院相关领导、同事的大力支持，在此一并表示感谢！由于作者水平有限，不足之处再所难免，恳请各位读者批评指正，以便在今后的修订中进一步改进和完善。

编　者

2019 年 10 月

目录

第三篇 运动项目与身体素质

第一篇

体育知识

第一章

国家体育事业发展政策解读

第一节 《“健康中国 2030”规划纲要》政策解读

健康是促进人全面发展的必然要求，是经济社会发展的基础条件，是国家富强、民族振兴的重要标志，也是全国各族人民的共同愿望。中共中央、国务院于 2016 年 10 月 25 日印发并实施《“健康中国 2030”规划纲要》（以下简称《纲要》），目标是为推进健康中国建设，提高人民健康水平。

《纲要》阐述了维护人民健康和推进健康中国建设的重大意义，总结了我国健康领域改革发展的成就，分析了未来 15 年面临的机遇与挑战，明确了《纲要》的基本定位。《纲要》明确了今后 15 年健康中国建设的总体战略，要坚持以人民为中心的发展思想，牢固树立和贯彻落实创新、协调、绿色、开放、共享的发展理念，坚持以基层为重点、以改革创新为动力、预防为主、中西医并重、将健康融入所有政策、人民共建共享的卫生与健康工作方针，以提高人民健康水平为核心，突出强调了三项重点内容：一是预防为主、关口前移，推行健康生活方式，减少疾病发生，促进资源下沉，实现可负担、可持续的发展；二是调整优化健康服务体系，强化早诊断、早治疗、早康复，在增强基层基础上，促进健康产业发展，更好地满足群众健康需求；三是将“共建共享全民健康”作为战略主题，坚持政府主导，动员全社会参与，推动社会共建共享，人人自主自律，实现全民健康。

党中央、国务院决策部署，坚持以人民为中心的发展思想，牢固树立和贯彻落实新发展理念，坚持正确的卫生与健康工作方针，以提高人民健康水平为核心，以体制机制改革创新为动力，以普及健康生活、优化健康服务、完善健康保障、建设健康环境、发展健康产业为重点，把健康融入所有政策，加快转变健康领域发展方式，全方位、全周期维护和保障人民健康，大幅提高健康水平，显著改善健康公平，为实现“两个一百年”奋斗目标和中华民族伟大复兴的中国梦提供坚实健康基础。遵循以健康优先、改革创新、科学发展、公平公正为原则，以人民健康为中心，坚持以基层为重点，以改革创新为动力，预防为主，中西医并重，把健康融入所有政策中。

《纲要》全文共有八篇二十九章，其中第六章提高全民身体素质有完善全民健身公共服务体系、广泛开展全民健身运动、加强体医融合和非医疗健康干预、促进重点人群体育活动四节。主要阐述：统筹建设全民健身公共设施，推行公共体育设施免费或低收费开放；普及科学健身知识和健身方法，组织社会指导员广泛开展全民健身指导服务，鼓励开发特色运动项目，扶持民族民俗民间传统运动项目；建立完善运动处方库，推动形成体医结合的疾病管理与健康服务模式；制订不同人群的体质健康干预计划，确保学校体育和青少年参与体育的时间和次数，推动残疾人康复体育和健身体育广泛发展。《纲要》主要内容体现在：

一、健康干预——从被动治疗到主动防御

人类健康干预的历史走过了"治疗医学"和"预防医学"两次革命。第一次革命使得人类急性病与慢性病、传染病发病率和死亡率大大下降，平均寿命得到延长。第二次革命以慢性病、非传染病为主要防治对象，其策略为早期预防、早期诊断、早期治疗，提倡健康的生活方式，取得的成果是使人类慢性非传染性疾病得到有效的控制，平均寿命进一步延长。

二、健康概念——四位一体"大健康"

"健康中国"的内涵，不仅是确保人民身体健康，更是覆盖全体人民健康身体、健康环境、健康经济、健康社会在内的四位一体"大健康"概念。"健康中国"的实质是服务于全体人民、服务于每个人的全面健康、服务于人的生命全周期、服务于健康全过程的"全面健康"。

三、健康推进——将健康融入政策

"将健康融入所有政策"是2006年芬兰在欧盟主席会议上提出的，并于2013年在第八届国际健康促进大会上形成的《赫尔辛基宣言》中进行了定义。要求政府各部门、私人部门和民间团体开展协同合作以解决复杂的健康问题。

第二节 《全民健身计划》政策解读

中国政府高度重视体育活动在增强体质、提高健康水平中的重要作用。1995年，国务院颁布实施《全民健身计划纲要》；2007年，国务院下发《关于加强青少年体育增强青少年体质的意见》；2014年，国务院下发《关于加快发展体育产业促进体育消费的若干意见》；2016年，国务院印发《"健康中国2030"规划纲要》，对发展群众体育活动、倡导全民健身新时尚、推进健康中国建设做出了明确部署。

《全民健身计划》(2016—2020)是落实全民健身国家战略的需要、推动体育大国向体育强国迈进的需要及建设健康中国和人力资源强国的需要；《全民健身计划》的历史功绩主要体现在增强了国民健身意识，创建了良好的全民健身社会环境，增进了国民健康水平，促进了全民健身法制化发展，提升了全民健身的社会功能等。在实施过程中也存在着政策目标群体设置层次的多样性，政策执行的社会联动不足，政策实施过程监管与成效评估不够完善等。

制订体育健身活动方案，主要考虑体育健身活动方式、体育健身活动强度和体育健身活动时间这三个基本要素。

一、体育健身活动方式

体育运动方式是体育健身活动者采用的具体健身手段和健身方法。根据不同体育健身活动方式的运动特征，可以将体育健身活动项目归纳为有氧运动、力量练习、球类运动、中国传统运动方式、牵拉练习五大类。

(一)有氧运动

有氧运动是指人体在氧气供应充足的条件下，全身主要肌肉群参与的节律性周期运动。有氧运动时，全身主要肌肉群参与工作，可以全面提高人体机能，是目前国内外最受欢迎的体育活动方式。有氧运动分为中等强度运动和大强度运动。中等强度运动主要包括健身走、慢跑(6～8千米/小时)、骑自行车(12～16千米/小时)、登山、爬楼梯、游泳等；大强度运动主要包括跑步(8千米/小

时以上)、骑自行车(16 千米/小时以上)等。中等强度的有氧运动节奏平稳,是中老年人最安全的体育活动方式。

人们在进行体育健身活动时,应将有氧运动作为基本、首选的体育活动方式,以达到提高心肺功能、减轻体重、调节血压、改善血脂的目的。

(二)力量练习

力量练习是指人体克服阻力、提高肌肉力量的运动方式。力量练习包括非器械力量练习和器械力量练习。非器械力量练习是指克服自身阻力的力量练习,包括俯卧撑、原地纵跳、仰卧起坐等;器械力量练习是指人体在各种力量练习器械上进行的力量练习。

力量练习可以提高肌肉力量、增加肌肉体积、发展肌肉耐力、促进骨骼发育和骨健康。青少年进行力量练习,可以明显改善自身体质,使身体更加强壮;成年以后,随着年龄的增长,力量练习应逐年增加;老年人进行力量练习,可以提高平衡能力,防止由于身体跌倒导致的各种意外伤害。

(三)球类运动

球类运动包括直接身体接触的球类运动和非直接身体接触的球类运动。前者包括篮球、足球、橄榄球、曲棍球、冰球等;后者包括排球、乒乓球、羽毛球、网球、门球、柔力球等。

球类运动的趣味性强,可通过比赛和对抗提高参与者的运动兴趣。球类运动都具有一定的专项技术要求,需要良好的身体素质作为基础。经常参加球类运动可以提高机体的心肺功能、肌肉力量和反应能力,调节心理状态,是青少年首选的体育活动项目。

(四)中国传统运动方式

中国传统运动方式包括武术、气功等。具体活动形式包括太极拳(剑)、木兰拳(剑)、武术套路、五禽戏、八段锦、易筋经、六字诀等。

中国传统运动方式动作平缓、柔中带刚,强调意念与身体活动相结合,具有独特的健身养生效果,可以提高人体的心肺功能、平衡能力,改善神经系统功能,调节心理状态,且安全性高。

以提高身体平衡能力、柔韧性、协调性和改善心肺功能、调节心理状态为主要健身目的的人,特别是中老年人群,可以选择中国传统运动方式。

(五)牵拉练习

牵拉练习包括静力性牵拉练习和动力性牵拉练习。各种牵拉练习可以增加关节的活动幅度,提高运动技能,减少运动损伤。

静力性牵拉包括正压腿、侧压腿、压肩等;动力性牵拉包括正踢腿、侧踢腿、甩腰等。初参加体育健身活动的人,应以静力性牵拉练习为主,随着柔韧能力的提高,逐渐增加动力性牵拉练习内容。

二、体育健身活动强度

体育健身活动强度是制订体育健身活动方案的重要内容。强度过小,没有明显的健身效果;强度过大,不仅对健身无益,还可能造成运动伤害。

(一)体育健身活动强度划分

体育健身活动强度可划分为小强度、中等强度和大强度三个级别。小强度运动对身体的刺激作用较小,运动过程中心率一般不超过 100 次/分,如散步等。中等强度运动对身体的刺激强度适中,运动过程中心率一般在 100～140 次/分,如健步走、慢跑、骑自行车、太极拳、网球双打等。大强度运动对身体的刺激强度较大,可进一步提高健身效果,运动过程中心率超过 140 次/分,如跑步、快速骑自行车、快节奏的健身操和快速爬山、登楼梯、网球单打等。

有良好运动习惯、体质好的人,可进行大强度、中等强度运动;具有一定运动习惯、体质较好的人，可采用中等强度运动；初期参加体育健身活动或体质较弱的人，可进行中等或小强度运动。体育锻炼者，在实施体育健身活动方案时，可根据自身情况，科学调整运动强度，以适应个体状况。

（二）体育健身活动强度监测

监测体育健身活动强度的指标有运动中心率、运动中呼吸变化和运动中自我感觉等。

1. 用心率监测体育健身活动强度

体育健身活动强度越大，机体和心脏对运动刺激反应越明显，心率越快。一般常用最大心率百分数和运动中的实测心率来监测体育运动强度。

最大心率是指人体运动过程中所能达到的最快心跳频率，用“次/分”表示。测定最大心率的方法有直接测定法和间接推测法。直接测定法要在专门的测试机构采用递增负荷运动测试，需要专门的运动测试仪器和器材。

人体的最大心率与年龄有关，采用下列公式可以推算正常人群的最大心率：最大心率（次/分）＝220－年龄（岁）

体育健身活动时，心率在85％或以上最大心率，相当于大强度运动；心率控制在60％～85％最大心率范围，相当于中等强度运动；心率控制在50％～60％最大心率范围，相当于小强度运动。

在体育健身活动过程中，当实测心率达到140次/分以上时，相当于大强度运动；心率在100～140次/分范围，相当于中等强度运动，心率低于100次/分，相当于小强度运动。

2. 用呼吸监测体育健身活动强度

体育健身活动引起人体呼吸频率和呼吸深度变化，可以根据运动中的呼吸变化监测运动强度。

呼吸轻松：与安静状态相比，运动时呼吸频率和呼吸深度变化不大，呼吸平稳，可以唱歌。这种呼吸状态下的运动心率一般在100次/分以下，相当于小强度运动。

呼吸比较轻松：运动中呼吸深度和呼吸频率增加，可以正常语言交流。运动心率相当于100～120次/分，为中小强度运动。

呼吸比较急促：运动中只能讲短句子，不能完整表述长句子。运动心率相当于130～140次/分，为中等强度运动。

呼吸急促：运动中呼吸困难，运动中不能用语言交谈。运动心率一般超过140次/分，为大强度运动。

3. 用主观体力感觉监测体育健身活动强度

人体运动过程中的主观体力感觉可分为6～20个等级，小强度运动的主观体力感觉为轻松（9～10级），中等强度运动的主观体力感觉为稍累（13～14级），大强度运动的主观体力感觉为累（15～16级）。

主观体力感觉等级与心率密切相关，运动过程中的主观体力感觉等级数乘以10，即相当于运动中的心率（次/分）。如，运动中主观体力感觉等级数为12，即相当于运动中的心率为120次/分。

体育锻炼者可以通过主观体力感觉控制运动强度。一般来说，在进行中等强度有氧运动时，主观体力感觉为轻松或稍累。

（三）力量练习强度与健身效果

力量练习的负荷重量越大，表示运动强度越大。在进行力量练习时，常采用最大重复负荷（RM）表示负荷强度的大小。最大重复负荷是指在肌肉力量练习时，采用某种负荷时所能重复的最多力量练习次数。如一个人在做哑铃负重臂屈伸时，其最大负荷为20千克，且只能重复一次，那么，20千克就是他的负重臂屈伸的1次最大重复负荷（1RM）。如果他能以15千克的负荷最多重复8次负重臂屈伸，那么，15千克就是他负重臂屈伸的8次最大重复负荷（8RM）。在非器械力量练习时，一个人可以完成 8 次俯卧撑，相当于 8RM，以此类推。

力量练习负荷强度可划分为小强度、中等强度和大强度三个级别，力量练习强度与健身效果密切相关。

大强度力量练习，相当于 1～10RM，每种负荷重量的重复次数为 1～10 次，每个部位重复 2～3 组，组与组间歇时间为 2～3 分钟。大强度力量练习主要用于提高肌肉最大收缩力量。

中等强度力量练习，相当于 11～20RM，每种负荷重量的重复次数为 10～20 次，每个部位重复 3 组，组与组间歇时间为 1～2 分钟。中等强度力量练习可以用于提高肌肉力量、增加肌肉体积。

小强度力量练习，相当于 20RM 或以上，每种负荷重量重复 20 次以上，每个部位重复 2 组，组与组间歇时间 1 分钟。小强度力量练习主要用于发展肌肉耐力。

三、体育健身活动时间

每次体育健身活动时间直接影响体育健身活动效果。运动时间过短，提高身体机能效果甚微；而运动时间过长，则容易造成疲劳累积，也不会进一步增加健身效果。对于经常参加体育锻炼的人，每天有效体育健身活动时间为 30～90 分钟。在参加体育健身活动的初期，运动时间可稍短；参加一段时间的体育健身活动后，身体对运动产生适应后，可以延长运动时间。每天体育健身活动可集中一次进行，也可分开多次进行，每次体育健身活动时间应持续 10 分钟以上。

有体育健身活动习惯的人每周应运动 3～7 天，每天应进行 30～60 分钟的中等强度运动，或 20～25 分钟的大强度运动。为了取得理想的体育健身活动效果，每周应进行 150 分钟以上的中等强度运动，或 75 分钟以上的大强度运动；如果有良好的运动习惯，且运动能力测试综合评价为良好以上的人，每周进行 300 分钟中等强度运动，或 150 分钟大强度运动，健身效果更佳。

一般来说，青少年参与运动健身应掌握一种以上的运动技能，多种运动方式交替进行，包括有氧的慢跑、快跑、网球、足球，力量练习的俯卧撑、引体向上等。

成年人健身应遵循“有氧运动天天做，大强度运动选择做，每周 2～3 天力量练习，牵拉运动前后做”，以有氧运动为基础，力量、牵拉练习都要有。快走、慢跑、骑车以及深蹲卧推等都是推荐的运动方式。

老年人运动健身可以延缓衰老，调节心理。因此，除了太极拳、柔力球，半蹲、仰卧卷曲这些有氧、力量练习外，应增加平衡练习以预防摔倒，如坐位身体前后移动，一字站立平衡、平衡移动等，同时注意牵拉。

在运动之前建议进行运动评估，必须了解自己的身体情况，了解本身的动作模式是不是存在问题，采取正确的姿势和技术，才能有效预防运动损伤。

第二章

体育精神文化

文化是指全社会物质、精神、制度的总和。体育文化作为文化的一个下位概念，属于文化的基本范畴，其基本特性和属性是一致的，只是其关注的点更侧重于体育领域。因此，我们可以认为：体育文化即是全社会体育精神、体育制度、体育物质所构成的一个集合。体育文化的内层是体育精神，它是体育文化的核心，一般情况下由体育理想、体育道德、体育价值观念、体育意识形态等无形的东西组成。体育文化的中层是体育制度，它是介于体育精神与体育物质之间的那一部分，主要是指体育规章制度、行为准则等制度层面的文化。体育文化的外层主要是指体育的物质层面，即体育物质条件。如通常所看到的体育器械、体育场地及体育设备设施等有形的东西。

第一节　体育思想

一、体育思想的概念

概念是反映对象的本质属性的思维形式。体育思想的概念则是人们通过体育实践，从一切体育现象中的许多属性里，撇开非本质的属性，抽出本质属性概括而成的理性认识，换句话说：人们对一切体育本质现象总的认识，即是“体育思想”。体育思想的概念分为广义和狭义两部分。

广义的体育思想：在一定的政治和经济制度下，人们对以身体练习为基本手段，以增强人的体质、促进人的全面发展、丰富社会文化生活和促进社会的精神文明为目的的一种有意识、有组织的社会活动的全面的认识。

狭义的体育思想：即体育教育思想，是指在一定社会、政治和经济条件制约下，人们对发展身体，增强体质，传授锻炼身体的知识、技能、技术，培养道德和意志品质的教育过程的总的认识。

二、体育思想的分类

按照体育思想对社会发展所起的作用，体育思想可分为：个体体育思想、群体体育思想和社会共同性体育思想。

三、体育思想的特征

（一）体育思想的阶段指导性

无论是个体、群体还是社会共同性体育思想，它的孕育、发生、发展都受一定时期的哲学思想、生产力和生产关系的相互制约、科学技术的先进与否，以至于自然环境的优劣和社会发展进程所制约，因此它有鲜明的时代性，它对当时的体育社会现象有明显的方针性、指导性，成为推动该时期体育发展的强大动力。随着时代的变迁和一切动因的发展变化,旧的体育思想必将被新的所取代,剩下的只有被借鉴和被载入体育史册,作为对过去美好的回忆。

(二)体育思想的教育性

不同时期的不同体育思想,要使全民接受,获得良好的体育社会效应,就要与教育相结合,使体育思想的精髓成为体育教育的方针、政策、法规,从而来指导制定体育教育的具体目的、任务和达到这一目的、任务的具体方法和手段(即狭义的体育思想),同时还应通过大众传播媒介来广泛宣传体育思想和在其指导下所获得的体育成果,以达到体育教育—体育参与—获得性体育社会效应—体育再教育这一良性的体育教育社会大循环,使大多数社会成员终身受益。

(三)体育思想的民族传统继承性

不同国家和地区的体育思想,有其明显的民族传统体育色彩,它是在该民族传统和宗教思想的长期熏陶下,在长期的生产劳动、生活习惯、文化风俗影响下形成的,比较稳固的、世代相传的体育风俗。马克思主义哲学认为,范畴是反映客观事物本质联系的思维形式,是各个知识领域中的基本概念。因此,体育思想是基于哲学、社会科学、自然科学、人文科学及体育应用学科的基础上,由个体或群体对体育社会现象产生由感性上升到理性多次反复的认识,并在时间序列上对体育现象所产生的具有指导性、发展性、民族传统继承性和社会表现性的本质联系的思维形式,它转过来成为进一步认识体育现象和指导体育社会实践的方法。

四、毛泽东体育思想——《体育之研究》

(一)毛泽东体育思想的发展阶段

毛泽东体育思想的发展大致分为三个阶段:初步形成时期、基本形成时期、完善发展时期。初步形成时期有关体育的论述主要集中于《体育之研究》,其主要理论观点为:体育是强身之本,亦是知识之源,强调了人的全面发展;体育锻炼应注重兴趣的引领,强调体育运动中兴趣的重要性,对当下学校体育中的兴趣教学有借鉴意义;体育锻炼可以独创适合自己的运动模式,对当下学校体育中僵化的体育课程也具有很强的借鉴意义。基本形成时期的毛泽东体育思想主要来源是对敌军事斗争实践,是毛泽东军事体育思想形成的重要时期。其基本观点是:体育是革命斗争不可或缺之武器,是保持旺盛的战斗力的源泉;提倡并积极开展士兵军事体育训练,达到锻炼身体的目的;战斗之余开展各种体育赛事激发士兵锻炼身体的兴趣,是军事体育的重要特点。完善发展时期主要是中华人民共和国建立之后,这一时期的重要理论成果是全民健身,增强人民体质;学生的全面发展不仅包括德育、智育,更包括体育。全民健身思想贯穿于毛泽东体育思想的始终,对于时下全民体育运动的开展有很重要的借鉴意义。

(二)毛泽东体育思想的基本内容

通过三个阶段的发展完善,毛泽东体育思想的内容越来越充实、越来越丰富,其主要内容包括(1)军事体育思想。毛泽东军事体育思想不仅强调体能训练,而且强调体育运动对于战斗精神的激发,强调了体育运动在物质、精神两方面的作用。(2)全民健身体育思想。全民健身强调了全民参与的重要性,反对体育运动的小众化、精英化倾向;强调了健康第一的重要性,认为群众体育运动的出发点不是竞技性而是增强身体素质。(3)学校体育教育思想。学校体育首先要德智体平衡发展,体育是学生成长的基础,不应片面追求智力发展忽视体育锻炼;强调了体育教学中兴趣的重要性,希望开发能使学生感兴趣的体育运动项目。(4)竞技体育思想。创造性提出了"友谊第一,比赛第二"的观点,强调了体育运动的非功利性;提出了普及与提高相结合的观点,为新中国体育运动的全面普及以及跻身于世界体育强国之林指引出前进方向。其中健康体育思想、全民体育思想、趣味体育思想、终身体育思想、反对锦标主义等是其体育思想的精华部分,对现在的体育教育与体育运动的开展有着重要的指导意义。

(三)毛泽东体育思想的特点

毛泽东体育思想不是零星的感触,不是即兴的发挥,而是一个科学的体系,有着自身的特点,体现为科学性、人民性、实践性、开放性。科学性体现在毛泽东体育思想的理论深度上,它可以直接拿来指导体育运动,而不仅只停留在具体的方法技能。人民性体现在毛泽东体育思想有着高屋建瓴的高远眼界,站在人民的立场思考问题,强调体育的大众性、民生性特点。实践性表现在它是可以运用于实践之中的,而不是脱离实践的。真正做到了“从实践中来,到实践中去”。开放性表现在毛泽东体育思想对于以往优秀体育思想的继承与创新,表现在毛泽东体育思想海纳百川的气概,对于一切有益的体育思想都是虚心接受的。毛泽东的体育思想丰富和完善了毛泽东思想,奠定了我国社会主义体育事业的基础,也实现了社会主义体育的历史转变,使得体育运动在新中国蓬勃发展起来。研究毛泽东体育思想对于探索新时期体育教育的新思路、寻找新方法、开展新时期体育教育实践具有重大意义,对于增强人民体质、助力中华民族伟大复兴之大业也是功莫大焉。

第二节　体育意识

一、意识的概念

意识,在《现代汉语词典》中的定义为:人的头脑对于客观物质世界的反映,是感觉、思维等各种心理过程的总和。存在决定意识,意识能够反作用于存在。体育意识,在《体育科学词典》中的定义为:体育意识是运动的现象、本质和规律在人们头脑中的反映,是人们关于体育运动的认知、情感、意志、价值观和理想等统一的心理活动和认识系统。体育意识具有明显的导向性,主导着人们的体育行为,影响其参加体育活动的自觉性和积极性。

体育意识是相对稳定的,它主要由态度状态和体育素质构成。态度状态包括人们对体育和体育活动的认知状态、情感状态和意志状态。其中,认知状态是体育意识的源泉和基础,没有对体育和体育活动的认知,就谈不上有体育意识;情感状态和意志状态对体育意识的发生和发展,有支配和调节作用。它们三者之间相互联系、相互作用,在认识到体育和体育活动功能和效用的基础上,形成对体育和体育活动的积极体验,产生体育需要和体育行为倾向,从而构成统一的、完整的态度状态。

二、体育意识的分类

(一)体育认识

体育认识是指学生对体育的知识性和理性的追求。

(二)体育情感

体育情感是指对体育的感受和评价。

(三)体育意志

体育意志是体育意识的能动方面,是学生自觉地确定参加体育活动的目的,并在确定的目的支配下,克服行动中的障碍、困难,以实现目的的心理形态。

三、加强体育意识的方法

(一)加强学生终身体育思想的教育

要使学生形成良好的体育意识,可利用橱窗、广播站、多媒体、新闻、信息化载体等宣传阵地,扩大学生的体育知识面，增强学生体育锻炼的自觉性，激发学生锻炼的热情。学校、社区可定期举办体育知识讲座，组织各种竞赛活动，普及体育知识，加强意识培养。

（二）激发学生终身体育锻炼的动机

动机是推动和指引人们从事某种活动的内在动因，目标则是通过活动最终期望获得的具体结果。动机和目标是唤起人们参加体育活动，坚持体育锻炼的内在动力。

通过对体育文化课程的学习，学生对相关技能掌握较为全面，运动过程中懂得自我调节，具备了独立参与体育锻炼的能力。体育文化课程的学习不仅能让学生更好地掌握运动技能，也能改变学生对体育的认识态度，认识到体育对于体质健康的重要性，更重要的是还能提高学生的体育锻炼意识，使学生更好地融入体育锻炼中，从而更好地促进身体的健康发展。

（三）从学校管理层角度，更多地去了解学生的需求，开发相适应的课程

兴趣是最好的老师，从学生的兴趣爱好入手，因材施教是必要的。学校在体育教育的实施过程中，在保留传统体育教育模式的基础上对体育文化课程进行加强、丰富课堂内容，对培养学生的体育意识显得非常重要。

（四）良好体育氛围的构建

良好的体育氛围有助于学生体育锻炼持久性的保持。学校可通过在社团活动、体育文化艺术节等开展过程中尽可能丰富其内容，让多数学生都能参与进来。学生也可以在专业人员的指导下根据自己的兴趣和特长自发组织相关体育活动，以构建良好的体育氛围，促进自身体育意识的培养。

第三节　体育观念

一、体育观念的含义

观念是人们常用到的一个词。那么，究竟什么是“观念”？《现代汉语词典》注释说，观念也就是思想意识；《简明社会科学词典》解释说，观念有广狭两义，“通常认为，广义与意识、精神同义，狭义与思想同义”。体育观念可以通俗地定义为：人们对于体育的认识。人的任何活动都受观念（意识）的控制，观念（意识）是一种强大而具有深远影响的力量，它对人们的行为是一种无声的命令。体育观念无论是理性的还是非理性的、消极的还是积极的、正确的还是错误的，都将对人们的体育行为产生一定的影响。

二、体育观念的层次

人们认识的目的归根结底是为了服务于实践。换言之，参与体育运动的目的好坏会直接影响运动参与效果。体育观念内容应包含体育认知、体育价值和体育审美三个层次。

（一）体育认知

体育认知是指人们对体育的存在状态、结构、属性、本质、关系、运动变化过程及规律的观念把握。

体育认知活动是体育观念形成的第一阶段，认知的不同往往会达到不同的效果。体育认知主体的性质差异涉及人的生理因素、心理因素，社会因素，环境因素，文化传统等；不仅如此，人的心理因素、生理因素，社会因素，环境因素及文化传统等还存在着不同程度的相互作用、相互影响关系。所以，人们对于体育的认知必然存在差异。

(二)体育价值

体育认识主体所关心的是体育能不能满足自身的一定需要和利益,也就是说,体育对自己有没有价值、有什么样的价值、有多大的价值。价值认识的直接目的是"求善"。一方面,体育价值观念不仅反映的是体育价值属性;另一方面,它也表达了人们对体育价值属性的态度,是否喜欢,是欣赏还是厌恶,是相亲还是相斥。因此,人们的体育价值观念不可避免地渗透着人们的价值取向和态度情感,它直接影响人们参与体育活动的时机、向度、力度,决定了人们对体育的态度和行为。

(三)体育审美

体育审美观念是通过感性所表现出来的一种审美体验,是主体与客体之间的融洽与和谐所产生的情感愉悦。人们如果在体育实践中能够得到这种愉悦感、和谐感和自由感,便会激起参与热情,亲近体育活动。拥有良好的运动感觉的个体,会对体育产生审美认识,所以能够坚持参加体育活动。

体育认知观念、体育价值观念、体育审美观念反映的是体育的本质属性、价值属性和审美属性。体育认知观念、体育价值观念、体育审美观念既是体育认识内容的三个独立的层次,又是认识发展相互承接的三个阶段,体现了真、善、美在观念上的统一,它们相互影响、相互作用,共同构成体育观念体系。

三、体育观念的类型

(一)理性观念和非理性观念

从认识的独立性角度,体育观念可以分为理性体育观念和非理性体育观念。体育的理性观念是在体育活动实践的基础上,基于自身理智和情感的活动所产生的坚定信念,它根植于人自身的体育体验,是体育主体自身观察和思考的结果,因而表现出人的真正的内在主动性。而非理性体育观念则缺失体育活动的内在主动性,显示出主体对体育参与的被动性。

(二)表层观念和深层观念

从认识程度的角度,体育观念可以分为表层观念和深层观念。在人的体育认识过程中,存在着从经验、理论到观念的"积淀",积淀程度的深浅决定了体育观念有深层观念和表层观念之分。

第三章

体育制度文化

一、组织领导

(一)概念

组织领导，是指学校内有校级领导专门分管学校体育，体育部门有每年的体育工作计划，学校和体育主管部门每年召开体育工作会议。

(二)组织领导的意义

高校体育管理工作的一级结构为学校领导，二级实施结构为体教部。学校体育管理体系，由分管校长统一领导，校体委具体负责实施，体育部负责体育教学、竞赛组织、裁判工作，各俱乐部负责单向技术指导，培养体育骨干及校代表队训练等工作。

校学生会负责各单项俱乐部的组织管理、训练、竞赛及赛前集训工作。运动员选拔由各系负责。这样就可以把全校群体活动由体教部包干，转为体教部、学生会各社团分片负责，这样既调动了多方面的积极性，又解决了体育教师人员不足，负担过重的矛盾。

二、高校体育制度

(一)概念

校园体育制度，是由学校体育学院或体育教学部和学生体育协会、俱乐部制定的各种规章制度、条例和办法的总称，具体体现为是否具有学校体育管理总则，校园运动场馆使用、维护办法，体育锻炼的实施办法，体育教师工作守则，运动员守则，体育社团、俱乐部的规章制度等。

(二)高校体育制度文化建设的意义

当前，对于我国某些高校领导和体育教师而言，体育文化建设仅仅包括两方面内容，即物质文化和精神文化，没有意识到制度文化建设中调剂作用的重要性，当然也不会重视制度文化建设。

尽管学校按照各级教育部门要求制定了较为系统的校园体育教学管理制度，但是在形式和内容上并不能体现出自身的特色，千篇一律，既不能体现时代的进步性，也不能体现国际视野的开放性。这种僵化死板、缺乏连续性和长远性的体育制度极大地制约了学生对体育的热情和积极性，甚至部分高校在体育制度建设中十分任性，表现出很强烈的阶段色彩，领导变则制度变。

在高校体育教学中，师生需要遵守的行为准则、教师工作守则、各项设计体育的管理规章以及学校体育管理办法等都可以纳入体育制度范畴。概括性、规范性、科学性和权威性是体育制度的主要特征。

体育制度文化从属性上看是高校体育文化的有机组成部分，属于中间层面，是高校体育意识和组织形式的综合性体现；从根本上看属于制度文化，即涵盖了指导运动训练、体育教学、课外活动、体育竞赛、体育交流以及体育普及等的一切规章制度和组织管理办法。

加强高校体育制度文化的建设，是强化高校制度文化建设的必然要求，对促进高校教学活动的有序化开展、体育文化的全面规范化发展具有重要意义。体育制度文化将体育制度建设上升到文化高度，是对体育文化内涵的有效延伸，对培养大学生规范化的体育习惯具有积极的促进作用。

（三）高校体育管理实施办法

1. 总则

学校体育工作的基本任务是：指导学生锻炼身体，增进学生身心健康、增强体质，使学生掌握体育的基本知识和运动技能，学会科学锻炼的方法，养成经常锻炼的习惯，逐步提高运动技能水平，对学生进行共产主义思想和道德品质教育，增强组织纪律性，树立良好的体育道德风尚和集体荣誉感，培养学生的勇敢、顽强、进取精神。

（1）为保证学校体育工作的正常开展，促进学生身心的健康成长。

（2）学校体育工作是指学校体育课教学、课外体育活动、课余体育训练和体育比赛。

（3）学校体育工作应坚持普及与提高相结合、体育锻炼与安全卫生相结合的原则，积极开展多种形式的强身健体活动，重视继承和发扬民族传统体育，注意吸取其他学校体育的有益经验，积极开展阳光体育工作。

（4）学校体育工作应当面向全体学生，积极推行《国家学生体质健康标准》及各地制定的标准。

（5）体育课教学应当遵循学生身心发展的规律，教学内容应当符合教学大纲的要求，符合学生年龄、性别特点和所在地区地理、气候条件。体育课的教学形式应当灵活多样，不断改进教学方法，开展多种形式的强身健体活动，提高教学质量，形成学校的体育特色。

（6）学生因病、残免修体育课或者免除体育课考试的，必须持医院证明，经学校体育教研组审核同意，并报学校教务处备案，记入学生健康档案。

2. 课外体育活动

（1）开展课外体育活动应当从实际情况出发，因地制宜，生动活泼。每周安排五次大课间活动，保证学生每天有一小时体育活动的时间（含体育课）。

（2）在学生中认真推行《国家学生体质健康标准》及各地制定的标准。

3. 课余体育训练与竞赛

（1）学校在体育课教学和课外体育活动的基础上，根据条件建立学校各种运动队，开展多种形式的课余体育训练，保证训练时间、场地、经费，提高学生的运动技术水平，并积极参加各级各类体育竞赛活动，力争取得优良成绩。

（2）教师应制订课余体育训练计划，重视对政策的管理，努力克服训练中的盲目性和随意性。对参加课余体育训练的学生，应当安排好文化课学习，加强思想品德教育。

（3）学校体育竞赛应认真执行小型多样、单项分散、基层为主、勤俭节约的原则。学校每学年至少举行一次以田径项目为主的全校性运动会，并组织小型多样的体育竞赛，丰富学生课余生活。

4. 体育教师

（1）体育教师应当热爱学校体育工作，认真贯彻落实《学校体育工作条例》，依法治教，遵守学校各项规章制度，具有良好的思想品德和文化素养。对待学生主动热情、关心爱护，不体罚学生，为人师表。努力钻研业务，掌握体育教育理论和教学方法，积极工作，勇于探索。

（2）学校应在各级教育行政部门核定的教师总编制数内，按照教学计划中体育课授课时数所占的比例和开展课余体育活动的需要配备体育教师。

（3）各级教育行政部门和学校应有计划地安排体育教师进修培训。按照国家有关规定，每学年应妥善解决体育教师工作服装以及落实室外津贴，对负责课外活动以及运动训练的教师，按要求计算工作量。

(4)要按课程要求配备好体育教师，体育教师要认真执行体育与健身新课标，要依照《体育课堂常规》要求备好课、上好课，使用体育课本和体育备课本，制订教学计划，不断改进教学方法。对教学、教研、训练工作突出的体育教师，学校要给予表彰奖励，推荐评选市、省先进个人。

(5)体育教师切实组织课间操、大课间活动、课外体育活动和课余训练、体育竞赛。保证学生每天一小时体育活动，任何个人或部门不得占用体育课和课外活动课。

(6)教师要认真执教，做好学生安全教育工作，如有伤害事故应与卫生室和班主任联系，并及时送医院就诊治疗。体育教师做好事故原因的调查取证工作。

(7)努力做好体育成绩考核评定和《学生体质健康标准》的登统工作，建立健全学生体育档案、运动队训练档案及各项竞赛活动等资料的整编。

(8)搞好体育教研组的办公环境，坚持参加教研、培训活动，认真做好期末工作总结，积极开展体育科研工作，撰写体育教育教学论文。

5. 场地、器材、设备和经费

(1)上级主管部门和学校应按照国家和地方制定的各类学校体育场地、器材、设备标准，并根据学校体育工作的实际需要，把学校体育经费纳入核定的年度教育经费预算内，予以妥善安排。每年体育经费不少于学校总经费的3%。添置体育器材需报告领导，批准后方能购进，并把好质量关。

(2)学校应制定体育场地、器材、设备的管理维修制度，并由专人负责管理。任何单位或者个人不得侵占、破坏学校体育场地或者破坏体育器材、设备。

(3)做好各类体育器材设备的维修保养工作，如有损坏或事故隐患应该及时报修，防止伤害事故的发生，保证体育课的正常开展。经批准报废、报损的体育器材设备，按报废报损制度进行。

6. 组织机构和管理

(1)由副校长主管体育工作，健全学校体育管理机构，加强对学校体育工作的指导和检查。在制订计划、总结工作、评选先进时，应当把体育工作列为重要内容。

(2)班主任、辅导员应当把学校体育工作作为一项工作内容，经常教育和督促学生积极参加体育活动，并协助体育组做好课间操、眼保健操、课外体育活动的组织工作。学校的卫生部门应当与体育管理部门互相配合，做好体育卫生工作。总务部门应当做好学校体育工作的后勤保障。

(3)充分发挥学校体育工作作用，学校要把“两课两操两活动”、体育达标活动(学生达标率为95%以上)等内容，列入“文明班”“三好学生”评比评选条件，做好检查登记和评比工作，对有体育特长的学生要给予表彰，树立榜样。

第四章

体育行为文化

体育行为是人类有目的、有意识地利用各种手段和方法，为满足某种体育需要而进行的活动。这些活动既包括体育行为的主要表现形式——运动行为，也包括体育的组织、管理、宣传、科研、教学、消费、观赏等方面的行为活动。体育行为的产生和发展，既受行为者内在生理、心理条件所制约，又受到外界环境包括自然环境、社会文化环境的影响，表现出多方面的行为特征。

一、学生个人体育行为

（一）学生体质标准

《国家学生体质健康标准》的内涵是测量学生体质健康状况和锻炼效果的评价标准，是国家对不同年龄段学生体质健康方面的基本要求，是学生体质健康的个体评价标准。健康的概念包括身体健康、心理健康和社会适应。《国家学生体质健康标准》涵盖的是与学校体育密切相关的学生身体健康范畴。

表 4—1　　《国家学生体质健康标准》评价指标

组　别	评价指标（测试项目）	权重	备　注
大学各年级	体重指数 BMI	15%	必测
	肺活量体重指数	15%	必测
	1 000 米跑（男），800 米跑（女），台阶试验	30%	选测一项
	坐位体前屈，掷实心球，仰卧起坐（女），引体向上（男），握力体重指数	20%	选测一项
	50 米跑，立定跳远，跳绳，篮球运球，足球运球，排球垫球	20%	选测一项

具体项目：

男生：身高、体重、肺活量、体前屈、立定跳远、50 米跑、1 000 米跑、引体向上。

女生：身高、体重、肺活量、体前屈、立定跳远、50 米跑、800 米跑、1 分钟仰卧起坐。

表 4—2　　**大学男生体质健康评分标准**

等级	单项得分	肺活量(ml)		体前屈		立定跳远(cm)		引体向上		1 000 米		50 米	
		大一	大三	大一	大三	大一	大三	大一	大三	大一	大三	大一	大三
		大二	大四	大二	大四	大二	大四	大二	大四	大二	大四	大二	大四
优秀	100	5 040	5 140	24.9	25.1	273	275	19	20	3′17″	3′15″	6.7	6.7
	95	4 920	5 020	23.1	23.3	268	270	18	19	3′22″	3′20″	6.8	6.7
	90	4 800	4 900	21.3	21.5	263	265	17	18	3′27″	3′25″	6.9	6.8
良好	85	4 550	4 650	19.5	19.9	256	258	16	17	3′34″	3′32″	7	6.9
	80	4 300	4 400	17.7	18.2	248	250	15	16	3′42″	3′40″	7.1	7.0
及格	78	4 180	4 280	16.3	16.8	244	246			3′47″	3′45″	7.3	7.2
	76	4 060	4 160	14.9	15.4	240	242	14	15	3′52″	3′50″	7.5	7.4
	74	3 940	4 040	13.5	14.0	236	238			3′57″	3′55″	7.7	7.6
	72	3 820	3 920	12.1	12.6	232	234	13	14	4′02″	4′00″	7.9	7.8
	70	3 700	3 800	10.7	11.2	228	230			4′07″	4′05″	8.1	8
	68	3 580	3 680	9.3	9.8	224	226	12	13	4′12″	4′10″	8.3	8.2
	66	3 460	3 560	7.9	8.4	220	222			4′17″	4′15″	8.5	8.4
	64	3 340	3 440	6.5	7	216	218	11	12	4′22″	4′20″	8.7	8.6
	62	3 220	3 320	5.1	5.6	212	214			4′27″	4′25″	8.9	8.8
	60	3 100	3 200	3.7	4.2	208	210	10	11	4′32″	4′30″	9.1	9
不及格	50	2 940	3 030	2.7	3.2	203	205	9	10	4′52″	4′50″	9.3	9.2
	40	2 780	2 860	1.7	2.2	198	200	8	9	5′12″	5′10″	9.5	9.4
	30	2 620	2 690	0.7	1.2	193	195	7	8	5′32″	5′30″	9.7	9.6
	20	2 460	2 520	—0.3	0.2	188	190	6	7	5′52″	5′50″	9.9	9.8
	10	2 300	2 350	—1.3	—0.8	183	185	5	6	6′12″	6′10″	10.1	10

表 4—3　　**大学女生体质健康评分标准**

等级	单项得分	肺活量(ml)		50 米		体前屈		立定跳远(cm)		仰卧起坐		800 米	
		大一	大三	大一	大三	大一	大三	大一	大三	大一	大三	大一	大三
		大二	大四	大二	大四	大二	大四	大二	大四	大二	大四	大二	大四
优秀	100	3 400	3 450	7.5	7.4	25.8	26.3	207	208	56	57	3′18″	3′16″
	95	3 350	3 400	7.6	7.5	24	24.4	201	202	54	55	3′24″	3′22″
	90	3 300	3 350	7.7	7.6	22.2	22.4	195	196	52	53	3′30″	3′28″
良好	85	3 150	3 200	8	7.9	20.6	21	188	189	49	50	3′37″	3′35″
	80	3 000	3 050	8.3	8.2	19	19.5	181	182	46	47	3′44″	3′42″

续表

等级	单项得分	肺活量(ml)		50 米		体前屈		立定跳远(cm)		仰卧起坐		800 米	
		大一	大三	大一	大三	大一	大三	大一	大三	大一	大三	大一	大三
		大二	大四	大二	大四	大二	大四	大二	大四	大二	大四	大二	大四
及格	78	2 900	2 950	8.5	8.4	17.7	18.2	178	179	44	45	3′49″	3′47″
	76	2 800	2 850	8.7	6.3	16.4	16.9	175	176	42	43	3′54″	3′52″
	74	2 700	2 750	8.9	8.8	15.1	15.6	172	173	40	41	3′59″	3′57″
	72	2 600	2 650	9.1	9	13.8	14.3	169	170	38	39	4′04′1	4′02″
	70	1 500	2 550	9.3	9.2	12.5	13	166	167	36	37	4′09″	4′07″
	68	2 400	2 450	9.5	9.4	11.2	11.7	163	164	34	35	4′14″	4′12″
	66	2 300	2 350	9.7	9.6	9.9	10.4	160	161	32	33	4′19″	4′17″
	64	2 200	2 250	9.9	9.8	8.6	9.1	157	158	30	31	4′24″	4′22″
	62	2 100	2 150	10.1	10	7.3	7.8	154	155	28	29	4′29″	4～27″
	60	2 000	2 050	10.3	10.2	6	6.5	151	152	26	27	4′34″	4′32″
不及格	50	1 960	2 010	10.5	10.4	5.2	5.7	146	147	24	25	4′44″	4′42″
	40	1 920	1 970	10.7	10.6	4.4	4.9	141	142	22	23	4′54″	4152″
	30	1 880	1 930	10.9	10.8	3.6	4.1	136	137	20	21	5′04″	5′02″
	20	1 840	1 890	11.1	11	2.8	3.3	131	132	18	19	5′14″	5′12″
	10	1 800	1 850	11.3	11.2	2.0	2.5	126	127	16	17	5′24″	5′22″

(二)学生参与体育行为准则

1. 参与体育锻炼的重要意义

(1)体育锻炼可以增强体质,为健康的人格提供物质基础。

著名的体育教育家马约翰先生曾说:“体育是培养健全人格的最好工具。”中国奥林匹克运动的先驱张伯苓也曾说:“教育里没有了体育,教育就不完全。”体育运动不仅能够强身健体,而且处处体现着德育的功能。体育对陶冶情操、启迪智慧、壮美人生,对于培养团结、合作、坚强、献身和友爱精神,弘扬民族精神,对于人的意志品质、自信心、心理调节能力以及健康生活方式的培养,都有着积极的作用。体育既是素质教育的重要内容,又可以通过育体进而全面育人。没有体育,素质教育就无法落实。

人的心理是人脑的有机体,人脑是人体的一部分,心理健康的发展必须以正常发展的身体,尤其是以正常健康发展的神经系统和中脑为物质基础,通过体育活动,促进身体健康地发展,为心理发展提供物质基础。

(2)体育锻炼可以增强意志,培养永不放弃的意志品质。

运动项目一般都具有艰苦、疲劳、激烈、紧张、对抗性强的特点,人们在参加体育锻炼时,总是伴随着强烈的情感体验和明显的意志努力。因此,体育运动本身可以培养勇敢顽强、吃苦耐劳、坚持不懈、克服困难、机智灵活、沉着果断、谦虚谨慎、团结友爱等优秀品质,培养集体主义和爱国主义精神,使人保持健康向上的心理状态。尤其是在当前,亟须培养青少年团结合作、坚忍不拔、吃苦耐劳等多方面的品质，而体育在其中可以发挥不可替代的作用。

(3)体育锻炼可以宣泄不良情绪，锻炼良好的心理素质。

体育锻炼可以调节心情、振奋精神，有助于大学生宣泄不良情绪。心理疾病与人长期情绪低落、烦躁、压抑等有关。体育运动可以调节人的情绪，改善心理的不良反应。神经心理实验研究表明，当人体进入运动状态时，在大脑主管情感的右半球立即兴奋起来，参加者进入一种愉悦的氛围中，体会到成功的快感，以达到精神振奋的目的。大学生由于持续紧张地学习，极易造成身心疲劳和精神衰弱。积极参加体育锻炼可以使他们的身心放松，消除疲劳。同时，在体育锻炼中可以使他们长期压抑的情绪宣泄出来。进行大运动量的体育锻炼对缓解人的心理压力、消除不良情绪具有十分明显的作用。

(4)体育锻炼可以增进人际交往，促进身心和谐。

学校的体育锻炼都是以群体活动形式居多，是锻炼人际交往能力最有效的手段。在体育活动中，人们交往较为直接、随意，并在一种友好的气氛中进行，很容易消除学生交往中的紧张心理。一方面集体活动为学生提供了交往的机会；另一方面通过集体中成员对体育活动的共同行为倾向和价值观，使学生内心世界彼此沟通，进而又彼此友爱，这既有利于减轻个人的孤独感，又有利于良好的人际关系的建立；三是游戏群体及其活动也有陶冶学生性格的作用，活泼欢快的集体活动本身具有心理保健和情绪调节的功能，也是避免人格偏差，增进学生对群体生活的适应性的良好手段。可见体育锻炼在加强大学生人际交往、促进心理相容、培养心理适应能力方面具有重要作用。

2. 每周参加锻炼的次数和时间及活动方式

《全民健身指南》中建议以“三二一”的运动原则规划运动健身。即三种运动方式、两种运动强度和每天运动一小时。运动方式包括有氧运动、力量练习和牵拉练习。有氧运动能够增强体质、调控体重、调节心境。力量练习能提高肌肉力量、促进身体生长。牵拉联系能提高健身效果、预防损伤。每次健身过程中三者缺一不可。运动强度以中等强度或大强度为主。时间上，每天运动30～60分钟为宜，并且每天进行牵拉练习；每周进行3～7天。

参考实例：一个完全的健身方案应当包含吃(饮食)、练(训练)、睡(睡眠)三个方面，而练则由心肺、力量、柔韧三个主要部分组成。

开始时用5～10分钟进行有氧热身，最后用5～10分钟进行拉伸放松，中间是40～50分钟的力量训练。力量训练主要有：(1)背部：引体向上(颈前下拉)；(2)胸部：平板卧推(坐姿推胸)；(3)腿部：杠铃深蹲(史密斯蹲)；(4)肩部：杠铃推举(哑铃推举)；(5)臂部：杠铃弯举(哑铃弯举)；(6)腹部：仰卧起坐(仰卧举腿)。

训练备注：训练一周3次，隔天进行，每次1小时左右，练全身，每个部位一个动作，括号里的动作备用，一个动作3组，每组8～12次，动作与动作之间间隔2分钟，组与组之间间隔30～60秒，用力时呼气，放松时吸气，动作要稳要慢。必须逐渐增加重量使肌肉的适应力增大，从而对训练产生反应。使用自由调节重量的器械进行训练，这可以使肌肉对器械产生的反抗力起到更好的反应。因为它可以使更多的肌肉都能参与到运动中去。做动作时，无论是举起还是放下，都要控制好动作，这样就可以集中用力，避免借力。

(三)课余体育行为及生活方式

饮食方面：少吃多餐，适量多摄入蛋、奶、肉。每日食谱为：适度的蛋白质、较少的脂肪、高含量的碳水化合物。三种主要营养素的比例约为25∶20∶55。馒头、面条、米饭等主食及山芋、燕麦、土豆等的碳水化合物的含量非常高，可作为首选。蛋白质是肌肉增长最重要的营养源，健美训练者蛋白质的摄入应以非脂或低脂食品为主，如脱脂牛奶、蛋清、鱼、去皮家禽、牛排等。

睡眠方面：每天晚上最好睡足 8 小时，中午若有时间可再午睡 30 分钟。训练时间尽量安排在下午至傍晚时段，因为人体在此时段体力和柔韧性都处于最佳状态。

课余训练方面：大重量、低次数、多组数、长位移、慢速度、高密度、念动一致、顶峰收缩、持续紧张、组间放松、多练大肌群、训练后进食蛋白质。

(1)大重量、低次数：健美理论中用 RM 表示某个负荷量能连续做的最高重复次数。比如，练习者对一个重量只能连续举起 5 次，则该重量就是 5RM。研究表明：1～5RM 的负荷训练能使肌肉增粗，发展力量和速度；6～10RM 的负荷训练能使肌肉粗大，力量和速度提高，但耐力增长不明显；10～15RM 的负荷训练肌纤维增粗不明显，但力量、速度、耐力均有长进；30RM 的负荷训练肌肉内毛细血管增多，耐久力提高，但力量、速度提高不明显。可见，5～10RM 的负荷重量适用于增大肌肉体积的健美训练。

(2)多组数：必须有 60～90 分钟的时间集中锻炼某个部位，每个动作都做 8～10 组，才能充分刺激肌肉，一直做到肌肉饱和为止，“饱和度”要自我感受，其适度的标准是：酸、胀、发麻、坚实、饱满、扩张，以及肌肉外形上的明显粗壮等。

(3)长位移：不管是划船、卧推、推举、弯举，都要首先把哑铃放得尽量低，以充分拉伸肌肉，再举得尽量高。这一条与“持续紧张”有时会矛盾，解决方法是快速地通过“锁定”状态。

(4)慢速度：慢慢地举起，再慢慢地放下，对肌肉的刺激更深。特别是，在放下哑铃时，要控制好速度，做退让性练习，能够充分刺激肌肉。很多人忽视了退让性练习，把哑铃举起来就算完成了任务，很快地放下，浪费了增大肌肉的大好时机。

(5)高密度：“密度”指的是两组之间的休息时间，只休息 1 分钟或更少时间称为高密度。要使肌肉块迅速增大，就要少休息，频繁地刺激肌肉。“多组数”也是建立在“高密度”的基础上的。锻炼时，要像打仗一样，全神贯注地投入训练，不去想别的事。

(6)念动一致：肌肉的工作是受神经支配的，注意力密度集中就能动员更多的肌纤维参加工作。练某一动作时，就应有意识地使意念和动作一致起来，即练什么就想什么肌肉工作。例如：练立式弯举，就要低头用双眼注视自己的双臂，看肱二头肌慢慢地收缩。

(7)顶峰收缩：这是使肌肉线条练得十分明显的一项主要法则。它要求当某个动作做到肌肉收缩最紧张的位置时，保持一下这种收缩最紧张的状态，做静力性练习，然后慢慢回复到动作的开始位置。可以在感觉肌肉最紧张时，数 1～6，再放下来。

(8)持续紧张：应在整个一组中保持肌肉持续紧张，不论在动作的开头还是结尾，都不要让它松弛(不处于“锁定”状态)，总是达到彻底力竭。

(9)组间放松：每做完一组动作都要伸展放松。这样能增加肌肉的血流量，还有助于加快肌肉的恢复，迅速补充营养。

(10)多练大肌群：多练胸、背、腰臀、腿部的大肌群，不仅能使身体强壮，还能够促进其他部位肌肉的生长。有的人为了把胳膊练粗，只练胳膊而不练其他部位，反而会使二头肌的生长十分缓慢。建议安排一些使用大重量的大型复合动作练习，如大重量的深蹲练习，它们能促进所有其他部位肌肉的生长。这一点极其重要，但很多人没有足够重视，以致不能达到期望的效果。因此，在训练计划中要多安排硬拉、深蹲、卧推、推举、引体向上这 5 个经典复合动作。

(11)训练后进食蛋白质：在训练后的 30～90 分钟里，蛋白质的需求达到高峰期，此时补充蛋白质效果最佳。但不要训练完马上吃东西，至少要隔 20 分钟。

二、学生集体参与行为

观赏性的体育行为包括技能、精神。体育精神从整体上说，包括竞争精神、自我超越精神和团结协作精神。体育比赛的最大魅力在于永恒的竞争，在于有规则的公平、公开、公正（平等、和平）的竞争。从运动员的内在智慧及精神的角度观赏体育竞赛，竞技体育最能吸引观众的原因是比赛不仅比技术，而且比战术、比智慧、比精神。

（一）培养学生参与体育运动的兴趣

培养学生学习体育的兴趣，既要考虑从目的性教育入手，也要以满足学生个体体育需求为出发点并根据学生生理、心理特点，把握积极因素。从学生的近期目标来看，是做到"三好"，而身体好可以促进学习好、工作好；从远期目标分析，学好体育知识与技能，练就健康身体有利于应对社会各种激烈的竞争，可为将来从事的事业做出更大的贡献，使生活的质量更高。培养学生热爱体育、积极锻炼的兴趣要把握时机，当学生处于良好的心态时，即体育课内容激发学生学习兴趣，与他们的理想、追求、热情发生共振，以及学生的体育需求得到满足时，是建立浓厚兴趣的最佳时机。

（二）提供机会或鼓励学生观赏体育竞赛

培养学生学会欣赏体育竞赛的能力。目前，为了保证完成教学内容，体育教学中教师只注重传授体育技能，而对体育知识的讲授较少，不能使学生了解体育知识及各种比赛规则。但客观上，有部分学生虽然不爱锻炼但对于观赏体育运动感兴趣，特别是随着体育传播业的日益发展，体育节目的多样性、趣味性及运动比赛的竞技性、刺激性越来越多地吸引了观赏者的目光。于是"看体育""听体育""谈体育"逐渐成为一种时尚和趋势。学校应多提供观赏体育运动或比赛的机会，并善于抓住学生渴望获得体育知识的欲望，改变学生对体育认识不足的现状，在教学中增加理论课时及开辟体育讲座，提高学生对体育比赛的欣赏能力，使他们充分体会到运动带来的心理上的美好享受，促进其爱上体育锻炼。只有获得体育技能和体育知识，才能培养学生自觉锻炼身体的习惯，并为终身体育打下良好基础。

第五章

体育物质文化

第一节　场地设施

体育设施是指用于体育比赛、训练、教学以及群众健身活动的各种场地、场馆、建筑物、固定设施等。体育场地是指有固定设施、器材，可用于开展体育健身、教学、训练和比赛的特殊用地，包括向社会开放的公共体育场所和单位内部使用的非公共体育场所。

一、发展

体育场地的发展规模和水平是一个国家经济发展水平和社会文明程度的重要标志之一，体育设施是体育事业发展的物质基础，是普及群众体育运动、提高竞技体育水平的关键因素之一。随着我国改革开放的深入，生产方式和生活方式的急速转型，人们正步入休闲时代，闲暇时间正在迅速增加，价值观念的深刻转变使人们对体育文化、体育休闲、体育健身的需求大大增加。随着国家的经济发展和综合国力的提升，体育场地的投资主体多元化趋势也越来越明显，民间资本和外资逐步增多，长期以来主要由国家投资兴建体育场地的局面得到一定改观；由于全民健身运动的蓬勃发展，群众的健身活动意识逐渐增强，体育场地的开放程度逐渐增加；体育场馆的经营状况有了较大改善，自我生存能力得到一定程度的增强，体育场地设施的数量和规模也相应有所扩大。

我国体育场地的绝对数量比较丰富，但是相对数量不足，尤其区域体育场地的分布具有更大的差异。比较各区域体育场地的规模可以发现，在体育场地数量、体育场地总面积和人均体育场地面积方面，东部高于西部，中部最少，主要是东部地区经济发达，体育场地的基础雄厚；而10万人拥有体育场地数，西部最高，中部最低，主要是西部地区地域广阔，人口稀少。可见，我国区域体育场地数量规模分布呈现出不平衡的状态。由此可见，尚待开发的中西部地区体育场地建设业具有较大的投资开发潜力。

中国的体育运动成绩在世界上名列前茅，但体育设施的数量和质量因受经济条件的制约而明显落后。改革开放以来，随着国民经济的发展，人民生活水平的提高，大众健身运动的普及和深入人心，国内、特别是经济发达地区体育设施的需求量和实际建设量显著增加。

二、国家公共体育设施基本配置标准

(一)市、地“五个一”工程

市、地级应建设一个综合体育场、一个综合体育馆、一个大型全民健身活动中心、一个游泳馆、一个体育公园(简称市、地“五个一”工程)。其中，综合体育馆、全民健身活动中心、游泳馆可合建

为一体。

1. 综合体育场

基本配置包括标准跑道、标准足球场和田径场、适量的观众看台及附属配套用房。跑道为周长400米的标准9道环形跑道及10道直道跑道，面层材料采用合成塑胶；田赛场地包括跳远和三级跳远、跳高、推铅球、掷铁饼和链球、撑竿跳高场地；足球运动场地尺寸为105米×68米，可采用天然草坪或人工草坪。应适当设置卫生间、更衣室、办公室、会议室及商业服务等附属配套用房，面积不宜小于4 000平方米。

2. 综合体育馆

要具备多种功能，能开展篮球、排球、羽毛球、乒乓球、武术等多项体育运动，同时可进行文艺演出、大型集会等文化活动。体育场地面积为50米×25米，面层宜采用木地板。应设置卫生间、更衣室、办公室、会议室及商业服务等附属配套用房，建筑面积不宜小于3 000平方米。

3. 大型全民健身活动中心

体育场地设施不少于12项，如乒乓球室、多功能馆（篮球、排球、羽毛球综合）、多功能房、器械健身房等。建筑面积为8 000～12 000平方米，室内外体育场地面积不宜小于5 000平方米。场地设施宜以室内运动项目为主，场地设施相对集中；运动场地面层可采用木地板、合成材料、人造或天然草坪等环保材料。应当设置卫生间、淋浴室、更衣室、办公室、体测医务室、接待区及商业服务等附属配套用房。

4. 游泳馆

基本配置为一个标准室内游泳池和一个准备池。标准泳池为50米×25米，并应符合国家标准《GB19079.1－2003体育场所开放条件与技术要求第1部分：游泳场所》有关要求。应适当设置卫生间、更衣室、办公室、会议室、接待区及商业服务等附属配套用房。

5. 体育公园

建设类型包括郊野体育公园、城市体育公园，可新建，也可在原有公园基础上改造，添加体育设施。体育设施不少于8项，以户外运动项目为主。

（二）县（市、区）“五个一”工程

应建设一个田径场、一个综合体育馆、一个中型全民健身活动中心、一个室内游泳池、一个体育公园（或健身广场）（简称区、县“五个一”工程）。其中，综合体育馆、全民健身活动中心、游泳池可合建为一体。

1. 田径场

基本配置包括标准跑道、标准足球场和部分项目的田赛场地、适量的观众看台及附属配套用房。跑道周长为400米的标准8道环形跑道及100米的10道直道跑道，面层材料采用合成塑胶；田赛场地包括跳远、跳高、推铅球、掷铁饼和链球、撑竿跳高场地；足球运动场地尺寸为105米×68米，可采用天然草坪或人工草坪。应适当设置卫生间、更衣室、办公室、会议室及商业服务等附属配套用房，面积不宜小于3 000平方米。

2. 综合体育馆

综合体育馆要具备多种功能，能开展篮球、排球、羽毛球、乒乓球、武术等多项体育运动，同时可进行文艺演出、大型集会等文化活动。体育场地面积不小于1 000平方米。根据不同运动项目特点，体育场地面层可采用合成材料、木地板等材料。应适当设置卫生间、更衣室、办公室、会议室及商业服务等附属配套用房，面积不小于600平方米。

3. 中型全民健身活动中心

体育场地设施不少于8项，如乒乓球室、多功能馆（篮球、排球、羽毛球综合）、多功能房、器械健身房等。建筑面积为 4 000～8 000 平方米，室内外体育场地面积约为 3 500 平方米。

体育场地设施宜以室内运动项目为主；运动场地面层可采用木地板、合成材料、人造或天然草坪等环保材料。应适当设置卫生间、淋浴室、更衣室、办公室、体测医务室、接待区及商业服务等附属配套用房。

4. 室内游泳池

基本配置包括一个标准室内游泳和一个儿童戏水池。标准泳池为 50 米×25 米，儿童戏水池为 10 米×10 米。应当适当设置卫生间、更衣室、办公室、会议室、接待区及商业服务等附属配套用房，面积不宜小于 400 平方米。

5. 体育公园(健身广场)

体育公园建设类型包括郊野体育公园、城市体育公园，可新建，也可在原有公园基础上改造，添加体育设施。体育设施不少于 8 项，以户外运动项目为主。健身广场要有一定数量的体育场地和健身器材。

(三)街道体育设施

基本配置为一个室内体育场地为主的小型全民健身活动中心，其中体育设施不少于 5 项，包括乒乓球室、多功能房、器械健身房等；建筑面积约 1 000 平方米，其中室内外体育场地面积不小于 500～1 000 平方米。体育场地建设应考虑到当地群众喜好的体育活动，并与文化、卫生等设施相结合。

(四)乡镇体育设施

基本配置为一个户外体育健身广场、一个带看台的灯光篮球场、一套健身器材以及其他场地设施。体育场地建设应考虑到当地群众喜好的体育活动，并与文化、卫生等设施相结合。

(五)社区、行政村体育设施

1. 社区

基本配置为一个建有室外健身设施的多功能健身点，其中室外健身器材不少于 10 件；也可以是一个配备健身器材设施的体育活动室。

2. 行政村

基本配置为一个室外篮球场、两个室外乒乓球台(或乒乓球活动室)。

第二节　体育标志

“体育雕塑”是艺术与运动的完美结合，是凝聚各项不同体育运动精彩瞬间的一门艺术。作为三维立体艺术的雕塑，在展示体育精神、描绘各类体育运动的竞技形象、表达体育精神等方面有其他美术门类所不及的奇特功能。随着我国体育事业蒸蒸日上，各类体育雕塑的创作也在不断地涌现，许多题材新颖、风格各式各样且内涵丰厚的与体育运动相关联的雕塑作品进入大众视野。

一、体育雕塑的内容

目前体育雕塑的内容多为国家或区域的传统或比较有优势的体育运动项目，如乒乓球、武术、骑马、举重、羽毛球、毽子等；或是大众喜爱的潮流项目，如滑雪、艺术体操、跳水等；或是一项运动精彩的瞬间，如足球射门一瞬间动作、羽毛球点杀动作、百米冲刺跑撞线动作等；或是某一位体育明星的永恒瞬间，如乔丹飞身扣篮的动作。

二、体育雕塑的形式

体育雕塑是从“雕塑”中细化而来的。因此，体育雕塑的基本形式也就是雕塑的基本形式。主要有圆雕和浮雕两种形式。

(一)圆雕

圆雕是一种三维立体雕塑,可以让观众从多方位、多角度欣赏。圆雕的应用范围较为普遍,是比较常见的一种雕塑形式。如古希腊著名的雕塑家米隆(Myron)的《掷铁饼者》是写实性的体育人物圆雕的经典代表,它让"铁饼"这个比赛项目得到了世界性的认识和传播。《掷铁饼者》刻画的是古希腊一名肌肉线条优美的男运动员,动作定格在掷铁饼预摆的一瞬间:身体右转,重心在右腿上,右膝关节自然弯曲,左膝关节紧靠右膝关节并弯曲,左脚脚尖支撑地面,右手臂紧握铁饼已预摆至最高点,左手臂随着身体的惯性已自然摆至右膝关节处,整个身体处于"积蓄力量"的阶段,这是掷铁饼的预摆动作中最具有表现力的一瞬间。米隆抓住了整个动作环节中最具有吸引力的一瞬,捕捉到了男运动员整个身体处于"引而待发"的最美状态。此外,男子全身的肌肉线条刻画生动、细腻,预示了肌肉良好的爆发力,面部表情恬淡平静,暗示着运动员良好的心态和完美的竞技状态。整个雕塑在空间上和视觉上传递出无与伦比的运动感和美感,淋漓尽致地呈现出运动中的人体美。《掷铁饼者》这件艺术史上里程碑式的作品向人们证实已达到了一定高度的古希腊时期的体育文化。

(二)浮雕

浮雕可一面观看或两面观看,它是雕塑和绘画的结合体,并且依据透视来展现一个独立的三维艺术空间。在观众的视野里浮雕会较多地展现在建筑上或日常的用具和器物上。由于它本是附属在另一个平面上的。浮雕也适用于多种环境的装饰。现代奥林匹克雕塑的发展让人叹为观止,如南京奥体中心的浮雕《体育之光》是开展奥林匹克教育和体育文化教育的基地之一。这个长约 280 米的大型浮雕《体育之光》蕴含了丰富的体育文化信息。通过细致刻画历届奥运会标志和历届奥运会比赛项目,向世界展示奥林匹克精神及奥林匹克运动所取得的伟大成就;通过对世界古代体育运动与中国古代体育运动及全民健身运动的呈现,向人们讲述了世界体育运动和体育文化的发展历程。远远望去整个浮雕作品具有极为震撼的视觉冲击力,浮雕刻画的内容和形式使整个墙面独具特色。浮雕不仅展示动感和美感十足的人和物,也展现了丰富的体育文化内涵。

三、体育雕塑的功能

(一)弘扬体育文化,传承体育精神

不同类型的体育雕塑向人们展示着不同体育运动的瞬间精彩动作,进而让人们有兴趣去了解一项体育运动并积极参与到这项运动中。《走向奥林匹克》这件雕塑作品向人们塑造了一位标枪运动员的形象,作者在运动员身上和腿上贴上厚厚的残破铁片,让观众立刻联想到一位身披铠甲的古代武士。这个特别的构思提醒着观众现代奥林匹克运动的发展是历经了多少人的努力才发展成世界性的体育运动。这件雕塑作品进一步表达了"更高、更强、更快"的奥林匹克精神。

(二)构建城市人文环境,陶冶人们的情操

现代体育雕塑重视造型特征,重视思想定位,重视与人文主题氛围相契合,重视与自然契合,重视与环境的高度契合,要求雕塑作品与所在的公共空间相匹配。

总之,体育雕塑记录着体育运动的历程、传递着体育运动的信息。体育雕塑不仅为传播奥林匹克理念、传扬各国的文化,而且为树立各国形象做出了重要的贡献。

第三节 体育器材

体育器材(sporting equipment)是竞技体育比赛和健身锻炼所使用的各种器械、装备及用品的总称。体育运动的普及和运动项目的多样化使体育器材的种类、规格等都得到发展。质量优良、性能稳定、安全可靠的体育器材不但可以保证竞技比赛在公正和激烈的情况下进行，而且还为促进运动水平的提高创造了必要的物质条件。

一、发展史

体育器材大多起源于劳动工具和战斗武器。如标枪和弓箭，既是古人类狩猎用的工具，又是古代士兵的武器，后来演变成为现代投掷和射箭运动的器材；又如以刀枪、棍、棒为代表的中国民间体育器材，就是由古代的各类兵器发展而来的。中国传统民间体育器材的生产、制造历史十分久远，但直到1949年以前还没有形成工业化。1913年建立的上海李高记皮球厂、1922年建立的天津春合体育用品厂，是中国最早缝制足球、篮球、排球的专业厂家。中华人民共和国成立后，民间体育器材得到继承和发展，并逐步形成上海、天津、北京、广州、哈尔滨、齐齐哈尔等现代体育器材生产基地。当代国际奥林匹克赛项目所使用的体育器材在中国基本上都可以生产制作，有的产品在质量上达到世界先进水平。中国生产制造的乒乓球、乒乓球台、乒乓球拍、羽毛球、网球、足球、篮球、排球、手球、体操器械、举重杠铃等，被国际体育组织批准为国际比赛用器材。为发展全民健身运动，国家体育总局与体彩中心联合对全国范围内的社区投放了不少健身器材，为全民健身运动做出贡献。

二、分类方法

体育器材主要有3种分类方法：

依据体育运动的项目分类，这是将所有与同一运动项目有关的器材和装备等归为一类的方法，如田径器材、举重器材、冰雪器材等。

依据体育器材的性质分类，一般可分为指定器材、自备器材、场地器材和其他器材4类。指定器材类是竞赛双方共同使用的，为避免产生分歧而需事前加以指定器材的牌号（商标）、生产厂家及规格型号；自备器材类是运动员自己使用的器材，如球拍、帆船和赛艇、船桨、运动服装、护具、鞋帽等；场地器材类是指竞赛和训练场馆的设施装备器材用具，如各种球门、球架、挡板、计时记分装备、裁判用具等；其他器材主要是指非竞赛使用的器材，一般是体能训练、健身活动、体育游艺用器材。

依据体育器材的用途分类，分为竞技体育器材、国防军事体育器材、中国民间体育器材、健身健美体疗康复器材、儿童体育游艺器材、伤残人器材、辅助性器材等。

三、学校体育器材管理

学校体育器材管理工作是学校体育工作发展的重要组成部分，体育器材管理是否得当在很大程度上会影响学校的课外活动及体育教学的质量。

学校的体育器材管理人员可以从以下几个方面去开展工作：

（1）学校各项体育器材应分类摆放，造册登记管理。对已经破损的器材要及时注销，使账物相符。

（2）未经许可，外人不得擅自进入体育器材室。

（3）按照“谁借谁负责”的原则，上课所用的器材，需办理登记手续，课后按数按量归还，放回原处。如有遗失损坏，追查责任照价赔偿。

（4）要经常检查器材，做到及时整修，保证学校体育活动的正常开展。

（5）做到不定期地对体育室进行室内卫生，保持室内整洁。

（6）日常管理中，做好防潮、防霉工作。

第二篇

健康知识

第六章

运动生理

第一节　基础知识

一、肌肉活动

(一)肌细胞活动的兴奋性刺激

要引起骨骼肌兴奋必须给予适当的刺激。刺激应满足以下条件：

(1)刺激强度：要使肌肉产生兴奋，刺激必须达到一定强度。引起肌肉兴奋的最小刺激强度称为阈刺激。大于阈刺激强度的刺激称为阈上刺激；低于阈刺激强度的刺激称为阈下刺激。阈刺激可以作为评定组织兴奋性高低的指标。阈刺激小表示组织的兴奋性高，阈刺激大则表示兴奋性低。用阈下刺激刺激单个肌纤维，不能引起肌纤维收缩。而用阈刺激或阈上刺激刺激肌纤维可以引起肌纤维收缩。

(2)刺激的作用时间：无论刺激强度多大，要使可兴奋组织兴奋，刺激必须持续足够时间。在一定范围内，刺激强度越小，需要刺激的作用时间就越长；相反，刺激强度越大，需要刺激的作用时间就越短。

(3)刺激强度变化率：要使可兴奋组织兴奋，刺激必须有足够的变化率。如果用点电流刺激组织，只有通电和断电的瞬间可以引起组织兴奋。而在继续通电的过程中，由于电流强度没有发生变化，组织不产生兴奋。所谓刺激强度变化率，是指刺激电流由无到有或由小到大的变化速率。同样的电流强度，变化速率越大越容易引起组织兴奋。

(二)肌肉收缩形式

1. 缩短收缩(向心收缩)

肌肉收缩时，长度缩短的收缩称为向心收缩。向心收缩时，肌肉长度缩短、起止点相互靠近，因而引起身体运动。而且，肌肉张力增加出现在前，长度缩短发生在后。但肌肉张力在肌肉开始缩短后即不再增加，直到收缩结束。故这种收缩形式又称为等张收缩。有时也称为动力性或时相性收缩。肌肉向心收缩时，是做功的。其数值为负荷重量与负荷移动距离的乘积。

在向心收缩过程中，所谓的等张收缩是相对的。由于在肌肉收缩过程中，往往是通过骨的杠杆作用克服阻力做功，在负荷不变的情况下，要使肌肉在整个关节活动范围内以同样的力量收缩是不可能的。如当肌肉收缩克服重力垂直举起杠铃时，随着关节角度变化，肌肉做功的力矩也会发生变化，因此，需要肌肉用力的程度也不同。在整个运动范围内，肌肉用力最大的一点称为“顶点”。出现“顶点”主要是因为在此关节角度下杠杆效率最差，加上肌肉缩短损失一部分力量，而促成了“顶点”的产生。

2. 拉长收缩(离心收缩)

肌肉在收缩产生张力的同时被拉长的收缩称为离心收缩。如下蹲时,股四头肌在收缩的同时被拉长,以控制重力对人体的作用,使身体缓慢下蹲,起缓冲作用。因此,肌肉做离心工作也称为退让工作。再如搬运重物时,将重物放下,以及下坡跑和下楼梯等也需要肌肉进行离心收缩。肌肉离心收缩可防止运动损伤。如从高处跳下时,脚先着地,通过反射活动使股四头肌和臀大肌产生离心收缩。由于肌肉离心收缩的制动作用,减缓了身体的下落速度。不至于使身体造成损伤。离心收缩时肌肉做负功。

3. 等长收缩

肌肉在收缩时其长度不变,这种收缩称为等长收缩,又称为静力收缩。肌肉等长收缩时由于长度不变,因而不能克服阻力做机械功。

等长收缩有两种情况:其一,肌肉收缩时对抗不能克服的负荷,如试图拉起根本拉不起的杠铃时,肱二头肌所进行的收缩就是等长收缩。其二,当其他关节由于肌肉离心收缩或向心收缩发生运动时,等长收缩可使某些关节保持一定的位置,为其他关节的运动创造适宜的条件。要保持一定的体位,某些肌肉就必须做等长收缩。

二、能量代谢

(一)基础代谢的概念

基础代谢是指基础状态下的能量代谢。所谓基础状态,是指人体处在清醒、安静、空腹,室温在20℃～25℃条件下。基础代谢率是指单位时间内的基础代谢,即在基础状态下,单位时间内的能量代谢。其意义在于,这种能量代谢是维持最基本生命活动所需要的最低限度的能量。基础代谢率以每小时每平方米体表面积的产热量为单位,通常以 $KJ/m^2 \cdot h$ 来表示。正常成年男子的基础代谢率约为 $170KJ/m^2 \cdot h$,女子约为 $155KJ/m^2 \cdot h$。

(二)能量储存机制

我们把物质代谢过程中伴随的能量释放、转移、储存和利用的过程称为能量代谢。人体能量的唯一来源就是食物中的能源物质,也就是糖、脂肪和蛋白质。这些物质在人体活动中50%以上会很快转化为热能,而其余能量以高能磷酸键的形式储存于体内供机体利用,即ATP(三磷酸腺苷)储能,更多的能量会转移给肌酸形成磷酸肌酸(CP)。CP可以看作是ATP的贮存库。只有ATP才能为人体提供能量,糖、脂肪、蛋白质是间接供能物质。

(三)能量代谢的测定原理

根据热力学第一定律,能量在转化过程中,总能量守恒。机体的能量代谢也遵循这一规律,即在整个能量转化过程中,蕴藏在食物中的化学能(供给机体利用)与所转化成的热能及所完成的外功,按其能量来折算是完全相等的。因此,测定在一定时间内机体所消耗的食物,或测定机体所产生的热量与所做的外功,均可测算出整个机体单位时间内所消耗的能量。

(四)能量形式

1. 磷酸原系统

磷酸原系统又称ATP-CP系统。该系统主要是由结构中带有磷酸基团的ATP(包括ADP、CP)构成,在供能代谢中均发生磷酸基团的转移,故称之为磷酸原。肌肉在运动中ATP直接分解供能,为维持ATP水平,保持能量的连续性供应,CP在肌酸激酶作用下,再合成ATP。CP在肌肉中贮存量很少,为15～17mmol/kg。实际上,磷酸原在运动中的可用量只占1%左右。磷酸原系统作为极量运动的能源,虽然维持运动的时间仅为6～8秒,但却是不可替代的迅速能源。运动训练中及恢复期,既应设法提高肌肉内磷酸原的贮备量,又要重视提高 ATP 再合成的速率。

2. 酵解能系统

酵解能系统又称乳酸能系统。运动中骨骼肌糖原或葡萄糖在无氧条件下酵解,生成乳酸并释放能量供肌肉利用的能源系统。如前所述,该系统尽管生成能量数量不多,但在极量运动的能量供应中具有特殊的重要性。一般认为,在极量强度运动的开始阶段,该系统可参与供能,在运动 30 秒左右供能速率达到最大,其输出功率可达 5.2mmolATP/kg/s,维持运动时间 2～3 分钟。

3. 氧化能系统

氧化能系统又称有氧能系统。糖类、脂肪、蛋白质在氧供充分时,可以氧化分解提供大量能量。该能源系统以糖和脂肪为主,尽管其供能的最大输出功率仅达酵解能系统的 1/2,但其贮备量丰富,维持运动的时间较长(糖类可达 1～2 小时,脂肪可达更长时间),成为长时间运动的主要能源。

三、血液系统

(一)血液理化特性

1. 血液的组成

从血管中取出的血液,一般称全血。如将全血中加入适量抗凝剂,血液不凝固,保持液态。经离心沉淀后,血液可分为两层,上层呈淡黄色的透明液体称为血浆,约占全血中的 50%～60%;下层呈暗红色的不透明固体部分称为红细胞。在红细胞的上方,有一薄层的白色物质,是血小板和白细胞。血细胞占全血的 40%～50%。在血细胞中主要是红细胞,它在全血中所占的容积百分比称为红细胞比容或压积。健康成人的红细胞比容,男子为 40%～50%,女子为 37%～48%。血小板和白细胞约占全血的 1%。

2. 血液的理化性质

血浆和血细胞含有大量的水和化学物质。因此,使血液表现出下列理化特性:

(1)颜色和比重

血液的颜色取决于红细胞内的血红蛋白的含量和含氧量,以至血液呈红色。动脉血含氧多,呈鲜红色;静脉血含氧少,呈暗红色;皮肤毛细血管的血液近似鲜红色。血浆和血清因含胆红素,故呈淡黄色。

正常人全血的比重为 1.050～1.060,比蒸馏水重 50%～60%。全血液的比重主要取决于红细胞的数量和血浆蛋白的含量。

(2)黏滞性

血液在血管内运行时,由于液体内部各种物质的分子或颗粒之间的摩擦,产生阻力,使血液具有一定的黏滞性。流体的流动性一般是通过黏度来反映和度量的,因此反映血液流动性和黏滞性的最重要标志就是血液的黏度。液体的黏滞性和流动性互成反比关系,即黏性越大流动性越小。正常人血液的黏滞性为蒸馏水的 4～5 倍,血浆为蒸馏水的 1.6～2.4 倍。

血液黏滞性主要取决于红细胞的数量和血浆蛋白的含量,还有血细胞形状、其在血流中的分布特点、表面结构和内部状态、易变形性以及它们之间的相互作用等。

(二)血液的功能

1. 运输作用

血液不断地将从呼吸器官吸入的氧和消化系统吸收的营养物质,运送到身体各处,供给组织细胞进行代谢;同时,又将全身各组织细胞的代谢产物二氧化碳、水、尿素等运输到肺、肾、皮肤等器官排出体外。

2. 调节作用

血液将内分泌的激素运输到周身,作用于相应的器官(称为靶器官)改变其活动,起着体液调节的作用。所以,血液是神经—体液调节的媒介。

3. 防御和保护作用

血液有防御和净化作用,白细胞对于侵入人体的微生物和体内的坏死组织都有吞噬分解作用,称为细胞防御。血浆中含有多种免疫物质,如抗毒素、溶菌素等,总称为抗体。能对抗或消灭外来的细菌和毒素(总称为抗原),从而免于传染性疾病的发生。血小板有加速凝血和止血作用,机体损伤出血时,血液能够在伤口发生凝固,防止继续出血,对人体具有保护作用。

4. 保持内环境的稳定

由于血液不断循环及其与各部分体液之间广泛沟通,故对体内水和电解质的平衡、酸碱度平衡以及体温的恒定等都起决定性作用。

四、呼吸系统

(一)呼吸的概念与分类

肺存在密闭的胸腔中,其本身无平滑肌不能主动扩大和缩小。但肺富有弹性纤维,肺泡具有一定的表面张力,因此可以被动地扩大和缩小。胸廓的节律性扩大和缩小称为呼吸运动,它是通过呼吸肌的舒缩活动来实现的,由此构成肺的通气动力。

按照呼吸的深浅,可把呼吸运动分为平静呼吸与用力呼吸。

按照呼吸形式、呼吸肌的舒缩活动,可把呼吸运动分为胸式呼吸和腹式呼吸。膈肌收缩而膈下移时,腹腔内的器官因受压迫而使腹壁突出,膈肌舒张时,腹腔内脏恢复原状,呼吸过程中伴以腹壁的起伏,这种呼吸形式称为腹式呼吸。由肋间肌收缩和舒张使肋骨和胸骨运动产生的呼吸运动称为胸式呼吸。

(二)呼吸调节

正常的呼吸运动总是自动有节律地进行。随着机体活动、代谢水平的改变,呼吸的频度和深度会发生相应的改变,这种适应机体代谢需要的呼吸运动是一种非意识性节律活动。但产生呼吸运动的呼吸肌属于骨骼肌,在清醒状态下,呼吸运动在一定程度上受大脑皮质有意识的控制。因此,呼吸运动除了具有这种自主性的基本特征外,还有一定的随意性的反射性调节。

在中枢神经系统内,有许多调节呼吸运动的神经细胞群,称为呼吸中枢。呼吸直接受呼吸中枢的控制,但呼吸中枢的活动也受来自呼吸器官本身的各种感受器传入冲动的反馈影响。

1. 肺牵张反射

由肺扩张或缩小引起吸气抑制或兴奋的反射,称为肺牵张反射。肺牵张反射的感受器主要分布在支气管及细支气管的平滑肌内。吸气时,肺扩张牵拉感受器引起兴奋,冲动经迷走神经纤维传入延髓吸气中枢,从而使吸气中枢产生抑制作用,终止吸气转为呼气。呼气时,肺缩小,牵拉感受器的刺激减弱,传入冲动减少,解除了对吸气中枢的抑制,吸气中枢再次兴奋,产生吸气,从而又开始一个新的呼吸周期。运动时发生的肺牵张反射,对呼吸频率和深度的调节更具有重要意义。

2. 呼吸肌的本体感受性反射

呼吸肌的本体感受性反射指的是呼吸肌本体感受器传入冲动所引起的反射性呼吸变化。呼吸肌内存在着本体感受器肌梭,接受肌肉的机械牵拉刺激。当呼吸肌被动拉长或呼吸肌气道阻力加大时,肌梭受到牵拉产生兴奋,冲动通过脊神经达到脊髓,反射性地使肌梭所在部位的呼吸肌收缩加强。切断相应的脊神经传入背根,这种反射活动即减弱或消失。

除呼吸肌外,身体躯干、四肢的肌肉和关节,都存在着本体感受器肌梭。人在运动或劳动时,躯干、四肢的本体感受器受到牵拉刺激，也可反射性地引起呼吸的加强。所以，无论身体哪个部位的肌肉，只要其本体感受器肌梭受到牵拉刺激，都会使呼吸加强，这种反射属于正反馈的调节。

3. 防御性呼吸反射

在整个呼吸道都存在着感受器，它们是分布在呼吸黏膜上皮的迷走传入神经末梢，受到机械或化学刺激时，引起防御性呼吸反射，以清除激惹物，避免其进入肺泡，如咳嗽反射、喷嚏反射等。

五、血液循环系统

(一)心肌细胞的生理特性

心肌细胞具有对刺激产生反应的能力，即具有兴奋性。与神经或骨骼肌一样，心肌细胞每产生一次扩张性兴奋之后，兴奋性总要经历有效不应期、相对不应期和超常期，然而才恢复到正常这样一段周期性变化。

1. 自动节律性(自律性)

自动节律性是指心肌在不受外来刺激的情况下，能自动地产生兴奋和收缩的特性。心肌自律性起源于心肌中的自律细胞，自律细胞存在于心脏的特殊传导系统内。特殊传导系统内的心肌细胞具有自动产生节律性兴奋并传导兴奋的能力，但无收缩功能。特殊传导系统中以窦房结的自律细胞自律性最高，为正常心脏活动的起搏点，以窦房结为起搏点的心脏活动称为窦性心律。

窦性心律的正常范围在每分钟 60～100 次，若超过 100 次称为窦性心律过速，慢于 60 次称为窦性心动过缓。

2. 传导性

心肌细胞有传导兴奋的能力称为传导性，心脏的传导系统和心肌纤维均有传导性，但因房室间心肌细胞不相连，所以房室之间兴奋的传导要靠心脏特殊传导系统传递。

心脏的特殊传导系统包括窦房结、结间束、房室结、房室束，最后分为浦肯野氏纤维布满心室内膜并与心肌纤维相连。正常情况下心脏内兴奋传导的途径为:窦房结→结间束→房室结→房室束→浦肯野氏纤维→心室肌。心肌细胞与心肌细胞之间的闰盘为低电阻区，局部电流可以通过此处，使兴奋得以在心肌细胞间扩布。

兴奋在房室交界处传导的速度较慢，传导延搁时间较长，这就使心房收缩后，要经过较长时间才引起心室收缩。因此，心房收缩可进一步将血液挤入心室，使心室在收缩前有充分的血液充盈，有利于心室的射血。心房内和心室内兴奋传导的速度较快，这就使兴奋几乎同时传到所有的心房肌或所有的心室肌，从而使心房肌或心室肌产生同步收缩。

3. 收缩性

心肌细胞的收缩与骨骼肌细胞也不完全相同，其特点是:

(1)对细胞外液的 Ca^{2+} 浓度有明显的依赖性

心肌细胞和骨骼肌细胞都是以细胞外液的 Ca^{2+} 作为兴奋—收缩耦联的媒介的。但是，心肌细胞的肌质网终池很不发达，容积很小，贮存 Ca^{2+} 量比骨骼肌少。因此，心肌兴奋—收缩耦联所需的 Ca^{2+} 除终池释放外，需要依赖于细胞外液中的 Ca^{2+} 通过肌膜和横管内流。兴奋过后，肌浆中的 Ca^{2+} 一部分返回终池贮存，另一部分则转运出细胞。

(2)“全或无”的同步型收缩

心房和心室内特殊传导系的传导速度快，而心肌细胞间闰盘处的电阻又低，所以兴奋一传到心房或心室，几乎同时遍及整个心房或心室肌细胞，从而引起所有心房肌或心室肌同时收缩。显然，对心室肌来说，这种同步收缩可大大提高心室的泵血效果。由于存在同步收缩，心脏要么不收缩，如果一旦发生收缩，其收缩就达到一定强度，称为“全或无”式收缩。

3. 不发生强直收缩

心肌发生一次兴奋后，其有效不应期特别长。在有效不应期内，任何刺激都不能使心肌细胞再发生扩布性兴奋和收缩，因此，心脏不会产生强直收缩而始终保持收缩和舒张交替的节律活动，从而保证了心脏的充盈与射血。

（二）血管生理

1. 动脉血压

血压是指血管内的血液对单位面积血管壁的侧压力，也即压强。以前习惯用毫米汞柱（mmHg）表示血压的高低，但压强的法定计量单位为帕（Pa），即牛顿/平方米。帕的单位较小，一般用千帕（KPa）表示（1mmHg＝0.133KPa）。血压形成的前提条件是心血管系统内有血液充盈。循环系统中血液充盈的程度可用循环系统平均充盈压来表示。在动物实验中，如果使心脏暂时停止射血，血流也就暂停，因此循环系统中各处的压力很快就取得平衡，此时循环系统中各处所测得的压力是相同的，这一压力数值就是循环系统平均充盈压。这一数值的高低取决于血量与循环系统容量之间的相对关系，如果血量增多，或血管容量缩小，则循环系统平均充盈压就增高；反之，如果血量减少或血管容量增大，则循环系统平均充盈压就降低。

2. 动脉血压的形成

动脉血压是在有足够量的血液充满血管的前提下，由心室收缩射血、外周阻力和大动脉弹性的协同作用产生的。一般在心缩期只有搏出量的1/3，即20～30毫升的血液流向外周，其余的2/3血液留在主动脉内，对管壁施加侧压力，拉长了管壁的弹性纤维，使动脉管壁被动扩张。这不但缓冲了动脉管壁突然增大的压力，而且更主要的是通过这种方式，将一部分能量以热量的形式贮存于被拉长了的弹性纤维中。心室收缩将血液射入主动脉后，如果没有外周阻力，左心室收缩释放的能量将全部表现为动能，推动射出的全部血液迅速流向外周，因而不能对动脉壁产生侧压力。反之，如果只有外周阻力而没有心室的收缩射血，缺乏能量的来源，当然也不能形成动脉血压。由此可见，心室收缩射血（心排血量）和外周阻力是形成动脉血压的两个重要因素。

心室舒张时，射血停止。此时，在心缩期被扩张了的主动脉，由于管壁弹性纤维的回缩，压迫血液继续向外周流动，并保持一定的血压。因此，主动脉管的弹性对血液循环起着两种作用：一是把心室收缩时释放的一部分能量以势能的形式贮存起来，于心舒期推动血液继续流动；二是缓冲动脉血压的变化，使心室收缩时动脉血压不至于过高，舒张时动脉内血压不至于过低。

（三）心血管调节

人体在不同的生理状况下，各器官、组织的新陈代谢情况不同，对血流量的需要也不相同。机体内存在着神经的和体液的调节机制，可以对心脏和各部分血管的活动进行调节，从而满足各器官、组织在不同情况下对血流量的需要，协调地进行各器官之间的血流量分配。

1. 神经调节

（1）心脏和血管的神经支配

①心脏的神经支配

心交感神经及其作用为：支配心脏的两侧交感神经节前纤维起自脊髓胸段1～5节灰质侧角的神经元，在星状神经节或颈神经节中更换神经元，节后纤维组成心上、心中、心下神经进入心脏，支配窦房结、房室交界、房室束、心室肌和心房肌等心脏的所有部分。心交感神经节后纤维末梢释放的递质是去甲肾上腺素，它对心脏有兴奋作用，可使心率加快，心肌收缩力量加强。

心迷走神经及其作用为：两侧迷走神经的节前纤维起源于延髓的疑核，到达心脏后在心内神经节换元，节后纤维支配窦房结、心房肌、房室交界、房室束及其分支，可能也有少数迷走神经纤维支配心室肌。心迷走神经节后纤维末梢释放的递质是乙酰胆碱，它对心脏有抑制作用，可使心率减慢，心肌收缩力量减弱。

②血管的神经支配

人体大多数血管只接受交感缩血管神经的单一神经支配。

少数血管除接受交感缩血管神经支配外，还接受舒血管神经支配。

(2)心血管反射

在大多数情况下，机体对环境变化所引起的反射都是相当复杂的，许多器官的活动都会发生变化，而心血管反射只是复杂反应中的一个组成部分。

(3)本体感受性反射

骨骼肌的肌纤维、肌腱和关节囊中有本体感受器。肌肉收缩时，这些感受器受到刺激，反射性地引起心率加快，血压升高。目前认为强烈的肌肉运动一开始，心率立即加快，是神经反射所引起的，而本体感受性反应可能是其中的一部分。

2. 体液调节

体液调节是指血液和组织液中的化学物质对心肌和血管平滑肌的调节作用。这些体液因素中，有些是通过血流携带的，可广泛作用于心血管系统；有些则在组织中形成，主要作用于局部的血管，对局部组织的血流起调节作用。

六、神经调节

(一)本体感觉

神经调节是通过反射实现的，反射活动又是通过感觉器官的感觉开始的，日常我们能听到声音、看到物体都是神经系统的感觉机能。有一种感觉平时你不容易觉察到，则需要本体感受器参与。本体感受器能够感受在运动中由于拉伸而造成的压力、张力变化、使人体感受到身体在空间的位置、姿势和运动的变化等。

(二)位觉

身体进行各种加速运动(包括直线加速运动和角加速运动)时引起的前庭器官中的位觉感受器兴奋并产生的感觉，称为位觉，也称前庭感觉。位觉感受器官为前庭器官。前庭器官稳定性是指刺激前庭感受器引起机体前庭反应的程度，前庭稳定性差会引起位觉感觉障碍，如眼花、耳鸣、蚁行感及晕车等，还会引起位觉运动障碍，如肌紧张破坏，眼震颤等；还可能造成位觉植物机能障碍，如脸色苍白、恶心呕吐，腹泻等。

提高前庭稳定性的方法有：(1)主动训练法：主动地选择加速度运动的各种练习。头部运动——头部依次做左右转动、前后转动，前俯后仰、左右倾斜，顺时针和逆时针左右旋转。各种动作做 1 分钟，在 30 秒后休息 5 秒；再接着做，共做 5 分钟，头动的频率是每秒 2～4 次。(2)被动训练法：坐在产生加速度变化的器械上，被动忍受加速度作用。(3)综合训练法：将主动训练与被动训练相结合，一方面迅速提高前庭机能稳定性，另一方面又能全面提高人体机能。

(三)脊髓对躯体运动的调节

脊髓是中枢神经中最初级的部分，具有介导各种反射的神经无网络。当脊髓与高位中枢的联系被切断后，还可产生一些反射性活动，说明有些运动中枢位于脊髓水平，脊髓不仅能够传入信息还能完成一些反射性运动。中枢神经系统可通过调节骨骼肌的紧张度或产生相应的运动，以保持和改正躯体的空间姿势，脊髓能够完成的姿势反射有牵张反射和屈肌反射。

(四)脑干对姿势的调节

脑干对姿势的调节主要有网状结构对肌紧张的调节与姿势反射。大脑网状结构存在于脑干广大区域中，神经细胞和神经纤维交织在一起呈网状。当阻断脑的上下丘之间的联系会出现大脑僵直现象,姿势反射是为维持身体基本姿势而发生肌肉张力重新调配的反射,主要有状态反射、翻正反射、旋转运动反射和直线运动反射。

第二节 健康测量与评价

一、身体姿势的测量与评价

(一)躯干部

1. 脊柱前后弯曲测量

测量仪器:脊弯测量计。

测量方法:令受试者身着短裤(或背心短裤)立于测量计底板。足跟、骶骨及背部紧靠立柱。测试者立于侧方首先观察其耳屏、肩峰、大转子三点是否在同一垂线上。然后将测量计上的小棍前推,使其密切接触受试者的身体,根据棍棒在腰曲的最大距离,以及上述三点的相互位置进行躯干背部姿势良否的判断。

正常:腰曲 2~3 厘米,耳屏、肩峰、大转子点在同一垂线。

驼背:腰曲小于 2~3 厘米,头向前探,耳屏点落于肩峰及大转子点前方。

鞍背:腰曲过大,超过 5 厘米以上,背及部后突,耳屏点与肩峰点落于大转子点前方。

直背:缺乏生理性胸曲及腰曲,整个背部过平。

2. 脊柱侧弯测量

(1)观察法

令受试者身着短衣(或游泳衣),取自然立正姿势站立。测试者立于其正后方,观察受试者两肩是否等高;两肩胛骨下角是否在同一水平面,与脊柱的间距是否相等;脊柱各棘突是否在同一直线并垂直于地面,根据以上几点判定脊柱是否正常或是侧弯。

(2)重锤法

测量仪器:重垂线、测量尺。

测量方法:受试者自然站立,足跟靠拢。使悬垂的重垂线通过其第七颈椎棘突。测试者立于其后,观察各棘突是否偏离垂线,然后测量偏离距离(方向分左偏离、右偏离,部位分颈、胸、腰部)来判定侧弯程度。偏离距离若小于 1 厘米者为正常;1~2 厘米者为轻度侧弯;2.1 厘米以上为重度侧弯。

对判断为脊柱侧弯的受试者,令其活动身体,以确定侧弯性质。如在活动时侧弯消失,则判定为习惯性侧弯;如在活动时侧弯仍不消失,则判定为固定性侧弯。然后按照侧弯方向部位、性质予以记录。

(二)臂部

测量方法:令受试者裸露两臂自然站立,两臂侧平举,掌心向上。测试者立于其正前方 1.5 米处,观察受试者上臂和前臂的伸展情况及肘关节形状,判定其臂型。

欠伸:上臂与前臂之间稍有夹角,不在同一水平面,即伸展不足,肘关节突起。

直伸:上臂与前臂在同一水平面,肘关节平直,为正常臂。

过伸:上臂与前臂之间超过 180°,前臂向下,肘关节凹陷。

后伸:上臂与前臂在同一水平面,但偏离肩线。前臂偏向体后,肘关节肱骨内上髁明显突起。

(三)腿部

测量方法:令受试者裸露双腿取立正姿势站立。测试者立于受试者正前方,观察并测量受试者两腿内侧、两膝、足跟之间的距离，据此来判断其属于哪种腿型。

直型腿：受试者两膝部、两腿内侧、足跟均可靠拢互相接触，或间距小于1.5厘米，此种腿型为正常。

X型腿：两膝部可靠拢，但两小腿内侧及足跟不能互相接触，且间距大于1.5厘米以上。

O型腿：大、小腿之间不能合拢，只足跟可靠拢，两膝间距大于1.5厘米以上。

(四)足弓

足弓测量是根据足底与地面接触面积的大小比例，将其分为正常足以及轻度、中度、重度扁平足。正常足足印空白区与足印最窄区宽度之比为2∶1；轻度扁平足为1∶1；中度扁平足为1∶2；重度扁平足则足印无空白区。一般可用以下方法测量：

简易法：脚踩滑石粉或清水立于黑板或水泥地面上将其留下的足迹沿第一跖骨内侧与足跟内侧画一切线，根据切线内的空白区与足印实区最窄处宽度比例来判定。

纸印法：为了便于资料保存进行动态分析，采用纸印法测量足弓。双足踏过浸以10%氯化高铁溶液的纱布或海绵，然后双足踏在预先准备好(刷过10%亚铁氯化钾溶液并已晾干)的纸上，令受试者双足不可移动，当其双足离开纸后，即留下蓝黑色足印。沿足印内缘画一切线，即第一条线，再自中趾尖点到足跟中点引第二条线，两线交叉形成夹角，然后画出该角角平分线，即第三条线。至此三条线将足弓分为内侧部、中间部、外侧部，根据足弓内缘落在哪个部位来判定足弓是否正常。

正常足：足弓内缘落在外侧部。

轻度扁平足(Ⅰ度)：足弓内缘落在中间部。

中度扁平足(Ⅱ度)：足弓内缘落在内侧部。

重度扁平足(Ⅲ度)：足弓内缘超出内侧部。

二、运动能力的测量与评价指标

(一)有氧工作能力最大摄氧量

1. 最大摄氧量的概念及正常值

最大摄氧量是指人体在进行有大量肌肉群参加的长时间剧烈运动中，当心肺功能和肌肉利用氧的能力达到本人的极限水平量时，单位时间内(通常以每分钟为计算单位)所能摄取的氧量称为最大摄氧量，也称作最大吸氧量或最大耗氧量。最大摄氧量是评定人体有氧工作能力的重要指标之一(见表6—1)。

表6—1　人体最大摄氧量正常值表

性　别	项　目	正常值
男子	绝对值	3.0～3.5L/min
	相对值	50～55ml/kg/min
女子	绝对值	2.0～2.5L/min
	相对值	3.0～3.5ml/kg/min

引自：王瑞元、苏全生.运动生理学[M].北京：人民体育出版社2012年版。

2. 最大摄氧量的测定方法

(1)直接测定法

通常采用以下标准来判定受试者是否达到本人的VO_2max，如符合四项标准中的三项即可判

定达到 VO_2max（VO_2max 是反映心肺功能的综合指标）。

①心率达 180b/min（少儿达 200b/min）；②呼吸商达到或接近 1.15；③摄氧量随运动强度增加而出现平台或下降；④受试者以发挥最大力量并无力保持规定的负荷即达筋疲力尽。

使用直接测定法的注意事项：①进行大肌肉群参与的运动，且运动募集达到全身肌肉质量的 50%；②除特殊专项外，运动实验不应受到受试者体型、力量和速度素质以及运动技巧的影响；③实验应持续足够长的时间以充分调动呼吸、心血管系统机能；④要求受试者运动耐受性良好，受试者应提前接受医学检查，运动过程中应有心电监控。

(2)间接推算法（应考虑误差因素的影响）：

①Cooper 实验

通过计算全力 12 分钟跑的运动距离推算最大摄氧量。

$VO_2max(ml/kg/min)=(d12-55)/45$

d12 为 12 分钟跑的运动距离（米）。

②Fick 公式法

可通过 Fick 公式计算肌肉最大收缩时的最大摄氧量。

$VO_2max=Q(CaO_2-CvO_2)$

式中，Q 为心排血量，CaO_2 为动脉血氧含量，CvO_2 为静脉血氧含量。

3. 最大摄氧量在运动实践中的意义

(1)最大摄氧量是评定有氧工作能力的客观指标

VO_2max 是反映心肺功能的综合指标，耐力性项目的运动成绩与 VO_2max 之间具有高度相关的关系。

(2)最大摄氧量是评定心肺功能的指标

运动过程中，人体达到最大摄氧量时，心肺功能达到极限水平。

(3)最大摄氧量是运动员选材的生理指标

VO_2max 有较高的遗传度，故可作为选材的生理指标之一。

(4)最大摄氧量是制订运动强度的依据

将 VO_2max 强度作为 100%VO_2max 强度，然后以 VO_2max 强度，根据训练计划制订不同的百分比强度，使运动负荷更客观、更实用，为运动训练服务。

(二)乳酸阈与个体乳酸阈

1. 乳酸阈

在渐增负荷运动中，血乳酸浓度随运动负荷的递增而增加，当运动强度达到某一负荷时，血乳酸出现急剧增加的那一点（乳酸拐点）称为“乳酸阈”，这一点所对应的运动强度即乳酸阈强度。它反映了机体的代谢方式由有氧代谢为主过渡到无氧代谢为主的临界点或转折点。

VO_2max 反映人体在运动时所摄取的最大氧量，而乳酸阈则反映人体在渐增负荷运动中血乳酸开始积累时的 VO_2max 百分利用率，其阈值的高低是反映人体有氧工作能力的又一重要生理指标。

2. 乳酸阈测定

受试者在渐增负荷运动试验中，连续采集每一级运动负荷时的血样（一般用耳垂或指尖末梢血）测得其血乳酸值。

3. 通气阈测定

在渐增负荷运动中，将肺通气量变化的拐点称为通气阈。

4. 乳酸阈在体育运动实践中的应用

(1)评定有氧工作能力

VO_2max 和 LT 是评定人体有氧工作能力的重要指标，二者反映了不同的生理机制。前者主要反映心肺功能，后者主要反映骨骼肌的代谢水平。通过系统训练，VO_2max 提高的可能性较小，它受遗传因素影响较大。而 LT 较少受遗传因素影响，其可训练性较大，训练可以大幅度提高运动员的个体乳酸阈。显然，以 VO_2max 来评定人体有氧能力的增进是有限的，而乳酸阈值的提高是评定人体有氧能力增进更有意义的指标。

(2)制订有氧耐力训练的适宜强度

理论与实践证明，个体乳酸阈强度是发展有氧耐力训练的最佳强度。其理论依据是用个体乳酸阈强度进行耐力训练，既能使呼吸和循环系统机能达到较高水平，最大限度地利用有氧供能，同时又能在能量代谢中使无氧代谢的比例减少到最低限度。研究表明，优秀耐力运动员有较高的个体乳酸阈水平。对训练前后的纵向研究也表明，以个体乳酸阈强度进行耐力训练，能有效地提高有氧工作能力。

(三)无氧工作能力测试与评价

无氧功率是指机体在无氧条件下，最短时间内发挥出最大力量和速度的能力。

1. ATP—CP 能力的检测

(1)萨扎特(Sargent)纵跳试验法。这种方法简便易行，但精确性较差，主要用于评价人体的肌肉爆发力(ATP—CP 供能能力)。

$$P=\sqrt{4.9}\times W\times\sqrt{H}$$

式中，P＝无氧功率；W＝体重；H＝纵跳高度。

(2)玛加利亚台阶试验法：玛加利亚—卡拉门台阶试验的运动形式简便，且不会导致精疲力竭，可较精确地了解 ATP—CP 供能的能力。其缺点是对年幼和部分妇女或老年人不太适宜，并在一定程度上受主观努力和身高与腿长的影响(见图 6—1)。

计算方法：

$$\text{无氧功率(kg·m/s)}=\frac{\text{体重(kg)}\times\text{第三至第九级台阶垂直距离(m)}}{\text{第三至第九级登台阶时间(s)}}$$

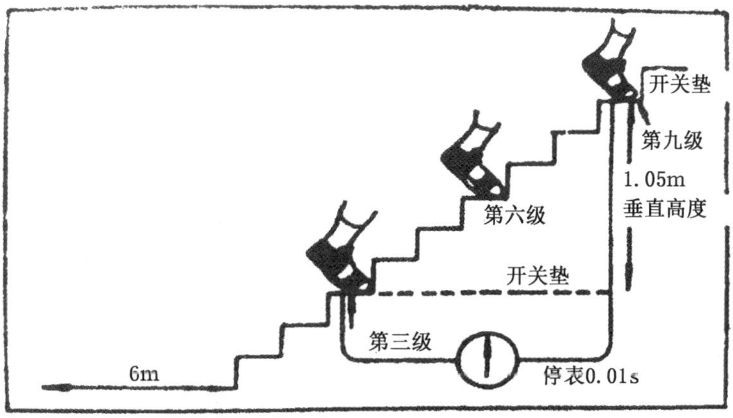

图 6—1　玛加利亚—卡拉门台阶试验法示意图

引自：王瑞元，苏全生．运动生理学[M]．北京：人民体育出版社，2012。

2. 糖无氧酵解系统能力的检测

温盖特无氧功率试验：主要用于检测最大无氧功率(ATP—CP 供能能力)和平均无氧功率

(ATP—CP 和无氧酵解能力)。温盖特试验运动强度极大,容易造成受试者肌肉损伤。

试验过程:①测定受试者身高、体重、肺活量及皮脂厚度;②让受试者以每净千克体重 0.075kg 的负荷,以最快速度全力蹬车 30 秒,同时记录蹬踏圈数和心率,并将每 5 秒的蹬车数代入公式负荷阻力(千克)×圈数×11.765,单位是瓦特(见图 6—2)。

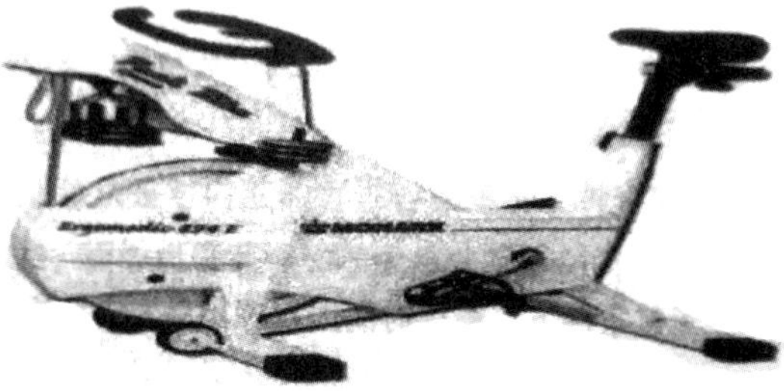

图 6—2 温盖特无氧功率试验法脚蹬车

引自:王瑞元,苏全生. 运动生理学[M]. 北京:人民体育出版社,2012。

3. 恒定负荷试验

恒定负荷试验最常用的是无氧跑速试验,以受试者能够维持运动的时间长短来判定无氧做功能力。

无氧跑速试验要求受试者在 20%坡度的跑步机上以约 13Km/h 的速度跑步,以受试者能够维持运动的时间长短来判定无氧做功能力。

4. 无氧能力的生理学检验

通过实验室运动时测得的最大氧亏积累和最大血乳酸水平等生理指标来反映无氧能力的大小。

第七章

运动营养

第一节　营养素

一、基本营养素

人体所需的营养成分包括:蛋白质、糖(或称碳水化合物)、脂类、维生素、矿物质、食物纤维和水等。现将对这些营养成分的组成、分类、营养功用,以及供给量与来源分别加以阐述。

(一)蛋白质

1. 组成与分类

蛋白质是一种化学结构非常复杂的化合物,主要是由碳、氢、氧、氮四种元素构成(有的还含硫、磷等元素)。当蛋白质在酸碱或酶的作用下进行水解时,其最终产物是一种含有氨基酸的羧基,称作氨基酸,它是构成蛋白质的基本单位。

2. 营养功用

(1)构成机体组织。蛋白质是一切细胞和组织结构的重要成分,是生命的物质基础。蛋白质占细胞内固体成分的80%以上,占体重的18%。

(2)调节生理机能。蛋白质在体内构成许多机能物质,具有多种生理功能,如酶的催化作用、激素的生理调节作用。

(3)供给热能。蛋白质的主要功用不是供给热能,而当碳水化合物和脂肪供给的热能不足,或摄入氨基酸过多时,蛋白质便开始供给热能。

3. 供给量与来源

蛋白质需求量受两方面因素影响:一是人体的生理状况,如儿童、孕妇,伤病康复者和重体力劳动者等对蛋白质的需要量较多;二是蛋白质的质量,摄入生物价高的蛋白质时,需要量较少,反之需要较多。

我国目前膳食的蛋白质以植物性蛋白质为主,生物价较低,成年人的供给量为每日每千克体重1～1.5克。蛋白质供给的热能,平均应占一日膳食总热能的10%～14%,其中儿童为12%～14%,成人为10%～12%。

蛋白质广泛存在于动物性食物和植物性食物中的豆类、谷类和坚果类食物中。鸡蛋是最好的食物蛋白质来源,生物价高达94%。植物性食物蛋白质的营养价值虽然低于动物性食物,但是由于食用量大,目前仍然是我国居民膳食蛋白质的主要来源。

4. 蛋白质营养失调对人体的影响

蛋白质营养失调包括蛋白质不足与蛋白质过剩，它们都对人体健康有不良影响。蛋白质缺乏，可使机体生理功能下降、抵抗力降低、消化功能出现障碍、伤口愈合缓慢、精神不振，并出现贫血、脂肪肝、组织中酶活力下降等；相反，摄入蛋白质过多，也对人体有害。

5. 蛋白质与运动

运动使体内蛋白质代谢发生变化，而不同性质的运动作用又有所差异。耐力性运动使蛋白质分解加强，合成速度减慢，机体尿氮和汗液中的氮排出量增加；力量性运动在使蛋白质分解加强的同时，活动肌群蛋白质的合成也在增加，并大于分解的速度，因而使肌肉壮大。以上均反映出运动使机体对蛋白质的需要量增加。若蛋白质摄入不足，不仅影响体育锻炼的效果，而且会发生运动性贫血。但是，如果蛋白质摄入过多，不仅对肌肉壮大和提高肌肉功能没有好处，反而会对正常代谢产生不良影响。

(二)糖(碳水化合物)

1. 组成与分类

糖由碳、氢、氧三种元素组成，因其每两个氢原子有一个氧原子，这个比例与水相同，故又称碳水化合物。依其分子结构的简繁，糖分子为单糖(包括葡萄糖、半乳糖、果糖)、双糖(包括蔗糖、麦芽糖、乳糖)与多糖(包括淀粉、糖原、纤维素与果胶)。

2. 营养功用

(1)供给能量。糖是人体主要的能源物质，1 克葡萄糖在体内完全氧化成二氧化碳和水时，可以产生 17 千焦耳(4 千卡)的能量。糖在供给热能上有许多优点：比脂肪和蛋白质易消化吸收、产热快、耗氧少、对运动有利。

(2)维持中枢神经机能。糖是大脑的主要能量来源，血糖水平正常才能保证大脑正常工作。糖降低，脑的功能即受影响，会发生头晕、昏厥等低血糖症。

(3)维持脂肪正常代谢。

(4)降低蛋白质的分解。

(5)保护肝脏。碳水化合物可增加肝糖原的储存，保护肝脏免受某些有毒物质(如酒精、细菌毒素等)的损害。

(6)构成机体的重要物质。

3. 供给量与来源

糖的供给量依饮食习惯、生活水平和劳动性质等因素而定，目前我国成年人糖的供给量以占总热能的 50%～70%为宜。糖在自然界中分布很广，主要在植物性食物中，粮食等根茎类植物含糖量很丰富。动物性动物中只有肝脏含有糖原、奶中含有乳糖，但数量不多。

4. 糖与运动

糖在能量代谢中十分重要，是运动中的主要能量来源，对人体运动能力有很大影响。人体内糖的主要储备形式是糖原。肌糖原约 350 克可供给 1 400 千卡热能；肝糖原 70～90 克可提供 280～360 千卡热能；血糖总量约 20 克可提供 80 千卡热能。

糖是运动中的重要能源。运动时肌肉的摄糖量可为安静时的 20 倍以上。体内糖原储量与运动能力成正比。运动前和运动中合理地补充糖，可以减少糖原消耗，提高血糖水平，有利于提高运动能力；运动后补充糖可促进糖原储备的恢复。据研究，运动后即刻摄入果糖对肝糖原的储备效果较好，葡萄糖与蔗糖可使肌糖原储备在 24 小时后保持较高水平。

(三)脂类

1. 组成与分类

脂类包括脂肪和类脂，由碳、氢、氧 3 种元素组成，有的类脂还含有磷和氮。脂肪酸的种类很多，按分子结构分为饱和脂酸与不饱和脂酸两类，不饱和脂酸又可分为单不饱和脂酸与多不饱和脂酸。通常把维持人体正常生长所需而体内又不能合成的脂肪酸称为必需脂肪酸。亚油酸和亚麻酸是人体所需的两个重要的必需脂肪酸。

2. 营养功用

(1)供给热能。脂肪是高热能物质，每克脂肪可供热 9 千卡。沉积在体内的脂肪是机体的“燃料库”。

(2)构成机体组织。类脂质是构成细胞的基本原料。体内脂肪组织有保护和固定器官的作用，皮下脂肪有保温作用。一般成年男性的脂肪占体重的 10%～25%，女性脂肪含量更高。

(3)供给必需脂肪酸。

(4)脂溶性维生素的携带者，并促进其吸收利用。

(5)增加食物香味与饱腹感。

3. 供给量与来源

一般来说，脂肪供给的能量占总能量的百分比，青少年以 25%～30%为宜，成年人以 20%～25%为宜。各种脂肪酸的比例以 1∶1∶1 为宜。必需脂肪酸供能应达到总能量的 1%～2%。

膳食中的脂肪的主要来源是烹调油，以及各种食物中所含的脂肪。目前我们食用的一些烹调油是按 1∶1∶1 的比例对脂肪酸进行过调配的调和油。

4. 脂肪营养失调对人体的影响

由于人体对脂肪的实际需要量不高，因而在脂肪营养失调中的主要问题是摄入脂肪过多。膳食中脂肪总摄入量与动脉粥样硬化症发病率、死亡率成正相关，与乳腺癌的发病率也成正相关。

摄入脂肪过多还会引起大量脂肪在肝脏存积而形成脂肪肝。脂肪肝可引起肝细胞纤维性病变，最后造成肝硬化，损害肝脏的正常功能。此外，由于脂肪是高热能物质，摄入过多会导致体内热量过剩，过剩的热能转化为脂肪存于体内，使机体肥胖，并容易发生心血管疾病。

5. 脂肪与运动

脂肪是长时间运动的主要能源，但必须在氧充足的情况下，一般是在运动强度小于最大耗氧量 55%时，脂肪酸才能氧化供能。训练水平与氧化脂肪的能力有关。通过训练可以增强体内脂肪代谢酶的活性，从而提高氧化脂肪的能力。

(四)维生素

维生素是维护身体健康、促进生长发育和调节生理机能所必需的一类(低分子)有机化合物。其种类较多，化学性质不同，生理功能各异。维生素虽不参与构成组织，也不供给热能，却对体内生物氧化等代谢过程有重要作用，能促进机体吸收大量能源物质和构成基本物质的原料，调节物质代谢和能量转化等。通常按溶解性质将其分为两大类：一类是脂溶性维生素，另一类是水溶性维生素。脂溶性维生素包括维生素 A、维生素 D(钙化醇)、维生素 E(生育酚)和维生素 K(凝血维生素)；水溶性维生素包括维生素 B 复合物和维生素 C(抗坏血酸)。

人体所需的维生素有十多种。维生素大多不能在体内合成或合成量甚微，在体内的储存量一般很少，必须从食物中摄取。因此，合理地选择、正确地加工和烹调食物，对保证人体必需的维生素是很重要的。维生素摄入不足会影响正常代谢和生理机能，严重的会发生维生素缺乏症。

维生素对于运动十分重要，不仅是保证身体健康所必需的，而且有些维生素直接影响人体的运动能力。摄入维生素必须适量，少了可引起缺乏病，多了对机体不仅无益反而有害。如维生素 A、维生素 D 摄入过多会蓄积于体内而致中毒；过量的维生素 B 和维生素 C 会引起代谢紊乱和产生对其他维生素的抵抗作用，导致不良反应。人体主要通过食物摄取维生素，这不会过量，所以在食物供给充分的情况下，一般不必另外补充维生素制剂。

(五)矿物质

1. 矿物质的组成及在人体中的含量

人体内所含矿物质元素的种类很多,总量占体重的 5%～6%,其中含量较多的是钙、磷、钠、钾、氯、硫、镁七种,被称为常量元素;含量较少的是铁、碘、氟、硒、锌,铜等,被称为微量元素。

2. 矿物质对人体的作用

矿物质对人体十分重要,各种元素都有独特的功能,大体可以概括为:构成机体组织、调节生理机能、维持正常代谢。人体每日都有矿物质的摄入与排出,保持体内的动态平衡,若不能补充,体内的代谢和生理机能会受到影响,甚至生病,但摄入过度也会有害,也对人体有害,因此必须适量。人体所需的矿物质,多数在正常情况下能获得,但有的微量元素受地质化学状况的影响会发生地区性的缺乏。

(六)食物纤维

1. 营养功用

食物纤维是可食植物的细胞壁间质组成成分,它不被人体内消化酶分解消化,在保护预防某些疾病方面有一定作用,是维持人体正常生理机能必不可少的物质,因此也是膳食中的重要营养素之一。它的生理作用是:(1)降低血浆中的胆固醇;(2)降低餐后血糖升高的幅度;(3)改善大肠的功能,预防便秘,加快有毒物质的排出;(4)改善大肠中的代谢,从而减少毒素和致癌物质的产生。

2. 供给量与来源

成人的食物纤维供给量为每天 4～12 克。适量食用粗杂粮和蔬菜水果,不吃过分精制的食物,一般能满足。含食物纤维较多的食物有:麦麸、鲜豆荚、嫩玉米、草莓、菠萝、花生、核桃等,蔬菜生吃可增加摄入食物纤维的量。食物纤维摄入过多,会影响钙、镁、锌、铁等无机盐和某些维生素的吸收,还可引起刺激性腹泻。

(七)水

水是人体除氧以外赖以生存的最重要的物质。一般情况,人体在缺食但不缺水的情况下,可维持生命数十天;若是缺水,则仅能生存几天,由此可见水的重要性。

1. 营养功用

(1)机体的重要组成成分。水是机体中含量最多的组成成分,约占成人体重的 60%。

(2)保证和参与物质代谢过程。机体内的代谢过程是在体液环境中进行的,而体液是由水、电解质、低分子有机化合物和蛋白质等物质组成的。水是良好的溶剂,营养物质的消化、吸收,生物氧化以及代谢物的排泄都离不开水。

(3)调节体温。水的比热大,体温易保持稳定。水的蒸发散热(排汗)是调节体温的一种重要方式。

(4)体内物质的运输。水的流动性大,在体内形成体液,循环运输物质。

(5)保持腺体正常分泌。各种腺体分泌物均是液体。

2. 供给量与来源

人体的需水量取决于排出水量,每日摄入的水量应与机体经过各种途径排出的水量保持动态平衡。1 500 毫升是成年人一般情况下每天对水的最低生理需要量,为安全计每日每千克体重摄入水分 40 毫升为宜;高温、运动等出汗多时,供水量应相应增加。

二、日常膳食指导

平衡膳食是指膳食中所含有的营养素数量充足、种类齐全、比例适当。平衡膳食由多种食物构成。它提供足够数量的热能和各种营养素，以满足人体正常生理的需要。要保持各种营养素之间数量的平衡，以利于消化吸收和利用。

1. 充足

为了营养充足，成年人在使用“金字塔”食谱时应从谷类一组中取 6 份，蔬菜类 3 份，水果类 2 份，肉、禽、鱼、干豆、蛋和坚果类 2 份，奶、酸奶和奶酪类 2 份。简单记为“63222”。

2. 适量

谷物处于“金字塔”食谱的底部，这说明吃得最多的应该是谷类。谷类是健康饮食的基础，其次是水果和蔬菜。肉类和奶制品的蛋白质含量很高，也是维生素和矿物质的重要来源，但吃的量却有限，因为它们同时也是高脂肪和高热量的食物。

脂肪、油和甜食只占据了“金字塔”食谱顶部的小角，说明应该少食用，它们不应当构成一个食物类别，因为它们不是促进健康所必需的；当然它们在提供大量能量的同时确实也提供一些必要的脂类和维生素 E。酒精饮料几乎没有什么营养，因而被排除在金字塔之外，其热量很高，每天的摄入量必须控制。香料、咖啡、茶和餐间软饮料也没有什么营养，它没有被列入“金字塔”，但它们可以使饭菜可口宜人，茶和一些香料里也有一些可能对身体有益的植物化学物质。

3. 多样

“金字塔”食谱的美在于简洁。尽管它可能显得有些呆板，但一旦理解了它的内涵，实际上是很有内涵的。例如，可以把牛奶换成奶酪，因为它们都提供牛奶、酸奶和奶酪这组食物中的关键营养素。同样，可以选择豆类和坚果类来替代肉类。

就像前面提到的那样，“金字塔”食谱试图弱化肉类和奶、奶酪、蛋等动物性食品，而强调谷物、瓜果和蔬菜的作用。这有助于素食主义者安排饮食，也鼓励其他人尽量多吃植物性的食物。肉类所在的一组也包括“肉的替代物”，如豆类、坚果类和豆腐。对于奶制品组，这组包括牛奶和奶制品，那些不愿将奶制品作为日常食物的人可以食用豆浆来代替牛奶，豆浆在添加钙和维生素 B_{12} 方面同样可以满足营养素需求。简而言之，不吃肉或动物性食物的人们仍可以使用“金字塔”来保证充足的营养。

4. 平衡膳食宝塔

中国居民平衡膳食宝塔是根据中国居民的膳食结构特点设计的，它把平衡膳食的原则转化成各类食物的组成，并以直观的宝塔形式表现出来，便于群众理解和在日常生活中实行（见图 7－1）。

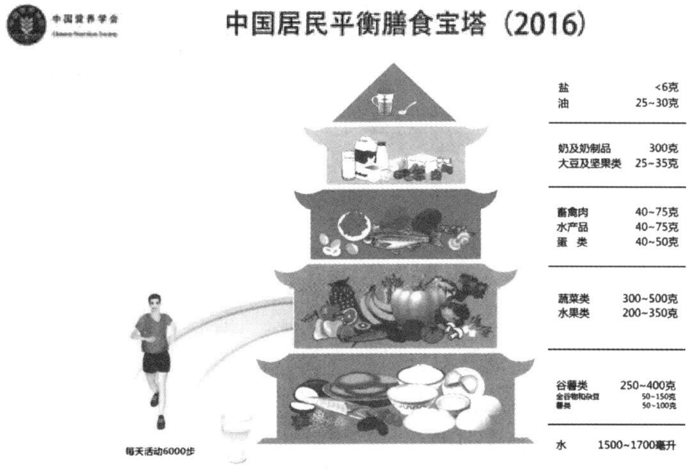

图 7－1　中国居民平衡膳食宝塔

第二节 营养健康教育

随着我国经济的发展和人民生活水平的不断提高，我国居民的体质和卫生健康水平有了很大的提高，营养学已成为人们体质保健和康复的一门重要学科。人们也逐渐认识到营养是生命的物质基础，营养对人体生长发育和健康的维持具有重要作用。然而，现代大学生体质有下降的趋势，可能与学生营养供给不足有关。

一、大学生的健康教育价值

营养价值是指在特定食品中的营养素及其质和量的关系。一般认为含有一定量的人体所需的营养素的食品，就具有一定的营养价值；含有较多营养素且质量较高的食品，则营养价值较高。食品营养价值的高低，取决于食品中的营养素是否齐全、数量多少、相互比例是否适宜，以及是否易于消化、吸收等。一般来说，食品中所提供的营养素种类及其含量越接近人体需要，则该食品的营养价值就越高，比如母乳对于婴儿来说，其营养价值就很高。

不同食品因营养素的构成不同，其营养价值就不相同。比如，粮谷类食品，其营养价值主要体现在能够提供较多的碳水化合物，但其所含的蛋白质的质和量都相对较低，所以其营养价值相对较低；蔬菜、水果可提供丰富的维生素、矿物质和膳食纤维，但蛋白质和脂肪的含量很少，因而营养价值较低。市场上有的饮料由一些食品添加剂如食用色素、香精和人工甜味剂加水配制而成，则几乎无营养价值可言。

人们通常所说的动物蛋白质的营养价值比植物蛋白质高，主要是就其蛋白质的质而言的，因为动物蛋白质所含的必需氨基酸的种类以及相互的比例关系更适合人体需要。食品的营养价值是相对的，即使是同一种食品，由于其产地、品种、部位，以及烹调加工方法不同，其营养价值也有所不同。

运动营养学主要是一门利用营养学和生物化学等相关理论和技术为支撑来实现对人体代谢特点进行评定和探究，并有针对性地给出营养康复计划的学科。运动营养学诞生于20世纪中期，到目前为止已经经历了几十年的发展历史并形成一个独立的学科体系，对促进现代体育事业的发展贡献了巨大的力量。随着社会经济水平的不断发展，人们对运动健身的需求越来越高，运动营养也越来越受到广大民众的欢迎，表现出了强大的生命力。

人体营养是体育运动的重要保障，不管是竞技体育还是社会体育，都需要全面研究人体营养，只有拥有健康的体魄才能够取得良好的锻炼效果，才能够提高运动成绩。大学生在体育训练或者比赛过程中一旦出现营养供应不足，就会出现身体疲劳和运动表现下降的情况，进而影响运动的效果和比赛成绩。反之，大学生平时的膳食十分合理，在运动过程中能够获得及时的营养补充，那么其运动运动成绩或训练效果也必然会比较理想。科学的运动训练在运动营养的辅助下能够呈现更好的训练效果，能够为大学生各种运动技能的发挥提供必要的营养，减少运动损伤、延长运动寿命。

大学生是我国社会主义建设的接班人，是促进我国社会进步和发展的中坚力量，青年学生健康与否直接关系到国家社会的兴衰，因此，运动营养学在普通高校体育中的意义和价值也非常高。根据调查，当前青年学生普遍存在营养不良的情况，而处于这一年龄段的人正处于身体发育的关键期，对营养的需求非常大，加之严峻的就业形势给大学生心理上形成了巨大的压力，更需要为他们提供良好的营养。因此，如何科学处理好大学生的运动、学习、身体发育等方面的关系，让他们能够实现全面发展，成为众多人关注的课题，也是现阶段高校体育课程开发的重要领域之一。然而，从当前我国高校体育课程的发展情况来看，关于大学生运动、营养与健康课程开发基本停留在理论层面，实践性的内容涉及较少。

从当前的情况来看，大部分普通高校体育课程还存在一定的认识不充分现象，对运动营养的认识不够全面，在安排运动量的过程中没有充分考虑到学生的身体营养情况，导致恢复手段应用缺失，而在其体育教学方面大部分都是采用专业训练的模式，那么运动营养领域发展的状况也就不难想象了。

由于各种因素的存在，大部分普通高校的课余体育活动都没有进行统一的组织和管理，处于一种“自由模式”。在这种“自由模式”下，大部分学生都是玩到尽兴才会停止运动，然后带着高度的疲劳去进食和学习，难以得到专业的指导，这样的运动和学习模式对学生的身心健康十分不利。而大部分普通高校的学生对运动恢复和运动营养方面的知识了解较少，同时由于他们长期处于一种远离运动营养的状态，习惯了无节制的运动和营养索取，很少有人去关注这种状态存在的弊端，长此以往与现代社会发展的脚步越来越远。传统的普通高校体育课程主要强调对学生运动技能和运动能力的培养，专注于课堂教学，虽然在高校体育教学改革以后，高校体育教学开始关注体育卫生和体育健康等方面的教育，但是由于长期受传统教育观念和教育功利等因素的影响，普通高校体育教学对体育健康和体育卫生教育更多地停留在形式上。因此，如何实现普通高校体育课程和运动营养的科学平衡，运用营养学知识有机地融合到普通高校的体育课程中，让学生掌握更多的运动营养学知识，培养学生科学运动的意识，让学生获得全面的发展，成为新时代背景下普通高校体育发展过程中应充分关注的问题。

二、大学生营养健康教育问题

(一)高校运动营养健康教育教材的落后与缺失

虽然近阶段国家教育部门对高校体育课程实施了改革，要求关注学生的综合素质发展，培养学生的终身体育意识，在教材中也添增了相关体育健康和体育卫生的内容，但是由于受各种因素的干扰，很少有高校能够完全按照课改的要求实施体育教学，也就无法达到课改的目标。当前大部分高校每周只安排一次体育课加之受传统体育教学观念的影响，高校体育课程的理论教学难以正常开展，甚至一些高校直接没有安排体育理论课时，导致学生体育理论知识严重不足，而运动营养这门新兴的学科知识更少能够引发人们的重视。

(二)高校教师运动营养健康教育理念的缺失

普通高校的体育课程和专业体育院校的体育课程在性质方面存在差异，普通高校体育教师基本不存在教学上的压力，正是由于他们长期处于这种“无压力”的状态，在安排课堂运动技术教学问题时，往往只是强调运动技术，而忽视对学生体育健康和运动营养等理论知识的传授。还有部分高校体育教师片面地认为运动营养和专业体育训练有关，普通高校的体育教学只要做好相关运动技能的教学即可，由于认识上的问题，导致运动营养科学一直被“冷落”在体育课程中。

三、大学生营养健康教育特征

(一)课程性质和学时存在差异

运动、营养与健康课程的性质划分是以专业为标准的。在运动人体科学专业的运动营养学是以专业课的性质存在的，而在非体育人体专业课的专业中，运动营养学课程则被界定为选修课。教学课时一般设定为 18～36 课时。

(二)学生对相关知识的接受能力和知识含有量不同

普通高校体育专业的学生相比运动人体科学专业学生，他们的运动营养相关知识的存储量较多，接触相关专业的知识较早，所受的相关专业课程的教育也较为全面，有一定的运动营养知识基础，但是运动人体科学专业学生实际的运动经验不足；而体育教学专业等其他非体育人体专业课学生理论基础较差，在高中阶段大多以运动技能学习为主，文化课学习时间较少，理论基础较为薄弱，但是其运动知识相对丰富。

（三）过分追求理论教学

在实际教学过程中，为了应付考试，教师在课堂上多以理论知识传授为主，对实践教学的重视程度不高。在评价时主要以学生的考勤、作业完成情况以及最终考试成绩为评价依据。

四、大学生营养健康教育策略

（一）优化高校大学生运动营养健康教育的课程安排

为更好地调动学生的学习热情，在进行课程计划设计时邀请学生共同参加。学生参与课程计划的设置，能够在课程体系中融入更多的新元素，更加贴合学生的实际需求，可以大大提高学生对课程的接受度，进而积极自主地参与到课程学习中。学生在参与的过程中，会通过各种途径去寻找相关知识，提升他们对相关课程知识的关注度，让他们更好地利用课余时间去学习课程知识，提升自己的知识含有量；学生参与课程体系的设计，能够让教师更好地了解学生对课程学习和运动营养知识的实际需求，有利于教和研的充分融合。在实际教学过程中，教师也应该将学生对需求放在第一位，充分尊重学生的意愿，主动地了解学生的课程教学的要求，提升课程教学的指向性。

（二）大学生运动营养健康教育内容生活化

运动营养学是一门具有极强应用性和综合性的新兴学科，它是从运动医学中分支出来并逐渐形成了自身的学科体系。运动营养学虽然已经发展成为一门独立的学科，但是其涉及的学科知识十分丰富，包括运动生物化学、运动生理学以及食品卫生学等，在日常的生活中，运动营养学相关知识随处可见，实践性很强。为了让学生更为全面地掌握运动营养的相关知识，形成系统性的知识体系，教师在实际教学过程中，要将日常的训练和运动营养知识有机地结合起来，提升学生对运动营养知识的实际应用能力。此外，还要引导学生去积极接触营养品，分析营养品的组成，并结合自身的情况选择合适的营养品来补充自己的能量并进行总结，提升学生知识的融惯性。

（三）提升大学生运动营养健康认知与应用水平

随着现代社会的快速发展，人们对教育的需求发生了巨大的变化，从传统的重视学生知识的积累到现代追求学生综合能力的提升，强调对学生创新思维能力的培养。创新是社会进步的源泉，创新教育的核心是突出对学生能力的培养，创新能力主要体现在思维能力方面，因此要不断强化对学生思维能力的训练。营养学是一门新兴的学科，在如今科学技术快速发展的背景下，各种前沿学科都存在一定的交叉性，表现出十分显著的学科融合特征。在实施运动营养教学的过程中，要充分突出对学生思维能力的培养，提升学生的认知技能，提升学生应用运动营养学知识解决实际问题的能力，这不仅有利于提升课程教学的效果，同时也有效地增强了学生认知、思维以及对知识的应用能力，有利于促进学生的全面发展。

（四）提升大学生运动营养健康教育的评价效果

任何事物都需要经过实践的检验，对教学有效性的评价也只有在具体的教学中才能够得到印证。而对有效教学来说，课程教学的评价必须要做到全面客观，不仅要做好对学生的评价，同时对教师的评价也不能忽视。而对于运动营养学这门新兴的学科课程来说，由于其课程的特殊性，在对其进行评价的过程中，必须了运动营养学的特点，只有在掌握其特点的基础上，才能保证评价的有效性。例如：教师要求学生根据自己的运动特点和身体情况，设计一个膳食方案，并对方案的有效性进行检验。教师对方案实施进行动态评价，并将评价的结果纳入学期最终考核成绩。而学生则针对教师的教学完成情况以及专业素养等进行测评。最后，学校完成对师生总体成绩的评价。

第八章

运动保健

第一节　运动与保健

运动是影响人体健康的重要因素，适宜的运动可以改善人体各器官系统的功能状况，增强机体的适应能力，增强体质，增进健康。

一、运动对健康的作用

生命在于运动，想要健康必须锻炼身体。人体在运动过程中，机体将产生一系列适应性变化，但这一变化的结果可以健身防病，也可以危害健康，其关键在于运动过程中掌握适度。有人把这个适度的范围称为“价值阈”，上限为安全界限，下限为显效界限。

不同年龄、不同性别、不同体质的人运动强度应有一定的差别，但有一个大致的范围和一定的规律，例如，美国运动医学会近年来提出，保健运动适宜运动负荷为个人最大负荷的 60%左右，活动时间大体控制在 20～60 分钟。我国健身运动常用的运动强度公式为：180－年龄＝运动时的心率。在达到适宜心率后要在此基础上至少持续 10 分钟以上才能显效。运动健身时应选择有氧代谢的运动项目较好，并要坚持长期锻炼，每周至少 3 次，方可达到良好的锻炼效果。

（一）对运动系统的影响

运动时，由于体内新陈代谢加强，血液循环加快，血流增加，运动器官就可以获得充足的营养物质。促进青少年的骨骼、肌肉的发育，使骨的生长加快、皮质增厚、骨小梁增粗并排列整齐，骨骼长得更长、更粗、更坚固；能使关节韧带和肌腱增强弹性和伸展性，加大关节活动幅度，提高关节的灵活性；使肌肉中蛋白质等营养物质增加，使肌纤维增粗，肌肉横断面增大，肌肉变粗壮结实，收缩力量加强，在神经的调节下，肌肉的工作更加准确、协调、有力，而且灵活、迅速。

（二）对血液循环系统的影响

经常参加适宜的运动，可使心肌发达、心动徐缓、心功能增强。力量素质的锻炼有利于心肌壁厚度的增加；耐力素质的锻炼，特别有利于心腔容积加大。经过良好的锻炼心脏有更大的潜力来适应大运动负荷的需要。运动后，恢复也较快。

（三）对呼吸系统的影响

人体在运动时，肌肉在活动过程中需要消耗大量的养料和氧气，同时产生很多的二氧化碳，这就要求呼吸器官加倍工作，排出二氧化碳，呼吸系统得到改善，首先是呼吸肌、胸围和呼吸差增大，肺活量增大，呼吸深度加深。其次既可以提高换气效率，又能使呼吸器官得到较长时间的休息，因此运动时不至因为紧张的活动而发生气喘，并且能适应剧烈运动的需要。

(四)对神经系统的影响

运动时,在神经系统的调节下,需要动员人体各种功能来完成动作,而身体的各种活动,又反过来使神经系统得到锻炼。因此,经常从事体育锻炼的人,其神经系统的功能会得到提高,神经系统的兴奋性和灵活性得到改善,从而对外界刺激的反应更准确、迅速,对体内各器官的活动调节更协调。

二、人体缺乏运动的危害

通过有规律、不间断、合理的运动,能维持人体良好的功能状态,精力充沛地从事习和工作,达到健康长寿的目的。缺乏运动或运动不足会给健康带来一定的不良影响,可导致体力下降、肌肉无力,还可能不同程度地影响生理功能状态,造成疾病潜在因素。它的危害是一个慢性积累的过程,到了一定时期或年龄阶段容易发病,疾病发展到一定程度会形成不可逆的病理变化。

第二节　运动医务监督

一、运动中的腹痛

(一)原因

引起运动中腹痛的原因,从总体来看,基本上分为原因不明但与锻炼有关的运动性腹痛、腹腔内疾病和腹腔外疾病。运动性腹痛往往与下列因素有关:

(1)缺乏锻炼或运动水平低。

(2)准备活动不充分。

(3)身体情况不佳、疲劳、精神紧张。

(4)运动呼吸节奏不好,速度太快,运动前食量过多或饥饿状态下参加剧烈运动等。

(二)处理

(1)对于因腹内或腹外疾病所致的腹痛,主要根据原发疾病进行相应的治疗(药物、理疗、局部封闭等)。

(2)对于仅在运动时加快速度后才会出现腹痛的运动的人,首先要加强全面身体素质锻炼。

(3)运动中出现腹痛后,可适当减慢速度,并做深呼吸,调整呼吸与动作的节奏;必要时用手按压疼痛部位,弯腰跑一段距离一般疼痛即可消失;如仍然疼痛,应暂时停止运动,遵照医嘱口服阿托品、颠茄等解除痉挛的药物。针刺式点掐足三里、内关、三阴交等穴位,进行腹部热敷。如无效应请医生处理。

(三)预防

(1)遵守体育锻炼的科学原则。要循序渐进地增加运动量,加强全面身体锻炼,提高机能水平。在锻炼时要调整好动作与呼吸节奏,合理地分配运动速度。

(2)运动前要做好充分的准备活动。冬天参加长跑或自行车锻炼时,不要在未做充分准备活动前就脱掉运动外套。

(3)合理安排膳食。剧烈运动前不要吃得过饱,不大量饮水,特别不要吃冷饮,不吃平时不习惯吃的食物;不要在饥饿状态下参加锻炼;餐后经过一个半小时后才能参加运动。

二、肌肉痉挛

(一)原因

(1)在寒冷的环境里运动。肌肉受冷空气的刺激,兴奋性突然增高,使肌肉发生强直收缩。

(2)电解质丢失过多。运动中大量排汗,特别是长时间的剧烈运动或高温季节运动时大量排汗造成电解质丢失过多,引起肌肉兴奋性增高,发生肌肉痉挛。

(3)肌肉连续过快收缩而放松不够。在做剧烈运动过程中,肌肉连续过快地收缩,而放松的时间太短,以至于肌内放松的协调性紊乱,引起肌肉痉挛。

(4)疲劳。身体疲劳也直接影响肌肉的生理功能,疲劳的肌肉往往血液循环和能量代谢有改变使内环境发生改变,导致痉挛产生。因而,身体疲劳时,特别是局部肌肉疲劳时剧烈运动或做一些突发性的用力动作,就容易发生肌肉痉挛。

(二)处理

(1)向痉挛肌肉收缩相反的方向牵引痉挛的肌肉,使肌肉拉长,一般都可以缓解。

(2)在痉挛肌肉部位做按摩,手法以揉捏、重力按压为主,要注意保暖。

(3)热疗(如热水浸泡、局部热敷)也有一定疗效。

(4)严重的肌肉痉挛有时需采用麻醉才能缓解。

(三)预防

(1)加强体育锻炼,提高身体的耐寒力和耐久力。

(2)运动前必须认真做好准备活动,对容易发生痉挛的肌肉可事先做适当按摩。

(3)冬季运动要注意保暖。

(4)夏季运动时,尤其是进行剧烈运动或长时间运动时,要注意电解质的补充和维生素 B 的摄入。

(5)疲劳和饥饿时不宜进行剧烈运动。

(6)游泳下水前要用冷水冲淋全身,使身体对寒冷有所适应;水温太低时,游泳时间不宜过长。

三、运动性中暑

(一)原因

1. 中暑

环境高温是致病原因。室温过高超过 35℃,炉窑等热源强辐射下从事一定时间的锻炼或劳动,炎夏烈日下暴晒等,如无足够的防暑降温措施,都可发生中暑。即使气温并不很高,但湿度较高和通风不良,在这种环境下从事锻炼或体力劳动,也可发生中暑。

中暑的诱因有:疲劳、肥胖、饮酒、饥饿、脱水、失盐、穿着不透风、发热、甲亢、糖尿病、心血管疾病、汗腺缺乏及服用阿托品等抑制汗腺分泌的药物等。

2. 运动性中暑

运动性中暑是由于体温调节系统在运动时超载或衰竭所致。机体在运动时产生大量热,除其中约 1/4 用于完成机械功外,其余均以热的形式储存或散发。当产热或储热超过散热时就会出现体温调节系统的超载,可伴随大量出汗。运动时间维持较长时,直肠温度升高甚至虚脱。衰竭是由于丘脑下部体温调节或周围性反应功能紊乱所致,使心脏充盈压和心搏出量减少,心率加快所致。当直肠温度升高后,皮肤和内脏小动脉扩张,引起血压下降。运动性中暑时直肠温度可达 40℃～42℃。

(二)处理

1. 场地急救

要保持呼吸道通畅,测量血压、脉搏、直肠温度,点滴输液,严重者要及时送往医院抢救。

2. 一般处理

热衰竭和热痉挛患者应转移到通风阴凉处休息。热痉挛患者口服温盐水或含盐饮料或静脉注射生理盐水,或服用 10 滴藿香正气水,可迅速好转。有循环衰竭者由静脉补给生理盐水和氯化钾,一般患者在 30 分钟至数小时内即可恢复。

3. 物理降温

用 4℃～11℃凉水擦摩皮肤,使皮肤血管收缩加速血液循环,加用风扇吹风,在头部、腋窝、腹股沟放置冰袋以降温。

(三)预防

(1)夏天炎热,安排好锻炼时间,避免在一天中最热的时间里进行锻炼。

(2)安排好炎热天气锻炼的营养和饮水,注意补充食物中的蛋白质,额外增加维生素 B_1、B_2、C 供给量。

(3)对不耐热个体要加强预防措施。

四、挫伤

(一)原因

挫伤又称撞伤,是钝性外力直接作用于人体某部而引起的一种闭合性损伤,如运动中相互冲撞,被踢打或身体碰撞在器械上,都可发生局部和深层组织的挫伤。最常见的挫伤部位是大腿与小腿的前部,头和胸、腹部的挫伤也不少见。

(二)处理

(1)伤后 24～48 小时内,局部冷敷,加压包扎,抬高患肢或外敷中药。

(2)受伤 24～48 小时后,肿胀已基本消退,可拆除包扎进行温热疗法,包括各种理疗和按摩。

(3)伤后恢复期时,逐渐增加抗阻力练习和参加一些非碰撞性练习,并配合按摩和理疗等,直至关节活动功能恢复正常。

五、肌肉拉伤

(一)原因

1. 主动用力拉伤

肌肉做主动的剧烈收缩时,其收缩力超过了肌肉本身的承担能力所致。主动用力拉伤是在肌纤维缩短时发生的,多为原动肌和协同肌受伤。

2. 被动拉伤

肌肉受力牵引时超过了肌肉本身的伸展限度所致。在做压腿、劈腿练习时,如果用力过猛,也可使被拉长的肌肉发生拉伤。

(二)处理

肌肉微细损伤或少量肌纤维断裂时,立即冷敷,加压包扎并抬高伤肢,注意局部休息,疼痛较轻者可口服镇静、止痛剂(遵照医嘱)。24 小时后可外敷中药、痛点药物注射、理疗或按摩等。

(三)预防

在剧烈运动前,要充分做好准备活动;平时要结合运动项目的特点,加强易伤肌肉的力量和柔韧性练习;锻炼中要注意观察肌肉反应,如肌肉硬度、韧性和疲劳程度等,若出现肌肉僵硬或疲劳时,可进行按摩并减少运动强度;注意锻炼环境的温度、湿度和运动场地情况。治愈后再参加锻炼时,要注意循序渐进,以防再伤。

六、自我监督

(一)主观感觉

1. 运动心情

运动心情是反映锻炼者有没有健身欲望的指标,锻炼者身体机能正常时,精神饱满、体力充沛、渴望锻炼。如果健康状况不佳,就会出现心情不佳、厌烦锻炼的征象。

2. 自我感觉

自我感觉是反映运动中或运动后,除运动性疲劳以外其他的不正常感觉。如异常的疲劳,感到恶心甚至呕吐、头晕,以及身体某些部位疼痛等。

3. 睡眠

睡眠状况是反映神经系统功能的指标。当锻炼负荷过大,超过了机体的负担能力首先会反映在神经系统方面,早期主要表现为睡眠模式的改变,好的睡眠状态是入睡快,醒后精力充沛。如果入睡迟,夜间易醒、失眠,睡醒后仍感疲劳,需要进行调整。

4. 食欲

食欲是反映中枢神经系统是否疲劳的较敏感的指标之一。参加体育运动时能量消耗大,所以运动后食欲良好,想进食、食量大。如果运动后不想进食、食量减少,并在一定时期内不能恢复食欲,且没有其他因素影响时,则表明中枢神经系统已疲劳。

(二)客观检查

1. 脉搏

测脉搏时除注意频率外,还应注意节律,测晨脉对了解身体机能变化有重要意义。若每分钟晨脉比过去减少或明显改变,节律齐,表明身体机能反应良好,有潜力。若每分钟比过去增多 12 次以上,表明机能反应不良,可能与疲劳未消除或感染存在有关。如果发现脉搏节律不齐或有停跳现象,可能是心脏机能异常征象,应采用心电图等方法做进一步检查。

2. 体重

在运动期间,体重出现“进行性下降”现象,并伴有其他异常征象(睡眠失常、情绪变化等)时,可能是早期过度训练的综合征。

第九章

健康和社会适应

第一节　心理学基础知识

一、心理因素的概念及构成

(一)概念

健康的科学含义不仅表明人的身体无残疾、无病状,更重要的是要有完整的生理、心理状态和社会适应能力。严格来说,人的心理因素对健康的影响远比生理因素大得多。大学生正值智力和身体全面发展的关键时期,面对科学技术飞速发展、人才激烈竞争的21世纪,学生的精神压力和学习压力都很大。因此,加强大学生的心理健康教育,引导大学生进行心理健康训练,提高其承受压力的能力,成为当今大学生教育的一个重要方面。体育健康教育是使人达到健康心理的一个有效措施。健康心理是指人类的一种心理状态,即人对内心世界具有一定安全稳定随和充分的自信心,对外界环境的适应能以社会上公认的形式进行反应,对于不正确的行为能立场鲜明地表明反对的态度。也就是说,无论遇到任何障碍和困难,心理上都能沉着稳定和充满自信地以社会公允的行为准则去克服,这种心理状态就是健康心理的一个标志。

(二)构成

(1)非智力因素。包括人的动机需要、兴趣爱好、信念理想、气质性格、人生观、价值观、世界观等因素。合理的信念追求、积极乐观的人生态度等都是人们良好心理素质的重要内容,

(2)智力与能力因素。这种因素与非智力因素有着非常重要的关系。其中,智力因素主要表现为思维,在观察、注意、想象、记忆的基础上,发挥思维的核心作用。能力因素主要是创造力,在组织能力、定向能力、动手操作能力、适应能力的基础上发挥创造能力的作用,体现个人的健康心理素质。

(3)心理现状因素。包括人们在社会生活中,如何自信、自爱、自尊、自立、自强、自律,如何自我评价、自我认识,以达到正确接纳自我。此外,还包括人们不断地取得获得心理平衡,提高心理承受能力,以达到良好的心理状态。

(4)社会适应因素。任何一个人都有其双重属性,社会属性是人的重要特征之一。一个人的社会化程度,决定了他的人际关系以及能动地适应社会环境的水平。在此基础上,学习心理、竞争心理、责任心理、角色心理、事业心理都可能有所提高。

二、大学生的主要心理特点

(一)思维日益成熟

大学生随着知识量的逐步积累,思想的独立性和批判性增强,但有时过分自信固执;思维具有独创性,但有时会有主观片面性。

(二)社会情感充分发展

大学生情绪体验来得快且强烈,情境性强、感染力大,这可以使他们豪情满怀、勇往直前,但同时也容易冲动,缺乏受挫的思想准备和应对能力。

(三)自我意识增强

大学生要求深入了解自己,常独立思考,会进行自我评价和自我教育,自尊心增强,但自制能力较差。

三、大学生心理问题的主要成因

(一)学习问题

成绩优秀学生的学习心理压力越来越大,导致失眠、精神衰弱、记忆力下降。厌学,这是大学生普遍存在的问题。不仅成绩优秀学生如此,成绩差的学生更是如此,平时学习不系统,考试前临时抱佛脚,遇到难考的科目或挂科较多以后出现焦虑。

(二)人际关系问题

(1)与教师的关系问题。主要是教师对学生不理解、不信任而使学生产生的对抗心理,以及教师的认知偏差造成学生压抑心理等问题。

(2)同学间的关系问题。学生除了希望得到教师的理解和支持外,也希望在班级和同学中间有被接纳的归属感,寻求同学、朋友的理解和信任。由于缺乏人际交往的经验和技巧,同学关系没有处理好,甚至关系紧张,不知如何对待。

(3)与父母的关系问题。家长制色彩较浓的家庭,父母不能与子女很好地沟通和交流,造成学生性格孤僻、专横跋扈。家庭的不和谐会给学生造成不同程度的心理伤害。

(4)父母间的关系问题。父母不和对学生的心理影响是多方面的,他们认为自己的父母给自己带来并制造了痛苦,因此憎恨家庭、憎恨父母,并可能憎恨社会。

(三)青春期问题

(1)青春期闭锁心理。其主要表现是:趋于关闭封锁的外在表现和日益丰富复杂的内心活动并存于同一个体,如在消极情绪控制之下,封闭与外界的任何交流,很容易产生问题。

(2)情绪情感问题。青春发育期的生理巨变,必然引起学生情感上的激荡,这种情感时而表露、时而内隐。他们有话想对别人倾诉,可是又没有诉说的对象,便会出现压抑心理,久而久之就产生焦虑和抑郁。

(3)挫折适应问题。挫折是多方面的,有学习方面、人际关系方面、兴趣和愿望方面以及自我尊重方面等。究其原因,有个人主观因素、客观因素和社会因素。面对挫折带来的痛苦与困难,如果消极地对待并被习惯化,就可能转化为心理问题。

(4)就业压力问题。随着高校不断扩招,在校大学生急剧扩张,毕业生就业竞争日益激烈,就业压力剧增。

第二节 心理与健康

一、大学生心理健康量表

表 7—1 中国大学生心理健康量表

	无	偶尔	有时	经常	总是
1. 我情绪忽高忽低	1	2	3	4	5
2. 做什么事我都感觉很困难	1	2	3	4	5
3. 我喜欢与人争论、抬杠	1	2	3	4	5
4. 我对许多事情心烦	1	2	3	4	5
5. 遇到紧急的事我手发抖	1	2	3	4	5
6. 我怕应付麻烦的事	1	2	3	4	5
7. 我情绪低落	1	2	3	4	5
8. 我感到人们对我不公平	1	2	3	4	5
9. 我觉得大多数人都不可信	1	2	3	4	5
10. 感到别人对我不友好	1	2	3	4	5
11. 我不能控制自己发脾气	1	2	3	4	5
12. 我感到前途没有希望	1	2	3	4	5
13. 我喜怒无常	1	2	3	4	5
14. 我要求别人十全十美	1	2	3	4	5
15. 我抱怨自己为什么比不上别人	1	2	3	4	5
16. 我觉得别人想占我便宜	1	2	3	4	5
17. 我觉得活得很累	1	2	3	4	5
18. 看到房间杂乱无章我就安不下心来	1	2	3	4	5
19. 当我读书时需要很长时间才能提起精神	1	2	3	4	5
20. 我感到有坏事发生	1	2	3	4	5
21. 我感觉疲劳	1	2	3	4	5
22. 我常为一些小事而心情不好	1	2	3	4	5
23. 我不能容忍别人	1	2	3	4	5
24. 别人有成绩我嫉妒	1	2	3	4	5
25. 我的想法与别人不一样	1	2	3	4	5
26. 遇到挫折我便灰心	1	2	3	4	5
27. 我经常责备自己	1	2	3	4	5
28. 害怕别人注意我的短处	1	2	3	4	5
29. 我一紧张就头痛	1	2	3	4	5
30. 我有打人或骂人的冲动	1	2	3	4	5
31. 感到别人不理解我，不同情我	1	2	3	4	5

续表

	无	偶尔	有时	经常	总是
32. 我固执己见	1	2	3	4	5
33. 我对什么事都不感兴趣	1	2	3	4	5
34. 我心里焦躁	1	2	3	4	5
35. 路过人多、车多的路口心里发慌	1	2	3	4	5
36. 遇到紧急的事我容易尿频	1	2	3	4	5
37. 我心情时好时坏	1	2	3	4	5
38. 我对新事物不习惯	1	2	3	4	5
39. 我感到别人亏待我	1	2	3	4	5
40. 我感到与人很难相处	1	2	3	4	5
41. 我有想摔东西的冲动	1	2	3	4	5
42. 我感到很难与人相处	1	2	3	4	5
43. 我总觉得别人在背后议论我	1	2	3	4	5
44. 我爱揭别人短处	1	2	3	4	5
45. 我喜怒都表现在脸上	1	2	3	4	5
46. 我常常紧张得睡不好觉	1	2	3	4	5
47. 我无缘无故感到紧张	1	2	3	4	5
48. 应采取果断行动时我就犹豫不决	1	2	3	4	5
49. 我不擅长与人相处	1	2	3	4	5
50. 该做的事做不完我放心不下	1	2	3	4	5
51. 我不分场合地发泄不满	1	2	3	4	5
52. 我控制不住自己的情绪	1	2	3	4	5
53. 当别人看我或议论我时我感觉不自在	1	2	3	4	5
54. 我觉得别人对我的成绩评价不恰当	1	2	3	4	5
55. 我感到自己没有什么价值	1	2	3	4	5
56. 我总觉得别人在跟我作对	1	2	3	4	5
57. 我情绪波动很大	1	2	3	4	5
58. 我担心别人看不起我	1	2	3	4	5
59. 我感到忧愁	1	2	3	4	5
60. 我心情紧张时胃就不舒服	1	2	3	4	5
61. 在变化的情况下我不能灵活处事	1	2	3	4	5
62. 我觉得我的学习或工作的负担重	1	2	3	4	5
63. 我对比我强的人并不服气	1	2	3	4	5
64. 我不能接受别人的意见	1	2	3	4	5
65. 我对亲朋好友忽冷忽热	1	2	3	4	5
66. 我觉得生活没意思	1	2	3	4	5
67. 我担心自己有病	1	2	3	4	5

续表

	无	偶尔	有时	经常	总是
68. 遇到紧急情况时我心跳得厉害	1	2	3	4	5
69. 我与陌生人打交道时感到为难	1	2	3	4	5
70. 我心里总感觉有事	1	2	3	4	5
71. 我在公共场合吃东西时感到不自在	1	2	3	4	5
72. 我朋友有钱我感到不舒服	1	2	3	4	5
73. 我做事想怎么做就怎么做	1	2	3	4	5
74. 我难以完成工作或学习任务	1	2	3	4	5
75. 紧张时我手出汗	1	2	3	4	5
76. 我常用刻薄的话刺激人	1	2	3	4	5
77. 不能容忍嘈杂的环境	1	2	3	4	5
78. 我容易激动	1	2	3	4	5
79. 我的感情容易受到别人的伤害	1	2	3	4	5
80. 到一个新环境我不能很快适应	1	2	3	4	5

说明:中国人心理健康量表,共有 80 个评定项目,每个项目采用 5 级评分制。
(1)无:自觉无该项问题;
(2)轻度:自觉偶尔有该项问题;
(3)有时:自觉有该项症状,时有发生;
(4)经常:自觉有该项症状,经常发生;
(5)总是:自觉有该项症状,总是发生。

中国人心理健康量表,共有 80 个评定项目,可归类为 10 个因子,各个因子所包含的项目如下:

(1)人际关系紧张与敏感:包括 10、14、23、31、49、53、71、79 共 8 项,该因子主要反映受试者人际关系方面的紧张、敏感等。

(2)心理承受力差:包括 2、17、26、40、50、62、74、77,共 8 项。该因子反映受试者遇到困难、挫折时,觉得工作学习负担重难以完成,对待杂乱环境不能忍受。

(3)适应性差:包括 6、18、35、38、48、61、69、80,共 8 项,该因子反映受试者对事情、环境、人不适应等。

(4)心理不平衡:包括 8、15、24、39、42、54、63、72,共 8 项,该因子反映受试者感到别人对他不公平,抱怨自己赶不上别人,别人有成绩时自己生气,自己出力不讨好,觉得别人亏待自己,对比自己强的人不服气。

(5)情绪失调:包括 1、13、22、37、45、52、57、65,共 8 项,该因子反映受试者情绪不稳定、心情不愉快、控制不住自己情绪等问题。

(6)焦虑:包括 4、20、28、34、47、58、67、70,共 8 项。该因子反映受试者对许多事情心烦、预感有坏事发生、心里烦躁、无缘无故紧张、担心自己有病等焦虑症状。

(7)抑郁:包括 7、12、21、27、33、55、59、66,共 8 项。该因子反映受试者情绪低落、对前途感觉无希望、对事情不感兴趣、觉得生活没意思等抑郁症状。

(8)敌对:包括 3、11、30、41、44、51、76、78,共 8 项。该因子反映受试者喜欢与人争论、不能控制脾气、爱刺激别人等敌对症状。

(9)偏执:包括 9、16、25、32、43、56、64、73,共 8 项。该因子反映受试者不信任人、固执己见、总认为别人背后议论自己与自己作对、不能接受别人意见、我行我素等偏执症状。

(10)躯体化:包括 5、19、29、36、46、60、68、75,共 8 项。该因子反映受试者心理紧张,特别是情绪产生的躯体化不适或症状,如手发抖、头痛、睡不好觉、胃不舒服、心跳加快等。

二、体育运动对心理健康的影响

(一)体育运动有助于大学生智力的发展

经常参加体育运动,可以促进大脑的开发,使神经系统的兴奋和抑制过程更加集中,提高人的神经传导速度、均衡性和灵活性，促经神经系统功能的增强。体力活动和脑力活动的合理交替，引致运动神经中枢兴奋，能有效提高学习效率。

（二）体育运动有助于大学生情感和情绪的调节

大学生在激烈的竞争和完善自我的奋斗中承受着巨大的压力，情感和情绪容易产生较大的波动，体育运动具有调节人体紧张情绪的作用，能够缓解压力，改善生理和心理状态，恢复体力和精力。体育运动有助于大学生坚强意志品质的形成。人体在进行体育运动的过程中，要不断地克服客观困难和主观困难，这正是意志品质的培养过程，越是努力克服主客观困难，越能培养良好的意志品质。

（三）体育运动有助于大学生人际关系的改善

体育运动中的集体项目与竞赛活动可以培养人的团结、协作及集体主义精神，在体育运动中，人们相互之间能产生亲近感，更易沟通。

（四）体育运动有助于大学生消除心理障碍

体育运动能增进身体健康，陶冶性情，保持健康心态，使有心理障碍的人获得心理满足，产生积极的成就感，从而增强信心，消除心理障碍，是一种很好的心理治疗方法。

三、心理健康教育的方法与途径

高校大学生的厌学心理是一种普遍的现象，其原因是多方面的，从学校自身来说，主要体现在教学模式上。传统的教学模式，忽视了学生的主体地位，不注重调动学生学习的积极性和主动性。而且，教学组织一成不变、教学手段缺少创新、教学内容陈旧落后，不能适应当今科技大发展、知识大爆炸的时代特征和大学生求新务实的学习心理，也就不能激发学生的学习兴趣。因此，我们要改变传统的教学观念，改革教学内容和教学方法，充分运用现代教学手段，使学生在学习中乐此不疲，变被动学习为主动学习，营造一种轻松和谐的教学氛围。在课余生活上，有计划、有目的地开展各种有利于学生身心健康的文体活动，使学生学习有目的，生活有情趣，有张有弛，劳逸结合，时刻保持旺盛的精力。总之，针对当前高校大学生的心理健康现状，我们每一位教育工作者都应以高度的责任感来加强对其心理健康的教育。

（一）加速体育教育改革进程

体育教育改革的深化就是要引导高等教育阶段的体育教学课程逐步由原本的技能训练转变为体能素质训练。在大学体育课堂上，要将单纯的、机械性的体能训练逐步转变为学生乐于接受且对学生的身心发展有积极作用的体育项目训练。这种变化能够让学生在体育活动中找到乐趣并逐步提升自我成就感，进而促进学生身心健康的发展。同时，终身体育的教育理念也鼓励学生走出课堂，将体育锻炼融入日常生活中去。因此，在体育课堂上，不仅要关注学生的体育学习，也要时刻关注学生的心理健康状态，只有这样，才能保证健康教育理念的顺利实施。

（二）将心理健康教育引入体育教学课程

在体育课堂中，可以将心理学知识和方法有机地融入进去，提高学生身体素质训练的效果，同时也有助于学生养成良好的心理素质。另一方面，在体育教学中引入心理健康教育，还可以保证教学方法的多样性与有效性。体育课堂的教学实践设置要符合高等教育阶段学生的心理特征、个性特点和兴趣爱好等，更加有效地调动学生学习体育健康知识和心理健康知识的积极性，保证课堂教学的质量。同时，在体育教学与师生的竞技互动中，也容易发现有心理障碍和心理问题的学生。教师可以利用心理学知识，及时帮助有问题的学生。在课堂上，结合体能训练培养学生的自我调节能力，并采用多和方法增强学生的自信心与成就感，逐步提高他们的抗压能力。

(三)发挥教师在学生心理塑造上的积极作用

在进行体育教育和心理健康教育时,要想取得良好的教学效果,一方面要注意课堂上技能与理论的培养与训练,另一方面还要发挥教师的积极作用。教师优良的素质与品德、积极的人生观和生活态度等对学生的培养和教育有着积极的意义。教师的个人魅力在教学活动中影响着学生对人生与自我的认识。因此,在教育过程中要重视教师素质的培养与提高,这是教学工作顺利、有效进行的重要保障。同时,具备丰富、专业的体育及心理健康知识的教师,对培养学生健全的品格、及时发现学生的健康问题并予以纠正至关重要。

第三节　社会适应基础知识

一、社会适应的概念

适应,本是一个生物学科的名词。它是指植物与动物对外界环境的适应并生存的过程。人具有社会性,人不仅要适应周边的自然环境,如气温、湿度、气压、食物、空气质量等,还要适应社会环境,如与家庭、集体、社区、城市,甚至国家的适应。社会适应是指人在一生的过程中对不断变化的外界社会环境,特别是某种困境所采取的态度和行为。

人对外界社会的适应,包括多种内容,如对风俗习惯的适应、对风土人情的适应等、对生活方式的适应、对人际关系的适应,以及对价值观念的适应。人对社会环境的适应有接受、忍耐、顺应、支配、保守、反抗、逃避等形式。由于社会的不断变革和人的经常流动,社会适应就成为人与社会之间经常出现的问题。比如,当前我国处在社会转型的时期,很多新的观念、新的事物不断涌现,人们必须适应这些社会变化。再比如,人们在社会中自身的地位处境也会发生各种各样的改变,比如搬迁、升学、调动、出国留学、下岗、失业、外出打工、升迁、降职等,都要求人们要有一个适应的过程。一般情况下,难以让社会适应个人,而是人们必须适应社会。当人们很快适应社会的时候,就能融入社会,与社会成员一起心情舒畅地共同学习、生活和工作,而当人们对社会不适应的时候可能产生反感、抵触、焦虑、压力、紧张等不良的反应,并由此产生各种健康问题。

所谓社会适应能力,又称社会健康,是指个体本身与他人以及社会环境的作用,表现出良好的人际关系,能够实现社会角色的能力。再者,社会化程度的高低决定了个体的社会适应能力。使人的内化、角色学习和获得价值的进行统一,即为社会化。体育教学中所进行的活动,一般总是由特定的情景所构成。情景是体育内容的表达方式,这种情景不是偶然的、孤立的,而是某种社会形式的简化、浓缩与变形。

在体育教学的过程中,师生之间和学生与学生之间通过相互的交往过程,增强学生在不同情景中的适应能力,有利于学生社会适应能力的培养。随着体育教学中社会交往的发生,个体的社会化过程也随之形成、发展。因此,体育教学具有促进学生社会适应能力的必然性。

因此,培养良好的社会适应能力是当代大学生必修的一课。

二、社会适应性自测

社会适应能力,指的是一个人在心理上适应社会生活和社会环境的能力。社会适应能力的高低,从某种意义上说,表明一个人的心理成熟程度。下面的测验题目可以帮助你更好地了解自己的社会适应能力。你可以从题目后的答案中,选出最适合你的那个答案。

社会适应能力自测量表

1. 假如你的朋友突然带来一个你最不喜欢的人到你的家里，你会：（　　）

A. 表示惊奇　B. 将你的感觉完全隐藏　C. 暂时忍耐

2. 对自己的某次失败，你会：（　　）

A. 只要别人有兴趣随时都会告诉他　B. 只在谈话中顺便说出来　C. 决不说，怕被别人抓住弱点，对自己不利

3. 当遇到困难的时候，你会：（　　）

A. 毫不犹豫地向有关专家、老师征求意见　B. 经常向熟人请教　C. 很少麻烦别人

4. 你骑自行车到一个比较远的地方去参加社交活动，中途找不到路标时，你会：（　　）

A. 赶快查自带的地图　B. 大声埋怨，不知道何时才能到达目的地　C. 耐心等待过路车或等人走过时，问个清楚

5. 当你选择衣服时，你会：（　　）

A. 总是固定在一种款式上　B. 跟随新潮流，希望适合自己　C. 在选定之前，先听取陪同的朋友或售货员的意见

6. 当你知道将要有不愉快的事情时，你会：（　　）

A. 自己进入紧张的状态　B. 相信事实并不会比预料的厉害　C. 感觉完全有办法应付

7. 在嘈杂混乱的环境里，你会：（　　）

A. 总觉得很烦，不能静下来　B. 仍然能够集中精神学习，但效率降低了　C. 不受影响，照常学习

8. 和别人争吵起来时，你会：（　　）

A. 能够有力地反驳对方　B 常常语无伦次，事后才想起要如何反驳对方，可是已经晚了　C. 能够反驳，但是没有多大的力量

9. 每次参加正式的考试或竞争，你会：（　　）

A. 常常比平时的成绩更好些　B. 常常不如平时的成绩　C. 与平时的成绩差别不大，基本上是差不多

10. 必须在大庭广众面前说话时，你会：（　　）

A. 因怯场，便不知所措或说话结巴　B. 感觉虽然难，但还是想方设法完成　C. 侃侃而谈

11. 对团体或社会性的集会，你会：（　　）

A. 总是想跟领导讨论　B. 只有在知道讨论题目时才参加　C. 讨厌在集会上说话，所以不参加

12. 受到别人的批评，你会：（　　）

A. 想找机会来批评他　B. 想查明受批评的原因　C. 想直接了解一下批评的理由

13. 当情况紧迫时，你会：（　　）

A. 仍然能够注意到该注意的细节　B. 就粗心大意，丢三落四　C. 就慌慌张张

14. 参加各种比赛时，赛场越激烈，群众越加油，（　　）

A. 你的成绩就越好　B. 你的成绩越上不去　C. 你的成绩不会受到影响

15. 碰到阻力和困难时，你（　　）

A. 经常改变既定的主意　B. 不改变既定的主意　C. 越有干劲

16. 你符合下面哪一种情况：（　　）

A. 不安于现状，总想改变点什么　B. 凡事只求讲“规范”，不做破格的事情　C. 礼貌要讲，但事情也要做

17. 你赞成下面哪一种说法：（　　）

A. 只要是正确的就坚持，敢于被孤立　B. 在矛盾方面让一让，就过去了　C. 尽量平和，把批评和斗争降到不得已的程度

18. 假如自己被登报了，你（　　）

A. 有点自豪，但是并不以为然　B. 很高兴，想让朋友也看看　C. 完全不感兴趣

19. 为了给人留下好印象，你（　　）

A. 想方设法，并花费一定的时间来考虑计划　B. 不特意去做，但是有机会就利用　C. 根本不想在别人面前做这种事情

20. 你同意下面哪一种观点：（　　）

A. 为了深入了解自己的国家，学习外国的东西是件好事　B. 外国的事与我们无关　C. 学习外国的东西比学习本国的东西更感兴趣

评分标准：

题号＼评分	A	B	C	题号＼评分	A	B	C
1	2	1	3	11	1	2	3
2	2	3	1	12	1	3	2
3	3	2	1	13	3	2	1
4	2	1	3	14	3	1	2
5	1	3	2	15	1	2	3
6	1	2	3	16	3	1	2
7	1	2	3	17	3	1	2
8	3	1	2	18	3	1	2
9	3	1	3	19	2	3	1
10	1	2	3	20	3	2	1

将你自己的选择，对照上面的记分标准，就可以算出自己的总分数。

结果分析：

如果你的得分为 49～60 分，说明你的社会适应能力很强。你能够很快地适应新的学习、工作、生活环境，与人交往轻松、大方，给人的印象良好。你无论到什么样的环境，都可以应付自如。

如果你的得分为 37～48 分，表明你的适应能力较强。你能够较好地适应环境的变化，态度积极，乐于与外界交往，有较强的调适能力。

如果你的得分为 25～36 分，说明你的适应能力属于一般。这表明你在进入新的环境后，经过一段时间的努力基本上就能够达到适应。

如果你的得分在 25 分以下，表明你的适应能力较差。你需要在今后的学习、生活、工作中，有意识地培养自己在这方面的能力，以提高心理承受力和适应能力。

三、当代大学生容易出现的问题

社会认知是个人对他人的心理状态、行为动机和意向做出推测与判断的过程。社会认知的过程，是依据认知者过去的经验及对有关线索的分析而进行的，社会认知还必须依赖认知者的思维活动，包括某种程度上的信息加工、推理、分类与归纳。人们对他人的行为进行推测与判断时，往往根据自身的经验与体会来认识他人当时潜在的心理状态，即所谓的以己度人。

大学生会出现社会认知偏见、社会角色冲突、自我意识发展的矛盾性等。角色意识是指个体对自己在社会生活中所扮演的角色的认知，以便使自己的行为符合社会对该角色的要求。由于社会生活的多样性，决定了社会关系的复杂性，任何一个人，当他进入某一社会位置后，就与一系列的行为模式相联系，其言行举止都受一定社会对这一位置的规定或制约。社会角色的扮演，是大学生社会化的一项重要内容。社会化的根本目的在于培养合格的社会成员。大学生对自己角色的认知很大程度上影响着其相应的社会角色的扮演。

第四节　社会适应能力培养

一、大学生社会适应能力的培养之益

以运动和身体练习为基本手段，以体育健康知识为载体，通过科学的体育教学过程，使每个学生都得到适宜的培养和激励，达成增强体质、增进健康和提高体育素养的目标；通过体育的迁移价值促进学生身心的和谐发展，寓思想品德教育、文化科学教育、生活与生存教育和与人融洽相处教育于体育课程教学之中，培育全面发展的人才。

（一）大学体育能培养学生的合作能力

在社会活动中，合作配合能力是未来衡量一个合格人才的重要标志，良好的合作能力是事业有成的重要因素。社会的发展需要全方位的合作配合，体育教学的重要作用之一，就是培养学生的群体意识和集体主义精神。在体育教学过程中应采用正确的教育形式和方法，在学生的集体活动中善于把与他人团结合作、充分发挥个人作用结合起来，达到培养大学生的合作能力的目的。

（二）大学体育能培养学生的交际能力

交际能力是衡量大学生能力的一个重要标志。大学生走向社会后，良好的交际能力能帮助大学生建立广泛的社会性联系和良好的人际关系。良好的人际关系又可帮助他们缩短通向成功的里程。未来的社会活动、工作需要多种多样的人际关系，良好的人际关系的具体表现在社会的交际能力。大学体育的开放性，能满足大学生交际的需要，开放性体现在教师、个人、班级、系科、部门、学校、社会之间不同层次、不同水平的频繁联系和交往上，而每一次联系和交往都能体现学生的交际能力。在大学体育教育实施中，应为大学生创造更多的交际机会，以满足培养学生交际能力的需要。

（三）大学体育能发展学生个性，培养学生创造力

发展学生的个性，培养创新人才是现代教育的一个重要标志。在激烈竞争的未来社会里需要具有个性、有创造能力和开拓精神的人才。因此，在大学体育教学中，应采用新的教学观念、模式、内容、方法，重视学生的个性发展，培养自我责任意识，重视学生创新思维能力的培养，使学生的创造活动、个人意识具有创新性，培养学生勇于开拓、不断进取的创新精神，为大学生步入社会做好准备。

（四）学校体育有助于学生集体意识和社会责任感的培养

体育课程学习区别于其他许多课程的一个显著特征，就是体育课程学习的集体性。在体育课程学习过程中，各种身体练习大多都是在集体环境中进行的，如果舍弃集体，体育课的多数内容将不复存在。例如：如果取消了集体，几乎所有的球类运动就会消失，如果没有对手，田径运动项目将变得索然无味。因此，体育课程学习对于培养学生的团队精神和团队行为具有特别的、其他课程所不能代替的作用。

二、大学生社会适应能力的培养之策

（一）发挥学生的主体作用，营造良好的课堂氛围

《体育与健康课程标准》强调要以学生发展为中心，重视学生的主体地位。因此，在体育教学中，只有充分认识到学生是学习和发展的主体，体育教学工作才能真正做到从学生的实际出发，为学生营造一个良好的学习环境，从而促进学生全面、自主地发展。在体育教学活动中，教师要把学生全体参与作为确立学生主体地位的必要条件，把发扬教学民主当成确立学生主体地位的保障，

将结合学生需要当作确立学生主体地位的根本基础。只有这样，才能从根本上激发学生的参与积极性，教学相长，使教师和学生在融洽中进步，形成一个民主的课堂社会，有效地提高教学效果及发展学生的社会适应能力。

（二）开展体育比赛，培养学生的勇敢拼搏精神

现代社会，由于独生子女的比例比较高，越来越多的学生形成自我的不良心理，从小到大都是在父母的呵护中成长，没有离开过父母，到了大学，自己独立一人，遇到挫折就容易气馁，社会承受能力比较差。我们可以在体育教学中多开展体育比赛，通过比赛，可以增强学生的相互信任，增加学生交流的机会，通过学生之间的相互合作，充分发挥团队精神，凝聚团体的力量，解决一切可能遇到的困难。这样，每个学生在此都可以发现自己的能力，进而肯定自己，增强自信心。同一队队员之间可以相互鼓励，共同出谋划策、共同战胜对方。两队双方可以彼此斗智斗勇、相互拼搏，争取最后的胜利，这样可以培养学生百折不挠、愈挫愈勇的精神。另外，体育比赛中会遇到失败，这种失败所引发的挫折体验，对学生是一种心理的磨炼，承受挫折的过程，也是一个提高社会适应能力的过程。

（三）开展体育游戏，培养学生社会角色

在以往的教学中教师往往采用直接控制的方法对待学生，学生则会产生被控制感，随着年龄的增加可能对教师的控制产生了排斥或对抗。教师应该采用引导、启发的方法让学生知道正确的社会行为，学会自我控制、合作与竞争。体育教学中体育游戏是常用的教学方法之一，因为游戏是具有一定情境的体育活动，在特定情境中学生扮演着特定的角色，完成着一定的任务。在这个过程中，使得学生在游戏中对自己所处位置的职责、义务以及权利的理解有了很好的体会。学生总是随着游戏互动形式的改变不断处于不同的角色中，这就为学生的角色学习提供了众多的机会。教师应根据课堂内容、学生的个性特征来组织、安排学生在游戏中的角色和分配不同的任务，并在游戏考试之前，用简单的言词明确学生所处位置的职责，使得学生在教师赋予的权利之下，通过自己的努力，完成符合特定角色的行为，加速学生对角色职责、义务的理解，从而加速其角色职责内化过程，提高其社会适应能力。学生则应在游戏设计环节中积极参与，形成社会角色认知。

在校大学生是社会上一个比较特殊的群体，他们所处的年龄阶段是人生中较为敏感、不太稳定的时期，而社会对于他们来说已近在咫尺，这个时期的大学生表面上看身体的各种机能都已日臻成熟，而实际上他们的内心却非常脆弱。大学体育在满足大学生最基本的体育需求后，更应注重对大学生社会适应能力的培养。

第十章

案例分析

第一节　容易出现的健康问题

一、生理问题

(一)视力下降

1. 概念

视力下降是指以单眼判断,裸眼视力达不到正常标准。

2. 产生原因

①光污染:学生学习的环境周围墙壁太过洁白,洁白的墙壁会反射大量光线,刺伤学生的眼睛,洁白的书页过度反射光线也是造成视力低下的重要原因。②姿势不正确:学生在学习过程中坐姿不端正,眼睛距离书本的距离太近,或趴在床上看书学习。③用眼不卫生:学生在课余时间看电视过度,以及长时间上网或是长时间玩手机、平板电脑等电子产品。这些对学生们的睡眠、视力都有严重影响。

3. 自测方法

要是你开车或运动时看不清远处的物体,或者看不清黑板和电视上的字,很可能你已经近视了。近视的症状包括视力模糊、斜视以及易疲劳。

4. 对身体的影响

一般成年人,尤其是高度近视,严重用眼导致眼焦距改变,眼球纵向拉长,就会出现眼窝凹陷、眼球鼓出,抑或出现双眼皮加深的现象,更为严重的会导致眼球变形,碰触到眼球后的脑神经造成头痛,同时伴有眼睛疼。

5. 如何用体育手段缓解症状

多参加户外运动,向远处眺望,学习时保持良好的坐姿,尽量减少手机的使用次数。

(二)头前引

1. 概念

头前引通常表现为头部相对肩膀往前移动。

2. 产生原因

常面对电脑伏案工作,坐姿不正确且久坐的,长时间盯着手机看时呈现的不良体态等原因,都会导致头前引。

3. 自测方法

让你身边的人在你放松状态下观察一下你的侧面观，是否你的耳垂和肩峰在同一条垂线上，如果在一条垂线上证明你没问题，如果不在一条垂线则出现了头前引。

4. 对身体的影响

长时间的头前引会引起颈椎的曲度改变，使正常的生理曲度被破坏，如若你的头部前移15°，那颈椎的压力会增加30磅。一般情况下，头前引会导致颈椎的变形、圆肩驼背、骨盆后倾等一系列的问题。严重的话会造成脑供血不足、脑供氧和营养物质减少。如不及时纠正，会引发强直，对身体造成巨大伤害。

5. 如何用体育手段缓解症状

(1)修正软组织张力：拉伸斜方肌上部、斜角肌、肩胛提肌。

动作功效：缓解长时间伏案工作导致的颈部酸胀、疼痛等不适感；拉伸斜方肌上部、斜角肌，提升寰枕关节的屈曲灵活性。

动作流程：抬头挺胸立腰正坐，转头至身体左侧45°，收下巴至锁骨中段，右手后背于体后，左手缓慢触压头顶一侧至最大拉伸耐受程度。保持15秒后换至另一侧，重复2～3次。牵拉的时间一般为30～60秒。

易错动作：耸肩、触压压力不足。

(2)墙上天使：找一面墙，身体往后靠，将手臂外展，大臂与小臂成90°，将小臂紧贴墙面，掌心指向前，然后试着将手臂往上推，同时保持不耸肩，这个动作每天需要做3次，每次10个以上来纠正。

注意做的时候千万不要耸肩，请先把肩膀后缩下沉下去。用小臂贴墙轻轻往上推。

(三)圆肩驼背

1. 概念

圆肩是指双侧肱骨头内旋，并伴有肩胛骨前伸。正常情况下，肩胛骨距离脊柱的距离是7～9厘米。如果肩胛骨距离脊柱的距离相对过大，就是肩胛骨前伸了；肱骨头的内旋必定带动整个上肢的内旋，这就是圆肩，也称为含胸。

驼背是指脊柱出现了不正常的过度后突弧线，常发生于胸椎、颈椎和骶骨。胸椎一般会向后突出并形成一个轻度的后突角度，一般来说，这个角度范围是20°～50°。如果角度过大，就属于明显的驼背了。

2. 产生原因

长期含胸驼背的不良坐姿，必然导致胸小肌被动缩短，肩胛骨前引，使肩部向前和向下，造成圆肩。

3. 自测方法

侧对着镜子自然站直，看看自己耳朵和肩膀中部的连线，正常情况下是一条垂直的线；如果你是一条斜线的话，就说明存在圆肩问题。线越斜，圆肩程度越严重。

4. 对身体的影响

影响个人形象，使人看起来气质欠佳；紧张的肌肉会造成肩颈酸痛，最严重可压迫颈椎神经，引起头痛和手臂麻木；颈部曲度减小，僵硬，引起对大脑供血不足，使人整天昏昏沉沉，打不起精神；呼吸不顺畅，摄入氧气减少，体内废物排出受阻，影响身体功能，容易在体内累积毒素；腹腔容量减小，影响消化和营养吸收，造成便秘；圆肩会使横膈膜处于紧张状态，造成大动脉和腔静脉的压迫，使心脏工作负担加重。

5. 如何用体育手段缓解症状

(1)双手抱头将胸椎部分躺在滚筒上，上半身向后躺，手肘向下微微下压伸展胸椎及胸前筋膜

(见图 10—1)。

图 10—1

(2)将手靠在墙或门框上,脚踩弓箭步,利用身体向前来伸展胸肌(见图 10—2)。

图 10—2

(3)全身靠在墙面上,双手投降姿势紧贴墙面,然后维持紧贴墙面姿势下将双手高举向上,重复双手抬高放下动作(见图 10—3)。

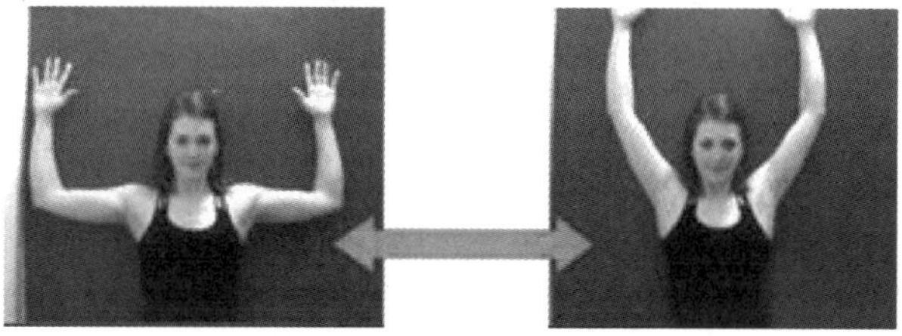

图 10—3

(4)字母 Y 伸展。这个动作将肩膀进行外旋、伸展你的腹部及肌肉,并锻炼你的上背及下背伸肌群。进行 Y 的动作时,在最高的位置停留 5～10 秒后,慢慢地放低身体,重复进行 5～8 次,一共进行 3 组(见图 10—4)。

图 10—4

(5)将双手向后向上举,维持肩胛骨微微夹住,维持收下巴姿势(见图 10—5)。

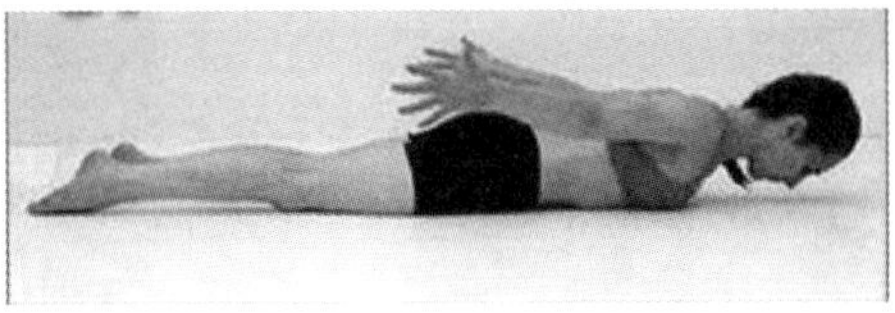

图 10—5

(四)骨盆前倾

1. 概念

骨盆前倾是骨盆位置偏移的病态现象,比正确的骨盆位置向前倾斜了一定的角度。骨盆前倾最明显的症状是臀部后凸,腰臀比、BMI 值和体重都在正常范围,小腹仍旧前凸。

2. 产生原因

骨盆前侧的肌肉因为一些不良习惯长期处在收缩的状态,后侧的肌肉长期处在紧绷的状态,久而久之失去了弹性,前侧的拉动骨盆前倾,后侧的肌肉无力,不能把前倾的骨盆拉回来,就导致了骨盆前倾的产生。

3. 自测方法

走路的时候容易绊倒,左右鞋底的磨损程度不同;牙齿健康正常,但嘴却是歪的;走路的时候,容易 O 型腿或膝盖向外屈。贴墙站立法:靠墙站立,臀部、背部贴墙上。腰部只能插进去一个手掌则表示正常,如果能插入一个拳头,则表示骨盆前倾(天生屁股很翘的排除)。三角平面测试法:站直深呼吸,放松身体,检查肚脐眼下方到裆部形成的平面与地面是否垂直,垂直则体态正常,与地面夹角小于 90°,则为骨盆前倾。且夹角越小,骨盆前倾越严重。

4. 对身体的影响

骨盆与脊柱大腿骨及位于头后部的后头骨等骨骼联动。如果骨盆出现变形,骨骼也会产生畸变而妨碍其发挥正常作用,会给全身的比例均衡带来恶劣影响:会引起下半身肥胖,内脏下垂,小腹凸起,臀部横向发展、下垂等,进而破坏身体曲线;会给股关节带来负担导致关节出现畸变,加重内外八字腿型。骨盆支持着腹部,具有保护内脏及生殖器官的重要功能。骨盆变形会影响盆腔内的脏器及生殖器官,引起子宫、卵巢和肠胃等器官的机能受到阻碍;闭合不全的骨盆会牵拉腰部周围的肌肉向左右扩张,使得腰部神经受到压迫而引起腰痛。另外,从腰部通过后背一直到肩部的肌肉如发生僵硬,势必影响血液的流通,引起肩膀疼痛,会造成肌肉紧张、僵硬,容易造成慢性疲劳。

5. 如何用体育手段缓解症状

(1)拉伸髂腰肌

动作步骤:弓箭步,后腿膝盖贴于瑜伽垫上,重心前移,拉伸髂腰肌,尽量保持15～30秒,两边各一次。

注意事项:保持拉伸感,但不要超过6分痛感。

(2)背肌肌肉放松

动作步骤:采用跪式祈祷动作,臀部坐于脚跟,双手前伸,收腹,整个身体放松,可以保持3～5个呼吸的时间,重复2～3组。

(3)平板支撑

动作步骤:俯卧,双肘弯曲支撑在地面上,肩膀和肘关节垂直于地面,双脚踩地,身体离开地面。每组保持60秒,每次4组。

注意事项:不要习惯性撅屁股、塌腰。

(4)锻炼腹直肌

动作步骤:平躺,双腿在垂直位置做提升和降落锻炼,每组15～20次,共4～6组。

(5)强大臀大肌

动作步骤:以仰卧桥式挺臀,屈膝勾脚尖,将臀部上抬至肩髋膝成一条直线,感受臀部和大腿后群肌肉的用力。每组16个,重复3～4组。

注意事项:放下时要慢放,臀部不要完全贴于地面。在进行力量训练的同时,也不能忽视日常的生活习惯。

(6)坐姿

坐在椅子上,臀部放松,双脚并拢落地,腰部挺直,双肩自然放松,不要跷二郎腿。

(7)走姿

抬头挺胸,目视前方,走路时不要晃动肩膀,行走时,重心要在前脚掌,第一步跨出时,脚尖可微微朝外,两脚脚掌处于同一直线上,以大腿带动小腿向前走,保持放松状态。

(8)站姿

自然站立收紧臀部肌肉,肩部放松,脸向前看,挺直上半身。日常可在大腿间夹一本薄杂志,双腿内侧稍用力夹住杂志,作为训练。

(五)胃病

1. 概念

胃病,是许多与胃相关疾病的统称。它们有相似的症状,如上腹胃脘部不适、疼痛,饭后饱胀、嗳气、反酸,甚至恶心、呕吐等。临床上常见的胃病有急性胃炎、慢性胃炎、胃溃疡、十二指肠溃疡、胃十二指肠复合溃疡、胃息肉、胃结石、胃的良恶性肿瘤,还有胃黏膜脱垂症、急性胃扩张、幽门梗阻等。

2. 产生原因

吃不易消化的东西、不卫生的食品、过硬的米饭、大量冷饮以及生冷、油腻、黏滑性食物或酸性、碱性等刺激性食物;一次摄入量超过消化能力;饭后大量饮水或饮茶;空腹吃了一些不宜空腹吃的水果、饮料或者药品等。吃饭的时间和方法:饥一顿饱一顿;吃饭速度过快未充分咀嚼;饭后就睡觉或运动。心情和生活习惯:按照中医理论,思伤脾胃会影响消化;按照西医理论,在吃饭的时候,血液集中到胃部,如果思考或运动会分流血液影响消化;另外大多数疾病都和不良的生活习惯有关系,偏食、喜欢某些特殊食物、过饥过饱或长期无规律饮食,没有良好的卫生习惯都可能导致疾病。

3. 对身体的影响

胃的蠕动功能失调，消化液分泌不正常，因而食物停滞于胃，发酵胀气，出现消化不良如嗳气、腹胀、反酸等不适症状。胃炎使胃黏膜受到损伤，如果没有好好医治，有害的因素反复刺激，慢性胃炎加重，会在胃窦部出现充血、出血点或是糜烂面导致食欲不振和胃疼腹胀。如果黏膜糜烂面出血，或者破损成溃疡，说明胃病加重了。

4. 如何缓解症状

(1)节制饮酒，勿暴饮暴食，慎用或不用易损伤胃黏膜的药物。急性单纯性胃炎要及时治疗，愈后防止复发，以免转为慢性胃炎，迁延不愈。

(2)传统锻炼。八段锦中"调理脾胃须单举"和五禽戏中的"熊戏"、叫化功可以平时多练习，对增强脾胃功能有一定作用。

(3)注意饮食规律，保持精神愉快。

(六)肌肉拉伤

1. 概念

肌肉主动强烈的收缩或被动过度的拉长所造成的肌肉微细损伤、肌肉部分撕裂或完全断裂，称为肌肉拉伤，这是最常见的运动损伤之一。

2. 产生原因

在体育运动中，由于准备活动不当，某部肌肉的生理机能尚未达到适应运动所需的状态；训练水平不够，肌肉的弹性和力量较差；疲劳或过度负荷，使肌肉的机能下降，力量减弱，协调性降低；错误的技术动作或运动时注意力不集中，动作过猛或粗暴；气温过低，湿度太大，场地或器械的质量不良等都可以引起肌肉拉伤。

3. 自测方法

剧痛，可摸到肌肉紧张形成的索条状硬块，触疼明显，局部肿胀或皮下出血，活动明显受限。

4. 对身体的影响

每个人几乎都有过肌肉拉伤的经验。积极从事运动的人特别容易发生肌肉拉伤。肌肉拉断则较为罕见。在大多数情况下，肌肉拉伤复原很快，而且是完全复原，没有永远丧失活动力的危险。年龄越大，受的伤害也越大，而且复原也越慢。但是，肌肉拉断如果治疗失败，则会永远丧失活动与力量。

5. 如何缓解症状

(1)肌肉拉伤后，要立即进行冷敷，用冷水冲局部或用毛巾包裹冰块冷敷，然后用绷带适当用力包裹损伤部位，防止肿胀。24～48 小时后拆除包扎，可外贴活血和消肿，可适当热敷或用较轻的手法对损伤局部进行按摩。

(2)如果是大腿肌肉少量肌纤维断裂，应立即给予冷敷，局部加压包扎，并抬高患肢；肌肉大部或完全断裂者，在加压包扎后立即送医院进行手术缝合。

二、心理问题

(一)心理偏差

心理偏差是比较轻微而又极其普遍的心理问题，主要与一个人的不良态度、不良习惯、不良行为倾向与不良生活方式有关，如自卑、骄傲、虚荣、多疑、自我中心、说谎、怯场、懒散、逆反、烦躁、任性、厌学、畏难、多愁善感等。心理偏差，习惯上可称为心理品质上的缺点或缺陷，大多与个体的曲解、误会及过错行为有关，其心理活动往往呈现出一些背离社会普遍标准的不良倾向。心理偏差是每一个人都不同程度、不同角度地存在的心理问题。人们经常讲的"金无足赤，人无完人"就是指的心理偏差在现实人群中的普遍存在性。学生中的心理偏差更是普遍存在。有心理偏差的学生一般能正常地学习、工作和生活，但心理偏差却是一切心理问题发生的起点和最原始的根源，是导致许多严重心理危机的潜在性原因，如不及时加以矫正和消除，往往使个体整体心理的某些方面受到损害，影响个体心理活动的协调性和匹配性，使人的适应能力和活动效率受阻，甚至大为降低。

（二）心理障碍

心理障碍是中等程度的心理问题，它是心理偏差与心理疾病之间的过渡阶段，是在诸多心理偏差的基础上累积起来，出现了心理要素的结构性失衡，即认知、情感、意志、欲望、需求等心理要素严重失调、失衡而形成的，如焦虑、恐惧、孤独、苦闷、冷漠、妒忌、狂妄、情绪冲动、心境压抑等。从本质上讲，心理障碍是个体“意识流”流动不畅或阻塞不通而引发的异常心理反应。有心理障碍的学生，往往内在心理冲突、心理矛盾比较激烈，形成了一种无法自我解脱的心理状态，在日常生活中往往表现出许多不适应、不协调、不理智甚至错误的行为反应，如不及时疏导、消除，往往会引发严重的不良后果。实践表明，对于处于心理障碍中的学生，基本上不存在“速成”的解决办法，须做长期的疏导和矫治工作，任何试图以“立竿见影”的方式消除心理障碍的想法都是不现实的，相反可能还会导致危机的加深。随着社会的剧变和人们生活、生存环境中竞争的加剧，学生心理障碍的发生率日益提高，据众多的测试与调查资料显示，当前青少年学生中有35％左右的人存在着障碍性心理表现，并且随着年龄的增长、年级的升高以及文化程度的提高，有心理障碍的人数的比率也逐渐增多。

（三）心理疾病

心理疾病是较严重的心理问题，是个体生理和心理受到了较严重的创伤，出现了诸多有违常理、常情、常规的言论和行为，在日常生活中常表现出许多不可理喻的异态反应。学生的心理疾病与成年人既有共同之处，又有所不同，这是由于生理特点和生活实践不同的缘故。学生中常见的心理疾病主要有精神焦虑症、神经官能症、抑郁性精神病、躁狂性精神病、幻觉、社交恐惧、感知缺损、青春期精神分裂症、病态人格等。据有关资料预测，学生中心理疾病的比率有增长的趋势。这种严重态势要求现代学校必须高度重视和大力加强心理健康教育，要转变视角，勇于关爱，直面学生中普遍存在的心理疾病，这不仅关系到学生的素质培育与成才，更重要的是，它是一项关系到中华民族兴旺发达的新的“希望工程”。

上述学生心理问题三个层次的划分不是绝对的，而是相对的。它们之间既有差异性，又有内在连续性，在心理危机的程度、心理冲突的广度与深度上均存在着层层加重、逐层“劣化”的趋向。每个层次还可作轻度、中度、重度的划分。

第二节 怎样形成健康的生活方式

生活习惯代表着个人的生活方式。良好的生活习惯不仅能促进个人的身心健康，而且也能对人的未来发展有间接的作用。大学生应当规范自己的行为，形成健康的生活方式。健康的生活方式，是指有益于健康的习惯化的行为方式。主要表现为生活有规律，没有不良嗜好，讲求个人卫生、环境卫生、饮食卫生，讲科学、不迷信，平时注意保健、生病及时就医，积极参加健康有益的文体活动和社会活动等。合理膳食是指能提供全面、均衡营养的膳食。食物多样，才能满足人体各种营养需求，达到合理营养、促进健康的目的。卫计委发布的《中国居民膳食指南》为合理膳食提供了权威的指导。适宜运动是指运动方式和运动量适合个人的身体状况，动则有益，贵在坚持。

第一，要合理地安排作息时间，形成良好的作息制度。因为有规律的生活能使大脑和神经系统的兴奋和抑制交替进行，天长日久，能在大脑皮层上形成动力定型，这对促进身心健康是非常有利的。

大学新生应养成早睡早起的习惯，有的同学习惯在晚上卧谈，天马行空地一谈就是两三个小时，结果第二天上课的时候非常疲惫，根本无心听课。长期如此，不仅影响平时的课业学习，还容易引起失眠，甚至引发神经衰弱症。研究表明，大学生的睡眠时间一般每天不得少于 7 个小时。如果条件许可，午饭后可以小睡一会儿，但最好不要超过 40 分钟。

第二，要进行适当的体育锻炼和文娱活动。"文武之道，一张一弛。"学习之余参加一些文体活动，不但可以缓解刻板紧张的生活，还可以放松心情、增加生活乐趣，而且有助于提高学习效率。听音乐、跑步、做广播体操、踢足球等都有助于增强体质，提高对疾病的抵抗力，这是一种积极的休息。实践证明："7+1">8。在这里，7+1 表示 7 个小时的学习加上 1 个小时的体育文娱活动，"8"表示 8 个小时的连续学习。也就是说，参加体育活动的 7 个小时学习比不参加体育活动的 8 个小时学习效果要好。

第三，要保证合理的营养供应，养成良好的饮食习惯。大学生"饮食不良"现象主要表现在两个方面：一是饮食不规律。很多人早晨起床较晚，来不及吃早饭便去上课，有的索性取消了早饭；有的则在课间饿的时候随便吃些零食。二是暴饮暴食。学生们主要在食堂就餐，但食堂的就餐时间比较固定，常有学生由于学习或其他原因错过了开饭时间，于是就吃点饼干、方便面来对付，等下一顿吃饭时再吃双份。营养学家们的研究证明：早餐吃饱、吃好，对维持血糖水平是很必要的；用餐时不能挑食偏食，要加强全面营养，还要多吃水果和蔬菜。

第四，要改正或防止吸烟、酗酒、沉溺于电子游戏等不良的生活习惯。健康的生活方式主要包括合理膳食、适量运动、戒烟限酒、心理平衡。

第三节 典型案例

一、生理方面

案例一：抢篮球落地膝关节半月板撕裂

1. 案例描述

体育课中几位男生在进行篮球活动，初二男生甲某抢篮板球后下落时突然膝关节受伤，奇怪的是当时正常姿态下着地，没有冲撞，没有倒地，任课教师还以为是一般的扭伤，后经医院检查竟然是膝关节外侧半月板撕裂。这位学生为此休学一年，几年后膝关节功能才逐步恢复。

2. 当时紧急处理程序

(1)指压伤处，转移伤者到办公室，并冷敷处理。

(2)电话联系家长和班主任，由家长送医院检查治疗。

(3)向在场学生仔细了解受伤经过。

这宗案例奇就奇在当事者好像没有过于激烈的运动，也没有外力的作用，从表面上看好像是一般的运动损伤，但医院检查结果却让人大吃一惊，怎么也想不通现在的学生怎么了，为何如此不堪一击？

膝关节在股骨和胫骨间左右各有一块半月状的软骨衬垫，上下有十字韧带牢固地连接。膝部急性外伤多发生在半蹲位时，由于膝部的关节囊和韧带处于松弛状态，来自上方的扭力和冲击力使膝关节发生过度的翻转活动，在进行跳跃和急停等高强度动作时导致肌力扭曲。因此，应积极加强膝关节周围肌群的力量和韧带柔韧性的训练，增加大运动量的抗练适应能力，重视平时训练中正确姿势和体位，及时纠正可能致伤的错误动作，保持膝部在中立位，防止膝关节过度翻转。

3. 反思与借鉴

(1)近年学生通过电视电脑、报纸杂志和音像资料等多种媒体了解各种体育活动，其中球类是他们最喜欢的项目，球类明星尤其是很多篮球、足球明星成为学生的偶像，他们争相模仿明星的动作、习惯甚至穿着打扮，并以此为荣。

(2)当今电脑电视等占据学生越来越多的时间，学生运动的时间和场地也越来越少，学生的肌肉和骨骼质量越来越差，综合运动能力相对越来越弱，导致现在学生眼高手低，有时则是心有余而力不足，使得平常的动作也能产生较为严重的运动损伤。

案例二：快速跑途中髂前下棘骨分离移位

1. 案例描述

一天下午体育课中在进行以小组为单位的 250 米加速跑，在跑过第一个弯道时，其中一位男生突然倒在跑道边，教师还以为是一般性的肌肉韧带拉伤，经医院检查竟然是髂股韧带上端从髂前下棘上硬生生撕脱下来。这个位置受伤治疗非常麻烦，动手术困难，不动手术也很难治疗，而且后期恢复也有很大的难度。

无独有偶，在学校田径运动会中也发生了一个男生受伤，100 米比赛接近终点时，一位男生突然韧带受伤停下来，经诊断也是髂前下棘分离移位。而在与同行交流中，居然也有多起髂前下棘分离移位这样相同的运动损伤。

2. 当时紧急处理程序

(1)立即通知家长和班主任、学校总务处。

(2)急送医院。

(3)跟踪了解受伤经过和情况。

这几例运动损伤发生时，教师都没有想到会是髂股韧带撕脱这么严重，髂股韧带撕脱的案例以前几乎没有看到过，只能由此推断现在青少年的骨骼质量大不如前了。

二、心理方面

(一)案例描述

案例 A：S 学生为 2013 级艺术专业专科生，从其异常行为的发展来看，心理问题的发展大致可分为两个阶段。

第一阶段是心理问题的逐渐显现。入学报到不久，该生就在寝室里表现出自言自语、半夜起来收拾东西或洗衣服等异常行为，并在班级 QQ 群里常说一些莫名其妙的话，让周围同学感到既好笑又害怕。由于该生在寝室里不讲卫生，乱丢东西，沉迷电脑和手机，深夜在床上看电视剧，打乱了寝室的正常作息时间，所以与其他寝室成员的矛盾渐渐升级；不仅如此，该生还经常待在寝室不去上课，违反了学校的教学纪律规定。据周围学生的反映，该生不顾及他人感受自行其是，自私、孤僻，是个怪人。这些现象说明该生已无法自我控制，由轻度心理问题向严重的方向发展。

第二阶段是心理问题渐趋严重，间隔性地表现出激烈的异常行为。第二学期开学不久，该生开始表现出狂躁的行为特征，在寝室里无故砸门发泄情绪。据辅导员了解，该生因为其他同学不喜欢她而感到孤独，怀疑有人在背后说她的坏话，故意孤立她，所以心情郁闷，砸门发泄。经过辅导员的解释和安抚，该生的情绪暂时有所好转，但在多天之后的一个晚上，该生对周围同学表现出更强烈的敌意，在班级 QQ 群上不断发 QQ 表情刷屏，同时在寝室里踢门、骂人，情绪很激动。在辅导员和学院有关负责人的说服、安抚之后，该生的异常行为才得到控制。考虑到该生的心理问题已表现出较为严重的后果，学院领导将情况告知家长，由家长负责进行心理诊断和治疗。医院对该生的初步诊断是精神分裂症，并伴有狂躁、抑郁、幻觉、妄想乃至自杀倾向等症状。由于S学生已无法进行继续正常的学习，所以2014年6月开始休学一年。

案例B：Z学生也为2013级艺术专业本科生，与S学生不同，该生的专业课学习成绩优异突出，平时行为并无异常，其心理问题因为处理恋爱关系而突发，在入学近一年时，该生因恋爱对象遭到其母反对，此后常与家里发生争执，处于既不敢违逆其母又不愿割舍男友的矛盾心理之中，不久出现严重的失眠、幻觉、行为紊乱、意识模糊等现象。该生事发前，整夜看电视剧，第二天一早不告而别，突然失联。由于该生性格较为温和内向，其心理问题的表现只是情绪失控又哭又笑、偶然旷课等，并无针对他人的激烈行为。但该生的这种精神状态已无法保证其正常的学习生活，所以从2014年9月开始休学一年，进行心理诊断和治疗。据家长反映，经过一段时间积极有效的调整和治疗，该生的失眠情绪不安、意识不清等症状逐渐缓解至消失，精神面貌已基本恢复正常。

（二）案例分析

S学生的案例，与家庭经济情况关系不大，其原因主要是家庭关系、家庭教育等因素，也有学习环境变化的因素。该生家庭成员有父、母、弟弟4人，平时和父亲生活，母亲在离家稍远的地方工作，平时不常回家，家庭经济情况一般，并不贫困。据该生父亲介绍，该生在中学时成绩不错，行为正常，就是一直有花钱大手大脚、生活费常常入不敷出的问题。所以，该生在进入本校被认定为贫困生，申请了助学金。在获得贫困生助学金资格之后，该生又几次三番来辅导员办公室询问学校是否已打钱，并在大一下学期开学就反复向辅导员申请勤工岗位。事后了解到，该生在获得贫困生的助学金之后，把钱用于寒假在市区租房。平时，该生在大一期间就常常旷课出去摆摊赚钱，甚至暑假也不回家。该生的心理问题发生后，学院在与该生父亲交流中了解到，该生的家庭教育存在某些问题，该生的家庭其实并不贫困，只是为了该生申请助学金才做了伪证；父母在平时只是给该生提供生活费用，很少关心女儿的心理感受、精神需求等方面的问题。这样的家庭环境很大程度上影响了该生对金钱的异常关注。据该生家长说，家里给该生的生活费并不少，但该生依然时常说缺钱，甚至向辅导员借钱。由此可知，该生对自己的家庭经济状况表现出双重的矛盾心理：一方面该生因为伪装家庭经济困难申请助学金而伤了自尊心，疑虑、戒备周边同学对自己的看法，另一方面又渴望通过挣钱、花钱来得到心理补偿和满足却又不得，由此导致该生性格较为孤僻、多疑、忧郁、烦躁，并在忧虑和戒备心理状态中与周边同学的人际关系渐趋紧张，在心理抑郁无法释放、精力涣散、经常性旷课等因素影响学习成绩降至班级末尾的情况下，最终情绪无法自控，发展为发泄性乃至攻击性的行为。

Z学生的案例与S学生不同。Z学生品学兼优，在学校新生入学的心理普测以及后来平时行为中都毫无异常表现，属突发事例。分析此案，大致可归纳出以下原因：一是该生心理不成熟，在面临个人情感问题时处于理想与现实、理智与情感、独立与依赖的矛盾冲突之中，找不到有效的解决途径或合适的对象倾诉、发泄，所以在抑郁中难以自控而爆发；二是因该生优秀而受到家庭过度的保护、关心乃至干涉，导致该生心理脆弱、意志薄弱，抗挫折能力差，一旦在处事上——尤其是个人恋爱问题上与家长发生矛盾，再加上该生性格敏感、内向，由此引发心理突变。该案例大体符合一般认为当代大学生欠缺与人沟通能力、青春期情绪等原因容易引发心理问题的看法。

综观以上两个案例的共同之处是都是大一年级女生，这与有关研究中认为大学一年级新生容易产生焦虑、强迫、抑郁、社交退缩等心理障碍，以及女生的个性特征上相比于男生更加细心和谨慎、敏感因而易犯强迫症等观点一致，由此提示我们需要特别关注一年级大学生的心理问题高发期，尤其是心理问题高发群体的大学一年级女生，充分了解各种可能引发这一特殊时期和特定群体的大学生的心理问题的各种诱因。除此之外，深入思考上文描述的两个案例，我们还能发现更为复杂的问题。

第一个案例中,S学生除了家庭教育、学习和生活环境变换等原因外,其渐变的心理问题很大程度上与思想观念,即如何看待金钱与自尊的关系有关,而与一般认为女生因更加敏感、谨慎因而易有心理问题则关系不大。我们认为,主要是伪造家庭经济困难以获取学校的困难助学金,触发了S学生在经济上的攀比心理,并诱发其挣钱、花钱以求得自尊满足的焦虑症和强迫症,进而发展为孤僻、幻觉、烦躁心理和攻击性行为。由此而言,思想教育——确切说家庭养成教育的缺失,是导致S学生心理问题的主要原因。这提示我们思考:一些心理问题渐变的学生与思想教育的关系以及如何有针对性地开展金钱与自尊的思想教育等问题。在现今的社会环境中,物质、金钱与自尊、尊重是一个很难解决但又不能不解决的难题,否则由此引发的自卑、孤僻、抑郁心理乃至攻击性行为还将继续发生。可以说,思想教育是消除大学生心理问题中不可忽视的一个方法——尽管不是万能的方法,需要家庭、学校、社会多方面的配合才能完成,但全部由学校来承担学生的思想教育和心理问题解决的任务,显然并不现实,因而需要引起社会各方面的关注。

第二个案例更为引人深思,考虑到Z学生品学兼优以及心理问题突发的情况,则提示我们在思想教育以及大学一年级女生容易引发心理问题的因素之外,还需要关注一些更为具体的问题,包括已经成为中国当代普遍现象的独生子女的问题。与一般的认识不尽相同,有的学者在这方面的专门研究表明,总体而言,当代大学生中独生子女与非独生子女之间在心理健康差异方面并不十分明显,但是两者在转换学习生活环境的大学一年级期间的心理差异却有较为明显的体现,独生子女在抑郁、社交退缩、性心理障碍方面的表现要多于非独生子女。由此,我们能较好地分析第二个案例,Z学生因恋爱引起与家庭的争吵只是一个外在的诱因,实际上关键原因则是Z学生缺乏与人沟通的社交能力、抗挫折能力差等引起心理障碍。第二个案例提示我们,心理问题也可能发生在品学兼优的学生身上,这说明心理问题与思想道德有关但并非完全是一回事,这就需要在思想教育的方法之外,研究针对青春期学生进行心理疏导的方法,才能防止心理问题的发生。

(三)应对建议

以上两则案例虽然不可能代表中国当代高校大学生的心理问题的类型和过程,但具有一定的代表性,反映出当代大学生尤其是一年级女生的心理问题发生的复杂性。针对这些问题,在进行思想教育工作外,还可以进行以下工作:

首先,有效开展教育和辅导,结合常见的大学生心理问题,有针对性地开设心理问题讲座和个别心理辅导,普及和宣传心理健康知识,使大学生对可能发生的心理障碍有正确的认识,学会自我调节心理障碍,加强心理承受能力;同时开展心理普查和心理疾病治疗,及时发现问题,把有心理疾病的学生及时转介到专业医疗机构,避免恶性事件的发生。

其次,构建心理危机预警机制。从中国高校目前的行政体系看,一个较为完整的心理危机预警机制,应围绕学校的心理健康教育为中心,以各学院分管学生工作的书记,学生办主任、辅导员为主要力量,以班级干部为基础,建立起心理危机预警的网状体系,对大学生心理问题进行筛查、跟踪、分析;如果有条件,学校最好能聘请所在地专业医院的医生做咨询顾问,由此完善大学生心理问题的预警机制。

再次,建立突发心理问题的应急处理中心和应对方案、程序。尽管许多学校开设了心理健康教育课程,但这类课程无法解决特殊学生的心理问题,而不少学校配置的专业心理咨询人员也不一定能够有效疏导学生的心理障碍,尤其对于那些并无心理障碍表现前兆的学生,学校显然需要建立一个处理学生突发事故的中心,才能对突发事故做出快速、有效的应对措施。考虑到应急处理中心需要对突发事件有关学生的情况有所了解，所以在院级层面建立该中心，在处理学生的突发事件时更为有效。

总之，高等教育不仅要培养学生的专业技能，而且同样需要关注学生的心理健康，在提高学生文化素质的同时也提高学生的心理素质，引导学生正确认识和处理个人之间、个人与社会的关系，提高自我调整、适应环境的能力，这也是高等教育的重要内容。

第三篇

运动项目与身体素质

第十一章

太极拳

第一节　太极拳概述

一、太极拳的发展历史

太极拳是一种用中国古代的“阴阳”“太极”理论来解释拳理并命名的传统拳术。太极拳动作柔和缓慢、势势相连、绵绵不断。关于太极拳的起源有各种各样的附会和传说。据中国武术史学家唐豪考证，最早传习太极拳是明末清初时期，河南温县陈家沟的陈王廷。他吸收了戚继光的长拳三十二势和当时著名的各种拳法，并结合古代的导引养生术和经络学说，编成了陈式太极拳，迄今已有近400年的历史。后人又将陈式太极拳发展成杨、吴、武、孙等式。各式太极拳虽然各有其具体特征，但拳理相同，练习时身体各部位的姿势要求和运动特点基本一致。中华人民共和国成立后，原国家体委为了推广普及太极拳，从20世纪50年代起，先后编写了二十四式简化太极拳、四十八式太极拳以及各式太极拳的竞赛套路。通过我国人民长期锻炼的实践证明，太极拳确是一种符合人体生理、心理特点的科学健身方法，也是防治疾病的有效手段。

二、太极拳基本姿势要求

（一）头部

要求头部自然上顶，下颌微内收，颈部肌肉放松；运动中随着各种动作的进行，头部在沿纵轴转动时，不能前倾后仰、左右歪斜；面部表情应自然，口轻闭，舌尖微抵上颚，用鼻呼吸。

（二）上肢

要求“沉肩垂肘”“舒指塌腕”。“沉肩垂肘”是指练习时肩关节要放松、下沉，并有意识地使两肩向外引伸，肘尖下垂，不可外翻。两臂要保持弧形，不可过分弯曲与伸直。“舒指塌腕”是指做推掌时，手掌自然伸展，手腕微微下沉。总之，上肢动作要做到既舒松伸展又不绵软无力。

（三）躯干部

要求上体正直，以腰为轴带动两臂运动。胸部应做到“含胸圆背”。所谓“含胸”，是相对长拳而言的，练太极拳时不能挺胸，也不可使两肩前送而使胸部内陷，应求其自然正直。“圆背”是指要放松胸背肌肉，两肩向外牵引，使背部略成弧形。

腰部动作应注意松沉，不能使上体前俯后仰、左歪右斜。运动中要以腰带臂，使两臂的动作随着腰的左右转动进行。

(四)下肢

要求虚实分明,进退轻灵。在练太极拳时,多是一腿负重多,一腿负重少,负重多者为实,负重少者为虚,须做到虚实分明,避免重心落于两腿之间(起、收势除外);进退轻灵,即提脚落步要轻起轻落,前进用足跟着地,后退用脚前掌着地。无论是前进还是后退,都要求脚着地以后,身体重心再移过去,以保持全身动作的稳定与灵活。

三、太极拳的运动特点

(一)体松心静

体松心静是太极拳的重要特点之一。"体松"是指练拳时,在维持动作姿势的基础上,尽量使身体肌肉处于放松状态,要求动作自然舒展,不用僵力。腿部在运动时经常是半弯曲的,肌肉必须用力,但在两腿交替支撑体重时,负重腿仍然要放松。"心静"是指要排除一切杂念,注意力集中。

(二)缓慢柔和

缓慢柔和也是太极拳的重要特点之一。一套太极拳一般要求在5~10分钟内完成。缓慢还包含连贯,各拳式之间不得停顿应做到连绵不断。缓慢的前提是放松,在此基础上使两臂动作姿势及运动路线都保持弧形。

(三)动作、呼吸和意念相配合

练太极拳到一定程度,要把动作、呼吸和意念配合起来,这样才能表现出太极拳的特点,才能取得较好的锻炼效果。

(1)动作与呼吸的配合。太极拳的技术动作是由起落开合动作组成的,要求起(向上)的动作要吸气,落的动作要呼气;开(两臂张开)时为吸,合时为呼。另一种呼吸方式为:凡是一个动作完成时为呼气,过渡动作为吸气。无论哪一种呼吸方式都应求其自然。

(2)动作与意念的配合。在练拳时首先要排除杂念,把注意力集中到动作的运动过程中,以意识引导动作,做到"意领身随"。

四、太极拳的健身原理

(一)太极拳的动作姿势有利于气血运行

太极拳的动作姿势要求身体各个部位须保持一定的弧或圆形,使身体处于放松状态。舒展圆活的放松姿势可使肌肉运动更富有节奏,从而有效地帮助气血运行,使能量物质顺畅地运送到组织器官,防止组织器官缺氧,及时清除代谢产物,保证机体活力。

太极拳要求"尾闾中正"(尾闾又称尾低,包括低椎和尾椎),尾闾保持中正,身型不偏不倚可使身体中正安舒,有利于脏腑器官机能活动不受影响。同时,还要求"虚胸实腹","虚胸"可给心脏活动以充分的空间,有利于心肌舒张,容量增大,心肌长度适度加大,使心肌收缩有力;"实腹"配合丹田鼓荡,可使下腔静脉血液回流加快,减少淤积,有利于通畅血液循环。另外,在"松腰"状态下进行腰部运动能按摩腹部脏器,提高其功能。

"圆档松胯"也是太极拳的姿势要求之一,不仅有利于太极拳运动沉稳灵活,更有助于气血携带能量物质运输至下肢,提高人体的运动能力。另外,由于"屈膝半蹲"的姿势对下肢力量要求不高,适合不同年龄阶段的人群练习。腿部肌肉群有节律地适度收缩既可促使静脉血液回流通畅,防止下肢静脉曲张,又是一种有效的按摩手段,对膝关节有积极的保健作用。

(二)太极拳的技术特点有利于新陈代谢

太极拳的技术特点决定了太极拳为运动负荷适中的健身活动。适中的运动量可使机体新陈代谢处于适宜状态,无论是能量物质的供应还是代谢产物的排放,都在一个比较有序的状态下进行。

研究表明，长期从事太极拳运动的人群由于经常运用腹式呼吸方法，不仅加大了呼吸深度，按摩了脏腑，而且促使呼吸道阻力减小，肺泡弹性增强，肺活量增加，最大通气量提高。呼吸系统功能的改善，促进了血液气体成分的良性改变，如氧饱和度、氧分压增加，二氧化碳分压降低，呼吸指数下降等，使体内有机酸、碱储备、pH 值等一系列生理指标呈良性变化趋势。说明通过练习太极拳，可提高对氧的利用率，增强机体氧代谢能力和能量储存，促进了呼吸系统功能的提高。

长期坚持太极拳运动可增强左心室心肌收缩能力，提高心脏泵血功能，改善心肌舒张能力，增加每搏输出量和每分输出量，降低安静状态下的心率，使心电图在安静和负荷状态下，发生良性改变，特别是 ST 段在负荷增加时变化不大，表明心脏对负荷的耐受力增强。同时，由于外周循环阻力减少；循环血量增加，可明显改善肢体的能量供给状况。

简化太极拳、杨式太极拳能量消耗较小，陈式太极拳消耗较大，但随着技术动作的熟练，能量消耗会有所降低。由于太极拳运动要求柔中带刚，要运“内气”、用“内力”，所以，能量消耗在一般情况下保持恒定，当技术水平达到一定层次后，能量消耗会略有增大。一般认为，健康成年人要想使心血管系统得到锻炼，达到增强体质的目的，最低练习强度应达到本人最大氧耗量的 50%，心率达到 130～150 次/分。鉴于中国人体质和进行太极拳运动的人群现状，可以说太极拳运动是增强心血管功能最为适宜的健身项目之一。

（三）太极拳动作与意念的协调配合有利于中枢神经系统的保健

太极拳运动特别强调意念与动作的协调配合，配合水平反映了中枢神经系统的协调程度。太极拳松、静、自然的运动状态有利于阴阳、虚实、进退的自如转化，对神经系统有显著的保健作用。长期进行太极拳练习可有效地促进中枢神经系统功能的改善，使动作灵活、协调，使练习者心情舒畅、忘我怡神。

由于大脑功能复杂，能量需求较多，一般运动难以有效提高脑部血液供应。松柔圆顺的太极拳运动可使气血运行活跃，脑部微循环通路开放，保证大脑血液供应，使大脑聪健。

现代社会的生活和工作节奏使大脑皮层相应区域长期处于高度兴奋的紧张状态，容易导致交感神经过度兴奋，肾上腺素分泌增加，副交感神经兴奋性相对降低，两者处于失调状态，影响正常的生理功能。太极拳运动中有意识地运用意念调节中枢神经系统兴奋与抑制过程的相互转换，可提高植物性神经系统功能，促使人体处于全面、协调的运转状态，从而达到保健的目的。

（四）太极拳健身的科学性要求

在选择太极拳运动为健身内容和手段时，要特别注意练习时的科学性。不同年龄、性别、职业的人应选择适合于自身素质的太极拳套路，如初学者可选择简单易学的简化太极拳，练习次数要适当。随着技术水平的提高，练习内容可逐渐丰富，运动负荷可逐步提高，动作姿势和技术演练要求也应日趋规范、精细，并应讲求内外协调、神形兼备，进而追求“以意运气、以气运身”的境界。

第二节　二十四式简化太极拳动作解析

一、二十四式简化太极拳动作说明及要领

（一）第一组

1. 起势

（1）身体自然直立，两脚并拢，两臂自然下垂，两手放在大腿外侧；目视前方；左脚向左轻轻开步，与肩同宽，脚尖向前。

（2）两臂慢慢向前平举，两手高与肩平，与肩同宽，手心向下。

(3)上体保持正直，两腿屈膝下蹲；同时两掌轻轻下鞍，两肘下垂与两膝相对；眼平视前方(见图 11－1)。

图 11－1

要领：两肩下沉，两肘松垂，手指自然弯曲。屈膝松腰，臂部不可凸出，两臂下落和身体下蹲的动作要协调一致。

2. 左右野马分鬃

(1)上体微向右转，身体重心移至右腿上；同时右臂收在胸前平屈，手心向下，左手经体前向右下画弧至右手下，手心向上，两手心相对成抱球状；左脚随即收到右脚内侧，脚尖点地；眼看右手。

(2)上体微向左转，左脚向左前方迈出，右脚跟后蹬，右腿自然伸直，成左弓步；同时上体继续向左转，左右手随转体慢慢分别向左上、右下分开，左手高与眼平(手心斜向上)，肘微屈；右手落在右胯旁，肘也微屈，手心向下，指尖向前；眼看左手。

(3)上体慢慢后坐，身体重心移至右腿，左脚尖翘起，微向外撇(45°～60°)，随后脚掌慢慢踏实，左腿慢慢前弓，身体左转，身体中心再移至左腿：同时左手翻转向下，左臂收在胸前平屈，右手向左上画弧至左手下，两手心相对成抱球状；右脚随即收到左脚内侧，脚尖点地；眼看左手。

(4)右腿向右前方迈出，左腿自然伸直，成右弓部；同时上体右转，左右手随转体分别慢慢向左下、右上分开，右手高与眼平(手心斜向上)，肘微屈；左手落在左胯旁，肘也微屈，手心向下，指尖向前；眼看右手。

(5)与(3)解同，只是左右相反。

(6)与(4)解同，只是左右相反(见图 11－2)。

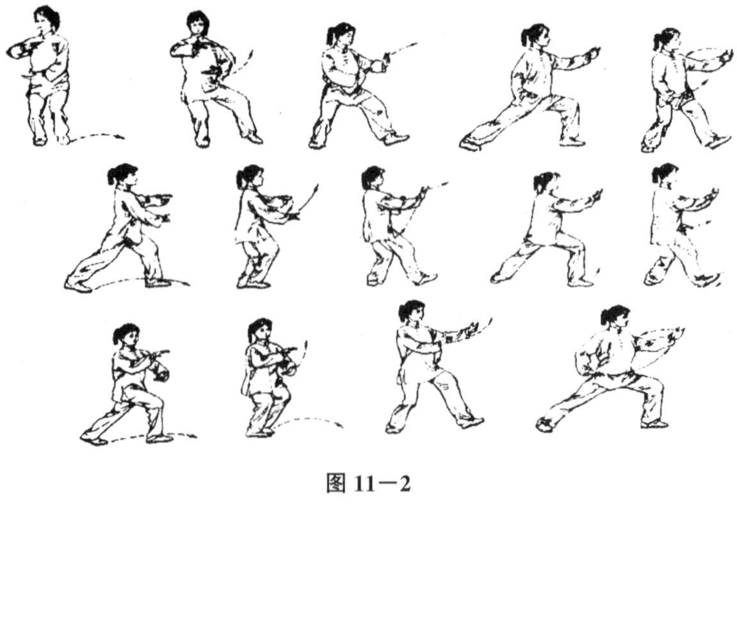

图 11－2

要点：两臂始终要保持弧形，身体转动时要以腰为轴，弓步动作与分手的速度要均匀一致；弓步时，膝不要超过脚尖，后面的脚要向后蹬转，前后脚尖夹角呈 45°～60°，两脚之间的横向距离应保持在 10～30 厘米。

3. 白鹤亮翅

(1)上体微向左转，左手翻掌向下，左臂平屈胸前，右手向左上画弧，手心转向上，与左手成抱球状；眼看左手。

(2)右脚跟进半步，上体后坐，身体重心移至右腿，上体先向右转，面向右前方，眼看右手；然后左脚稍向前移，脚尖点地，成左虚步，同时上体再微向左转，面向前方，两手随转体慢慢向右上、左下分开，右手上提停于右额前，手心向左后方，左手落于左胯前，手心向下，指尖向前；眼平视前方(见图 11—3)。

图 11—3

要点：完成姿势胸部不要挺出，两臂都要保持半圆形，左膝要微屈。身体重心后移和右手上提、左手下按要协调一致。

(二)第二组

1. 左右搂膝拗步

(1)右手从体前下落，右下向后上方划至右肩外，手与耳同高，手心斜向上；左手由左下向上、向右画弧至右胸前，手心斜向下；同时上体先微向左再向右转；左脚收至右脚内侧，脚尖着地，眼看右手。

(2)上体左转，左脚向前(偏左)迈出成弓步；同时右手屈回由耳侧向前推出，高与鼻尖平，左手向下由左膝前搂过落于左胯旁，指尖向前；眼看右手手指。

(3)右脚慢慢屈膝，上体后坐，身体重心移至右腿，左脚尖翘起微向外撇，随后脚掌慢慢踏实，右脚前弓，身体左转，身体重心移至左腿，右脚收到左脚内侧，脚尖着地；同时左手向外翻掌由左后向上画弧至左肩外侧，肘微屈，手与耳同高，手心斜向上；右手随转体向上、向下画弧落于左胸前，手心斜向下；眼看左手。

(4)与(2)解同，只是左右相反。

(5)与(3)解同，只是左右相反。

(6)与(2)解同(见图 11—4)。

要点：松腰松胯、沉肩垂肘、屈腕舒掌。搂膝拗步成弓步时，两脚跟横向距离约 30 厘米。

2. 手挥琵琶

右脚跟进半步，上体后坐，身体重心转至右腿上，上体半面向右转，左脚略提起稍向前移，变成左虚步，脚跟着地，脚尖翘起，膝部微屈；同时左手由左下向上挑举，高与鼻尖平，掌心向右，臂微屈；右手收回放在左肘里侧，掌心向左；眼看左手食指(见图 11—5)。

图 11—4

图 11—5

要点:身体移动要平稳自然,不能耸肩,胸部要放松。

3. 左右倒卷肱

(1)上体右转,右手翻掌(手心向上)经腹前由下向后上方画弧平举,臂微屈,左手随即翻掌向上;视线随着向右转体先向右看,再转向前方看左手。

(2)右臂屈肘折向前,右手由耳侧向前推出,手心向前,左臂屈肘后撤,手心向上,撤至左肋外侧;同时左腿轻轻提起向后(偏左)退一步,脚掌先着地,然后全脚慢慢踏实,身体重心移到左腿上,成右虚步,右脚随转体以脚掌为轴扭正;眼看右手。

(3)上体微向左转,同时左手随转体向后上方画弧平举,手心向上,右手随即翻掌,掌心向上:眼随转体先向左看,再转向前方看右手。

(4)与(2)解同,只是左右相反。

(5)与(3)解同,只是左右相反。

(6)与(2)解同。

(7)与(3)解同。

(8)与(2)解同,只是左右相反。

(9)上体微向右转，同时右手随转体向后上方画弧平举，手心向上，左手放松，手心向下；眼看左手(见图 11－6)。

图 11－6

要点：退步做到转腰松胯。两手随转体走弧线，速度要均匀一致，避免僵硬。

(三)第三组

1. 左揽雀尾

(1)身体继续向右转，左手自然下落逐渐翻掌经腹前画弧至左肋前，手心向上；右臂屈肘，手心转向下，收至右胸前，两手相对成抱球状；同时身体重心落在右腿上，左脚收到右脚内侧，脚尖点地；眼看右手。

(2)上体微向左转，左脚向左前方迈出，上体继续向左转，右腿自然蹬直，左腿屈膝，成左弓步；同时左臂向左前方掤出(即左臂平屈成弓形，用前臂外侧和手背向前方推出)，高与肩平，手心向后；右手向右下落于右胯旁，手心向下，指尖向前；眼看左前臂。

(3)身体微向左转，左手随即前伸翻掌向下，右手翻掌向上，经腹前向上，向前伸至左前臂下方；然后两手下捋，即上体向右转，两手经腹前向右后上方画弧，直至右手手心向上，高与肩齐，左臂平屈于胸前，手心向后；同时身体重心移至右腿；眼看右手。

(4)上体微向左转，右臂屈肘折回，右手附于左手腕里侧(相距约 5 厘米)，上体继续向左转，双手同时向前慢慢挤出，左手心向右，右手心向前，左前臂保持半圆；同时身体重心逐渐前移变成弓步；眼看左手腕部。

(5)左手翻掌，手心向下，右手经左腕上方向前、向右伸出，高与左手齐，手心向下，两手左右分开，宽与肩同；然后右腿屈膝，上体慢慢后坐，身体重心移至右腿上，左脚尖翘起；同时两手屈肘回收至腹前，手心均向前下方；眼向前平视。

(6)上式不停，身体重心慢慢前移，同时两手向前、向上按出，掌心向前；左腿前弓成左弓步；眼平视前方(见图 11－7)。

要点：重心移动时身体保持中正，两臂须走弧形。整个动作要松胯，含胸拔背。

图 11—7

2. 右揽雀尾

(1)上体后坐并向右转,身体重心移至右腿,左脚尖里扣;右手向右平行画弧至左肋前,手心向上;左臂平屈胸前,左手掌心向下与右手成抱球状;同时身体重心再移至左腿上,右脚收至左脚内侧,脚尖点地;眼看左手。

(2)同"左揽雀尾"(2)解,只是左右相反。

(3)同"左揽雀尾"(3)解,只是左右相反。

(4)同"左揽雀尾"(4)解,只是左右相反。

(5)同"左揽雀尾"(5)解,只是左右相反。

(6)同"左揽雀尾"(6)解,只是左右相反(见图 11—8)。

图 11—8

要领:均与"左揽雀尾"动作相同,只是左右相反。

(四)第四组

1. 单鞭

(1)上体后坐,身体重心逐渐移至左腿上,右脚尖里扣;同时上体左转,两手(左高右低)向左弧形运转，直至左臂平举，伸于身体左侧，手心向左，右手经腹前运至左肋前，手心向后上方；眼看左手。

(2)身体重心再逐渐移至右腿上，上体右转，左脚向右脚靠拢，脚尖点地；同时右手向右上方画弧(手心由里转向外)，至右侧方时变勾手，臂与肩平；左手向下经腹前向下画弧停于右肩前，手心向里；眼看左手。

(3)上体微向左转，左脚向左前侧方迈出，右脚跟后蹬，成左弓步；在身体重心转向左腿的同时，左掌随上体的继续左转慢慢翻转向前推出，手心向前，手指与眼齐平，臂微屈；眼看左手(见图11—9)。

图 11—9

要点：动作完成时，两肩要松沉，右勾手向后平举，左手要旋臂沉腕向前打掌。

2. 云手

(1)身体重心移至右腿上，身体渐向右转，左脚尖往里扣；左手经腹前向右上画弧至右肩前手心斜向后，同时右手变掌，手心向右前；眼看左手。

(2)上体慢慢左转，身体重心随之逐渐左移；左手由脸前向左侧运转，手心渐渐转向左方；右手由右下经腹前向左上画弧至左肩膀前，手心斜向后；同时右脚靠近左脚，成小开立步(两脚距离10～20厘米)；眼看右手。

(3)身体重心移至右腿上，上体再向右转，同时左手经腹前向右上画弧至右肩前，手心斜面向后；右手由脸前向右侧运转，手心翻转向右；随之左腿向左横跨一步；眼看左手。

(4)同(2)解。

(5)同(3)解。

(6)同(2)解(见图11—10)。

要点：以腰脊为轴左右转动，身体移动要平稳，不可忽高忽低。

3. 单鞭

(1)上体向右转，右手随之向右运转，至右侧方时变成勾手；左手经腹前向右上画弧至右肩前，手心向内；身体重心落在右腿上，左脚尖点地；眼看左手。

(2)上体微向左转，左脚向左前侧方迈出，右脚跟后蹬，成左弓步；在身体重心移向左腿的同时，上体继续左转，左掌慢慢翻转向前推出，成“单鞭”式(见图11—11)。

要点：动作衔接要连贯、流畅，上体保持正直，两肩松沉，上下要协调一致。

图 11—10

图 11—11

(五)第五组

1. 高探马

(1)右脚跟进半步,身体重心逐渐后移至右腿上;右手变掌,两手心翻转向上,两肘微屈;同时身体微向右转,左脚跟渐渐离地;眼看左前方。

(2)上体微向左转,面向前方;右掌经右耳旁向前推出,手心向前,手指与眼同高;左手收至左侧腰前,手心向上;同时左脚微向前移,脚尖点地,成左虚步;眼看右手(见图 11—12)。

要点:上体要自然正直,避免身体后仰。右手前推,肘微下垂,左手收于腹前。

2. 右蹬脚

(1)左手手心向上,前伸至右腕背面,两手相互交叉,随即向两侧分开并向下画弧,手心斜向下;同时左脚提起向左前侧方迈步(脚尖略外撇):身体重心前移,右腿自然蹬直,成左弓步;眼看前方。

(2)两手由外视向里圈画弧,两手交叉合抱于胸前,右手在外,手心均向后;同时右脚向左脚靠拢,脚尖点地;眼平视右前方。

(3)两臂左右画弧分开平举,肘部微屈,手心均向外;同时右腿屈膝抬起,右脚向右前方慢慢蹬

图 11－12

出;眼看右手(见图 11－13)。

图 11－13

要点:身体要稳,分掌与蹬脚要协调。如面向南起势,蹬脚的方向应为东偏南约 30°。

3. 双峰贯耳

(1)右腿收回,屈膝平举,左手由后向上、向前下落至体前,两手心均翻转向上,两手同时向下画弧分落于右膝两侧;眼看前方。

(2)右脚向右前方落下,身体重心渐渐前移,成右弓步,面向右前方;同时两手下落,慢慢变拳,分别从两侧向上、向前画弧至面部前方,成钳形状,两拳相对,高与耳齐,拳眼都斜向下(两拳中间距离 10～20 厘米);眼看右拳(见图 11－14)。

图 11－14

要点:两臂均保持弧形。两拳前贯与弓步要同时完成。

4. 转身左蹬脚

(1)左腿屈膝后坐,身体重心移至左腿,上体左转,右脚尖往里扣;同时两拳变掌,由上向左右画弧分开平举,手心向前;眼看左手。

(2)身体重心再移至右腿,左脚收到右脚内侧,脚尖点地;同时两手由外圈向里圈画弧合抱于胸前,左手在外,手心均向后;眼平视左方。

(3)两臂左右画弧分开平举,肘部微屈,手心均向外;同时左腿屈膝提起,左脚向左前方慢慢蹬出;眼看左手(见图 11－15)。

图 11—15

要点：扣脚转身上体要保持正直，不可前俯后仰。此动作与右蹬脚前方向呈 180°。

(六)第六组

1. 左下势独立

(1)左腿收回平屈，上体右转；右掌变成勾手，左掌向上、向右画弧下落，落于右肩前，掌心斜向后；眼看右手。

(2)右腿慢慢屈膝下蹲，左腿由里向左侧(偏后)伸出，成左仆步；左掌下落(掌心向外)向左下顺左腿内侧向前穿出；眼看左手。

(3)身体重心前移，左脚跟为轴，脚尖尽量向外撇，左脚前弓，右腿后蹬，右脚尖里扣，上体微向左转并向前起身；同时左臂继续向前伸出(立掌)，掌心向右，右勾手下落钩尖向后；眼看左手。

(4)右腿慢慢提起平屈，成左独立势；同时右手变掌，并由后下方顺右腿外侧向前弧形摆出，屈臂立于右腿上方，肘与膝相对，手心向左；左手立于左胯旁，手心向下，指尖向前；眼看右手(见图 11—16)。

图 11—16

要点：下势时，上体不可过于前倾。右腿提起时脚尖自然下垂。提膝与挑掌要一致。

2. 右下势独立

(1)右脚下落于左脚前，脚掌着地；然后左脚前掌为轴，脚跟转动，身体随之左转同时左手向后平举变成勾手，右掌随着转体向左侧画弧，立于左肩前，掌心斜向后，眼看左手。

(2)同“左下势独立”(2)解，只是左右相反。

(3)同“左下势独立”(3)解，只是左右相反。

(4)同“左下势独立”(4)解，只是左右相反(见图 11—17)。

图 11—17

要点：右脚尖触地后，以左脚掌为轴辗转。其他同“左下势独立”，唯方向相反。

（七）第七组

1. 左右穿梭

（1）身体微向左转，左脚向前落地，脚尖外撇，右脚跟离地，两腿屈膝成半坐盘式；同时两手在左胸前成抱球状（左上右下）；然后右脚收到左脚的内侧，脚尖点地；眼看左前臂。

（2）身体右转，右脚向右前方迈出，屈膝弓腿，成右弓步；同时右手由脸前向上举并翻掌停在右额前，手心斜向上；左手先向左下再经体前向前推出，高与鼻尖平，手心向前眼看左手。

（3）身体重心略向后移，右脚尖稍向外撇，随即身体重心再移至右腿，左脚跟进，停于右脚内侧，脚尖点地；同时两手在右胸前成抱球状（右上左下）；眼看左前臂。

（4）同（2）解，只是左右相反（见图 11－18）。

图 11－18

要点：身体中正，避免耸肩。如面向南起势，此动作方向应为正西偏北和正西偏南均约 30°。

2. 海底针

右脚向前跟进半步，身体重心移至右腿，左脚稍向前移，脚尖点地，成左虚步；同时身体稍向右转，右手下落经体前向后、向上提抽至肩上耳旁，再随身体左转，由右耳旁斜向前下方插出，掌心向左，指尖斜向下；与此同时，左手向前、向下画弧落于左胯旁，手心向下，指尖向前；眼看前下方（见图 11－19）。

图 11－19

要点：上体不可太前倾，背部肌肉要有牵拉的感觉，避免低头和臀部外凸。

3. 闪通臂

上体稍向右转，左脚向前迈出，屈膝弓腿成左弓步；同时右手由体前上提，屈臂上举，停于右额前上方，掌心翻转斜向上，大拇指朝下；左手上起经胸前向前推出，高与鼻尖平，手心向前；眼看左手(见图 11－20)。

图 11－20

要领：完成姿势上体自然正直，松腰、松胯；左臂不要完全伸直，背部肌肉要伸展开。推掌、举掌和弓腿动作要协调一致。弓步时，两脚跟横向距离同“揽雀尾”式(不超过 10 厘米)。

(八)第八组

1. 转身搬拦捶

(1)上体后坐，身体重心移至右腿上，左脚尖里扣，身体向后转，然后身体重心再移至左腿上；与此同时，右手随着转体向右、向下(变拳)经腹前画弧至左肋旁，拳心向下；左掌上举于头前，掌心斜向上；眼看前方。

(2)向右转体，右拳经胸前向前翻转撇出，拳心向上；左手落于胯旁，掌心向下，指尖向前；同时右脚收回后(不要停顿或脚尖点地)即向前迈出，脚尖外撇；眼看右拳。

(3)身体重心移至右腿上，左脚向前迈一步；左手经左侧向前上画弧拦出，掌心向前下方；同时右拳向右画弧收到右腰旁，拳心向上；眼看左手。

(4)左腿前弓成左弓步，同时右拳向前打出，拳眼向上，高与胸平，左手附于右前臂里侧；眼看右拳(见图 11－21)。

图 11－21

要领：右拳不要握得太紧。右拳回收时，前臂要慢慢内旋画弧，然后再外旋停于右腰旁，拳心向上。向前打拳时，右肩随拳略向前引伸，沉肩垂肘，右臂要微屈。弓步时，两脚横向距离同“揽雀尾”式。

2. 如封似闭

(1)左手由右腕下向前伸出，右拳变掌，两手手心逐渐翻转向上并慢慢分开回收；同时身体后坐，左脚尖翘起，身体重心移至右腿；眼看前方。

(2)两手在胸前翻掌，向下经腹前再向上、向前推出，腕部与肩平，手心向前；同时左腿前弓成左弓步；眼看前方（见图 11—22）。

图 11—22

要领：身体后坐时，避免后仰，臀部不可凸出。两臂随身体回收时，肩、肘部略向外松开，不要直着抽回。两手推出宽度不要超过两肩。

3. 十字手

（1）屈膝后坐，身体重心移向右腿，左脚尖里扣，向右转体；右手随着转体动作向右平摆画弧，与左手成两臂侧平举，掌心向前，肘部微屈；同时右脚尖随着转体稍向外撇，成右侧弓步；眼看右手。

（2）身体重心慢慢移至左腿，右脚尖里押，随即向左收回，两脚距离与肩同宽，两腿逐渐蹬直，成开立步；同时两手向下经腹前向上画弧交叉合抱于胸前，两臂撑圆，腕高与肩平，右手在外，成十字手，手心均向后；眼看前方（见图 11—23）。

图 11—23

要领：两手分开和合抱时，上体不要前俯。站起后，身体自然正直，头要微向上顶，下巴稍向后收。两骨环抱时须圆满舒适，沉肩垂肘。

4. 收势

两手向外翻掌，手心向下，两臂慢慢下落，停于身体两侧；收回左脚，眼看前方（见图 11—24）。

图 11—24

要点：身体放松，心静气和，还原成预备姿势。

二、二十四式简化太极拳提高要诀

(一)心静体松

“心静体松”是练习太极拳的最主要的法则。这个法则应贯穿在整个练习过程中。

所谓“心静”,就是在练习太极拳时,思想上排除一切杂念,使精神贯注到每一个细节上,不受干扰,专心练拳。这种用“意”引导动作的练拳方法,可以调节大脑皮层和中枢神经系统机能,增强身体其他器官的功能。用意引导动作,还可以调节呼吸,使意识、动作和呼吸三者紧密结合,达到全面锻炼的效果。

太极拳运动所强调的“体松”,不是全身的松懈疲沓,而是指在练拳时保持身体姿势正确的基础上,有意识地让全身关节、肌肉以及内脏等达到最大限度的放松状态,从而形成从神态到内脏以及四肢的发劲上的一种有机统一的协调运动。所以说“体松”是做到姿势正确、周身协调、动作舒展、转换圆活及发劲的基础和保证,是身体“内外”高度协调的先决条件。因此,对于初学者来说,只有“松”才能使动作协调、呼吸自然、思想安定。

(二)圆活连贯

掌握太极拳的正确姿势,并且做到“心静体松”只是太极拳练习的基本要求,而是否做到“周身协调,圆活连贯”才是衡量一个人功夫深浅的主要依据。在太极拳拳理中提到的“尤须贯穿气,不外起、承、转、合。始而意动,继而劲动,转接要一线串成”“一动无有不动,一静无有不静”等,都是对周身协调,圆活连贯的具体要求。太极拳练习中所要求的“连贯”,其一是指肢体的连贯,即所谓的“节节贯串”。肢体的连贯是以腰为枢纽的。而动作转换过程,对下肢则是以腰带胯,以胯带膝,以膝带足;对上肢,则是以腰带背,以背带肩,以肩带肘,再以肘带手。其二是指动作与动作之间的衔接,即“势势相连”。前一动作的结束就是下一动作的开始,势势之间没有间断和停顿。而“圆活”是在连贯基础上的进一步要求,意指圆满、活顺、自然。对于初学者来说,在练习中应该细细地体会每一个动作的手法、步法、身法等都在参与由内及外的圆弧运动。

(三)虚实分明

“运动如抽丝,迈步如猫行”,这是对太极拳轻灵的脚步和均匀的动作的形象比喻。要做到这点,首先应注意虚实变换要适当,使肢体各部位在运动中没有丝毫不稳定的现象。如果不能很好地维持身体的平衡稳定,那就根本谈不上什么轻灵、均匀和“迈步如猫行”了。从动作的局部看,为了保持重心的稳定,下盘的稳固,走架时,步法虚实分明、迈步轻灵,随着重心的缓缓移转,两足交替支持重心,保持重心,平稳。所以,下肢以主要支撑体重的腿为实,辅助支撑或移动换步的腿为虚;上肢以体现动作主要内容的手臂为实,辅助配合的手臂为虚。在劲力的变换中,轻灵含蓄的动作为虚,沉着充实的动作为实。总之,虚实不但要互相渗透,还须在意识指导下“忽现忽藏”,变化灵活,从而达到“无一处无虚实,无一处无变化”的境界。

(四)呼吸自然

练习太极拳要求呼吸深长细匀,通顺自然。根据太极拳练习者掌握的技术水平,呼吸方法可分为自然呼吸、腹式顺呼吸、腹式逆呼吸和拳式呼吸。

自然呼吸,是指练习者在练拳时,呼吸方式不因拳势的变化而变化,完全顺其自然。

腹式顺呼吸,是指吸气时腹部向外突起,呼气时腹部自然内收。

腹式逆呼吸,与腹式顺呼吸刚好相反,即吸气时腹部内收,而呼气时腹部外突。

拳式呼吸,是指呼吸随着拳式的变化而变化。

第三节　太极拳运动安全事故与预防

太极拳是我国优秀传统项目之一，具有丰富的技术体系和博大精深的文化内涵。因其本身丰富的内涵、良好的健身益智效果、优美的动作，同时不受场地、器材、气候和练习者身体素质限制，因此越来越多的学生开始了解和喜爱太极拳运动。随着太极拳运动的广泛开展，太极拳运动项目在教学过程中的运动伤害事故是不可避免的，所以我们需要对太极拳运动在教学过程中的运动损伤采取有效的措施。

一、太极拳运动中常见的运动损伤及原因

在太极拳练习过程中对膝关节的损伤是一种常见的现象。在长期的运动实践中发现，由于学生在练习太极拳过程中，对太极拳运动特点不了解、技术动作不正确、练习方法不得当、准备活动不充分等一些原因，造成不同程度的膝关节损伤，直接影响学生的身体健康。

二、太极拳运动损伤的预防措施

(一)静态定式的技术要求

在练习太极拳的时候，无论是什么定式步型，我们的膝关节都不宜左右内外侧扭动，否则就会对我们的膝盖造成一定的损伤。同时，根据膝关节只能前后上下运动的生理机能，前后上下的方向一定要一致。比如在半马步、虚步的外形技术要求中，不但要求后实腿的膝盖与足尖同一方向，还要求髋骨尖、膝盖、足尖同向与要求膝盖不能超过足尖，这样的髋骨尖、膝盖、足尖上下相对应，称为“三尖相对”。在弓步的外形技术要求中，要求前实腿的膝关节中部、胫骨尽量垂直于脚底地面，极限不能出足尖，否则就会损伤膝关节。

(二)强调动作技术要领的重要性

我们要随时、随地强调正确的技术要领，要把这种要求贯穿于整个练习过程中，落实到每一个练习者、落实到每一个练习者的每个技术动作。

(三)热身运动可以预防膝关节伤害

许多人认为太极拳缓慢圆润、松柔轻灵，不需要做热身运动。其实不然，太极拳的缓慢运动，确实需要热身；尤其是在冬天寒冷的时候练拳，更需要热身。热身对于习练太极拳者的心理、生理等准备有着极其重要的作用。通过热身运动，能愉悦身心、焕发精神，更能以高度集中的精神状态和充沛的精力投入运动；通过热身运动，能促进血管扩张，加快血液的流速、流量，促进机体微循环的畅通，使活动部位的局部供血量增加、血红素和肌蛋白结合释放氧的能力增强，物质代谢和能量释放过程加强，改善人体能源的供输和代谢物的排泄，从而改善和克服肌肉、筋经、骨骼、关节的僵硬状态，预防膝关节伤害。

(四)要培养良好的运动习惯

要建立防止受伤的基础上再健身的思想。作为体育项目，太极拳的锻炼过程一定要遵循一般训练程序，一定要先做准备活动，或先轻松演练复习一下套路作为热身，然后再逐渐把动作做到位。无论是正式训练，还是自由演练热身，在整个过程中都要注意技术要领，不能因为自由演练而忽视动作的正确性，要自由但不随意。培养对技术的认真态度，是保证动作准确、逐渐提高技术水平不可缺少的必要习惯。另外，练习出汗后，一定要及时保暖、要避风寒，以免生病。

所以，大家平时在练习太极拳的过程中一定要注意保护自己的身体，练习太极拳健身养生是一个长期的实践过程，我们必须把避免受伤害放在第一位，必须从思想上和行动上重视技术的正

确性、训练程序的科学性、训练内容的合理性，同时培养良好的训练习惯，只有这样我们才能够避免运动损伤，才能真正通过练习太极拳达到健身养生的目的。我们一定要提倡科学健身，远离运动伤病。

第十二章

健美操

第一节　健美操概述

健美操运动是我国体育运动的一项新型项目。它起源于生活，起源于人类对健康身体与美的追求。它以独特的魅力和价值，深受广大高校学生们的喜爱，它是体操、舞蹈、音乐三者有机结合的产物。

一、健美操运动的起源与发展

(一)国际健美操运动的起源

在两千年前，古希腊人就认为人体的健美是最匀称、最和谐、最庄重、最有生气和最完美的。为了追求人体美，古希腊人喜爱采用跑跳、投掷、柔软体操和健美舞蹈等各种体育项目进行锻炼。而古印度人利用瑜伽术，把姿势、呼吸和意念紧密结合起来，通过调身(摆正姿势)、调息(调整呼吸)、调心(意守丹田入静)，运用意识对肌体进行自我调节，健美身心，达到延年益寿。瑜伽健身术动作包括站立、跪、坐、卧、弓步等各种基本姿势。这些姿势与现在健美操的基本姿势非常相似。这就表明健美操运动最早的雏形在两千年前就出现了。

进入欧洲文艺复兴时期，已经被遗忘的古希腊和古罗马文化重新被人们重视，人体美也成为那个时期人们追求的潮流。许多教育家认为古希腊体操是健美人体最完整的体育系统，提倡开展体操运动。17 世纪，意大利医生墨库里奥斯(1530—1606)在 1569 年出版的六卷《体操艺术》等著作中，详述了各种形式的体操动作。18 世纪，德国著名体育活动家艾泽伦开设了培训体育师资的课程，创造了哑铃、吊环等运动。这些形式的锻炼就是现代健美操的起源。

德国人斯皮斯(1760—1858)富有音乐天才，他把体操从社会引到学校，为体操动作配曲。他的体操是在音乐伴奏下进行的。

丹麦体操家布克创造了“基本体操”，他把体操动作分成若干类，并编成适合不同性别、不同年龄的各种体操。

瑞典体操学派创始人佩尔·亨里克·林(1776—1836)根据体操练习的功能将其分为教育、军事、医疗和美学四大类，他的理论为现代健美操的理论和实践奠定了坚实的理论基础。

弗朗索瓦·特尔沙特(1811—1871)赋予体操动作两个新特征：美感和富于表情。

瑞士教育家雅克克尔克罗兹(1865—1950)设计了一种描述肌肉活动和肌肉伴奏相结合的音乐体操。

(二)国际健美操运动的发展

健美操是一项新兴的体育运动项目,它起源于生活。在健美操研究中,有人提出:健美操是在"基本体操"的基础上发展起来的,确实有一定的道理。现代健美操真正的形成是在20世纪60年代初,它的英文原名为"Aerobics",意思是"有氧运动"与"增氧运动"。最早是1968年美国的太空总署医学博士库帕(Cooper)为太空人训练所设计的一些体能训练动作,后来加上音乐与服装,形成了具有特殊体系的一项运动。1969年,杰姬·索伦森在这个基础上结合了体操动作和现代舞蹈编排了一种健身舞,这种健身舞带有娱乐性,简单易学,深受广大群众的喜爱。同时,医学博士库帕开始对有氧体操进行研究,专门创编了一些动作,并选配了音乐,形成了一种新的运动方式——"Aerobics"(译为有氧运动或有氧健美操),并发表了著作《新有氧体操》和《有氧体操有益于大众》等著作,成为美国著名的群众体育专家,被人们称为"健美操之父"。1969年杰姬·索伦森结合体操和现代舞创编了健美操。

谈到美国健美操的发展,不得不提起一个重要的人物——简·方达。1937年简·方达在纽约出生,她从小并没有天赋的好身材,长到十二三岁时又矮又胖。但是,她后来成为好莱坞电影明星,并两次获得奥斯卡金像奖和金球奖以及第30届戛纳国际电影节最佳女主角,与健美操有很深的渊源。

好莱坞著名影星简·方达把"Aerobics"真正地推向了全世界,她为了追求体形苗条,从少年时就开始服用利尿剂长达二十余年,她一直坚持不懈。但是,随着服用利尿剂的时间增长,利尿剂的作用越来越小,不得不增大剂量。直到1976年,英国伦敦的一位医生提醒她,长期服用利尿剂会造成身体缺钾,从而引起严重的肌肉和肾脏功能衰竭。在她非常痛苦的减肥经历中,她开始认识到:"只有身体健康才是真正的美,永恒的美。"从此,她开始了体育锻炼,通过"Aerobics"来保持身体健康和身材苗条。众所周知,简·方达成功了。她根据自己的切身体会与实践撰写了《简·方达健美操》一书及录像带。1981年,此书开始在美国出版,一直很畅销,并被翻译成二十多种文字,在全世界三十多个国家畅销。在她的影响下,健美操在世界各地迅速发展。美国是现代健美操起源之地,无论是大众健美操的实施还是竞技健美操的运动水平都居于世界领先地位。到目前,健美操以它强大的生命力风靡全世界,健美操不仅在美、英、法等国家迅速发展,而且在一些发展中国家和地区及高校也得到不同程度的开展。

日本开展健美操也有四十多年的历史,1977年佐藤正子开始教授健美操,1980年,她在日本开设了健美操学校,并出版了《自学健美操》一书。在日本,大众体育锻炼被高校重视,并提倡终身体育锻炼。1984年,在日本举行了首届远东地区健美操比赛。在国际体操联合会(FIG)成立健美操委员会以前,1987年成立、总部设在日本的国际健美操联合会(IAF)一直是国际上最大的健身性健美操组织。这些都从很大程度上推动了健美操运动的发展。

亚洲健美操发展也是风起云涌。除前述日本外,健美操在新加坡、韩国、中国香港地区以及东南亚国家和地区也迅速兴盛起来。

近几十年,美国以健身、健美为主的健美操和以比赛为主的竞技健美操一直处于世界领先地位,为世界的健美操发展做出了很大的贡献。

1995年在法国巴黎,由国际体操联合会主办了第一届世界健美操锦标赛,之后每年举办一届,一直到2000年。进入21世纪之后,比赛改为每两年一届,至今已经举办了15届。

(三)国内健美操运动的起源与发展

1. 我国健美操运动的起源

在我国,健美操运动的起源不是没有根据的,迄今为止形象地反映我国体操或健美操的最早历史资料是1979年湖南长沙马王堆墓出土的西汉时期的帘卷,上面的人物采用站立、坐、蹲等基本姿势做屈伸、扭转、弓步、跳跃等动作。这是公元前 679 年的一种名为“消肿舞”的特殊舞蹈，它与现在的健美操运动动作非常相似。

东汉时期的名医华佗曾模仿虎的勇猛扑击、鹿的伸展奔腾、熊的沉稳进退、猿的机敏纵跳、鸟的展翅飞翔，把各个导引动作改编为虎、鹿、熊、猿、鸟五组动作，称为“五禽戏”。也有人称“五禽戏”是我国早期具有民族特色的人体健美操的套路。

如果追溯健美操运动在我国近代发展的历史，早在 20 世纪 30 年代，我国就已经出现了追求人体健与美运动的健美操雏形。其代表性的著作有：1937 年我国健康书局出版发行了马济翰先生写的专著《女子健美体操集》，该书共五章，以“貌美与健美”“妇女健康的运动”“中年妇女的美容操”“增进肌体美的五分钟美容操”“女子健康柔软操”划分，内容主要阐述了人体美的价值、练习方法和要求，介绍了采用站立、坐卧做的各种健美操，并附有三十多幅照片，其动作与现代女子健美操有许多相似之处；随后又相继出版了《男子健美体操集》，增加了哑铃等轻器械的练习内容，许多动作与现代健美操很相近。这两本书说明我国当时就已介绍和开展了欧美各国的健美操。

2. 中华人民共和国成立后健美操运动的发展

1949 年中华人民共和国成立后，政府非常重视大众健身问题。1951 年，由中央广播事业局和全国体育总会筹备委员会共同决定在中央人民广播电台和各地人民广播电台举办广播体操节目，并在同年 11 月 24 日公布了第一套成人广播体操，就是把肢体活动与音乐节奏融为一体的健身体操。

1984 年，中央电视台相继播放了孙玉昆创编的“女子健美操”，马华“健美操 5 分钟”等，为健美操在我国的宣传与普及起到了积极的作用。

1984 年，北京体育学院成立了健美操研究组，1986 年，北京体育大学编写的我国第一部《健美操试用教材》出版。

1987 年，我国第一家健美操健身中心——利生健康城成立，把健美操运动向广大人民群众推广。其新颖的锻炼方式、良好的健身效果很快被人们所接受，吸引了大批的健身爱好者。同年，代表我国健美操发展水平的北京体育大学健美操队访问了日本，这是我国健美操运动首次走出国门。1987 年 5 月，由康华健美康复研究所、原北京体育学院、中央电视台等 5 家单位联合举办了我国首届正式的竞技健美操比赛——长城杯健美操邀请赛。1989 年 1 月，在贵州举行了第三届长城杯健美操邀请赛，正式使用了国家体委审定的具有中国特色的健美操竞赛规则，使我国竞技健美操的发展朝着国际化方向又前进了一步。

1992 年中国健美操协会的成立使我国健美操运动进入了一个有组织、有计划的新时代。当时为了推动全国大学生大众健美操运动的开展，中国大学生体协决定从 1993 年开始，每年在大学生中推行一套由协会审定的大众健美操。1995 年，我国首次派队参加了由国际体操联合会在法国举行的第一届世界健美操锦标赛；1997 年，我国又分别组队参加了在日本举行的世界杯赛、在意大利举行的第二届世界锦标赛和在美国举行的 ANAC 世界锦标赛。1997 年和 1998 年，中国健美操协会先后派出 8 人参加国际体操联合会组织的健美操国际裁判员培训班和国际健美操教练员培训班。这些国际大赛的参加和培训班的学习是我国竞技健美操运动走向世界的一个良好开端。

1995～2001 年的 6 年间，中国健美操协会相继推出了《健美操指导员专业技术等级制度（试行）》《全国健美操大众锻炼标准（试行）办法》《中国健美操协会会员管理办法》，国家体育总局颁布了《健美操活动管理办法》，并制定了《全国健美操指导员专业技术等级实施办法（试行）》和《全国健美操大众锻炼标准实施办法》，同时推出了《健美操等级运动员规定动作》。这些举措对推动我国健美操运动的普及与提高具有重大的意义，推动了我国健美操运动的快速发展。

2003 年 8 月 12 日，“国色天香”杯全国健美操锦标赛暨第八届世界健美操锦标赛选拔赛在我国举行，这是我国健美操组织赛事以来，人数最多、规模最大的一次，作为第八届世界健美操锦标赛的选拔赛也是参赛水平最高的一次竞技健美操比赛。

随着我国全民健身计划的实施，物质文明和精神文明的提高，健美操因其动感的音乐、新颖的动作，简单易学，锻炼价值显著等，以它特有的魅力吸引着广大民众的参与。为了全面贯彻执行《全民健身计划纲要》，具体实施《健美操活动管理办法》，引导群众性健美操向科学化、普及化、社会化的方向发展，国家体育总局从1998年至今共编排了三套适合不同人群的《全国健美操大众锻炼标准》。随着健美操运动的广泛开展，中国健美操协会推出了更具时代气息的《全国普及性健美操规定动作》套路。目前，国家体育总局把此项活动立为年度大型群众体育赛事，还被命名为“知名品牌项目”。这些举措对我国健美操运动的普及与提高具有很大的意义，定能推动我国健美操运动的快速发展。

时至今日，我国每年都会举行很多健美操比赛，如全国健美操锦标赛、全国大学生健美操锦标赛、全国健美操联赛、全国健美操冠军赛等。

各种健美操管理组织的建立、竞赛规则的统一、各种制度的完善，标志着我国竞技健美操运动步入了正规化的管理和发展阶段。

(四)我国高校健美操发展概况

1. 我国高校健美操的发展现状

健美操运动是一项充满活力和热情的新兴体育健身项目，而健身健美操这一独特特点正好与高校的青春活力所契合。在1992年，我国健美操协会的成立在全国掀起了一股健身健美操热潮，各地都开始举行各种各样的健身健美操活动。而这一热潮很快席卷了全国各大高校，得到了广大高校学生的喜爱。健美操运动也开始在高校进行有组织、有计划的发展。

近年来，随着高校课程改革的不断深入，高校健美操的发展得到了更加全面的发展。高校所实行的普修和选修相结合的体育教学方式，给学生更多的选择余地，而健美操运动也正式成为学生选择最多的项目。特别是在高校的女生群体中，健美操运动几乎成为她们必选的体育学习项目。

同时，随着高校健美操运动比赛的不断增多，使得高校的健美操运动的训练趋向专业化。许多学生的健美操运动水平也得到了很大的提高。而更多的健美操的高水平教师投入高校教学，也促进现代高校健美操运动的持续高水平发展。因此，高校健美操运动呈现出内容丰富、参与者众多、能力趋向专业化的发展现状。

2. 健美操在高校的发展趋势

(1)健美操在高校呈多样化发展

在高校体育课程教学安排中，健美操是其中一个重要的组成部分。目前在我国高校健身健美操的种类和练习形式开始向多样化的趋势发展。例如，像搏击健美操、拉丁健美操、瑜伽健美操、街舞等不同风格的健美操在高校开始流行。而这种发展趋势也顺应了学生学习需求多样化的特点，学生在学习健身健美操时，与其自身学习的目的有关。例如，许多学生喜欢充满活力的街舞、搏击健美操；而也有许多学生喜欢较为柔美的健美操和瑜伽健美操等。

(2)健美操随着学生健康意识的增强而不断发展

随着社会竞争的日益激烈，人们的工作和生活的压力不断增大，伴随而来的各种文明病、都市病在社会上广泛蔓延，使人们逐渐意识到身体健康对于人类来说有多么的重要，人们的健身需求开始日趋强烈，从而也促进了社会体育的发展。体育成为满足人们肢体运动、心理调节和情感依赖的主要手段。另外，随着生活水平的不断提高，人们可以从日常开支中拿出一部分钱来投资于体育活动，人们也开始形成了“花钱买健康”的观念，健身运动已然成为人们新的消费时尚。而这些健康观念也势必会影响当代的高校大学生，在社会和学校的双重灌输下，大学生的现代健康观念日益增强，越来越多的学生开始自觉参与到健身锻炼中来，这也在一定程度上推动了我国体育健身事业的快速发展。而健身健美操作为社会体育的重要组成部分，以它独特的健身性、表演性、竞技性、娱乐性等特点吸引着越来越多的学生参与到健身健美操的运动行列中来。因此，在这种社会大环境下健身健美操的市场前景将更加广阔。

(3)健美操训练的科学化程度不断提高

现在知识信息的传播速度相当快，人们可以足不出户地获得各种各样的知识和信息。而这也为健美操知识的传播和普及创造了很好的条件，并且还可以与国际健美操的发展保持同步；越来越多的科学训练手段为高校学生健美操练习的效果提供了保障。对不同学生群体体质的测定和最佳锻炼心率范围的研究可帮助学生制定出科学有效的运动处方。学生在采用不科学的练习方法时，不仅起不到良好的锻炼效果，而且还极有可能引起运动损伤。因此，只有遵循科学锻炼的原则，才能使学生达到健美操锻炼的真正目的。健美操的发展也离不开科学化的理论知识和训练方法。随着现代科学技术的不断提高，人们不再满足于以前那些简单、单一的锻炼形式，而是寻求内容丰富多彩、形式多样化和锻炼科学化的健身方式。而锻炼项目是否科学、是否能真正达到有效地锻炼身体的目的是人们选择健身项目的一个非常重要的考虑因素。因此，只有不断提高科学化程度，健美操项目才有更好的发展。目前，一些健美操从业人士已经充分认识到了这一点，正在不断地积极探索健美操科学化的方法和途径，相信在今后的发展中，健美操的科学化水平将会不断提高。

(4)市场竞争推动着健美操的快速发展

随着人们健康意识的不断增强，健身产业也开始大步发展，许多现代的健身场所开始出现在各个城市中。而随着健身场所的不断增多，使得健身市场的竞争性开始加剧。现代健身场所的经营最终要通过服务才能实现，服务质量的高低直接影响大众健身的质量和经营者的经济效益，同时，也必将影响健身市场的兴衰。所以，为健身消费者提供及时、优质、高效的服务，从而使客人达到预期的健身效果，提高健身指导的服务质量，已成为推动健身俱乐部发展的至关重要的因素。而我国高校健美操在近年来取得了快速发展，可以为其提供许多后备人才，而高校健美操在以后的发展过程中还将与市场紧密联系，共同促进我国健美操的发展。

二、健美操运动的概念与分类

(一)健美操的概念

健美操是一项以有氧运动为基础，以健、力、美为特征，融体操、音乐为一体的身体练习。它既是健身美体、陶冶情操的大众健身方式，又是竞技运动的一个项目。

(二)健美操的分类

健美操内容丰富、形式多样、种类繁多，根据不同类型健美操所要达到的主要目的和侧重完成的任务，可将健美操分为健身性健美操和竞技性健美操两大类。

健身性健美操以健身为目的，通过全面活动身体，提高有氧代谢能力，增强体质，促进人体健美，焕发精神，陶冶情操。健身性健美操面对大众，强度和难度相对较低，可为社会不同年龄、性别、职业、层次的人所选用。健身性健美操还可根据不同的需要，从不同的角度进一步分类命名。

1. 健身性健美操

健身性健美操也称为大众健美操，它有音乐节奏鲜明、旋律轻松愉快、音乐速度较慢、动作简单、运动强度较低、动作形式多、以对称的方式出现、重复次数多、场地要求少、随意性大等特点。主要以健身、健美、健心为目的，是集健身、娱乐、防病于一体的群众性、普及型健身运动。健美操的练习形式分为热身部分、有氧练习部分、形体练习和放松部分等几大块，成套动作一般是从头颈、四肢、全身、跳跃、放松等练习顺序来编排。活动的顺序是从身体的远端开始，逐渐过渡到躯干部位。健身性健美操适合人群广泛，是一项很好的体育休闲、娱乐健身活动。

2. 竞技性健美操

竞技性健美操是根据竞赛规则与技术规程的要求，创编出的具有较高艺术性、展示运动员高水平专项技术能力的成套动作，以比赛取得优异成绩为主要目的的竞技运动。竞技性健美操只进行自编动作比赛，自编动作必须符合要求。每套动作有一定的时间限制，成套的动作要根据其基本步伐、特色、难度、完成情况、时间、体型等各种因素来评分。

目前国际体操联合会举办的健美操世界锦标赛所设的正式比赛的项目有女单、男单、混双、三人和集体六人五个项目。并且为了保证比赛的规范性和公正性，对各项参赛人数、比赛场地、参赛服装和成套动作的时间等都做了严格的规定。

国际上较大规模的竞技性比赛有国际体操联合会组织的健美操世界锦标赛、国际健美操冠军联合会组织的世界健美操冠军赛、国际健美操联合会(IAF)组织的健美操世界杯赛等。

我国正式的大型竞技健美操比赛有全国健美操锦标赛、全国健美操冠军赛、全国青少年健美操锦标赛等。

3. 表演性健美操

表演性健美操是指根据不同目的、场合、要求、表演者等情况进行编排，并在各种节日庆典和宣传活动中表演的健美操。表演性健美操的主要目的就是为了“表演”。在表演性健美操中竞赛规则、比赛人数、形式、规模及动作的设计和选择限制性较小，自由度较大，目的是为了使比赛更具观赏性。通过表演来展示健美操的魅力、价值和活力，使观众在观赏中陶冶情操、愉悦身心、净化心灵，同时起到宣传和推广健美操的作用。

表演性健美操的比赛时间一般为 2～5 分钟，内容可以根据需要和表演者的特点选择。为了取得较好的表演效果，一般动作重复较少，音乐速度可快可慢，强调动作的新颖性。表演者可以利用轻器械或一些风格化的舞蹈动作来烘托气氛、感染观众、增强表演效果。表演性健美操常用的形式一般包括有氧拉丁操、有氧搏击操、健身街舞、踏板操等。由于表演性健美操的动作比健身性健美操的动作复杂多变，因此要求表演者要具备较好的协调性，还要有一定的表演意识和集体配合意识。

三、健美操运动的特点与功能

(一)健美操运动的特点

1. 强烈的节奏感和韵律感

健美操是在节奏鲜明、欢快奔放的乐曲伴奏下进行的身体练习。所以最主要的特点就是节奏感和韵律感强。几种主要的健美操节奏有：音乐节奏(包括音乐节拍等)，运动节奏(包括力度、步幅、步频等)，生理节奏(包括呼吸节奏、心率节奏等)，时空节奏(包括空间节奏、时间节奏等)，色彩节奏(服装、灯光等)。节奏感来源于音乐，它是健美操运动不可缺少的重要组成部分。健美操的音乐取材主要有迪斯科、爵士、摇滚等现代音乐和一些民族乐曲，它根据音乐中的高低、长短、强弱、快慢等节奏性的变化，使运动更富有鲜明的时代气息，而且音乐也有烘托氛围、激发人们情绪的作用。

2. 广泛的群众性

健美操内容丰富，运动量可以灵活调控，它多以徒手形式进行锻炼，对场地、环境、气候等条件的要求不高，不同年龄段、不同体质、不同阶层和技术水平的人都能根据运动负荷和难度以及爱好情况选择参加锻炼，各种人群都能找到适合自己的练习方式。例如：对于中老年人来说，一般可选择音乐节奏感小、强度低的练习，达到锻炼身体、娱乐身心、增进健康的目的；而对精力旺盛的年轻人来说，可选择节奏感较强、难度性较大、运动量较大的竞技健美操作为练习手段，以达到增强体质和提高技术水平的目的。健美操能带给人们热情奔放的情感体验；同时，也满足了现代人追求健美、自娱自乐的需要，因此深受广大群众的喜爱，具有广泛的群众性。

3. 健身的安全性

健美操在多个方面都充分考虑了由于运动而产生的一系列刺激结果的可行性。它的运动负荷中等，运动强度处于中下水平，练习时间一般为 30～60 分钟，属于有氧负荷范围内，因此，适合不同体质的人群进行健美操锻炼。同时，人们在平坦的地面上，在节奏欢快的音乐声中进行运动，十分安全，并具有最佳锻炼效果。

4. 高度的艺术性

健美操融舞蹈、音乐、体操于一体，追求人体高强度运动能力和动作完美及完整性，并且是体育与艺术高度结合的运动项目，故表现出高度的艺术性。健美操以力量性为主的徒手动作为基础，它所表现出来的力是力量、力度、弹力、活力的综合。在追求人体健康与美的过程中，它将人体语言艺术和体育美学融为一体，使健美操成为极具观赏性的运动项目。其主要体现在“健、力、美”的项目特征上。“健康、力量、美丽”是人类有史以来追求的身体状况的最高境界。在健美操运动中，不论是竞技健美操，还是健身健美操、表演健美操，无处不体现着“健、力、美”的特征。它所形成的动作力量风格可充分表现出人体健康的风采、美的神韵和力的坚韧。

5. 不断的创新性

健美操要求成套动作必须展示创造性，即不论是操作化动作、多次连接、队形变换还是动力性配合等环节必须有一个是原创的，否则就不能成为优秀的成套动作。所以，我们的教练员和运动员必须创造设计出符合运动员自身特点的典型成套动作，否则健美操将会失去生命力。健美操运动的创新性主要表现在完成动作的技术风格和质量、动作的组合形式、成套动作的编排、集体动作的配合、队形的变化、音乐的选配、健美操器械以及教学方法手段不断推陈出新。健美操运动的不断创新，是健美操长盛不衰的原因。随着健美操运动的发展和竞技水平的提高，难度高、套路新、节奏鲜明是健美操运动的发展趋势和方向。

四、健美操运动的功能

健美操运动是具有实用锻炼价值的运动项目，对人们身体、心理、社会适应等方面的作用显著，健美操的功能主要有以下几个方面：

（一）强身健体的功能

强身健体功能的核心含义是通过锻炼使身体健康、强壮。世界卫生组织（WHO）早在 1948 年成立之初的《宪章》中就明确指出，“健康不仅是没有疾病和不衰弱，而是使身体、心理、社会功能三方面的完满状态”。1990 年，WHO 对健康的定义是：具有健康的躯体和心理、良好的社会适应能力和道德品质。

健美操运动是以有氧运动为基础的。有氧运动能够很好地提高人体的心肺功能。长期参加健美操锻炼可以使心肌增厚、心脏容量增大，血管弹性增强，从而使心搏有力，心排血量增加，进而提高心脏的功能，提高全身供氧能力；使呼吸肌变得有力，增大了肺部的容积和吸氧量，安静时呼吸加深，次数减少，运动时吸氧量增大，提高了有氧代谢能力，对增长耐力有很大帮助。长期保持健美操运动锻炼可以有效地避免心血管疾病和呼吸系统疾病等。

经常参加健美操运动对人体各关节的灵活性和各器官的功能有很大的帮助。健美操运动可以使关节灵活，肌肉的力量增强、弹性提高，使韧带、肌腱等结缔组织更富有弹性；使关节面骨密质增厚，肌腱和韧带增粗，增强关节的稳固性；提高人的动作记忆能力和再现能力，提高神经系统的灵活性和均衡性；腰腹部和臀部的活动加强了胃肠蠕动，增进了消化能力，有利于营养的吸收和利用。

（二）提高身体素质的功能

身体素质包括力量、速度、耐力、灵敏、柔韧和协调，健美操运动对提高身体素质这几个方面起着积极作用。例如，健美操运动前的准备活动，如压腿、热身等，以及运动时各种伸展性动作，都使肌肉处于充分拉伸或收缩的状态，能够提高肌肉、肌腱和韧带的弹性和柔韧性。

健美操运动的一系列动作是上肢、下肢及躯干协调完成的，要求动作优美、舒适，协调一致，因此对提高身体的协调性具有积极的作用。

（三）塑造形体的功能

塑造形体主要包括两个方面，即体态和体型。体态主要是指身体各部位所表现出来的外部形态；体型主要是指整个身体的形状，即整个身体从头到脚各部位之间的比例及各肌肉群曲线的大小。

在塑造体态方面，健身性健美操对站立姿态、坐姿、走姿都有着严格的要求。例如，在站立姿态中，要求头正直、两眼平视、下颌微收、两肩下沉、挺胸、收腹、立腰等。通过这样的要求，就能很好地改善人们在日常生活和工作中造成的脊柱弯曲、驼背含胸等不良的形态，从而表现出一种良好的气质与修养，给人以朝气蓬勃、健康向上的感觉。

（四）调节身心的功能

随着时代的发展和社会的进步，人们在享受科学技术所带来的舒适生活和各种便利的同时，社会竞争所带来的精神压力也随之加强。研究表明，长期的精神压力不仅会引起各种心理疾病，而且还会因为这些精神压力而产生许多躯体疾病，如高血压、心脏病、癌症等。健美操运动以其动作优美协调、全面锻炼身体，同时有节奏强烈的音乐伴奏而著称，可缓解精神压力，预防各种疾病的产生。在轻松优美的健美操锻炼中，排除心理上的紧张与烦恼，尽情享受健美操运动所带来的欢乐，得到内心的安宁，从而缓解精神压力，使人具有更强的活力与最佳的心态。

另外，健美操锻炼是集体运动，经常与其他健美操爱好者共同练习可增强人们的社会交往能力。目前，无论是国外还是国内，人们参加健美操锻炼的方式是去健身房，在健美操教练的带领和指导下集体练习。而参与健美操锻炼的人来自社会的各个阶层。因此，这种形式扩大了人们的社会交际面，把人们从工作和家庭的单一环境中解脱出来，可接触和认识更多的人，开阔眼界，学会与人沟通，从而为生活开辟另一个天地。大家共同锻炼、共同欢乐、相互鼓励，有些人因此成为终生的朋友。

因此，健美操锻炼不仅能强身健体，同时还具有娱乐功能，可以使人在锻炼中得到一种精神享受，满足人们的心理需要。

（五）医疗保健的功能

健美操运动不仅是科学合理的健身形式，还是医疗保健的手段。健美操作为一项有氧运动，其特点是内容丰富、强度低、密度大、运动量因人而异灵活掌握，因此对健康的人具有良好的健身效果，对一些有疾病的人和老年人也是一种医疗保健的理想手段。例如，对孕妇可以进行水中有氧操运动练习，也可在床上采用卧姿进行练习；对下肢瘫痪的病人，可在地上或椅子上做操进行练习，一方面防止下肢技能进一步衰退，同时，也使上肢和躯干得到较好的锻炼。只要控制好运动量和运动范围，健美操就能在预防损伤的基础上，达到医疗保健的目的。

五、健美操的锻炼价值

(一)健美操的锻炼价值

健美操锻炼对人的身心健康、形体健美、素质提高具有良好的促进作用。

1. 增强体质

(1)对呼吸系统的良好影响:健美操尤其是健身健美操是一项以有氧代谢为基础的运动项目。人体在做健美操时,肺通氧量成倍增长,肺泡的张开率提高,从而增长了肺部的容积和吸氧量。经常参加健美操锻炼可使呼吸肌变得有力,安静时呼吸加深,次数减少;运动时吸氧量大,使机体具有较强的氧代能力。

(2)对心血管系统的良好影响:长期参加健美操锻炼,可以使心肌纤维增粗、心肌收缩力增强、心排血量增大,从而提高供血能力,为全身输送更多的氧和营养物质,促进人体新陈代谢,减少脂肪沉积,延缓血管硬化。

(3)对运动系统的良好影响:做健美操对肌肉、骨骼、关节、韧带均有良好刺激,经常从事该项锻炼可以使肌肉力量增强、体积增大、弹性提高,使韧带、肌腱等结缔组织富有弹性,并提高关节的灵活性。如从青少年开始就持之以恒地参加健美操锻炼,还可以促进骺软骨的生长,有助于身体的增高,且使骨质更为致密、结实。

(4)对神经系统的良好影响:健美操是由方向、路线、幅度、力度、速度不同的多种动作组成的,并在较快的音乐伴奏下迅速变换操练。从事健美操锻炼可以提高神经的灵活性、均衡性,提高人的动作记忆和再现能力,从而发展了人的协调性、灵敏性。

2. 健美形体

健美操是以塑造健美体型为重要目的而编排的体操,其动作姿态健美,频率较快,跳跃动作较多,讲究力度、幅度,运动负荷较大,因而消耗身体能量较大,利于消除体内多余的脂肪,又可以发展某些部位的肌肉,使人的形体按健美的标准得以塑造。此外,通过经常进行健美的形体动作训练,可以矫正不正确的身体姿势,培养大方端庄的体态,使练习者不仅在体型方面而且在举止风度方面都产生良好的变化。

3. 提高素质

健美操中有许多不对称的动作和较复杂的上下肢配合动作,经常从事健美操练习有助于提高人的协调灵敏素质。同时,健美操强调动作的力度和幅度,长期锻炼有助于提高人的力量和柔韧素质。此外,健身健美操往往持续时间较长,尤其是有氧健身操练习可长达一个多小时,竞技健美操强度较大,因此要求练习者具有克服疲劳的意志力和较好的耐力素质。而在强劲的音乐伴奏下进行锻炼,往往使练习者忘却疲劳,在不知不觉中提高了身体的耐力水平。

健美操是讲究艺术性的运动项目,从事健美操练习和锻炼可以增强韵律感、节奏感,提高音乐素养,同时培养认识美、鉴赏美、表现美甚至创造美的能力,使人的身体素质和文化艺术素质得到全面提高。

4. 陶冶性情

健美操的音乐强劲、欢快,动作奔放、充满活力,经常从事这样的练习,令人心情愉快;不仅可以排除紧张、郁闷的情绪,还可使人的心灵和性情得到陶冶和改善,使人的身心得到全面、协调、健康的发展。集体配合练习,还有助于增进友谊,增强群体意识。

第二节 健美操套路技术动作解析

一、全国健美操大众锻炼标准

(一)制定《全国健美操大众锻炼标准》的依据

健美操作为实施《全民健身计划纲要》的一个重要措施,已得到广大群众的认可。大众性健美操作为一项以健与美为基础的体育运动项目,不仅满足了大众追求健康、追求美的需求,而且还深受广大群众的喜爱,因而具有广泛的群众基础。大众性健美操规定动作简单易学,健身效果好,不需要特别的场地、器材,易于开展、易于普及、易于测试,具有很强的观赏性和可操作性。

(二)二级健美操大众锻炼标准动作解析

1. 动作说明与要求

二级仍为健美操大众锻炼标准的初级套路动作、练习目的是进行中等强度的有氧练习和低难度的腰腹及上肢力量练习。每一个组合均由4～5个基本步法组成,所有的动作和变化都是有氧操练习中的常见动作和典型动作,配合以对称性为主的上肢动作,并增加了90°～180°的方向变化和简单的图形变化。

在练习时要求动作技术基本正确,身体姿态与协调性较好,成套动作连贯,动作与音乐协调一致,表现出一定的动作力度。

2. 动作套路

(1)组合一

1 2 3 4 5 6 7 8

预备姿势:站立

①第一个八拍:1～4拍:右脚做十字步同时1左臂侧举,2右臂侧举,3两臂上举,4两臂斜下举;5～8拍:向后走四步,双臂屈臂自然摆动。

②第二个八拍同第一个八拍:动作相同,但方向相反。

1~2 3 4~5 6 7~8

③第三个八拍：1～6 拍：左脚开始做漫步，同时 1～2 拍左手前举，3 拍双手叉腰，4～5 拍右手前举，6 拍双手胸前交叉；7～8 拍：左脚向后 1/2 后漫步，同时双臂侧下举五指分开。

1　-　2　3　-　4　5~6　7~8

④第四个八拍：1～2 拍：左脚向左并步跳，同时屈右臂自然摆动；3～8 拍：右脚向左前方做前、侧、后 6 拍漫步，同时 3～4 拍两臂前平举弹动两次，5～6 拍侧平举，7～8 拍斜下举。

第五至第八个八拍与第一至第四个八拍：动作相同，但方向相反。

(2)组合二

1~2　3~4　5　6　7　8

①第一个八拍：1～2 拍：右脚向右侧滑步，同时右臂侧上举，左臂侧平举；3～4 拍：左脚做 1/2 后漫步，同时双臂屈臂后摆；5～6 拍：左脚向左前方并步，同时击掌 2 次；7～8 拍：右脚向后方做并步，双手叉腰。

1　2　3　4　5~6　7~8

②第二个八拍：1～2 拍：左脚向左后方并步，同时击掌 3 次；3～4 拍：右脚向右前方并步，同时双手叉腰；5～6 拍：左脚向左侧滑步，同时左臂侧上举，右臂侧平举；7～8 拍：做 1/2 后漫步，同时双臂屈臂后摆至腰间。

1　2　3　4　5　6　7　8

③第三个八拍：1～4 拍：右转 90°，右脚上步吸腿 2 次，同时双臂向前冲拳、向后下冲拳 2 次；5～8 拍：左脚 V 字步左转 90°，同时双臂由右向左水平摆动。

1 2 3 4 5 6 7 8

④第四个八拍：1～4 拍：左腿吸腿侧点地 2 次，同时 1 拍双臂胸前平屈，2 拍双臂上举，3 拍同 1，4 拍还原成直立；5～8 拍：同 1～4 拍，动作相同，方向相反。

第五个至第八个八拍与第一个至第四个八拍：动作相同，但方向相反。

(3)组合三

1 2 3 4 5 6 7 8

①第一个八拍：1～4 拍：右脚做侧并步跳，4 拍时右转 90°，双臂经腰间上举、下拉；5～8 拍：左脚侧交叉，同时双臂屈臂前后摆动，8 拍上体向左扭转 90°，朝正前方同时双臂侧下举五指分开。

1 2 3 4 5 6 7 8

②第二个八拍：1～4 拍：同第一个八拍 1～4 拍；5～8 拍：左脚开始做 2 次侧并步，同时 5～6 拍右臂前下举，7～8 拍左臂前下举。

5~6 7~8

③第三个八拍:1～4 拍:左脚向前一字步,同时 1 拍双臂肩上屈,2 拍双臂下举,3～4 拍双臂肩前屈;5～6 拍:双脚做开合,同时双臂上举五指分开;7～8 拍:双脚并拢屈膝半蹲,同时双手扶膝。

1 2 3 4 5 6 7 8

④第四个八拍:1～4 拍:左脚向后一字步,同时 1～2 拍双手侧下举,3～4 拍胸前交叉;5～8 拍:左、右依次分并腿 2 次,双臂经胸前交叉侧上举 1 次,侧下举 1 次并还原。

第五个至第八个八拍与第一至第四个八拍:动作相同,但方向相反。

(4)组合四

1 2 3-4

①第一个八拍:1～8 拍:右脚开始向侧向前成梯形小马跳 4 次,1～2 拍右臂体侧向内绕环,3～4 拍换左臂,5～8 拍同 1～4 拍。

1 2 3 4 5~6 7 8

②第二个八拍:1～4 拍:右脚开始弧形跑 4 步,同时右转 270°,双臂屈臂自然摆动;5～8 拍开合跳 1 次,5～6 拍双手放腿上,7 拍击掌,8 拍还原成直立。

1 2 3 4 5 6 7 8

③第三个八拍:1~4 拍:右脚向右前上步后屈腿,1 拍双臂胸前交叉,2 拍右臂侧举、左臂上举,3 拍同 1 拍,4 拍双手叉腰;5~8 拍:右转 90°,左脚向前上步后屈腿,同时手部动作同 1~4 拍,方向相反。

1 2 3 4 5 6 7 8

④第四个八拍:1~4 拍:右、左侧点地各 1 次,同时 1 拍右手左前下举,2 拍双手叉腰,3~4 拍同 1~2 拍,动作相同,方向相反;5~8 拍:右脚上步向前转脚跟,5 拍双臂胸前平屈,6 拍前推,7 拍同 5 拍,8 拍还原成直立。

第五个至第八个八拍与第一至第四个八拍:动作相同,但方向相反。

二、全国普及性健美操青年徒手套路

(一)动作主题与创意

街舞风格的动作与健美操步伐的相结合,时尚舞蹈元素的融入体现了健身的多样化,更富有表演性并具有积极向上的精神面貌;音乐选用中国流行音乐《蝴蝶秀》,部分 RAP 说唱,具有街舞风格,内容积极,节奏鲜明。

(二)动作套路

预备姿势:站立

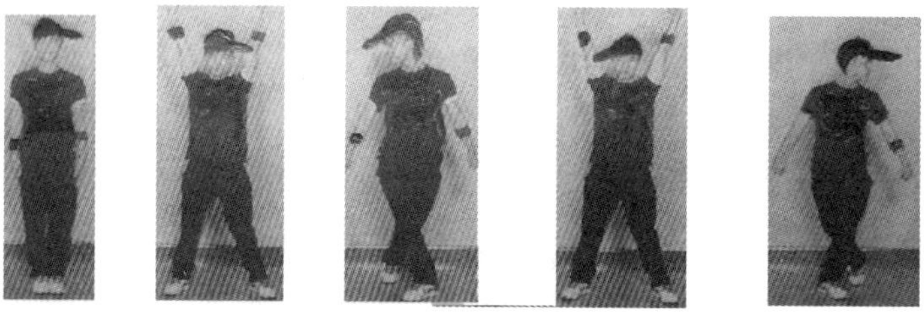

(1)第一个八拍:1~4 拍:右脚向侧做 2 次 step tap back,同时 1~2 拍双手握拳上举,3~4 拍双臂下摆至髋部两侧,同时头向右转;5~8 拍:同 1~4 拍,动作相同,方向相反。

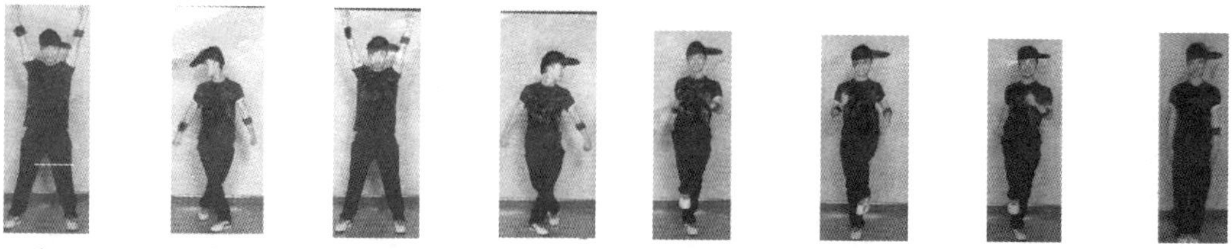

1 2 3 4 5 6 7 8

(2)第二个八拍:1～4 拍:右左脚交替做 2 次 step tap back,同时 1 拍双手握拳上举,2 拍双臂下摆至髋部两侧,3～4 拍同 1～2 拍;5～8 拍:右脚开始踏步 4 次,同时双臂前后自然摆动。

1 2 3 4 5 6 7 8

(3)第三个八拍:1～4 拍:右腿向侧迈步,分腿站立,身体重心前后移动,1 拍双臂握拳胸前平屈,2 拍两手立掌直臂前伸,3 拍两臂握拳直臂扩胸,4 拍同 2 拍;5～8 拍:躯干以髋为轴从右向左绕圈站立,双臂位于身体两侧。

(4)第四个八拍动作与第三个八拍动作相同,方向相反。

1 2 3 4 5 6 7 8

(5)第五个八拍:1～8 拍:分腿站立,躯干重心左右移动,1 拍右臂握拳胸前平屈,肩右移,2 拍同 1 拍方向相反,3～4 拍同 1 拍动作,震动两次;5～8 拍:同 1～4 拍。

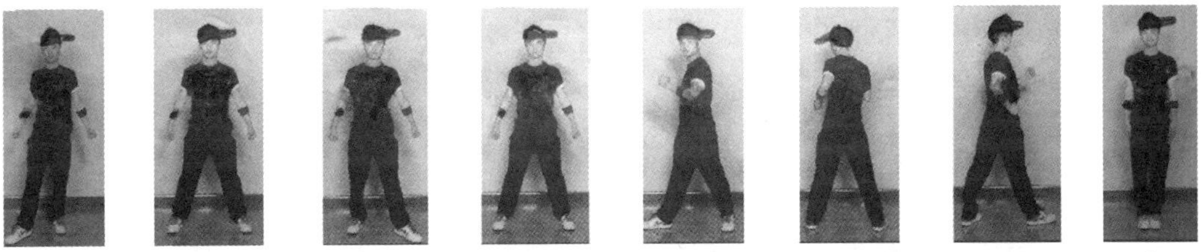

1 2 3 4 5 6 7 8

(6)第六个八拍:1～4 拍:1 拍右脚脚尖点地,2 拍右脚收回,分腿站立,3～4 拍同 1～2 拍,方向相反,双手握拳前后自然摆动;5～8 拍:右脚开始走四步并向右转体 360°,双臂前后自然摆动。

1 2 3 4 5 6 7 8

(7)第七个八拍:1～4 拍:右脚向右 45°做 double step,重心前后移动;5～6 拍:右脚向侧 tap side 并还原站立;7 拍:左脚后退一步;8 拍:还原站立。1～4 拍:双手击掌并摆至身后;5～6 拍:左臂由前向后绕圆至身体两侧;7 拍:双臂胸前交叉;8 拍:还原至身体两侧。

1 2 3 4 5 6 7 8

(8)第八个八拍:1～2 拍:右脚向前做上步吸腿;3～4 拍:左脚向后 step tap back;5～8 拍:右脚向前 step knee march。1 拍:双臂胸前上屈肘握拳;2 拍:双臂上举;3 拍:同 1 拍;4 拍:双臂垂直向下,5 拍:双手握拳于胸前平屈;6 拍:两臂侧平举;7 拍:同 5 拍;8 拍:两臂还原至体侧。

(9)第九个八拍和第七个八拍动作相同,但方向相反。

(10)第十个八拍和第八个八拍动作相同,但方向相反。

1 2 3 4 5 6 7 8

(11)第十一拍:1～4 拍:右脚向侧做 step knee,同时 1 拍双手握拳侧平举,2 拍右臂上举,左臂于体侧,3～4 拍同 1～2 拍动作相同,方向相反;5 拍:右脚向右迈步;6 拍:左脚原地踏步,同时双臂由右至左摆臂;7～8 拍:右脚向侧做漫步,同时双手在右肩处击掌 2 次。

1～2 3～4 5 6 7 8

(12)第十二个拍:1～4 拍:右腿开始做 2 次 pony,同时双手握拳于身体两侧;5～8 拍:右腿开始做 2 次 step tap back;5～6 拍右臂由内向外绕环至外侧曲臂位置,眼睛看右手;7～8 拍与 5～6 拍动作相同、方向相反。

(13)第十三个八拍与第十一个八拍动作相同。

1 2 3 4 5 6 7 8

(14)第十四个八拍:1～3 拍:右脚侧跨一步,屈膝半蹲向前踏 3 次并转体 90°,重心在两腿中间;4 拍:跳成直立,同时双臂屈肘于胸前由外向内绕圈 3 次后击掌;5～8 拍:与 1～4 拍动作相同、方向相反。

1 2 3 4 5 6 7 8

(15)第十五个八拍:1～2 拍:右腿迈步向右后方,身体转右转 45°,双腿做两次屈伸,同时右臂前平举,掌心向上屈手指 2 次;3～4 拍:与 1～2 拍动作相同、方向相反;5～8 拍:右脚开始向右转身 135°走 4 步,同时双臂曲臂自然摆动至体侧。

(16)第十六个拍动作与第十四个八拍动作相同。

1 2 3 4 5 6 7 8

(17)第十七个八拍:1～2 拍:右腿向右后方迈步,同时身体向右转 45°,双腿做 2 次屈伸,同时右臂前平举,掌心向上屈手指 2 次;3～4 拍:同 1～2 拍动作相同、方向相反;5～8 拍:向右转身 135°走 4 步,同时双臂曲臂自然摆动至体侧。

1 2 3 4 6 7～8

(18)第十八个八拍:1～2 拍:右腿向右侧做后交叉,同时右臂曲臂向前晃动,左手叉腰;3～4 拍:双腿并步跳,同时双手握拳,双臂垂直上举,身体稍向左侧倾斜;5～8 拍:同 1～4 拍动作相同、方向相反;5～6 拍双臂由上经侧还原至体侧,7～8 拍双臂交叉环抱于胸前,身体稍向右侧倾斜。

1 2 3 4 5 6 7 8

(19)第十九个八拍:1~3 拍:右脚开始走 3 步并右转 360°;4 拍:左腿侧点地;1~4 拍:双臂握拳于身体两侧并击掌一次;5~8 拍:与 1~4 拍动作相同、方向相反。

(20)第二十个八拍与第十八个八拍动作相同,但方向相反。

1 2 3 4 5 6 7 8

(21)第二十一个八拍:1~8 拍:左腿开始四次小马跳,1~2 拍左臂胸前曲臂,右臂侧平举,双手握拳,震动 2 次,3~4 拍与 1~2 拍动作相同、方向相反,5~6 拍双手握拳,双臂向上冲拳两次,7~8 拍双手握拳,双臂向下冲拳两次。

第一个八拍至第二十一个八拍重复一遍。

(22)第二十六个八拍至第二十七个八拍动作做双人配合。

1 2 3 4 5 6 7 8 9

(23)结束动作:1~4 拍:右腿向右前侧迈步,分腿站立,身体重心前后移动,1 拍双臂握拳曲臂,2 拍两手立掌直臂前伸,3 拍两臂直臂扩胸,4 拍同 2 拍;5~8 拍:躯干以髋为轴从右向左绕至站立,同时双手位于身体两侧右臂由前至后绕圈。

三、全国普及性健美操青年器械套路——拉力带动作解析

(一)动作主题与创意

成套操主要以有氧操步伐和五颜六色的拉力带相结合,并配中国流行歌曲,曲风欢快。训练肌肉力量耐力与协调性。飘扬的彩带可以增加趣味性,能更好地达到锻炼身体的目的,使身体达到最佳锻炼效果。

(二)动作套路

预备姿势:站立(拉力带置于颈后,双手握住两端)。

预备 1、5 2、6 3、7 4、8

(1)第一个八拍:1 拍:右腿向右侧一步屈膝半蹲同时手臂前平举,拳心向下;2 拍:右腿收回成站立,同时两臂侧平举;3～4 拍:同 1～2 拍动作相反;5～8 拍:同 1～4 拍动作相同、方向相反。

1～2　3　4　5～6　7～8

(2)第二个八拍:1～2 拍:右腿向侧一步成开立,同时双臂侧平举;3 拍:屈膝半蹲,同时双手体前交叉 1 次;4 拍:同 1 拍;5～8 拍:右脚踩住拉力带,呈右侧弓步,同时双手将拉力带从颈后绕过头部,置于右脚下,垂直于体侧。

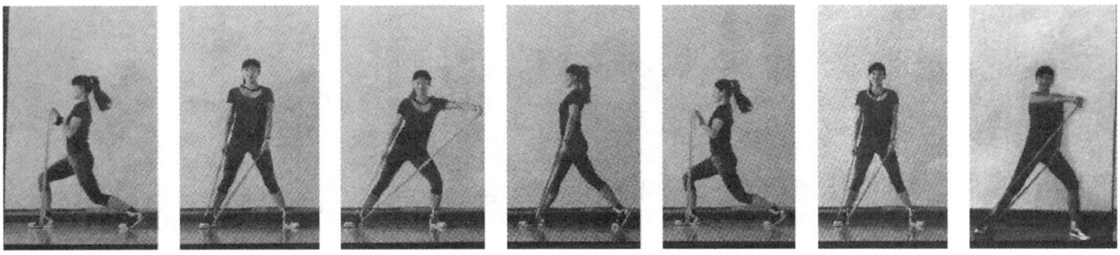

1　2　3　4　5　6　7～8

(3)第三个八拍:1 拍:两腿屈膝下蹲,同时夹肘弯举 1 次;2 拍:身体转向前方,分腿站立,同时双臂于体侧;3 拍:屈左膝呈弓步,同时左侧手臂至侧平举;4 拍:身体右转分腿站立,同时身体右转两臂于体侧;5～8 拍:同 1～4 拍动作。

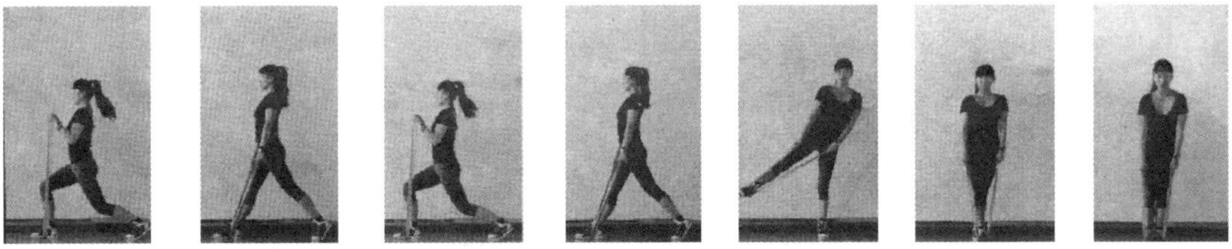

1　2　3　4　5　6　7～8

(4)第四个八拍:1～2 拍:两腿弯曲成弓步,同时双臂微屈于体侧;3～4 拍:同 1～2 拍;5～6 拍:右腿侧摆,向前一步同时双手垂直向下,握住拉力带两端;7～8 拍:左腿并于右腿站立。

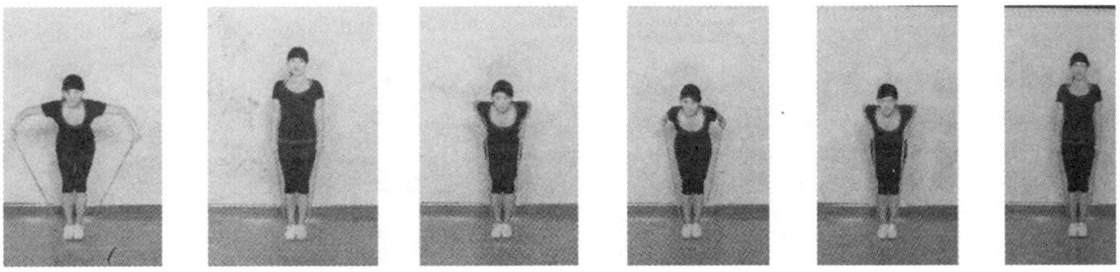

1～2　3～4　5　6　7　8

(5)第五个八拍:1～2 拍:并腿屈膝,同时身体重心压低,提肘上拉;3～4 拍:并腿直立,同时双手于体侧;5～7 拍:并腿屈膝同时夹肘屈臂上拉;8 拍:还原直立。

(6)第六个八拍与第五个八拍动作相同。

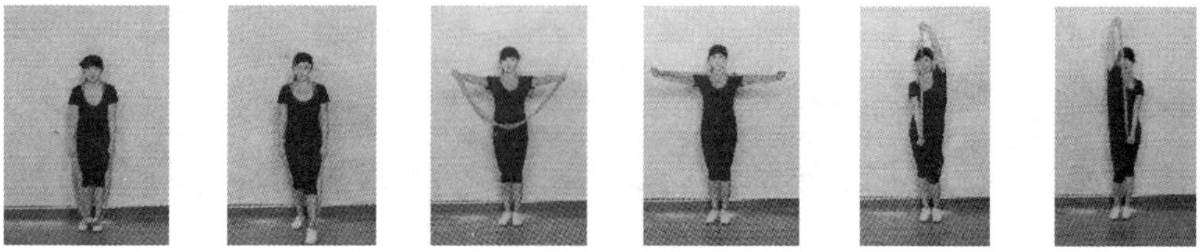

预备　1　2　3～4　5～6　7～8

(7)第七个八拍:1～4 拍:右腿后退一步,左腿并于右腿,同时双手将拉力带提起;5～6 拍:向右顶髋 2 次,同时右臂向上、左臂向下;7～8 拍:同 5～6 拍动作相同、方向相反。

1～2　3～4　5　6　7　8

(8)第八个八拍:1～4 拍:左脚开始向后做两次恰恰,同时右手向下、左手向上互相交换;5～8 拍:左脚向左走 4 步,同时转身 360°至正面站立,同时上举拉开拉力带,并将拉力带绕到颈后,手臂放下。

(9)～(16)第九个至第十六个八拍重复第一至第八个八拍,但是动作相反。

1～2　3～4　5～6　7～8

(17)第十七个八拍:1～4 拍:右脚开始向前做 2 次恰恰,同时拉力带两折,双手握住两端于胸前;3～4 拍:双手上举;5～8 拍:两人分别转右脚开始做恰恰步,两臂分别摆向右上方、左上方。

1～4　5～8

(18)第十八个八拍:1～4 拍:两人相对,同时迈出右脚,同时一方持拉力带绕过对方拉力带,使拉力带交叉;5～8 拍:两人相对,同时收回右腿呈分腿站立,同时两人双手垂直至体侧。

1～2　　3～4　　5～6　　7～8

(19)第十九个八拍:1～2 拍:两人相对,同时向后迈右腿,做侧弓步,同时两人右手上、左手下,拉直拉力带;3～8 拍:右腿并与左腿屈膝,两人相对同时胸前屈肘,身体前倾,小臂后伸一次。

1　　2　　3　　4　　5　　6　　7　　8

(20)第二十个八拍:1～4 拍:两人相对,同时右脚做交叉步,两人互换位置,尽量拉直拉力带;5～8 拍:右腿开始吸腿 2 次,5～6 拍两臂于体侧,屈臂夹肘至胸前,7～8 拍两臂上举,回到胸前。

5～6　　7～8　　1～2　　3　　4　　5～6　　7～8

(21)第二十一个八拍:1～4 拍:双人配合完毕后,其中一人抽拉力带;5～8 拍:两人同时向侧跨一步,分腿站立重心左右移动,右手持拉力带一端抽回,至身体右侧,体前八字绕臂。

(22)第二十二个八拍:1～3 拍:右手上举使拉力带垂直地面;4～6 拍:左手握住拉力带的 1/2 处,交替右手握住,左手再握拉力带另一端,拉力带呈 2 折;7～8 拍:收回至体前成直立。

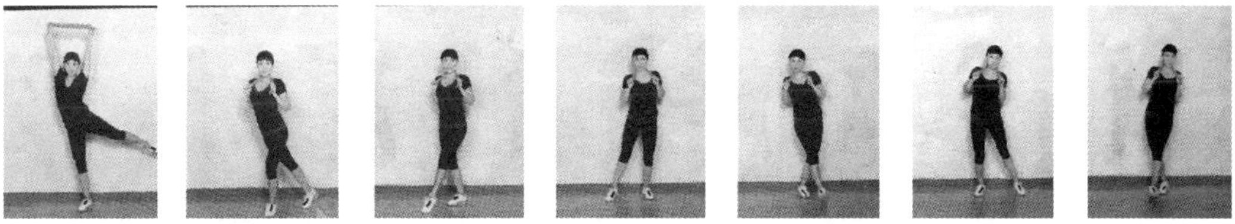

1～2　　3　　4　　5　　6　　7　　8

(23)第二十三个八拍:1～2 拍:右脚侧跨一步并小跳,同时双臂上举;3～4 拍:左脚向右前方做 1/2 漫步;5～8 拍:左脚开始做 2 次 step tap front,同时拉力带放置颈后。

1　2　3　4　5　6　7　8

(24)第二十四个八拍:1～4 拍:左脚开始做两次 step knee,同时双臂垂直上举并直臂摆向右下方;5～8 拍:左脚向前 2 次恰恰,同时两臂由身体左下方向上画圆至身体右下方。

(25)～(26)第二十五个至二十六个拍与第二十三至二十四个八拍相同,但是做反方向动作后退。

1～2　3～4　5　6　7　8

(27)第二十七个八拍:1～4 拍:两腿开立,向右顶髋两次,再向左顶髋两次,同时右手下拉,左手胸前平屈;5～8 拍:右腿开始向后做两次 step touch,同时双臂向前伸直,右拉,左手不动。

1～2　3　4　5　6　7　8

(28)第二十八个八拍:1～2 拍:右脚向右侧做恰恰步,同时双臂上举;3～4 拍:左脚向右后方做漫步,同时双臂上举至体前;5～8 拍:左脚向左侧一次漫步后交叉腿转身 180°面向后,同时两臂由下经左侧向上绕至胸前曲臂。

(29)～(30)第二十九至三十个八拍与第二十七至二十八个八拍相同,但是动作由后向前做。

1　-　2　-　3　-　4　-　5　6　7　8

(31)第三十一个八拍:1～4 拍:右脚向右迈一步,右转屈膝两次,同时左转屈膝两次,两臂胸前平屈,两臂向下伸直;5～8 拍:左右侧移步,同时两臂胸前平屈。

1　2　3　4　5　6　7　8

(32)第三十二个八拍:1～3 拍:右脚向右后方走 3 步并转体 360°,同时双臂胸前平屈;4 拍:左脚吸跟跳,同时双臂前平举;5～8 拍:左脚向后 4 次踏步同时两臂直臂放下至体前。

(33)～(34)第三十三、三十四个八拍同第三十一、三十二个八拍动作,但动作相同、方向相反。

(35)～(38)第三十五至第三十八个八拍动作同第二十三至二十六个八拍动作。

第三节 健美操运动安全事故与预防

健美操运动是人们追求美、追求自身机体健康的一种新颖的运动项目,它集音乐、舞蹈动作于一体,是一项有氧运动项目。长期坚持健美操锻炼,不仅可以对人体进行完美体形的塑造,也可以舒缓人们的情绪,减轻人们的心理压力,深受广大女学生的喜爱。随着健美操运动难度的加大,健美操运动项目在教学过程中的运动伤害事故是不可避免的,所以我们需要对健美操运动和教学中的运动损伤采取有效的预防措施。

一、健美操运动中常见的损伤

从教学中常见的损伤有:上肢一般以腕关节、肘关节损伤发生率较高,下肢一般以踝关节、小腿、大腿、足等部位损伤发生率比较高。

女大学生健美操运动损伤按性质主要分为扭伤、拉伤、劳损、挫伤,但是按照不同的标准,健美操运动损伤也被分为不同的类型。通常,健美操运动损伤发生部位主要是手、踝关节、膝关节、肩部、足和肩部;按损伤组织来分,健美操运动员运动损伤分为骨损伤、肌肉损伤、韧带损伤、神经损伤、软骨损伤等。

各类型损伤其原因各不相同,如关节扭伤及韧带拉伤主要原因是练习者没有做充分的热身准备及技术要领没有完全掌握、身体协调性不好等,以及场地欠佳、没有相应的保护措施等,导致关节韧带受到过度的拉伸使关节韧带纤维部分断裂;肌肉拉伤的发生主要是因为练习者自身身体素质欠佳,在进行难度较高动作时,肌肉的拉伸超过了肌肉的承受范围,便容易出现肌肉拉伤;而健美操本身也会因为在练习中的一些肌肉和韧带的拉伸,而使练习者膝部及腰部等产生疲劳及微小损伤积累,如果练习者进行长期大量训练而不休息,最终会发展为髌骨、腰部及颈椎劳损,损害身体健康。

二、健美操运动损伤的预防措施

(一)重视准备活动练习

准备活动可以提高中枢神经系统的兴奋性,调节不良的练习状态,提高身体的柔韧性,使身体提前进入活动状态,参加活动的运动中枢间相互协调,为正式练习或比赛时生理功能迅速达到适宜程度做好准备。

全面合理的准备活动必须由一般性和专项性两种类型组成。一般性准备活动包括慢跑、牵拉等,专项性准备活动应包括即将从事的专项所涉及的动作。通过准备活动可以提高心血管系统和呼吸系统的机能水平,使肺通气量及心排血量增加,心肌和骨骼肌的毛细血管扩张,使工作肌获得更多的氧,从而克服内脏器官生理惰性,缩短进入工作状态的时间;准备活动可以加速循环减少血管阻力,加速肌红蛋白释放氧,提高细胞代谢率使肌肉收缩自如,进而提高肌肉的机械效率;准备活动还可以使体温升高,加大神经传导速率,增强神经受体的敏感性,降低肌肉对牵拉的敏感度,增大运动幅度,使心理放松、注意力更集中,促使技术动作更准确、协调神经反应更加灵敏。

在尚未掌握正确技术动作、未形成良好的动作定型前,练习的强度不宜过大,以避免不良姿态造成肌肉的过度拉伸,进而导致肌肉的损伤。

(二)注重拉伸练习

拉伸练习是有目的地将肌肉和软组织在运动前、中、后进行拉伸,使被拉伸的肌肉或软组织得到充分的放松,这有利于疲劳的恢复,防止肌肉拉伤并保持肌肉弹性,避免造成运动技术的僵硬和变形。

常用的拉伸方法有静态牵拉、震荡牵拉及本体感觉神经肌肉促进法三种类型。其中,静态牵拉缓慢柔和,是提高柔韧性的最好方法。

(三)提高保护意识,加强自我保护

保护意识淡薄,缺乏自我安全防护,是造成健美操运动员运动损伤的主要原因。针对这一问题,高校要加强健美操信息交流平台建设,积极宣传科学锻炼知识,营造良好的健美操训练和心理氛围。高校健美操教师要积极培养学生的运动损伤防范意识,开展自我保护意识理论教学和自我保护技术教学,传授给学生更多自我保护的方法,并鼓励学生在日常学习和锻炼中做好保护措施,以减少运动损伤的概率。健美操运动员要树立科学训练意识,积极与教师和其他队员进行交流沟通,并运用语言提示法、念动训练习法培养自我保护意识,争取在循序渐进、科学训练的基础上进行健美操训练和学习。

(四)强化身体素质训练

借助身体素质训练提高运动员的身体素质,是预防运动损伤的有效手段。一般学生上肢、腕、掌、肘、肩部的整体机能最为薄弱,也是最易发生运动损伤的身体部位。高校健美操任课教师要结合健美操运动的技术特点,开展针对身体薄弱环节的专业训练或辅助训练,突出上肢、肩部、下肢技巧、力量和柔韧性训练,增强上下肢的爆发力、耐久力,强化这些部位的肌肉力量和伸展性,以预防运动损伤发生。

(四)优化教学环境,提高教学质量

虽说健美操在开展时不受场地、人群、年龄等限制,但是它对场地、服装的要求较高。严格来说,健美操运动场地地面摩擦力不能太大。并且,地面弹性要好,在弹性差的水泥地、摩擦力大的木地板上,都不适合开展健美操运动。健美操服装要宽松适度、透气吸汗,并具有良好的伸展性。

(五)加强医务监督

学校要加强医务监督工作,使学生出现损伤后能得到及时治疗。在今后的教学中,要求医务部门做好卫生常识与卫生知识宣传,体育锻炼监督,常见损伤预防、处理和医务服务工作。学校教师要关注运动营养与卫生,督促学生科学饮食,一旦发现学生身体不适,要及时帮助他们寻求专业检查和治疗,避免他们在身体不适、出现运动损伤的情况下继续参与健美操锻炼。

第十三章

羽毛球

第一节　羽毛球概述

羽毛球运动起源于民间体育活动。据考证，在几千年前的远古时期，华夏大地就有类似羽毛球的游戏活动存在。《民族体育集锦》记载："中国远古时期有类似羽毛球游戏的活动存在，这种活动分布在中国西南地区，至少有七个民族做过这种活动。"

例如，苗族祖先在正月期间把一些五颜六色的鸡毛做成花毽，然后成群结队进行"打花毽"游戏。游戏在称作"毽塘"的场地上进行。游戏开始，姑娘先向小伙抛出花毽，然后小伙用手掌将花毽击打回姑娘一方，一来一往，尽量使之不落地，这种游戏称作"打花毽"。

又如，古代基诺人玩"打鸡毛球"，所用的球是将一束美丽的羽毛插入用油布包着的木炭球托上，制球原理和结构较接近今天的羽毛球，游戏时双方用手拍打。比赛场地画中线为界，一方打过来的球，另一方必须打回去，球不过中线为输。《后汉书》等史料也记载了仡佬族进行类似游戏的活动。

据英国《大不列颠百科全书》记载："原始的羽毛球游戏至少在 2 000 年前或更早，即已在中国东南部民族和民间社会中流传了……"

一、现代羽毛球运动竞技比赛的起源

现代羽毛球运动来源于英国。相传在 1860 年的一天，英国格那斯哥郡的伯明顿镇(Badminton City)鲍费特公爵家招待客人，后因下雨，庄园内积水不退，客人只能退回大厅，有人提议玩"毽子板"游戏消磨时光，这种游戏引发了客人的兴趣，他们把它带回各地，后来这种游戏被称为"伯明顿"(Badminton)。这就是现代羽毛球运动的起源和它的英文名称的由来。

据记载，世界上第一部关于羽毛球比赛、用品、装备、场地等内容的规定于 1873 年草拟于印度的普那，被称为"普那规则"。比较完善的羽毛球比赛规则出现于 1886 年的英国。1893 年英国成立了第一个羽毛球协会。1899 年 4 月 4 日，英国伦敦举行了历史上首届羽毛球比赛，现被称为全英羽毛球公开赛。这个赛事除 1915～1919 年因第一次世界大战停办过五届，1940～1946 年因第二次世界大战停办过七届外，每年举办一次，延续至今。至 2010 年 3 月，全英羽毛球公开赛已成功举办了 100 届，影响广泛。因此，国际体育界普遍认为现代羽毛球运动起源于英国。

二、羽毛球重大赛事介绍

(一)全英羽毛球公开赛

全英羽毛球公开赛是世界羽联全年 12 站超级系列赛中的一站。1899 年，英国羽毛球协会创

办了首届全英羽毛球公开赛，是世界上历史最悠久、延续时间最长、举办届数最多、最具传统色彩的世界级单项比赛，所以每年的全英公开赛总是可以吸引到几乎全部羽毛球高手参加，所有的羽毛球选手都以获得全英公开赛的冠军为荣。以前，全英公开赛于每年3月的最后一周在位于伦敦近郊著名的温布利体育中心举行，1993年移到新落成的伯明翰国家室内体育馆内举行，现在的举办时间一般是在每年3月份的中上旬。

(二)苏迪曼杯

苏迪曼杯，又称世界羽毛球混合团体锦标赛，与汤姆斯杯赛(世界男子羽毛球团体锦标赛)和尤伯杯赛(世界女子羽毛球团体锦标赛)同为国际羽联主办的三大羽毛球团体赛事。

1986年，在国际羽联召开的理事会上第一次提出了举行混合团体赛的建议。1988年，国际羽联接受并指定了混合团体赛与单项锦标赛同时举行的事宜，并决定将苏迪曼杯作为混合团体赛的冠军奖杯。1989年，在印度尼西亚同时举行了第一届苏迪曼杯赛和第六届世界羽毛球单项锦标赛，同时规定此项比赛每两年举行一届，即逢双数年是汤、尤杯赛，单数年为苏迪曼杯赛。

苏迪曼杯赛是检验各国或地区羽毛球运动整体水平的赛事，规定比赛双方进行男女单打、双打和混合双打共五场比赛，采用五场三胜制，为使争夺更趋激烈，比赛还采取了升降级制，即每级最后，名降至下一级，而下一级第一名晋升上一级。只有参加A级比赛的队伍有资格争夺冠军。A级赛共有6支队伍，先分两组预赛，小组前两名出线进行交叉半决赛，胜者进行最后的决赛分出名次。从2005年第九届苏迪曼杯开始，参加苏迪曼杯赛最高级别A级比赛的队伍增加为8支。

(三)汤姆斯杯赛

汤姆斯杯赛即世界男子羽毛球团体锦标赛，奖杯由著名的英国羽毛球运动员乔治·汤姆斯赠送，赛事的名称由此而来。乔治·汤姆斯是英国最著名的羽毛球运动员之一，曾多次获得英国羽毛球赛冠军。1934年7月国际羽联成立时，他被推选为第一任主席。5年后，汤姆斯在国际羽联会议上提出，组织世界性男子团体比赛的时机已成熟，并表示将为这一比赛捐赠一个奖杯，称为“汤姆斯杯”。国际羽联在1948～1949年间，在苏格兰举办了第一届汤姆斯杯赛，马来西亚成为第一个名称刻在汤姆斯杯上的国家。

1982年以前，汤姆斯杯每三年举行一届，采用九场五胜制，即五场单打，四场双打，分两天进行。1982年之后改为每两年一届，而从1984年开始，赛制也改为五场三胜制，即三场单打，两场双打。比赛分为预赛、半决赛和决赛三个阶段，6支分区半决赛获胜队伍加上上届冠军和东道主球队共8支球队进入最后的决赛阶段。

(四)尤伯杯赛

尤伯杯赛即世界女子羽毛球团体锦标赛。尤伯杯赛的名称由奖杯赛的赠送者、英国著名的女子羽毛球运动员贝蒂·尤伯而来，这位20世纪三四十年代的冠军选手在1956年的国际羽联理事会上捐赠了由麦皮依和维伯制作的奖杯，并亲自主持了第一届尤伯杯赛的抽签仪式。

尤伯杯的赛制一直跟随汤姆斯杯赛制的变化而变化，但由于女子体力的问题以及女子高水平运动员数量的不足，在汤姆斯杯比赛采用九场五胜制的时候，尤伯杯的比赛采用七场四胜制，其中三场单打，四场双打。从1984年开始改为与汤姆斯杯同时同地举行，赛制也同时改为五场三胜制，三单两双。1956年开始举行第一届比赛，两年一届，在偶数年举行。

(五)奥运会羽毛球比赛

奥运会的羽毛球比赛是最重要的，它代表了当今羽毛球运动的最高水平。羽毛球运动进入奥运会的时间比较晚，1988年的汉城奥运会，羽毛球比赛被列为表演赛。从1992年巴塞罗那奥运会开始，羽毛球被列为正式比赛项目。奥运会的羽毛球比赛是单项赛，1992年巴塞罗那奥运会上只设立了男单、男双、女单、女双四个项目，从1996年的亚特兰大奥运会开始，混双也被设为正式比赛项目。

三、参加羽毛球运动的重要意义

(一)有助于培养竞争意识和进取精神

公平竞争是促进社会进步与发展的动力,竞争精神是现代人的重要素质。羽毛球运动特有的对抗性强负荷的锻炼方式,有助于培养充满自信、不畏困难、顽强拼搏、积极进取的现代人才。

(二)有助于强身健体,提高免疫力,缓解疲劳

羽毛球是一项技能性运动,要求脑、眼、手脚密切协作,全身心地投入。羽毛球运动量大、速度快,能有效消耗多余的脂肪,调节肌肉密度,塑造优美形体;还有助于缓解眼睛、大脑和颈椎的疲劳状况。经常参加羽毛球运动,可提高机体的灵敏性、协调性,改善人体的代谢功能,提高吸氧能力和免疫力。

(三)有益于加强文化修养

参与羽毛球运动,了解羽毛球运动的发展历史和文化背景,学习并遵守运动规则,形成尊重对手和尊重裁判的赛场作风,对培养协作、忍让、谦虚、豁达等优良品质大有益处,有利于树立正确的人生观和世界观。

(四)有益于陶冶情操,增添生活情趣

参与羽毛球运动能够保持优美潇洒的姿态和朝气蓬勃的精神状态。无论是参加羽毛球运动,还是观看羽毛球比赛,都能从中体会到灵动变化之美,感受到这项运动的魅力。可以说,打羽毛球就是一个发现美和创造美的过程,其中乐趣无穷。

四、从事羽毛球运动对提高我国高校学生健康水平的作用

(一)从事羽毛球运动有助于提高呼吸系统机能

呼吸系统功能的强弱取决于人体活动时氧气和二氧化碳进行交换的能力。进行羽毛球运动时人体对氧气的需求量增大、呼吸频率加快,为了适应这一需求,呼吸系统的各个器官必须改善自身的工作能力。因此,长期进行羽毛球锻炼能提高人体的摄氧能力和各呼吸器官的功能,从而改善呼吸系统的机能。

(二)从事羽毛球运动有助于提高血液循环系统机能

良好的血液循环系统是强健体魄所必须具备的条件。经常进行羽毛球锻炼可以提高心血管系统的机能,减少各种“文明病”的产生。羽毛球锻炼对人体各器官、系统都有良好的作用,对心血管系统更是如此。进行羽毛球锻炼时,体内能量消耗的增加和代谢产物的增多,需要提高心血管系统的机能和加快血液循环。经常从事羽毛球锻炼能使心血管系统的机能得到明显增强,使心肌变得肥厚、心动徐缓和血压降低,使血液循环系统的结构和机能得到改善。

(三)从事羽毛球运动有助于青少年防止和治疗肥胖

肥胖依照发生原因,可分为单纯性肥胖和继发性肥胖。我国患有肥胖症的青少年基本属于单纯性肥胖,这与生活方式密切相关,是以过度营养、运动不足、心理行为偏差为特征的慢性疾病。而单纯性肥胖是可以通过科学的方法进行治疗的。适度运动被广泛认为是一种合理有效的减肥手段,通过运动来增加能量消耗、适度降低食欲减少食物摄入量、提高新陈代谢和抑制脂肪的生成以减少脂肪积累,达到减肥的目的。这需要耐力性运动来实现,由于耐力性运动消耗大量的能量,脂肪氧化供能是主要的供能形式。但一般耐力性运动项目由于枯燥,缺乏趣味性,大多数人都是半途而废,而羽毛球运动量大(据统计一场羽毛球比赛的运动量是网球的四倍),是一项集耐力性和力量性为一体的运动项目,具有很强的趣味性和锻炼的全面性,因此,学生从事羽毛球运动不仅

可以强身健体，而且可以起到治疗和防止肥胖病的效果。

（四）从事羽毛球运动有助于学生防止和矫正近视眼

近视眼的发生原因及影响因素包括遗传和环境两方面。关于环境和遗传因素与近视的关系，曾有学者做如下阐述：遗传因素对学生近视眼的作用有限，只是近视眼发生、发展过程中的生物学前提，它提供近视发展的可能性，而环境条件则决定近视眼发生的现实性。随着电子游戏的盛行、计算机的普及和网络信息的发展，青少年长时间玩游戏机、上网、看电视等是导致近视发生的重要因素。而从事羽毛球运动需要眼睛不断地随着球飞行的远近、高低而变化，同时还要观察对方的移动，这样就可以有效地调节眼部周围的肌肉，使之具有弹性、缓解疲劳，从而达到防止和矫正近视的作用，而且可以让运动代替上网、玩游戏。

（五）从事羽毛球运动有助于学生防止和矫正脊柱变形

脊柱异常是青少年中常见的一种姿势缺陷。它不仅影响人的姿势，妨碍内脏器官的正常生长，还由于脊柱的弹性降低，在学习时易引起疲劳。脊柱弯曲异常包括脊柱侧弯、脊柱后凸（即驼背）、脊柱前凸及直背等。学生的脊柱弯曲异常大部分是习惯性的，可以通过体育活动纠正不良姿势，使脊柱恢复正常。脊柱变形如果任其发展则会造成脊柱肌肉的紧张度明显不同，即一侧肌肉萎缩，另一侧肌肉弯缩隆起，这就是固定性侧弯。而羽毛球运动中后场击球时需要拉背弓、抬头观察来球，这与学生伏案学习成反向运动，可有效地防止脊柱后凸发生；在进攻状态时，特别是起跳击球时需要身体向上拔伸，对脊柱也是一种有益牵拉。

（六）从事羽毛球运动有助于学生抵御心理障碍

在羽毛球运动中，人们会遇到各种各样的困难和障碍。其中，有来自内心的，如紧张、害怕、失落、犹豫等心理；也有来自外界的，如大自然的地理、气候环境和运动场景的复杂多变等。为实现目标，就必须承受来自内心和外界的各种压力，努力克服各种困难、消除障碍。因此，经常参加羽毛球运动能逐渐增大练习者的心理负荷，提高他们的心理承受能力，减少心理疾病的发生与发展。

五、羽毛球运动常用训练法解读

（一）分解训练法

分解训练法是指将完整的技术动作或战术合理地分成若干个环节或部分，然后按着环节或部分分别进行训练的方法。运用分解训练法可集中精力完成专门的训练任务，加强主要技术动作和战术配合环节的训练，从而获得更高的训练效益。一般当技术动作或战术配合过程较为复杂时，可予以分解，且运用完成训练法又不易使运动员直接掌握的情况下，或者技术动作、战术配合的某些环节需要较为细致的专门训练时，常采用分解训练法。

（二）重复训练法

重复训练法是指多次重复同一练习，两次（组）练习之间安排相对充分休息的练习方法。通过同一动作或同组动作的多次重复，经过不断强化运动条件的反射过程，有利于运动员掌握和巩固技术动作。

重复训练法是学习羽毛球基本技术时的一种重要训练方法，对提高技术动作的稳定性、标准性具有不可替代的作用。对于多种技、战术串联进行重复练习具有良好的效果。

（三）间歇训练法

间歇训练法是指对多次练习时的间歇时间做出严格规定，使机体处于不完全恢复状态下，反复进行练习的训练方法。通过严格控制间歇时间，有利于运动员在激烈对抗和复杂困难的比赛环境中稳定、巩固技术动作。间歇训练法在进行羽毛球运动训练的过程中具有重要的意义。羽毛球运动属于有氧和无氧混合运动项目，其对抗激烈、运动强度大的特点，要求羽毛球运动员具备良好的身体素质作为基础。科学地运用间歇训练法对提高运动员的身体素质以及在高对抗状态下保持技术动作的稳定性均具有良好的效果。在羽毛球比赛中，每得一分所耗费的时间从1秒到2分钟时间不等(以单打比赛为例)，球与球之间的间隔时间平均在20秒左右。因此，在运用本书讲授的练习方法训练时，一定要严格控制间歇的时间，这样才能到达预期的效果。

(四)变换训练法

变换训练法是指变换运动负荷、练习内容、练习形式以及条件，以提高运动员积极性、趣味性、适应性及应变能力的训练方法。对青少年进行羽毛球技术教学时，常运用变换训练法。由青少年生理特点决定，其注意力集中时间相对较短，运用变换训练法可有效地调动青少年的积极性、趣味性，保证练习的效率。对于成年人来说，为了避免长时间训练的枯燥，也可采用变换训练法来调节训练气氛和提高应变能力。

第二节　羽毛球核心技术解析

一、技术术语

(一)步法技术术语

(1)步法脚步移动的动作方法。

(2)判断起动：由接球前的准备动作开始，在对方出手击球的瞬间，判断来球方向，同时双脚前脚掌迅速蹬地向来球方向起动。判断起动快是迅速移动到位、争取有利击球位置的前提和保证。

(3)蹬步：由支撑腿向前后左右等方向用力蹬地获得力量所产生的脚步位移。

(4)跨步：任意脚向前后左右跨步，伴随手臂完成击球。步法间的调整多用跨小步，跨大步用于最后击球。

(5)跳步：争取击球时间和获得击球高度而腾空跃起的击球步法，可利用跳步配合完成各种击球动作。

(6)垫步：幅度小、速度快的一种移动步法，用于步法间的衔接。

(7)并步：一脚先移动，另一脚立即向先行脚并拢，完成位移。

(7)回位：由跨步或跳步完成击球动作后立即向中心位置回动。击球后保持身体平衡是快速回位的关键。

(8)步法慢：场上脚步移动跟不上对方击球的速度。

(二)手法技术术语

(1)手法：手臂击球的动作方法。

(2)手臂内旋：握拍手向身体内侧方向转动(见图13—1)。

(3)手臂外旋：握拍手向身体外侧方向转动(见图13—2)。

(4)手腕外展：大拇指向桡骨侧靠拢(见图13—3)。

图13—1　手臂内旋

图13—2　手臂外旋

图13—3　手腕外展

(5)手腕内收:小指向尺骨侧靠拢(见图 13—4)。

(6)手腕后伸:手腕由矢状面位置开始向后移动(见图 13—5)。

(7)手腕前属:手腕由矢状面位置开始向前移动(见图 11—6)。

图 13—4　手腕内收

图 13—5　手腕后伸

图 13—6　手腕前属

(8)击球点:球拍与球接触时身体、球拍与来球之间的距离位置。

(9)击球点偏前:身体、球拍与来球间距离位置相距太远,身体位置在后,击球点在前,形成"够"球打之势,击球位置偏前,出球容易下网(见图 13—7)。

(10)击球点偏后:击球点位置在身体平行面之后。击球位置偏后,不利于发力(见图 13—8)。

(11)击球点偏低:击球点位置距离身体太近,曲臂击球,不利于发力(见图 13—9)。

图 13—7　击球点偏前

图 13—8　击球点偏后

图 13—9　击球点偏低

(12)持拍手:握持球拍的手。

(13)非持拍手:没有握持球拍的手,发球时用于持球、抛球。击球过程中,协助持拍手保持身体平衡,完成击球。

(14)握拍:持拍手与球拍柄的按触方式。

(15)引拍:击球的前期准备,如同射箭引弓一般,通过向击球反方向引拍产生力臂距离,为发力击球做必要准备。

(16)正手击球:采用与持拍手掌心同向的正拍面击球。

(17)反手击球:采用与持拍手手背同向的反拍面击球。

(18)头顶击球:右手持拍,采用正拍面回击左肩前上方(即反手上手区域)位置的球。

(19)出手慢:挥臂速度迟于球体行进速度。

二、战术术语

(1)单打中心位置:球网至端线半场的中心稍后半步的位置。

(2)双打前场选手中心位置:在双打前发球线与场地中线交叉点附近。

(3)双打后场选手中心位置:在双打后发球线与场地中线交叉点向前一步的位置。

(4)双打防守中心位置取半场场地的中部。中心位置是场地"大本营",每次出动完成一次击球后,都要回到中心位置。

(5)站位:根据战术及对方的技术特点需要,在对方击球前,采取的有利准备位置。

(6)竞赛节奏:双方一来一往击球所需的时间,其快慢受击球速度和球飞行弧线的限制。

(7)球路:根据战术需要,有选择地将各种出球线路进行的组合。

(8)击球力量:持拍手挥拍作用于球托上的力量。

(9)正拍面击球:球拍面与球托正面接触。

(10)斜拍面击球:球拍面与球托斜面接触。

(11)发球者:行使发球权的选手。

(12)接发球者:接对方发球的选手。

(13)击球前的准备姿势;等待对方来球的姿势。

(14)判断:根据对方的战术意图、击球规律、技术动作特点等,在其出球前做出的预测,简单地说就是判定对方会将球击至何处。

(15)半场球:有两层意思,其一,击球力量不足,出球飞行距离不到对方后场的端线(底线),在其中场附近;其二,双打中将球击至对方前场选手与后场选手之间的中半场位置。

(16)技术动作一致性:在后场、前场或中场做同类击球技术动作时,击球前的准备、引拍阶段动作姿势相同,隐蔽性强。

三、羽毛球运动握拍及发球技术

(一)握拍技术

1. 基本型正手握拍技术

(1)左手握拍中杠使拍框与地面垂直。此时从左至右可看见拍柄上有四条棱线。

(2)张开右手,使虎口对准拍柄斜棱上的第二条棱线用近似握手的方法握住拍柄。从正面看手与球拍柄的结合部位呈V形,从侧面看五指与拍柄呈斜形。

(3)无名指和小指握紧球拍,大拇指、食指和中指自然放松贴在拍柄两侧的宽面上,球拍柄端靠近手掌的小鱼际肌,拍柄与掌心间留有空隙,准备发力击球(见图13—10)。

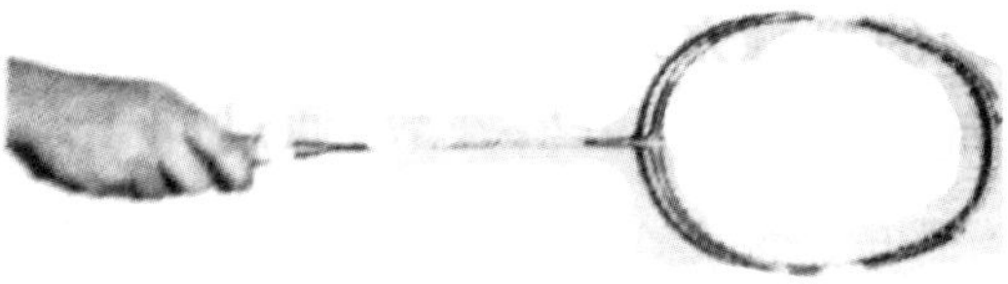

图13—10　基本型正手握拍

击球前大拇指、食指和中指放松掌心与球拍柄之间留有发力空间,为满足放松的要求,大拇指和食指只要贴在球拍柄上即可,不要用力紧握。击球时,靠食指和大拇指握住球拍柄。中指、无名指和小指紧握拍柄,以大拇指和手掌末端的小鱼际肌为支点,其余几指为力点,由放松到抓紧,用近似杠杆原理的方法,屈指发力击球。

2. 基本型反手握拍技术

(1)基本型反手握拍技术。在正手握拍的基础上,将球拍柄稍向外旋,拇指上提,内侧顶贴在拍柄第一斜棱旁的宽面上,也可将大拇指放在第一、二斜棱之间的小窄面上。食指稍向下靠,同大拇指一道卡住拍柄。其余的中指、无名指和小指自然贴靠在拍柄上,留有发力的空间(见图13—11)。

(2)反手握拍屈指发力,以食指和手掌末端小鱼际机为支点,其余几指为力点,大拇指前顶,由放松到握紧球拍柄,用近似杠杆原理的方法,发力击球。

图 13—11 基本型反手握拍

(二)基本发球技术

就发球的姿势而言,有正手发球、反手发球之分。一般情况下,单打时多采用正手发球姿势,双打多采用反手发球姿势。

就球飞行的角度和距离而言,可将发球分为发后场高远球、平高球、平射球和前场小球四种。

1. 正手发球技术

(1)以发球准备姿势站立,持球手松手放球,持拍手上臂外旋带动前臂充分伸腕,自下而上沿半弧形做回环引拍动作。

(2)同时身体随引拍动作转体,重心向左脚移动。当拍挥至身体右侧前下方,转体至接近于面对球网时,准备击球。注意:发球最佳击球点在身体右侧、左脚尖右前侧大约 30 厘米位置。

(3)正手发高远球击球动作:当拍面与球接触的瞬间,上臂与前臂迅速内旋,带动手腕快速内前上方屈指展腕闪动发力,用正拍面将球击出。

正手发小球击球动作:击球时握拍要松,前臂前摆,以手指控制力量收腕发力,用斜拍面往前推送切击球托,使球轻轻擦网而过,落入对方前发球区内。为控制好击球力量,引拍动作较发高远球要小而柔和一些,发球后手腕以收腕姿势制动结束。

(4)击球后,身体重心完全转至左脚上,持拍手随击球后的惯性动作自然向头部左前上方挥动,手腕呈展腕状态。

2. 反手发球技术

这里主要介绍反手发小球技术。

(1)以反手发球做好准备姿势,左手放球的同时,持拍手以肘为轴前臂内旋,带动手腕展腕由后向前做回环弧形引拍,准备击球。

(2)击球动作:击球时手腕由外展至内收捻动发力,靠手腕和手指控制力量,以斜拍面向前轻轻推送切击球托。双打反手发小球的关键是击球拍面角度与力量的控制。

(3)以制动动作结束发力。

四、羽毛球运动基本击球技术

(一)前场击球技术

前场击球技术由前场挑高球、平推球、搓小球、放小球、勾对角线小球和扑球等几种击球技术组成,每一项击球技术都可由正、反手击球姿势完成,击出直、斜线不同飞行路线的球,依据击球点位置的不同,前场击球可分为前场高手位击球和前场低手位击球两种。

前场击球,由判断起动—移动引拍—完成击球—次回收动作—再开始下一次击球前的判断起动循环完成。下面介绍的前场击球技术均按这几个基本环节进行,以右手持拍为例。

1. 前场正手位击球技术

(1)判断起动。判断之后运用正手上网步法向身体右侧的来球方向起动、移动,同时以肩肘为轴,前臂外旋带动手腕伸腕,在身体的右前方做适量的半弧回环引拍,左手自然后置于右手反方向平行,保持身体平衡,准备击球。

(2)击球动作。

①正手挑高球击球动作：前臂迅速内旋，带动手腕向前上方展腕发力击球。

②正手放小球击球动作：手掌放松空出，仅用手指握住球拍柄，呈水平伸向球托底部，靠身体前冲力量和大拇指、食指力量将接近地面的球轻轻向上"抬击"球托底部。

(3)击球后回动。击球后右脚立即蹬地向中心位置回动，同时手臂收回至胸前，准备回击下一个来球。

2. 前场反手位击球技术

(1)判断起动。运用前场上网步法向来球方向移动。同时持拍手前臂内旋带动手腕做半弧形回环引拍向来球方向伸出，左手自然平举与右手对称，保持身体平衡。

(2)击球动作。

①反手挑高球击球动作：前臂外旋带动手腕，利用大拇指的顶力向前上方收腕发力将球击出。

②反手放小球击球动作：借用跨步前冲力量，大拇指轻轻向前上方抖动发力抬击球托底部。

(3)击球后回动。击球后立即向中心位置回动，同时手臂收至胸前，准备回击下一个来球。

(二)中场击球技术

平抽快挡球击球技术是中场主要的击球技术动作之一，是运用正手或反手击球姿势，将对方击至肩部高度附近的球，以齐网的飞行弧线，还击至对方中后场区域，或者快挡过网的球。平抽快挡球发力动作小、距离短、速度快，广泛运用于双打对攻和反攻中。

1. 中场正手平抽快挡击球技术

(1)击球前做好准备姿势，准确判断、适时移动、跨步的同时，以肩为轴，手臂屈肘后拉，前臂向后外旋回环带动手腕伸展引拍。

(2)击球动作。这里分别介绍正手平抽球击球和正手快挡球击球的动作。

①正手平抽球击球动作：持拍手的肘关节后摆，前臂迅速向前内旋，带动手腕屈收发力，向前推压击球。

②正手快挡球击球动作：击球时主要以食指和拇指控制住球拍面，向前推送击球。挡球的击球点较平抽球低一些。

(3)击球后惯性动作小，要迅速收拍，同时右脚回位成准备姿势。

2. 中场反手平抽快挡击球技术

(1)持拍手以肩为轴，上臂带动前臂内旋回环引拍，向来球方向伸出。

(2)击球动作。这里分别介绍反手平抽球和反手快挡球的击球动作。

①反手平抽球击球动作：击球时前臂外旋带动手腕屈收闪动，利用大拇指的顶力向前推送发力击球。

②反手快挡球击球动作：以反拍面对准来球，几乎没有击球前的预摆引拍动作，以大拇指和食指控制球拍向前推送挡球。挡球的击球点较平抽球低些。

(三)后场击球技术

后场击球有力量大、速度快、爆发力和攻击力强等特点，是羽毛球运动中的一项主要击球技术，广泛运用于单、双打竞赛中。然而后场跃起这漂亮的凌空一击，却只有在前场、中场各项技术合理配合运用下才可能实现。

后场击球由判断起动—移动引拍—完成击球—回收动作—再开始下一次击球前的判断起动循环完成。下面主要介绍后场正手位击球技术，均按这几个基本环节进行，并以右手持拍为例。

(1)判断起动。运用后场正手后退步法向右后侧区域的来球方向移动，同时持拍手臂以45°夹角屈肘举于体侧，左手自然上举保持平衡，侧身对网，重心在右脚上，呈击球前的准备姿势。当球下落到一定的高度时，持拍手肘部上抬，手臂外旋，充分后倒，以肩为轴做回环引拍动作，手腕充分伸展，形成击球前较长的力臂，左手随转体动作伸向左侧，协调右手发力，准备击球。

(2)击球动作。

①后场正手高远球击球动作：击球点选择在右肩前上方，前臂急速内旋，带动手腕加速向前上方挥动，屈收手腕屈指发力，用正拍面以与地面近120°的仰角，在空中最高点将球向前上方击出。

②后场杀球击球动作：击球点选在右肩前上方较击高远球、吊球更前一点的位置上。击球前为获得较大的力臂，可充分调动下肢、腰腹和上肢的力量，使身体后仰几乎呈“弓形”准备发力击球。击球瞬间前臂带动手腕由伸到屈快速闪动，以正拍面向前下方发力压击球。

(3)击球后回动。击球后持拍手随击球动作完成后的惯性向左前下方挥动。左手协助保持身体平衡，起跳脚触地瞬间即向中心位置回动，同时持拍手由左前下方迅速收回至体前，准备迎接下一次来球。

五、羽毛球运动的基本步法技术

羽毛球运动中的步法结构，无论前场、中场或是后场都包含取位准确、判断起动、移动击球和回位步法等几部分。

全场步法视来球距离的远近，可运用并步、交叉步、蹬跨步等移动方式，选用一步、两步或是三步移动步法击球。通常情况下，如图13—12所示，来球距离单打中心位置最远(中圈外)，可采用三步移动步法击球；来球距离中心位置次远(中圈内)，可用两步移动步法击球；来球距离中心位置最近(小圈内)，采用一步移动步法击球。

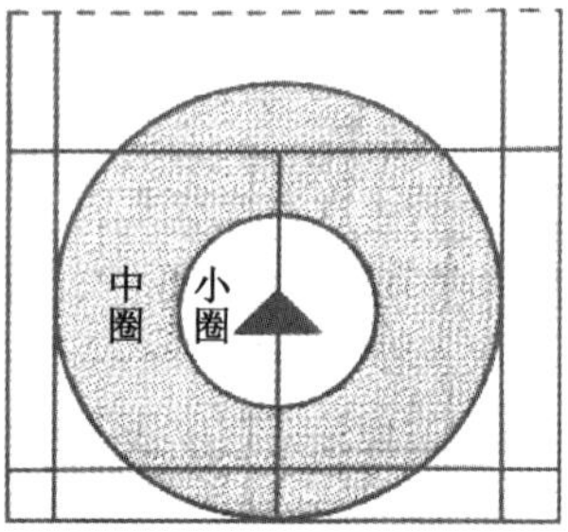

图13—12 全场步法位置范围

(一)前场击球步法

前场步法跨步时，利用脚后跟先着地制动。为防止身体向前冲力过大，脚尖可稍向外倾，左脚用拇趾根部内侧“刮”地向跨步脚(右脚)靠拢，保持身体平衡，便于向中心回动。

1. 前场正手击球步法

来球在右侧前场区域，运用蹬跨步、交叉步和垫步移动步法向右侧的前场区域移动击球。

(1)前场正手三步上网步法。来球在中圈外，起动后右脚迅速向右侧前方迈出第一小步，左脚紧接着向前垫或交叉迈出第二小步，同时左脚的前脚掌用力蹬地，右脚再向前跨出第三大步，准备击球。击球后，右脚向中心退回一小步，左脚交叉退回第二步，双脚同时再做一小跳步回位。

(2)前场正手两步上网步法。来球在中圈内，起动后左脚向右侧前方迈出第一小步，同时用力蹬地，右脚交叉跨出第二大步击球。击球后，右脚立即往中心撤回第一步，左脚紧跟其后退回第二步回位(见图13—13)。

(3)前场正手一步上网步法。来球在小圈内，起动后左前脚掌用力蹬地，右脚向来球方向跨出一大弓箭步击球。击球后立即往中心位置退步回位(见图 13—14)。

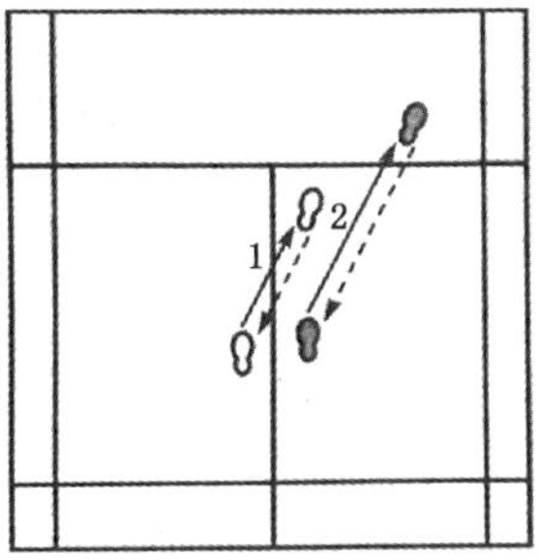

图 13—13 正手两步上网步法

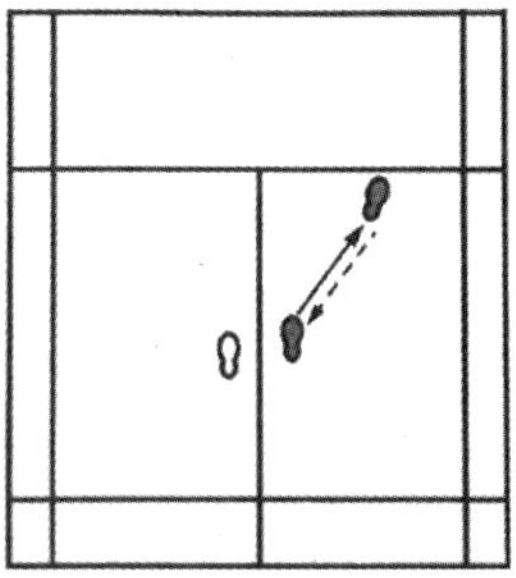

图 13—14 正手一步上网步法

2. 前场反手击球步法

来球在左侧前场区域,运用蹬跨步、交叉步和垫步向左前方移动击球。

(1)前场反手三步上网步法。来球在中圈外距离身体较远,起动后右脚迅速向左侧前方迈出第一小步,左脚向前垫第二小步,同时左脚前脚掌用力蹬地,右脚再向前跨出第三步击球。击球后右脚向中心位置撤回第一步,左脚紧跟退回第二步,两脚再向中心位置做一小跳步回位(见图 13—15)。

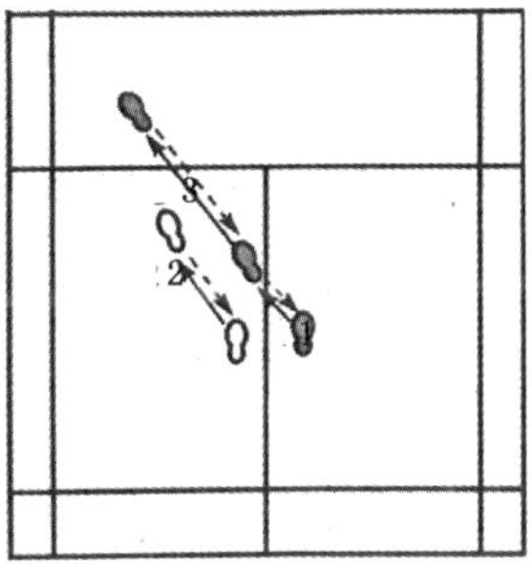

图 13—15 反手三步上网步法

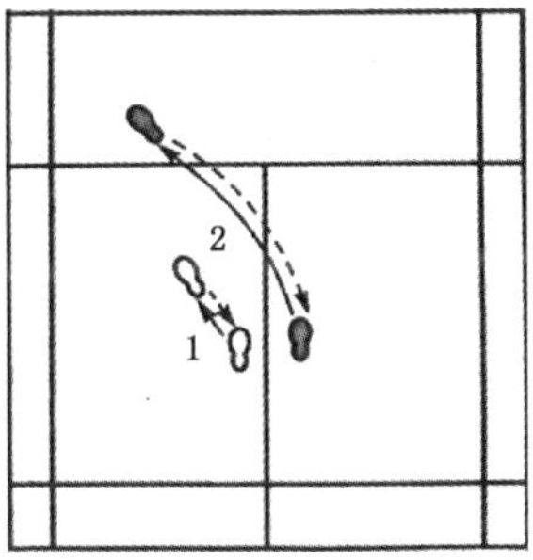

图 13—16 反手两步上网步法

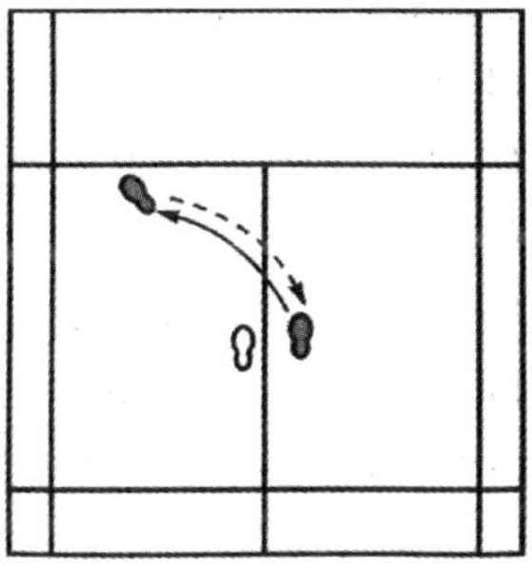

图 13—17 反手一步上网步法

(2)前场反手两步上网步法。来球在中圈内,起动后左脚向左前方来球方向迈出第一小步,右脚向前方交叉跨出第二步击球。击球后右脚立即往中心位置撤回第一步,左脚退回第二步,左右脚同时再做一小跳步回位(见图 13—16)。

(3)前场反手一步上网步法。来球在小圈内,起动后左脚蹬地,右脚向来球方向跨大弓箭步击球。击球后右脚向中心位置撤回一步,左脚再撤一小步回位(见图 13—17)。

(二)中场击球步法

1. 中场正手击球步法

由场地中心位置向右侧区域位置移动击球的步法称为中场正手击球步法。中场正手击球步法可分为中场正手接杀球步法和中场正手腾空击球步法。

使用中场正手接杀球步法时,根据击球位置不同可选择蹬跨步、垫步和一步腾空接杀球步法。这里主要介绍中场正手蹬跨步接杀球步法。

当来球距离身体较近时,以左脚前脚掌为轴心,向右侧的来球方向蹬地起动,同时身体右转 90°面向来球方向;右脚向来球方向跨步击球。完成击球后,右脚迅速向中心位置撤回一步回位(见图 13—18)。

2. 中场反手击球步法

由中心位置往左侧移动击球步法为中场反手区域移动步法，分为中场反手一步、两步接杀球步法和中场头顶腾空击球步法。这里主要介绍中场反手一步接杀球步法。

中场反手一步接杀球步法：当来球距离身体较近时，由接球前的准备姿势起动，左脚向来球方向蹬地跨步，向左转体 90°，准备击球。击球后，左脚足跟触地迅速向中心位置退回一步，右脚退回第二部回位(见图 13－19)。

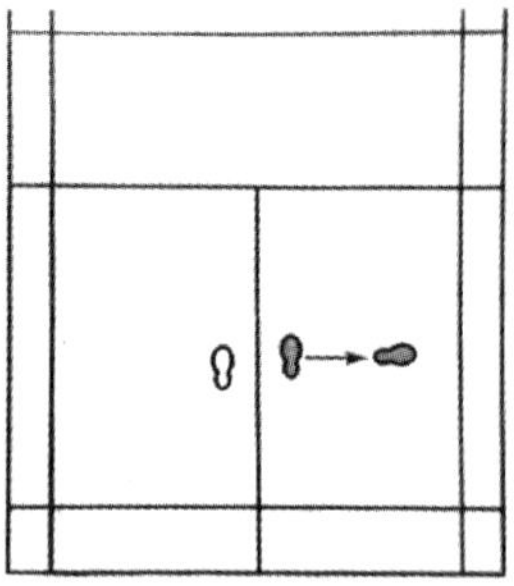

图 13－18　中场蹬跨步截杀球步法

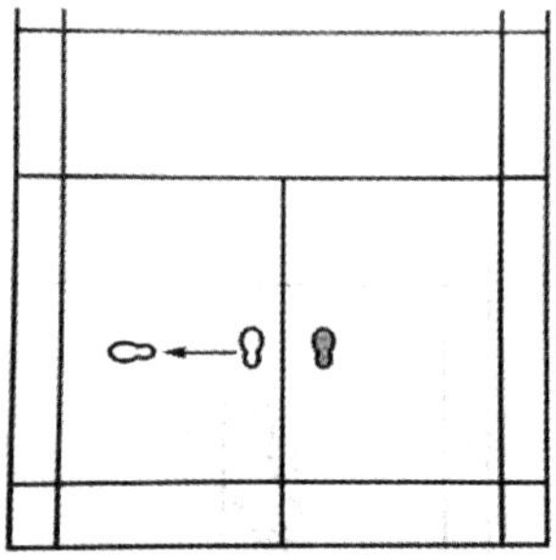

图 13－19　中场反手一步接杀球步法

(三)后场击球步法

由中心位置向后场区域移动击球的步法称为后场后退步法。根据来球区域的不同可分为后场正手、头顶和反手后退步法。根据击球位置不同又有主动击球步法和被动击球步法之分。这里主要介绍后场正手后退步法和后场头顶后退步法。

1. 后场正手后退步法

(1)后场正手两步后退步法。来球距离身体不远时，以左脚的前脚掌为轴心，右脚向右后侧区域的来球落点方向蹬地起动后退一步，身体重心在右脚上，左脚向右脚并步，重心仍在右脚上，右脚向右上方斜步跳起，准备击球。击球后，右脚触地迅速向中心位置迈回第一步，左脚即向中心位置迈回第二步，双脚再接一小跳步，完成回位(见图 13－20)。

(2)后场正手三步后退步法。来球距离身体过远，起步后右脚向来球落点方向后退第一小步，左脚经右脚往后交叉退第二步，右脚再交叉退第三步，身体重心放在右脚上，向右后方向斜步起跳，准备击球。击球后，右脚迅速向中心位置迈回第一步，左脚交叉迈回第二步，双脚再接一小跳步，完成回位(见图 13－21)。

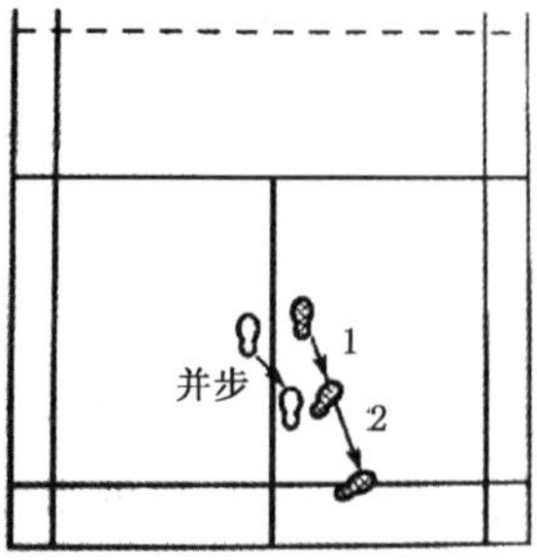

图 13－20　后场正手两步后退步法

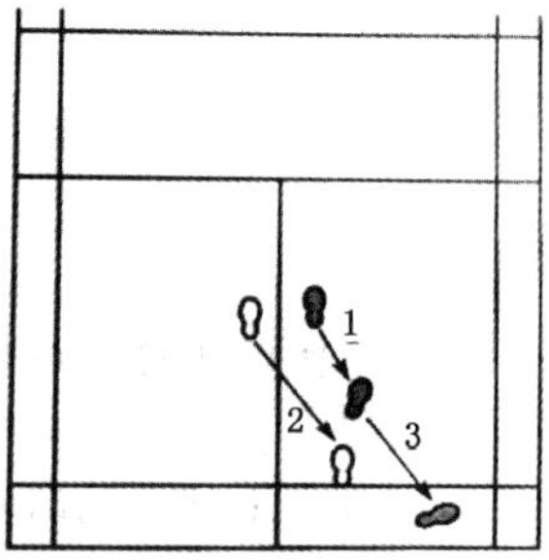

图 13－21　后场正手三步后退步法

2. 后场头顶后退步法

(1)后场头顶两步后退步法。右脚蹬地，转体，向左后侧后场区域的来球落点方向后退一小步，左脚向右脚并步，重心在右脚上，右脚蹬地向左后交叉起跳，准备击球。击球后，左脚触地迅速向中心位置回位(见图 13—22)。

(2)后场头顶三步后退步法。起动后，右脚蹬地，转体，向身体左后侧区域的来球落点方向后退第一小步，左脚交叉后退第二步，右脚再向左后交叉退第三步，身体重心在右脚上，交叉步起跳，准备击球。击球后，迅速向中心位置蹬地交叉步回位(见图 13—23)。

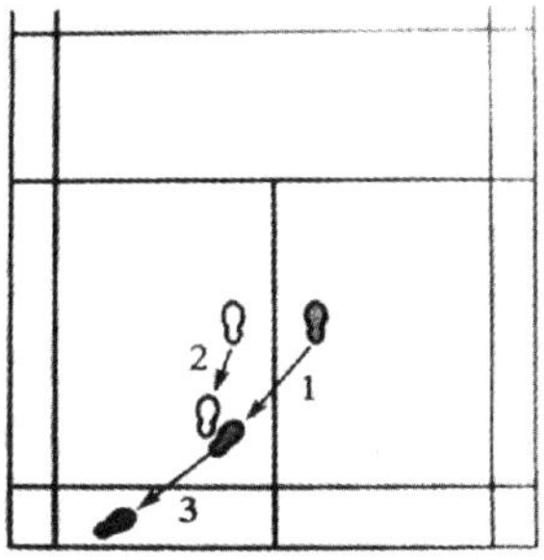

图 13—22 后场头顶两步后退步法

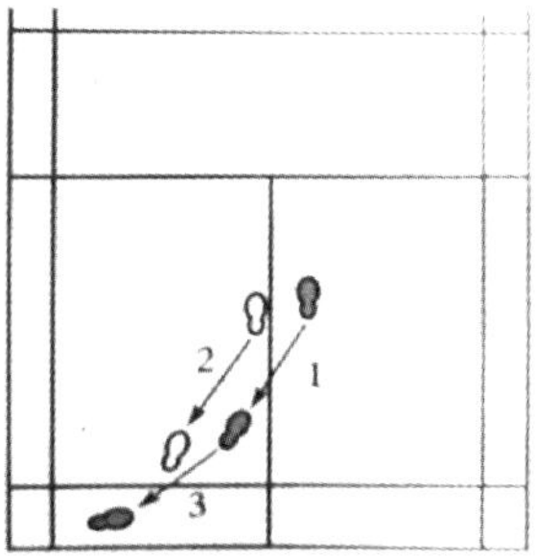

图 13—23 后场头顶三步后退步法

六、羽毛球运动的基本战术

除了掌握一定的基本技术、具备一定的体能素质和心理素质能力外，学习一些羽毛球运动的基本单、双打战术，能使选手在比赛中充分发挥技能，击败对手。

(一)单打的基本技术

1. 拉吊突击进攻战术

这种战术是利用快速的平高球、吊球、杀球和网前搓、推、勾球，准确地将球击到对方场区的后场底线两角和前场网前两角这四个点上。因此，运用这种战术时，击球的落点角度要大，速度要快，充分调动对方，使其最大限度地移动，从而可以抓住机会球进行快速突击，以取得较好的战术效果。

2. 发球抢攻战术

根据对方的站位、反击能力、接发球路线和当时的思想状态等情况，有目的、有意识地采用多变的发球，争取由发球开始就掌握场上主动，为自己创造进攻机会。这种战术用于对付经验不足和防守能力较弱的选手比较有效。特别是当比赛进入关键时刻，比分出现相持状况，通过打破常规，突然改变发球方式形成发球抢攻之势，陷对手于被动，可有效地打破僵局。

3. 压底线战术

反复用快速的高球、平高球、推球击至对方底线附近，特别是左场反手后场区域，造成对方被动，当其注意力集中在后场时，再以快吊或突击点杀进攻前场空当。此种战术对付初学羽毛球的选手较有效，因为初学者一般技术不熟练，特别是左后场的还击能力差，进攻后场往往很奏效。

(二)双打的基本战术

双打的战术目的就是设法给对手制造混乱，调动对手，使其出现漏洞，或由于位置错乱、失误引起争吵，出现漏接等现象。

1. 攻中路战术

当对方在防守状态下左右分边站位时，我方进攻要尽可能把球攻到对方两人之间的中场空当区域，造成对方抢击球发生碰撞，或相互让球出现漏接失误。这是对付配合不默契对手的有效战术。

2. 攻人战术

双打组合选手如两人中有一人技术水平稍差，可集中力量盯住弱者打，不让其有调整的机会，这叫攻人战术。攻人战术也可采用先集中力量对付技术水平强者，消耗其体力，削弱其战斗力，然后再伺机进攻技术水平较差者，或采用突击其空档的战术。总之，战术的运用不是一成不变的，必须根据当时的情形，灵活运用方能奏效。

3. 后杀前封战术

这是双打中最常见的进攻战术。当处于主动状态，进行强攻时，一名选手在后场大力杀球进攻，另一名选手在网前努力封堵对方回击的球。一般情况下，当后场选手杀大对角线中路、小斜线或采用攻人战术时前场封网选手都应将判断来球的重点放在封住对方的直线球上。

第三节　羽毛球运动安全事故与预防

一、常见的羽毛球运动损伤

（一）腕关节损伤

羽毛球运动，由于技术的要求，在各种击球动作中，手腕关节需要重复大量的后伸、外展、内收和鞭打动作，局部负担较大，所以腕关节的薄弱环节非常容易出现损伤。

（二）踝关节损伤

羽毛球运动中，脚步移动动作和起跳动作较多，并且经常是快速地全场移动，一旦支撑落地不稳定，极易造成踝关节损伤。

（三）膝关节损伤

膝关节损伤很常见且容易复发，球场上的移动、变向、起跳等动作，都会对膝关节施加很大的压力，当膝关节不稳当或者疲劳的情况下做动作，容易发生急性损伤。

（四）肩袖损伤

这也是羽毛球运动中常见的损伤，羽毛球的各种正反手回击球，基本发力动作都是挥臂鞭打，肩关节重复大量的这种甩臂动作，就会容易造成肩袖损伤。

（五）腰部损伤

因为羽毛球的项目特点，腰部需要频繁地过屈（弯腰）和过伸（背弓），并且腰部起着承上启下的作用，核心肌群发力从腰部开始，所以用力过猛或错误动作都会导致腰部损伤。

二、羽毛球运动损伤的特点

运动损伤的发生与运动项目、运动环境、技术水平、训练强度以及运动装备等都有直接的联系。造成运动损伤的主要因素包括：准备活动不充分、技术动作的缺点或错误、缺乏保护和自我保护意识、服装鞋子不合身、场地器材不合格、身体状态虚弱、心理状态欠佳、局部负担过重、运动幅度过大、负荷强度过大、注意力不集中、思想上不够重视、意外偶然等。

通过调查发现，羽毛球这个项目的运动损伤具有非常明显的专项特点：

（1）运动年限越长、技术水平越差的人，越容易发生运动损伤。

（2）急性损伤少，慢性损伤多；重度损伤少，轻微损伤多。

（3）不同的击球技术动作，引发不同的局部损伤。

(4)课上损伤少，课下损伤多。

三、运动损伤的防治

(一)腕关节损伤的处理和预防

处理：

(1)冷敷，用弹力绷带将手腕加压包扎；

(2)外喷伤药，疼痛较厉害的，可口服止疼药；

(3)数日后可按摩、理疗、针灸等；

(4)损伤较严重的，适当处理后尽快送医院治疗。

预防：预防为主，治疗为辅。平时应该加强腕关节的力量训练和柔韧性训练，还应该掌握正确的发力方法，提高科学运动的水平。

(1)手腕的预热动作：(右手持拍为例)右手臂伸直水平向前，掌心朝外，左手抓住右手五指，用力往回掰动右手手掌，充分拉伸右手腕关节及其韧带。

(2)合理安排运动强度和负荷。

(3)确保动作技术的合理性。

(4)加强腕关节周围小肌肉群的力量训练。

(5)加强保护与自我保护意识。

(6)避免犯规与粗野动作。

专门锻炼：手持小哑铃、沙瓶等轻器械做腕部练习，增强手腕力量。重复次数和配重根据具体情况而定，练习到手臂出现酸胀感为止；还可以加重球拍的重量绕“8”字练习，进而加强改善手腕的肌肉活动能力。

(二)踝关节损伤的处理和预防

处理：

(1)停止运动，早期抬高伤肢、冷敷、消肿、止痛。

(2)受伤2～3天后采用热敷，促进机体对瘀血的吸收，加快受伤组织的修复。

(3)韧带损伤严重或怀疑骨折时，应做相应处理，然后立即到医院。后期康复阶段，应加强患肢的功能性力量训练，锻炼遵循循序渐进的原则。

预防：羽毛球的腾空落地动作，身体重量对踝关节的冲击力很大，容易造成踝关节损伤，为了避免不必要的踝关节损伤，要特别重视踝关节力量训练和关节牢固性训练，经常负重提踵、跳低栏、跳绳等专门性练习，训练时佩戴护踝、支持带，可以有效保护踝关节。

(三)膝关节损伤的防治

正确的技术动作、熟练的移动步伐、合理的护具佩戴，都能够有效地预防膝关节损伤。此外，正确的力量训练至关重要；强化股四头肌肌肉力量，有效增加膝关节的稳定性，有效改善髌骨关节的应力分布，进而减轻运动时的膝盖酸软，实现预防膝关节损伤的目的。常用练习方法包括站桩、静力半蹲、负重深蹲等，条件允许的话可安排在松软的土地或场地上进行。练习前做好膝关节的准备活动，体力下降出现疲劳时，适当降低练习难度，避免运动损伤发生。

(四)肩部损伤的防治

练习中有意识地提高肩关节的灵活性和柔韧性，并且强化肩带肌肉群，增强肩关节的牢固性，增强牢固性的同时兼顾柔韧素质和灵敏素质。而且还要充分掌握正确的发力方法，在发力技巧方面，控制好关节运动的幅度和关节运动的方向，使得用力效果达到最佳；大力挥拍时，体会前臂的旋转发力，避免使用蛮力。另外，注意同时加强原动肌、协同肌与对抗肌的练习，协调发展肌肉力量。受伤后避免继续参加运动,绝不允许“带伤上阵”,防止二次损伤。

(五)腰部损伤的防治

羽毛球初学者必须了解羽毛球运动的特点,羽毛球运动要求腰部处于不断地过屈或过伸动作中,而且腰部还要不断地左、右旋转用力,运动中要时刻保持腰部的正确姿势。可采用静力性支撑动作,加强腰部肌肉的力量和柔韧性训练,有效提高身体的核心力量,注意训练中要做到劳逸结合,量力而行。

四、合理建议

(1)体育教师必须提高安全防范意识,把预防工作当成第一要务,课前检查场地器材。严格要求学生,使学生按照要求练习。要注重区别对待,对基础差的学生可以适当降低练习的难度和要求。

(2)每次活动前做足充分的准备活动,培养学生养成良好的锻炼习惯。准备活动内容应根据教学内容、学生的肌体情况和气候条件而定,以身体发热并微微出汗为宜;使关节、韧带、肌肉充分活动开,特别要注意踝、膝和腕关节等易伤部位的活动。

(3)注重身体素质和基本功的全面训练,优秀的羽毛球运动员应具备速度、力量、灵敏、耐力、协调等多方面的运动素质。

(4)不断完善技术动作,及时纠正错误动作。教师教完正确的技术动作后,同学们不可能全部都掌握,这时需要及时地规范动作,改正错误动作,这是预防运动损伤的关键。越是不规范的动作、违反身体结构的动作、违背力学原理的动作,就越容易导致损伤。

(5)选择正确的运动装备和正规的运动场地。根据自己的力量、打法和特点,选择得心应手的球拍;根据比赛的强度和自身状态,选择正确的护具,例如护腕、护膝等。运动前务必要清理场地杂物异物,最大限度地减少因场地器材而导致的损伤。另外,羽毛球鞋的鞋底要有一定的厚度、弹性和摩擦力。

(6)打完球一定要放松,可以有效地缓解疲劳,促进全身恢复。放松活动可以促进全身的血液循环,加强对关节、韧带的积极营养,促使代谢产物的排出,缓解肌肉紧张僵硬,从而提高肌肉弹性。

第十四章

健　美

第一节　健美运动概述

两千多年前，古奥林匹克运动会上，古希腊人全身涂上橄榄油，进行裸体角逐，以显示其身体的健美。近代健美运动是19世纪末在欧洲兴起的，是由德国的体育家尤金·山道首创，并于1901年9月4日在英国举办了世界上第一次健美比赛。山道对健美运动起到了很大的推动作用，被人称为“健美运动的鼻祖”。1949年，加拿大本·韦德兄弟创建了国际健美协会，现已有一百七十多个会员，是国际体育联合会排名第六位的单项运动协会。国际健美协会每年定期举办洲际、世界业余和职业健美比赛。

现代健美运动是从20世纪30年代由欧美传入我国并逐渐发展起来的。我国健美运动的开创人赵竹光先生首先在上海成立了我国最早的健美组织“沪江大学健美会”。1944年6月7日在上海举办了第一届上海市男子健美比赛，也是中华人民共和国成立前我国所举办的唯一一次大型健美比赛。中华人民共和国成立后，在上海、北京、广州、南京等地相继建立了健美体育锻炼场所，健美运动开始发展，但到了20世纪50年代中期由于各种原因受到抑制。到了20世纪80年代，我国健美运动开始复兴，在各级体育部和有关人士的倡导下以及国际健美协会主席本·韦德的帮助下，1983年6月成功举办了中华人民共和国成立以来的第一次“力士杯”健美比赛。1985年11月，我国正式加入国际健美协会。20世纪90年代，健美运动在大学校园内广泛开展起来。

一、健美训练的环境要求

（一）训练地点

健美训练的地点首选是健身房。健身房可以创造一种训练气氛，特别是如果有同伴鼓励或是可资效仿的榜样，更会激发训练的热情和练习的积极性。同时，在健身房中不仅仅进行训练，还可以展开有关理论方面的研究，相互探讨，共同提高，不断地提出新的见解和设计一些出色的训练方法和更有成效的动作。

一个值得选择的健身房应具备以下几点：

必须有足够的功能齐全的健身器械，包括各种规格、型号的杠铃和哑铃，以及必要的联合器械、拉力器、深蹲架、腹肌板、支撑架、卧推架、练习椅等器材。如有条件的话，还应备一些有氧练习设备，如功率自行车、电动跑台等。

健身房的面积应大小适宜，既能有充分的活动余地，不会因场地过于狭窄，而破坏了训练节奏；又不能因为场地太大，致使注意力分散。一家好的健身房，应该室内温度适宜，装饰朴素大方，陈设典雅，器材摆放合理有序，并能确保安全。

健美训练也可以安排在家里进行，只是家里要备有一些简单的器材，如哑铃、弹簧拉力器、多功能板凳等，有时还可以利用床板、椅子进行练习。这样，练习者在健身房因时间短或休假等原因，未完成训练计划，就可以回家练习了。

（二）训练器械的选择

1. 杠铃、哑铃

人们利用重量进行训练已有几百年的历史了，当时采用类似杠铃和哑铃形式的重物进行训练，后来发展为今天我们使用的杠铃和哑铃。在现代科技运用于健美训练之前，杠铃和哑铃被健美练习者广泛采用。杠铃、哑铃由于重量和型号多种多样，训练时可以根据自己的需要加以选择。

杠铃、哑铃为训练提供了最大的可塑性，表现在不但可以训练各个部位的肌肉，可以利用有限的器械方便地完成许多不同的练习，而且可以不受任何限制，按照预先设计的动作路线、动作幅度去训练，从而达到预期的效果。

使用杠铃、哑铃训练自由度大，因此刚参加训练时，如没有专业教练指导，不易掌握正确的动作技术要领。另外，更换重量时，与联合器械相比，比较麻烦且容易发生伤害事故。有时感到在做某些练习时，没有使用联合器械训练省事。

2. 联合器械

随着科技和健美运动的不断发展，训练器材从原来较简单的杠铃、哑铃发展到设计制造出各种各样的结构精密、外观漂亮、品种繁多和功能完善的联合器械。

目前使用的联合器械，其主要优点是比较省事、稳定和安全。缺点是无论这些器械设计得多么精巧，但由于重量只能在预先设计好的轨道上滑动，因此会使肌肉和关节的活动受到一定的限制，不能随心所欲地设计和完成动作。

实践证明，采用杠铃和哑铃训练，能使肌肉得到更深和更彻底的刺激，是增大肌肉体积首选的器材。大多数健美运动员在平时训练中，训练课的 2/3 以上还是以杠铃和哑铃作为主要器材。

二、健美训练三要素

科学的训练、合理的营养、最佳的恢复休息手段，是健美锻炼取得成效的三大要素。

（一）科学的训练

任何水平的健美运动员都必须根据自己的身体实际情况和训练水平，选择制订一个切合实际的训练计划，逐步调整和循序渐进地加大运动负荷，这包括根据不同的训练目的、训练周期选择不同的训练动作，并要求完成动作规范、准确无误。初学者易犯的错误是急于求成，无节制地增加训练动作、训练组数，延长训练时间，盲目加大训练强度，致使训练过度，阻碍了体形的发展。

（二）合理的营养

对健美运动员来说，合理的摄取营养和严格的饮食制度，是增长肌肉体积、保持健美体形不可忽视的条件。

人体需要的主要营养素是蛋白质、碳水化合物、脂肪、维生素和矿物质。对于健美练习者而言，问题在于如何补充这些营养素。

对于健美运动员，一般蛋白质的需要量约占总摄入量的 1/3，碳水化合物约占 2/3，脂肪的需要量很少。可见，要使肌肉体积不断增长，关键是掌握好蛋白质的日需量。蛋白质在体内需要 2～4 个小时才能被消化吸收。所以，蛋白质要不断补充，而不能一次摄入过多。这就是健美训练每天要按时吃几餐的一个重要原因。对健美运动员来说，每千克体重每天至少摄入 2 克蛋白质，每天合理的进餐次数为 5～6 餐。

健美训练时还需要摄取大量碳水化合物，以提供热能。大负荷的训练会不断消耗体内的糖原储备。碳水化合物可以保证训练时能量的供应和体内糖原的储备，如果糖原储备过低，就会迫使肌体动用蛋白质作为能源，长此以往，肌肉不但不会增长，反而会缩减。

除正常饮食外，还要根据需要适当补充一些营养品。这些营养品主要有三大类：其一是为增长和修补肌肉所需的高蛋白粉和氨基酸；其二是为提供热能和增强耐久力的碳水化合物粉或饮料；其三是为补充食物供应不足的维生素和矿物质。

训练中水的摄入也很重要。水不仅可以加快体内废物排出，而且对维持正常生理功能十分重要。研究表明，如果体内缺水超过 3%，运动能力就大大降低，健康就会受到损害。因此，饮水一定要充足。

(三)最佳的恢复休息手段

恢复是健美运动三要素中容易被忽视的一个。经过大强度、大运动量锻炼后，提高恢复质量至关重要。只有充分的恢复，才能消除疲劳，获得超量恢复，使肌肉不断增长，可以说，没有合理的恢复休息手段保证，就不可能有训练效果。

恢复过程的长短取决于训练水平、运动负荷以及身体机能状态等因素。一般来说，一次训练之后，一般要有 48 个小时的休息，而使肌肉完全恢复，则需要 72～100 个小时。

恢复主要有两种形式，即消极性恢复和积极性恢复。

消极性恢复：指一般的静止休息、睡眠等。睡眠时，中枢神经系统，尤其是大脑皮质的抑制过程占优势，有利于能量物质的合成过程和排除代谢产物、消除疲劳，肌肉得以恢复和增长。因此，健美训练后必须有足够的睡眠时间。

积极性恢复：指用转换活动内容的方法进行恢复，如运动后的整理活动、物理和机械的放松与按摩、适当补充维生素、心理放松等。训练后的整理活动有助于人体由激烈的活动状态转入正常的安静状态，使静脉血尽快回流心脏，加快整个机体的恢复，防止出现急性脑贫血、血压降低等不良现象。整理活动包括深呼吸和较缓和的活动，如慢跑、四肢放松摆动等。训练后进行相互按摩和自我按摩，可使肌肉中的乳酸尽快排出或转化，促使肌肉放松，消除疲劳。按摩一般在运动结束后 20～30 分钟内或晚上睡觉前进行，有条件的话，可采用电动按摩或水按摩。

健美训练结束 20 分钟后，最好洗个温水澡。温水澡对心脏和神经系统有镇静作用，还能保持皮肤清洁，促进血液循环，排出体内废物，消除肌肉紧张，减轻酸痛感，从而加快机体的恢复。

三、健美训练计划的制订

任何体育运动项目要想取得成功，首先要制订一个切合实际的计划。当你准备开始健美训练时，就应该依据训练原则，制订一个科学、系统、合理的计划。

一个完整的健美计划应包括以下几点：

(1)每周安排几次训练；

(2)每次课内要锻炼哪几个部位的肌肉；

(3)每个部位做几个动作；

(4)每个动作练多少组；

(5)每组练多少次，组间间歇时间多少秒；

(6)每次课的各部位肌肉练习的总组数；

(7)每堂课的综合总组数。

四、健美训练的呼吸方法

健美训练是项以有氧代谢为主、无氧代谢为辅的运动，练习过程中必须口鼻同时呼吸，否则易产生头晕、过早疲劳等现象。

(一)同步式呼吸法

每做一次动作进行一次呼吸,呼吸是在动作过程中完成的。

(1)肌肉收缩时瞬间憋气并快呼气,肌肉伸展时慢吸气。在负荷较重、仰卧位做动作或需固定肩带和胸腹部时采用,比如做颈后宽推、仰卧推举、深蹲等动作。其要领是憋气时间一定要短暂,吸气为张大嘴深吸气,呼气为喷吐式。

(2)肌肉收缩时快吸气,肌肉伸展时慢呼气。此呼吸方式与上式相反,吸气时快速有力,呼气时缓慢深长。一般在负荷较轻及退让性练习时采用,比如做"哑铃弯举""俯立飞鸟"等动作。

(二)非同步式呼吸

呼吸频率与动作次数不相等,呼吸是在动作间歇时进行的。

(1)几次动作一次呼吸。连续做几次动作后暂停,做一次呼吸,再连续做几次动作后再做一次呼吸。一般在热身时或做重量轻、速度快的练习时采用,如"侧卧撑""双杠臂屈伸"等动作。

(2)一次动作几次呼吸。在大重量训练,或每组最后1～2次动作前调整一下呼吸,以便再努力完成一次动作练习时采用,比如做"杠铃深蹲""硬拉"等动作。

(三)自由调节式呼吸法

在进行小强度有氧练习时,常采用自由调节式呼吸。"提踵""慢跑""骑功率自车"时一般都采用此呼吸方法。

总之,健美练习时的呼吸方式应适应动作目的和动作结构。正确的呼吸方法有助于更好地完成练习和避免过早疲劳。

五、健美训练中的有氧练习

有氧运动是指运动时间较长、活动强度在中小程度的任何韵律性运动。它必须具备三个条件:(1)运动所需的能量主要通过氧化体内的脂肪或糖等物质来提供;(2)运动时全身大多数的肌群(2/3)都参与;(3)运动强度在低～中等之间,持续时间为15～40分钟或更长。长期坚持有氧运动能增加体内血红蛋白的数量,提高机体抵抗力,抗衰老,提高大脑皮层的工作效率和心肺功能,增加脂肪消耗,防止动脉硬化,降低心脑血管疾病的发病率。健美运动实践中把力量训练与有氧训练有机地结合起来,可以有效地提高心肺功能,减缩皮下脂肪,保持肌肉体积和增加肌肉线条。

有氧运动的形式很多,如快走、慢跑、健身操、游泳、骑自行车和各种跑步机、功率自行车、台阶机练习等。采用有氧运动健身,可因地制宜,量力而行。强度则因人而异,简单有效的强度计算方法是监测运动时心率,即在运动结束后测得10秒钟的脉搏数后乘以6再乘以110%,来推算出运动时心率:20～30岁的运动时心率应维持在每分钟140次左右,40～50岁的心率应维持在每分钟120～135次,60岁以上的人心率应维持在每分钟100～120次,为有氧运动范围。

六、健身房中的减肥减脂训练

减肥减脂的唯一积极有效手段就是进行有氧练习,即利用运动消耗掉摄入的多余热量和体内的脂肪。单纯用药物或节食方法,在减缩皮下脂肪的同时,肌肉以及皮肤的光泽、弹性也在减少。疾走、跳舞、登山、做操也是有氧运动,但是从锻炼肌肉的角度来说,它们的强度、力度,都是远远不够的。

当前时兴在健身房内利用各种器械运动全身各部位,达到减肥的目的。器械减肥的形式很多,既可有的放矢选择不同的器械缩减局部皮下脂肪,又可根据自身实际情况设计一个合理的训练计划,从而在减肥的同时,达到增加肌肉、增进健康的目的。

健身房中的减肥减脂训练方法是采取循环训练，即首先选择 6～8 个动作，原则上是以全身各大肌肉群为主，并且尽量选择一些既可锻炼局部肌肉，又能提高全身器官机能水平的动作（如卧推、深蹲、硬拉等动作），将这些动作结合在一起，每个动作做 1 组，每组 12～15 次，两个动作之间间歇 5 秒，做完一个循环后，休息 2 分钟。在此期间应穿插一些跑跳、健美操、跳绳等练习。练习者应根据自身体力和训练水平循序渐进，最后达到每周训练 4 次，每次 4～5 个循环的适宜运动量。

如果目的是以局部减脂为主，可在正常训练后，安排 3～4 组局部循环训练，例如针对腰腹部减脂，可挑选 6 个左右锻炼腰腹部的动作，依照循环练习方法进行训练。

第二节 健美运动动作技术解析与营养摄入

一、健美运动

（一）胸部肌群

图 14－1 向大家展示了健美的胸部肌群外形和肌肉结构。由图中可以看到，胸大肌是胸部最主要的一块肌肉，而从外形上它又分为外侧缘、中间沟、下沿和上胸部 4 个部分。

发达胸部肌群，可能是任何一个从事健美训练者的首选。

胸部的发展规律是从外向内、由下及上。系统锻炼胸部 3～4 个月，胸大肌外侧缘等明显增大，6 个月可见下沿，8 个月以后，中间沟出现，而上胸部锻炼一般应安排在系统训练 10 个月以后。

图 14－1 胸部肌群

仰卧在不同角度的长凳上的练习，可发展胸部的不同部位。

平卧：长凳与地面平行，初学者常采用，主要锻炼整个胸部。

上斜：长凳与地面成 25°～30°角，主要锻炼上胸部。

下斜：长凳与地面成 15°～20°角，主要锻炼胸部的下缘和外侧缘的下部。

需要指出的是，上斜的角度如超过 30°角，动作的用力点会转移到三角肌；而下斜的角度如超过 20°角，用力点会转移到背阔肌。所以，在练习时一定要注意斜板的角度。

1. 哑铃仰卧推举（见图 14－2）

仰卧在宽不超过 30 厘米的长凳上，上背部和臀部触及凳面，胸部用力向上挺起，两手握住哑铃，拳眼相对，屈臂放在两肩外侧，使哑铃处于肘关节的垂直线上。为了减少肩关节的负压，使两

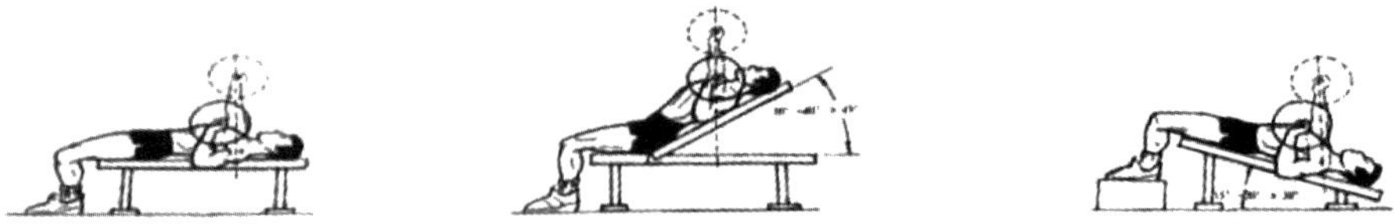

平卧　　上斜　　下斜

图 14—2

手腕向内转 30°～40°。这时不要使哑铃过于向两侧下沉，必须以胸大肌的张紧力控制住。

哑铃卧推比较难以控制重心，要求用力要平稳，在哑铃卧推时，哑铃上推的路线不要垂直地推起和放下，而上推的路线应使两侧的哑铃向中间方向推起至两臂伸直在胸部上方，并使胸大肌处于“顶峰收缩”。稍停住，然后以胸大肌的张紧力控制住慢慢放下至两肩外侧。因此，不管哑铃向上推起或落下还原时，哑铃的上下路线，都要形成“弧度”。

动作要领：始终保持挺胸沉肩的体姿，用力点和意念集中在胸大肌上，推至两臂基本伸直即可。

2. 下斜杠铃推举

下斜杠铃卧推主要锻炼胸大肌下部的肌肉块。

仰卧在可调节斜度的长凳上，头部处于低位，使躯干与地面成倒斜的 15°～20°。横杠放在乳头以下部位的第五和第六胸肋骨上。

杠铃垂直向上推起至杠铃处于肩关节的垂直线上，使胸大肌处于“顶峰收缩”。稍停，然后以胸大肌的张紧力控制住，把杠铃慢慢放下至原位。

3. 上斜哑铃推举

上斜哑铃卧推是另一种锻炼上胸部肌肉块和线条的动作。使用的重量要比平卧轻些。它与“哑铃仰卧推举”一样，在预备体姿时，哑铃放在两肩膀的外侧。但要注意，不要使哑铃过于向两侧下沉，要使胸大肌始终处于张紧力状态中控制住。一般使上臂处在平行或略低于水平位。

在举起或放下哑铃时，为了集中胸大肌的收缩力，不要使哑铃垂直上下，否则就会引起过多地运用肱三头肌的力量。在上举和放下时，它与“仰卧哑铃推举”一样，两臂向两侧分开成“弧形”起落，以利于集中胸大肌的伸展和收缩。

4. 机械架坐姿平推

目前在很多健美中心和健身房内，大多配备单功能的“机械架卧推”机。它有两种结构：一种是“机械垂直卧推”，另一种是“机械斜卧推举”。另外在多功能的综合健身机上，也有锻炼胸部的卧推功能。

在动作全过程中，都必须使胸大肌处于肌张紧力的状态中。推起至两臂伸直时，使胸大肌处于“顶峰收缩”位。稍停，然后以胸大肌的张紧力控制住慢慢放下回原。

5. 拉力器夹胸

这是增加胸部线条、改变胸部形状的主要练习之一。

预备姿势：两脚自然开立，两膝微屈，上体略前倾。上臂上抬与肩平，手臂微屈，两手握住拉把，钢丝绳与手臂成 30°～45°角。

动作过程：以胸大肌的收缩力将两臂向前夹拢至小腹处，停留 1～2 秒，两臂慢慢张开还原。

站立拉力器夹胸时上体的前倾角度一般为 15°～45°，当前倾角度为 15°时，主要发展下胸部；当前倾角度为 30°时，主要发展胸中部；当前倾角度为 45°时，主要发展上胸部。

6. 俯卧撑

俯卧撑有条件时可使用支架。

预备姿势:两手五指向前支撑地面,间距略宽于肩,两臂伸直,肩向前探出,肩关节的垂线与手臂成 10°～15°角,两腿并拢,脚尖点地支撑。始终保持挺胸收腹紧腰。

动作过程:以胸大肌的伸展力控制屈臂下降,至最低位置时,肩部放松并略向前引,超过两手的平行线,下降到极点时,胸大肌收缩使两臂伸直复原。

动作要领:用胸大肌的力量控制躯干的前引和下降动作。有些初学者由于力量较差,开始练习时,可采用手扶高处、小腿跪地等方法降低难度。随着力量的逐渐增长,当正常俯卧撑每组次数超过 15～20 次时,可用抬高脚部、后背负重(杠铃片)等方法增加动作难度。

(二)背部肌群

图 14－3 中展示了背部肌群的外形和肌肉结构。

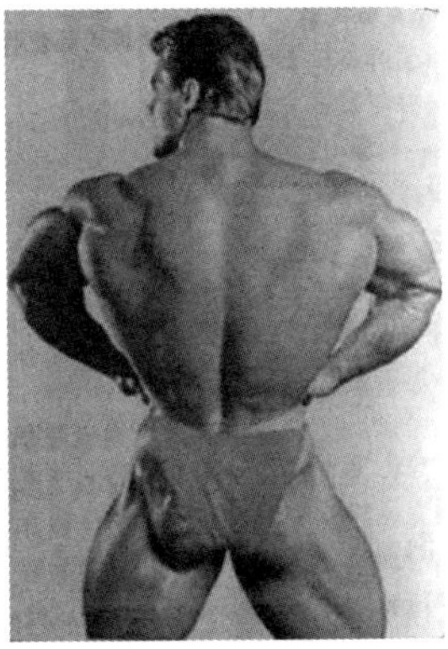

图 14－3 背部肌群

为了更加详尽地了解,我们将背部分为:

上背肌群:斜方肌、小圆肌、大圆肌、冈下肌和菱形肌。

中背肌群:背阔肌。

下背肌群:低棘肌。

背部肌群的主要锻炼方式有两个:分别是两肩完全向后的“后拉”和两臂向下拉引的下拉。

1. 重锤下拉

预备姿势:正坐凳上,横杠位于头部正上方。两脚自然分着地支撑,如有条件两大腿应以压棍固定,使臀部不能随意抬起两手握住横杆,两臂完全伸直。

动作过程:以背阔肌的收缩力量将拉杆垂直拉下,可分为向前拉和向后拉。向前拉至胸前第 3～4 肋骨处,同时上体稍后仰,尽量抬头挺胸,两肩胛骨向脊柱靠拢,停留 1～2 秒,沿原路线返回成预备姿势;向后拉至极限,尽量低头,停留 1～2 秒,沿原路线返回成预备姿势。

动作要领:臀部始终不能离开凳面,防止利用体重降低练习难度;还原时速度要慢,并注意用背部肌群的退让做功,控制还原动作。

重锤下拉有胸前与颈后两种形式,前一种锻炼背阔肌,可以使背部变得宽阔;后一种主要针对上背肌群的肌肉块和线条。胸前重锤下拉又分宽握和窄握两种做法,前者侧重背阔肌,后者针对上背部的内侧肌肉。

2. 坐姿划船

这个动作主要锻炼上、中背部的肌肉块,不是练线条的动作。

预备姿势：坐在凳上，两腿前伸，稍屈膝，脚掌抵住前方固定物，两臂自然伸直，肩关节放松，上体前屈。

动作过程：以背部肌群的收缩力量，使两臂屈肘贴身向胸腹部拉引。拉到小腹处时，上体与地面的角度略大于90°，同时挺胸收腹，肩胛骨向脊柱靠拢，停留1～2秒，沿原路线返回成预备姿势。

动作要领：拉至极限时，控制上体与地面的角度，同时挺胸收腹，肩胛骨向脊柱靠拢，使背部肌群充分收缩。

3. 引体向上

预备姿势：双手握住单杠，两臂自然伸直，身体悬垂，腰背部以下放松，屈膝，两小腿交叉置于体后。

动作过程：用背部肌群的收缩力量，屈臂引体向上。与重锤下拉相同，引体向上也分为向前拉和向后拉两种。向前拉至胸部乳头处，同时抬头挺胸；向后拉至极限，同时尽量低头，停留1～2秒，返回成预备姿势。

动作要领：前臂尽量放松，可借用助力带。一定要拉至极限。做引体向上时，如每组的次数超过15次，可在腰部系重物以加大负荷。

宽握胸前引体向上，锻炼背阔肌的肌肉块，使背部宽阔。宽握颈后引体向上，锻炼上背肌群的肌肉块和线条，使背部厚实。窄握引体向上，锻炼上背肌群的肌肉块。

4. 直臂下拉

这个动作是锻炼背阔肌的肌肉块线条。

预备姿势：双手中握距正握手柄于头前方，两臂稍屈，身体放松站立。

动作过程：两臂自然伸直，背部肌群的张紧力控制住。然后以背部肌群的收缩力，使拉杆经体前拉下至腿前，使背部肌群处于“顶峰收缩”位，稍停，再以背部肌群的张紧力控制住，慢慢地向上回复。

(三)肩部肌群

壮硕的肩部，会体现出男性彪悍的美，更能配合宽阔的背肌，而使躯干显现完美的倒三角形。锻炼肩部肌群的动作并不复杂，因此我们可以将注意力全部集中在三角肌和斜方肌上面。

1. 颈前推举

主要作用：发展三角肌前束和斜方肌，是增大肩部肌肉体积最有效的动作之一。

预备姿势：直立或正坐凳上，两手采用自然握距(同肩宽或比肩稍宽)。两手握住杠铃，停于胸前锁骨处。

动作过程：垂直向上推起杠铃，直至手臂完全伸直。

动作要领：自然握距，推至两臂完全伸直。

2. 颈后推举

主要作用：发展三角肌后束。

预备姿势：两手握住杠铃，停于颈后肩上，两手握距比肩宽。

动作过程：将杠铃垂直向上推至两手臂完全伸直，在整个动作过程中，两肘始终保持外展。

3. 坐姿转腕推举(阿诺推举)

主要作用：发展三角肌前中束。

预备姿势：两手持哑铃于头侧肩上，对握哑铃。

动作过程：向上推起，边推手腕和肘边转动，最后手臂伸直时，手背呈相对位置。

动作要领：预备姿势时，哑铃放在肩上头侧(三角肌有被拉长的感觉)，边推边转腕。

4. 立正划船

立正划船采用不同的握距,会产生不同的练习效果。

窄握距:主要锻炼三角肌前束和斜方肌。

中握距:主要锻炼三角肌前束。

宽握距:主要锻炼三角肌前、中束。

预备姿势:略挺胸收腹,两手握住杠铃,自然下垂于体前。

动作过程:两臂屈肘,贴近体前向上提至锁骨上沿(窄握距时两臂向内夹拢,尽量靠近耳侧),停留 1～2 秒,再慢慢沿原路线返回至预备体姿。

动作要领:窄握距时,沿体前上拉,拉至锁骨处时,两臂尽量向耳部靠拢。

5. 耸肩

锻炼斜方肌的训练动作比较简单,不管采用什么器械,都是以斜方肌的收缩力量,把重量向上提起,直至两肩耸起接近耳侧,使斜方肌处于"顶峰收缩"位稍停,然后再以斜方肌的张紧力控制住,慢慢松弛还原。

耸肩的动作有 3 种方式:垂直耸、回转耸和斜后耸。在此以垂直耸肩为例讲解。

耸肩可以用不同的器械来练习,这里简单介绍 3 种。

(1)杠铃耸肩:两手持杠铃下垂于腿前做"耸肩"。

(2)哑铃耸肩:两手握住哑铃"耸肩"。

(3)拉力器耸肩:两手握住拉力器短杆做"耸肩"。

(四)臂部肌群

无论是在解剖学还是在健美运动中,都将臂部分为上臂和前臂两部分,在此我们遵从这一原则,分别对发达这两部分肌肉的方式和方法加以讲解。

1. 上臂肌群

上臂部包括两部分:屈肌群为肱二头肌,伸肌群为肱三头肌。

(1)肱二头肌

肱二头肌位于上臂前方,是屈肘的主要肌群(见图 14—4)。

图 14—4 肱二头肌

发展肱二头肌肌群的动作名称为弯举,在各种各样的弯举中都要注意以下 3 点:

①肱二头肌的最佳收缩角度为肘间角度 50°～55°,因此整个动作幅度均应保持在这个最佳弯曲角度中。

②上臂保持空间位置相对固定。

③手腕平直。切勿屈、伸手腕，以避免前臂肌群紧张。

A. 站立哑铃弯举

预备姿势：两脚自然开立，手臂伸直下垂于体前，上臂略向前移10°～15°。

动作过程：上臂保持固定不动，以肘关节为轴弯起前臂，直至最佳收缩角度，停留1～2秒，再还原成预备姿势。

动作要领：弯臂时，上体切忌前后摆动。

B. 正坐弯举

预备姿势：站立或正坐，两手持哑铃自然下垂于体前，虎口向前，两上臂贴紧体侧。

动作过程：当前臂弯起的同时手腕向外旋转，至最佳收缩角度时，手心向上，停留1～2秒，再还原成预备姿势。这个动作也可以两臂交替轮换完成，称作“哑铃替弯举”。

C. 俯坐弯举

预备姿势：坐在凳上，上体前俯，持铃手的肘关节顶在同侧大腿内侧上1/3处，前臂与大腿成45°角。

动作过程：可直接将哑铃弯起，也可边弯起边转腕，至最佳收缩角度，停留1～2秒，再还原成预备姿势。

动作要领：持铃手的肘关节顶住大腿，动作过程中上体保持前俯。

D. 托板弯举

托板的种类可分为：平托，托板与地面平行；斜托，托板与地面成45°角；直托，托板与地面垂直。

托板的作用：主要是用于增加肱二头肌肌肉的线条和“尖峰”感，对增大肌肉体积作用不明显。

使用的器械：可用杠铃、哑铃及各种重锤、拉力器等。

动作过程和要领与其他弯举动作相同。

E. 斜坐弯举

采用斜坐弯举，是因为这种体姿可以有效地固定躯干和下肢，从而使弯举动作更加孤立，产生良好的练习效果，这一点同托板弯举相似。

(2)肱三头肌

肱三头肌位于上臂后方，是伸直肘关节的主要肌群。

臂屈伸是训练肱三头肌的特有动作，依照身体姿势分为4种，即站立臂屈伸、坐姿臂屈伸、仰卧臂屈伸和俯立臂屈伸。

臂屈伸动作的关键是：①上臂要保持空间位置的相对固定；②要做到极度屈伸；③屈时要慢，避免受伤。

A. 站立臂屈伸

预备姿势：两脚自然开立，两手握住杠铃(或用单、双手虎口托住哑铃一端)；窄握距，两臂伸直上举，上臂与地面垂直，并始终保持靠近耳侧。

动作过程：两手持铃向颈后弯曲，直至极限时，再伸直成预备体姿。

动作要领：上臂始终垂直于地面且尽量靠近耳侧。

B. 坐姿臂屈伸

正坐，其他均同“站立臂屈伸”。

C. 跪姿(俯立)臂屈伸

预备姿势：俯立(或站在凳边一侧，一腿跪凳上，同侧手支撑)，屈肘持铃，上臂紧贴体侧，上体与地面平行。

动作过程:保持预备体姿的同时,持铃手向后上方举起直至手臂完全伸直,再还原。

动作要领:上体始终平行于地面,上臂贴紧体侧。

2. 前臂肌群

前臂肌群分为两部分,即位于手背侧的伸肌群和掌心侧的屈肌群。受前臂肌肉的解剖结构制约,练习的动作不多也很简单,大致为各种方式的腕弯举和旋前臂动作。

(1)前臂屈肌群

①正握腕弯举

各种姿势的正握腕弯举动作,都是以锻炼前臂屈肌群为目的设计的。

前臂手背侧平放于托板上,手腕下垂,手心向前。收缩前臂屈肌,手向上弯举,至“顶峰收缩”稍停,慢慢还原。

②背后反握腕弯举

预备姿势:两腿自然开立,两手反握杠铃于腿后。

动作过程:手腕向上弯起至极限,稍停,再慢慢放下还原。

动作要领:上臂固定,不要前后晃动。

③握橡胶环

预备姿势:掌心向内,松握橡胶环。

动作过程:掌指用力向内合拢,挤压橡胶环,至“顶峰收缩”时稍停,慢慢松开。

(2)前臂伸肌群

①反握腕弯举

反握腕弯举同正握腕弯举一样,可以利用多种器械(如杠、哑铃)练习,动作也有正坐、托板等几种,但练习要求都是一致的。

前臂平放托板上,双手反握杠铃或哑铃,自然下垂。收缩前臂伸肌群,手腕弯起至极限,慢慢下放还原。

②锤式铃弯举

锤式铃:将可调式哑铃的一端铃片卸下即成。

预备姿势:拳握锤式铃,两臂自然下垂,贴住体侧,站姿或坐姿均可。

动作过程:将锤式铃向前(后)上方翘起,至“顶峰收缩”时稍停,慢慢放下。向虎口方向翘起的动作锻炼屈肌;反之,向小指方向翘起锻炼伸肌。

(五)腹部肌群

腹部肌群由腹直肌和腹内外斜肌组成。根据在人体运动中的不同作用,通常将腹部分为上腹部和下腹部。上腹部肌肉的主要练习动作是各种仰卧起坐(弯起),下腹部的练习为各种举腿。

在腹部练习中,不同的练习次数,可达到不同的效果。

(1)低次数:12~20 次/组,一般采用负重练习,可有效地发展腹部肌群的肌肉力量和线条。

(2)高次数及超高次数:30 次以上/每组,采用负轻重或徒手练习,主要作用是减缩腹部皮下脂肪。

1. 上腹部肌肉

当进行目的是发展腹部肌群力量和线条的低次数练习时,一般采取“肩起位”,即上背部离地,做至躯干与地面的角度为 40°角,即可还原。

在以减脂为目的的高次数练习中,一般采取“全屈体位”,即躯干弯起至胸、腹贴近大腿。

(1)搁凳仰卧起坐

主要发展腹直肌上部。

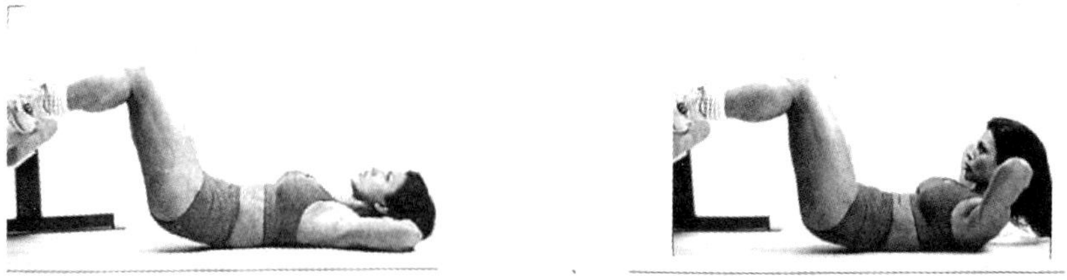

图 14—5

预备姿势:仰卧地上,两小腿搁在凳上,大小腿成 90°角,两手交托于颈后(应两手轻轻托在颈后耳侧,但不能有任何助力动作)。

动作过程:呼气的同时,上体向上弯起收敛,尽力挤压板直肌上部,再向后落下还原。

动作要领:始终保持大小腿成 90°角。

(2)罗马椅仰卧起坐

预备姿势:坐在罗马椅上,两脚勾住身前固定架,两手抱胸或平伸体侧。

动作过程:上体慢慢后倒,接近水平面,再向上弯起还原成预备姿势。

(3)屈腿仰卧起坐

屈腿仰卧起坐的作用是发展腹直肌上部。

预备姿势:屈腿仰卧在垫上,双手抱头。

动作过程:收缩腹肌,将胸部拉向腿部,使腹肌被充分挤压,至"顶峰收缩"位稍停,慢慢还原。

动作要领:这个动作或许可以称作"仰卧弯起",因为它要求充分弯曲躯干,而不是上体直直地抬离地面。

(4)跪姿拉力器收腹

跪姿拉力器收腹的作用是发展腹直肌上部。

预备姿势:跪在地上,躯干略前屈。屈肘,两手握住拉力器在头的上方,两上臂靠拢耳部。

动作过程:躯干向下弯曲至极限,再还原成预备姿势。

2. 下腹部

(1)坐姿屈膝举腿

预备姿势:坐在凳前,臀部稍露出凳面,两手握住凳边,上体稍后仰,两脚离开地面。

动作过程:两腿屈膝上举,两大腿靠近胸腹部,同时收腹,上体略前倾,慢慢伸腿还原。

动作要领:收腹举腿同时完成。

(2)悬垂举腿

预备姿势:悬垂在单杠上,为防止臂部过于紧张,可在双手腕上套上助力带。

动作过程:屈膝或直腿上举,超过水平面,停留 1~2 秒,再慢慢还原成预备姿势。

动作要领:不要借身体摆动的助力,意念集中在下腹处。

(六)腿部肌群

腿部是个范围概念,确切地说应分为大腿与小腿。同臂部肌群一样,大小腿肌肉也分前群和后群,在此我们分别加以介绍。

1. 大腿前群

大腿前群,主要是股四头肌。

(1)深蹲

深蹲是增大股四头肌体积最有效的最佳方法。

深蹲时，采取不同的站位、站距可发展股四头肌的不同部位。

预备姿势：将杠铃置于颈后肩上，两手拉紧杠铃，抬头、挺胸、紧腰。

动作过程：保持抬头、挺胸、紧腰的身体姿势，慢慢下蹲至大腿与地面平行或膝关节角度略小于 90°角，利用股四头肌的力量蹬腿起立，注意杠铃要始终保持垂直向上运动。

动作要领：在整个动作过程中，始终抬头、挺胸、紧腰，使杠铃垂直上升。

(2)剪蹲

依照动作结构可分为跨步剪蹲、原地剪蹲和垫木剪蹲。

预备姿势：双手持杠铃于颈后肩上。标准剪蹲姿势是：前脚全脚掌着地，脚尖稍内扣。后脚以前脚掌支撑，脚跟稍外偏，使前后脚内侧接近在一条直线上。上体始终保持正直，前腿膝盖尽量与踝关节成一直线，大腿基本与地面平行，后腿伸展稍屈膝。

跨步剪蹲：并腿直立。

原地剪蹲：两腿前后一大步开立，前腿屈膝至大腿与地面平行，后腿尽量伸直。

垫木剪蹲：一脚放垫木上，成弓箭步姿势。

动作过程：跨步剪蹲一腿向前跨一大步至大腿与地面平行，后腿尽量伸直，然后前脚蹬地还原。两腿交替做。

原地剪蹲：前脚蹬地还原。两腿交替做。

垫木剪蹲：换脚踩在垫木上，做剪蹲。两腿交替做。

动作要领：保持挺胸、收腹、紧腰。前脚脚尖内扣，全脚着地；后脚脚趾着地，脚跟外偏。

锻炼股四头肌，也可利用各种联合器械，做伸直膝关节的各种动作。

2. 大腿后群

大腿后群，主要是指股二头肌。

(1)俯卧腿弯举

“腿弯举”是一个非常有效的单关节的孤立训练动作，主要是锻炼股二头肌，是腿部向后的弯曲动作。

俯卧腿弯举有两腿同时弯起的和单腿交替弯起的。在动作全过程中，必须使股二头肌处于肌张紧力的状态中进行。

另一种是俯卧在下斜的长凳上，两脚掌中间夹着一个哑铃来练。它是锻炼股二头肌线条的动作。

(2)站立腿弯举

站立，上体略前倾，双手扶住扶手，单腿脚后跟勾住脚托。

动作过程：将小腿向上弯起，尽量靠近臀部。

动作要领：做俯卧腿弯举时，腹部要始终紧贴凳面，臀部不能撅起。

3. 小腿

健美训练中的小腿练习，主要是锻炼后群肌肉，即小腿三头肌。练习的主要动作是各种各样的举踵，而所有的举踵练习中都要注意以下几点：①膝关节保持自然伸直状态；②为使小腿三头肌充分拉长，在举踵时，脚下应垫 7～10 厘米厚的垫木；③在小腿三头肌充分收缩时(即用力踮起脚尖三头肌处于顶峰收缩时)，停留 4～5 秒。

(1)站立举踵

预备姿势：两脚前脚掌站在垫木上，略挺胸收腹，杠铃置于颈后肩上。

动作过程：膝盖保持伸直，脚后跟用力向上踮起至极限，然后慢慢放下至最低限度。

(2)坐姿举踵

预备姿势:正坐,两腿自然并拢,两脚前脚掌放在垫木上,两手握住杠铃置于大腿膝盖上。

动作过程:同“站立举踵”。

(3)机械足屈

解剖形态决定了小腿前群并非健美运动的主要锻炼部位,但从塑造完美的小腿角度来讲,就不能忽视它的存在了。

锻炼小腿前群的动作很简单,就是负重的足屈练习。

4. 臀部肌群

在所有大腿双关节的训练动作中,臀部肌群都会同时受到锻炼。

因此,在各种方式的深蹲或腿举动作中,当大腿在低于水平位时,都是有利于臀部肌群的锻炼。

二、健美运动的营养摄入

要成为真正出色的健美运动员,必须在锻炼中付出极大的努力和运用足够合理的休息、恢复手段,但另一个重要的因素,就是科学的营养饮食结构,它是你取得成功的重要保证。

(一)营养饮食对健美的重要性

选择不同的饮食可增进、保持、减少肌肉体积,而每一个健美运动员都希望能通过各种方法达到减脂增肌的目的。所以在健美运动中,合理的营养配比和科学的膳食结构具有十分重要的意义。每一个健美练习者要想使肌肉体积稳步增长,就必须注意营养的问题,即了解“吃什么,吃多少”的问题。

营养是健美运动员成与败的重要因素,基本的认识能令大家迈向正确的方向,深入地了解更能令我们达到目标。

(二)初学者的饮食要求

所有健美明星都是从初学者开始的。而大多数初学者往往将全部精力投入训练而忽视了营养。其实,没有适宜的营养,任何训练都只会出现事倍功半的结果。

为了使初学者对合理的膳食有所了解,我们为大家介绍一种简单的、为达到训练目标所需要热量的计算方法,以及如何分配蛋白质、碳水化合物和脂肪的含量。

1. 明确目标

(1)以减轻体重为目的

进食的热量/日=目标体重(千克)×26.4

如:现体重 82 千克,欲减至 72 千克。即:进食的热量/日=72×26.4=1 900(卡路里)

(2)以增体重为目的

进食的热量/日=现体重(千克)×39.6

如:现体重 82 千克。即:进食的热量/日=82×39.6=3 247(卡路里)

(3)以保持体重为目的

进食的热量/日=现体重(千克)×33

如:现体重 82 千克。即:进食的热量/日=82×33=2 706(卡路里)

2. 营养的合理分配

知道每天所需摄取的热量后,再考虑怎样分配蛋白质、碳水化合物和脂肪。蛋白质应为总热量的 30%~35%,碳水化合物应为总热量的 50%~60%,脂肪应为总热量的 10%~15%;每 1 克的蛋白质或碳水化合物的热量为 4 卡路里,而每 1 克的脂肪热量为 9 卡路里。

如:练习者以保持体重为目的,现体重 82 千克。

进食的热量/日＝82×33＝2 706(卡路里)

进食蛋白质的总量(克)/日＝2 706×30％÷4＝203(克)

进食碳水化合物的总量(克)/日＝2 706×55％÷4＝372(克)

进食脂肪的总量(克)/日＝2 706×15％÷9＝45(克)

3. 每日进餐次数

要将每天进食的总热量分配为5～6餐，并适当增加进食矿物质和维生素以及其他营养补充品。

4. 食物的选择

在正常情况下，人体的能量需要与食欲相适应，所以在健美训练中应调节日常的膳食结构，如增加各种畜禽的瘦肉、蛋、乳、鱼、豆制品和各种坚果的籽、仁等富含蛋白质的食物，以保证蛋白质的供给。但如锻炼后出现不想立即进食或过度疲劳造成的厌食的情况，则应立即调整运动量，并适当增加食物中碳水化合物的比例。

加利尼福利亚圣莫尼卡营养工程负责人邦尼·莫杜格诺说，初学者常会犯3个错误：(1)不合理节食，这样就无法摄取成长所需的足够热量；(2)吃得不够，肌肉增长迟缓或停滞；(3)训练过度，训练太频繁或运动量过大，导致热量消耗过多，因而不能促进肌肉生长。

总之，对初级阶段的健美训练者来说，日常食物中营养的含量略做调整即可满足需要，不必在食物上太费心思。到了中、高级阶段，则应通过“食物营养成分表”来配比自己的饮食，尤其是赛前训练阶段，训练和营养的重要性之比可高达25∶75，因而必须认真对待，包括适当补充辅助营养品和营养补剂。

第三节　健美运动安全事故及预防

一、健美运动损伤类型的研究

在健美运动损伤类型常见的组织受伤情况为韧带、关节和肌肉。研究指出，损伤主要有肌肉韧带损伤关节及软骨损伤、骨组织的损伤等。研究表明，运动损伤的发病率最高的为关节扭伤，其次为韧带拉伤、肌肉损伤。健美运动损伤中最为普遍的是肌肉、关节的损伤，要进行针对性训练，对易伤或较弱的部位加强力量练习。健美运动员运动性疲劳与恢复是一个相互影响、相互作用的统一的整体。在实践操作中应根据具体情况，选择合适的措施和手段配合运用。

二、健美运动损伤发生的原因

研究认为造成健美运动员运动损伤的主要原因为准备活动不充分、运动负荷安排不合理、机体疲劳和对损伤知识了解不深。发生运动损伤有潜在因素和直接因素，潜在因素包括健美项目特点所致和健美规则的导向两项；直接因素则有运动疲劳、场地因素和技术因素三项。

人为造成健美运动员损伤的原因主要有准备活动不充分、技术动作错误、机体疲劳、局部负担过重、生理心理欠佳等，主要是因未掌握动作要领技术不到位、体力差、准备活动不充分等。

三、健美运动损伤预防措施

通过对健美运动员腕部受伤的研究提出最常用的康复方法，即冷却疗法、物理疗法、中药熏蒸法和功能锻炼。在损伤初期，对于发生轻微位移的腕部可以利用手法治疗按压穴位来进行康复。也可以通过冷敷、加压、包扎、使用新伤药等一般方法。另外，可以使用内服药和外用药的药物治疗方法。同样，也要注意患部的功能锻炼。

结合内外因素的八项预防措施:(1)增加运动员专项训练时间;(2)合理制定训练计划和训练目标;(3)合理安排训练内容及负荷;(4)身体素质训练要全面,注意加强易受伤部位的能力训练;(5)注重动作,特别是难度动作的技术分析和研究;(6)改善训练的场地与设施,严格要求训练着装;(7)注意消除疲劳,改善膳食、加强营养;(8)加强医务监督,提高自我保护水平和自我保护意识。

第十五章

跆拳道

第一节　跆拳道运动概述

一、跆拳道的产生和发展

(一)跆拳道的历史

原始社会时期,人类大部分过着农耕生活,为了获取食物、抗击外来势力的入侵和抵御野兽的袭击,而产生了多种搏斗的方法。随着社会的发展,不断变化的生活环境和不同种族之间的互相斗争,要求人们要有强健的体魄和掌握一些格斗技能,才能保障生活的安定,这为跆拳道的形成奠定了基础。经过漫长的岁月,随着人们强健的体魄和本能的自卫而产生的搏击逐渐演化为有意识的技击活动,从而产生了朝鲜民族特有的运动形式——跆拳道。这种形式的产生可以追溯到朝鲜的古代历史。

1. 朝鲜"三国时代"的跆拳道

朝鲜半岛的"三国时代"是新罗、高句丽和百济三国并存时期,大约在公元前 57 年至公元 668 年统治着朝鲜半岛的各部分。当时,三国相继兴起,新罗在朝鲜东南部的庆州平原上,高句丽在朝鲜北部的鸭绿江河谷,百济在朝鲜的西南部。为了争夺领土,纷战四起,因而这个时代的跆拳道形式迅速发展以适应战争的需要。据古书记载:"跆拳道是指使用手和脚,磨炼四肢和身体的灵活用法,是武艺的基础。"可以看出,当时的练武之人都能灵活运用手和脚战胜对手,成为优秀的武士。新罗、高句丽和百济三国当时对跆拳道运动的叫法各不相同。

2. 高丽时代的跆拳道

高丽是于公元 918 年在朝鲜半岛建立的一个统一的国家。高丽的忠惠王本人十分喜爱手搏,要求军队必须进行具有跆拳道特色的"手搏"竞技运动练习。士兵们常用拳掌击打墙壁、木块及砖瓦,以磨炼手部的攻击能力。忠惠王还邀请了武艺超群的士兵金振郗到宫中表演手搏技艺,在朝野上下极力推崇"手搏"技艺,使跆拳道声望大振,受到广大民众的喜欢,并被规定为军队训练的必修项目。据《高丽史》记载,"手搏"是高丽人普遍喜好的竞技项目之一。

3. 朝鲜时代的跆拳道

公元 1392 年,高丽王朝被李成桂建立的王朝所取代,国号改为朝鲜。朝鲜时代推崇佛学,重文轻武,这一时期朝鲜的跆拳道技艺没有受到官方的重视,但在民间却始终没有停止过"手搏"和"跆跟"这些跆拳道的初始技艺活动。同时,军队也用"手搏"和"跆跟"作为选择士兵的方法。一个人若想做武官,他必须在竞技时用"手搏"或"跆跟"技艺打倒 3 人以上才行。

(二)现代跆拳道运动的发展

1945年,朝鲜人民在长期不屈不挠的抗争后终于获得了国家独立。跆拳道也得以健康地发展。由于当时的技击方法很多,名称也繁杂,如称唐手道、跆跟等。为使这一朝鲜国技得以发扬光大,1961年9月,韩国成立了唐手道协会,后更名为跆拳道协会。现代的跆拳道被韩国人视为国技。跆(TAE),意思为脚踢脚踹,这与中国《辞海》中关于"跆"字的解释非常吻合,跆即为踩踏、蹬踏之意。拳(KWON)意指用拳击打。道(DO)即为练习的方法,也为一种精神。

1966年,成立了国际跆拳道联盟(ITF),崔泓熙任首届联盟主席。1973年5月,世界跆拳道联盟(WTF)在韩国汉城(现首尔)成立,金云龙当选为主席。1975年,世界跆拳道联盟被正式接纳为国际体育联盟的会员,WTF现有会员国182个。1980年,国际奥委会正式承认了世界跆拳道联盟。在短短二十多年里,跆拳道这项运动得到了迅猛发展。目前世界上约有3 000万人参加跆拳道运动。跆拳道的第一届世界锦标赛和第一届亚洲锦标赛分别于1973年和1974年在韩国汉城(现首尔)举行。跆拳道在1986年被列为第10届亚运会的正式比赛项目。1994年9月,经国际奥委会正式通过,被列为2000年奥运会正式比赛项目并设男女各4个级别。

目前,跆拳道运动已经成为完全独立的国际体育组织和正规的比赛项目。在世界锦标赛、亚运会和亚洲锦标赛上共设有男女各8个级别。跆拳道每两年举办一次世界锦标赛和世界杯比赛。1997年11月,在中国香港举行了男子第13届和女子第5届世界跆拳道锦标赛,共有103个国家和地区的1 200多名运动员参加了比赛。

(三)我国跆拳道运动的发展

1992年10月7日,中国跆拳道协会筹备小组成立,这标志着我国跆拳道运动的正式开始。1994年5月,在河北正定举行了首届全国跆拳道教练员和裁判员学习班。1994年9月,在云南昆明举行了第一届全国跆拳道比赛,当时有15个单位150多名运动员参加了比赛。1995年5月,有22个单位250名运动员参加了在北京体育大学举行的第一届全国跆拳道锦标赛,从此跆拳道在中国迅速发展起来。1995年8月,正式成立中国跆拳道协会,魏纪中当选为第一任协会主席。同年11月,中国跆拳道协会被世界跆拳道联盟接纳为正式会员。1997年11月,在中国香港举办的世界跆拳道锦标赛上,我国女子43公斤级的黄鹂获得该级别的银牌。1998年5月17日,在越南举办的第13届亚洲跆拳道锦标赛上,我国北京体育大学学生贺璐敏为中国赢得了第一枚亚洲比赛金牌,实现了我国在跆拳道洲际比赛中金牌零的突破。1999年6月7日,在加拿大埃特蒙多举行的世界跆拳道锦标赛上,我国女运动员王朔战胜多名世界跆拳道高手,获得女子55公斤级冠军,这是我国运动员获得的第一个跆拳道世界冠军。2000年在悉尼奥运会跆拳道比赛中,我国选手陈中获得女子67公斤级冠军,这是我国在跆拳道项目上获得的第一枚奥运金牌。

二、跆拳道的特点与作用

(一)跆拳道的特点

由于跆拳道动作相对比较简单易学,且能达到防身自卫、强身健体的作用,深得人们的喜爱。随着这项运动在世界范围内的不断推广与发展,跆拳道已基本上朝着两个方向发展:一是国际跆拳道联盟倡导的以跆拳道品势演练为主,所谓的品势就是将不同于真实格斗的技术编成各种组合,形成固定的套路,如太极八章、高丽、一如等;另一个方向是通过实战的不断发展,完善为现代竞技体育运动,即成为奥运会上正式的比赛项目,也就是世界跆拳道联盟倡导的竞赛跆拳道。除品势一章的介绍之外,本章主要介绍竞赛跆拳道的内容。

1. 以腿法为主,拳脚并用

由于竞赛的需要、规则的限制和跆拳道的攻击方法的需求,使得跆拳道主要是以脚法攻击对方为主。进攻时注重送髋,力求出腿的力度和击打的效果。在比赛中虽然可以使用拳的得分技术,但往往只起到防守、格挡的作用。进攻时则主要是运用腿法攻击对方头部(以面部为主,不允许攻击后脑)和被护具所保护的胸腹部。

2. 以击破为测试功力的手段

跆拳道在向外推广时,大多是以击破方式向人们展示其威猛无比的功夫,其方法是用拳、掌或脚分别击碎木板、砖瓦,以此检验和测试练习者的功力。这种独特的方法现已成为跆拳道训练、晋级升段、表演比赛的一个主要内容。

3. 强调气势,发声扬威

无论品势跆拳道还是竞赛跆拳道,都要求在气势上给人以威严,多以发出洪亮并带有威慑力的声音来显示自己的能力。尤其是在竞赛跆拳道比赛中,双方队员都会在规则允许的情况下,以发声来提高自己的斗志,借以在气势上压倒对手,甚至在出击时配合击打效果使裁判得以认可,争取先在心理上战胜对手,所以跆拳道练习者都要进行专门的发声练习。

4. 礼始礼终,培养良好道德品质

跆拳道给人们留下的较深印象是跆拳道练习者始终是在不同的场合行礼鞠躬。这是因为跆拳道练习者始终把"礼"作为训练内容。强调"礼始礼终",即练习活动都要从礼开始,以礼结束,并突出爱国主义。要求跆拳道练习者在练习技术的同时,在道德修养方面也要不断地提高自己。通过向长辈、教练、教师、队友鞠躬施礼,使跆拳道练习者养成发自内心的礼貌习惯,以养成恭敬谦虚、友好忍让的态度和互助互学的作风,并培养其坚忍不拔的意志品质。

5. 以刚制刚,直来直往

在进行跆拳道比赛中,运动员使用的技术多是以刚制刚,以直接接触为主,方法比较硬朗简练。进攻时都采用直线的连续进攻,以快速连贯的腿法组合打击对手;而防守时也是以直接的格挡为主,讲究以硬抗硬、以快制快。

(二)跆拳道的作用

跆拳道具有防身健身、修身养性、娱乐观赏等多方面的作用,是人们增强体质、培养意志品质的一种较好的手段。

1. 改善和增强体质

跆拳道的技术动作是由全身协调配合,主要通过各种各样的腿法来表现。它能很好地促进人体的力量、速度、灵敏、耐力、协调等素质的全面发展。由于运动员在比赛和平时训练中要经常练习临场应变技战术,或是快速进攻,或是主动后撤再反击;或是腾空劈腿,或是后踢接后旋踢,这对提高中枢神经的灵活性、提高中枢神经协调支配各器官的能力,都起着良好的作用。

2. 提高防身与自卫的能力

跆拳道是武技中的一项。通过跆拳道练习,不仅可以掌握各种踢法和拳法,提高身体的灵活能力和反应能力,还可以形成一定技能,具备防身与自卫的能力。

3. 磨炼意志,培养高品格的修养

跆拳道推崇"礼始礼终"的尚武精神。其宗旨是"礼义廉耻",忍耐克己,百折不挠。通过跆拳道的训练,可以培养练习者坚韧不拔、勇敢无畏、顽强坚毅的意志品质,尤其讲究未曾学艺先学礼,未曾习武先习德。使练习者从开始就养成谦逊、宽容、礼让的高尚品德和尊师重道、讲礼守信、见义勇为的情操。

4. 娱乐观赏

跆拳道是一项很具有观赏性的运动项目。在功力检验中,运动员轻松击破木板、砖瓦,使人为之惊叹。而竞赛跆拳道则是两人激烈的对抗,双方选手斗智斗勇,比赛中常有的凌空飞腿和组合腿法，令人眼花缭乱，具有极高的观赏价值。

第二节 跆拳道基本技术训练与品势

一、跆拳道动作的使用部位

(一)拳法

拳法在竞赛跆拳道中主要有正拳(也称平冲拳或直拳)一种，在品势中则有正拳、勾拳、锤拳等。

1. 正拳(也称平冲拳或直拳)

正拳是将手的四指并拢并握紧，拳面要平，然后大拇指压贴于食指和中指的第二指节上。使用正拳时，则用拳的正面的食指和中指部分击打(见图 15—1)。

2. 勾拳

勾拳法的握法同正拳手法。使用时用食指和中指关节根部的突出部分击打(见图 15—2)。

3. 锤拳

锤拳握法同正拳手法。使用时用小指和手腕间的肌肉部分击打(见图 15—3)。

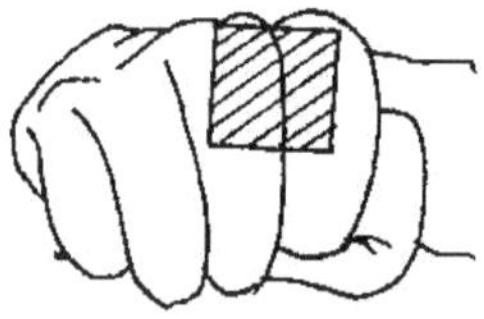

图 15—1

图 15—2

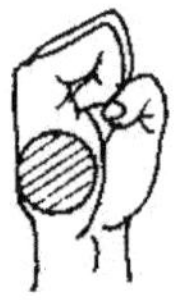

图 15—3

4. 平拳

平拳是向前平伸拳，然后把手指的第二指节弯曲，指尖贴紧手掌，大拇指弯曲紧贴食指尖，用第二指尖击打(见图 15—4)。

5. 中突拳

中突拳法是中指或食指从正拳的握法中突出，主要是击打太阳穴和两肋部(见图 15—5)。

图 15—4

图 15—5

(二)掌法

1. 手刀

手刀法要求四指伸直，大拇指弯曲靠近食指，用小指侧的掌外沿攻击对方。只局限于在品势中使用(见图 15—6)。

2. 背刀

背刀法的手法是与手刀相对，用食指侧攻击对方。只局限于在品势中使用(见图 15—7)。

3. 贯手

贯手的手形与手刀基本相同,要求微屈大拇指,主要用四指指尖戳击对方的要害部位,如戳击对方的眼睛、喉部等。只局限于在品势中使用(见图 15—8、见图 15—9)。

图 15—6

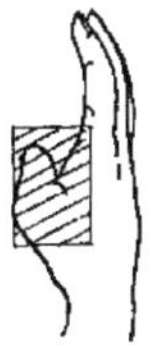
图 15—7

图 15—8

图 15—9

(三)臂法

1. 腕部

腕关节的四周部位。主要用于防守格挡。

2. 肘部

肘部用肘的鹰突关节攻击,只局限于在品势中使用(见图 15—10)。

3. 前臂和上臂

前臂和上臂主要用外侧进行格挡防守,其中前臂的格挡在竞赛跆拳道比赛中经常被运动员所使用。

(四)脚法和膝法

跆拳道比赛中,运动员主要以腿攻为主,所采用的脚的部位是脚面、足刀、脚尖和脚跟。

1. 脚面

脚面击打法是用脚的正面部分攻击对方,主要用来踢击对方髋关节以上、锁骨以下被护具包围的部位和头部的侧前剖面(见图 15—11)。

2. 足刀

足刀法是用脚外沿侧蹬对方,多用于侧、推踢(见图 15—12)。

3. 脚尖

脚尖法主要用脚趾前端的部位攻击对方。

4. 脚跟

脚跟法主要用脚跟后踢和推踢对方(见图 15—13)。

5. 脚前掌

脚前掌法主要用前脚掌攻击对方,多用于劈腿(见图 15—14)。

6. 膝部

膝部法是用膝盖顶击对方,只局限于在品势中使用。

图 15—10

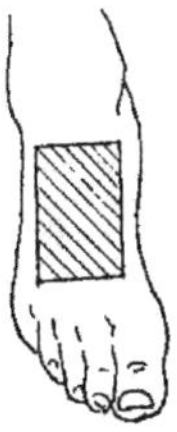
图 15—11

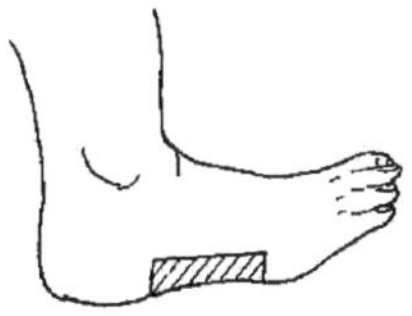
图 15—12

图 15—13

图 15—14

二、进攻技术

(一)前踢

前踢是学习横踢的基础,在品势中常被使用。

1. 动作方法

(1)右架站立,重心移至左腿(见图 15—15a)。

(2)提起右大腿同时髋部略向左转,膝盖朝前,脚面稍绷直,双手握拳自然垂放在身体两侧(见图 15—15b)。

(3)继续将髋关节前送,右大腿向前抬提,当大腿抬至水平或稍高时,向前弹出小腿,用脚面击打目标(见图 15—15c)。

(4)直接向右转髋使右小腿折叠快收回原位(见图 15—15d),然后后撤右腿,还原为右架准备姿势(见图 15—15e)。

图 15—15

2. 教师讲解和强调重点

(1)提起右腿时,两大腿内侧之间的距离应尽量小,即右腿尽量直线出腿。

(2)为保持重心,躯干可稍向后倾,尽量将髋部向前送出,若是高前踢,髋部则要尽量向上向前送。

(3)击打时脚面绷直。

(4)小腿弹出后,在弹直的一刹那,要有一个制动的过程,使脚产生鞭打的效果。

(5)脚尖的方向向前上方。

(6)用前踢主要攻击对方的面部、下颚。

3. 练习步骤

(1)采用分解教法,先练提后腿,同时向前送髋。

(2)再练弹出小腿。

(3)完整练习前踢动作并能熟练使用。

(4)左、右架交替练习。

(5)空动作练会后,脚靶配合练习(见图 15—16)。

图 15—16

(6)两人一组,交替进行前踢的练习。

(7)逐渐提高前踢的高度和远度。

(二)横踢

横踢是跆拳道比赛中最为常用的动作之一,也是运动员得分的主要技术。

1. 动作方法

(1)右架站立,重心移至左腿(见图 15—17a)。

(2)提起右大腿同时髋部略向左转,膝盖朝前,大小腿折叠,脚面绷直(见图 15—17b)。

(3)继续将右大腿向前提高,左脚向外侧转动,右腿快速鞭打踢出小腿,膝盖朝向左侧(见图 15—17c、图 15—17d)。

(4)用脚面击打对方胸腹部和面部及两肋部(或是所有被护具包围的部位,下同)。

(5)击打后,右脚自然下落成左架(见图 15—17d),然后后撤右脚,还原成右架准备姿势(见图 15—17f)。

图 15—17

2. 教师讲解和强调重点

(1)横踢与前踢类似,区别仅在于横踢腿的膝盖方向在击打的一刹那,是瞬时转髋朝向对方的腹部,而前踢腿的膝盖方向是向前上方击打。

(2)提起右腿时,两大腿内侧之间距离应尽量小,即右腿尽量直线出击。

(3)为保持重心,躯干稍向左后倾以配合快速转髋。

(4)击打时脚面稍绷直,但踝关节要放松。

(5)小腿弹出后,在弹直的一刹那,要有一个制动的过程,使脚面产生鞭打的效果。

(6)提膝应尽量随着转髋同时进行,不能完全转髋后再提膝,这样会造成膝盖过早偏向左侧。

(7)左脚应积极配合髋部的转动,转动时可稍有一点踮起。

(8)用横踢主要攻击对方胸腹部和面部及两肋部。

(9)反击横踢是按横踢的要领完成动作,只是支撑腿随身体重心的移动轨迹向后或向斜后方移动,当对方进攻时,自己则迅速向后移动重心,使用反击横踢得点。

3. 练习方法

(1)先练前踢,待熟练后再练横踢。

(2)提后腿(提膝),同时转髋。
(3)弹出小腿。
(4)熟练后可练习横踢击打头部(高横踢)。
(5)左右架交替练习,使两腿都能熟练横踢。
(6)脚靶配合练习(见图 15—18)。

图 15—18

(7)横踢击打脚靶。
(8)两人一组,交替进行横踢护具的练习。
(9)结合步法移动(前进、后撤、侧向移动)进行横踢练习。
(10)练习反击横踢。

(三)后踢

后踢是跆拳道比赛中最为常用的动作之一,也是运动员反击对方进攻的主要技术。

1. 动作方法

(1)右架站立,重心移至左腿(见图 15—19a)。

(2)以左脚尖为轴,左脚跟外旋,身体向右后方转动(见图 15—19b),同时提起右大腿,使大小腿几乎折叠,脚尖勾起,头部稍向右后方转动(见图 15—19c)。

(3)右腿向后平伸后蹬,在蹬直前膝关节稍外翻(向右侧)(见图 15—19d)。

(4)用脚跟部位击打对方腹部和胸部。

(5)击打后,右脚自然落下成左架然后后撤右脚,还原成右架准备姿势(见图 15—19e)。

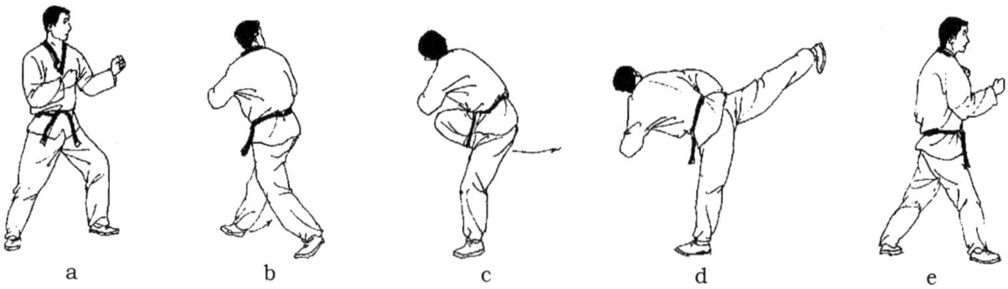

图 15—19

2. 教师讲解和强调重点

(1)身体右后方向转动时,同时要快速提起右膝。

(2)身体转到背朝对方时要制动,同时右脚后蹬,身体不再转动,膝关节此时的方向应与左腿膝关节方向一致。

(3)在提起右腿时,两大腿内侧之间的距离应尽量小,即右腿"擦"着左腿起腿。

(4)身体转动时,头部配合同向转动。

(5)为保持重心,躯干在向下弯曲的同时可稍挺胸。

(6)动作熟练时,转身与后蹬应同时完成。

(7)最后再练习后踢击头(高后踢)。

(8)左脚应积极配合髋部的转动,调整好身体重心。

(9)由于对方进攻常常是侧向,后踢的方向应在正前方稍偏向右侧。

(10)用后踢主要攻击对方的胸腹部、头部和两肋部。

(11)运用反击后踢时,可按照后踢的要领完成动作,但支撑腿向前跳。当对方进攻时,应迅速向前移动身体,使用反击横后踢得点。目的是与对方拉开距离,采用后跃步加后踢动作。

3. 练习方法

(1)开始练习时可手扶支撑物,体会后蹬的感觉。

(2)练习转身同时提关节的动作。

(3)平伸后蹬。

(4)进行完整的后踢动作练习,可采用踢打固定靶练习。

(5)熟练后可练习后踢击打头部(高后踢)(见图 15—20)。

图 15—20

(6)左架右架可以同时练习。

(7)练习反击后踢。

(8)用沙袋进行后踢练习。

(9)同伴手持脚靶,进行击打反应靶练习(见图 15—21)。

a　　b

图 15—21

(10)同伴穿护具,进行击打后踢反应护具的练习。

(11)复习步法和横踢。

(四)劈腿

劈腿也称下劈,是跆拳道比赛中常用的动作之一,也是运动员进攻和反击对方进攻的主要技术。

1. 动作方法

(1)右架站立,重心先移至左腿(见图 15—22a)。

(2)提起右大腿,同时略转髋向左并向上送髋,使右腿膝盖与胸部尽量贴近,身体重心向上(见图 15—22b)。

(3)右脚高举过头,右脚伸直贴紧上体,上体保持正直或稍前俯,重心向上(见图 15—22c)。

(4)右脚脚面稍绷直,右腿快速下压(如刀劈木块一样),用脚掌或脚后跟下砸对方的头部,身体重心前移至右腿上,身体要稍后仰来控制重心。

(5)击打后,右脚自然落下成左架,然后后撤右脚,还原成右架准备姿势(见图 15—22d)。

a　b　c　d

图 15—22

2. 教师讲解和强调重点

(1)劈腿与中国武术中的正踢腿相似,区别在于劈腿稍有一点转髋,并且提腿向上时,要向上积极送髋,大小腿之间也可有一定的弯曲度。

(2)在下劈时,身体重心向前移。

(3)上提右腿时,右脚脚面不需要绷直,应自然放松,而下劈腿时要稍绷直脚面。

(4)也可直接用前腿(左腿)使用劈腿,右脚进行跟步(即随着身体重心向前移动而向前跳动)。

(5)左脚应积极配合身体向前移动,调整好身体重心。

(6)在练习时,也多采用如武术中的外摆腿和里合腿的劈腿方法,只是在下落时是向前方劈下落脚,这分别称为外摆劈腿(由内向外摆)和内摆劈腿(由外向内摆)。

(7)在比赛中,使用劈腿时,对方往往会头部向后移动来躲避,此时有经验的运动员常常会在下劈并距离对方面部很近时,有一个向前的蹬踏动作,使对方躲闪不及而被击中面部,这要求练习者要有较好的柔韧性和控制腿力量的能力。

(8)用劈腿主要攻击对方面部。

(9)腾空劈腿是由左架准备姿势站立开始,先将身体重心移至左腿,右腿提膝向上,身体向上跃起,同时左脚蹬地起跳腾空,左腿使用劈腿技术向前击打对方面部。腾空劈腿常常用在与对方距离中远处时,要求两臂有力上摆,配合右腿上提和左腿蹬地而使身体迅速腾空,主要攻击对方面部。

3. 练习方法

(1)开始练习时可扶物先练提腿、提膝和上举腿动作。

(2)练习下劈腿的动作;先扶物,动作熟练后,再进行徒手练习。

(3)完整练习劈腿动作。

(4)练习外摆腿和内摆腿的劈腿动作。

(5)左架、右架可以交替练习。

(6)练习腾空劈腿。

(7)用脚靶进行劈腿的固定靶和反应靶的练习(见图 15—23)。

图 15—23

(8)复习横踢和后踢。结合脚靶进行练习。

(五)后旋踢

后旋踢简称后旋,是跆拳道比赛中常用的动作之一,也是运动员反击对方进攻的主要技术。

1. 动作方法

(1)右架站立,以左脚尖为轴,左脚跟外旋,重心移至左腿(见图 15—24a)。

(2)身体向右后方转动,同时提起右大腿向斜后方向 40°。左右蹬伸,头部向右后方转动(见图 15—24bcd)。

(3)身体继续旋转,右腿借旋转的力量,向后划水平半圆弧线,快速屈膝用脚掌击打对方头部(见图 15—24e)。

(4)击打后,身体重心依然在左腿,右脚自然落下,还原成右架准备姿势(见图 15—24f)。

图 15—24

2. 教师讲解和强调重点

(1)右腿画弧时,应有一个向斜后方向蹬伸的动作。

(2)身体向右后方向转动时,同时要快速提起右腿。

(3)身体转动时,头部配合同向转动。

(4)小腿在开始时要自然放松,在接触对方头部瞬间时绷紧脚面,用脚掌呈水平弧线鞭打。

(5)动作熟练时,转身与后蹬接摆动应同时进行。

(6)左脚应积极配合髋部的转动,在完成整个动作之前,重心一直落在左脚掌前半部分。

(7)后旋踢主要用于攻击对方的面部。

3. 练习方法

(1)支撑脚前脚掌着地转动,转身同时向后蹬伸腿。

(2)右腿向后摆动。

(3)先练习身体原地转动 360°,右腿开始摆动时不要求高度,熟练后再逐渐升至摆动高度。

(4)进行完整的后旋踢动作练习。

(5)熟练后可练习左架的后旋踢。

(6)用脚靶进行后旋踢固定靶和反应靶的练习(见图 15—25)。

图 15—25

(7)复习下劈和横踢,用脚靶配合。

(六)侧踢

侧踢主要是用来阻挡对方进攻,是跆拳道比赛常用的一个主要防守技术,不是主要得分动作。

1. 动作方法

(1)右架准备姿势站立,将重心移至左腿,同时以左脚前掌为轴脚跟内旋(见图 15—26a)。

(2)直线提起右大腿,弯曲小腿同时向左转髋,身体右侧对对方(见图 15—26bc)。

(3)膝关节朝内,勾脚面,展髋,走直线平蹬出右腿,用脚掌外侧攻击对方(见图 15—26d)。

(4)右腿自然落下,并撤回原位(见图 15—26e)。

a b c d e

图 15—26

2. 教师讲解和强调重点

(1)侧踢与中国散手中的侧踹相同。

(2)也可用前腿(左腿)直接侧踢对方。

(3)左脚一定要配合积极向前移动。

(4)用侧踢主要攻击对方两肋部及胸腹部。

3. 练习方法

(1)先练习提腿转髋动作。

(2)再练习平蹬腿动作。

(3)完整练习侧踢动作。

(4)练习前腿的侧踢动作。

(5)练习侧踢击头动作。

(6)用护具或沙袋进行侧踢练习。

(7)复习后旋踢和后踢,采用脚靶配合练习。

(七)双飞踢

双飞踢简称"双飞",是跆拳道比赛中较为常用的技术动作之一,也是运动员主要得分的手段。

1. 动作方法

(1)右架站立,重心移至左腿(见图 15－27a)。

(2)提起右大腿使用横踢(见图 15－27b),然后在右脚未落下时,立即提左腿使用横踢(见图 15－27c、d、e),也就是连续使用两个横踢动作攻击对方。

图 15－27

(3)击打后,两脚自然落下,还原成右架准备姿势。

2. 教师讲解和强调重点

(1)一般是在中远距离时使用双飞踢的时机较好,双飞踢中的第一个横踢常常是为了找到合适的距离或破坏对方的进攻,以利于第二个横踢得分。

(2)击打第一个横踢时,身体可稍后倾,以利于第二个横踢。

(3)两腿交换之间,髋部要快速扭转。

(4)小腿弹出后,在弹直的一刹那,要有一个制动的过程,使脚产生鞭打的动作效果。

(5)用双飞踢技术主要是攻击对方的胸腹部、两肋部和面部。

3. 练习方法

(1)熟悉左架横踢和右架横踢动作。

(2)利用交叉脚靶完整学习双飞踢动作(见图 15－28)。

(3)利用护具练习双飞踢动作,配合者原地快速换位。熟练双飞踢后可练习三飞踢(连续三个

图 15－28

横踢，前两个横踢主要是缩短与对方的距离，第三个横踢击打主要为了得点）。

（4）熟练双飞踢后还可练习第二个横踢击打头部（高横踢）。

（5）复习双飞踢。

（八）鞭踢

鞭踢主要是用前腿击打技术，但是在跆拳道比赛中不常使用。

1. 动作方法

（1）右架站立，重心移至左腿，以左腿前脚掌为轴脚跟内旋（见图 15－29a）。

（2）身体向左侧前方转动，同时向前提右大腿，头部向左转动（见图 15－29b）。

（3）右腿膝关节向左内扣，右小腿由外向内有一定弧度的摆动并伸小腿，身体随之侧倾（见图 15－29c、d）。

（4）突然屈膝，用脚掌向右横着鞭击打对方面部（见图 15－29e）。

（5）完成击打后，右脚自然下落，还原成右架准备姿势（见图 15－29f）。

2. 教师讲解和强调重点

（1）为增加击打力度，右腿应先由外向内划一定弧度摆动，再突然向右侧方鞭打。

（2）击打时，小腿和足尽量横向鞭打。

（3）身体转动时，头部配合同向转动。

（4）在开始时小腿要自然放松，在接触对方头部前再瞬时绷紧脚面，用脚掌击打。

（5）左脚应积极配合髋部的转动，调整好身体重心。

（6）用鞭踢动作主要是为了击打对方面部。

3. 练习方法

（1）开始练习时可手扶支撑物，体会向前蹬腿的感觉。

（2）练习用小腿鞭打。

（3）进行完整的鞭踢动作练习。

（4）左架、右架可同时练习。

（5）两人配合用脚靶进行鞭踢练习。开始先进行击打固定靶练习，然后再进行反应靶的练习

图 15—29

(见图 15—30)。

图 15—30

(6)复习双飞踢动作,采用脚靶配合练习。

(九)旋风踢

旋风踢(也称后转体横踢)是跆拳道比赛中常用的动作之一。

1. 动作方法

(1)甲乙双方闭式站立,甲右架站立,以左前脚掌为轴,脚后跟外旋,重心移至左腿(见图 15—31a)。

(2)身体右后转约 360°,右腿也随着向后转动(见图 15—31b)。

(3)身体稍后仰,右腿下落的同时,左脚蹬地使用左腿横踢技术(见图 15—31c、d)。

(4)击打后,两脚自然下落成右架姿势。

2. 教师讲解和强调重点

(1)旋风踢主要在中远距离击打对方时使用。

(2)提起右腿向后转动时,右腿围绕着左腿转动,两大腿内侧之间的距离不应过大。

(3)为保持重心,躯干应稍向后倾。

图 15—31

(4)击打时左脚脚面稍绷直,但踝关节应放松。

(5)左小腿弹出后,在弹直的瞬间,要有一个制动的过程,使脚产生鞭打的效果。

(6)左脚应积极配合身体的转动,以左脚前掌为轴转动。

(7)用横踢技术主要是为了攻击对方胸腹部和面部及两肋部。

3. 练习方法

(1)先练横踢,待熟练后再开始练旋风踢。

(2)练习原地转身,右腿要主动配合转动。

(3)完整练习旋风踢动作。

(4)待右架旋风踢动作熟练后,再练习左架旋风踢动作。

(5)左右架交替练习,两个动作之间要向前上一步,使左右旋风踢能够连接起来。

(6)脚靶配合练习旋风踢(见图 15—32)。

(7)结合步法移动(前进、后撤、侧向移动)进行旋风踢的练习。

(8)用沙袋进行旋风踢的练习。

(十)前横踢

前横踢是跆拳道比赛中较为常用的动作之一,也是运动员得分的主要技术。

1. 动作方法

(1)左架站立,左脚向前垫步,将身体重心移至左腿(见图 15—33a)。

(2)提起右腿,向前送髋,大小腿稍折叠(见图 15—33b)。

(3)绷紧脚面,右膝向内,快速弹出小腿(见图 15—33c)。

(4)右腿自然下落,两脚同时后撤一步,还原成左架准备姿势。

2. 教师讲解和强调重点

(1)前横踢与横踢相似,由于用前腿击打,距离对方近,动作较隐蔽,很难使对方察觉,缺点是击打力度小。

(2)后支撑脚一定要配合积极向前移动。

(3)左小腿要快速弹出,尽量增加鞭打力量。

(4)在击打的一刹那,膝关节方向朝向对方的腹部。

(5)小腿弹出后,在弹直的瞬间,要有一个制动的过程,使脚产生鞭打的效果。

(6)用前横踢主要攻击对方的胸腹部、面部和两肋部。

3. 练习方法

(1)侧平举起右腿,大小腿折叠,只练弹出小腿。

(2)练习垫步动作。

图 15—32

图 15—33

(3)完整练习前横踢动作。

(4)右架的前横踢动作熟悉后，再练习左架的前横踢动作。

(5)练习前横踢击头动作。

(6)练习前横踢击腹后，右腿不落地，直接前横踢击打对方面部。

(7)用脚靶进行击打固定靶和反应靶的练习(见图 15—34)。

(8)同伴穿护具进行击打护具的练习。

(9)复习横踢和下劈动作。

(十一)拳进攻

拳进攻是跆拳道比赛中较为常用的动作之一，但往往很难得点，不是运动员得分的主要技术，它主要用来防守和配合腿的进攻。运动员右架站立，左手拳则为前手拳，右手拳则为后手拳。

图 15—34

1. 动作方法

(1)右架站立,右脚向后蹬地,腰部与上体快速有力地向左前方扭转,借以增加出拳的速度和力量。

(2)在右脚蹬地的同时,右臂快速前伸,肘关节抬起,前臂内旋,拳心向下方转动,使拳面、前臂、肘关节与肩成一条直线并处在一个水平面上。

(3)身体重心移至左腿,用拳击打对方胸腹部。

(4)在击打到目标后,有一个制动的过程,然后手臂迅速放松,并借左腿的支撑力量将手臂收回,恢复成右架准备姿势。

2. 教师讲解和强调重点

(1)在拳击打上对方护具的瞬间,腕关节要紧张,拳要握紧,同时憋气,以加大出拳的力量。

(2)在双方距离较近时使用拳进攻,击打时要准备立即起腿进攻或反击。

(3)可以用前手拳击打,一般是为了在距离较近时,出拳击打后使两人之间的距离拉大,并趁机使用腿攻技术,如使用劈腿、横踢等,以期战胜对方。

三、跆拳道品势

跆拳道品势(又称型)是指练习者以技击为主要内容,通过攻守进退的动作编排,达到强身健体、培养意志的一种练习形式。它与中国武术中所说的套路相似,即将一定数量的动作编排起来,形成固定模式的套路。

跆拳道的品势有许多种,如太极、高丽、金刚等。通过品势的练习,可使身体各部位得到较为全面的训练,并能有效地增强体质。

跆拳道品势中的太极包括八章,是初学者应掌握的基本品势。

(一)跆拳道的品势步法

1. 准备势

两脚开立与肩同宽,身体自然直立,两脚尖略外展,两手握拳置于腹前(见图 15—35)。

2. 开立步

两脚开立与肩同宽，身体自然直立，两膝微屈，两脚尖正对前方。两手握拳置于体侧（见图 15－36）。

3. 马步

两脚开立，较肩宽，两脚尖平行或略内扣，挺胸直背，两腿屈膝半蹲，重心落在两脚之间（见图 15－37）。

图 15－35

图 15－36

图 15－37

4. 弓步（又称前屈立）

前后脚分立，两脚相距一步半，前腿屈膝，后腿伸直，前腿膝关节与脚尖垂直，重心大部分落在前脚上，左脚在前称左弓步，右脚在前称右弓步（见图 15－38）。

5. 后弓步（又称后屈立）

前后脚分立，两脚相距约一步，后脚尖外展 90°，后腿屈膝如同骑马状，前腿膝关节略屈，重心大部分落在后脚上。左脚在前称右后弓步，右脚在前称左后弓步（见图 15－39）。

6. 前探步（又称高前屈立）

如走路姿势。两脚之间距离小于弓步，上体略前倾，前腿膝关节略屈，重心大部分落在前脚上。左脚在前称左前探步，右脚在前称右前探步（见图 15－40）。

图 15－38

图 15－39

图 15－40

7. 虚步

与后弓步相似，前脚掌点地，脚跟提起，重心落在后脚。左脚在前称右虚步，右脚在前称左虚步（见图 15－41）。

8. 交叉步

一脚向另一脚的前侧（前交叉步）或后侧（后交叉步）落步，脚尖着地，两腿屈膝交叉（见图 15－42）。

9. 并步

两脚直立，两脚跟并拢，脚内侧相靠，两臂握拳自然垂于体侧(见图 15－43)。

10. 单脚立

提起一条腿并将脚置于另一腿的膝处，只用一条腿站立(见图 15－44)。

图 15－41

图 15－42

图 15－43

图 15－44

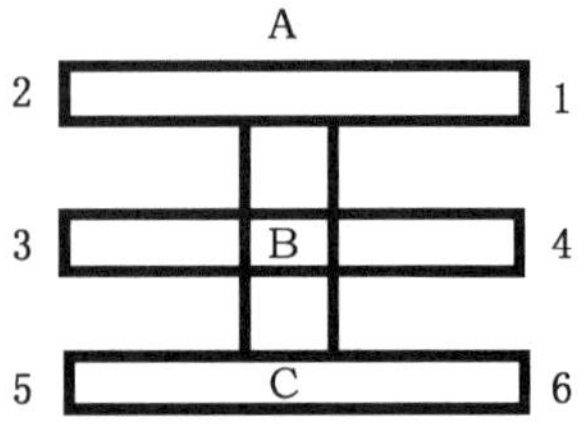

图 15－45 演舞线图

(二)太极品势

演武线图：太极品势中的演武行走都是以“王”字形为路线，分别对应太极八卦的八个卦象(见图 15－45)。

1. 太极一章

准备并立步站立在 A 位置，两手握拳自然置于身体两侧，敬礼后还原成并立步站立，双拳拳心向上，以肘关节为轴举至胸前，同时左脚向左侧即方向 1 迈一小步，双拳内旋置于腹部前方约一拳的距离，拳心斜向下，开立步站立成准备姿势，目视前方(下同)(见图 15－46)。

动作 1　以右脚为轴，身体左转 90°，左脚向方向 1 上一小步，成左屈立步姿势站立。同时，右手握拳，手臂伸直，指向方向 1；左拳举至右肩上方后，下挡防下段，拳心向内，左拳位于腹部前方，右手握拳收至腰部，要求挺胸抬头，目视前方(见图 15－47)。

动作 2　右脚向方向 1 上步，成右屈立步。同时，右手正拳攻击中段，拳心向下，左手握拳收至腰部(见图 15－48)。

动作 3　以左前脚掌为轴，身体向右转体 180°，右脚向方向 A 撤步，成右屈立步。同时，左手握拳，手臂伸直，指向方向 2；右手握拳举至左肩部上方后，下挡防下段，拳心向内，左手握拳收至腰部(见图 15－49)。

动作 4　左脚向方向 2 上步，成左屈立步。同时，左手正拳攻击中段，拳心向下，右手握拳收至腰部(见图 15－50)。

动作 5　身体左转 90°，左脚迈向方向 B 成左弓步。同时，右手握拳，手臂伸直，指向方向 A、左手握拳举至右肩上方后，下挡防下段，右手握拳收至腰部，挺胸抬头(见图 15－51)。

图 15—46

图 15—47

图 15—48

图 15—49

图 15—50

动作 6 步型不变，右手正拳攻击中段，拳心向下，左手握拳置于腰部(见图 15—52)。

动作 7 左脚位置不变，右脚向方向 3 上步，成右屈立步，左手握拳举至头部右侧，向前中挡防中段，拳心向内，右手握拳抬至肩部(拳心向外)，后握拳收至腰部(见图 15—53)。

动作 8 左脚向方向 3 上步成左屈立步。同时，右手正拳攻击中段，拳心向下，左手握拳收至腰部(见图 15—54)。

动作 9 以右脚掌为轴，身体向左转体 180°，左脚向方向 4 撤步成左屈立步，右手握拳举至头部左侧，然后中挡防中段，拳心向内，左手握拳抬至肩部(拳心向外)后，握拳收至腰部(见图 15—55)。

图 15—51

图 15—52

图 15—53

图 15—54

图 15—55

动作 10 右脚向方向 4 上步成右屈立步，左手正拳攻击中段，右手握拳置于腰部(见图 15—56)。

动作 11 以左脚掌为轴，身体右转 90°，右脚向方向 C 上步成右弓步。同时，左手握拳，手臂伸直，指向方向 C；右手握拳屈肘举至左肩上方后，下挡防下段，拳心斜向里，左手握拳收至腰部(见图 15—57)。

动作 12 步型不变，左手正拳攻击中段，右手握拳收至腰部，挺胸抬头(见图 15—58)。

动作 13 身体左转 90°，左脚向方向 5 迈步成左屈立步，左手握拳自右肩下举至头部上前方，上挡(防上段)，拳心向外，右手握拳收至腰部，挺胸抬头(见图 15—59)。

动作 14 两手姿势保持不变，右脚前踢上段后，收腿落向方向 5 成右屈立步。同时，右手正拳攻击中段，左手握拳收至腰部(见图 15—60)。

动作 15 以左脚掌为轴，身体右转 180°，右脚向方向 C 撤步成右屈立步。同时，右手握拳自左肩下方举至头部前上方，上挡防上段，拳心向外，左手握拳收至腰部(见图 15—61)。

动作 16 两手姿势保持不变，左脚前踢上段后，落向方向 6 成右屈立步。同时，左手正拳攻击中段，右手握拳收至腰部(见图 15—62)。

动作 17 以右脚掌为轴，身体右转 90°，左脚迈向方向 B 成左弓步。同时，左手握拳，手臂伸

图 15—56　图 15—57　图 15—58　图 15—59

图 15—60　图 15—61　图 15—62

直，指向方向 B，右手握拳举至右肩上方后，下挡防下段，右手握拳收至腰部，挺胸抬头（见图 15—63）。

动作 18　右脚向方向 A 上步成右弓步。同时，右手握拳，正拳攻击中段（吐气发声），左手握拳收至腰部（见图 15—64）。

结束　以右脚掌为轴，身体左转 180°，成开立步。同时，双拳拳心向上，以肘关节为轴举至胸前，然后双拳内旋置于腹部前方约一拳的距离，拳心斜向下；然后左脚向右脚靠拢成并立步，双手握拳置于身体两侧，鞠躬敬礼，礼毕还原成并立步站立（见图 15—65）。

图 15—63　图 15—64　图 15—65

2. 太极二章

准备　同太极一章（见图 15—66）。

动作 1　以右脚为轴，身体左转 90°，左脚向方向 1 上一小步成左屈立步姿势站立。同时，右手握拳，手臂伸直，指向方向 1；左手握拳举至右肩上方后，下挡防下段，拳心向内，位于腹部前方，右手握拳收至腰部（见图 15—67）。

动作 2　右脚向方向 1 上步成右弓步。同时，右手正拳攻击中段，左手握拳收至腰部（见图 15—68）。

动作 3　以左脚掌为轴，身体右转 180°，右脚向方向 A 撤步成右屈立步。同时，左手握拳，手臂伸直，指向方向 2；右手握拳举至左肩部上方后，下挡防下段，拳心向内，左手握拳收至腰部（见图 15—69）。

动作 4　左脚向方向 2 上步，成左弓步。同时，左手正拳攻击中段，右手握拳收至腰部（见图 15—70）。

图 15—66

图 15—67

图 15—68

图 15—69

图 15—70

动作 5　以右脚为轴，身体左转 90°，左脚向方向 B 上步，成左屈立步。同时，右手握拳举至头部右侧，中挡防中段，拳心向内，左手握拳置于腰部（见图 15—71）。

动作 6　右脚向方向 B 上步，成右屈立步。同时，左拳举至头部左侧向前中挡防中段，右拳由肩部收至腰部（见图 15—72）。

动作 7　以右脚为轴，身体左转 90°，左脚向方向 3 上步，成左屈立步。同时，右手握拳，手臂伸直，指向斜下方；左手握拳举至肩部上方后，下挡防下段，右手握拳收至腰部（见图 15—73）。

动作 8　两手姿势保持不变，右脚前踢攻击上段后，收腿落向方向 3，成右弓步。同时，右手正拳攻击上段，左手握拳收至腰部（见图 15—74）。

动作 9　以左脚掌为轴，身体右转 180°，右脚向方向 B 撤步，成右屈立步。同时，右手握拳，手臂伸直，指向斜下方；右手握拳举至肩部上方后下挡防下段，拳心向里，左手握拳收至腰部（见图 15—75）。

图 15—71

图 15—72

图 15—73

图 15—74

动作 10　两手姿势保持不变，左脚前踢上段后，收腿落向方向，成左弓步。同时，左手正拳攻击上段，右手握拳收至腰部（见图 15—76）。

动作 11　以右脚为轴，身体左转 90°，左脚向方向 C 上步，成左屈立步。同时，左手握拳收至腋下后，上挡防上段，拳心向外，右手握拳收至腰部（见图 15—77）。

动作 12　右脚向方向 C 上步，成右屈立步。同时，右手握拳伸至左腋下后，上挡防上段，拳心向外，左手握拳收至腰部(见图 15—78)。

图 15—75

图 15—76

图 15—77

图 15—78

动作 13　以右脚为轴，身体左转 270°，左脚向方向 5 上步，成左屈立步。同时，右手握拳举至头部后方，然后中挡防中段，左手握拳收至腰部(见图 15—79)。

图 15—79

动作 14　以左脚为轴，身体向方向 6 右转 180°，成右屈立步。同时，左手握拳举至头部左侧，然后中挡防中段，右手握拳收至腰部(见图 15—80)。

动作 15　以右脚为轴，身体左转 90°，左脚向方向 B 上一小步，成左屈立步。同时，右手握拳，手臂伸直，指向斜下方；左手握拳先举至右肩上方后，下挡防中段，拳心向里，右手握拳收至腰部(见图 15—81)。

动作 16　两手姿势保持不变，右脚脚尖前踢上段后，收腿向方向 B 落步，成右屈立步。同时，右手正拳攻击中段，左手握拳收至腰部(见图 15—82)。

图 15—80

图 15—81

图 15—82

动作 17　两手姿势不变，左脚脚尖前踢攻击上段后，收腿向方向 A 落步，成左屈立步。同时，左手正拳攻击中段,右手握拳收至腰部(见图 15－83)。

动作 18 两手姿势保持不变,右脚前踢上段后,收腿向方向 A 落步,成右屈立步。同时,右手正拳攻击中段(吐气发声),左手握拳收至腰部(见图 15－84)。

结束 同太极一章(见图 15－85)。

图 15－83

图 15－84

图 15－85

3. 太极三章

准备 同太极一章(见图 15－86)。

动作 1 身体向方向 1 左转,左脚向方向 1 上一小步,成左屈立步姿势站立。同时,右手握拳,手臂伸直,指向斜下方;左拳举至右肩上方后,下挡防下段,左拳拳心向内,位于腹部前方,右手握拳收至腰部,要求挺胸抬头,目视前方(见图 15－87)。

动作 2 右脚前踢上段后,收腿向方向 1 落步,成右弓步。同时,右手握拳正拳攻击中段后,立即左手握拳正拳攻击中段,右手握拳收至腰部(见图 15－88)。

图 15－86

图 15－87

图 15－88

动作 3 以左脚掌为轴,身体右转 180°,右脚向方向 A 撤步,成右屈立步。同时,左手握拳,手臂伸直,指向斜下方;右手握拳举至肩部上方后,下挡防下段,拳心向内,左手握拳收至腰部(见图 15－89)。

动作 4 左脚前踢攻击上段后,收腿向方向 2 落步,成左弓步。同时,左手握拳正拳攻击中段后,立即右手握拳正拳攻击中段,左手握拳收至腰部(见图 15－90)。

动作 5 以右脚为轴,身体左转 90°,左脚收回向方向 B 上一小步,成左屈立步。同时,左手握拳,手臂伸直,指向斜前方;右手成手刀举至头部右侧后,手刀攻击上段(颈部),左手握拳收至腰部(见图 15－91)。

动作 6 右脚向方向 B 上一小步,成右屈立步。同时,右手握拳,手臂伸直,指向前方;左手成手刀上举至头部左侧后,手刀攻击上段(颈部),右手握拳收至腰部(见图 15－92)。

动作 7 右脚位置不变,身体左转 90°,左脚向方向 3 上步,成左三七步。同时,右手握拳置于

图 15—89

图 15—90

图 15—91

胸前，左手刀由右肩部向前手刀外截防中段，右手握拳收至腰部(见图 15—93)。

动作 8　右脚位置不变，左脚向方向 3 上一小步，成左弓步。同时，右手正拳攻击中段，左手握拳收至腰部(见图 15—94)。

动作 9　左脚位置不变，身体右转 180°，右脚迈向方向 4，成右三七步。同时，左手握拳置于胸前，右手刀置于左肩部左手臂外侧后，手刀外截防中段，左手握拳收至腰部(见图 15—95)。

图 15—92

图 15—93

图 15—94

图 15—95

动作 10　左脚位置不变，右脚向方向 3 上一小步，成右弓步。同时，左手握拳正拳攻击中段，右手握拳收至腰部(见图 15—96)。

动作 11　以右脚为轴，身体左转 90°，左脚向方向 C 上一小步，成左屈立步。同时，左手握拳，手臂伸直，指向斜前方；右手握拳举至头部上方后，中挡防中段，拳心向内，左手握拳收至腰部(见图 15—97)。

动作 12　右脚向方向 C 上一小步，成右屈立步。同时，右手握拳，手臂伸直，指向正前方；左手握拳举至头部后方后，中挡防中段，拳心向内，右手握拳收至腰部(见图 15—98)。

动作 13　以右脚为轴，身体左转 270°，左脚向方向 5 撤步，成左屈立步。同时，左手握拳举至右肩上方后，下挡防下段，拳心向里，右手握拳置于腰部(见图 15—99)。

图 15—96

图 15—97

图 15—98

图 15—99

动作 14 右脚前踢攻击上段后，收腿向方向 5 落步，成右弓步。同时，右手握拳正拳攻击中段后，立即左手握拳正拳攻击中段，右手握拳收至腰部(见图 15－100)。

动作 15 以左脚为轴，身体右转 180°，右脚向方向 6 撤步，成右屈立步。同时，左手握拳，手臂伸直，指向斜下方；右手握拳举至左肩上方后，下挡防下段，拳心向里，左手握拳收至腰部(见图 15－101)。

图 15－100

图 15－101

动作 16 左脚前踢上段后，收腿向方向 6 落步，成左弓步。同时，左手握拳正拳攻击中段后，立即右手握拳正拳攻击中段，左手握拳收至腰部(见图 15－102)。

动作 17 以右脚为轴，身体左转 90°，左脚向方向 B 上一小步，成左屈立步。同时，右手握拳，手臂伸直，指向斜下方；左手握拳举至右肩部上方后，下挡防中段，拳心向里，右手握拳立即正拳攻击中段，左手握拳收至腰部(见图 15－103)。

图 15－102

图 15－103

动作 18 右脚向方向 B 上一小步，成右屈立步。同时，左手握拳，手臂伸直，指向斜下方；右手握拳举至左肩上方后，下挡防下段，拳心向里，左手握拳立即正拳攻击中段，右手握拳收至腰部(见图 15－104)。

动作 19 左脚前踢攻击上段后，收腿向方向 A 落步，成左屈立步。同时，右手握拳，手臂伸直，指向斜下方；左手握拳先举至右肩上方后，下挡防下段，拳心向里，右手握拳收至腰部，然后右手立即正拳攻击中段，左手握拳收至腰部(见图 15－105)。

动作 20 右脚前踢攻击上段后，收腿向方向 A 落步，成右屈立步。同时，左手握拳，手臂伸直，指向斜下方；右手握拳先举至右肩上方后，下挡防下段，拳心向里，左手握拳收至腰部，然后左手立即正拳攻击中段(吐气发声)，右手握拳收于腰部(见图 15－106)。

结束 同太极一章(见图 15－107)。

图 15－104

图 15－105

图 15－106

图 15－107

太极四至八章略。

第三节 跆拳道运动安全事故与预防

跆拳道是一项激烈的直接对抗项目，以直接打击对方身体的有效部位作为得分的手段。与一般的隔网运动项目或者单人表现性项目相比，跆拳道受伤的概率更高，所以，掌握一定的防止跆拳道运动损伤的方法，是跆拳道训练和比赛的重要环节。

一、常见损伤的类型

(一)瞬间休克与神志不清

运动员在头部、颈部、腹部神经丛和两肋下缘部位受重击时，或者摔倒时，内脏或头部受到激烈震动后，常会发生瞬间休克，严重时会出现全身抽搐。有的运动员会出现动作失调、步态蹒跚、面色苍白、肌肉紧张或者身体摇晃的现象。

(二)闭合性软组织损伤

闭合性软组织损伤是指受伤后皮肤无开裂，内部组织受伤。闭合性软组织损伤多发生在腿部、臂部、胸部和腹部等位置。闭合性软组织损伤可分为表层损伤与深层损伤。表层损伤一般呈红肿或紫色，伤处疼痛。深层组织受伤后会出现剧烈疼痛和血肿。

(三)撕裂伤

撕裂伤是指直接受到打击，皮肤浅层受到摩擦、牵拉、撞击而破损。多发生在面部。

(四)关节脱位

关节脱位是指由于受外力作用，骨头从关节囊中脱出。多发生于肩关节、肘关节、肩锁关节、指关节等关节处。

二、常见损伤的处理

(一)瞬间休克的临时处理

1. 脑震荡

当运动员头部受到重击或者摔倒时头部受到撞击,出现短暂的意识障碍而倒地不起,或勉强站立时,首先应检查受伤运动员的瞳孔,看左右瞳孔是否对称,如发现一大一小,说明是脑震荡,必须送医院急救。为了不耽误时间,可用大拇指强刺激伤者的人中、内关、涌泉、足三里等穴位。短时间内保持静卧休息,严密观察。

2. 裆部受击

当运动员裆部受到打击后,可采用一人抱住伤者腰部,受伤者自己托住裆部向上跳的方法缓解。如果伤者受伤较重,无法站立,可保持较短时间的屈腿卧姿,检查时首先看外部是否出血,再看睾丸是否进入腹腔,如有上述情况则应尽快送医院救治。

3. 颈动脉受重击

由于颈动脉受重击引起的休克,比较危险,急救方法同脑震荡。

4. 处理常见休克应注意的问题

(1)将伤者的躯干提高 10°,下肢抬高 20°,以增加回心血量,改善脑部血流和供氧情况。

(2)给伤者盖上保暖衣物,以免受凉而发生其他病症。

(3)如周围环境气体交换不良,伤者缺氧,会使休克恶化。此时,应首先清除伤者口腔内的异物,将伤者置于半卧位或者侧卧位,以保持其呼吸道通畅。对停止呼吸的伤者,应立刻做人工呼吸和胸外心脏按压,同时准备送往医院救治。

(4)控制外部出血。对重型内出血伤者,应急速内服止血药,然后送医院治疗。外伤出血者,应及时采用止血法进行无菌加压包扎止血。另外,应抬高伤肢,减少搬动,使伤者处于相对安静的状态。

(二)撕裂伤的处理

发生撕裂伤后,可用生理盐水洗净创口,创口周围用 75%的酒精消毒,局部擦涂红药水或紫药水。无须包扎,让其暴露在空气中即可。

(三)鼻出血

鼻子被击打出血后,应迅速用食指或大拇指在鼻翼外面相对压迫,同时用冷水拍打额头和颈部,随后用脱脂棉或用软的纸卷成小团塞进出血的鼻孔内止血。

(四)闭合性软组织损伤

在练习中,时常会发生两个人的腿、脚撞到一起的情况,造成不同程度的闭合性损伤。发生闭合性软组织损伤后,应立即使用冷水冲受伤部位 8~10 分钟,若有条件可用冰块敷在受伤处,同时垫高受伤的腿和脚。两天后可根据情况进行局部热敷和按摩,以改变血液循环,促进局部代谢,加速损伤的恢复。损伤基本恢复后,可以做一些小力量的恢复性练习和柔韧性练习,以促进受伤部位的肌肉力量以及柔韧性的恢复。

(五)肌肉痉挛

在疲劳或运动强度过大的时候,会发生肌肉痉挛。这时,可采用牵引痉挛肌肉的方法来缓解。

三、跆拳道损伤的预防

(一)做好充分的准备活动

跆拳道练习前的准备活动包括两方面的内容:一是心理上的准备。在进行练习前,首先要在思想上对将要进行的练习目的、内容、时间等有一个简单的安排或计划，这样便于集中精力，提高练习质量。二是生理上的准备。在进行每项体育运动之前，都要做一些必要的身体准备活动，否则，机体面对突如其来的超负荷拉、压、扭是很容易受到伤害的。

（二）使用正确的技术动作和练习方法

例如，在踢脚靶时，使用正确的部位击打脚靶、护具，防止踢在对方的手上，引起损伤。初学者在练习时一定要遵循循序渐进的原则，先慢一些从分解动作练习开始，正确和熟练地掌握了技术后，再提高速度和力量。在配对练习时，要在准确掌握单个动作的情况下，再控制力量和速度，由慢、轻逐渐至快、重，不可伤及同伴，待到动作熟练后就能做到收发自如。

（三）加强保护与帮助

提高自我保护能力，在做跆拳道技术动作时，不宜用力过猛，以防出现失去平衡而摔倒等情况。若摔倒了，应使用正确的倒地保护姿势，立即屈肘低头，团身滚动，不可直臂或肘部撑地。

（四）注意发力的方向和部位

在跆拳道训练和比赛过程中，应注意各种踢法的发力方向以及接触的部位，实战中尽量避免两个人的腿部相撞。如果发力的方向出现错误，会踢到对方的肘等关节上，也容易使自己的脚背受伤。出拳时，瞬间应保持紧张，拳背和手腕在一条直线上，以拳的正面击打。此外，实战时一定要穿好护具，不要图省事就不戴头盔、护腿、护臂等，而只穿护胸；练习或实战中，要尽量找身高、体重、力量和技术都差不多的同伴。避免在受伤、生病和心情不稳定的情况下进行锻炼。注意避免在场地、设备、照明和衣服等条件不良的环境和情况下进行锻炼。

第十六章

瑜　伽

第一节　瑜伽概述

一、瑜伽的起源

瑜伽(Yoga)是人类智慧的结晶,起源于古印度,距今有5 000多年的历史,被人们称为“世界的瑰宝”。它是一种非常古老的能量知识修炼方法,集哲学、科学和艺术于一身。瑜伽是梵文的译音,意思是和谐、统一、相应、结合,是自我和原始动因的结合或一致,即强调灵与肉、意识与行为的统一。瑜伽发源于印度北部的喜马拉雅山地带。古印度瑜伽修行者在大自然中修炼身心时,无意中发现各种动物与植物天生具有治疗、放松或保持清醒的方法,患病时能不经任何治疗而自然痊愈。于是,古印度瑜伽修行者观察动物的姿势,模仿并亲自体验,创编出一个有益于身心的锻炼系统,也就是体位法。瑜伽的基础建立在古印度哲学之上,古代的瑜伽信徒发展了瑜伽体系,因为他们深信通过运动身体和调控呼吸,可以完全控制心智和情感,保持永远健康的身体。瑜伽修持者开始只有少数人,一般在寺院、乡间小舍、喜马拉雅山洞穴和茂密森林中心地带修持,由瑜伽师讲授给那些愿意接受的门徒。后来,瑜伽逐步在印度普通人中间流传开来。而今的瑜伽,已经是印度人民几千年来从实践中总结出的科学的人体修炼法,再也不是只限于少数隐居者保有的秘密。在印度,现在很难区分瑜伽与印度教的关系,在寺庙中、在生活中、在许多领域,两者的关系都彼此融合。因为心理、生理和精神上的戒律已经使瑜伽成为印度文化中的一个重要组成部分,使瑜伽有一套从肉体到精神极其完备的修持方法。目前,瑜伽已在全世界广泛传播。当今的瑜伽不仅属于哲学和宗教的范畴,而且有着更广泛的含义。

二、瑜伽的流派

从广义上说,瑜伽是哲学。从狭义上讲,瑜伽是一种精神与肉体相结合的运动。瑜伽作为修行和练功的方法,分为不同的体系。与其他宗教和哲学一样,瑜伽也有不同的流派体系。印度史上有很多公认的瑜伽流派,其中最突出的当属以下几种:

哈达瑜伽,又称力量瑜伽。哈达瑜伽下又有许多流派,它扎根于不同的哲学传统。哈达瑜伽在西方广为流行,其下大多数流派注重具体的形体塑造。目前较流行的高温瑜伽、空中瑜伽等都是以哈达瑜伽为基础的变化。

语音冥想瑜伽,也称梵咒瑜伽,它是意守瑜伽语音的体系。修习者利用梵咒达到冥想的更高境界、意识的更深层次。

智瑜伽，是探讨真与非真、恒长与暂时、生命力与物质等问题的哲学思辨体系。它是区别于本性与超我的修习，直到真我得到认识，得到自由。

八支分法瑜伽，又称王瑜伽，常与阿斯汤加瑜伽联系在一起。对王瑜伽修习者来说，《瑜伽经》是一个人现实经历的指导。

实践瑜伽，是将所有的行动都用来为他人服务的体系。

爱心服务瑜伽，这是比较高境界的体系，是在启发之后才开始的。

三、瑜伽练习的注意事项

(一)瑜伽练习原则

(1)瑜伽宜保持空腹状态练习。最好在进食后三四个小时练瑜伽，饮用流体后至少等 30 分钟再练习。当人体从安静状态急剧转入活动状态，而没有做准备活动或是准备活动做得不充分，胃肠道会因跑跳而受到震动，肠蠕动情况也会发生改变，致使消化的食物及残渣聚积，于是在这种膨胀刺激情况下就可能造成疼痛。

(2)在做各种瑜伽练习时，一定要在极限的边缘温和地伸展身体，千万不要用力推拉牵扯。超出自己动作极限的练习就是错误的练习。

(3)在练习一些体式时，如果发生肌肉抽筋或痉挛，或某一处特别紧绷或酸痛时，就应该加以按摩。练瑜伽时不要勉强用力，在练习某些姿势时如果身体发生剧痛应立即停下来。不要过度坚持。

(4)练习瑜伽时要把注意力集中在自己做体式的内在感受上。

(5)除非有特殊说明，只能用嘴不能用鼻子呼吸。

(6)练习瑜伽时应找一个安静有大量清新空气的地方。

(7)练习瑜伽时最好先除去身上饰物，可能的话练之前先小解。

(8)忌练习后立即沐浴，建议练完瑜伽半小时到 1 小时后再沐浴。

(二)练习瑜伽的着装、工具

(1)练习瑜伽时着装很重要，要舒适和实用，不能限制自己的活动，所以一般选择有弹性的适合运动的衣服(如运动服或瑜伽服)，同时还要与练习环境的温度相适宜。一般以赤脚练习为宜。

(2)对于初学者而言，在练习瑜伽时最好选一块适合自己的瑜伽垫，所选瑜伽垫的表面必须有防滑防潮层，一般 6～8mm 为宜。除了垫子之外最好准备一小块干净的毛巾，这样在做一些俯卧体式时可以垫在面部正下方保持清洁卫生。

(三)瑜伽练习技巧

(1)瑜伽练习动作缓慢，当利用丹田进行腹部深呼吸，使体内供氧量充足。瑜伽各种不同的体式能充分伸展身体的肌肉与韧带，在训练前做这些在拉伸度上有相当好的效果，尤其是伸展脊椎的动作，可以刺激自律神经，促进新陈代谢，做完一堂课后常常气喘吁吁、汗流浃背。瑜伽的减肥效果不如有氧运动那么明显，长期持续地练瑜伽，能修饰全身曲线，练习一段时间后就会发觉腰腹部位变小。

(2)清晨、早饭之前是瑜伽锻炼的最佳时间，傍晚或其他时间也可以练习，但要保证在空腹或饭后三四个小时后练习。在多喝水的情况下，最好是在喝水后半小时才开始练习。一般早晨可以练习体位法，晚上多练习冥想，每天练习 40 分钟左右。

四、练习瑜伽的益处

(1)调节生理，达到平衡。瑜伽强调身体是一个大系统，系统由若干部分组成，使各个部分保持良好的状态才能有健康的身体。瑜伽通过体位法、调息等方法，调整各个器官的生理机能，达到强身健体的目的。

(2)消除紧张，平静内心。通过瑜伽完全呼吸、打坐和各种体位法，调节神经系统，消除紧张。

(3)修身养性，厚德载物。瑜伽提倡一种健康的生活态度，让人自然地改掉一些不好的生活习惯。

(4)对于身心健康而言，最重要的是神经系统正常地发挥作用。瑜伽练习不仅能帮助人保持一个健康的神经系统，还能帮助作用发挥得不够正常的神经系统恢复正常的功能。经常性正规地练习瑜伽，能使交感神经系统和副交感神经系统平衡起来，对重要的内分泌系统(脑下垂体、松果体、甲状腺等)也会产生有利的影响。

第二节 瑜伽呼吸与体式动作解析

一、瑜伽常用呼吸方法

瑜伽的呼吸方法有很多种，在此介绍初学者常用的几种呼吸方法。

自然呼吸法：吸气时骨盆底扩张、下降；呼气时，骨盆底收缩、上升。吸气时，锁骨上升；呼气时，锁骨下降。

腹式呼吸法：将双手放在下腹部，双手指尖相互碰触，吸气时两指尖分离，腹部升起，空气充盈整个腹部；呼气时，腹部收缩，指尖复位。

完全式呼吸法：该呼吸法用到了身体的三个部位，即腹、胸、喉。吸气时，气息由腹上升到胸腔最后到喉部；呼气时，气息由喉到胸到腹慢慢排出。

二、瑜伽基本坐姿

(一)简易坐

简易坐是初学者最理想和最适合的瑜伽冥想姿势。

练习方法：两腿向前伸直，坐在地上。弯起右小腿，把右脚放在左大腿之下。弯起左小腿，把左脚放在右大腿之下。把双手放在两膝之上。头、颈和躯干都应该保持在一条直线上(见图 16—1)。

功效：传统冥想姿势所具有的大多数益处，简易坐也都具有，只是程度略逊，这些益处包括加强两髋、两膝、两踝，补养和加强神经系统，减轻和消除风湿和关节炎。

(二)至善坐

习瑜伽者认为这是一切姿势中最为重要的姿势。按瑜伽哲学说，人身上有七万二千条经络，而“生命之气”就在这些经络中流通。这个姿势有助于清理这些经络，使之畅通无阻。

练习方法：两腿向前伸展，坐于垫上，弯曲左小腿，两手捉住左脚，脚跟紧紧顶住会阴部位，左脚板底紧靠右大腿。然后弯曲右小腿，把右脚放在左脚踝之上。右脚跟靠近耻骨，双脚放在左腿的大腿与小腿之间。背、颈和头都要保持挺直。保持这个姿势若干分钟。然后放开双脚，体息一会儿。两腿交换位置，重做这个练习(见图 16—2)。

功效：此式因具有镇定安神的效果，就成为瑜伽修炼者常用的姿势之一。它有助于做好冥想的准备。虽然身体休息着，盘起来的双腿和伸直的背部有助于使心灵保持警觉。因此，这个姿势宜用来做呼吸练习和冥想练习。在生理上，至善坐对脊柱下半段和腹部器官有补养、增强的作用。它也有助于防止和消除两膝和两踝的僵硬、强直。

注意：患有坐骨神经痛或骶骨感染的人不应做这个姿势。

(三)莲花坐

练习方法:两腿向前面伸直坐于垫上,双手抓着左脚放在右大腿上,脚跟放在肚脐区域下方,左脚底朝上。手抓着右脚放于左小腿上方。把右脚跟放在肚脐区域下方,右脚底也朝上。脊柱保持伸直。尽量长久地保持这个姿势。交换两腿位置,并重复这个练习(见图 16—3)。

功效:盘着的两腿减缓下半身的血液循环,从而增加上半身特别是胸和脑部区域的血液循环。这个姿势有利于直身端坐。这就使呼吸系统毫不受阻,从而有利于引发顺畅的呼吸。它使神经系统充满活力,强壮脊柱和腹部脏器。莲花坐还附带地兴奋消化系统,逐渐放松两踝、两膝,使大腿结实,使两髋、两腿变柔软。它还有助于预防及治疗风湿症。莲花坐有助于使人的身体稳定安静、心灵平和。

(四)金刚坐

练习方法:两膝跪地,两小腿胫骨和两脚脚背平贴于地面。两膝靠拢。两个大脚趾互相交叉,使两脚跟向外指,伸直背部,将臀部放落在两脚内侧,在两个分离的脚跟之间(见图 16—4)。

图 16—1 简易坐

图 16—2 至善坐

图 16—3 莲花坐

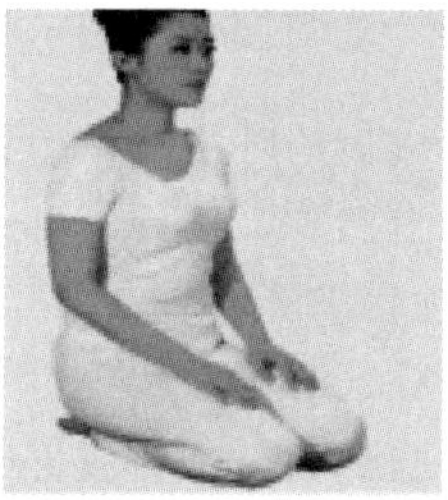

图 16—4 金刚坐

功效:金刚坐是一个极好的冥想姿势,特别适合患有坐骨神经痛、骶骨感染或类似病患而感到难以做到或不可能做到其他冥想姿势的人们。金刚坐有助于使心灵和平宁静。特别是在饭后练 5~10 分钟,可促进整个消化系统功能。同样,练这个姿势还能缓解胃溃疡、胃酸过多和其他胃部不适等症状。

三、瑜伽初级体式

(一)站姿体式

1. 站立山式

练习方法:双脚并拢站立,大脚趾相触,微收下颌,目视前方。重心均匀分布在双脚上,脊柱向上伸展,腰背挺直,膝关节朝前。保持自然呼吸。要点:脊柱保持正常生理曲度,骨盆中正,双膝不可过伸(见图 16—5)。

功效:此式可促进脊柱与骨盆正位,是站姿体式的起始姿势。

2. 单臂风吹树式

练习方法:山式站姿。右臂经体侧向上伸展,掌心向内,身体向左侧弯,目视前方。保持几组呼吸,然后还原。再换身体对侧练习。吸气时伸展,呼气时侧弯。要点:骨盆中正,侧弯时腰用力,身体在同一平面(见图 16—6)。

功效:灵活脊柱,消除侧腰多余脂肪。

3. 三角伸展式

练习方法:两脚分开,约两肩半宽,右脚向右转 90°,左脚内收 15°~30°,两臂侧平举;头向左转,身体向右侧延伸弯曲,右手掌置于右脚外侧地面,左臂上举,两臂成直线垂直于地面;目视上方

图 16－5 站立山式

图 16－6 单臂风吹树式

指尖。保持几组呼吸，然后还原。吸气时手臂抬起，呼气时躯干侧弯。要点：身体同在一平面，前脚足跟与后脚足弓在一条直线上，两臂成一直线垂直于地面（见图 16－7）。

功效：增强踝关节稳定性，伸展腿部内侧、侧腰及手臂肌群。

4. 藤缠树式

练习方法：两脚分开，略比肩宽，两臂侧平举，身体向右后方转动，左手放于右肩，右手背放于左髋，目视后方。保持自然呼吸，然后还原。换做另一侧。吸气时伸臂，呼气时转腰。要点：骨盆中正、两肩在同一平面、双膝与脚尖指向正前方，以腰为轴转动（见图 16－8）。

图 16－7 三角伸展式

图 16－8 藤缠树式

功效：加强肩、背部肌肉的灵活性，刺激脊柱神经。

5. 简易双角式

练习方法:右脚向前跨一步,脚尖朝前,左脚外开 45°,双手背后十指相扣,吸气,双臂向后伸直,抬头挺胸,呼气,保持后背平直,上体前屈,腹、胸、额依次去贴腿。要点:保持骨盆中正,双膝不可过伸,双手始终靠在一起,后背保持平直(见图 16—9)。

功效:伸展脊柱,放松髋关节,按摩腹部内脏器官,改善不良体态。

6. 展臂式

练习方法:两臂从身体两侧向上伸展至头顶,掌心向前;胸骨上提打开胸腔,以手臂带动胸向后上方伸展;目视上方。保持自然呼吸,然后还原。吸气时向上,呼气时后展。要点:胸腔打开,胸上提后展,头部放于两臂之间,不可过分后仰,骨盆中正。

功效:柔软背部,强化脊柱,伸展身体前侧肌群。

7. 树式

练习方法:开始做"基本站立式",即直立,两脚并拢,两手掌心向内,两臂靠近左右大腿的外侧,右脚踩在左大腿根部,脚尖向下,膝关节向外打开,左腿平衡站立,双掌合十于胸前。两臂伸直,高举过头。深深吸气,保持这个姿势 30～60 秒钟。然后双臂经体侧打开还原。换做另一侧。要点:注意力集中在呼吸上,膝关节向外打开(见图 16—10)。

图 16—9 简易双角式

图 16—10 树式

功效:补养和加强腿部、背部和胸部的肌肉。改善体态的稳定与平衡。增强集中注意的能力。放松两髋,并对胸腔区域有益。

(二)坐姿体式

1. 磨豆式

练习方法:两臂向前平举,十指相扣;以腰为轴带动手臂顺时针、逆时针画圈(如同磨豆子);目视前方。左右各三圈之后,回到山式坐姿。吸气时后仰,呼气时前倾。要点:坐骨压实保持稳定,尽可能扩大画圈的幅度,手臂始终保持平行于地面(见图 16—11)。

功效:伸展放松肩部和腹部肌肉,按摩腹部,促进消化。

2. 扭脊式

练习方法:双腿伸直坐于垫上,屈左腿,左脚置于右膝外侧,脚尖与右膝成一直线,脚掌踩实地面,右大臂抵住左膝的外侧,右手抓右小腿外侧,左臂经前向后绕环一周放于右臀后侧,背部伸展,脊柱垂直地面;腰带动头向左转,目视后方。保持几组呼吸,然后还原。换做另一侧。吸气时伸展,呼气时扭转。要点:后侧手放在臀部正后方,双肩同脊柱充分伸展,扭转时应保持骨盆稳定,臀部压实地面(见图 16—12)。

图 16—11 磨豆式

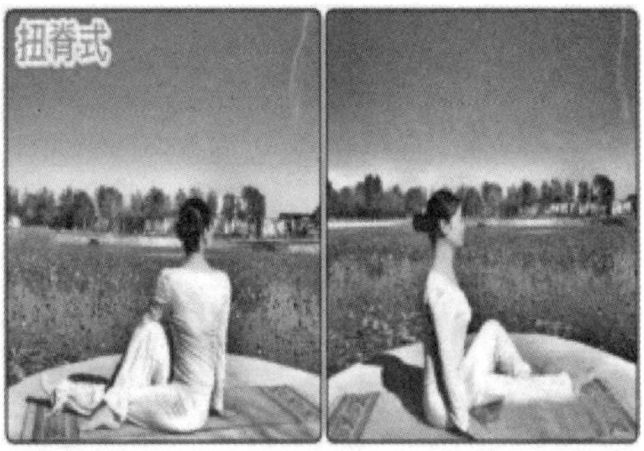

图 16—12 扭脊式

功效:加强脊柱的延伸,提高脊柱的灵活性,促进血液循环,按摩腹部。

3. 射手式

练习方法:双腿伸直坐于垫上,屈右膝,右脚尽量贴近身体,左手抓右脚脚踝,右臂经侧上举,身体向左侧屈,肩贴腿,保持自然呼吸。还原换做另一侧。要点:延伸腰部(见图 16—13)。

功效:多做可消除腹部及腰部赘肉,预防水桶腰和脊柱左右歪斜。

4. 双腿背部伸展式

练习方法:两臂经体侧上举,髋屈曲,上体自然伸展向前,腹、胸、额依次贴近双腿前侧,手抓脚掌或另一侧手腕。保持几组呼吸,然后还原。吸气时伸展,呼气时前屈。要点:腹、胸、额贴腿,背部充分伸展,双腿伸直,脚尖向前。患腰椎间盘疾病、坐骨神经痛与疝气者不宜练习此式,腰部有伤痛者在舒适范围内进行习练。

功效:拉伸股后和背部肌群,提高髋关节灵活度;增强内脏的消化等功能,促进脊柱血液循环。

5. 新月式

练习方法:金刚坐变跪立,左脚向前一大步,双手置于脚两侧,右膝和右脚背着地,髋部前移下沉,两臂经身体两侧向上抬起至头顶合掌,脊柱充分后展;目视前上方。吸气时延伸脊柱,呼气时脊柱后展。要点:骨盆中正下沉、胸腔上提后展,前腿膝关节与脚尖指向正前方。

功效:伸展大腿前后侧肌肉,促进骨盆区域血液循环、拉伸躯干前侧,伸展肩、背部,加强平衡感。

6. 茶几式

练习方法:坐姿,屈双腿,双手十指朝外放于臀部后侧,吸气时,收缩臀肌髋部向上收,双膝并拢,双臂用力,躯干成一个平面。头向后仰向下沉,呼气还原。要点:小腿与地面垂直,臀部收紧(见图 16—14)。

功效:加强腿部、背部力量,消除臀部和腹部多余赘肉。

7. 单骆驼式

练习方法:跪立,两膝分开,与髋同宽,脚背贴地;双手扶腰,臀内收,身体向左侧扭转,眼看脚后跟,左手抓右脚后跟,身体转正,胸部上提,左臂前上举,目视前上方。保持自然呼吸。然后还原。换做另一侧。呼气时身体后展。要点:大腿垂直地面,胸腔充分打开,脊柱后展,头部不可过度后仰(见图 16—15)。

功效:有助于矫正扣肩、驼背等不良体态,改善胸廓形态,增强腰背肌肉力量。

图 16－13 射手式

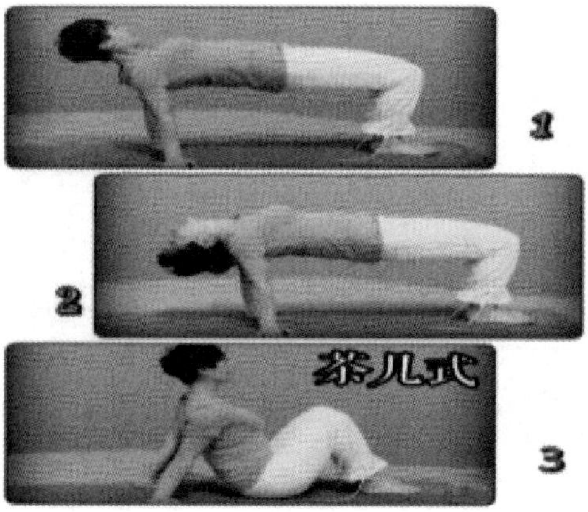

图 16－14 茶几式

(三)卧姿体式

1. 上伸腿式

练习方法:仰卧于垫子上。双腿上举与地面垂直,目光平视。保持几组呼吸,然后还原。要点:双腿垂直地面,脚心向上,腰、背、臀部均贴合地面。患高血压与坐骨神经痛者不宜练习此式。

功效:增强腹部、双腿力量,紧实腿部肌肉。

2. 下半身摇摆式

练习方法:仰卧,两腿伸直。屈双腿,两大腿尽量靠近胸部。十指相交,放于头下,保持双肘平贴地上,一边让你的双腿向左右两侧摆动,即从一侧向另一侧摆动。要点:双肘始终贴着垫子,双腿和身体之间的距离保持不变。

功效:这个练习对背部和肩膀有很好的按摩效果。它还能增强血液循环和补养,锻炼大腿与腹部脏器。

3. 炮弹式

练习方法:仰卧于垫上,屈左腿,双手十指相扣放于左小腿中部,两肘内收,右腿伸直贴于垫上,抬头、肩,鼻尖触膝。保持几组呼吸,然后还原。换另一侧,最后做双腿。吸气时准备,呼气时大期贴近躯干。要点:脚背伸直,伸直腿用力下沉贴地,屈腿紧贴腹部。腰椎间盘疾病者不宜练习此式(见图 16－16)。

功效:提高内脏器官功能,改善消化,缓解便秘,减少腹部脂肪。

4. 蹬自行车式

练习方法:仰卧。屈右腿然后向前上蹬直,同时屈左腿,双腿交换屈伸,像蹬自行一样,依次交替屈膝、伸直,向前、向后做动态蹬车运动;几组之后,做倒蹬自行车的动作。保持自然呼吸。要点:腰、背、臀部、双臂、双手、头部贴地,勾脚尖。

功效:增强腹部、双腿力量,消除腹部脂肪,促进消化。

5. 仰卧扭脊式

练习方法:仰卧。两臂侧平展,掌心向下置于地面;屈右膝,右脚置于左大腿上,脚尖与左膝对齐,左手置于右膝上;右膝带动脊柱转向左贴地,头部转向右侧,双肩尽量下沉;目视右手中指方向。保持几组呼吸,然后还原。吸气时准备,呼气时扭转。要点:双肩不离开地面,屈膝腿内侧贴地,头转向相反方向。

功效:提高脊柱的灵活性,按摩腹部,促进血液循环,放松背部肌群。

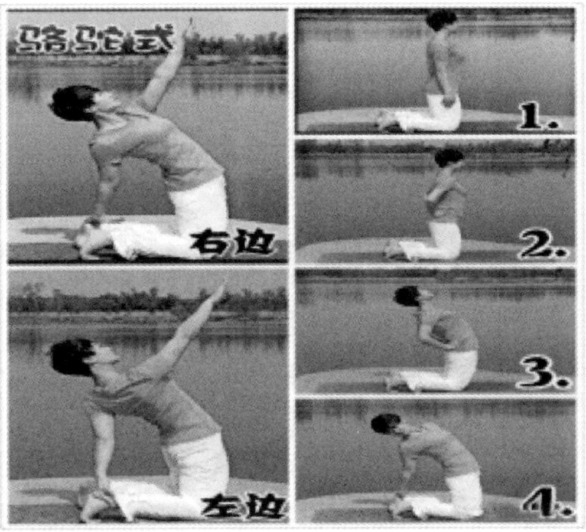

图 16—15 单骆驼式

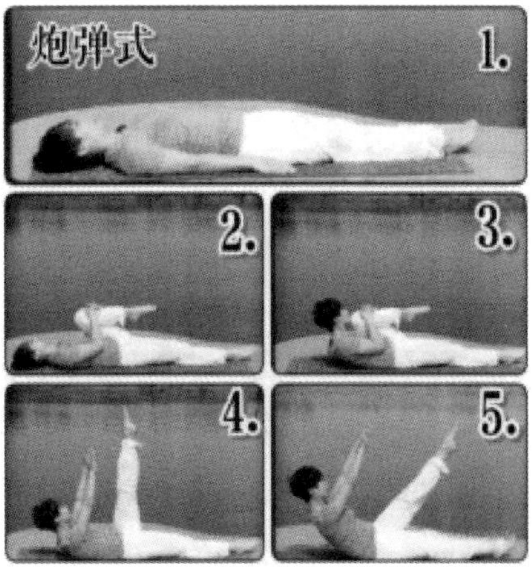

图 16—16 炮弹式

6. 犁式

练习方法：仰卧。两臂下压，腹部用力，抬起双腿，臀部、背部抬离地面，腿越过头顶，脚尖回勾点地；屈双肘并内收撑地，两手推送上背部保持背部直立。保持几组呼吸，然后还原。吸气时准备，呼气时抬腿越过头顶，两脚尖落地。要点：后背展平并垂直于地面，两肘内收撑地、与肩同宽，脚尖回勾点地。患颈椎病、腰椎间盘突出和高血压者不宜练习此式。

功效：加强颈、肩部力量，按摩腹部，放松背部肌群，改善血液循环。

四、组合体式

瑜伽组合体式一般是相同类型的体式或连贯的体式串联起来的体式。它能够很好地锻炼对身体的控制感和呼吸的流畅性。

(一)组合体式 1

战士式是常见的瑜伽体式。练习此体式可伸展体侧和大腿的肌肉，增强身体力量；舒展髋部，强化踝关节、膝关节及髋关节，缓解手腕和前臂的不适，使关节部位灵活。在做此式时要有力展开双臂，前后阔步迈出生命的意志力。

1. 战士一式

练习方法：山式站姿。两脚分开，约两肩半宽，右脚向右转 90°，左脚内收向右转，保持中正；两臂经身体两侧向上举起至头顶，右膝屈成 90°，脊柱向上延展；目视前方。保持几组呼吸，然后还原。吸气时展臂，呼气时屈膝。要点：双腿成 90°，髋部中正，脊柱向上伸展(见图 16—17)。

功效：增强髋、踝关节的稳定性和腿部力量，伸展腿部内侧、后侧、侧腰、手臂肌群，胸部得到完全伸展。

2. 战士二式

练习方法：山式站姿。两脚分开，约两肩半宽，右脚向右转 90°，左脚内收向右转；两臂侧平举，延展脊柱，屈右膝成 90°，头转向右侧；目视手的中指方向。保持几组呼吸，然后还原。吸气时两臂侧平举，呼气时屈膝。要点：屈腿成 90°，骨盆中正两臂成一直线平行于地面，脊柱垂直伸展，身体保持在同一平面(见图 16—17)。

功效：增强髋、膝、踝关节稳定性及腿部力量，伸展腿部内侧、后侧和手臂肌群。

3. 战士三式

图 16－17　战士一、二式

练习方法：山式站姿。两手经体侧向上举至头顶上方合掌；髋屈曲，同时右腿向后伸展、与躯干、手臂保持在同一直线上，且平行于地面，脚尖指向后方，目视下方地面。保持几组呼吸，然后还原。吸气时伸腰，呼气时髋屈由。要点：关节不可过伸，手臂、躯干与后腿成一条直线，且平行于地面，髋部不可外翻。

功效：增强腿、背、肩部的肌肉力量，提高平衡能力，培养专注力和意志力。

（二）组合体式 2

人体十二正经由六阴经、六阳经构成，经络是气血运行的主要通道，其中阳经有太阳、阳明、少阳之别。膀胱经全名为足太阳膀胱经，“太”是“极端、过”的意思。太阳，也就是人体最大的阳气出处。膀胱经在十二正经中的主要作用是升发人体阳气，换言之，人体有无精神、气力是否足，都依赖于膀胱经是否通畅。组合体式 2 从顶峰式到八体投地式最后到眼镜蛇伸展式，能很好地锻炼我们的膀胱经，达到培补阳气、排毒的效果。

图 16－18　顶峰式

图 16－19　眼镜蛇伸展式

1. 顶峰式

练习方法：金刚坐姿。身体前倾，两手置于肩下方，两臂、大腿垂直于地面；脚尖回勾，伸直双膝，臀部上提，足跟下压。吸气时臀部上提，呼气时脚跟下压。要点：两臂、头颈与后背在同一平面内，双脚并拢，足跟压地，两腿后侧充分伸展。患高血压或血糖偏低者谨慎练习(见图 16—18)。

功效：拉伸背部和腿部后侧肌群，增强手臂力量，改善头部血液循环，缓解疲劳。

2. 八体投地式

练习方法：金刚坐姿。身体前倾，两手置于肩下方，两臂、大腿垂直于地面，脚尖点地，身体前移，屈肘，胸部落于两手之间，下颌、两手、胸部、两膝及两脚尖八个部位与地面接触。吸气时准备，呼气时身体前移下沉。要点：肘内收并指向正后方，两脚尖、两膝、胸部、两手、下颌贴地。

功效：增强手臂及背部肌肉力量，灵活上肢关节。

3. 眼镜蛇伸展式

练习方法：俯卧。两手放于胸部两侧，指尖对齐肩膀，肘内收，胸部上提，手臂推地，向后伸展脊柱，延伸下颌；目视前上方。吸气时抬起，呼气时后展。要点：推起前，手指尖与肩平齐在一线；推起后，胸腔打开，胸椎充分上提、后展，耻骨贴地，头不可过度后仰(见图 16—19)。

功效：强化上肢及背部肌群，缓解腰部不适，促进消化，灵活脊柱。

五、经典体式：拜日式

拜日式，又称向太阳致敬式，是瑜伽体位练习的初级入门方法，一般由 12 个姿势组成(见图 16—20)，可用于热身，有利于舒展身体、平和内心。印度瑜伽师非常崇拜太阳，他们认为太阳是赐予世间万物生命的源泉，没有太阳就没有一切生命。“Surya”的意思是太阳，“Namaskara”是指问候或致敬。

图 16—20 拜日十二式

(一)祈祷式

练习方法：双脚自然并拢，身体直立，双肩放松，目视前方。双手合十于胸前，保持自然呼吸。

功效：保持专注，放松身心，为后续动作做准备。

(二)展臂式

练习方法：保持双腿伸直不要弯曲，吸气时，将双手上举过头顶，伸直手臂，脊柱向后缓慢弯曲到极限。

功效：延伸背部，强化脊柱，伸展身体前倾肌群。

(三)前屈式

练习方法：慢慢呼气，背部保持平直，腰带动双手臂向前弯曲，腹、胸、额依次去贴腿，保持双腿伸直不要弯曲，双手掌尽量按在地面上。

功效：拉伸背部及腿后肌群，增强腹部器官功能，促进消化。

(四)骑马式

练习方法：双手撑地，慢慢呼气，左脚向后一大步，抬起背部，再次吸气，脊柱向后延伸，胸部推向前方。注意右膝弯曲时不超过脚尖。

功效:伸展大腿前后侧肌群,促进骨盆区域血液循环。

(五)顶峰式、(六)八体投地式、(七)眼镜蛇伸展式前面已做介绍,此处不再赘述。

(八)顶峰式重复

练习方法:双手用力撑地,双脚脚尖点垫子用力蹬地,大腿和耻骨离开地面,伸直双膝,脚跟放在地面上,慢慢呼气,低头向下,肩背下压,保持手臂、肩、背成一个平面。

功效:伸展大腿前后侧肌群,促进骨盆区域血液循环。

(九)骑马式重复

练习方法:左腿向前跨一步放于两手中间,抬起背部,吸气,脊柱向后延伸,胸部推向前方。注意左膝弯曲时不超过脚尖。

功效:伸展大腿前后侧肌群,促进骨盆区域血液循环。

(十)前屈式重复

练习方法:重心前移,伸直左腿,右腿向前跨一步,右脚并左脚,伸直双腿,腹、胸、额依次去贴腿。

功效:拉伸背部及腿后肌群,增强腹部器官功能,促进消化。

(十一)展臂式重复

练习方法:双手合十,吸气时,保持后背平直慢慢抬起上体,将双手上举过头顶,伸直手臂,脊柱向后缓慢弯曲到极限。

功效:延伸背部,强化脊柱,伸展身体前倾肌群。

(十二)祈祷式

练习方法:双手合十收于胸前。

功效:保持专注,放松身心。

第三节　瑜伽运动安全事故与预防

具体进行瑜伽体位法的练习时,应遵循循序渐进、量力而行的原则,针对自身身体状况找到合适的练习方法。瑜伽体位法的练习基本都是针对脊柱的,只有运用正确的方法才能达到强化脊柱和肌肉练习的目的。如果练习不得当、不正确,练习时操之过急等,就可能引发肌肉、韧带的损伤,或造成脊柱的移位。

在瑜伽练习中最常见的损伤有:韧带拉伤、软骨撕裂、关节炎症、神经痛等。

预防瑜伽练习损伤的方法有:

一、从基础练起,从正确的姿势练起

练习瑜伽最重要的是过程而不是结果,切忌为了瘦身、塑形等功效强迫身体扭转、拉伸,从而引发脊柱歪曲、腰背扭伤等问题。要想在瑜伽练习时不受伤,第一,应先了解正确瑜伽体式的概念,以科学的方式,通过垂直、水平、与地心引力对照等方法,建立起身体各部位的中心线,为精进体式准备好科学准则。第二,要掌握身体各部位的活动姿势,包括手、脚、骨盆、双肩等部位的姿势,如果身体出现歪斜,可及时将身体调整回正确的姿势。第三,正确练习关键的基础姿势,包括站姿、坐姿、跪姿、卧姿等,从而循序渐进地切实掌握瑜伽的各种体位法。第四,要了解人体的基本解剖知识,熟悉人体的主要肌肉群及其主要作用,正确锻炼各部位肌肉。此外,在进行瑜伽练习时要学会正确的呼吸方式,如果呼吸有了问题,身体的循环系统、消化系统、排泄系统都要受影响,大量毒素会蓄积在身体各部位,从而成为致病之源。学会聆听身体的感受是避免受伤的最简单、最

有效的方法。

二、避免过重负荷，保持量力而行、适可而止的心态。

在进行练习时，避免突然对身体进行牵、拉、扭、挤等练习。练习时学会聆听身体感受，当身体有强烈的刺痛感时立即停止练习，感觉拉伸到自己的身体极限，身体没有疼痛感是对身体最好的保护手段。

三、不同人群练习瑜伽的安全预防

（1）对于患有眩晕或高血压症的人，最好不要从头倒立式和肩倒立式开始，可以先进行背部的屈伸练习，所有的坐姿前屈动作对于患有高血压和低血压的人都有益处。

（2）对于女性练习者而言，在经期应该避免倒立体式的练习。在流量正常的范围内可以做束角式、英雄式、坐姿背部前屈伸展式、花篮式和猫伸展式。其中，猫伸展式和花篮式可以有效地缓解经期不适及痛经。

（3）对于孕期女性而言，怀孕前 3 个月，所有的瑜伽体式都可以练习，但要注意幅度要小，在孕期练习时不要屏息。整个孕期都可以练束角坐式和束角式。

第十七章

田　径

第一节　田径运动概述

一、田径运动

田径运动是一项历史悠久而且非常普及的体育运动，由多个单个运动项目组成，以不同形式反映人体运动中的基本能力，可以说是各项运动的基础，因此享有“运动之母”之称。

田径运动这个古老的体育项目，随着人类社会的发展，其本身的项目在不断拓展，并成为体育中的第一大项。田径运动就其本质特征而言，是由走、跑跳、投的基本运动形式，以时间、高度和远度衡量运动效果所构成的体育项目。

2005 年，国际业余田径联合会章程将田径运动定义为“跑道和场地的运动及公路跑、竞走、越野跑和山地跑”(track and field，road running walking crosscountry)，这里的“跑道”和“场地”特指田径场的两个组成部分。此前，我国曾根据国际业余田径联合会原章程将田径运动定义为田赛和径赛运动、公路赛、竞走和越野赛(track and field athletics，road running，race walking and crosscountry running)。由于我国通常将走、跑类的项目统称为“径赛”，跳、投类的项目称统为“田赛”，两者部分项目组合的计分项目称为“全能”，因此，原定义中的“径赛”应理解为田径场地内的跑类项目。

田径运动具有丰富的内涵。在当今社会中，竞技体育和大众健身已经成为现代体育运动发展的两大主题，人类对田径运动的认识也上升到新的高度。尽管田径运动是竞技场上的重要组成部分，但从发展历史来看，它从未离开过它本身固有的功能，也一直在围绕体育运动的本质，不断拓展更全面的功能和发展空间，为人类的身体健康、心理健康、身体素质提高及意志品质培养等提供更有效的方法。因此，全面地了解田径运动的本质对认识它未来的发展具有重要意义。

二、田径运动的分类与项目构成

田径运动的分类是了解它的基本存在形式的基础。可根据它的项目特征、竞赛场地(室内或室外)，以及参加者的性别、年龄等情况进行不同的分类。田径运动的项目较多，一般来说各国都依本国的实际情况确定。

(一)田径运动的分类

通常以田径运动的基本特征进行分类。最简单的分类是按照竞赛计算成绩的方法(不包括定时项目)，以计时、测距和计分的方法，分为田赛、径赛、全能三大类，还可以进一步以动作的特征细分，分为走、跑、跳、投和全能五类。在此基础上还可以进一步划分，如将“跑”类分为短跑、中跑、长跑、跨栏跑、接力跑、障碍跑、马拉松跑、越野跑和山地跑。

根据竞赛场地安排的不同，国际上通常将在室内进行的田径运动称为“室内竞赛”，用以区别在室外进行的田径运动竞赛。因场地的原因，其项目设立有一定区别。男子和女子的项目除在一些竞赛的距离安排上有所不同外，考虑到女子的特点，投掷的器械重量要低于男子，跨栏的栏架高度也低于男子。针对不同年龄的特点，按不同年龄分为成年、青年和少年项目，在器械的规格、设项的难度上都有相应的调整。

(二)田径运动的项目构成

经过多年的发展，田径运动项目的数量在不断增加。过去认为不适合女子的一些项目逐渐与男子项目接轨，使国际田联承认世界纪录的女子田径项目不断增加。

应该指出，田径运动项目的设立应根据具体情况而定，结合本地区、本单位的场地条件，结合参加运动的人群特点和目的，设立一些切合实际的项目。还应提倡田径运动爱好者和体育工作者充分利用周边的自然条件开展形式多样的田径活动，在降低一定难度的条件下，保证运动的安全和提高参加者的兴趣。中小学，尤其是边远农村的中小学，在田径运动场地和器材受限的情况下，更应因地制宜，创造性地利用现有条件开展田径项目。

三、田径运动的特点与价值

田径运动受到普遍重视的原因与它自身的特点和价值有着密切的关系。因此，学习田径运动应首先了解、认识它的运动本质。

(一)田径运动的特点

作为体育运动的主要项目，田径运动除具有一般项目的共同特点外，还具有其他特点。这些特点包括它的群众参与的广泛性、比赛竞争的激烈性、技术要求的严格性和素质培养的全面性。

1. 群众参与的广泛性

田径运动是大众开展最普及、参与人数最多的运动项目。田径运动项目是学校体育中的重要内容，具有广泛的参与人群。它是大众体育中基础较好的项目，很容易被人们所接受。其主要原因有以下几个方面：

(1)田径运动项目多，可选择余地大。它包括走、跑、跳、投的多个运动项目，参加此项运动的人可根据自己的兴趣和爱好去选择不同的项目，还可根据个人的身体状况和需求确定适合个人的项目。有计划、有目的地参加不同项目的锻炼，可使人体健康水平得到全面提高和发展。

(2)受条件限制因素小。从事田径运动通常只需在室外有一定的活动空间即可，如运动场、田间、庭院、公路和公园等都可以作为活动的场所。它受时间季节影响小，全年都可随时从事一些项目。田径项目的设备和器材比较简单，运动时根据条件，可就地取材、因陋就简，还可自行制作。举行基层运动会可在各种非正规场地上进行，有些器材和设备可用简化或用近似的器材和设备代替。

(3)可参与性强。它对全面提高人体健康水平效果明显。不同身体状况、不同兴趣爱好、不同年龄和性别的人都能够选择适合自己的田径运动项目。在运动中，参与者可自行控制运动的量和强度，不易受伤害。大部分田径项目均可在短时间训练后就参加比赛。

2. 比赛竞争的激烈性

田径运动竞赛是能力、技术和心理的较量，特别在高水平的比赛中，运动员的成绩越来越接近，你追我赶，相持不下，经常以微弱之别决定胜负。田赛项目的成败取决于运动员水平的瞬间发挥，而径赛项目运动员同在一条起跑线开始进行全程的拼搏。因此，田径运动竞赛非常紧张而激烈，运动员不仅要高度集中精力，还要不怕强手，充分表现出自己的最高水平。

3. 技术要求的严格性

无论是周期性的还是非周期性的田径运动项目，就单项技术动作而言，技术的准确性和稳定性都非常重要。田径项目的动作结构不是非常复杂，但是它对技术要求却特别高。在人体运动潜力一定的情况下，要创造更好的成绩必须依靠先进、合理的技术。所谓合理技术，应能充分发挥人在各运动环节的高度协调配合的能力，调动各运动器官的最大潜力，在时间、空间和肌肉用力上达到高度统一。要使个人技术既符合生物力学的合理性，又要与个人特点相结合，并能有效在短短一瞬间达到高度准确。

一个动作的细节出现偏差就会导致成绩下降，甚至动作失败。因此，田径训练中的技术训练内容贯穿运动员培养过程的始终，只有不断地细化个人技术，不断地使技术达到自动化程度，才能在任何场合表现出自己的最高水平。此外，一名优秀运动员还应根据比赛中的不同气候条件来对个人技术进行适当调整，以便更好地利用外界条件或克服不利条件，保证自己运动水平的发挥。

4. 素质培养的全面性

运动训练学认为，速度、力量、耐力是反映体能类人体运动的基本素质，这三项素质同样是各项运动的基础。田径运动的基本动作形式为走、跑、跳、投，它们不仅是人体的速度、力量、耐力等方面运动能力的反映，也是提高运动素质的有效手段。田径运动包含的个人和集体项目，也是培养人的意志品质、心理素质、勇猛顽强和团结协作精神的重要方法。田径运动每个项目都有本身的特点，突出地反映某一方面的能力，参加全能项目或较全面地参加田径项目，可使人的运动能力普遍得到提高。

(二)田径运动的价值

作为基础的体育运动项目，田径运动不仅能全面地提高人体的运动能力和运动素质，而且能对培养人和塑造人起到重要作用。因此，在学校体育、大众体育和竞技体育中均有显著地位。

1. 田径运动的教育价值

田径运动项目是学校体育中最基础的项目之一。青少年经过田径教学和训练，培养意志品质，养成不断战胜自我的性格，促进独立个性的完善。因此，田径运动是学校教育的重要内容，是学校实现培养目标不可缺少的一门课程。同样，田径作为终身体育的内容，对成年人也具有同样的效果。这些教育价值体现在以下几个方面：

(1)田径运动的项目要求运动员在具有一定限制的条件下表现出最大的能力，要始终保持必胜的信心，要有克服一切困难和正视一切挑战去实现自己目标的勇气。因此，它能培养人的勇敢顽强、拼搏进取的精神。

(2)田径运动竞赛是在严密的组织下，按严格的规则和要求进行的。运动员要通过个人努力才能取得优异成绩，这一成绩与集体荣誉连在一起。因此，它能培养人遵守纪律，增进责任感和集体主义精神。

(3)田径运动主要是个人项目，更多地依靠自己独立地完成任务。在比赛中成功与失败明显，要求运动员不仅有独立应变能力，还要有自我情绪调控去排除各种干扰的能力。因此，它有助于个性的形成，有利于心理素质的培养。

(4)田径运动的技术变化小，单一重复的动作较多，尤其是训练期间，相对枯燥死板，训练的量较大。因此，从事这项运动能培养吃苦耐劳、坚忍不拔的精神

(5)田径运动中的一些项目消耗的体力和精力较大，需有较持久的耐力；一些项目持续时间短、强度大，必须高度集中注意力。因此，它能培养人的意志品质。

2. 田径运动的健身价值

现代人的健康观包括机体健康和心理健康，反映在人能从事正常活动、抵抗疾病、精力充沛，

也反映在人适应社会、适应生活、适应自然的精神状态上。参加田径运动可以使人的肌肉、骨骼、神经系统和循环系统获得改善,心理的稳定性得到提高,身体素质进一步增强。田径运动的不同项目对提高身体的有关能力和相应的身体素质,对提高人的健康水平有明显作用。

短距离跑是人体在无氧条件下进行的一种运动,它能使有氧系统酶的活性增加,能提高人体的最大摄氧量,同时还有助于提高中枢神经系统兴奋和抑制转换的灵活性。它是发展快速运动能力和提高无氧代谢水平的重要手段。从事长距离跑和竞走能增进心脏和呼吸系统的工作能力。由于人体在有氧情况下进行运动,在运动中消耗的能量较大,从而能够预防人体内脂肪储存过多。它是提高心肺功能和发展人体耐久力的有效手段。跳跃是人体在短时间、高强度神经活动和肌肉用力中克服障碍的运动,能使人的感觉机能得到提高和加强。它是提高身体控制和集中用力能力,发展协调性、灵敏性的有效手段。

投掷项目是表现人体力量的运动,能使人体肌肉发达、力量增强,改善人体灵活性。旋转类项目能使神经过程具有高度的均衡性,能使前庭分析器具有很高的稳定性,是提高肌肉力量、改善神经过程和发展力量素质的手段之一。

3. 田径运动的竞技价值和观赏价值

在竞技体育中,田径运动是公认的大项,素有"得田径者得天下"之说。由于田径项目的奖牌数量多,人们对其关注的程度较高。特别是近些年,随着田径运动的发展,一些女子田径项目列为奥运会项目,更进一步提高了它的地位。在激烈竞争的运动赛场,田径运动给人们带来的悬念更多,特别是在综合性大型赛事的结尾,经常是由田径项目的比赛结果来决定团体的最终胜负。

田径运动训练要求的条件不高,选材面广,参加人数多,而且大多是个人项目,项目投资与奖牌价值比小,效益高,所以,田径项目一直被列为竞技体育中选择的重点。田径的一些单项能有效地提高基本运动能力。人体运动以跑、跳、投为基础,它们直接反映了人体运动的能力和素质。因此,很多运动项目的基础训练都把田径项目作为重要训练手段,并将一些内容列为评价训练水平的检验指标。此外,田径的初级选材和训练还为其他项目提供了大批人才。田径运动是大众喜闻乐见的体育项目,具有众多的爱好者和观众。它又是竞争激烈的项目,具有较强的观赏性。随着体育表演市场的活跃和成熟,众多商家瞄准了田径赛事并进行商业运作。田径赛事活动具有规模大的特点,大批厂商和广告商利用比赛从事商业活动,它不仅为商家带来了较大的经济回报,而且也推动了田径运动事业的发展。

四、田径运动的发展

(一)田径运动的起源

在我国的相关教材和专著中,对田径运动起源的描述,基本基于田径是由人类生存需要演变而来的。一般认为,远在上古时代,人们的生活、劳动条件极其艰苦,他们依靠简单的工具从事采集和狩猎活动,"食草木之实、鸟兽之肉"。在人类少而禽兽众的情况下,原始人为了求食、求生的需要,必须具备跑得快而长、投得远而准、跳得高而远的本领。在日常劳动中,人类不断重复这些动作,于是逐渐形成了走、跑、跳、投的各种运动技能。在当时条件下,这些既是生产和生活的基本技能,也是最基本的身体活动。随着生产工具的改进和社会生产力的发展,人们有意识地把走、跑、跳、投的这些技能传授给下一代,使他们掌握基本生存本领。后来,人们有意识地把这些运动技能运用在军事上,这些练习成了训练士兵的内容。经过一代一代相传,逐步将这些基本技能演变成娱乐的游戏活动,又从游戏发展成比赛项目,田径运动日益走向成熟。

(二)世界田径运动发展简史

据史料记载,公元前776年,在希腊奥林匹亚举行了第1届古代奥林匹克运动会,并规定每隔四年举行一次。从那时起，田径运动就被列为正式比赛项目之一，在第 1 届古奥林匹克运动会上，比赛项目只有短跑一项，距离为 192.25 米。1896 年法国人皮埃尔·德·顾拜旦创立了第 1 届现代奥林匹克运动会，并确立了田径为奥运会的第一运动。1912 年 7 月 17 日，在斯德哥尔摩举行了国际业余田径联合会的成立大会。17 个国家的代表出席了大会。由于国际比赛和奥运会的发展，迫切需要成立一个国际田径统辖组织，需要有一部能被全世界接受的有关规则和组织章程，以及共同的业余运动员定义的世界性法典，也需要真实可靠地记载世界和奥运会纪录。

1913 年的柏林代表大会通过了第一部章程，34 个国家成为第一批会员。1914 年在法国里昂举行的第三次代表大会上，新任名誉秘书长瑞典人海尔丁·科杰尔曼提出了第一部用于国际比赛的技术规则，并极力主张会员组织在其国内比赛中采用类似规则。在 1914 年首次公布的世界纪录表中，有 53 项男子赛跑、跨栏和接力跑纪录，30 项竞走纪录和 12 项田赛纪录，包括十项全能。当时没有女子纪录。在蒙特利尔第 30 届代表大会上做出了重大改变，删去了各项英制的比赛距离。从 1977 年 1 月 1 日起，只承认 1 英里跑的英制距离(男子和女子)。

1987 年为青年男子和青年女子创立了世界纪录，并公布了首批男女世界室内田径纪录。1926 年，在荷兰出现了第一架用于终点摄影裁判的高速照相装置，以消除在终点裁判和计时中的人为因素。1928 年，在阿姆斯特丹奥运会上使用了这种装置。

1964 年，全自动电子计时的最小计算单位达到 0.1 秒。1977 年起，400 米和 400 米以下的项目只有全自动电子计时的成绩才被承认为世界纪录。1968 年，美国人吉姆·海因斯成为历史上首位 100 米跑进 10 秒大关的运动员。迪克·福斯贝里革命性地创造了跳高的全新姿势“福斯贝里背越式”。同时，国际大赛首次使用了合成塑胶田径跑道。根据形势变化的需要，国际田联决定从 1983 年起，每四年举行一次世界田径锦标赛；从 1991 年开始，每两年举行一次。第 1 届世界田径锦标赛在芬兰首都赫尔辛基举行。

1988 年，在汉城奥运会上，加拿大短跑名将本·约翰逊在男子 100 米决赛中取得第 1 名，但是他没有通过赛后的兴奋剂检测。1989 年，国际奥委会与其他奥林匹克联合会合作，签署了禁止使用兴奋剂的联合宣言，同年开始了赛场外随机对兴奋剂的抽查。进入 20 世纪 90 年代以后，世界田径比赛的格局发生了明显变化。过去美国、俄罗斯、德国三强鼎立的局面开始弱化，美国虽仍独占鳌头，但有更多国家开始瓜分金牌和奖牌，这表明世界各国的田径运动水平有了普遍提高。21 世纪开始，世界田径运动比赛的格局进一步变化，越来越多的国家挤进瓜分奖牌的行列。

2000 年在悉尼举行的第 27 届奥运会上，田径的 46 块金牌分别被 24 个国家分得，美国仍以 10 块金牌遥遥领先。3 000 米障碍被设为女子项目，由此，男子设置的项目全部向女子开放，彻底结束了一些项目对女子限制参加的历史。

(三)我国田径运动发展简史

我国早在春秋战国时期就有关于以走、跑、跳和投训练士兵的记载。据记载，公元前 776—前 221 年，《墨子·非攻篇》中论及了吴起与魏武侯谈论练兵用人、强国的方法。吴起说，把能跳得高、跳得远、善走路的人选为士兵。元世祖忽必烈所组建的“贵赤卫”军队，每年组织一次赛跑，按规定时间跑完规定距离。

自 1840 年鸦片战争后，西方近代体育思想、体育文化和竞赛等内容传入中国，随之在我国的大城市、军队和学校中，开始了各种体育竞赛活动。我国近代田径运动从外国传入至初步发展经历了几十年，在此时期，以美国为主的美英传教士在我国建立教会、开办学校，在教会学校里开展了田径运动，举行了一些学校间的田径比赛。

旧中国第 1 届、第 2 届(1910 年、1914 年)全运会田径竞赛的组织、规程和规则的制定以及裁判员、工作人员等，大多数由外籍传教士包办。径赛距离和田赛成绩丈量均采用英制单位，投掷器械重量以磅为单位。第1届、第2届全运会田径赛分别设有11和13个项目,参加的运动员仅有数十名。1924年旧中国第3届全运会田径赛由中国人自己主办,设19个比赛项目,径赛距离和田赛成绩丈量均采用米制单位。1930年、1933年旧中国的第4届、第5届全运会田径赛是以省、特别市、特区、华侨团体为单位进行的,并开始设置女子比赛项目(1930年6项、1933年11项),而1936年奥运会女子田径比赛仅有6个项目。至1948年,旧中国先后举行了7届全国运动会,中国先后参加了10届远东运动会和3届奥运会。田径一直受到人们的重视,但成绩平平。

1932年7月在美国洛杉矶举行的第10届奥运会上,我国运动员、东北大学学生刘长春作为中国唯一的运动员,参加了100米和200米的比赛。之前,被誉为"短跑怪杰"的刘长春所创造的100米成绩10.7秒,在我国被保持了25年之久。我国撑竿跳高名将符保卢,在1936年柏林举行的第11届奥运会上,成为唯一获得决赛资格的中国运动员。中华人民共和国成立后,田径运动得到了飞速发展。1957年11月,我国优秀女子跳高运动员郑凤荣跳过了1.77米横杆,打破世界女子跳高纪录(1.76米),轰动世界体坛。1958年7月,优秀男子短跑运动员梁建勋以10.6秒的成绩打破了刘长春10.7秒的全国100米纪录。至此,旧中国的田径纪录全都被刷新。我国田径运动员开始向世界运动水平攀登。1965年第2届全国运动会上,我国田径运动成绩大幅度提高,缩短了与世界先进水平的差距,一些项目接近世界水平,有50多名运动员的成绩达到1964年奥运会的报名标准。

在第17届奥运会的男子十项全能比赛中,我国台湾地区运动员杨传广获得银牌,并于1963年创造该项目世界纪录。我国台湾地区女运动员纪政在1969～1970年间7次打破6项世界纪录。

1976年后,特别是改革开放以后,我国的田径运动得到飞快发展。20世纪80年代,朱建华、邹振先、申毛毛、刘玉煌、郑达真、李梅素等一批运动员,已进入世界优秀运动员的行列。中国田径协会也从国际田联第三组跃为第一组会员国,这说明我国较高的田径成绩为国际田联所认可。继1983年9月第5届全运会上朱建华以2.37米和2.38米的成绩两次打破世界纪录之后,1984年6月他在联邦德国埃伯斯塔国际跳高比赛中再次创造了2.39米的世界纪录,并在第23届奥运会上,又以2.31米的成绩获得跳高铜牌。

20世纪90年代开始,我国田径运动步入了新的辉煌时期。1992年第25届奥运会上,我国女子竞走运动员陈跃玲获得10公里竞走金牌,实现了我国奥运史上田径项目金牌"零"的突破。1993年在德国斯图加特举行的第4届世界田径锦标赛上,我国田径运动员异军突起,获4金、2银、2铜奖牌,金牌数列第2位,共得92分,总分列第6位。此后,我国女子运动员王军霞先后以29分31秒78和8分06秒11的成绩创造了10 000米和3 000米的世界纪录。曲云霞以3分50秒46的成绩创造了1 500米的世界纪录。1996年,王军霞还获得了第26届奥运会5 000米的金牌和10 000米的银牌。这十年是我国田径突飞猛进的发展时期,特别是我国女子项目的快速提高令世人瞩目。

刚刚进入新的世纪,在2000年悉尼奥运会上,我国女子竞走运动员王丽萍夺得20公里竞走的金牌。我国田径在走入几年低迷后,在2004年雅典奥运会上,刘翔以12.91秒的成绩平了110米栏世界纪录,并获得金牌。这枚金牌是中国男选手在奥运会上夺得的第1枚田径金牌,翻开了中国田径历史新的一页。同日,在奥运会女子10 000米比赛中,中国选手邢慧娜从三名埃塞俄比亚强手中突出重围,凭借有力的冲刺,以30分24秒36的成绩获得冠军,为本届奥运会中国田径军团又添一枚金牌。2006年7月在瑞士洛桑田径大奖赛上,刘翔以12.88秒的成绩打破了12.91秒的110米栏世界纪录,为中国田径运动又竖起了一座新的丰碑。从近20年的奥运会情况看,第25届奥运会之后,我国的田径整体水平逐步下滑,第28届奥运会又开始有明显回升。变化的趋势表明，我国田径已走出低谷，开始向更高的水平冲击。

五、田径运动发展趋势

随着社会和科技进步，田径在竞技体育、大众体育、学校体育及体育产业中的地位不断提升，一直处于稳定发展态势。尽管这项运动在各国、各地区发展还极不平衡，所遇到的问题各不相同，但是，总的趋势仍显示出田径运动的良好发展势头。

（一）田径项目竞赛越来越受到关注，竞争将更加激烈

作为大型赛事的奖牌大项，田径项目受到更多参赛队的重视。奥运会是世界各国重视的综合性运动会，很多国家都在田径项目上下了较大的工夫，力争通过田径项目的争夺使奖牌或分数有所提高。近些年，由于田径训练的规律被很多运动员掌握，少数几个国家垄断田径奖牌的格局已经被打破，更多的国家在田径赛中占有一席之地。由此增强了一些经济或体育并不发达国家的信心，加大了它们向田径训练投入的倾斜力度，争取在有限资金投入的情况下取得好成绩。参加田径赛的国家数量增多，各国重视程度提高，使田径的竞赛更加激烈，特别是奖牌的争夺将尤为激烈。

（二）运动竞技成绩的提高更加依赖科学化训练水平和科学技术的发展

田径运动竞赛主要是运动员体能、心理和技术的较量，现代科学技术手段的运用，为运动训练和竞赛提供了有力的支持。科研人员凭借生理生化指标监测，较客观地分析和判断运动员训练的量与强度，及时发现所存在的问题并调整训练；通过生物力学方法模拟合理技术，分析指导一些技术性强的项目，使运动员完成动作的质量更高。在竞争日趋激烈的竞技场上，往往心理因素的差异决定最终的胜负，因此心理监测的仪器也在训练中广泛应用。此外，田径设备、器材的改进也同样起到了重要作用。在近代田径史上，如奥布莱恩的背向滑步推铅球、福斯贝里的背越式跳高等新技术取代旧的技术，尼龙撑竿、滑翔标枪等新器材取代旧器材，塑胶跑道等设施的改变，以及田径裁判设备的改革，人们目睹了科技成果推动田径运动成绩的发展。随着科技的进一步发展和教练员、运动员对科研的认识提高，更多的新科技成果将会被田径训练和竞赛所应用。由经验式训练转向科学训练，由主观评价转向科学分析，由一般特征研究转向多元化综合研究，由考虑单纯训练因素转向全方位科技介入，田径运动的科学化程度会越来越明显、科技含量会越来越高，这将是其发展的重要基础。

（三）女子田径运动成绩的突破速度将要快于男子

随着女子项目的增加，现在的男女田径项目数量已非常接近。由于男子项目已有多年的经验，比较成熟，新的突破越来越难。而新增的女子项目设立时间短，需要在适应和摸索中逐步提高，这将是今后一段时间田径竞赛突破的亮点。无论是新项目还是老项目，女子的训练方法和手段，以及技术的风格已经开始向男性方向发展，这为女子项目的进一步提高提供了更多的经验。因此，在将来的田径竞赛中，女子成绩将会成为人们关注的热点。

（四）田径运动中一些竞技项目对学校体育和大众健身的影响力将有所减弱，一些项目会通过动作形式、器材规格及竞赛方法的变化和改革获得更大发展

传统的学校体育教学中，田径运动的大部分项目一直作为基础课程，反复或依次出现在小学、中学、大学的体育课堂。近些年来，由于新体育项目的进入，学校一些条件的限制和学生对一些田径项目兴趣有所减弱，特别是学校体育指导思想的变化，竞技田径内容在学校体育教学中被大幅度缩减。然而，田径运动的全面功能和在学校体育中所发挥的作用仍受到广大教育工作者关注。因此，通过田径运动动作形式、器材规格及竞赛方法的变化，在不降低其固有价值的前提下，提高学生的兴趣和参与的积极性，将会成为今后学校体育课程改革的方向。受到与学校体育类似原因的影响，大众在对田径运动很多项目参与度降低的同时，一些与田径运动项目有着密切渊源的运动形式开始活跃起来，如基层单位的运动会出现的以健身娱乐为主题的跑、跳、投游戏项目，内容繁多，深受欢迎；又如大众健身走已风靡世界，为更多人接受。因此，可以这样认为，以田径运动基本动作形式为活动方式的大众体育将会越来越活跃。

(五)田径运动相关市场开发进一步加强、市场化程度进一步提高将成为体育产业发展的重要力量

田径运动的相关市场开发是体育产业发展的重要组成部分。围绕市场开发；田径运动的竞赛表演市场、人才培训市场、田径装备与器材市场等在一些国家已经走向成熟，成为体育产业的重要力量。尽管我国田径市场起步较晚，但发展较快，取得了较大的成绩。在大型田径赛事中，市场化运作已经是支持赛事的重要资金渠道。通过大型赛事的市场开发，收入逐年增加，如北京国际马拉松赛，已成为协会的精品赛事。田径竞赛表演市场和无形资产市场开发运作也取得了一定成绩。作为一个基础项目，我国田径运动因其自身特点和水平的限制，在向产业化、市场化转变的过渡阶段，必须经历一个逐渐转变的过程。在市场经济条件下，中国的田径运动面临着生存和发展问题，大力推进其市场化、社会化进程，将是繁荣田径运动的必由之路。

第二节　田径动作技术解析

一、跑类项目

(一)短跑

1. 100 米跑的技术

(1)起跑

田径竞赛规则规定，在短跑比赛中运动员必须采用蹲踞式起跑，必须使用起跑器，要按发令员的口令完成起跑动作。安装起跑器的目的是使脚有牢固的支撑，有利于使身体迅速摆脱静止状态，为起跑后加速跑创造条件。起跑器的安装方式有普通式和拉长式两种。

普通式：前起跑器距起跑线一脚半长，后起跑器距前起跑器一脚半长。前后起跑器的支撑面与地面夹角分别成 45°和 75°左右，两起跑器的中轴线间隔约 15 厘米。

拉长式：前起跑器距起跑线两脚长，后起跑器距前起跑器一脚长，起跑器的支撑面与地面的夹角及两起跑器左右间隔与普通式基本相同。

起跑器的安装方法应根据个人的身高、体型、身体素质和技术水平等情况来选择，其目的是能充分发挥肌肉的最大力量，获得最大初速度，有助于加速跑的完成。

起跑过程包括“各就位”“预备”和鸣枪三个阶段。听到“各就位”口令后，运动员沉着地走到起跑器前，俯身，两手撑地，两脚依次蹬在前后起跑器的抵足板上，脚尖应触及地面，后腿膝关节跪地，通常将有力腿放在前起跑器上。接着两臂收回到起跑线后支撑地面，两臂伸直，两手间距离与肩同宽或比肩稍宽，四指并拢或稍分开与大拇指成有弹性的“人”字形支撑，颈部自然放松，身体重量均匀地落在两手、前腿和后膝之间，注意听“预备”口令。听到“预备”口令后，逐渐抬起臀部和后膝，臀部要稍高于肩部 10～20 厘米，同时使身体重心向前上方移动，身体重心落在两臂和前腿上，身体重心投影点落在距起跑线 15～20 厘米处，两小腿趋于平行，前腿膝角为 90°～100°，后腿膝角为 110°～130°。两脚紧贴在前后起跑器抵足板上，集中注意力听枪声。听到枪声后，两手迅速推离地面，屈肘做有力的前后摆动，同时两腿快速用力蹬起跑器，后腿快速蹬离起跑器后迅速屈膝向前上方摆出，摆出时脚不应离地面过高，这有利于它迅速着地并过渡到下一步。前腿有力地蹬伸，后蹬角为 42°～45°(见图 17－1)。

图 17－1　100 米跑的起跑技术

(2)起跑后的加速跑

起跑后的加速跑是从蹬离起跑器到进入途中跑的一个跑段,一般为 30 米左右(优秀运动员略长)。它的任务是尽快加速到自己的最高速度。腿蹬离起跑器后,身体处于较大的前倾姿势,为了不使身体向前摔倒,要积极加快腿的蹬伸与臂的摆动,保持身体的动态平衡。第一步着地应尽量靠近身体重心投影点,脚着地迅速转入后蹬。身体的前倾随着步长和跑速的增加逐渐减小,最后接近途中跑的姿势。起跑后第一步约三脚半长,第二步约为四脚至四脚半长,以后逐渐增大,直至途中跑的步长。加速跑最初几步的支撑点是处在身体重心投影点的后面,这可以使后蹬的大部分力量用于提高水平速度。随着跑速的增大,支撑腿着地点位置逐渐向前移直至在身体重心投影点前面着地。加速跑过程中,最初几步两脚着地点并不在一条直线上,随着速度的加快,两脚内侧着地点逐渐合于一条直线上(在起跑后 10～15 米处)。在加速跑中两臂动作与途中跑基本相同,但开始几步大腿前摆幅度较大,与此相适应,摆臂的幅度也较大。

(3)途中跑

途中跑的任务是继续发展和保持较长距离的最高速度。途中跑的每一单步结构均由支撑期和腾空期组成(见图 17－2)。

图 17－2　100 米跑中的途中跑技术

途中跑的支撑期可分为着地、垂直支撑和后蹬着地。腾空期结束,摆动腿大腿积极下压带动小腿前伸,膝关节几乎伸直下扒,前脚掌富有弹性地着地,着地点距身体重心投影点 27～37 厘米,着地角为 65°～68°。着地的瞬间,为了减缓前制动,随惯性迅速推动踝、膝、髋关节的屈曲前移进入垂直支撑阶段。同时,后腿的小腿顺惯性向支撑腿大腿靠拢,后腿的膝关节折叠角逐渐减小垂直支撑。随着身体重心的前移,髋、膝、踝关节的屈曲,身体总重心移至支点垂直面,即进入垂直支撑阶段。此时,支撑腿的膝关节成 136°～142°角,踝背屈角成 85°～90°;后腿大小腿折叠角处于最小状态,脚跟几乎触及臀部,一般大小腿折叠角为 28°。当身体重心移过支点垂直面后,即进入了后蹬阶段。此时,后腿同侧骨盆送髋,迅速有力地屈膝向前上方摆出,摆至大腿与水平面成 15°～20°角,也有摆至与水平面平行的,但不能超过水平面,不然则产生向上的回旋力,造成与身体前进方向不一致的分力。

支撑腿在摆动腿的拉动下,快速有力地伸展髋、膝、踝关节,推动身体重心向前运动。此时,两大腿之间的夹角成 100°～110°,支点至髋关节连线与地平面的后蹬角为 56°～60°,膝关节角在 150°～156°。途中跑的腾空期,是指后蹬腿的脚离地,即进入无支撑阶段的时期。腾空期的腿部动作分为随势动作、下放摆落动作。随势动作(惯性动作),是指摆动腿随着支撑腿后蹬结束,带动身体重心进入腾空阶段,空中迅速做"剪绞"动作,即两大腿的并腿,并腿时伴随有后面腿的小腿向大腿折叠靠拢和前面腿小腿自然前伸,快速移动身体重心向前下落的姿势。

下放摆落动作,是指足向地面下压至着地的动作。摆动腿摆至最高点后,大腿积极下压,小腿随大腿快速摆落,形成积极"鞭打式"着地。着地前踝关节应背屈约成 100°角,这样有利于着地时脚掌的加速动作。

途中跑时,头部正直,上体稍前倾,前倾角为 8°～12°。后蹬时,上体前倾角减小;着地时,上体前倾角稍增大。两臂前后摆动,臂的摆动一般具有两个作用:一是可以增加腿部的动作速度;二是可以维持身体在运动时的平衡。摆臂技术要求是,两臂屈肘成 90°角,手指自然成半握拳或自然伸掌。屈肘摆动的角度在跑动中并不是始终如一的,当向前摆臂时屈肘角减小,往后摆臂时屈肘角增大。摆臂动作应自然、有力,前摆手稍超过下颌,后摆肘稍朝外,不要耸肩,既要贯通肩关节的横轴运动,也要与两臂同时绕脊柱运动相配合,就是当臂前摆时同侧肩也前移,而另一侧肩即向后运动。

(4)终点跑

终点跑是全程跑的最后一段,应尽力保持途中跑的高速度跑过终点。终点跑的技术,要求运动员在离终点线 15～20 米处时,尽力加快两臂摆动速度和力量,保持上体前倾角,当离终点线一步距离时,上体急速前倾,双手后摆,用胸部或肩部冲向终点线,跑过终点后逐渐减速。

2.200 米和 400 米跑的技术

200 米和 400 米跑,有一半以上的距离是在弯道上进行的,弯道跑与直道跑在技术上有所不同。

(1)弯道起跑和起跑后的加速跑

为了便于弯道起跑后能有一段直线距离进行加速跑,应将起跑器安装在弯道跑道的右侧,起跑器对着弯道的切线方向。弯道起跑后,前几步应沿着内侧分道线的切线跑进。加速跑的距离适当缩短,上体抬起较早。在进入弯道时,应尽可能地沿着跑道内侧跑,身体及时向内侧倾斜。

(2)弯道跑技术

运动员从直道进入弯道时,身体应有意识地向内倾斜,加大右侧腿和臂的摆动力量和幅度,身体应向圆心方向倾斜。后蹬时,右腿用前脚掌的内侧,左脚用前脚掌外侧蹬地。两腿摆动时,右腿膝关节稍向内摆动,左腿膝关节稍向外摆动。两臂摆动时,右臂前摆稍向左前方,后摆时肘关节稍偏向右后方;左臂稍离躯干做前后摆动。弯道跑的两腿蹬地与摆动方向都应与身体向圆心方向倾斜趋于一致。从弯道跑进直道时,应在弯道最后几步,身体逐渐减小内倾程度,自然跑几步,然后做一个进入直道的调整,按直道途中跑技术跑进。

(3)跑的专门性练习

①小步跑:练习用前脚掌“扒地”过渡到垂直支撑技术,即短跑的落地术。练习时半高抬腿,膝关节放松,身体重心快速跟上,直腿下压,用前脚“扒地”;两腿快速交替(剪绞),伴有较低的腾空。

②高抬腿跑:将小步跑的抬膝动作加大抬高,练习短跑中腿的折叠高抬技术;落地与小步跑相同。

③跨步跑:减小后蹬角度,加大前摆幅度的跳跑。摆动腿积极下压,用前掌着地。

④后踢臀跑(折叠跑):小腿在体后顺惯性向大腿折叠,脚后跟积极向臀部靠拢。

⑤车轮跑:将小步跑、折叠跑、高抬腿跑结合起来加以“夸张”放大地跑。练习短跑中的折叠技术,目的在于练习各环节的衔接和体会用力顺序。

(二)跨栏跑

跨栏跑是在快速跑进过程中,依次跨过一定数量和高度栏架的短距离径赛项目,也是田径运动技术中比较复杂、节奏性很强的项目。参加这项运动能够提高人的速度、力量和柔韧等身体素质以及协调性和节奏感。

跨栏跑这项非对称周期性运动,它的成绩主要取决于运动员的平跑速度、过栏技术及跑跨结合能力。下面对 110 米跨栏跑技术动作进行分析。

110 米栏全程设 10 个栏架,栏间距离为 9.14 米,栏高 1.067 米,起跑线到第一栏的距离为 13.72 米,最后一栏至终点线的距离为 14.02 米。由于栏架较高,过栏和栏间跑速度很快,因此是跨栏跑技术中难度最大的项目。

1. 起跑至第一栏技术

从起跑开始加速跑至第一栏踏上起跨点的技术称为起跑至第一栏技术。其任务是快速起动,积极加速,为迅速、准确过第一栏做好准备,为全程跑奠定良好的速度和节奏基础。合理的起跑到第一栏技术应符合以下要求:

(1)起跑至第一栏加速跑如采用 8 步,应将起跨腿放在前起跑器上;如跑 7 步,摆动腿放在前起跑器上。起跑器的安装和起跑技术与短跑相似,只是“预备”姿势臀部稍高。

(2)起跑后应积极加速,两腿、两臂协调用力,积极蹬摆,同短跑相比上体抬起较快,大约在第 6 步时身体姿势已接近短跑途中跑的姿势。

(3)起跑至第一栏要求步数固定、步长稳定,准确地踏上起跨点。

2. 途中跑技术

110 米栏途中跑是由 9 个跨栏周期组成的,跨栏周期由一个跨栏步和栏间三步跑构成。

(1)过栏技术

过栏技术也称跨栏步技术,是指起跨腿的脚踏上起跨点到摆动腿的脚着地这一时段所完成的技术动作,它由起跨攻栏、腾空过栏、下栏着地组成(见图 17—3)。

①起跨攻栏

起跨攻栏是指从起跨腿的脚踏上起跨点着地缓冲开始,到后蹬结束离地时止的整个支撑时期的动作。它的任务是为迅速过栏创造更大的腾起初速度和适宜的腾起角度。它的重要性在于直接影响过栏时身体重心移动的轨迹和过栏速度,而且还会影响下栏后平稳和继续跑进。因此,正确掌握起跨攻栏技术是掌握好跨栏步技术的关键。正确的起跨攻栏技术应符合以下要求:

A. 适宜的起跨距离。适当增加起跨距离,以减小起跨角度,易于摆动腿向前攻摆。优秀运动员的起跨距离一般为 2.00~2.20 米。

B. 保持较高的身体重心位置。起跨前迅速而自然地缩短起跨前最后一步的长度,比前一步短 10~20 厘米,减小着地产生的制动力,使身体重心沿着距地面较高的“平直轨迹”迅速向前移

图 17－3 过栏技术

动，才能保持起跨攻栏前所达到的水平速度。起跨离地前身体重心积极前移，保持适宜的起跨角度。身体重心移过支点后，足跟提起，上体加速前移，在摆动腿屈膝折叠积极前摆的配合下完成后蹬，形成有利的攻栏姿势。身体重心移动约 50 厘米，用时 0.11～0.13 秒，起跨角为 70°左右。

C. 快速高摆攻栏腿，加大两腿夹角。起跨腿着地时，摆动腿由体后向前摆动，足跟靠近臀部，膝向下，以髋为轴，大腿带动小腿积极向前上摆至膝超过腰部高度。摆腿速度越快、两腿角度越大，越有利于增大蹬地力量和为腾空后快速剪绞提供有利条件。

D. 身体各部位动作连贯、配合协调。两腿蹬摆配合完成起跨动作过程中，上体随之加大前倾，摆动腿异侧臂屈肘向前上方摆出，肘关节达到肩的高度，另臂屈肘摆至体侧，整个身体集中向前用力，平衡舒展，自然连贯，配合协调，为顺利过栏创造条件。

②腾空过栏

腾空过栏是指起跨结束，从身体转入无支撑阶段起，到摆动腿过栏后着地止这一时段的动作。其任务是保持身体平衡，快速完成剪绞动作获得过栏后继续跑进的有利姿势。人体腾空后不能改变身体总重心的位移速度和运动轨迹，只能靠加快摆动腿、起跨腿，以及身体各环节的相向运动，改变身体各环节的相对位置，获得快速着地支撑。

起跨结束后，摆动腿继续向前上方高抬，异侧臂屈肘后摆，超过栏板高度后，摆动腿的小腿迅速前摆，几乎伸直，脚尖微微上翘，使大腿伸肌拉长准备积极下压着地。当摆动腿前摆的同时，异侧臂伸向栏板上方，与摆动腿基本平行。同侧臂后摆，加大上体前倾，躯干与摆动腿形成锐角，目视前方。在摆动腿脚掌到达栏板之前，起跨腿一侧的髋关节保持伸展，大腿屈肌处于拉紧状态，小腿约与地面平行或膝略高于踝，两腿在过栏前形成 120°以上的夹角，这是快速剪绞过栏的预先条件。正确的过栏技术应符合以下要求：

起跨攻栏时获得较大的水平速度，身体重心腾起角不超过 15°，尽量减小垂直速度，过栏后水平速度下降不大，使过栏与栏间跑动作连贯。

起跨攻栏和下栏着地保持较高的身体支撑姿势，减少过栏和栏间跑时身体重心波动差。过栏时两腿剪绞速度快，动作迅速。过栏时的两腿剪绞动作是摆动腿和起跨腿在空中完成的以髋为轴超越换位动作，是躯干以及两臂动作配合的结果。过栏各阶段的动作都要求积极、协调、平衡、连贯，既有一定的动作幅度，又能发挥较高的动作速度。

③下栏着地

下栏着地是指从身体重心达到腾空最高点开始，到摆动腿着地支撑这一过程的动作。任务是尽量减少水平速度的损失，使身体平稳、快速地转入栏间跑。从理论上讲，下栏是从身体重心达到腾空最高点开始的，但在实践中，下栏的动作意识要早些，当摆动腿的脚掌刚刚接近栏板就开始下压摆动腿。摆动腿的积极下压加大了它与躯干的夹角，加快了起跨腿以髋为轴的向前提拉和髋部前移速度。摆动腿下栏着地积极与否，在很大程度上取决于它在起跨时高抬快摆的程度。

摆动腿脚掌移过栏板的同时，起跨腿屈膝外展，小腿收紧抬平，脚尖勾起，足跟靠臀，以膝领先经腋下加速提拉，当脚掌过栏后，膝关节继续收紧向身体中线高抬，脚掌沿最短路线向前摆出，身体呈高抬腿跑的姿势。

过栏时两腿剪绞换步动作是在两臂和躯干协调配合下完成的。摆动腿的异侧臂和经腋下向前提拉的起跨腿做相向运动，膝肘几乎相擦而过，臂的摆动积极有力，摆过肩轴以后屈肘内收摆向体后，另一臂屈肘前摆，以维持身体平衡。

伸直下压的摆动腿在接近地面时，前脚掌做积极扒地动作，着地点距栏 1.50 米。脚落地后踝关节稍有缓冲，但足跟不触地面，膝、踝关节保持伸直，使身体重心保持较高的部位。躯干应保持一定前倾，起跨腿大幅度带髋提拉，两臂积极摆动，形成有利的跑进姿势。下栏后的支撑时间越短，水平速度损失越小，转入栏间跑就越迅速。

(2)栏间跑技术

从下栏着地到下一栏起跨攻栏点前的垂直部位之间的跑法称为栏间跑。其任务是发挥跑速，保持节奏，准备攻栏。栏间跑是跨栏跑的主要组成部分，与短跑途中跑有很大的区别。栏间跑是在固定的距离上，以固定的步数跑过，同时又要跨越栏架，所以步长、步速和支撑、腾空时间都有变化，构成了栏间跑特有的节奏。9.14 米的栏间距离，除去“跨栏步”的距离外，栏间的实际距离为 5.50～5.70 米，用三步跑过，其三步的步长比例是：小，大，中。

栏间跑第一步最小，一般为 1.50～1.60 米。其任务是尽快地将跨栏动作转变成跑的动作，为栏间跑速度和节奏的发挥奠定良好的基础。为使跨跑紧密结合在下栏着地时，应充分发挥踝关节及脚掌力量，借起跨腿的高抬快摆和两臂前后用力摆动，加速身体重心前移。

第二步是栏间跑三步中最大的一步，为 2.00～2.15 米，其动作结构和支撑与腾空时间关系与短跑途中跑大致相同，要高抬大腿用前脚掌着地，上体稍前倾，两臂积极前后摆动。

第三步的任务是既要保持和发挥速度，又要为跨下一栏创造条件。其动作特点与跨第一栏前的最后一步相同，形成一个快速的“短步”，摆动腿抬得不高，放脚积极而迅速。落地点靠近身体重心投影点。这一步应是栏间跑速度最快的一步，距离为 1.85～1.95 米。

提高栏间跑的速度，主要是靠加快栏间三步的频率和跑的正确节奏，在保证充分后蹬的同时，力求减少支撑时间，使腾空时间相对略有加长，使肌肉工作用力与放松合理交替。合理的栏间跑技术表现为栏间三步步长比例合理，身体重心高、起伏小，频率快，节奏稳定，直线性强，更加接近平跑技术。

3. 全程跑技术

加快过栏速度，提高栏间跑频率，是创造优异成绩的根本途径。起跑到第一栏步点要准确，跑速逐渐增加，过第一栏并没有达到最高速度，前三栏属于加速阶段，第 4～6 栏达到最高速度，而后速度有所下降，跨最后 2～3 栏时应将注意力集中在保持节奏和准备冲刺上，如感到体力不足，跨最后 2～3 栏时腾空要稍高些，以免碰撞栏架损失较大的速度。第十栏距离终点 14.02 米，跨过这个最后的栏架后，要快而有力地摆臂和蹬地，像短跑那样冲向终点和撞线。

(三)接力跑

接力跑是田径运动中唯一以集体形式出现的竞赛项目，由于其竞争激烈，成为最具吸引力和令人瞩目的项目。

接力跑形式多样，目前在大型室外田径比赛中，正式设置的场内竞赛项目为男、女 4×100 米接力跑和男、女 4×400 米接力跑。

1.4×100米接力跑技术

(1)起跑

①持棒起跑:第一棒运动员采用蹲踞式起跑,通常右手持棒,其基本技术类同短跑起跑,但接力棒不得触及起跑线及起跑线前面的地面。持棒的方法一般用中指、无名指和小指握住棒的末端,用大拇指和食指分开撑地。

②接棒人起跑:第二、三、四棒运动员多采用半蹲式或站立式起跑。第二、四棒选手站在跑道外侧,第三棒选手站在跑道内侧。接棒运动员起跑姿势的选择,主要取决于能否快速起跑和进入加速跑,并能清晰地看到传棒选手以及设定的起动标志。

(2)传、接棒方法

传、接棒时,一般采用不看棒的传、接棒方法,可分为两种:①上挑式。接棒人手臂自然后伸,手臂与躯干成40°~45°,掌心向后,虎口张开朝下。传棒人将棒由下向前上方“挑”,送到接棒人手中。此种方法的优点是接棒人手臂后伸的动作比较自然放松,易掌握。缺点是第一棒接棒后,手已握在棒的中部,这样不便于持棒快跑。另外,第三、四棒传接棒时,棒的前端已所剩不多,所以相对容易掉棒。②下压式。接棒人手臂后伸,与躯干成50°~60°,掌心向上,虎口向后,大拇指向内。传棒人将棒的前端由上向下“压”送到接棒人手中。此种方法的优点是每一次传接棒都能握住棒的一端,便于持棒快跑。缺点是接棒人在手臂后伸时相对紧张。

在4×100米接力跑中也可以采用混合式的传、接棒方法:第一棒运动员右手持棒,沿弯道内侧跑进,用上挑式将棒传出;第二棒运动员左手接棒,沿跑道外侧跑进,用下压式将棒传出;第三棒运动员右手接棒,沿跑道内侧跑进,用上挑式将棒传到第四棒运动员的手中。

(3)传、接棒的时机

在20米接力区内传、接棒的双方都能有较高的跑速,是传、接棒的良好时机。一般把这一时机设计在离接力区末端约4.50米处出现,其根据是此时传棒运动员仍处于高速之中,而接棒运动员也能加速到一定的速度水平。

(4)接力队员的棒次安排

4×100米接力跑的成绩主要取决于各棒运动员的短跑速度和传、接棒技术。一般第一棒应选择起跑好并善跑弯道的选手;第二棒应是传、接棒技术熟练且专项耐力较好的运动员;第三棒除应具备第二棒的长处外,还要善跑弯道;通常把短跑成绩最好、冲刺能力最强的运动员安排在第四棒。

2.4×400米接力跑技术

4×400米接力跑的传、接棒技术相对简单,但由于传棒人最后跑速已不快,所以接棒人应慢速跑进,目视传棒人,顺其跑速接棒,然后再快速跑出。

第一棒采用蹲踞式起跑,持棒方法同4×100米接力的第一棒。第二棒采用站立式起跑,通常站在接力区后沿的前面,头部转向后方,看好同队的传棒队员,如果传棒人最后仍有一定的速度,那么接棒人可以早些起跑;如果跑速已比较缓慢,则应晚些起跑;如已筋疲力尽,则要主动接棒,并力争早些完成传、接棒动作。第三、四棒的接棒方法基本同第二棒,只是要注意服从裁判安排,并注意在不影响其他接力队跑进的情况下从两侧退出跑道。

4×400米接力跑各棒次运动员的安排原则一般为:①第一棒安排技术良好、实力较强的选手,力争在第一个400米成为领先者,这样有利于第二棒运动员水平的充分发挥,并对全队士气起到鼓舞作用。②第四棒应是全队实力最强的选手。接力跑的胜负有时会突出地表现在最后一棒运动员的竞争上。

(四)中、长跑

中、长跑的技术基础上是相同的，但由于跑的距离不同，在技术动作的速度和幅度及用力程度上有所不同，对各项目的一般要求是：身体重心位移平稳，动作有实效、经济、轻松、自然，并保持良好的节奏。高步频、积极有效的伸髋和快速有力的摆动动作，是现代中、长跑技术的主要特征。

中、长跑各个项目的完整技术均分为起跑、起跑后的加速跑、途中跑和终点跑等主要技术环节。

1. 起跑和起跑后的加速跑

中、长跑采用站立式起跑。当运动员听到“各就位”口令后，从集合线轻松地走到起跑线后，两腿前后站立，有力之腿在前，紧靠起跑线后沿。前脚跟与后脚尖距离约一脚长，左右间隔约半脚，后腿用前脚掌支撑站立。臂的动作有两种：一种是两臂一前一后，另一种是两臂在体前自然下垂。

两腿弯曲和上体前倾程度依战术而定，即起跑速度越快，两腿弯曲和上体前倾程度越大。颈部放松，眼向前看 5～10 米处，整个身体保持稳定姿势，注意听枪声。

听到枪声后，两腿用力蹬地，后腿蹬地后迅速前摆，两臂配合两腿的蹬摆做快而有力的前后摆动，使身体快速向前冲出，过渡到起跑后加速跑阶段。加速跑时，两腿应迅速有力地蹬伸和极力摆臂，在短时间内达到预定速度。加速跑的距离依项目、个人能力及战术而定。一般中、长跑加速跑的距离稍长。无论在直道或弯道上起跑，都应该按切线方向跑进，在规则允许的范围内，抢占有利的战术位置，然后进入途中跑。

2. 途中跑

途中跑是决定中、长跑运动成绩的主要环节。途中跑应强调轻松、省力、节奏好。

(1)后蹬与前摆

在一个跑的周期中，当身体重心移过支点上方后，开始后蹬与前摆动作。在摆动腿膝关节迅速有力地向前方摆出，带动同侧骨盆前送的同时，后蹬腿的三个主要关节迅速蹬伸。用力顺序是伸髋—伸膝—伸踝。蹬地时，不仅腿部大肌群参加工作，而且脚掌小肌群也积极参加工作，最后经脚趾蹬离地面。后蹬结束时后蹬腿膝关节不是完全伸直的，一般为 160°～170°，蹬伸结束后应快速向前摆，摆动腿大腿带动小腿积极向前方摆动，加大支撑腿的支撑反作用力，加快蹬伸速度，使髋部更好地前送，带动身体重心向前移动，同时也为摆动腿积极着地创造条件。大腿前摆时，小腿要放松而自然下垂，后蹬动作结束时，摆动腿小腿处在与后蹬腿近似平行的状态。

(2)腾空

后蹬腿蹬离地面后，身体进入腾空阶段。腾空时，放松蹬地腿的肌肉，并迅速有力地将大腿向前上方摆出。此时小腿随惯性自然摆起，膝关节弯曲，形成大小腿折叠的姿势。脚在空中移动的轨迹高度在膝关节附近。小腿顺惯性折叠，形成以大腿长度为半径的摆动过程。这一过程有助于摆动腿以髋带动大腿积极、迅速地向前摆动。优秀运动员的技术特征是不过高地向后甩小腿，而是在脚上抬的同时膝向前摆，这就缩短了摆动半径，加快了摆动角速度。

(3)着地与缓冲

脚着地前，摆动腿大腿积极下压，小腿顺势前摆并做“扒地”动作。着地腿的膝关节是弯曲的，这对完成缓冲动作有积极作用。脚着地时用前脚掌或前脚掌外侧先着地，然后过渡到全脚掌着地。优秀运动员脚着地点与身体重心投影点间距为 20～30 厘米。着地时，脚尖应正对跑进方向，不应偏离。脚着地后，小腿后部肌群和大腿前部肌群应积极而协调地退让，以减缓着地瞬间的阻力；同时预先拉长伸肌，为后蹬创造条件。在伸肌退让的同时，应迅速屈踝、屈膝和屈髋完成缓冲动作。其中，屈膝在缓冲过程中起主导作用。这时，骨盆向摆动腿一侧倾斜，摆动腿的膝关节低于支撑腿的膝关节。

(4)上体姿势与摆臂动作

上体正直或稍前倾。头颈部肌肉自然放松,两眼平视,两手半握拳,两臂弯曲,两肩放松,以肩为轴前后自然摆动。摆幅随跑速变化而适当变化。肘关节的角度在垂直部位可大些,以利两臂肌肉的放松。

途中跑有一半以上的距离是在弯道上进行的。弯道跑技术基本上与短跑的弯道跑技术相同,只是跑速相对较慢,动作速度和用力程度较小。中、长跑除了战术需要而改变跑的节奏外,一般多采用匀速跑。匀速跑可为肌肉和内脏器官的活动创造有利的条件,并能推迟疲劳的出现。但长时间用一种节奏跑会使运动员感到单调,也不适应现代中、长跑激烈竞争的需要,因此应掌握多种节奏跑的方法。

3. 终点跑

终点跑是临近终点的一段冲刺跑。终点跑的距离要根据项目、训练水平、个人特点、战术需要及比赛具体情况而定。一般情况下,800 米可在最后 200～300 米,1 500 米在最后 300～400 米,3 000 米以上可在最后 400 米或稍长的距离开始终点冲刺跑。速度快的运动员,往往在跟随跑的前提下,在最后一个直道时,突然加速;耐力好的运动员,多采用更长段落的冲刺跑。不论终点跑距离的长短,在冲刺跑之前,必须抢占有利位置,并注意观察对手情况,动员全部力量冲过终点。

4. 中、长跑的呼吸

中、长跑时,为了改善气体交换与血液循环的条件,应注意呼吸的节奏。呼吸的节奏取决于个人特点和跑的速度,一般是跑两三步一呼气,跑两三步一吸气。随着跑速的提高,呼吸频率也相应加快,在终点冲刺跑时,有些运动员采用一步一呼、一步一吸的方法。呼吸应自然和有一定的深度。随着疲劳的出现,应着重加深呼气,只有充分呼出二氧化碳才能吸进氧气。由于强度大、竞争激烈,为了提高呼吸效率仅用鼻子呼吸是不够的,应采用半张的口与鼻子同时呼吸,以最大限度地满足机体对氧气的需要。

中、长跑时,由于内脏器官机能惰性的限制,氧气的供应暂时落后于肌肉活动的需要,跑一段距离后会不同程度地出现胸部发闷、呼吸困难、动作无力,迫使跑速降低,甚至有难以坚持跑下去的感觉。这种生理现象称为"极点"。它与准备活动、训练水平和运动强度等有关,跑的强度大,"极点"出现得早;跑的强度小,"极点"出现得迟而且感觉轻,适应的时间也短。"极点"现象也与训练水平有关,训练水平高,内脏器官的适应能力就强。"极点"是可以克服的,在练习过程中,应遵循循序渐进原则,充分做好准备活动,掌握好途中跑的速度变化。当"极点"出现时,可适当降低跑速,注意深呼吸,特别是加深呼气,同时要以顽强的意志坚持下去。"极点"的克服,不仅是提高训练水平的过程,也是锻炼意志、培养克服困难精神的过程。

5. 中、长跑的战术

中、长跑比赛战术的确定主要取决于运动员自身情况、对手情况和客观因素。中、长跑比赛主要有两种战术思想:一是创造优异成绩;另一种是争取比赛胜利。采用创造优异成绩战术时,运动员通常是主动占据领先位置,以事先确定好的破纪录或创成绩的分段计时计划积极跑进。采用取胜战术时,主要是要坚持跟随对手,在紧紧跟随的同时,尽量保存力量,冲刺之前应占据有利位置,防止被对手裹在中间,以便进行决定性的冲刺去夺取胜利。

除上述两种基本战术外,中、长跑的战术主要还是要灵活运用,要根据比赛中的实际情况,及时调整战术,争取主动。变速跑、冲刺甩开对手的跑也是常见的战术之一。

二、跳跃类项目

(一)跳跃技术原理

田径运动的跳跃类项目有跳高、跳远、三级跳远和撑竿跳高,这些都是奥运会和各类国际大型比赛所进行的田径比赛项目。跳跃项目有各自的技术形式和特点，但是最明显的运动学特征就是人体由水平位移运动，改变为抛射运动，具体地说就是通过起跳改变身体重心的运动方向，使人体向高度或远度腾越。跳跃运动项目分为两类：一类为克服垂直障碍追求人体腾越高度的项目，如跳高和撑竿跳高；另一类为追求水平方向跳跃远度的项目，如跳远和三级跳远。所有的跳跃项目，都既有共同的运动规律，又有各自的专项运动特征。

田径运动跳跃项目追求的是腾越尽可能高的高度或达到尽可能远的远度。了解跳跃项目高度和远度的构成，以及影响高度和远度成绩的基本因素，对正确理解跳跃项目的技术特点，争取优异的跳跃成绩是十分必要的。

（二）跳高

跳高是人体利用助跑、起跳产生的水平速度、垂直速度使人体腾起越过一定高度横杆的一项体育运动。通过参加这项运动的锻炼，可以提高人的弹跳力和协调能力。

1. 背越式跳高技术

背越式是 20 世纪 60 年代后期产生和发展起来的一种新的跳高技术。由于它能够更充分地发挥运动员的速度和爆发性用力的潜在能力，所以取代了其他传统的跳高方法，成为现代最先进的跳高技术。背越式跳高具有快速的技术特征，且能与力量完美地结合起来，使技术动作表现出很高的效率。背越式跳高的完整技术是由助跑、起跳、过杆和落垫四个部分组成(见图 17—4)。

图 17—4 背越式跳高技术

(1)助跑

快速助跑是背越式跳高技术的特点之一。为了利用助跑的速度提高起跳的效果，背越式跳高的助跑距离较长，且采用更接近于普通跑的跑法。

运动员的助跑大多采用 8～12 步，全程呈抛物线曲线，或者是一条直线接抛物线曲线。这种助跑路线的优点是便于加速和使速度损失减小到最低程度。最后 3～5 步在曲率逐渐加大的曲线上跑进，使身体的内倾逐步地加大，至最后第二步摆动腿支撑垂直部位时达到最大内倾。研究表明，运动员由内倾姿势进入起跳，有利于提高垂直向上的起跳效果和使身体自然地转向背对横杆。此外，由于内倾状态下身体重心自然地下降，膝关节的弯曲程度相对较小，这有利于在同等工作距离的条件下缩短起跳的时间。可见，背越式跳高采用弧线助跑，是形成背向越杆的需要，也是产生高效率起跳的前提和保证。助跑的最后一步，约与横杆成 30°。

背越式跳高的助跑技术近似于短跑的途中跑，但要求身体重心高而平稳，上体略有前倾，后蹬充分有力，前摆抬腿积极自然，动作连贯，两臂配合大幅度地摆动。在弧线上跑进时，身体逐步地向内倾斜，加大外侧臂和腿的摆动幅度，头、躯干和腿的支撑点应在力的作用线上。助跑的整个过程，加速节奏明显，尤其是最后几步应积极跑进，加大每一步支撑阶段身体重心前移的幅度和速度。

为了使助跑快速、连贯地过渡到起跳，要求最后第二步保持继续跑进的姿势，动作结构无明显的变化。摆动腿着地以后，身体重心迅速地移至支撑垂直部位，并依靠摆动腿"牢固"支撑，保持身体的内倾姿势。此后摆动腿有力地蹬伸，直至脚扒地蹬离地面，推动髋部和躯干大幅度快速前移。这一瞬间膝关节缓冲曲度成 150°～160°，蹬伸幅度达到 50°～60°，摆动腿的这一主动动作，对加快身体重心前移的速度和迅速踏上起跳点，有着十分重要的意义。

(2)起跳

背越式跳高的起跳在起跳脚踏向起跳点时，要求保持住身体的内倾姿势向前送髋和前移躯干，并使起跳腿一侧的髋超越摆动腿同侧的髋，同时控制肩轴几乎与横杆垂直，形成肩轴与髋轴的扭紧状态。然后，起跳腿以大腿带动小腿积极下压着地，着地时起跳脚外侧跟部接触地面，接着通过脚的外侧滚动至全脚掌，脚尖朝向弧线的切线方向。随着身体由内倾转为垂直，迅速地完成缓冲和蹬伸动作。蹬伸动作依次由髋、膝、踝顺序用力，躯干和三个关节充分伸展，运动员为了加快起跳的速度，在起跳过程中，腿、臂的协调配合起着积极的作用。目前大多数运动员采用屈腿或折叠式的摆腿方法，即在助跑最后一步摆动腿蹬离地面以后，以髋发力加速向前摆大腿，同时小腿随着惯性自然折叠起跳。腿着地瞬间，摆动腿已靠近起跳腿，膝关节的弯曲接近最大程度，然后大小腿的角度有所展开，摆动腿沿着助跑弧线的延续方向加速上摆，直至减速制动，这时大小腿夹角成 90°～120°。整个摆腿过程随着膝关节角度的变化摆动半径随之改变，使摆动的加速和减速节奏十分明显，从而对起跳产生积极的动作效应。

摆臂的方法有双臂摆动和单臂摆动两种。前者有助于加大摆动的力量，后者有助于缩短起跳时间。但无论采用哪种摆动方法，都要求快速、充分，与摆动腿的摆动协调配合。

(3)过杆

过杆是最终决定跳跃成败的重要环节。合理的过杆技术应利用人体旋转，以及根据人体与横杆相对位置的改变，控制旋转速度的变化，使身体的各个部位顺利地越过横杆。

当起跳腿蹬离地面结束起跳以后，身体应保持伸展的姿势向上腾起，同时在摆动腿和同侧臂的带动下，围绕身体纵轴旋转，使身体转向背对横杆。这时采取较伸展的姿势，可以减慢围绕身体矢状轴和额状轴的旋转速度，防止上体过早地倾向横杆，并有助于以摆动腿同侧臂和肩为先导超越横杆。

当头和肩越过横杆以后，及时地仰头、倒肩和展体，并利用身体重心向上的速度，收腿挺髋，形成身体的背弓姿势。这时两腿屈膝稍后收，两臂置于体侧，这样可以缩短半径，加快围绕身体额状轴的旋转。当身体重心移过横杆时，则应做相反的补偿，即含胸收腹，控制上体继续下旋，同时以髋部发力，带动大腿和小腿加速向后上方甩腿，使整个身体脱离横杆。

整个过杆动作是沿着身体重心的运动方向，顺势、依次和快速地完成的，在这个过程中，任何多余的动作，特别是过大的挺腹和收腹，引起髋部的位置急剧上升或下落，都会给过杆造成困难。此外，还应根据助跑的快慢和起跳以后相对于横杆位移的速度，确定适宜的背弓程度。通常背弓越大，完成过杆动作的时间越长。

(4)落垫

由于以海绵垫铺设于跳高的落地区，所以背越式跳高的落垫技术比较简单。在人体向后上方甩腿之后，保持着屈髋伸膝的姿势下落，最后以上背部或背部落于海绵垫上。落在海绵垫后要做好缓冲控制，防止受伤。

2. 跨越式跳高技术

跨越式虽是一种较原始的跳高方法，但是它技术简单，易于掌握，且对场地设计条件要求不高，因此易在群众性体育活动和中、小学体育教学中推广。此外，它还可以作为一种辅助性练习手段，在少年儿童启蒙训练阶段和运动员改进助跑起跳技术时采用。

跨越式跳高采用直线助跑，摆动腿一侧靠近横杆，助跑路线与横杆成 30°～40°，助跑 6～8 步。随着技术的掌握和训练水平的提高，助跑步数可以适当增加。助跑可采用自然跑进的方法，节奏逐步加快，起跳前不要明显地下降身体重心，最后一步时依靠摆动腿积极有力地蹬摆，顺势完成起跳动作。向上腾起时，上体应保持正直姿势，两臂充分上摆。当摆动腿摆过横杆时，做内旋下压动作，同时起跳腿稍向外旋，并迅速向上抬起。此时除两腿做一下一上的补偿之外，起跳腿同侧臂向下向后摆动，带动上体适度前倾和稍向横杆方向侧倒与扭转，帮助起跳腿和同侧髋部摆脱横杆完成过杆动作。过杆后身体侧对横杆，用摆动腿先落于海绵垫。

（三）跳远

跳远的完整技术是由助跑、起跳、空中动作和落地四个部分组成。它们是相互联系的统一整体。正确完成跳远技术各部分的动作，并使各部分动作紧密有机地结合，才能体现出完整的跳远技术。

1. 助跑

跳远的助跑速度与跳远成绩密切相关。跳远助跑的任务就是获得理想的水平速度，并为准确踏板和快速有力的起跳做好准备。

（1）助跑的方式

跳远运动员的助跑加速方式主要有两种，即平稳加速和积极加速方式。

平稳加速方式：平稳加速的跑法与加速跑基本相同，特点是开始阶段步频较慢，然后在逐渐加大步长或在保持步长的基础上提高步频，助跑最后几步保持步长，提高步频。平稳加速方式的加速时间较长，加速过程是均匀而平稳地进行的。跑的动作轻松、自然。这种助跑方式适合于身材高大、速度发挥较慢的运动员。

积极加速方式：积极加速助跑的特点是步频始终保持在较高水平，较快地获得最高助跑速度，上体前倾度也较大。这种助跑方式适合于身体较矮、速度发挥较快的运动。积极加速的跑法是，助跑开始几步的步频较高，步长较短。掌握正确的助跑方法是准确踏板的基础。助跑的准确性取决于整个助跑节奏和最后几步的稳定性。而这种稳定性与运动员对变化着的外界条件的判断和个体心理状态有直接关系。为了准确地踏板，助跑时应注意以下几个方面：

①固定起动姿势、加速方式和助跑节奏。助跑第一步的大小、蹬地方向和速度对助跑的稳定性和准确性至关重要，应准确把握。

②正确设置助跑标志。为了使助跑更加稳定和准确，可在助跑途中设置标志。设置标志是为了提高助跑的准确性和增强起跳信心。标志不宜设置过多，以免分散助跑时的注意力和影响助跑的连贯性。通常在助跑的最后 4～6 步处设置标志，旨在检查调整助跑的准确性和便于教练员的指导。

③对已确定的助跑距离，要根据外界条件的变化，如风力、风向、气温及跑道的质地、比赛时间并结合自身状态，反复进行检查和调整，保证在比赛时准确地踏板。

（2）助跑距离

助跑距离的长短与运动员发挥速度的能力有关。发挥速度较慢的，其助跑距离较长，因为他们的最高速度出现较晚；反之则较短。助跑距离并不是固定不变的，它会因比赛时外界条件的变化及身体状态的不同而有所改变，还会随着训练水平的提高而变化。

(3)起跳前最后几步助跑技术

①起跳前最后几步助跑:跳远起跳前最后几步的助跑是整个助跑技术的关键。在最后几步助跑时,既要保持或发挥最高速度,又要为起跳做好充分准备。因此在最后几步的助跑中,优秀运动员都具有各自的技术特点。

最后几步的助跑技术,优秀运动员主要表现出两种技术特征:一种是最后几步的步长相对缩短,步频明显加快,形成一种快速进入起跳的助跑技术节奏;另一种是在步长相对稳定的情况下加快步频,形成快速上板的技术特征。目前,世界优秀运动员大多采用后一种跑法。这种助跑技术有利于保持和发挥最高助跑速度,最后几步呈加速状态,使助跑和起跳的衔接更加紧密。应强调指出,他们最后 4 步是不断加速直至上板达到了最高速度,这是他们打破世界纪录所表现的助跑技术特征。

②助跑最后 3 步步长:传统理论认为,助跑最后 3 步的步长应为中、大小,即最后第 3 步的步长为中,最后第 2 步的步长为大,最后 1 步的步长为小。例如鲍威尔跳 8.95 米时,倒数 4 步的步长分别为 2.36 米、2.42 米、2.52 米和 2.25 米;刘易斯跳 8.91 米时,倒数 4 步的步长分别为 2.63 米、2.50 米、2.67 米和 2.39 米。实践表明,优秀运动员助跑最后几步的步长与运动员的自身特点和助跑技术特点有密切关系,存在明显的个体差异,也可能会表现出最后几步步长为等长步或最后一步的步长最大等技术特征。

③起跳的准备:助跑的最后几步为起跳的准备阶段,直接影响快速起跳的效果。为了完成理想的起跳技术,此时身体重心相应地自然下降,以便为起跳做充分准备。

2. 起跳

起跳时,应充分利用助跑所获得的速度在较短时间内创造尽可能大的腾起初速度和适宜的腾起角。起跳技术分为起跳脚着地、缓冲和蹬伸三个动作阶段,以及起跳过程中上下肢的摆动动作。

(1)起跳脚着地阶段

起跳脚应积极、主动地着地,这既可以减小着地时的冲撞力,又可以为着地后快速前移身体做好准备。

起跳脚着地瞬间,上体角度为 90°～107°,小腿与地面夹角约为 65°,膝关节为 175°～178°。

(2)缓冲阶段

起跳脚着地至膝关节的弯曲程度达最大时,这一动作过程为缓冲阶段。缓冲的作用主要在于减缓起跳的制动力,减少助跑速度的损失。优秀运动员起跳缓冲时的膝关节角度为 138°～145°。研究结果表明,随着训练水平的提高和起跳技术的完善,起跳缓冲时,膝关节的弯曲程度趋于减小。

3. 蹬伸阶段

蹬伸阶段是由起跳腿膝关节最大弯曲时开始,至起跳脚蹬离地面瞬间止。起跳蹬伸时,整个身体快速向前上方伸展,起跳腿的髋、膝、踝各关节要充分伸展。上体和头部保持正直,摆动腿大腿摆至水平位置。优秀运动员的蹬地角为 75°左右。

起跳蹬伸时,要充分利用肌肉的弹性,发挥肌肉的收缩力。起跳蹬伸时的速度和方向,直接影响腾起初速度的大小和方向。蹬伸动作快而充分,腾起初速度和腾起角度则大,跳远成绩则好。

4. 起跳过程中上下肢的摆动动作

跳远起跳过程中的摆动,对于减少着地时的制动力、提高起跳速度、增强起跳效果有着十分重要的作用。因此,起跳时不仅要强调起跳腿快速地蹬伸,而且还要十分注意上下肢的摆动以及"摆"与"蹬"的协调配合。摆动腿的摆动速度对起跳有直接影响。优秀运动员的最大摆动速度可以达到 13.5 米/秒。蹬伸离地时,摆动腿的摆动高度在水平部位或高于水平部位。优秀运动员两大腿的夹角为106°～114°。在起跳过程中，起跳腿屈曲缓冲时，摆动动作有助于减小着地时的制动力；在起跳蹬伸时，摆动动作的反作用效果增大了对地面的压力，有助于提高起跳效果。在起跳腿蹬伸的最后阶段，摆动动作的制动可加快起跳腿的蹬伸，促使整个身体快速向上伸展。

（四）空中动作

起跳离地后，人体在空中完成各种动作的过程称为空中技术动作阶段。由于跳远起跳时产生使身体向前的旋转力，空中动作就是要防止身体向前旋转，保持在空中的平衡，最大限度地利用身体重心抛物线高度和远度，把两腿充分地向前伸出，争取获得最远的远度。

挺身式：起跳腾空后，摆动腿的大腿积极下放，小腿随之向下、向后方摆动，留在体后的起跳腿与摆动腿靠拢。当达到腾空最高点时，身体充分伸展，形成“挺胸展髋”姿势。两臂上举或后摆，然后收腹团身，落地瞬间双腿前伸，完成落地动作（见图17－5）。

图17－5　挺身式跳远技术

挺身式跳远可较充分地拉长体前肌群，有利于完成收腹团身和落地时前伸双腿的动作，这是其优点，但空中动作的形式和用力特点使助跑与起跳之间的衔接不紧密是其不足之处。

（五）落地

从起跳脚蹬离地面后，运动员身体重心抛物线的移动轨迹就已被确定。良好的空中动作是合理落地的基础。落地前，双臂快速向后方摆动，这有利于双腿向上抬起并向前方伸出，以便于脚的落地点更靠近腾空后身体重心轨迹与水平面的交点，达到理想的跳跃距离。着地时为了更好地向前伸腿，有些运动员甚至采取了上体稍后仰的动作。双脚着落沙坑瞬间，应及时屈膝缓冲，髋部迅速向前移动，双臂快速前摆使身体特别是将臀部迅速移过落地点。

三、投掷类项目

（一）投掷技术原理

田径运动的投掷类项目有推铅球、掷标枪、掷铁饼和掷链球，这些都是国际大型比赛、奥运会所进行的田径比赛项目。虽然各个项目所采用的器械形状、重量、材质和技术形式都不一样，比赛的场地要求也各不相同，但都属于田径运动的田赛项目。

田径运动的投掷类项目最明显的运动学特征就是人体通过持握器械，预先加速，最后用力使手中的器械产生加速度后，按适宜的角度抛射出去，达到最大的远度。田径投掷类项目分为两类：一类为较重球形器械的投掷项目，例如推铅球和掷链球；一类为较轻流线体器械的项目，例如掷标枪和掷铁饼。它们既有共同的运动规律，又有各自的特点。限于篇幅，以下介绍推铅球项目。

（二）推铅球

推铅球是通过人体运动产生相应的速度、力量，并合理地利用技术动作，发挥肌肉收缩的最大力量和骨骼支撑的条件，将铅球推得更远的一项体育运动。参加推铅球的锻炼，能够提高人体全身协调用力的能力，提高力量素质。

1. 推铅球技术

推铅球是速度力量型项目。影响推铅球成绩的因素主要是出手初速度、出手角度和出手高度。为了便于分析，把推铅球技术分为握持铅球、滑步、最后用力三个部分。

(1)握持铅球(以右手投掷为例)

①握球

五指自然分开，将球放在食、中、无名指指根处，大拇指和小指扶在球的两侧，手腕背屈。这样可以增加握球的稳定性，防止铅球滑动，充分发挥手腕和手指的力量，使铅球获得更快的初速度。

②持球

握好球后，将球放在锁骨窝贴于颈部，下颌略向右转，右臂屈肘，掌心向内，上臂略低于肩或与肩平齐。左臂自然上举，两眼平视前方。

握持铅球的方法比较简单，但动作掌握得正确与否，会对滑步和最后用力动作产生较大的影响。握持铅球的动作细节可以因人而异，但必须以有利于完成后续动作和发挥力量为原则。

(2)滑步技术

①侧向滑步

预备姿势：持球后，侧对投掷方向，两脚左右开立，相距 20～30 厘米，右脚外侧贴近投掷圈的后沿，左脚前掌着地，上体正直，目视前方或右前方，身体重心落在右腿上。待身体平稳后，上体逐渐向右侧倾斜，左腿向左上方抬起左臂自然上举。然后，随着回收左腿，右腿下蹲，形成“团身”姿势。此时铅球的投影点要在身体支点的右边，左腿靠近右腿，体重压在右脚上，眼睛看前下方 2～3 米处。

滑步动作：“团身”动作完成后，首先髋部带动身体重心略向投掷方向移动，使其移离身体的支撑点(右脚)。接着，左腿向投掷方向摆出，同时右腿向投掷方向快速用力蹬伸，上体姿势不变。蹬摆动作完成后，右腿迅速内收，左腿积极落地，形成最后用力前的良好预备姿势。滑步时，右脚离地不要过高，以免身体重心上下起伏过大。滑步结束时，身体仍然侧对投掷方向，铅球的投影点位于右脚外侧的右边。

②背向滑步

预备姿势：预备姿势是滑步前的准备动作，它对铅球运行距离、身体的平衡有重要的作用，并为滑步动作创造有利的条件。预备姿势一般可分为高姿和低姿两种。目前优秀铅球运动员采用后者的较多，即持球后，背对投掷方向，两脚前后开立，相距 40～50 厘米，身体重心压在右腿上。右腿弯曲右脚脚尖贴近投掷圈的后沿，左脚在后，脚尖着地，形成“团身”姿势。这时躯干与地面基本保持平行，眼睛看前下方 2～3 米处。

滑步动作：滑步的目的是使铅球获得一定的水平速度，并为最后用力创造良好的条件。滑步技术掌握得好的投掷者，其滑步推铅球的成绩可以比原地推铅球远 1.5～3 米。决定滑步效果的因素主要有三个方面：一是左腿摆动的力量、速度和方向；二是右腿蹬地的力量、速度和角度；三是左腿摆动与右腿蹬地的协调配合。预备姿势完成后，首先臀部带动身体重心略向投掷方向移动，使其移离身体的支撑点(右脚)，以便于滑步和避免身体重心起伏过大。接着，左腿以大腿带动小腿迅速向抵趾板方向摆出并外旋，右腿积极蹬伸，及时拉收并内旋，两腿摆蹬协调配合，推动身体向投掷方向快速移动，形成最后用力前的良好姿势。以上动作一定要体现出重心后移在先、以摆为主、以摆带蹬、摆蹬结合的特点。滑步开始时，右脚蹬离地面的方法有两种：一种是前脚掌蹬地，另一种是脚后跟蹬地。前者动作简单、省力、便于拉收右腿，容易掌握，但右腿蹬地不充分，力量小，蹬地角度大，因此造成滑步时身体重心上下起伏较大。后者右腿蹬地充分，力量大，蹬地角度小，能减小滑步时身体重心的起伏，更好地发挥水平速度，但对腿部的力量和灵活性要求较高，拉收右腿动作难度大。

(3)最后用力

最后用力是从左脚落地开始至铅球出手结束。最后用力是推铅球技术的关键环节，其任务是：充分利用滑步获得的水平速度，结合最后用力中身体各部分发挥的力量，通过手臂和手指作用于铅球。最后用力对铅球出手初速度的贡献率高达80%。最后用力要与滑步紧密结合，用力顺序正确，动作连贯，加速明显，并有牢固的左侧支撑。最后用力动作正确与否直接影响着铅球的出手初速度、出手角度和出手高度。它包括积蓄力量和加速推球两个阶段(见图17－6)。

图17－6 背向滑步推铅球技术

①积蓄力量阶段

最后用力的积蓄力量阶段是指从左脚落地到身体形成侧弓这一过程。滑步结束后，背对投掷方向，肩轴与髋轴成“十字”扭紧，两脚左右成“外八字”开立，站距约一肩半，左脚尖与右脚跟几乎在一条直线上，左腿自然伸直，左脚前脚掌内侧着地，形成有力的左侧支撑，右腿弯曲，右脚前脚掌着地，体重压在右腿上，目视前下方2～3米处。紧接着，右腿积极蹬转，推动右髋向投掷方向转动，上体在转动中逐渐抬起。为加快上体转动和抬起，左臂由胸前向投掷方向牵引摆动，使身体由背对投掷方向转至侧对投掷方向。此时肩轴仍落后于髋轴，左臂和左肩高于右肩，体重大部分仍在弯曲而压紧的右腿上，身体形成侧弓姿势，拉长的肌群成待发之势，为躯干最后用力推球动作创造了条件。

②加速推球阶段

最后用力的加速推球阶段是指从身体形成侧弓到铅球出手这一过程。身体形成侧弓后，右腿继续蹬伸，加速右髋向投掷方向转动和上体的前移，体重逐渐移至左腿，左膝被动微屈。左臂由上向身体左侧靠压制动，同时挺胸抬头，快速转体，用力推球。当铅球将要离手时，手腕内转屈腕，手指有弹性地拨球，加快出手速度。铅球出手角度一般是35°～39°。

铅球离手后，两腿前后交换，同时身体左转，并及时降低身体重心，以便减缓向前的冲力，维持身体平衡，避免出圈犯规。

最后用力推球力量的大小，关键取决于右腿，它是推铅球的主要动力来源。右腿正确的蹬伸用力，能保证髋部正确的运动，而髋部的动作将直接影响上体的抬起和转体，以及身体侧弓动作的形成。

最后用力过程中，左腿的支撑动作非常重要。它可以有效地保证动量转换从而加快上体和铅球向前上方运动的速度；它可以提高铅球的出手高度，并使铅球获得较大的垂直分力，进而达到理想的出手速度和出手角度。最后用力中，髋轴与肩轴之间的位置关系是正确用力顺序的标志，也是能否充分发挥下肢和躯干肌肉力量的关键。最后用力前，髋轴在前、肩轴在后，两轴形成一定的交叉角，使躯干肌群充分扭紧。最后用力开始后，右腿用力蹬伸，推动右髋转动，使肩轴更加落后于髋轴，从而使躯干肌群得到最大限度的扭紧。当髋轴转至接近正对投掷方向时，肩轴迅速转动，赶超髋轴，形成自下而上的用力顺序，使下肢和躯干肌肉的力量得到充分的发挥。最后用力铅球出手时，采用支撑投交换腿技术的优点是能够充分发挥腿部肌肉最大的力量，使整个技术动作比较完整；缺点是最后用力铅球出手时的加速不够积极，动作幅度较小。采用跳投交换腿技术的优点是最后用力铅球出手时的加速动作比较积极，全身爆发性用力比较集中，动作幅度较大；缺点是左侧支撑的技术不够稳定，交换腿的时机不易掌握好，容易影响全身力量的充分发挥。

第三节 田径运动安全事故与预防

一、田径运动常见的伤害事故

田径运动常见的伤害主要包括：(1)开放性软组织损伤。在运动中摔倒造成的擦伤，跑鞋鞋钉与标枪等器械所产生的伤害。(2)闭合性软组织损伤。钝性外力直接作用于身体某部位引起的挫伤和肌肉猛烈主动收缩而发生的拉伤。(3)关节扭伤和脱位。运动过程中摔倒手撑地，可引起肘关节或肩关节脱位；落地姿势不正确，引起踝关节的扭伤等。(4)疲劳性骨膜炎。由于训练方法不当，训练量过大，在一段时间内肌肉局部负荷过大，造成胫骨、趾骨发生疲劳性骨膜炎。(5)骨折。分为开放性和闭合性骨折，由于训练不当造成的四肢长骨的闭合性骨折较为多见，也是较严重的损伤之一。(6)脑震荡，头部受到外力打击后，引起意识和功能的一时性障碍。

田径运动包括跑、跳、投掷和竞走。其创伤并不少见，创伤的性质和程度也各不同。同时还有其他运动中所罕见的过度紧张状态及重力性休克(急跑后突然停止，由于心脏失去肌肉活动帮助血液回流的作用，而发生心脏与脑缺血，造成休克)。赛跑创伤比较少见，在短跑时常遇到的外伤有大腿后部屈肌拉伤、足踝腱鞘炎、跟腱纤维撕裂、断裂或跟腱腱围炎。赛跑时由于急停而引起的髂骨前上棘的断裂、踝关节与膝关节扭伤、拇趾骨折等。有时也可以因为起跑坑未垫平而致伤。中长跑外伤较少，但可能会出现过度紧张现象。下肢训练过多，有时可出现胫腓骨疲劳性骨膜炎或骨折。长跑过程中摔倒可发生擦伤，但有时也可因倒在跑道的边沿上或道边的板牌上而发生骨折。

二、田径运动伤害事故产生的原因

(1)对预防田径运动伤害事故的意识不够。体育教师和学生对运动中伤害事故的意识淡漠，由于在教学和训练中不重视相关的安全教育、缺乏相应的预防措施、对动作急于求成而违反了循序渐进的基本规律等都是造成运动损伤的主要原因。

(2)缺乏准备活动或准备活动不正确。缺乏准备活动或准备活动不正确是产生伤害事故的重要原因。准备活动不充分，神经系统与内脏器官没有充分调动起来，身体缺乏必要的协调性、灵活性和伸展性，肌肉黏滞性过大；准备活动量过大，身体处于疲劳状态，做一些用力过猛、速度过快的动作，极易引起受伤；准备活动内容与教学结合不好或缺乏专项准备活动，运动中负荷较重，而此部位的机能又未改善，同样容易受伤。

(3)练习者技术错误、身体素质差和心理状态不佳。由于没有掌握正确的技术动作，违反了身体结构的特点和运动时的生物力学原理；身体素质差，肌肉力量、柔韧性、关节灵活性和稳定性差，注意力分散、反应迟钝，在这种情况下运动，最容易受伤。

(4)运动负荷过大。在田径教学和训练中，教学内容和运动量安排不当，容易造成局部负荷过大，如果时间控制不好，更易致伤。

(5)教学训练组织方法不当。在田径教学中适当的组织方法是必要的，否则会造成意想不到的伤害。如练习投掷项目时，场地窄小，分区不合理或学生违反分区练习的原则等。

(6)场地、器材不符合规定及气候不良。运动场地不平整、器材不符合相应的规定、运动时缺乏必要的防护器具；不良的气候条件的影响，气温过高，田径场缺乏必要的遮阳措施，学生长时间曝晒极易中暑。

三、田径伤害事故的预防

田径伤害事故是可以预防的，关键在“防”字上下功夫。

由于造成伤害事故的原因是多方面的，所以要采取有效的、综合性的预防措施，努力消除各种致伤因素，防患于未然。

(1)加强安全教育。把预防伤害事故建立在有正确思想认识的基础上，在田径教学和训练过程中，要始终贯彻安全教育，加强组织纪律性教育，真正确立“安全第一、预防为主”的指导思想，将安全措施落到实处。

(2)教师预见性。教师应根据教学任务的要求，事先估计到可能发生的问题，合理组织教学过程，采取相应预防措施。

(3)适宜的兴奋状态。在教学与训练中，采取最有效的方法使学生的兴奋状态达到适宜程度，并按严格要求进行练习，可有效地防止运动损伤的发生。

(4)循序渐进与区别对待相结合。练习的难度和运动量要遵循循序渐进与区别对待的原则，防止急于求成，根据不同学生的特点安排练习。

加强易伤部位相对较弱部位的练习，提高这些部位的功能，是预防运动损伤的一种积极的手段；另外，加强保护和自我保护能力，是预防运动损伤的重要手段，教师应在教学中将自我保护的正确方法教授给学生，如意外摔倒时，应采用顺势滚翻，而不可直臂直撑，以免造成肩肘关节的损伤。

第十八章

乒乓球运动

第一节　乒乓球运动概述

乒乓球运动从 19 世纪 80 年代开始，到今天已经有了 100 多年的发展历史。在这个过程中，乒乓球运动从一种民间游戏活动演变为正式竞技项目，从区域性的竞技项目发展到全球性的竞技项目。

分析乒乓球运动发展过程，有两个因素始终起着重要作用：竞技制度安排和乒乓球技术的发展。它们的基本关系是：乒乓球项目组织通过竞赛方法制定、赛事安排以及训练条件的提供，保证乒乓球运动技术的发展和确定乒乓球技术发展的方向；乒乓球技术发展和创新又促进了乒乓球竞技制度的不断完善。

一、乒乓球运动的起源

（一）游戏阶段

1890 年，英国一位著名越野跑运动员詹姆斯·吉布从美国带回了一些用赛璐珞制成的空心玩具球，弹跳力很强，于是产生了用小球代替软木球和橡皮球的想法。由于这些球打起来发出“乒乓”的声音，故称为“乒乓球”。因英国乒乓球协会发现“乒乓”二字是商业注册商标，因此成立了“桌上网球”协会，并一直沿用至今。汉语中的“乒乓球”是从声音上得名，日本称“桌上网球”为“桌球”。

1900 年，英国成立了乒乓球协会，同年 12 月，在伦敦皇后大厅举行了英国第一次乒乓球比赛，参赛者三百余人，开创了乒乓球比赛的历史。

1902 年，留学英国的日本东京高等师范学校教授坪井玄道将乒乓球整套用具带回日本。

1904 年，上海四马路一家文具店的老板王道平从日本购进乒乓球器材，从此中国开始有了乒乓球运动，随后这项运动逐渐在京、津、沪、穗等几个大城市开展起来。

1905 年，乒乓球运动相继传入奥地利、匈牙利及整个欧洲，尔后逐步扩展到埃及等非洲国家。

这一时期，乒乓球运动尚处于游戏阶段，体现的基本特征是：乒乓球运动尚无统一的竞赛规则；处于普及、传播阶段，各国尚未成立乒乓球协会，也没有一个国际性的组织机构；比赛次数和比赛时间都不固定；乒乓球运动自身项目特征也不明显，有明显的网球运动移植痕迹。

（二）竞技运动项目阶段

1926 年 1 月，在柏林举办的一次乒乓球邀请赛期间，应德国勒赫曼博士的倡议，相关人员在德国柏林网球俱乐部召开了一次关于建立乒乓球国际组织的座谈会，会议决定成立“国际乒乓球联合会”(简称“国际乒联”),并委托英国乒协举办第一届欧洲乒乓球锦标赛。受第一届欧洲乒乓球锦标赛组织者邀请参赛的国家有德国、匈牙利、威尔士、英格兰、奥地利、瑞典、捷克斯洛伐克、印度和丹麦,有 9 支球队共计 64 名男女运动员参加了本次比赛。印度作为亚洲国家,提出了更改原定的“欧洲锦标赛”名称的请求,国际乒联当即决定将“第一届欧洲乒乓球锦标赛”更名为“第一届世界乒乓球锦标赛”,由此树立了世界乒乓球历史上第一个重要的里程碑,揭开了乒乓球运动新的发展篇章。

1926 年 12 月 12 日,国际乒联会议代表召开了第一次全体会议,地点在英国乒协负责人伊沃·蒙塔古母亲斯韦思林女士的图书馆。会议通过了国际乒联章程,讨论并宣布了国际乒联的主要宗旨,决定每年举办一次世界乒乓球锦标赛,推选伊沃·蒙塔古为国际乒联第一任主席。

1940～1946 年,世界乒乓球锦标赛因第二次世界大战而中断。

1957 年,第 24 届世界乒乓球锦标赛之后,国际乒联将其改为每两年举办一届。

1980 年,国际乒联创办了乒乓球运动的另一大赛事——世界杯乒乓球比赛,规定每年举办一届。

1988 年,乒乓球成为奥运会的正式比赛项目,比赛最初设男子单打、女子单打、男子双打、女子双打共 4 个项目。

2008 年北京奥运会上,将男、女双打改为男、女团体,项目总数未发生改变。

2000 年,世界乒乓球锦标赛的团体项目和个人项目开始分时、异地举办。至 2011 年,世界乒乓球锦标赛共举办了 51 届。

1927 年,中国第一次参加正式的国际乒乓球比赛。同年 8 月,第八届远东运动会在上海举行,乒乓球被列为表演项目,参加这次乒乓球表演赛的只有中国和日本两个国家。1935 年,在上海成立了中华全国乒乓球协会。1949 年,中华人民共和国成立后,在北京成立了中国乒乓球协会。

这一时期,乒乓球已成为正式竞技运动项目,体现的基本特征是:成立了国际性协会组织,制定了国际乒联章程,制定了统一的比赛规则,定期举办世界大型赛事。

二、乒乓球运动的发展

乒乓球从游戏到竞技体育项目,经历了几个重要的发展阶段:

(一)欧洲国家称霸世界乒坛

1926～1951 年,乒乓球运动在欧洲发展较快,参赛队主要来自欧洲各国。此间共举行了 18 届世乒赛,先后共产生 117 个冠军,其中匈牙利获得了 57.5 个冠军,捷克和斯洛伐克获得了 25.5 个冠军,英国获得 10 个冠军,美国获得 8 个冠军。这一时期欧洲选手在世界乒坛占有绝对优势。

这一时期的主要打法是削球,其指导思想是尽量自己少失误,让对方失误。由于比赛没有时间限制,所以多次出现“马拉松”式的乒乓球比赛。如第 10 届,奥地利与罗马尼亚的男子团体决赛竟打了 3 天之久;波兰的欧立克与罗马尼亚的巴奈斯,为争夺 1 分球竟用了 2.5 个小时。

第 11 届世乒赛后国际乒联对比赛规则进行了修改,球台增长,球网降低,球改为硬球,规定比赛时间,禁止用手指旋转球的那卡尔式发球。规则的改变和器材的变革有力地促进了乒乓球技术的发展,减少了比赛时间,开辟了新技术、新打法的道路,不仅削攻结合的打法开始发展起来,还出现了一些以攻为主的选手。

(二)中国队后来居上

20 世纪 50 年代末,正当日本队的长抽打法处于巅峰状态时,中国运动员容国团以快攻打法获得第 25 届世乒赛男子单打冠军,为中国夺得了有史以来的第一个世界冠军。

20 世纪 60 年代共举行了 5 届世乒赛,中国队仅参加了 3 届(第 26、27、28 届),共获得 21 个冠军中的 11 个。具有“快、准、狠、变”独特风格的中国近台快攻打法，把世界乒乓球运动推向了一个新的发展阶段。

第 29、30 届世乒赛，中国队没有参加，冠军大部分被日本队所夺，朝鲜队也参加了冠军的争夺。在第 29 届世乒赛上，朝鲜男队连续打败欧洲强队，夺得团体亚军，女队也成为世界强队之一。

（三）欧洲复兴，中国队重整旗鼓

20 世纪 70 年代，世界乒乓球技术的发展突飞猛进。欧洲选手经过近 20 年的努力，兼取了中国快攻和日本弧圈球打法的优点，创造了弧圈球结合快攻和快攻结合弧圈球两种新打法，从而走上了复兴之路。

在第 31 届世乒赛上，欧洲涌现了一大批有实力的年轻选手。19 岁的瑞典选手本格森连续战胜了中国队和日本队的强手，一举夺得男单冠军。在第 32 届世乒赛上，瑞典男队打破了亚洲保持 20 年之久的团体冠军纪录。在第 33 届世乒赛上，男单决赛是在欧洲选手之间进行的。中国队在第 33 和 34 届世乒赛上重新夺回男、女团体冠军。在第 35 届世乒赛上，匈牙利队夺回了失去 27 年的斯韦思林杯，而南斯拉夫男队在 25 年后重新夺得男双冠军。

20 世纪 70 年代的 5 届世乒赛，共有 35 个冠军，中国队获得 16.5 个，匈牙利队和日本队各获得 4 个，瑞典队获得 3 个，朝鲜队获得 2.5 个。1981 年，中国队在第 36 届世乒赛上囊括了 7 项冠军及 5 个单项亚军，创造了世界乒坛有史以来由一个国家包揽全部冠军的纪录。此后的三届世乒赛，中国队均取得 6 项冠军。“中国打世界”的局面开始形成。

自乒乓球项目从 1988 年进入奥运会以来，欧洲乒坛职业化迅速发展，加上大批前中国国手的加入，极大地促进了欧洲乒乓球技术的发展。在 1989 年的第 40 届世乒赛上，中国队进入低谷，男队不仅丢了团体冠军，连男单和男双的桂冠也被别国所夺。

在第 41、42 届世乒赛上，欧洲运动员连续获得了男子团体和男子单打的冠军。中国女队痛失第 41 届团体冠军，第 42 届女子单打只有一人进入半决赛，这是中国女队 14 年来第一次在单打比赛中未能进入决赛。“世界打中国”成绩卓著，欧洲队领先 5～6 年。

（四）中国队走向辉煌

在 1995 年的第 43 届世乒赛上，中国队再次囊括了 7 项冠军，又一次从低谷中奋起，重攀世界高峰。在第 44、45 届世乒赛上，中国队都夺得 6 项冠军；在第 26、27 届奥运会上，中国队连续两次获得“大满贯”。在 21 世纪开始的第 46 届（2001 年）世乒赛上，中国队再一次囊括 7 项冠军，再创世纪辉煌。在第 47 届世乒赛上，中国队夺得 6 项冠军。在 2004 年第 28 届奥运会上，中国队获得了女子单打、男子双打、女子双打 3 项冠军。在第 48、49 届世乒赛上，中国队又获得“大满贯”。在第 29、30 届奥运会上，中国队又连续两次获得“大满贯”。在第 50 届世乒赛上，中国队夺得 6 项冠军。在第 51 届世乒赛上，中国队再获“大满贯”。在第 52 届世乒赛上，中国队夺得 6 项冠军。

从 20 世纪末开始，国际乒联对乒乓球运动进行了一系列的改革。2000 年 10 月，乒乓球由直径 38 毫米、重量 25 克，改为直径 40 毫米、重量 27 克；2001 年 9 月，乒乓球比赛由每局 21 分改为 11 分制；2002 年 9 月，乒乓球比赛执行无遮挡发球的规定。

三、中国乒乓球技术的发展历程

中国乒乓球运动五十多年来一直保持世界一流水平，是我国“长盛不衰型”的竞技项目。作为体育竞技中的一个典型现象，它的成因为世人关注。乒乓球项目的成功是许多因素相互作用的结果。讨论中国乒乓球技术的发展，涉及的主要论题是：中国化的乒乓球技术和训练竞赛制度安排问题。

乒乓球技术的中国化，是指乒乓球技术在技术动作、技术工具、技术打法以及指导思想上的中国化。

(一)站位和握拍

在站位方法上,中国运动员的站位比欧洲运动员和日本运动员的站位离球台更近一些。20 世纪 50 年代,我国乒乓球的近台站位标准是离球台 1～1.5 尺(约 40 厘米)。

在握拍法方面,中国人没有采用日本式的直拍握法,而是创造性地发明了一种中国式的直握球拍方法。这种握法兼顾正手进攻和反手推挡在技术上的需要,放在球拍背后的 3 个手指呈半弧型,握拍的食指和拇指可以根据正反手技术的需要进行调整,并把这种握法和近台站位结合起来,在 20 世纪 50 年代后期产生出了直拍近台快攻这种独特的打法。这种打法在 20 世纪 60 年代开始确立了中国乒乓球在世界乒坛的领先地位。与此同时还创造了直拍削球打法的握拍方法。

近台站位技术和中国式的直拍握法技术看起来非常简单,但它却是近台左推右攻和两面攻快攻打法得以建立的基础。中国运动员在学习日本和欧洲人关于乒乓球的站位技术和握拍技术时,没有模仿他们中远台站位和直拍的日本式握法,而是形成了中国人自己的技术风格。

在引进乒乓球技术时,中国运动员能够对乒乓球技术从乒乓球竞技的本质进行理解,这是中国乒乓球技术发展能够走出一条自己的并且是成功的道路的根源。他们发现了乒乓球制胜的一个关键性要素——“速度”。

(二)球拍性能

1957 年,日本人发明了海绵正贴胶皮拍和海绵反贴胶皮拍。日本运动员用它们来打中远台长抽进攻,中国运动员则用正胶海绵拍打近台快攻,并形成了直拍正胶快攻打法。

正胶球拍和中国的近台快攻的结合,可以说是乒乓球技术中国化比较突出的表现。中国运动员发现了正胶海绵拍与近台快攻的天然关系,1959 年容国团夺得世界冠军也证明了正胶海绵拍和近台快攻的成功结合。而且此后的近 20 年,出现了一大批用正胶打快攻的世界冠军。

中国的直拍近台快攻打法可以说把正胶海绵拍的性能发挥到了一个非常高的水平。

与正胶海绵拍近台快攻打法不同的是,日本运动员在反胶海绵拍上打出弧圈球技术时,我国当时没有与反胶球拍相应的进攻性的技术打法。

如果用反胶球拍打快攻速度比较慢,不如正胶有利;如果学习当时的弧圈球技术,动作比较大、速度比较慢,如何坚持近台快攻成为问题。

另外,当时用正胶球拍打近台快攻在技术上已经相当成熟,并且形成了“积极主动,快速进攻”的指导思想和“快、准、狠、变”的战术风格。中国尝试学习弧圈球技术是以 20 世纪 60 年代的余长春和 70 年代的刁文元为代表,可以说是一种尝试性的学习和摸索中的发展。

正是这种创造性的工作,使得在战术风格中加入了“转”字,并为后来横拍弧圈球技术的学习和发展打下了基础,使之具有中国特色。

采用不同性能球拍打法的中国运动员在国际乒坛独树一帜,成绩卓著。其代表性人物是削攻结合打法的张燮林、梁戈亮,进攻打法的葛新爱、邓亚萍。

在使用两面不同性能球拍的技术打法方面,蔡振华又使其有了新的发展和变化,他的两面不同性能球拍的反手面是由奥地利人发明的防弧圈胶皮,正手面是反胶,他把这种球拍和中国快攻技术打法中前三板技术结合起来,具有非常强的得分能力。在两面不同性能球拍上形成的技术打法,成为中国乒乓球技术创新的代表作。

(三)近台快攻

20 世纪 50 年代末、60 年代初,中国运动员基本完成了对乒乓球进攻性技术的学习和改造,通过站位、握拍和直拍正胶海绵拍三个要素的组合,形成了以左推右攻和两面攻技术为标志的近台快攻技术。

近台快攻技术在当时是一个高起点的技术。具体原因如下：

1.正确的握拍方式

日本直拍运动员除了中远台进攻技术速度比较慢的问题外，反手位技术比较差，因为他们的握拍不利于反手技术的运用。

在握拍方法上，中国运动员总结了日本运动员握拍方法的优缺点，认为直拍打法必须要兼顾正反手技术运用，即在技术发展中要考虑如何实现技术的全面发展。

2.把控好速度

把对速度重要性的认识，变成实际的技术操作。改变欧洲运动员和日本运动员中远台的站位方式，站位靠近球台，在球的高点期甚至上升期击球。

这一点不仅对进攻有意义，对反手搓球、推挡技术同样有意义。即有了一种提高速度的具体操作手段。

3.占据主动

总结了20世纪50年代日本人用海绵拍打中远台长抽进攻技术战胜了欧洲防御性削球的技术经验，认识到了比赛中主动性的重要，进攻技术正是实现主动性的最好手段，而进攻速度的快慢是主动性强弱的关键因素。即对世界乒乓球技术发展有一个正确的认识。

4.灵活站位

利用日本人发明的正胶海绵球拍的速度优势，通过站位和握拍的改进，发挥出比日本运动员进攻技术更大的威力。即在技术发展上注重对新工具的理解和运用。

把近台站位、中国式握拍方法、正胶海绵拍与正手攻球、反手推挡技术结合起来，构建了中国式快攻技术体系的基础。

第二节 乒乓球运动基本动作解析

一、乒乓球运动基本站位动作解析

两脚开立，比肩稍宽，踵部稍提起，两膝微屈，上体略前倾，重心置于两脚之间。下颌稍向内收，两眼注视来球。持拍手自然弯曲，置于身体右侧，手腕适当放松。

(一)不同技术打法在站位上的一般要求

(1)快攻打法和弧圈球打法的基本站位在近台中间偏左处(见图18－1)。

图18－1

(2)两面攻打法的基本站位在近台中间(见图18－2)。

图 18—2

(3)攻削结合打法的基本站位在中远台中间(见图 18—3)。

图 18—3

(二)回击不同区域来球站位的一般要求

当对方在反手位回击球时的身体位置(见图 18—4)。

图 18—4

二、乒乓球运动握拍技术动作解析

乒乓球握拍包括两方面内容:一是由于球拍类型的不同,在握拍类型上有所不同,即有横握球拍和直握球拍两种类型;二是在同一类型握拍中,还存在着不同的握拍方法。

不同握拍方法与击球动作的完成情况有着密切的关系,其不同往往对击球技术动作的质量产生影响。在乒乓球教学训练中经常可以发现,击球时技术动作出现的错误,往往可以在握拍方法上找到一些原因。

握拍方法的正确与否，影响着技术动作的合理程度。在进行乒乓球技术学习时，一定要注意握拍方法，随意地握拍而不考虑握拍的合理性，则不利于正确掌握乒乓球技术动作。

正确的握拍方法，一般应具备五个要素，即有利于击球时身体协调合理的用力，兼顾正反手技术在交替运用过程中的合理使用，有利于实施对不同性质来球的控制，有利于自己技术特长的发挥，有利于战术的使用。

(一)直握球拍方法

1. 直握球拍的三种方法

用拇指和食指握住球拍柄与拍面的结合部位。拍柄右侧贴在食指的第二关节内侧，食指的第二关节压住球拍的右肩，其第一关节自然向内弯曲，拇指的第一关节压住球拍的左肩，其他三指自然弯曲，斜形重叠，以中指、无名指的于指前部顶住球拍背面上端 1/3 处。

(1)标准握法

直拍标准握法，是指握拍的拇指和食指深浅适宜地握在拍肩两侧(见图 18—5)。

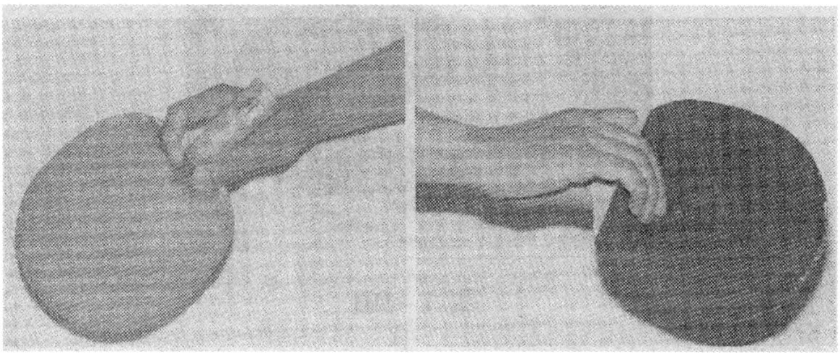

图 18—5

(2)深握法

直拍深握法是指握拍的拇指和食指较深地握住拍肩两侧(见图 18—6)。

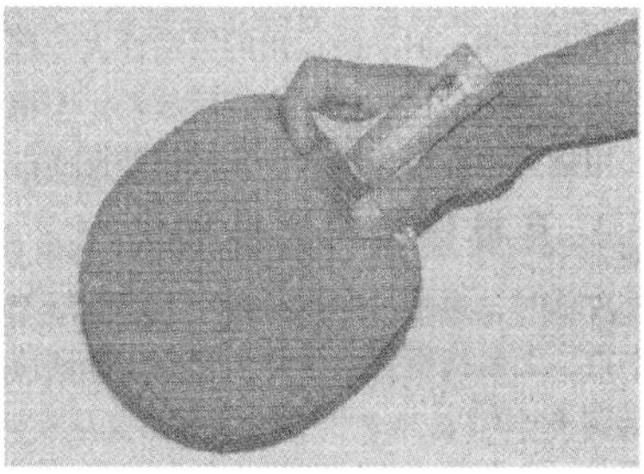

图 18—6

(3)浅握法

直拍浅握的拇指和食指较浅地握在拍肩的两侧(见图 18—7)。

(4)直拍横打握法

直拍横打的握法近似于浅握法，拇指较直，食指比较放松。中指、无名指和小拇指较直(见图 18—8)。

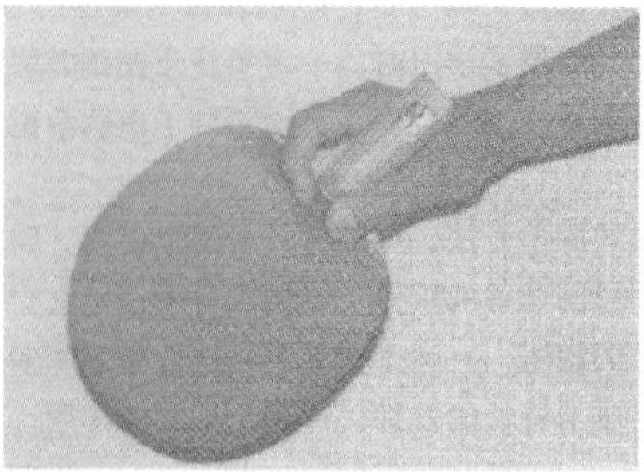

图 18－7

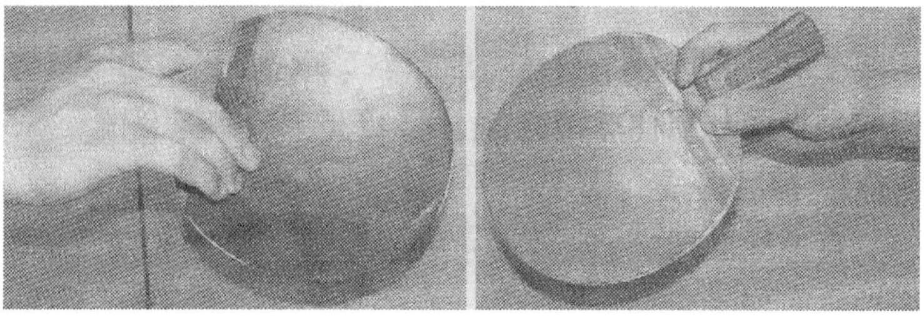

图 18－8

(二)直握球拍的特点

直握球拍总体上的特点是手腕比较灵活，可以较充分地运用手腕动作，台内球处理较好，侧身进攻比较灵活。相对而言，深握法的正手和反手技术动作比较易于发力，但手腕灵活性稍差；浅握法的正手和反手技术动作在发力方面略差一些，但手腕运用的灵活性大一些。直拍横打的握拍比较浅，食指较放松，中指、无名指略伸直，用指头顶住球板，这种握法便于反面击球。

(三)直握球拍的运用方法

正手攻球时，拇指与中指协调用力控制好拍形，食指放松，中指、无名指指尖部顶住拍背面，保证持拍的稳定和发力(见图 18－9)。

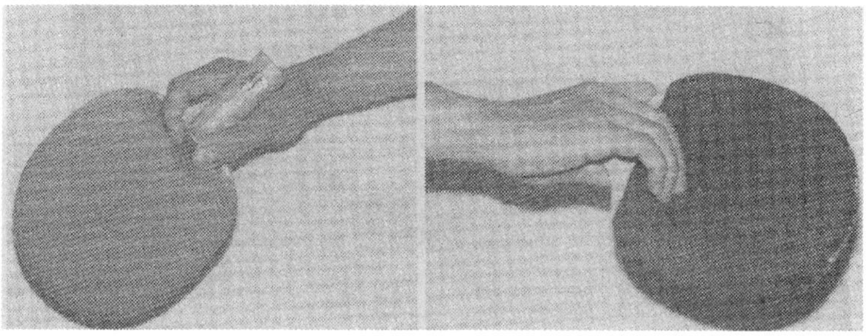

图 18－9

推挡时，食指和中指协调用力控制拍形，拇指相对放松，直拍反面反打时，拇指压拍，食指浅握球拍且放松，手腕内收，中指、无名指的指尖顶住球板，内旋前臂。反面推拨时，肘关节下垂；反撕、反带、反打时，肘关节略提起；反拉和侧拉台内球时，肘关节前顶(见图 18－10)。

(四)横握球拍方法

1. 横握球拍的三种方法

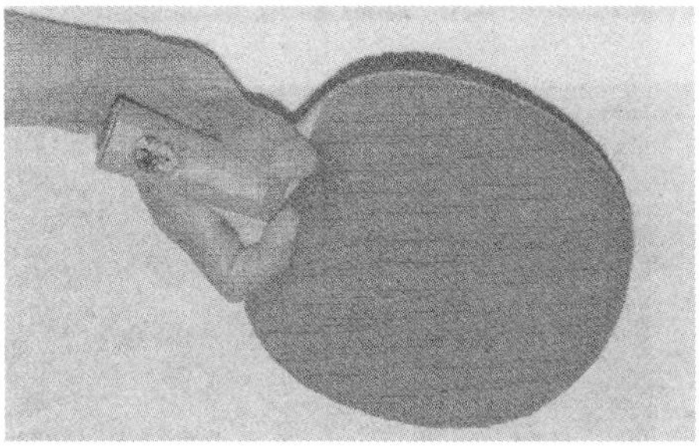

图 18－10

(1)用中指、无名指和小指自然握住拍柄，拇指在球拍的正面，食指自然伸直斜放于球拍的反手面，虎口正中央贴拍柄正侧面(见图 18－11)。

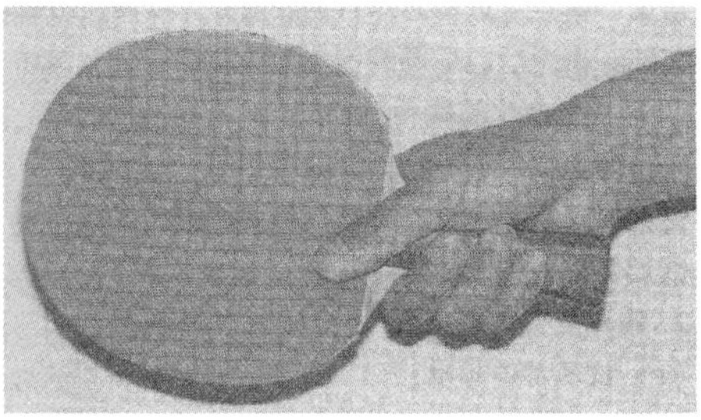

图 18－11

(2)如果虎口稍紧贴拍柄正侧面，可称为深握法(见图 18－12)。

(3)如果虎口处稍离开拍柄肩侧，可称为浅握法(见图 18－13)。

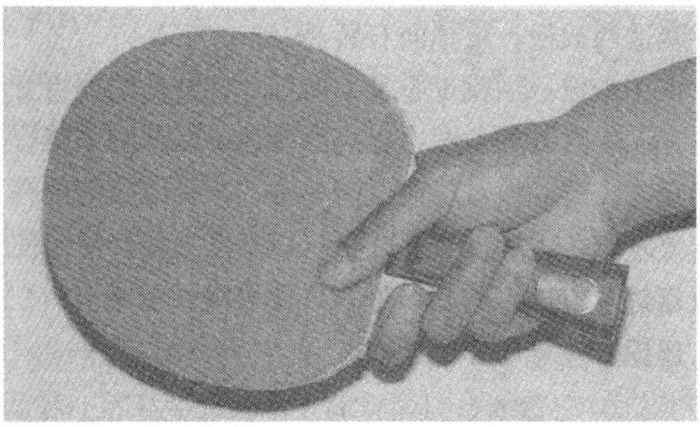

图 18－12

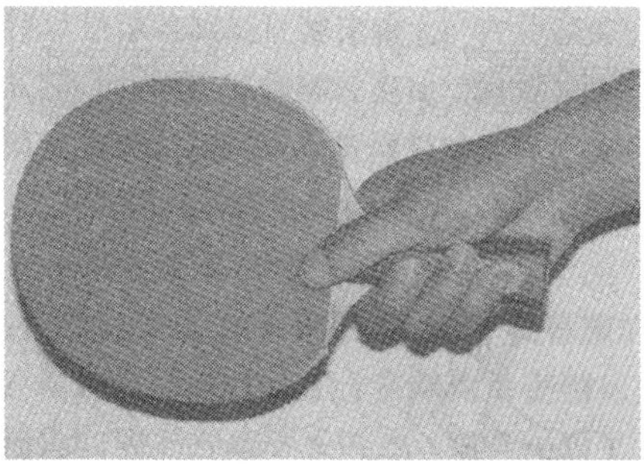

图 18－13

2. 横握球拍的特点

(1)与直握球拍比较，其握拍方法比较简单，而且动作容易固定，易于发力。但灵活性略差一些。

(2)在横握球拍方法中，深握法的拍形比较容易固定，发力比较容易，但手腕的灵活性相对略差些。浅握法的手腕相对灵活一些，处理台内球较容易，但发力相对略差些。

(五)横握球拍的运用方法

1. 在用正手击球时，一般情况下用食指顶住拍背面，拇指和食指在虎口处适当夹住球拍的拍肩(见图 18－14)。

2. 在反手击球时，一般情况下用拇指顶住拍面，拇指和食指在虎口处适当夹住球拍的拍肩（见图 18—15）。

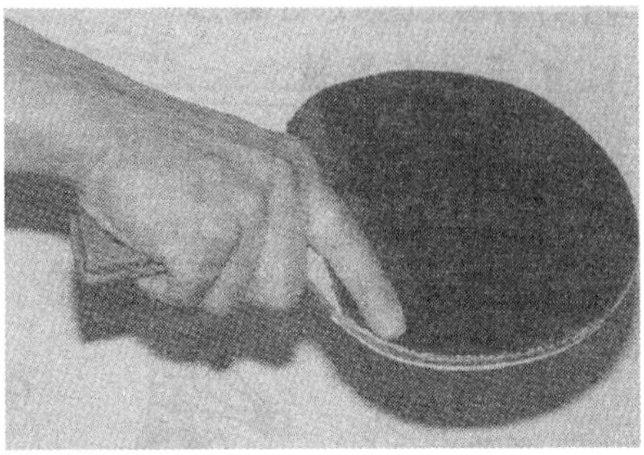

图 18—14

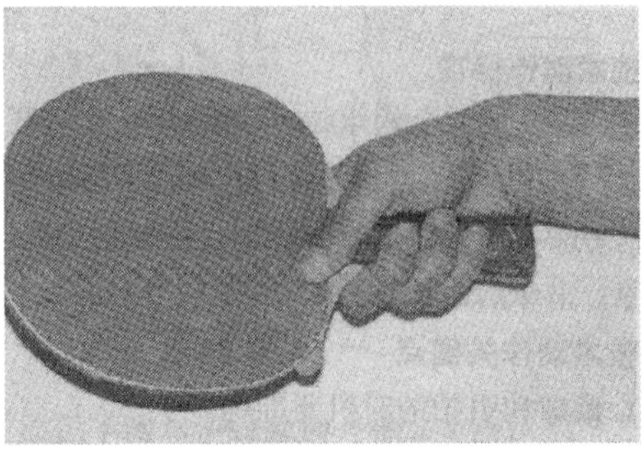

图 18—15

三、乒乓球运动步法动作技术解析

步法是乒乓球击球环节中的重要组成部分。如果运动员具有良好的步法，能够保持合适的击球位置，就能使击球的速度、力量、旋转得到充分的发挥，从而有利于提高击球的技术质量。从合理的击球技术来要求，只要来球落点线路发生变化，哪怕是微小的变化，也应当相应地移动步法来调整击球位置。在训练过程中运动员必须养成“以脚带手”的良好习惯，手快脚慢，击球不到位，势必影响击球质量。

步法技术类型包括：单步移动技术、跨步移动技术、跳步移动技术、步移动技术、交叉步移动技术和碎步移动技术。

不同类型步法的具体移动方法和范例在单一技术、结合技术中都有介绍，在学习本节内容时，可以和上述内容相结合。

（一）单步移动技术的特点和运用

1. 技术特点

移动速度比较快，重心转换比较平稳。它是各种类型打法运动员常用的步法之一，是乒乓球步法中比较简单而有效的技术。

2. 运用

一般是在来球离身不远的小范围内运用。具体运用方法是：

（1）持拍手同侧脚前叉，用正手回击正手位近网短球。

（2）持拍手同侧脚平行迈出，用正手回击正手位的出台球。

（3）持拍手同侧脚向后迈出，用正手回击正手位的底线长球。

（4）持拍手异侧脚向侧前迈出，用正手回击侧身位的来球。

（5）持拍手异侧脚向侧前迈出，用反手回击反手位的近网短球。

（6）持拍手异侧脚平行迈出，用反手回击反手位的出台球。

（7）持拍手异侧脚向后迈出，用反手回击反手位的底线长球。

（二）动作标准

1. 启动

以一脚前脚掌内侧用力蹬地，并以此脚掌为轴稍转动。

2. 移动

另一只脚向左或右、前或后方向移动。

3. 支撑还原

当移步完成时，身体重心也随之落在移动脚上，同时挥臂击球，其后注意还原。

4. 动作范例(见图 18－16)

图 18－16

5. 技术关键点

移动时使身体重心向击球方向移动；击球后注意用移动脚的前脚掌内侧蹬地，使身体还原。

(三)跨步移动的技术(跟步)特点和运用

1. 技术特点

跨步简单来说就是一脚先跨，另一脚随后跟进。它的移动幅度比单步大，速度比较快。

2. 运用

快攻打法常用此步法来对付离身体稍远的来球。由于跨步移动步幅较大，身体重心下降，故多采用借力还击。如要运用发力击球，则不宜采用跨步。

具体运用方法是：

(1)持拍手同侧脚平行跨出，用正手回击正手位的来球。

(2)持拍手同侧脚向后跨出，用正手回击正手位的底线长球。

(3)持拍手异侧脚向侧前跨出，用正手回击侧身位的来球。

(4)持拍手异侧脚向侧前跨出，用反手回击反手位的近网短球。

(5)持拍手异侧脚平行跨出，用反手回击反手位的出台球。

(6)持拍手异侧脚向后跨出，用反手回击反手位的底线长球。

3. 动作标准

(1)启动

用来球方向的异侧脚前脚掌内侧蹬地。

(2)移动

另一脚向来球前或后、左或右方向跨出一大步。向来球方向移动时，另一只脚也迅速滑动半步跟过去，然后挥拍击球。身体重心不要起伏过大。

4 支撑与还原

在移动脚落地时，即可制动，击球后快速还原。

5. 技术关键点

向击球方向移动时跨步幅度不宜过大，且另一脚要及时跟进；击球后注意用移动脚的前脚掌内侧蹬地，使身体还原。

(四)跳步移动的技术特点与运用

1. 技术特点

跳步移动的幅度比单步、跨步都大。跳步移动时，常有短暂的腾空时间，这对于保持身体重心的稳定会产生一定影响，通常要靠落地时膝、踝关节的缓冲动作来缓解。

2. 运用

跳步是弧圈打法在中台向左、右或侧身移动时常用的步法。快攻打法也常用跳步侧身正手攻。在左右大范围移动时，常将小跳步与跨步、小跳步与交叉步结合起来运用。

运用的具体方法是：

(1)向正手方向平行跳出，用正手回击正手位的来球。

(2)向正手侧后方向跳出，用正手回击正手位的底线长球。

(3)向反手位侧前方向跳出，用正手回击侧身位的来球。

(4)向反手位方向平行跳出，用反手回击反手位的来球。

(5)向反手位侧后方向跳出，用反手回击反手位自与底线长球。

3. 动作标准

(1)启动

来球异侧方的脚前脚掌内侧用力蹬地。

(2)移动

两脚同时离地，向左或右、前或后方向移动。

(3)支撑还原

蹬地用力的脚先落地。当移步完成时，身体重心也随之落在持拍手侧的脚上，同时挥臂击球，其后注意还原。

4. 动作范例(见图 18—17)

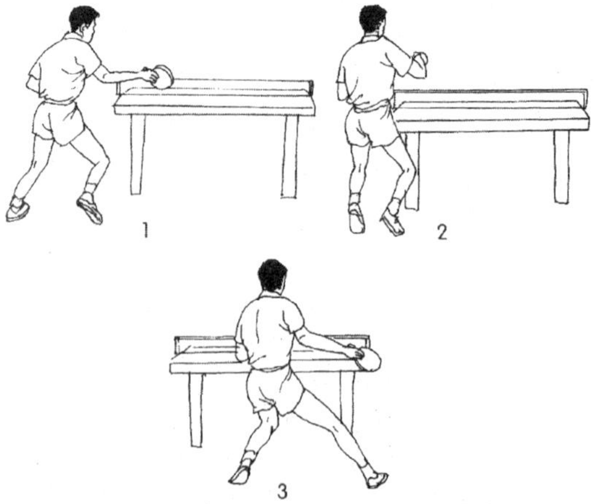

图 18—17

5.技术关键点

移动时要尽量保持身体重心平稳;击球时机是在持拍手同侧脚落地的同时。

(五)并步移动的技术特点和运用

1.技术特点

并步就是一脚先并,同时另一脚再跨出一小步。并步移动的幅度比单步大但比跳步小。由于并步移动时没有腾空动作,故有利于保持身体重心的稳定。

2.运用

它是削球打法的常用步法之一,快攻或弧圈打法在侧身进攻或进攻削球作小范围移动时也经常运用。

具体运用方法是:

(1)向正手方向平行并步移动,用正手回击正手位的来球。

(2)向正手侧后方向并步移动,用正手回击正手位的底线长球。

(3)向反手位侧前方向并步移动,用正手回击侧身位的来球。

(4)向反手位方向平行并步移动,用反手回击反手位的来球。

(5)向反手位侧后方向并步运动,用反手回击反手位的底线长球。

3.动作标准

(1)启动

用来球方向的异侧脚前脚掌内侧蹬地。

(2)移动

在发力脚向另一脚并拢的同时,另一脚向来球前或后、左或右方向跨出一步,身体重心不要起伏过大。

(3)支撑与还原

在持拍手的同侧脚落地时挥拍击球。脚一落地,即可制动,击球后快速还原。

4.动作范例(见图18—18)

图18—18

四、乒乓球运动推挡与拨球技术动作解析

推挡和拨球是反手(直拍、横拍)的主要技术之一,它们是乒乓球主要的控制与防御技术。推拨技术中主要包括平挡技术、直拍推挡技术、直拍长胶的磕球技术、横拍拨球技术和横拍长胶球拍的拱球技术。

(一)推挡与拨球

1. 平挡技术

平挡技术的技术特点是击球动作幅度比较小,速度比较慢,弧线比较高,动作比较简单,容易掌握。它是学习推拨技术的入门技术。

(1)技术动作标准(见图 18—19)。

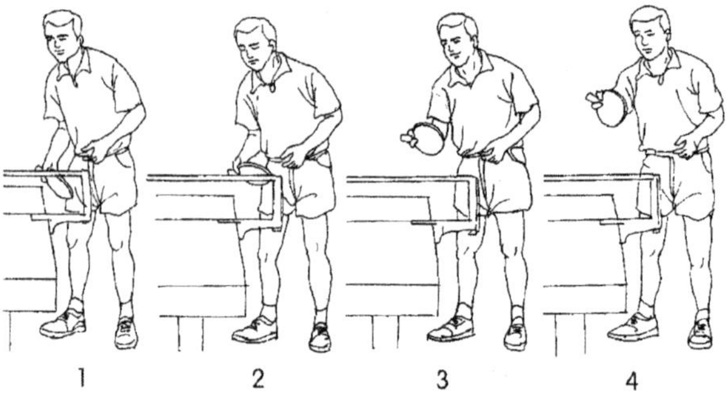

图 18—19

站位:身体离球台约 40cm,两脚平行,略宽于肩。

引拍:拍面立起,略向腹部引。挥拍击球:向前上轻推出,在来球的高点期,击球的中部偏上,借力用力。

还原:击球后还原。

(2)技术动作关键点

①挥拍方向向前上方。

②注意借力击球。

2. 直拍推挡技术

技术特点:击球速度比较快,控制球的能力比较好,能够为进攻制造机会。

(1)技术动作标准(见图 18—20)。

站位:判断来球,选好站位,左脚稍前。

引拍:以肩为轴,屈肘向后稍引拍,肘关节靠近胸腹侧。球拍稍前倾,右肩稍沉,拍头向斜下方。

挥拍击球:挥拍向前偏上方,击球的中部偏上。击球时,肘关节快速展开以便于帮助手腕发力。

还原:距离要短,快速还原。

(2)技术动作关键点

①肘关节靠近胸腹侧,便于发力。

②手腕发力动作要准确,不要乱用力。

3. 直拍侧推技术

图 18—20

(1)技术动作标准(见图 18—21)

站位:判断来球,选好站位,左脚偏前,重心稍高。

引拍:向身体的外侧后方引拍,球拍呈侧前倾状。

挥拍击球:球拍向左侧前方推击,击球的中部侧面,使球产生侧转。

还原:注意随势挥拍,但距离不宜太长。

(2)技术动作关键点

①要使球拍向右侧外方向引,保证实施侧推的击球线路。

②动作向外侧推,击球的外侧中部。

4.直拍加力推技术

(1)技术动作标准(见图 18—22)

图 18—21

站位：判断来球，两脚开立，间距略大，以便于加力。

引拍：以肩为轴，屈肘引拍向后，拍形稍前倾略收腹。

挥拍击球：在来球的高点，向前上推出击球。球拍立起，充分发挥身体向前压和伸肘关节的力量。

还原：由于大力前推容易造成身体失去平衡，所以要尽量控制住身体重心。

(2)技术动作关键点

①保证有足够的击球距离。

②触球时手腕要控制好弧线。

图 18—22

5. 直拍减力挡技术

(1)技术动作标准(见图 18—23)

站位：判断来球，选好站位。

引拍：以肩为轴，屈肘略引拍向后方偏上，拍形稍前倾。

挥拍击球：在来球的上升期击球，挥拍向前下方，触球瞬间即停止挥拍并略向侧挥动，以减弱发力。

还原：击球后迅速还原。

(2)技术动作关键点

①引拍距离要小，位置略高。

②手腕减少用力。

③借力击球。

图 18—23

6. 横拍拨球技术

(1)技术动作标准(见图 18—24)

图 18—24

站位:判断来球,选好站位。

引拍:球拍向后下引,肘关节稍前顶,手腕内收,右肩稍沉。

挥拍击球:球拍以肘关节为轴,向前上方弹出,击球的中上部,触球时发力要集中。

还原:随势挥拍不宜太长,以利于还原。

(2)技术动作关键点

①肘关节略提起,手腕略下垂。

②击球时前臂和手腕略用弹击的方式发力。

(二)乒乓球运动正手攻球技术动作解析

正手攻球是乒乓球攻球技术的重要组成部分。具有快速有力的特点,能体现积极主动快速进攻的指导思想。比赛时,正手攻球运用得好,常能使自己力争取到主动,使对方陷入被动。因此,无论什么打法的运动员,都必须很好地掌握这项技术。

1. 快攻系列动作要领

(1)正手快攻动作要领

①击球前:左脚稍前,身体离台面约 50 厘米;球拍置于身体右侧。拍、球、身体"三者"形成三角形,身体重心放在右脚;两膝微屈,收腹含胸,身体稍向右转,手臂内旋使拍面稍前倾,以前臂后引为主,将球拍引至身体右侧后方。

②击球时:当来球跳至上升期,手臂向左前方迎球,击球中上部,在上臂带动下前臂快速向左前方挥动,利用全身协调用力(蹬地、转腰、移重心);前臂发力为主,手腕辅助用力配合外展。

③击球后:手臂顺势向左前上方挥动,并迅速还原成击球前的准备姿势,动作过程中身体重心从右脚移至左脚(见图 18－25)。

图 18－25

(2)正手攻中远台攻球动作要领

①击球前:左脚稍前,身体离台约 1 米;球拍;置于身体右后方,上臂拉开,前臂与地面平行,加大向右手方引拍幅度,是为了增大击球的动作半径;拍面前倾,身体重心放在右脚。

②击球时:当来球跳至下降前期,手臂向前方迎球,上臂带动下前臂快速向左前上方挥动,在来球的下降期边打边用球拍摩擦球的中上部,适当地配合腰、腿的力量,前臂和手腕向上发力为主。

③击球后:手臂顺势向左前上方挥动,并迅速还原成击球前的准备姿势,动作过程中身体重心从右脚移至左脚,发力部位以上臂、前臂为主(见图 18－26)。

图 18－26

(3)正手扣杀动作要领：

①击球前：左脚稍前，身体离台面约1米；球拍置于身体右后方，上臂拉开，前臂与地面平行，加大向右手方引拍幅度，击球点离身体稍远；球拍应与球同高，拍面前倾，身体重心放在右脚。

②击球时：当来球跳至高点期，手臂向前方迎球，上臂带动下前臂加速向左前下方挥动，触球中上部将球击出，适当地配合腰、腿的力量，前臂和手腕向前下发力，不宜打“落地开花球”；击球瞬间，整个手臂应发挥到最大力量，配合腰部转动及蹬地的力量；如来球带有下旋，球拍略低于来球，触球瞬间手腕向上抖动发力。

③击球后：手臂顺势向左前下方挥动，并迅速还原成击球前的准备姿势，动作过程中身体重心从右脚移至左脚，发力部位以上臂、前臂为主(见图18－27)。

图18－27

(4)正手台内突击的动作要领

①击球前：站位靠近球台，右方大角度来球时上右脚，中间或偏左方向来球时上左脚；手臂自然弯曲迎前，前臂伸向台内，根据来球的旋转程度手臂相应地内旋或外旋调整拍面角度，击球前持拍手臂不宜伸得太直。

②击球时：当来球跳至高点期，前臂、手腕向前方迎球，下旋强时拍面稍后仰，击球中下部，前臂、手腕向前为主，适当向上用力。来球上旋时，拍面稍前倾，击球中上部，手臂直接向前用力，用中等力量击球较为合适，应根据来球的旋转性质与强度，调节好拍面角度、击球的部位和发力的方向。

③击球后：手臂顺势向前挥动，动作要小，迅速还原成击球前的准备姿势，动作过程中身体重心放至迎前的上步脚上(见图18－28)。

图18－28

(5)侧身攻球的动作要领

①侧身后，要保持上体与球台的合适角度，既能攻斜线，也能打直线，同时不妨碍下一次击球。

②要有足够的击球空间(收腹)，适当地调整引拍方向和出手击球的挥臂方向。

③攻球时要利用右脚蹬地的力量，重心适当前移，前臂稍向前发力(见图18－29)

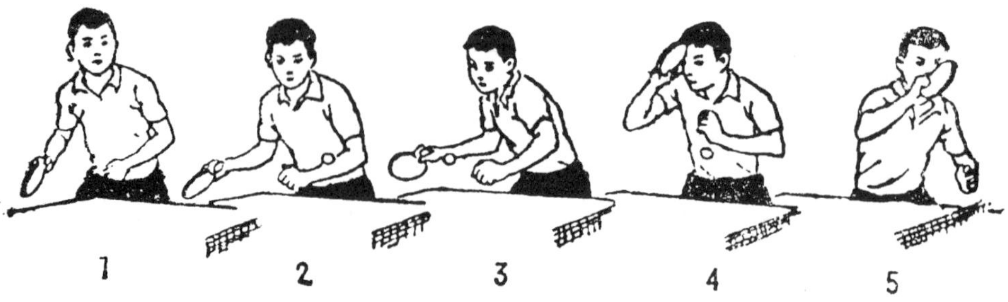

图 18—29

横怕所有正手攻球的基本动作方法，与直拍基本相同。横拍在正手攻球时，拍头稍上翘是正确握拍后形成的正常自然现象，不是错误动作。

(三)乒乓球运动弧圈球技术动作解析

1. 弧圈球的特点与划分

弧圈球打法的技术很多，归纳分析的方法也不一样。常采用的方法是按球的旋转性能来区分，如加转弧圈、前冲弧圈、侧弧圈、假弧圈等。弧圈球是一种上旋非常强的进攻技术。能够制造适当的弧线，回击低而强烈的下旋球，与攻球相比有更多的发力击球时机，这可以体现出它的稳健性；如拉出的弧圈球质量高，无论对攻球还是削球其“杀伤力”均很大，能直接得分，这又体现了它的攻击力。因此，比赛中运用弧圈球技术既可以主动攻击，又可以作为相持或被动时的过渡技术。

弧圈球的发展历史并不算长，但其发展速度却比较快。1959 年第 25 届世界乒乓球锦标赛之后，日本选手为了对付中国的快攻打法和欧洲的削球打法，在一般拉球的基础上，创造了上旋很强的弧圈球技术。1960 年，日本选手首先使用弧圈球技术迎战匈牙利队而获得成功，同时，对中国的快攻和欧洲的削球造成一定的威胁，当时这种技术被称为“秘密武器”。

弧圈球的出现，引起了各国选手的普遍重视。中国弧圈球的发展历史，是在“为了对付它，首先要学习它”的思想指导下而发展起来的。1961 年在北京举行的第 26 届世界乒乓球锦标赛，使我国选手有机会亲自观摩日本选手的弧圈球技术，并与日本选手做了较量，获得了丰富的感性知识，体会到弧圈球具有上旋强、冲力大的特点，同时也初步了解到弧圈球的性能。弧圈球的发展是横拍多直拍少，究其原因主要在反手实力上。直拍反手拉弧圈球由于握拍所限，前倾角度不如横拍，身体阻碍也不易发力。而横拍反手拉弧圈球，拍面角度易前倾，出球的速度、旋转强度不低于正手弧圈球，所以可以给对手造成更大的杀伤力。

弧圈球最主要的特点是旋转和速度结合。我们前面介绍的欧洲的削球打法是以旋为主；中国的快攻打法是以速度为主。因此弧圈球的出现对乒乓球运动的发展起到革命性的作用。弧圈球的特点具体表现在两方面：稳健性高和攻击力大。

稳健性的具体表现是：

(1)能够制造适宜的弧线。由于大力拉球所产生的摩擦力，使球强烈上旋呈弧线飞行，上旋着的球体上沿空气流速慢、压力大，下沿流速快、压力小，产生了压力差，加上球体自身重量的影响，所以球到最高点后有以较大的弯曲度向台面下俯冲的倾向，即使弧线比一般拉球高，也不会出台失分。这就是说，它可以缩短打出的距离：如果球的飞行速度不变，旋转越强，球向前下成曲线俯冲得越快；如果球的旋转强度不变，球速越高，则也可获得向下俯冲得越快的效果。

(2)能稳健地回击出台的强烈下旋球及弹跳点比网低的任何来球。在低球不好突击或强烈下旋球突击难度较大易失误的情况下使用，由于弧圈球的上旋强，能获得较高的命中率。

(3)与攻球相比较,可有较多的击球时机。发力攻球,一般在来球反弹的最高点击球命中率最高。因此有一个准确把握住最高点时机的问题,如果把握不住这一瞬间而在上升期或者下降期击球,一是难度较大,二是失误较多。而弧圈球可以在高点期抢拉前冲弧圈球,在下降期拉加转弧圈球,能够比发力攻球有较多的击球时机而不会轻易失误。

攻击力的具体表现是:

(1)在对付削球时,如果拉得快、上旋强,其"杀伤力"可以和攻球媲美。削球者如果在削球时机、拍面角度、发力大小和方向等方面,没有掌握住削接弧圈球的规律,往往容易回球过高而出界。

(2)对付一般上旋球,多数弧圈选手都能发力拉上旋,也能发挥类似扣球的作用。高水平的弧圈选手,一般都以抢冲抢拉,拉冲结合,连续拉、冲为主要进攻手段。

2. 正手拉加转弧圈球的动作要领

(1)击球前:左脚稍前,右脚在后,身体离台约 60 厘米,身体向后倾斜,右肩略低于左肩;上体稍向右转,手臂自然下垂,球拍后引至身体右下方,身体重心降在右脚;同时直握拍,手腕作屈,横握拍手腕作内收,腰、髋向左上方转动,手臂从下向上迎球。

(2)击球时:击球点是下降前期,拍面稍前倾(与台面约成 80°),摩擦球体的中部或者中上部位置,当球在桌面弹起时,用脚掌着地,以腰、髋带动肩、上臂、前臂,同时直握拍手腕作伸,横握拍手腕作外展,加速向左前上方发力。

(3)击球后:手臂继续向前上方随势挥动,迅速还原成击球前的准备姿势。发力主要部位是在上臂的带动下以前臂为主,腰、髋配合,动作过程中身体重心从右脚移至左脚(如图 18—30)。

图 18—30

3. 正手拉前冲弧圈球动作要领:

(1)击球前:左脚稍前,右脚在后,身体向后倾斜,右肩略低于左肩,根据来球选择站位的远近;上体稍向右转,手臂近乎垂直,球拍后引至腰部侧后位,身体重心降在右脚;手臂向前迎球。

(2)击球时:击球点是高点期或者下降前期,拍面角度前倾(与台面约成 60°甚至还要前倾),摩擦球体的中上部,腰、髋向左前方转动,在上臂带动下前臂向前发力,发力方向以向前为主,略带向上,身体重心移至左脚。

(3)击球后:收拍偏于左侧,迅速还原成击球前的准备姿势,发力部位主是在上臂带动下前臂为主,腰、髋配合,动作过程中身体重心从右脚移至左脚(见图 18—31)。

图 18—31

(四)乒乓球运动搓球技术动作解析

搓球是在近台还击下旋来球的基本技术,它属于控制性的技术,并为进攻制造机会。搓球技术主要包括正手搓球技术、反手搓球技术、摆短技术和晃搓技术。技术特点是控制对方试图从正手位获得抢攻机会,为自己创造进攻机会的技术。

1. 搓球技术标准

(1)搓球技术动作标准(见图 18—32)

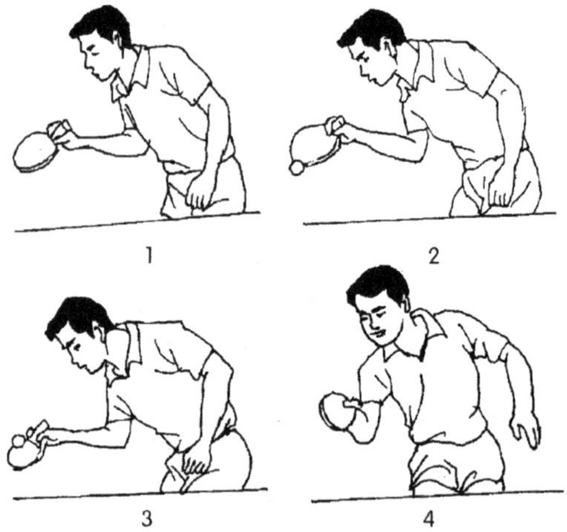

图 18—32

引拍:球拍向后上方稍引,球拍稍后仰。

挥拍击球:球拍向前下方挥动,用球拍的下半部摩擦球的中下部。击触球时前臂手腕适当加力,拇指用力明显。

慢搓时,击球的下降期。慢搓是搓球学习的入门技术。快搓时,击球的上升期。快搓是比赛中常用的搓球技术。

还原:随势挥拍动作尽可能短。

(2)技术动作关键点

①注意借力发力。

②身体前迎，帮助手臂发力。
③触球时，手腕快速发力摩擦球。
2. 横拍正手搓球
(1)技术动作标准(见图 18—33)

图 18—33

站位：判断来球，选好站位。
引拍：球拍向后上方稍引，拍面稍后仰。
挥拍击球：球拍向前下方挥动，用球拍的下半部摩擦球的中下部。击触球时前臂手腕适当加力。
慢搓时，击球的下降期。快搓时，击球的上升期。
还原：随势挥拍动作尽可能短。
(2)技术动作关键点
①注意借力发力。
②身体前迎，帮助手臂发力。
③触球时，手腕快速发力摩擦球。
3. 直拍反手搓球技术
技术特点是动作幅度不大，出手较快，弧线低，落点变化丰富。是下旋控制技术中的基本技术。
(1)技术动作标准(见图 18—34)
站位：判断来球，选好站位。
引拍：球拍稍后引至腹前，手腕适当放松。
挥拍击球：挥拍时，拍面后仰，球拍向前下方搓去，击球时手腕发力击球的中下部，食指略用力。
慢搓时，击球的下降期。快搓时，击球的上升期。
还原：随势动作尽可能缩短，便于还原。
(2)技术动作关键点
①注意借力发力。
②摩擦球的力量要集中。
4. 横拍反手搓球技术

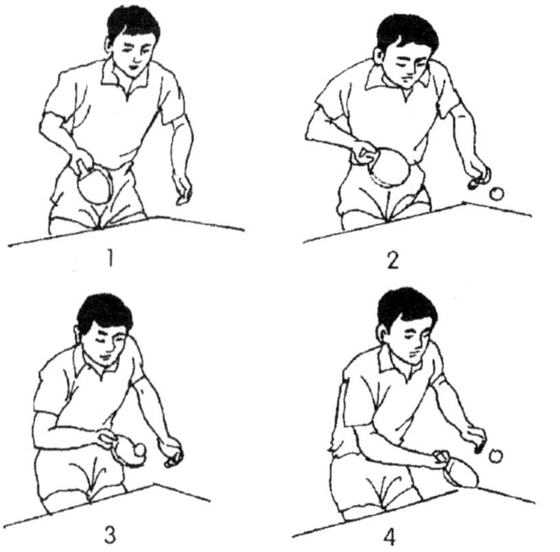

图 18—34

(1)技术动作标准(见图 18—35)

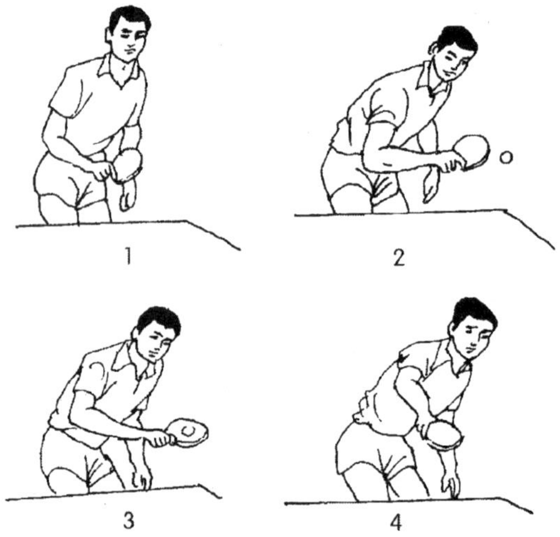

图 18—35

站位:判断来球,选好站位。

引拍:球拍稍后引至腹前,手腕适当放松。

挥拍击球:挥拍时,拍面后仰,球拍向前下方搓去,击球时手腕发力击球的中下部,拇指和食指略用力。

慢搓时,击球的下降期。快搓时,击球的上升期。

还原:随势动作尽可能缩短,便于还原。

(2)技术动作关键点

①注意借力发力。

②摩擦球的力量要集中。

第三节　乒乓球运动安全事故及预防

一、乒乓球运动损伤产生的原因

引发乒乓球运动损伤的因素可以分为直接因素和间接因素，这两个潜在因素既是对立统一的，又是客观存在的。它们的存在仅能说明运动中具有发生损伤的可能，并不一定直接导致损伤的发生。

(一)直接因素

1.思想因素

运动损伤的发生，常与体育教师、教练员和体育锻炼参加者对预防运动损伤的意义认识不足或者麻痹大意有关。他们大多存在某些片面的认识或缺乏预防运动损伤的观念，在体育教学、运动训练中不能积极采用各种预防措施，发生损伤后也不认真进行分析研究和经验总结。

2.准备活动方面的因素

据国内调查统计资料表明，缺乏准备活动或准备活动不正确，是造成运动损伤的首位或第二位的原因。在准备活动上常存在的问题如下：

(1)不做准备活动或者准备活动不充分。在神经系统和其他各器官系统的功能没有做好准备或尚未达到适宜水平的情况下，就进入紧张的正式运动，由于肌肉、韧带的力量和伸展性还不够，运动中负担较重部位的功能没有得到相应的提高，身体协调性差，易发生运动损伤。

(2)准备活动内容与体育课或训练课的内容结合得不好，缺乏专项准备活动，使运动中负荷较重部位的功能没有充分的改善，因休息而减退了的条件反射尚未恢复，此时易发生组织损伤。

(3)准备活动的运动负荷过大，使身体在进入正式运动前就已感觉到疲劳，正式运动时人体的生理功能不是处于最佳状态而是有所下降，此时参加剧烈运动容易受伤。

(4)准备活动与正式运动之间的间隔时间过长，当身体进入正式运动时，准备活动所引起的生理作用已经减弱或消失，失去了准备活动的意义。

3.运动技术水平

受锻炼者本身的技术水平所限，在完成一个高水平动作时也易受伤。这就要求每个练习者要遵循循序渐进的原则，逐步加大技术难度。

4.技术缺陷和错误

有缺陷的错误的乒乓球技术动作，违反了人体结构特点及运动时的力学原理，易引起机体组织的损伤，这是初学者或学习新动作时运动员发生损伤的主要原因。

(二)间接因素

间接因素又称潜在因素，它往往在直接因素(如局部负荷过大、技术动作错误等)的同时作用下，才会成为致伤的因素。

1.乒乓球项目自身的技术特点

乒乓球项目是一种单手持拍的反复挥动击球的运动，人体各部位的负担量不同。采取错误的击球技术，如用力过甚或者球拍力量的改变，如球拍太重，或者由于球拍柄太粗有时移动击球不到位，造成手臂肌肉的僵硬用力，这些都容易造成损伤。

另外，挥拍击球反复的动作刺激造成指总伸肌和指总屈肌牵扯过度，在肘关节部位出现的肱骨外上髁炎，也称“网球肘”和肱骨内上髁炎，是乒乓球运动中容易出现的损伤。

2.乒乓球项目的解剖学和生理学特点

人体的某些组织处于特殊的解剖位置，在运动中易与周围组织发生摩擦和挤压，如肩袖；或某些关节在一定的屈曲角度时，稳定性下降，易发生“不合槽”的活动。如膝关节半蹲位“发力”时；或某些关节屈伸过度，如肘关节；或运动中由于相互间力学关系的改变，而导致负担最大的组织发生损伤，如踝屈60°～70°发力时，跟腱处于极度紧张状态，但胫后肌及腓肠肌则较松弛，若突然发力踏跳，易发生跟腱断裂等。

综上所述，由于乒乓球运动项目有其自身的特点，再加上解剖学和生理学上的特点，在直接因素的作用下，所发生的运动损伤具有一定的特点和规律。掌握上述理论对于预防、诊断和治疗乒乓球运动损伤有着重要的意义。

二、乒乓球运动常见损伤及其处理方法

(一)急性腰部损伤

1.病因

在腰肌未得到充分活动的前提下，突然进入运动状态，腰肌用力过度，易造成肌纤维断裂、韧带损伤等，引起急性腰部损伤(闪腰)。

2.预防与处理

打乒乓球很讲究用腰，腰是连接上下肢的枢纽，所以，每次打乒乓球前的准备活动要按照头、颈、肩、躯干、腰部、下肢、踝关节的顺序做好准备活动，使腰肌得到充分活动。

开始打球后不可突然发力，应逐渐加大力量，切忌兴奋过度，突然转腰发力而造成急性腰部损伤。出现急性腰部损伤时，应暂时平卧在板床上休息，腰部制动3～4天；病情严重时，应前往医院治疗。

(二)膝关节损伤

1.病因

打乒乓球要求人体处于两膝微屈的半蹲状态，有时为了攻球大力扣杀，往往脚部过度用力蹬地，有时还要跳起扣杀，这样可能会引起膝关节损伤或髌骨劳损。弯曲的膝关节承受转动力是引起关节内部组织损伤的原因之一，如导致半月板损伤等。

2.症状

(1)膝关节疼痛。

(2)膝关节肿胀，尤其是损伤后最初一小时出现肿大。

(3)膝关节活动受限，如走路跛行等。

(4)感到膝关节不稳固或膝关节周围组织压痛明显。

最常见的膝关节损伤是由髌后间隙处的损伤引起的，这种损伤几乎没有外伤史，它的发作是逐步形成的，并与膝关节使用过度有关。

3.预防与处理

应注意步法移动的灵活与轻巧、缓冲与弹性，移动时多用前脚掌；避免用力跺脚，因为跺脚并不一定能加大击球力量。另外，注意运动前做好准备活动，穿富有弹性的运动鞋，养成正确的移动击球姿势；同时，还应加强下肢肌肉力量训练，增强下肢关节、肌肉承受能力。

平时如出现运动时膝关节不适，应戴上护膝，减少运动量；症状严重时，应立即就医诊断治疗。

(三)急性肩部损伤

1.病因

有些练习者因大臂肌肉持续攻球发力，造成肌纤维因牵拉受伤，使肩关节活动受限；还有些练

习者因比赛或训练，短期内突然加大运动负荷，造成肩关节周围的肌腱、韧带、关节囊反复受到牵拉而损伤，使肩关节周围的软组织发生充血、水肿、渗出、增厚等炎性改变。

2. 症状

肩关节周围软组织粘连，导致肩关节功能障碍；肩关节周围有压痛感，外展上举尤为疼痛。

3. 预防与处理

首先要控制运动负荷，不可在短期内突然超强度地训练，运动负荷安排应遵循循序渐进的原则，使机体有一个适应过程。治疗上采用理疗和按摩相结合的方法。

(1)揉拿肩部及上肢：即拇指与其他四指分别揉拿肩关节的内侧、外侧、后侧。揉拿时力量应深沉、柔和，范围要广泛，方向应从上至下，达到舒筋活血、放松上肢肌肉的目的。

(2)点揉诸穴：以拇指或食指指腹依次点揉肩部周围的穴位。点穴时应使局部有酸胀感、麻木感，起到活络、止痛的作用。

(3)运动关节：充分运动上肢的各个关节，如肩关节可做屈伸、旋转、环转运动。运动幅度要尽量大，速度适中，逐渐增加上肢各关节活动范围，防止关节僵硬、粘连和运动受限。

(四)肩周炎

1. 病因

肩周炎是肩关节周围肌肉、肌腱、滑囊和关节囊等软组织的慢性无菌性炎症，多继发于肩部外伤后。当肩关节周围肌肉长期运动，持续处于紧张状态时，会使局部处于充血状态，出现肿胀，内部会有渗出液，导致肩关节活动受限，内部出现粘连而产生本病。

2. 症状

疼痛是肩周炎最明显的症状，致使肩关节功能广泛受限，如手臂后伸上举受限，穿脱衣服感觉疼痛、困难。

3. 预防与处理

合理运动，避免过度疲劳；运动间歇时，注意保暖，特别是肩部不可受凉，以免因肌肉紧张、僵硬引起拉伤。

肩周炎的治疗方法有多种，如理疗、针灸、药物等。理疗能改善血液循环及消除炎症，促进机体免疫力的提高。

理疗的种类很多，有磁疗、超声理疗、蜡疗、按摩等。常用的按摩手法有：指揉法——用指端着力于治疗部位或穴位，做轻柔缓和的环旋活动，也称为点揉；掌揉法——用掌着力于治疗部位，做轻柔缓和的环旋活动；鱼际揉法——用大鱼际或小鱼际着力于治疗部位，做轻柔缓和的环旋活动。

(五)肘关节损伤

1. 病因

肘关节损伤是持拍运动员经常出现的一种损伤。采取错误的击球技术，如用力过猛；球拍太重或球拍柄太粗；移动击球不到位，造成手臂肌肉不能协调用力，都易造成肘关节损伤。

另外，反复的挥拍击球动作刺激，使手臂伸肌和屈肌牵拉过度，在肘关节部位易造成肱骨外上髁炎，也称“网球肘”和肱骨内上髁炎。

2. 症状

肘关节损伤一般无明显外伤史，损伤后感觉患肘肿胀、疼痛，关节活动正常，但患肢握拳旋转(如拧毛巾)时疼痛加剧，甚至握力减弱，手中物品常无意中滑落。

3. 预防与处理

如球拍重量不适合自己，应及时更换；平时练习时步法移动要积极到位，击球、发力动作正确、合理。早期出现症状时，应适当减少运动量，可采用推拿法、中草药外敷法或封闭疗法予以治疗。

(六)腕关节损伤

1.病因

手腕由8块大小形态不一的骨头组成,由于腕关节特殊的解剖结构(肌肉细小、腱沟浅而窄),当腕部肌肉持续紧张用力时,易发生腕部软组织损伤。在出现腱鞘炎时,不间断地运动性摩擦可以引起腱鞘损伤性水肿,使鞘内张力增加,产生疼痛及功能障碍。

2.症状

腕部疼痛、乏力,活动受到不同程度的限制;有压痛感和轻度肿胀,皮肤无改变。

3.预防与处理

注意运动前的手腕活动,加强手腕力量练习。急性扭伤可在24小时后进行热敷和按摩,损伤初期不要活动关节,以免损伤加重。疼痛剧烈者可考虑使用封闭疗法,也可配合各种物理治疗。

(七)腱鞘炎

1.病因

腱鞘炎是比较常见的运动损伤,多发生于关节周围。长时间、多次数、高强度进行乒乓球训练时,肌肉比较紧张,肌腱与腱鞘反复摩擦,就有可能导致肌腱和腱鞘损伤,发生腱鞘炎。

损伤发生后,腱鞘增厚,压迫水肿的肌腱,妨碍肌腱滑动。如练习发球时,手腕发力太集中、次数过多,或者连续攻球和杀高球时超负荷,肱二头肌、三角肌超负荷频繁发力等,均可引起关节周围的腱鞘炎。

2.症状

关节有压痛感,如手指有“弹响指”现象,指的是患指局部酸痛无力,晨起疼痛较剧,稍活动后有好转;患指伸屈受限,有“弹响指”现象;严重时,手指常绞锁在屈曲或伸直位。

3.预防与处理

在打球时,当一个技术动作练习过于频繁,肌肉反应大时,可以换另一项技术动作进行练习,不要使局部负荷过大,超过机体的承受能力。如发生腱鞘炎,关键是放松减压,暂停练习,进行热敷、按摩或其他物理疗法,必要时就医治疗。

(八)踝关节损伤

1.病因

踝关节扭伤是由于脚突然向内或向外翻转,足外侧或内侧韧带受到强大的张力作用所致。长期不运动,突然球瘾大发;或者激战正酣,大幅度跑动,扑救险球,人体重心转换不及时;或突然性地起动、移动,都会引起踝关节损伤。

2.症状

急性损伤时会出现踝关节肿胀、充血,有明显疼痛点和功能障碍。

3.预防及处理

运动前的热身很重要,尤其是下肢踝关节小肌肉群,应预先做内翻或外旋的环绕运动;平时进行身体素质训练时,应重视踝关节肌肉群的力量练习,多做踝部起踵和小负荷纵跳练习,以增强踝关节周围肌肉和韧带的力量;运动时,可戴上护踝套加强保护;击球时,做好预先的判断,以便及时起动,迅速到位,避免突然移动时重心不稳,造成平衡失调而出现踝关节扭伤。

伴随着损伤,踝关节可能会迅速肿大,这时不要脱鞋,因为此时运动鞋可能正起着夹板的作用。急性扭伤出现肿胀时,应及时冷敷以收缩血管,避免充血肿胀,并加压包扎(绷带由内踝向外踝顺时针方向缠绕)固定,必要时应及时就医处理。

第十九章

体育舞蹈

第一节　体育舞蹈概述

体育舞蹈是当前发展较为快速的运动项目，因其所具有的独特特点和美感深受广大学生的欢迎和喜爱。本章就体育舞蹈的基本知识和功能价值进行论述。

一、体育舞蹈的基本知识

（一）体育舞蹈的场地与服装

1. 体育舞蹈的场地

体育舞蹈的比赛赛场长 23 米，赛场长的两条边线称为 A 线；宽 15 米，赛场宽的两条边线称为 B 线，场地的地面应平整光滑。

在实际比赛中，参赛舞者的体育舞蹈动作和套路会根据场地的边线长短来进行安排。所有的舞者都会沿着赛场的舞程线来行进。

2. 体育舞蹈的服装

(1)男子服装要求

男子在服装方面要穿着大方、端庄，以西装革履最为理想，西装以深色最为适宜，以全套黑色礼服搭配白色衬衣和深色领带为庄重大方。

(2)女子服装要求

女子的服装要艳丽，不能穿筒裙、旗袍、西装裙等对舞蹈动作有妨碍的衣着，连衣裙是最为理想的，也可以穿晚礼服，可以化淡妆来表达对邀请者的尊重。

对于衣裙的要求，在上身、衣袖、腰部等方面要合身，既有助于完成手臂动作，同时又能够将曲线美很好地表现出来。

（二）体育舞蹈的名词及术语

1. 体育舞蹈常见名词

(1)舞程向

舞池中，舞者的行进方向即为舞程向。

(2)舞程线

舞程线是指沿舞程向方向行进的路线(见图 19－1)，它在舞池的四周，平行于墙壁，是一条设想线，即逆时针方向。

(3)舞姿

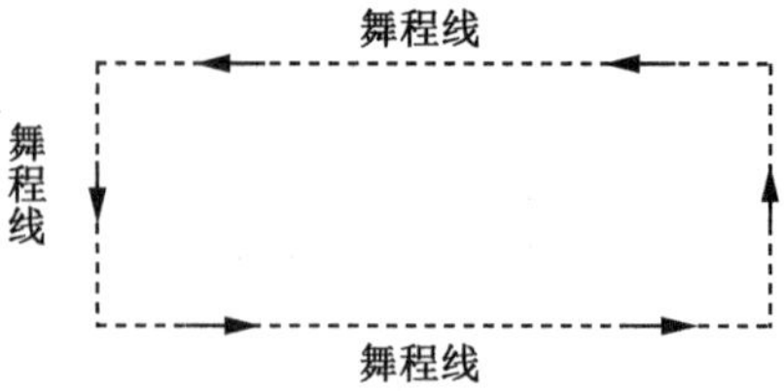

图 19—1

①影子位舞姿。顾名思义，男女舞伴互为影子，即二人面向同一方向重叠站立的身体相对位置。

②并肩位舞姿。这是拉丁舞中的一种身体位置，在具体的舞蹈过程中，互为舞伴的两个人面向同一方向，两人手臂和肩部相互并在一起，一般来说以男士为准，既可以左并肩，也可以右并肩。

③外侧位舞姿。这是摩登舞中的一种身体位置，舞伴中的一人向着另一方的右外侧或左外侧进行前进。

(4)摆荡动作

体育舞蹈的摆荡动作是指舞者在上升、横向移动过程中身体的摆动动作。

(5)升降动作

升降动作是指舞蹈者的身体上升与下降，这一动作同身体关节的屈伸转换有关。

(6)倾斜动作

体育舞蹈的倾斜动作专指舞者身体动作的倾斜，主要借助于不同的舞步来完成。一般来说，舞者身体的倾斜多向左右方向进行，倾斜动作的完成过程中，整个身体与地面成三角斜线。

(7)组合

体育舞蹈中，不同舞步(两个或两个以上)之间的结合称为“组合”。

(8)节奏

体育舞蹈的节奏指节拍的反复，具有体育舞蹈音乐特定的性格特色。

(9)套路

体育舞蹈中多个舞步型按一定的逻辑顺序衔接，组成动作套路。

(10)速度

这里的速度专指体育舞蹈的音乐速度，具体描述为每一分钟的音乐小节数。

2. 体育舞蹈基本术语

舞蹈术语是舞蹈动作的专门用语。常用的体育舞蹈术语主要有以下几种：

(1)舞蹈方位

方位是指舞者在舞池中的身体所面对或背对的方向。

体育舞蹈中，活动目的不同、固定位置不同，方位也不同，主要有以下三种。

①在体育舞蹈教学中，为了便于理解舞蹈术语中的有关方位，身体方位一般以学生自身为基点，以面向老师的方向为正前方，称为 1 点，每向右转 45°为一个方向，共分八个方向，分别为 1 点、2 点、3 点、4 点、5 点、6 点、7 点、8 点(见图 19—2)。

②在体育舞蹈比赛中，为了便于舞蹈进行中正确地辨别方位和检查旋转的角度，根据国际上的惯例，多以乐队演奏台的一面为规定方位的基点，定为“1 点”，每向顺时针方向转动 45°角则变动一个方位。以此类推 2，3，4，……共有 8 个点。因此，一个场地中的四个面为 1，3，5，7 点，四个角为 2，4，6，8 点(见图 19—3)。

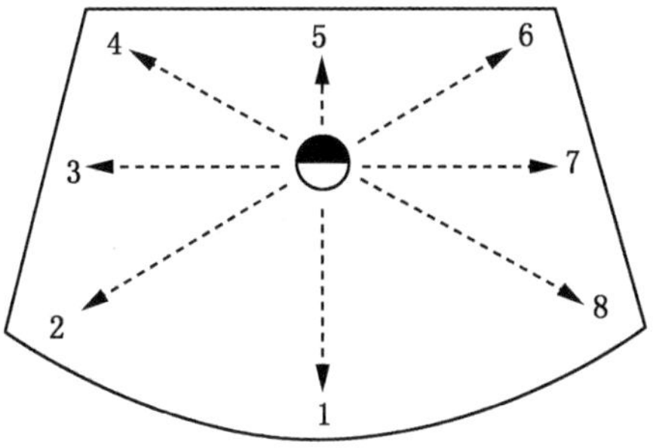

图 19—2

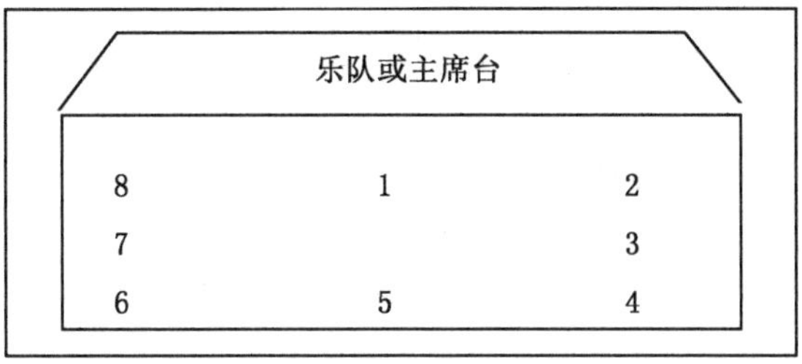

图 19—3

③在非固定位置时，舞蹈者按舞程线不断变换方位，向前移动，则又要和舞程线发生联系。因此，国际体育舞蹈的比赛规定了几条线来指示舞蹈者每个舞步的行进方向（见图 19—4）。

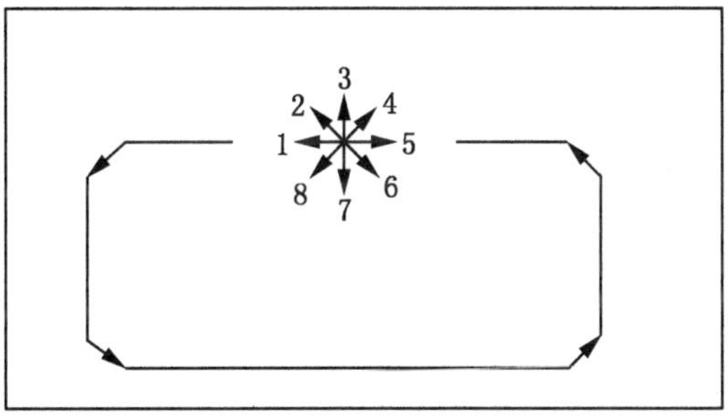

图 19—4

移动中的体育舞蹈身体方位是以男士正对舞程线站立而确定的身体位置，处于其左侧的舞厅部分为中央（并非指舞厅的中心点），处于其右侧部分为墙。图 19—1～图 19—4 中各线的名称具体如下：

"1"：男伴面对的方向上的线，称为舞程线。

"2"：男伴右前方（右转 45°），以其身体为基准朝壁线倾斜的线，称为壁斜线。

"3"：男伴右肩所向（右转 90°）所向为四壁，称为壁线。

"4"：男伴左后方（左转 135°）后的方向，与中央逆向倾斜的线，即中央斜线。

"5"：男伴背部方向上的线，称为逆舞程线。

"6"：男伴右后方（右转 135°）的方向上的线，朝壁线逆向倾斜，称为逆壁斜线。

"7"：男伴左肩方（左转 90°）所向的舞池中央的线，称为中央线。

“8”:男伴左前方(左转 45°)后的方向朝中央线倾斜的线,称为中央斜线。

在体育舞蹈中,只要舞者是沿着舞程向的圆周行进,那么无论舞者行进到哪一点,上述方向和线均适用。

(2)旋转度

旋转度(简称“转度”)是以脚的位置为标准,衡量旋转动作中每一步型,每一舞步,甚至每一舞步间的旋转是多少度。

在体育舞蹈比赛中,为了保证舞蹈的严谨、精确,需要采用切分圆的方法,用 1/8 周、3/8 周等来表示旋转度(见图 19—5)。

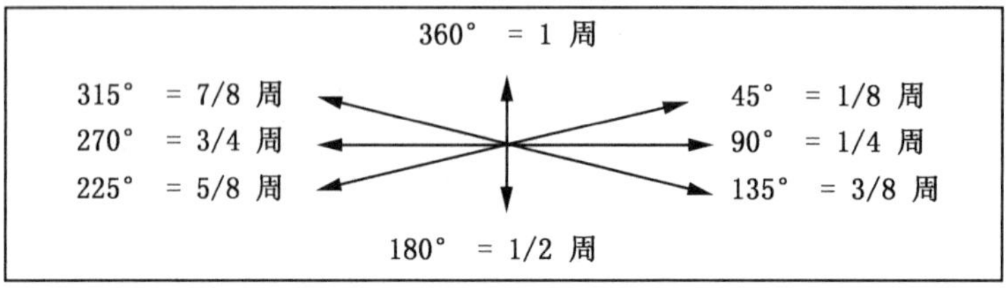

图 19—5

(3)舞蹈动作

在体育舞蹈中,经过提炼、创作、汇编的,具有一定节奏、规律的动作,称为舞蹈动作。舞蹈动作是舞蹈的最基本表现手段,舞蹈动作是构成体育舞蹈的基本单位。

(4)舞蹈组合

在体育舞蹈中,不同舞蹈动作衔接组成的动作组合称为舞蹈组合。舞蹈组合既可以是简单的动作衔接,也可以是舞蹈组合动作合并构成的复杂的舞蹈组合,它在体育舞蹈中用于身体训练或表现舞蹈思想。

(5)舞蹈语言

舞蹈语言是体育舞蹈的思想和情感的表现,主要是以舞者动作和表情表现出来的,它是从社会生活、人的情绪状态、自然现象中提炼加工而成,既包含了舞者的肢体动作,又包含了舞者的思想情感。

(6)基训

基训是指舞蹈的基本能力(基本动作)的训练。

(7)主力腿和动力腿

①主力腿。在舞蹈动作过程中,或者形成动作姿势时,舞者支撑身体重心的一条腿,称为主力腿。

②动力腿。与主力腿相对而言的,非重心支撑的一条腿为动力腿。它与主力腿配合以组成各种动作,保持身体平衡。

(8)造型

造型是舞蹈的表现手段之一,也称为动作中的静态或亮相,出现在舞蹈动作流动的瞬间或舞蹈组合结尾的停顿之时。

(9)起泛儿

舞蹈俗语,指动作前的准备姿势。动作前的准备姿势,都称“起泛儿”,也称“起势”。

(三)体育舞蹈的基本标记

1. 节拍标记

(1)Q:Quick(“快”)的缩写,表达的意思是动作要快,一拍为一步。
(2)S:Slow(“慢”)的缩写,表达的意思是动作要慢,两拍为一步。
(3)&:And 的缩写,表达的意思是前面拍子的一半。
(4)“a”读短促的“哦”音,在音乐是 4/4 的节拍中,“a”代表 1/4 拍。
2. 队形符号
(1)□表示走方形。
(2)○表示走圆形。
(3) 表示走“之”字形。
(4) 表示走弧形。
(5) 表示走斜形。
(6) 表示走蛇形。
3. 舞步标记
(1)脚(足)迹
①右足部分用实心画法,较易分辨(见图 19—6)。

图 19—6

②点地与旋转(见图 19—7)。

图 19—7

③华尔兹方步练习的脚迹图示法,如图 19—8 所示,数字为运步顺序,→为行进路线的方向。

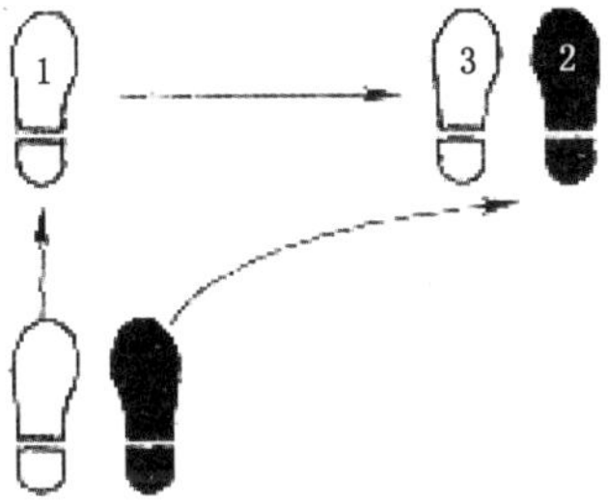

图 19—8

(2)脚尖着地,记为“T”。
(3)脚跟着地,记为“H”。
(4)I. E,Inside Edge 的缩写。表示舞者一脚沿另一脚内侧前后移动(内侧边缘)。
(5)脚尖着地过渡到脚跟,记为“T. H”。
(6)脚跟着地过渡到脚尖,记为“H. T”。

二、体育舞蹈的功能与价值

体育舞蹈是从文艺范畴的舞蹈逐渐演变而来的、具有舞蹈和体育双重特点的、以竞赛作为目的的、具有表演观赏性和自娱性的竞技舞蹈。

(一)有利于陶冶情操,进行自我审美教育

体育舞蹈是颇具绅士风度的艺术性舞蹈。练习者除了要达到舞姿优雅、动作潇洒、造型优美的要求之外,同时要保证练习全过程都语言文明、举止高雅、以礼待人。对于正式的体育舞蹈来说,练习者要想充分适应舞会氛围,就一定要达到环境美、仪表美、语言美以及举止美四个方面的要求。播放的动人乐曲往往能使人们的精神更加振奋,参与者在这种乐声中起舞往往能达到愉悦身心的目的。

(二)有利于提高人的速度、耐力和力量素质

舞蹈的音乐节奏很快,练习者必须在很短的时间内高质量做完不同类型的技术动作,练习者需要承受的运动强度可想而知。能量统一概念指出,1 分钟左右的大强度运动在无氧耐力运动范畴中。由此可知,坚持科学参与体育舞蹈的练习者,其无氧耐力的运动能力往往会获得大幅度提升,速度、耐力、力量素质同样会得到质的提高。

(三)严格的规范性

体育舞蹈的规范性主要从技术的规范要求方面表现出来。通过分析 WDSF 的最新教材可知,最新的标准舞技术要求每一个动作都可以从步序、足位、方位、转度、足法、音乐时值、舞伴位置、身体拧转、升降、倾斜、延伸去规范;而拉丁舞则从步序、足位、使用动作、转度、足法、音乐时值、方位、舞伴位置、引导握持形状、髋部路线、臀部肌肉运动、身体中段横移、身体中段挤压、身体拧转 14 个方面加以规范。①

(四)高雅的艺术性

体育舞蹈是一项将艺术和技术融为一体的表现难美性的运动项目。这主要是因为,体育舞蹈从宫廷发展而来,参与者必须要具备良好的修养、优美的动作、得体的礼仪等。

(五)体育竞技和健身性

体育竞技性在体育舞蹈比赛中能够很好地体现出来,运动员必须在一轮又一轮的比赛中,每次舞蹈展示持续 90~120 秒的多样化的风格表演。例如:一位进入决赛的选手,要通过 5 次、每次 5 曲舞蹈的竞赛;而对于十项舞者来说,要通过至少 4 次、每次 10 曲舞蹈的竞赛。体育舞蹈运动员将争夺冠军、获得优异成绩作为最高的目标和荣誉。

第二节 体育舞蹈技术动作解析

一、拉丁舞技能培训

拉丁舞具有鲜明的风格、优雅的技巧和很强的爆发力,属于现代竞技体育范畴。目前拉丁舞

---

① 体育舞蹈运动教程编写组.体育舞蹈运动教程[M].北京:北京体育大学出版社,2015.

已经进入亚运会正式比赛项目，正在申请进入奥运会，具有广阔的发展前景。本节就来研究拉丁舞的技能培训，包括伦巴舞、恰恰舞、桑巴舞等几大舞种。

(一)伦巴舞

1. 基本动作

基本动作是所有舞步的基础，如律动、方步、库卡拉恰、时间步、手接手等，具体动作如下：

(1)男士舞步

①左脚前进，胯向左后摆转。

②向后移动重心至右脚，胯向右后摆转。

③左脚稍后横步，胯经体前向左后摆转。

(2)女士舞步

①右脚向后退，髋向右后摆转，重心脚外展。

②向前移动重心至左脚，胯向左后摆转。

③右脚稍前横步，胯经体前向右后摆转。

2. 扇形步

男女舞伴分别向左右打开，之后由男舞伴引导进行扇形步，形成扇形面的舞姿。扇形步有多种衔接法，通常连接基本步，节拍 1 小节 3 步。

(1)男士舞步

①右脚后退，闭式舞姿准备。

②前移重心至左脚，右手带领女伴左转。

③右脚步横补，与女伴分离，左手握着女伴的右手。

④将重心移至右脚，摆动右胯，完成扇形步。

(2)女士舞步

①左脚前进，准备向左转。

②上右脚，准备左转，右脚后退。

③左脚步后退，与男伴分离(节奏 4)。

④将重心移至左脚，摆动右胯，完成扇形步。

3. 曲棍步

曲棍步是因为女伴在右转时脚步路线类似于曲棍球棒而得名。曲棍步通常连接扇形步，后接开式扭胯步，节拍 2 小节 6 步。

(1)男士舞步

①左脚前进，从开式合为闭式，与女伴肩对肩。

②重心移至右脚，右脚背步。

③左脚横步，带领女伴右转。

④右脚在左脚跟后，右转。

⑤左脚横步，注意要有力度。

⑥右脚并脚。两腿间有一定的吸力。

(2)女士舞步

①右脚后退，与男伴有一体的感觉。

②将重心前移至左脚。

③右脚向男伴的两脚之间前进，成闭式舞姿。

④左脚横步，走自己的直线。

⑤右脚交叉于左脚前，脚尖外展。

⑥左脚横步，步幅不要太大，注意右脚拧胯。

4. 右分展步

(1)男士舞步

①左脚横步稍前，腰有力度，右手扶住女伴。

②重心移至右脚。

③左脚并右脚，手臂不要抬得太高。

(2)女士舞步

①右脚后退，右脚转 1/2 周。

②重心移至左脚，向左转 1/4 周。

③右脚横步，向左转，与男伴合成闭式舞姿。

(二)恰恰舞

1. 基本动作

基本动作由 5 步组成，同伦巴一样第 1 拍是胯部动作，第 2 拍出步，重点表现在第 3～5 步中，初学者做步型时先不要加胯部动作。

(1)男士舞步

①左脚前进，移动重心，不必出胯。

②重心移至右脚，两腿之间要有吸力，动作幅度不宜过大。

③左脚横步，横步过程中手臂、腿部的动作要一致。

④右脚向左脚并步，踮脚尖，膝稍曲。

⑤左脚横步，挺直膝盖。

⑥右脚后退。

⑦左脚原地踏出一步。

⑧右脚横步。

⑨左脚向右并步，踮脚跟，膝稍曲。

⑩右脚横步，挺直膝盖。

(2)女士舞步

①右脚后退，步幅不要太大，身体上展。

②重心移至左脚。

③右脚横步。

④左脚向右脚并步，踮脚尖，膝稍曲。

⑤右脚横步，挺直膝盖。

⑥左脚前进。

⑦右脚原地踏一步。

⑧左脚横步。

⑨右脚向左脚并步，踮脚尖，膝盖稍弯曲。

⑩左脚横步，挺直膝盖。

2. 扇形步

从闭式舞姿开始，男伴在基本步的前半部分转 1/8 周，然后引导女伴左转，二人步调一致，同时打开扇形位。

(1)男士舞步

①右脚后退，右转 1/8 周，手臂画弧，向侧方向引导。

②左脚原地踏一步，身体左转 1/4 周，继续向里线进行引导。

③右脚横步，引导的手臂稍低并保持放松，给女伴留出展示的时间，二人舞步在一条线上。

④左脚并右脚，手臂于胸前外展，在节奏 & 的一瞬间快速找到二人的合力。

⑤右脚横步，稍向前，打开成扇形步，目光与女伴相对。

(2)女士舞步

①左脚前进，准备左转，身体相应展开。

②右脚横步，稍后左转，身体继续向反方向打开。

③左脚后退。

④右脚并左脚。

⑤左脚横步，稍向前，感觉男伴引导的张力，右手臂与身体成 90°。

3. 手接手

手接手是两人在合并步时相拉或相对的舞姿。

(1)男士舞步

①左转 1/4 周，左脚后退，左手向侧边打开，与女伴成右肩并肩位，从后看成 V 形，旋转时有肩引导和视点转换。

②右脚原地踏一步，在后半拍时做好右转的准备，后半拍重心完全移至右脚的脚掌上，留头、留肩、视点转换。

③右转 1/4 周，左脚踏步，左手拉着女伴的右手。

④右脚向左脚并步。

⑤左脚横步，挺直膝盖。

⑥右转 1/4 周，右脚后退，左手拉着女伴的右手。

⑦左脚原地踏步，后半拍做好左转的准备，重心落在前脚掌上，注意保持身体的垂直和重心的稳定。

⑧左转 1/4 周，右脚横步，双手拉着女伴的双手。

⑨左脚并右脚。

⑩右脚横步，左脚重复后退。

(2)女士舞步

①右转 1/4 周，右脚后退，右手向侧边打开。

②左脚原地踏一步，在后半拍时做好左转的准备。

③左转 1/4 周，右脚横步，右手拉着男伴的左手。

④左脚向右脚并步。

⑤右脚横步，挺直膝盖。

⑥左转 1/4 周，左脚后退，右手与男伴相拉。

⑦右脚原地踏一步，后半拍做好右转的准备。

⑧右转 1/4 周，左脚横步，双手拉着男伴的双手。

⑨右脚并左脚。

⑩左脚踏步，右脚重复后退。

4. 纽约步

(1)男士舞步

①右转 1/4，左脚前进，左肩并肩位。闭式舞姿开始，左脚前进同时转体成叉形步，视点有 90°

转换。

②右脚原地踏一步，后半拍做好左转的准备。

③左转 1/4，左脚横步。

④右脚并左脚。

⑤左脚横步，挺直膝盖，做好左转的准备。

⑥左转 1/4，右脚前进，右肩并肩位。

⑦左脚原地踏一步，后半拍做好右转的准备。

⑧右转 1/4，右脚横步。

⑨左脚并右脚。

⑩右脚横步，挺直膝盖。

(2)女士舞步

①左转 1/4，右脚前进，右肩并肩位。

②左脚原地踏一步，后半拍做好右转的准备。

③右转 1/4，右脚横步。

④左脚并右脚。

⑤右脚横步，挺直膝盖，做好右转的准备。

⑥右转 1/4，左脚前进，右肩并肩位。

⑦右脚原地踏一步，后半拍做好左转的准备。

⑧左转 1/4，左脚横步。

⑨右脚并左脚。

⑩左脚横步，挺直膝盖。

(三)桑巴舞

1. 左进基本步

左进基本步是在闭式舞姿上左脚前进的基本步伐，舞步在重拍时脚掌平直前进或后退，在“a”时用脚掌踮步。节奏是 1、a、2、a、1、a、2。

(1)男士舞步

①左脚前进，膝盖稍微弯曲，手臂高度与眼睛持平。

②右脚掌开左脚，膝盖稍微伸直。

③重心移至左脚，膝盖稍微弯曲。

④重心仍在左脚，膝盖稍微伸直。

⑤右脚后退，膝盖稍微弯曲。

⑥左脚掌并右脚，膝盖稍微弯曲。

⑦重心移至右脚，膝盖稍微弯曲。

(2)女士舞步

①右脚后退，膝盖稍微弯曲。

②左脚掌并右脚，膝盖稍微伸直。

③重心移至右脚，膝盖稍微弯曲。

④重心仍在右脚，膝盖稍微伸直。

⑤左脚前进，膝盖稍微弯曲。

⑥右脚掌并左脚，膝盖稍微弯曲。

⑦重心移至左脚，膝盖稍微弯曲。

2. 右进基本步

右进基本步是在闭式舞姿上右脚前进的基本步，做法与左基本步相同，只是进退的脚步不同。节奏是 1、a、2、1、a、2。

(1)男士舞步

①闭式舞姿开始，左脚后退，膝盖稍微弯曲。

②右脚掌并左脚，膝盖稍微伸直。

③重心移至左脚。

④右脚前进，膝盖稍微弯曲。

⑤左脚掌并右脚，膝盖稍微伸直。

⑥重心移至右脚，膝盖稍微弯曲。

(2)女士舞步

①右脚前进，膝盖稍微弯曲。

②右脚前进，膝盖稍微伸直。

③重心移至右脚。

④左脚前进，膝盖稍微弯曲。

⑤右脚掌开左脚，膝盖稍微伸直。

⑥重心移至左脚，膝盖稍微伸直。

3. 叉形步

叉形步是一只脚叉在另一只脚后边的动作，在第 2、5 步用脚掌踏地时，另一脚留在前面，脚尖下垂，其他步用脚掌自然撑地。节奏是 1、a、2、1、a、2。

(1)男士舞步

①左脚横步。

②右脚尖点踏在左脚跟后的交叉点上。

③重心移至左脚，膝盖稍微弯曲。

④右脚横步。

⑤左脚尖点踏在右脚跟后的交叉点上。

⑥重心移至右脚。

(2)女士舞步

①右脚横步。

②左脚尖点踏在右脚跟后的交叉点上。

③重心移至右脚，膝盖稍微弯曲。

④左脚横步。

⑤右脚尖点踏在左脚跟后的交叉点上。

⑥重心移至左脚。

二、摩登舞技能培训

(一)探戈技术

探戈舞的舞蹈风格是动静结合、潇洒大方，沉稳中有奔放、闪烁中有顿挫。探戈的舞曲为 2/4 拍，每分钟 30～34 小节。音乐特点是以切分音为主，带有符点和停顿，舞步分慢(S)和快(Q)，其中，S 占一拍，Q 占半拍。

1. 常步

S——男士面向斜墙壁,左脚前进。
女士右脚后退。
S——男士右脚前进,右肩引导左转 1/8 周。
女士左脚后退,肩引导左转 1/8 周。
Q——男士左脚前进开始右转。
女士右脚后退开始右转。
Q——男士右脚跟上成基本站位姿势,右转 1/8 周。
女士左脚跟上,右转 1/8 周。

2. 常步至侧行步

S——男士左脚前进。
女士右脚后退。
S——男士右脚前进,右肩引导左转 1/8 周。
女士左脚后退,肩引导左转 1/8 周。
Q——男士左脚前进开始右转。
女士右脚后退开始右转。
Q——男士右脚横步稍后,目光指向舞程线成 P.P 舞姿,右转 1/8 周。
女士左脚横步稍后,背向墙壁目光看向舞程线成 P.P 舞姿,右转 1/8 周。

3. 并式侧行步

S——男士左脚横步侧行,沿舞程线指向斜墙壁。
女士右脚在侧行位置下横步,沿舞程线指向斜中央。
Q——男士右脚在侧行位置及反身位置交叉前进,方位同 S。
女士左脚在侧行位置及反身位置交叉前进,方位同 S,左转 1/4 周。
Q——男士左脚横步稍前指向斜墙壁。
女士右脚横步稍后。
S——男士右脚并于左脚稍后,面向斜墙壁。
女士左脚并于右脚稍前。

4. 换步五步

Q——男士左脚前进,左转 3/4 周。
女士右脚后退,左转 1/2 周。
Q——男士右脚横步稍后,背向舞程线。
女士左脚横步稍前指向舞程线。
S 上半拍——男士左脚后退背向斜中央。
女士右脚外侧前进。
S 下半拍——男士右脚后退成 P.P 舞姿,背向斜中央。
女士左脚前进背向另外一条舞程线的斜墙壁。
S——男士左脚脚尖点地,面向另外一条舞程线的斜墙壁。
女士右脚点地成 P.P 舞姿。

(二)华尔兹技术

1. 前进步

前进步的具体舞步动作如图 19－9 所示。

(1)男士左足前进;女士右足后退。

(2)男士右足横步;女士左足横步。
(3)男士左足并于右足;女士右足并于左足。

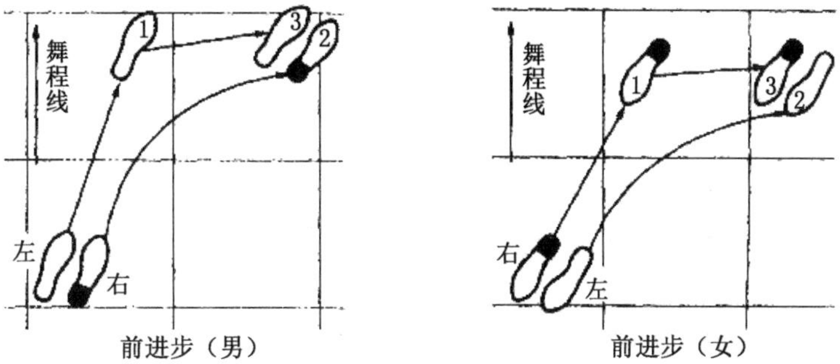

图 19—9　前进步舞步动作图

2. 右转步

右转步舞步动作如图 19—10 所示。
(1)男士右足前进,落地后即向右转身;女士左足后退,落地后向右转身。
(2)男士左足横步,身体继续右转;女士右足横步,身体继续右转。
(3)男士右足并步,身体右转至 3/8 周;女士左足并步,身体右转至 3/8 周。
(4)男士左足后退,落地后逐渐右转;女士右足前进,落地后逐渐右转。
(5)男士右足横步,身体继续向右转;女士左足横步,落地后逐渐右转。
(6)男士左足并步,身体右转至 3/8 周;女士右足并步,身体右转至 3/8 周。

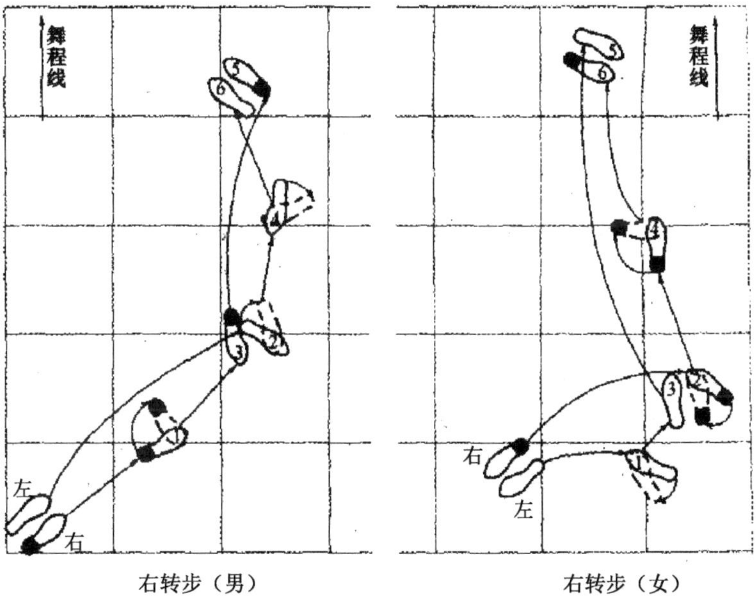

图 19—10　右转步舞步动作

3. 左转步

左转步舞步动作如图 19—11 所示。

(1)男士左足前进，落地后转身向左；女士右足横步后退，落地后向左转身。
(2)男士右足前进横步，继续左转；女士左足后退，继续左转。
(3)男士左足并于右足，身体向左转至 3/8 周；女士右足并于左足，身体左转至 3/8 周。
(4)男士右足后退转身向左；女士左足前进，向左转身。
(5)男士左足后退横步继续左转；女士右足前进横步，继续左转。
(6)男士右足并于左足，身体转至 3/8 周；女士左足并于右足，身体左转至 3/8 周。

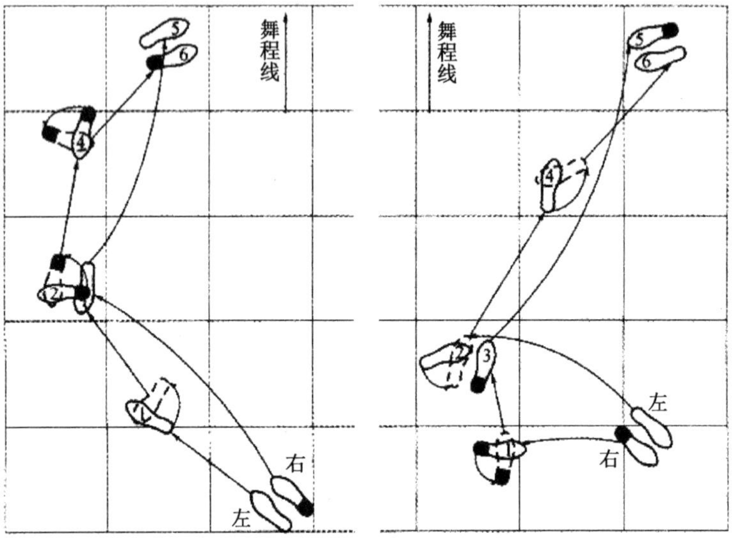

左转步（男）　　左转步（女）

图 19—11　左转步舞步动作

4. 换并步
换并步舞步动作如图 19—12 所示。
(1)男士右足前进；女士左足后退。
(2)男士左足前进横步；女士右足后退横步。
(3)男士右足并步；女士左足并步。

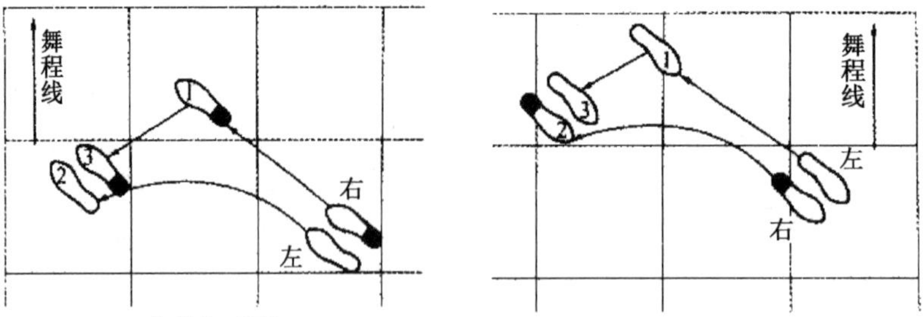

换并步（男）　　换并步（女）

图 19—12　换并步舞步动作

(三)维也纳华尔兹技术
维也纳华尔兹也称为“快华尔兹”“快三步”，其音乐是 3/4 拍或 6/8 拍，每分钟 56～60 小节，基本舞步动作如下：

1. 1/4 转身

维也纳华尔兹的 1/4 转身动作如图 19—13 所示。

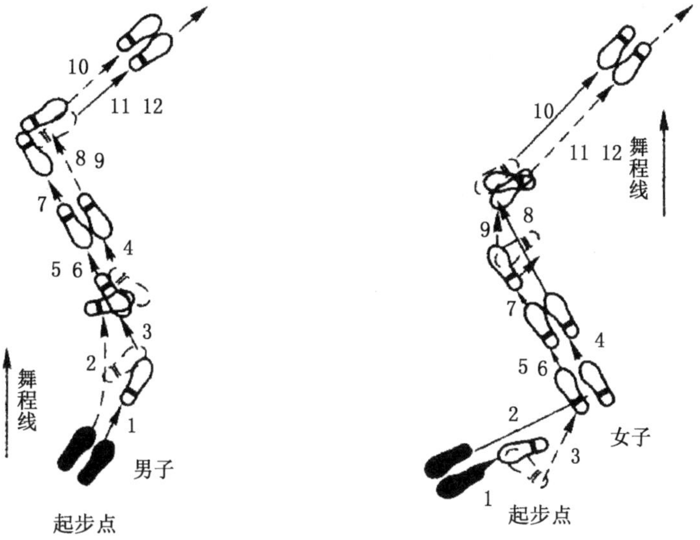

图 19—13 转身动作

①男士右脚前进向右转身，女士左脚后退向右转身(快)。

②男士左脚小步继续右转，女士右脚后退(快)。

③男士右脚并左脚(舞程线改变，由面对右角变为背向左角)，女士左脚并右脚(快)。

④男士左脚后退，女士右脚前进向左转身(快)。

⑤男士右脚退后靠拢左脚，女士左脚前进靠近右脚(快)。

⑥男士右脚靠在左脚上面，但重心仍在左脚上；女士左脚靠在右脚上(快)。

⑦男士右脚后退向左转身，女士左脚傍步(快)。

⑧男士左脚靠着右脚，右脚用脚跟向左转身；女士右脚傍步(快)。

⑨男士由背向左角变为面对右角，女士左脚并右脚(快)。

⑩男士左脚前进，女士右脚后退(快)。

⑪男士右脚前进靠拢左脚，女士左脚后退靠拢右脚(快)。

⑫男士右脚靠在左脚上，身体重心依旧在左脚上面；女士左脚靠在右脚上(快)。

2. 踌躇步

踌躇步动作如图 19—14 所示。

①男士右脚前进，女士左脚后退(快)。

②男士右脚前进并右脚(左脚在右脚之后约半脚位)，女士右脚后退靠拢左脚(快)。

③男士左脚靠在右脚上，但身体重心仍在右脚上；女士右脚靠在左脚上(快)。

④男士左脚前进，女士右脚后退(快)。

⑤男士右脚前进靠拢左脚(右脚在左脚之后约半足位)，女士左脚后退靠拢右脚(快)。

⑥男士右脚靠在左脚上，但身体重心仍在左脚上；女士左脚靠在右脚上(快)。

3. 180°右转

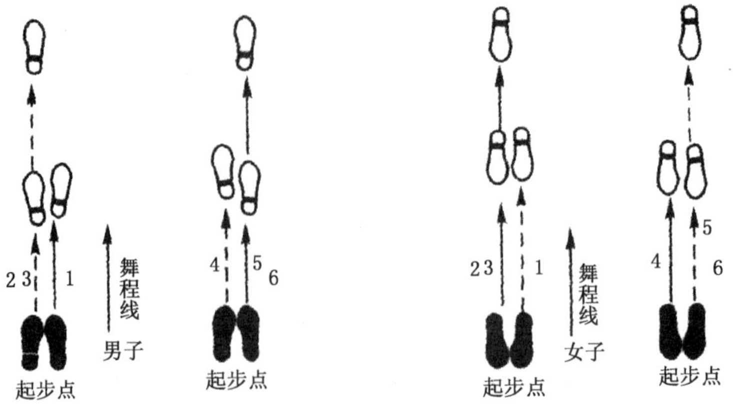

图 19—14 踌躇步舞步动作

180°右转舞步动作如图 19—15 所示。

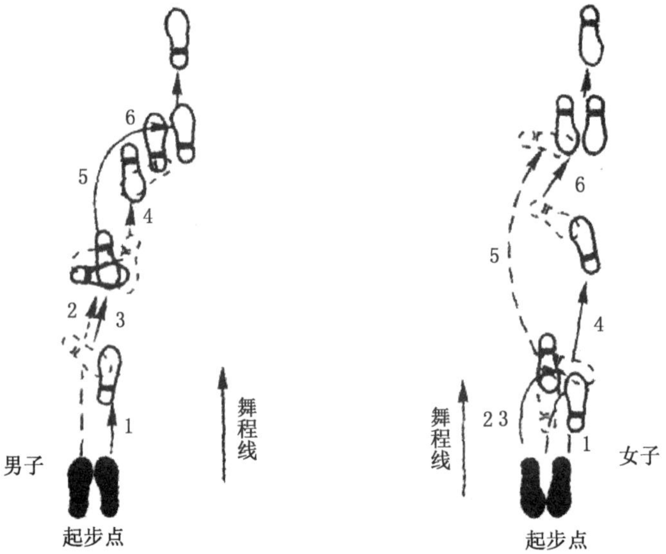

图 19—15 180°右转舞步动作

(1)男士右脚前进向右转身;女士左脚退后向右转身(快)。
(2)男士左脚小步傍步右转;女士右脚并左脚,用左脚跟向右转身(脚跟轴转)(快)。
(3)男士右脚并左脚(背向舞程线);女士右脚并左脚,用左脚跟向右转身(脚跟轴转)(快)。
(4)男士左脚退后向右转身,女士右脚前进向右转身(快)。
(5)男士右脚并左脚,用左脚跟向右转身(脚跟轴转);女士同男子第二步、第三步(慢)。
(6)同第五步。

第三节 体育舞蹈运动安全事故与预防

本节主要就体育舞蹈技能培训理论与安全指导进行分析,对体育舞蹈技能培训的疲劳与恢复、伤病与防治以及不同群体体育舞蹈技能进行学练指导。

一、体育舞蹈技能培训中运动损伤的防治

(一)腰背痛

1. 原因

体育舞蹈技能训练中,同一种腰部姿势保持很长时间或弯腰时用力过猛、幅度过大,从而造成腰部创伤、腰肌劳损的现象产生。

2. 处理和预防

(1)练习前做好热身活动,适当活动腰背部等关节。

(2)练习中腰部姿势要经常变换,同一舞姿固定太久会使腰部劳损症状加重,练习中合理安排休息时间。

(3)练习后按摩腰部,适当放松,缓解劳累。

(二)肌肉拉伤

1. 原因

(1)主动用力拉伤。肌肉主动猛烈收缩,收缩力度超过了肌肉本身能够承受的范围。

(2)被动拉伤。肌肉受力被动牵伸,肌纤维被拉长,超过了肌肉本身能够伸展的最大限度。

2. 处理和预防

(1)处理。

即刻冷敷,加压包扎,然后在可以使肌肉松弛的位置固定休息,24～48 小时后采取按摩、理疗等措施来处理。

严重者做好急救处理后,及时送医做手术。

(2)预防。

第一,运动前做好准备活动,在低温环境下进行技能培训时,热身运动至关重要。

第二,在日常训练中多锻炼肌肉的力量和柔韧性。

第三,对肌肉反应多多观察,如果感觉肌肉僵硬或疲劳,可调整运动强度。

(三)肢静脉曲张

1. 原因

长时间站立或下肢长时间用力活动,下肢静脉血液大量积聚,而回流较慢,因此造成下肢静脉扩张。腿部肿胀、皮肤发紫,踝和小腿内侧肿痛是主要症状。

2. 处理和预防

(1)变换姿势,避免下肢肌肉做单一的活动。

(2)运动后,将下肢抬高,或对小腿肌肉进行拍打,放松肌肉,使血液快速回流。

(3)用弹力绷带绑腿。

(四)关节韧带损伤

体育舞蹈中,踝关节外侧韧带最容易发生损伤,局部疼痛、血肿、肿胀、关节活动障碍等是这类运动损伤的主要症状。

1. 原因

在外力刺激下,关节活动超越正常范围或出现异常时,韧带对过高的张力无法承受,因而发生损伤。

2. 处理和预防

(1)处理。

即刻做局部冷敷，加压包扎，将患肢抬高。两天后包扎可拆除，然后配合按摩、理疗来促进恢复。

完全断裂者应去医院治疗。

(2)预防。

运动前做好充分的准备活动。

二、体育舞蹈技能培训中运动疾病的防治

(一)肌肉痉挛

体育舞蹈运动中，小腿后侧和足底部肌肉最容易发生肌肉痉挛。症状主要表现为肌肉剧烈挛缩发硬、疼痛、关节屈伸功能障碍，一般这种情况会持续数分钟。

1. 原因

(1)拉丁舞中，长时间绷脚尖，肌肉会产生疲劳或损伤，从而造成小腿或脚底肌肉痉挛。

(2)运动中大量汗液排出，电解质丢失，增加了肌肉兴奋度，容易抽筋。

(3)运动环境寒冷，没有做好准备活动。

2. 处理和预防

(1)处理。

对痉挛部位进行牵引，可缓解疼痛。牵引时均匀、缓慢用力，以免造成肌肉拉伤。

(2)预防。

第一，运动前做必要的准备活动。

第二，喝运动型饮料，及时补充电解质。

(二)运动性心律失常

运动性心律失常是指运动中或运动后心律紊乱或不齐。

1. 原因

(1)冲动起源异常。

(2)冲动传导异常。

2. 处理

(1)推拿按摩。患者俯卧，术者在其身旁用一指禅推法，从上到下对脊柱两侧足太阳膀胱经穴位进行按摩，两侧交替进行。按摩频率约 60 次/分。

(2)针灸治疗。主要有体针、耳针主穴、电针等方法。

3. 预防

(1)避免过度训练和过度疲劳。

(2)注意个人卫生习惯。

(3)加强医务监督和体检。

第二十章

棒　球

第一节　棒球运动概述

一、棒球运动的起源及发展现状

(一)棒球运动的起源

考古学家在建造于公元前2000年班尼・哈山(Beni Hasan)的墓穴中发现有女子球类游戏的画像。因此,最早的"棒"与"球"活动应可追溯至远古时期。棒球运动已经有悠久的历史,在古希腊及古印度的一些壁画遗迹上都有类似打棒球的图案。近代棒球的起源据说是英国人移民至美国时引入的板球(cricket)游戏和波士顿地区常玩的跑圈子(rounders)游戏综合演变而成的运动。在经历了数次演变及许多不同的称呼之后,直到1839年,在美国纽约州柯柏斯镇(Coopers Town,现今棒球名人堂的所在地)的戴伯特(Abner Doubleday)修订了原先的游戏规则,同时将这项运动定名为"Baseball",并开始推行,而成为美国最风行的运动之一。

(二)棒球运动的发展情况

1845年,美国人亚历山大・卡特来特(Alexander Joy Cartwright)为统一名称和打法,制定了有史以来第一部棒球竞赛规则。其中多数规则条文迄今仍继续使用,棒球(Baseball)这一名称也一直沿用至今。因此,现代棒球运动源于英国而发展于美国。1839年,美国纽约州柯柏斯镇举行了有史以来的首次棒球比赛。1860年,美国开始出现职业棒球运动员。1871年美国成立了"全国职业棒球运动员组织";1876年,该组织改名为"全国棒球联合会"。1881年成立另一个全国性的职业棒球组织,即后来的"全美职业棒球联合会"。1884年首次举行这两个组织间的冠军赛,即"世界棒球冠军赛"。1910年,时任美国总统威廉・霍华德・塔夫脱(William Howard Taft)正式批准棒球运动为美国的"国球"。1873年,棒球由美国传入日本。日本职业棒球队创始于1934年。第二次世界大战后,棒球运动迅速在欧洲各国开展起来,棒球运动已在世界五大洲的100多个国家和地区中开展。1937年,在美国成立了世界棒球协会,后改称为国际棒球联合会,是世界业余棒球运动的最高领导机构,总部设在美国,会员国(或地区)已由20世纪70年代的50多个增至113个。1978年,国际棒联得到国际奥委会的承认,国际棒球联合会于1994年将总部设在瑞士洛桑。中国棒球协会于1981年3月加入国际棒球联合会,1985年加入亚洲棒球联合会。在欧洲,已有26个国家开展棒球运动。"欧洲业余棒球联合会"的成员有意大利等11国。根据该联合会1978年的统计,参加棒球比赛的运动员约5万人,球场326个,并举办了"地中海杯""世界棒球锦标赛"等国际比赛活动。棒球运动最普及的是美国和日本。此外,在中国台湾地区、韩国、菲律宾等东南亚国家和地区及拉丁美洲，棒球也极为风行。棒球项目于1992年被列入奥运会比赛项目。棒球项目在2012年退出奥林匹克夏季运动会。2013年，世界棒垒球联盟棒球世界排名前五位的是：古巴、美国、日本、中国台北、荷兰。

二、棒球运动的特点

棒球运动是一种以棒打球为主要特点，集体性、对抗性很强的球类运动项目，被誉为“竞技与智慧的结合”，是一项集智慧与勇敢、趣味与协作于一体的集体运动项目。它动静结合、分工明确。队员之间既强调个人智慧和才能，又必须讲究战略战术，互相配合。成员之间分工明确、责任清晰，又必须主动配合、相互帮助，必要时为顾全大局，个人要甘于牺牲自我。

三、棒球运动的基本规则

两队比赛，每队各有9人，两队轮流攻守。攻队队员在本垒依次用棒击打守队投手投来的球，并乘机跑垒，能依次踏过1、2、3垒并安全回到本垒者得一分。守队截接攻队击出之球后可以持续碰触攻队跑垒员或持球踏垒以“封杀”跑垒员，当球落地之前防守队员如果接住球，则跑垒员被“截杀”，如果投手对击球者投出三个“好”球，则跑垒者被“三振出局”。攻队3人被“杀”出局时，双方即互换攻守。两队各攻守一次为一局，正式比赛为9局，以得分多者获胜。守队队员按其防守位置及职责规定名称如下：投手，捕手，1垒手，2垒手，3垒手，游击手，左外野手，中坚手，右外野手。攻队入场击球的队员叫击球员。合法击出界内球且没有被场上防守人员截杀时，该击球员应立即跑垒，称为“击跑员”，当投手投出四个坏球或者让球接触到跑者身体，则跑者“保送”上一垒（“好”球即为投手将球投入好球区且击球者没有击中球，“擦棒球”“界外球”和球棒挥空也属于“好”球范畴，“坏”球则指投手将球投在好球区外，且击球者没有挥棒）。击跑员安全进入1垒后，即称为“跑垒员”。

第二节　棒球基本技术解析

一、接球技术

棒球竞赛规则开宗明义规定：“比赛的目的是争取得分多于对方队从而取得比赛的胜利。”棒球比赛是攻守交替进行的。进攻是得分的手段，所以棒球队都在进攻上下功夫，力争通过击球、跑垒、偷垒和滑垒等手段突破防守队防线，利用其失误，以达到多上垒多得分从而制胜的目的。另一方面，棒球队也无不在防守上下功夫，要求每个投手投好每一个球，要求每个守场员做好传接杀，以抑制对方的上垒与得分，减少本队的失分，从而赢得比赛的胜利。

进攻与防守是克敌制胜的两个方面，缺一不可，必须一手抓进攻，一手抓防守，不可偏废。我们必须树立“攻守并重”“攻守兼备”的指导思想。

接球和传球本来是防守技术的两个方面，没有传球，谈不上接球，接球是为了接传来的球，所以不能把接球和传球截然分开。但是，青少年在刚开始学习棒球时应该先学接球，再学传球，然后传接结合，相互提高。为什么要先学接球呢？就技术动作而言，传球动作比较简易，接球动作比较复杂困难。当然，传球能用正确的动作传平、传准、传得有力也并不容易。但是，把球传出去，动作相对比较简易，只要转身，胳膊一摔，就能把球传出去。但是，要把球接住，技术动作却不那么简单。高低球又如何接法，两侧球又如何移动步伐，双手放在什么位置接，双手不能接时单手又如何接，弹球和高飞球又如何接法等都要在一开始时交代。因为接球是为了把球接住，不这样交代就接不好球。先掌握接球技术是为了安全,不会用正确动作去接球,容易发生伤指或失接以致球击中身体或面部的事故。例如,对传接来的齐胸平直球,如果不教队员们把手套手指朝上,用虎口和掌心之间接球,他们就会把手套手指朝前接。这样,不但接不好球,也容易打在手指上面受伤。

因此,在教学顺序上先教接平直球,再教接地滚球,最后教接高飞球。

(一)接平直球技术

站立姿势是接球前的准备动作,其要领(以右手传球队员为例,下同)为:正面对传球者站立,两脚分展如肩宽,双膝微曲,双肘屈,合手置于胸前,双眼正视传球者(见图 20—1)。

图 20—1

(二)手套的正确使用

(1)戴手套不能过深,也不能太浅。过深则使用不灵活,太浅则容易被传球打落。

(2)不论高低左右的传球,都要用手套的掌心对着来球接,使手套正面成一平面,与传球呈垂直面。绝不可用手套的手指对着来球来接。传球在腰部以上,手指朝上;传球在腰部以下,手指朝下;传球偏右,如果来得及移动身体,用正面双手接,仍按腰部上下传球的要求接;如果来不及,手指朝右单手接球。传球偏左,手指朝左;传球偏右下侧时,可以用正手接,也可以用反手接。但不论正手反手,手指都要朝右(见图 20—2)。

(3)接球时要做到球在手套之上,否则容易失接。这在接腰部以下的球时更应如此。

(4)手套的接球位置在虎口与掌心之间,而不在虎口或掌心。用虎口接球,容易把连接虎口的皮条打断或把蹼打掉。用掌心接球,球易弹出。虎口与掌心之间是手套的最深处。

(三)双手接球

上面说过,少年棒球队员在开始接球时,很自然地用双手去接。但是,戴上手套接球后,久而久之,很容易改为用单手(戴手套的手)接球。教练员必须及时纠正单手接球的毛病,这是因为:

图 20—2

(1)接球的目的是把球接住，双手接球比单手容易把球接住。

(2)接球后还要传球，双手接球容易把接传动作连贯起来，而单手接球增加了一个伸手从手套掏球的动作，因而增加了传球出手的时间。

(3)双手接球有助于移动步伐正面身前接球，因而接球时身体重心稳定。单手接球往往只是伸出胳膊接球而不移动步伐，因而重心不稳。

双手接球的要领又是什么呢？主要是不戴手套的传球手如何正确使用的问题。接腰部以上传球时，传球手的大拇指、食指中指放在手套的大拇指后面，无名指和小指放在手套边。球一进套，双手合拢，传球手手指把手套开口封住，并伸入手套内把球抓住。如果传球在腰部以下时，手套手指朝下，传球手的小指、无名指和中指放在手套小指后面，大拇指和食指放在手套外，双手合拢，传球手手指把手套开口封住，并伸入手套抓住。

对于双手接球，教练员一定要严格要求，坚持下去，使球员一开始就养成双手接球的习惯。

(四)正面身前接球

正面身前接球就是正对来球，置双手于身前将传球接住，因此来球偏左，就要向左移动步子，来球偏右就要向右移，然后双手置于身前把球接住。正面身前接球的理由是：

(1)身体重心稳定，容易把球接好传好。

(2)带动垫步动作，左右移动，接传球动作灵活。

(3)避免单手接球失接。

当然，过于偏左偏右的来球，如果来不及垫步在身前接，那也只好伸出单手去接。

(五)接球时的后引动作

为了缓和来球的前冲力量，避免接球后球从手套里弹出来，接球时应将双手后引或后收。右传者最好后引到右肩，左传者最好后引到左肩，以便于把接球和传球动作连接好。

实际上，接球的关键动作是双手正面接球，一个双手，一个正面，必须反复强调，反复实践。

二、传球技术

(一)握球方法

把球放在食指和中指的指根，分开约一指宽，两指的第一指节前部要压在球缝处，大拇指和无名指扶持球体下部两侧，大拇指第一指节也要压球缝，形成三点压球缝，两点在上，一点在下正中。不要把球握在掌心，也不要把球完全贴在虎口，球与虎口之间要有空隙(见图 20—3)。不要把球握得太紧、握得太死，要放松些。

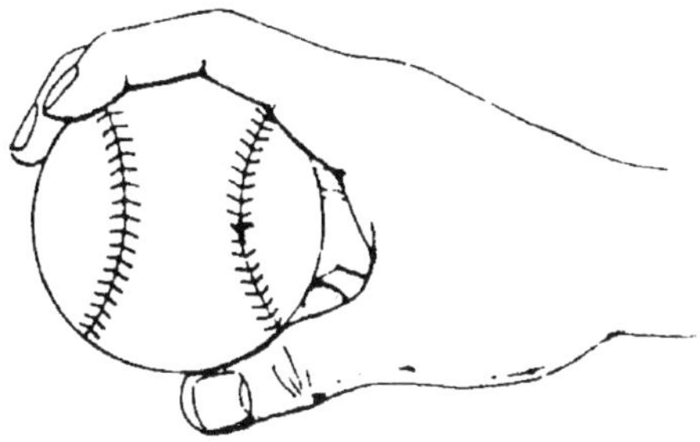

图 20—3

(二)传球姿势

传球姿势由于出球位置的不同而分为肩上、体侧和肩下三种。

(1)肩上传球姿势的出球位置在体侧前上方，为此，投球的大小臂成 90°左右，肘关节不低于肩关节。如果把体侧 180°作为 1，则其出球点在 3/4 的位置，所以，通常把肩上投球姿势称作 3/4 投球姿势。

(2)体侧投球姿势的出球位置在体侧正中，投球的大小臂向体侧平伸，腕关节、肘关节与肩关节齐平，或略低于肩关节。

(3)肩下传球姿势的出球位置在体侧下方，投球臂从体侧下前送将球传出。腕关节和肘关节明显低于肩关节。

这三种传球姿势中，以肩上传球姿势最为合理，传球较易发力而准确，且不易伤及肩臂。因此，对少年棒球队员来说，要先从肩上传球姿势学起，而且以后也要求以肩上传球姿势为主。在特定情况下，才用体侧和肩下传球姿势。

(三)肩上传球的动作要领

1. 准备姿势

正面对着传球目标站立，两脚分展如肩宽，双膝微屈，不要挺直。左脚在前，双眼正视接球队员的胸前。两手持球置于身前(见图 20—4)。

2. 起动传球时的转身，传球臂的后摆和前导脚的伸踏动作

起动传球时，以轴心脚(右传者右脚)作轴，身体向传球臂方向转动约 90°，传球臂甩向身后，前导脚向传球方向前移，推备伸踏。这时，以轴心脚或双脚支撑整个身体，保持稳定，两臂前后分展，球在掌下。从侧面看，整个身体大体形成“大”字形姿势(见图 20—5)。

3. 发力和传球出手

随前导脚向传球方向伸踏落地，身体左转，前导臂曲肘向左肩后收，带动传球臂从身后向身体右上方前送。待通过体侧线时用力摔臂扣腕，将球在身体前上方传出。这时，双眼始终盯准接球者。传球臂从身后前送时，要使手背在下，球在上，肘平肩屈成 90°左右，肘关节不低于肩关节，腕不低于右耳，但不能过于靠近右耳。摔臂扣腕要由上向下用力，要借助转髓力量，要有爆发力。球出手时，食指和中指第一指节压球缝部分要有拨指动作，使传出的球作由下向上旋转，加速球体向前运动的冲力。

还需要注意的是：

图 20—4

图 20—5

(1)前导脚伸踏时的落点要在轴心脚和传球目标的连续线上,不要向左或向右偏离;否则,球易传偏。前导脚伸踏落地时,脚前掌指向传球方向(见图 20—6)。

(2)不要过早打开左髋,以致影响发力。

(3)摔臂时,前导臂要有后收动作,以维持身体的平衡(见图 20—7)。

图 20—6

图 20—7

(四)传球的后继动作

转髋摔臂将球传出后,传球臂要继续向身体右下方摆动,上身自然下压,避免身体重心过于前移。轴心脚同时贴地带到前方,与伸踏脚分展并立稍弯,手套放在胸前,双眼始终盯住传球目标,准备接击出的球。后继动作本来是用力传球后的自然动作,问题在于做得够还是做得不够。我们要求后继动作要做够,因为这样可使传球动作既自然又有后劲,身体也易保持稳定。

三、接地滚球技术

棒球运动按接球数量而言,平直球最多,地滚球不少,高飞球较少。按接球难度而言,地滚球最难,高飞球不难,平直球较易。有的场地不平整,石块多,接地滚球就更难了。许多队员害怕被弹跳不规则的地滚球打中身体或脸部而产生怕接地滚球的心理,以致有躲身或转脸接球的动作。这样是难以把球接住的。因此,尽快正确掌握接地滚球的动作,熟悉地滚球的弹跳规律,勤学苦练就十分重要了。

(一)动作要领

1. 准备姿势

面对来球,两脚分展比双肩稍宽,前导脚稍前,轴心脚稍后,屈膝,上身前俯,重心置于双脚前掌,双手自然放在双膝之前,双眼正视来球(见图 20—8)。

图 20—8

2. 接球

正面迎球,双手前伸靠拢,手套张开,掌心向前上方,贴地,传球手放在手套上,调整步伐,在地滚球弹跳到最高点或刚着地时用双手接球。球进入手套后,传球手覆盖手套,并将手套稍后引以免球从手套弹出。同时,传球手把手套里的球抓住,准备垫步,将传球臂后摆做传球准备。

如前所述,接平直球的关键是双手正面接球。接地滚球更应这样,不论怎样的地滚球,只要来得及都要双手正面接。此点必须严格做到。

地滚球的特点在于球在地面弹跳,有大弹跳、小弹跳和贴地不跳,球速也有快有慢。因此,掌握球的弹跳,在弹跳的最高点和最低点(即刚着地)接球是十分重要的。要做到在最高点或最低点接球,一要靠判断,二要靠调整步伐,靠垫步,三要靠多练习(见图 20—9、图 20—10)。

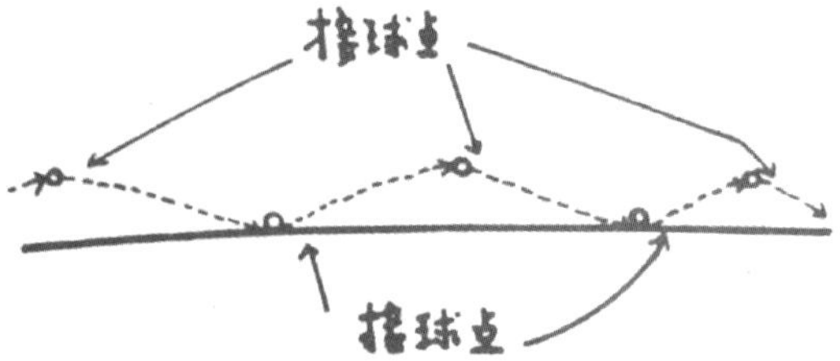

图 20—9

图 20—10

四、接高飞球技术

(一)接高飞球的动作要领

1. 准备动作

面对前方，两脚分展比肩稍宽，左脚稍前，两膝微曲，上体前倾，双手自然放在双膝前或胸腹前，两眼正视前方，注意力集中(见图 20—11、图 20—12)。

图 20—11

图 20—12

2. 接球动作

接一般的高飞球时，先判断其落点，迅速起动到落点附近，正对来球，自然站立，双臂屈肘，上举到头部前上方，手套手指朝上，掌心向前上方张开，传球手放在手套旁，双眼从手套上沿看来球，球进入手套时传球手将球覆盖，用双手牢牢把球接住，同时顺势后引起缓冲作用，准备传球（见图20—13、图20—14）。

图 20—13

图 20—14

五、击球技术

进攻中的击球技术是棒球运动中难度系数最大的一项技术，是用直径只有7厘米的球棒击打直径相仿的球体。

准备姿势：击球员进入击球区后，面对本垒板站立，两脚如肩宽，两膝微曲，双手握棒。右打者右手在上、左手在下，把棒握在掌指关节位置，两手并拢，不留空隙。如持伞那样将棒立于后肩前，前导臂离胸部约一拳头，头部转向投手，注视投手投球动作（见图20—15）。

击球可分五个环节：

(一)身体后引，同时前导脚伸踏

投手开始投球前，前导脚的膝部和左髋稍内扣或向后收一小步，身体随后引。投手投球时，迅速伸踏前导脚，双眼盯球准备起棒，在球到达半程前，做出“好球”或“坏球”的判断，以决定是否击球。

(二)发力与击球

挥棒时，身体重心随伸踏前移，但不前倾，前脚基本蹬直，后脚掌作轴内转，膝弯。双臂在由屈到伸的发力挥棒中，在体前中球时成V字形。棒要挥平，要有加速度。

(三)中球与中球点

中球的最佳部位在离棒顶端5～15厘米棒承受力最大的地方。

中球的关键是：

图 20－15

(1)眼不离球,盯球到底。在下棒前,面颊是贴在前肩下锁骨上面,随着发力下棒,前肩打开,后肩前移,面颊在棒中球时必须贴在后肩下锁骨上面。这样才能做到保持头部稳定。

2. 握棒力度适中,腕部灵巧控棒击球。

中球点:①内角球下棒快些,中球点前一些。②外角球下棒慢一些,中球点在本垒板上。③中路球下棒适中,中球点在本垒板正前方 10 厘米左右。

(四)棒轨与水平挥法

棒轨是指从下棒点到中球点所运行的路线。棒轨有下砍法与水平挥法。对初学者来说,水平挥法要好些,因为棒轨与来球路线在同一平面上相遇,因而中球概率要高些。

(五)随挥动作

棒中球后,棒的后继运行称为随挥:一是中球后继续用力把棒挥向前方,保持挥棒力量完全作用于球上;一是翻腕收棒动作,右腕在左腕上翻过去,保持棒轨的水平位置。

六、跑垒

(一)向一垒跑进

击球员击出界内球后必须全速向一垒跑进,并可越过一垒,然后安全返垒。规则规定:击球员到达一垒后,只要没有跑向二垒的企图和动作,触垒后可以越过一垒向前跑进,然后折回一垒。而不像越过二垒或三垒后有被触杀出局的危险。

(二)跑垒员的离垒和回垒

棒球规则规定,跑垒员可以随时离垒。离垒的目的有二:

(1)在避免被投手牵制球传杀的条件下尽量多离开垒位,以便早一两步到达下一垒位。

(2)通过多离开垒位来吸引投手的注意力,以加重投手投球时的负担,迫使投手多投坏球或多传牵制球以消耗投手的体力。跑垒员在离垒时，一旦投手起动传牵制球（投手的前导臂和伸踏脚指向一垒），就要迅速回垒。投手与跑垒员这一进一退的较量，跑垒员不要小视，要不厌其烦地做到寸步必争，成为有进攻性的优秀跑垒员。

（三）偷进二垒

投手投球后，跑垒员迅速地跑向下一垒位称偷垒。一旦起动偷垒，就不要东张西望，而要两眼盯住二垒全速跑进。并从守场员的接球位置和动作判断：是滑垒，还是碎步占垒或连续跑向三垒。

（四）二垒跑进本垒得分

二垒是得分垒，跑垒能力与能否得分息息相关。二垒跑垒员跑垒时，要借助三垒跑垒指导员的指示。在起动跑垒前，要看准守场员的传接，一经起动，就按跑垒指导员的指示：或以碎步进三垒，或滑进三垒，或者继续向本垒跑进。绝不可东张西望，影响跑速。

七、棒球练习方法

（一）传接球的练习方法

（1）学习手套的使用[参见第一节（一）接球部分]。

（2）自抛自接球练习。向上抛球，

①接球时，人移动到球的下方，在额前半尺左右接球（如排球的双手传球位置）；

②接球时，球在体前下落，双手在腰或胸的高度，手心向上接球。目的是熟悉与掌握接球的部位。

（3）两人相距20～30米，做传接球练习。掌握接球时机：太早出手套，会挡住自己的视线；太晚出手套，会被球击中身体。在有基础的情况下，可逐渐拉长距离练习。

（4）三人接力传球练习。A、B、C三人站成一直线，各相距20米左右，A传给B（中间接应者），B转身180°传球给C，C再回传给B，B传给A。这是模拟外场手传球给内场手，内场手再传接手的练习。

（5）三人以上围圈传球练习。注意接球后伸踏脚要指向接球者传球。

（二）接地滚球练习

（1）徒手下蹲作双手正面接地滚球的练习。

（2）两人配合做以下练习：

①缓慢地抛地滚球给自己的同伴，同伴在接球后回传给抛球者。

②抛出较快的地滚球给自己的同伴，同伴在接球后回传给抛球者。

（3）由教师击打地滚球，学生接球后回传给接球手。击打的地滚球速度可由慢至快，范围由中路球向左右偏离3米，逐渐提高接球水平。

（三）击球练习

（1）挥棒练习，领会挥棒各个环节的动作要领。

（2）在⊥形击球架上做挥击练习。在架上放一个固定球，挥棒击打此球。要求击中球的中心为好。

（3）垂直抛球击球练习。体会如何击中运动中的球。

（4）投手投球时的击球练习。投手在挡网后投球（如没有挡网要注意安全），击球员掌握正面来球的击球时机。

（四）投手练习

（1）与两人传接球练习相同。相距18米左右（投手距离），传球目标更明确：以腰部为投球中心，逐步提高投手投好球的概率。

(2)正面投球练习。注意抬腿的高度与转体、伸踏时重心的稳定。

(3)侧身投球练习。注意两肩不要随意转动,只有在向垒上传球时才可转肩。

(五)跑垒练习

(1)跑一垒的练习。挥棒后向一垒疾跑,踏垒后可越过一垒。

(2)垒间折返跑练习。听哨音或看手势离垒、返垒,或向下一个垒位跑进。

(3)连续进垒的练习。挥棒后,弧线迅速跑过一垒,停止在二垒上。

(4)本垒跑练习。挥棒后,以弧线迅速通过一、二、三垒回到本垒。此练习可作追逐跑游戏或计时跑练习。

(六)组合练习

五人左右为一组,分别担任投手、接手、击球员以及防守队员。投手投球,接手接球,击球员击球,防守队员在投手身后 5～10 米,左右 5 米各站一人。练习时,每个击球员打若干棒以后,投手、接手、击球员、防守员互换位置继续做练习。此练习可提高每个人的综合技术能力,培养团队配合意识。

(七)内、外场防守练习

(1)内场练习。安排一、二、三垒,游击手,投、接手各自的防守位置,教师打教练棒,学生接球后听指挥传向本垒、一垒、二垒、三垒。练习中,要求学生不仅要接好球,传好球,还要互相之间补位。例如,打出一、二垒之间的球时,游击手要进二垒;打出三垒、游击手之间的球时,二垒手进二垒。

(2)外场练习。教师打出外场的地滚球、高飞球,外场手奋力接球后传回本垒,或传向就近的垒位,再传回本垒。

(八)教学比赛

(1)九人一队分为两队进行教学比赛,可以九人全部进攻完毕为交换攻守的条件,比两支队伍在一局中谁出局数多。

(2)学生多的班级同上人数分为三队进行比赛。以打擂台的形式进行,可以败者淘汰或胜者休息的方式进行交换。

(3)模拟正式比赛的方式进行教学比赛。同时,可培养学生担任裁判工作。

第三节 棒球运动安全事故及预防

近年来,校园中各项体育运动都在增加,打棒球要注意哪些安全细节呢?

一、易损伤部位

(一)肩关节

棒球运动中的肩上传球动作是最基本也是应用最多的技术。无论是肩上传球还是投球动作,大多是以肩关节为轴。因此,肩关节在棒球运动中担负着很重要的作用。肩关节是由肱骨头与肩胛骨关节构成,属球窝关节。关节盂浅而小,外周有纤维软骨构成的盂唇,可容纳肱骨头的 1/4～1/3,这就使肩关节的运动范围超过了任何其他关节,使肱骨的空间运动范围超过半球。而肩关节囊松弛,韧带薄弱,而肩周围肌肉(如肩袖)部分腱纤维与肩关节囊交织在一起。肩袖有悬吊肱骨、稳定肱骨头作用,起着关节韧带的作用。肩袖有协助肩部其他肌肉完成上臂的外展和不同方向旋转的作用,但肩袖肌仅向内上侧悬吊肱骨。因此,对肩关节的稳定作用较差,由此造成肩关节的运动幅度较大,故肩关节具有很高的灵活性,可完成较复杂的大范围的动作。肩袖与外层的三角肌及肩峰之间有肩峰下滑囊，其作用是减少肩关节活动时肩袖与三角肌及肩峰间的摩擦力。在肩胛盂上结节处有肱二头肌长头腱附着，肌腱在肩关节内下行，通过结节间沟穿出关节囊，肌腱外有腱鞘。结节间沟较窄，沟上有横韧带固定，以防肌腱滑脱。二头肌收缩时该腱并不滑动，只有当肩关节活动时该腱才滑动。棒球运动员中，尤其是棒球投手，需要重复进行大量的头上投掷动作练习。右手要引到右肩上，形成肩上传球上身姿势后，双手引到右肩上，然后用肩带动肘将球投出。在肩上传球或投球中，肩关节的运动主要是伸臂外展外旋到上举，同时在肩关节运动过程中发力，发力一般速度快而用力猛。肩关节长期磨损，肩峰韧带和肱二头肌长头腱在整个过程中几乎从来不能得到休息，因此常损伤伴有发炎，如果不注意调节运动量和及时治疗，有的就变为慢性炎症，这是肩部运动损伤的主要原因。

(二)肘关节

肘关节两侧有尺侧和桡侧副韧带加强以防止肘关节过度内收和外展。肱骨内上髁为屈手肌群与旋前圆肌附着处，肱骨外上髁为伸手肌群附着处，肘关节可以做屈伸(40°～180°)和旋转(140°)运动，而不能做内收和外展运动。尺骨鹰嘴是肱三头肌的止点，肘关节屈伸 90°时肘后三角呈等腰三角形，伸直肘后，肱骨内外上髁以及鹰嘴呈一条直线。基于以上结构原理，当肘关节屈伸、旋转运动超过一定角度范围或做其关节不能进行的运动时，即可造成损伤。对棒球运动员来说，一般引起肘关节内侧疼痛是因为肘关节内侧软组织损伤。肘关节内侧软组织损伤多发于手屈肌群在肱骨内上髁的附着部分和尺侧副韧带，占肘部损伤的大多数。这主要是由于在棒球运动员投球时，前臂突然外展、旋后，或屈手肌群与旋前圆肌突然收缩，使肘部肌肉、韧带牵扯与扭动所致。在完成投球或传球过程中，由于没有充分利用肩带肌向上翻转投掷臂，同时上体向左倾斜过度而使肘关节低于肩部。此动作多半只靠上肢的扭转力量，因而加大了旋前圆肌的负荷，引起肌腱拉伤。当在准备活动不充分、肘关节肌肉处于疲劳的情况下或投球准备姿势不标准时，也会由于屈手肌群和旋前圆肌猛烈收缩而造成主动损伤。当棒球运动员侧投球时，常损伤旋前圆肌在内上髁的附着点。这是因侧投球时前臂突然旋后，被动地牵扯该肌肉所致。

二、预防措施

(一)调整内容

在上课过程中，要遵循循序渐进的原则，运动量安排要有大、中、小节奏，避免在高度紧张的运动之后或疲劳的状态下进行复杂的技术练习，实行运动员自我监督。

除合理、科学地安排运动量和运动强度以外，应采用各种技术穿插进行训练。训练时尤其需要注意的是，不要太长时间重复一个动作，避免“单打一”练习，造成局部负担过重及疲劳而引起损伤。

(二)重视准备活动

在上课前如果准备活动不够充分，损伤的发生概率就会提高很多。因此，充分的准备活动是预防运动损伤的重要措施之一，上课前应该加强容易受伤部位的准备活动；要培养运动员自我保护意识和能力，把运动损伤降到最低限度。

(三)对损伤进行及时处理

上课中一旦出现损伤，应该利用现有的医疗手段进行及时有效的处理，以免因为损伤处理不及时或不当而造成慢性反复性损伤。

第二十一章

慢投垒球

第一节　垒球运动概述

一、垒球运动的起源和发展

在寒冷的冬天，喜爱棒球的人们想要继续玩棒球，但是由于室外温度很低而影响了运动比赛的乐趣，于是人们就设法采用其他方法玩棒球。1887 年，美国芝加哥的一些年轻人在体育馆里面，用扫帚当作球棒，拳击手套当作球，打起了室内的棒球比赛。当时在场的一个叫汉考克（Halancock）的年轻人受到启发，于是他制定了一些简要的规则，并且对器材设备进行了一定的修改之后，组织了第一次室内棒球比赛，这样在天气和场地不适合棒球运动的情况下，也能够满足人们打棒球的需求了。因为这个新项目对场地要求不高，技术难度降低，迅速传播起来，其娱乐性和竞技性吸引了更多人参与，人们从最开始改变规则和场地的室内棒球，又逐渐挪到室外场地进行，渐渐成为一种新兴的室外运动项目。当然，这项运动在其传播的过程中，名称、场地标注、规则等也经历了许多变化。1930 年，两名美国人费舍尔（Fisher）和波利（Pol）将这项运动第一次作为正式的室外竞技项目介绍给人们并重新制定了全球比赛专用的场地尺寸。到了 1932 年，一名叫列奥的记者提出建议，把这项运动称作 Softball，但是他的提议当时并没有得到普遍响应。直到 1933 年，费舍尔和波利联合组织了首届全美锦标赛，有 20 个队在芝加哥参加了这次比赛。同年，为了使这项运动得到广泛发展，在费舍尔的倡导下，创建了美国业余垒球协会，并担任了第一任的会长；同时，他还成立了国际垒球联合规则委员会，并制定了第一部统一规则。他采纳了列奥的建议，将这项运动定名为垒球（Softball），从此现代垒球运动才广泛流传，并逐渐传向世界。

1952 年，国际垒球联合会（International Softball Federation，ISF）在美国成立，目前国际垒联的会员数已经超过国际棒联，共有 122 个会员，可见垒球运动的巨大魅力。

1962 年，在美国举办了第一届非正式的“世界垒球锦标赛”，当时共有 17 个球队参加。

1965 年，举办了首届正式的男子垒球世锦赛和女子垒球世锦赛。一直到现在，这项比赛也是垒球界最高级别的赛事。

1979 年 11 月，中国垒球协会被接纳为会员，正式加入了国际垒球的大家庭。

1996 年垒球成为亚特兰大奥运会的正式比赛项目。

垒球运动本身具有广泛的适应性，在世界范围内得到了认可。1921 年，垒球运动传入日本，逐渐成为日本最普及的运动项目之一。此外，新西兰、澳大利亚、菲律宾等国家以及中南美洲地区的垒球运动也相当普及，球队水平也比较高。1996～2008 年女子快投垒球成为奥运会比赛项目，美国队豪取前三届冠军，而北京奥运会垒球冠军则属于日本队。在美国的学校中，女生最喜欢的运动就是田径和篮球，接下来就是垒球。在美国，很多儿童从五六岁就开始打垒球，也有很多老人参与到这项运动中来，越来越多的人正在接受垒球运动。在日本，垒球运动也相当普及，不但有女子垒球运动，男子垒球运动也迅速发展。因为垒球运动需要的场地比较小，因此便于在相对狭小的社区球场开展，而精彩程度和紧张刺激的局面，一点也不亚于棒球。

在悉尼和雅典奥运会上，根据全球收视率统计，10 个女子比赛项目中，女子垒球的收视率都排到第四位，除了田径、体操和篮球，其次最受欢迎的就是女子垒球。2008 年北京奥运会之后，垒球不再是奥运会正式比赛项目，但国际垒联以及各国垒球爱好者，为垒球运动重返奥运大家庭进行着不懈的努力。在 2011 年 11 月的一次会议中，国际垒联通过一项决议，将与国际棒联携手，把棒垒球项目作为一个单项运动，申请重返奥运会，其中棒球比赛作为棒垒球比赛的男子项目，而垒球比赛作为棒垒球比赛的女子项目。相信在国际棒垒球人士的共同努力下，棒垒球重新成为奥运会正式比赛项目指日可待。

虽然垒球运动是由棒球运动演变发展而来的，在后来的发展过程中，垒球运动也一直与棒球运动保持着密切联系，直到今日人们仍然习惯将这两项运动相提并论地称为“棒垒球运动”。但是有一点需要更正的是，一般人认为棒球是男子项目而垒球是女子项目的观点是错误的。

二、慢投垒球运动的兴起

(一)慢投垒球简介

为了吸引更多人参加运动，垒球运动一直在进行着各种改良方案的尝试。例如，在美国有“16 英寸垒球”，就是将球体变大，从而降低投球速度和防守难度；“修正式垒球”则限制投手的投球动作，不得采用后摆式、风车式等投球动作，以降低投手的球速。但相对而言，在所有的这些改良方案中，在世界范围内影响最大的也是最普及的，应该说还是“慢投垒球”。

慢投垒球运动也称慢速垒球，是 20 世纪中期由棒垒球运动衍生出来的一项新兴体育运动项目。1953 年，在美国制定了规则并命名为慢投垒球。慢投垒球从正式命名至今已有六十余年历史了，慢投垒球运动不靠身体对抗，而更多体现了智慧、配合战术，强调的是人的精神；继承了棒、垒球运动团结协作、勇敢智慧的特色；简化了复杂的棒、垒球规则，从而降低了击球难度，形成了简单易学、男女老少可以同场竞技等鲜明的特点。

慢投垒球区别于快速棒、垒球的最大特征，是要求投球的最高点至少距离地面 1.8 米，从而使得投球必须具有弧度，这样就必须减小投球的速度，使得击球的难度大大降低，队员的参与程度提高了。后来又增加了“一击一球制”及“好球带”的规定，使得比赛节奏加快，通常一小时左右就可以进行一场比赛，对体能的要求也大大降低。某种意义上说，慢投垒球与传统意义上的棒、垒球运动不同。由于竞技性的降低，使得娱乐性大大提高了，并不强求服装的专业统一或者竞技技能的高快强，而是更注重其中的乐趣和团队配合。中老年人可以和少年儿童同场竞技并乐此不疲，这也展示了慢投垒球运动所特有的魅力。因此，在慢投垒球运动诞生之后，以极快的速度在美国、日本等棒垒球运动比较发达的地区迅速普及起来。

(二)国内慢垒运动的推广与发展

国内的慢投垒球推广，在相当程度上受到了台商的影响。由于在中国台湾地区棒球比较普及，被当作第一运动，又因为参与过专业棒球以及业余棒球训练的人口很多，因此慢投垒球比赛非常盛行。在中国台湾地区大概有一万多支慢投垒球队，比赛相当密集。近年来两岸经济合作越发密切，很多台胞来到大陆投资或者就业，随着台商的大批涌入，他们从建设企业文化的角度出发，开始组织慢垒球队，进一步推动了慢投垒球比赛在台资企业之间的开展。台商比较多的地区往往是经济发达地区，当地的高校与台资企业的合作也会比较密切，企业文化的发展会逐渐影响到校园体育文化的发展，棒垒球以及相对时尚的慢投垒球也就逐步顺理成章地进入了当地高校，成为大学生课内课外的时尚体育活动之一。

目前上海、昆山、厦门、广州、东莞、深圳等几个经济发达城市都有了自己的台商慢投垒球联盟，并进行了密集的慢投垒球赛事。目前，国内的慢垒比赛远远超过了棒球和女子快速垒球比赛数量。

三、慢投垒球运动的比赛方法

(一)慢投垒球运动的场地与器材

1. 比赛场地

慢投垒球比赛的场地与垒球场地一样，是一个直角扇形区域，直角的两边是区别界内和界外的边线，这个直角的两条边线以内的地面都是界内区，以外的区域是界外区。当然在我们的比赛中，通常由于场地限制，并不能保证一定是标准场地，因此常根据场地的条件，设置不同的场地规格(见图 21－1)。

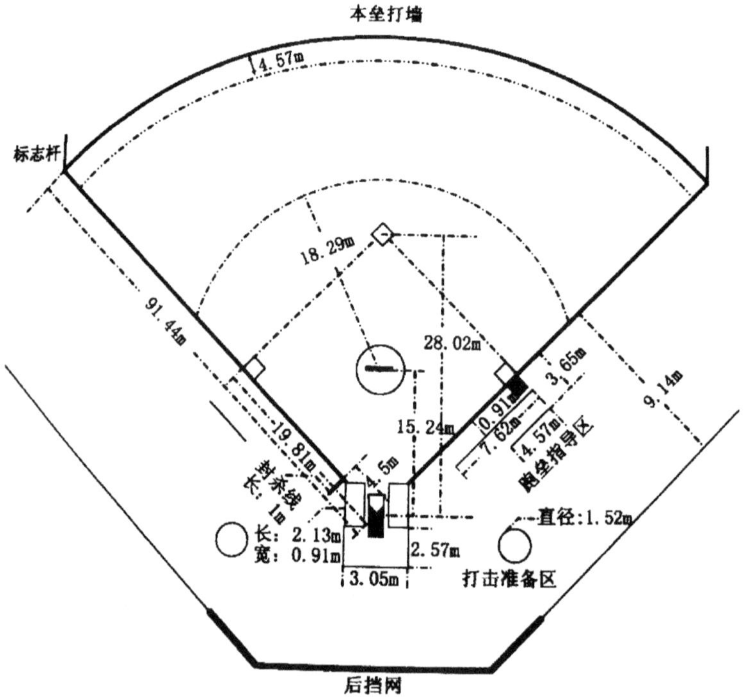

图 21－1

场地边相交的地方，也就是直角扇形的直角的顶点，作为本垒的位置，以此顶点为一个端点，在界内地区划出边长为 19.81 米的正方形，即为内场，内场四个顶点各设一个垒位，依逆时针次序为本垒、一垒、二垒和三垒。内场比赛场地中间放置投手板，投手板前缘至本垒板尖的距离为投手距离 15.24 米。中国垒球协会规定，全国比赛本垒打墙与本垒板尖的距离，竞技组男子为 91.44 米、女子为 80.77 米、男女混合组为 83.82 米。

在一垒的垒位上安置一个长 76 厘米、宽 38 厘米的白、橙两色长方形双垒包，其中白色部分在界内区，橙色部分在界外区(见图 21－2)。

图 21—2

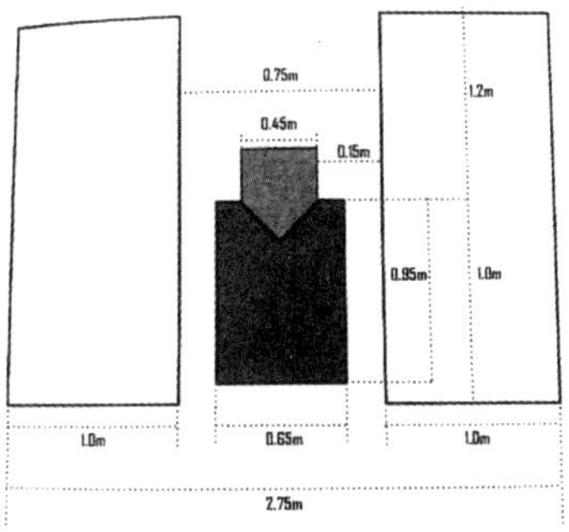

图 21—3

在二、三垒的垒位上各安置一个用白色帆布制成的边长 38 厘米的正方形垒包。在本垒的位置上安置一个与地面齐平的白色本垒板，本垒板用橡胶板制成，呈五边形，面对投手的一边长为 43 厘米。在本垒后方安置块好球带，好球带长 90 厘米、宽 65 厘米，短边与本垒板横边的中线重合(见图 21—3)。

2. 慢投垒球比赛的主要装备

(1)比赛用球

慢投垒球的比赛用球应是整洁平滑、使用白色皮革配红色线或黄色反光皮配红色线，并有“I. S. F”标记，周长约 31 厘米，重量为 177～200 克，我国国内比赛一般按比赛组别分硬球和软球两种(见图 21—4)。

图 21—4

(2)球棒

球棒表面必须光滑，材质可用金属、木料、竹料、塑料、石墨、碳素、玻璃纤维等材料制成，球棒长度不得超过 86.4 厘米，重量不得超过 1 077 克，最粗端的直径不得超过 5.7 厘米(见图 21—5)。球棒必须得到国际垒联的认可，并具有认证标志。当然由于种种原因，出于安全的考虑，目前在各个比赛中，均有一些球棒属于禁用的球棒。例如，我国台湾地区慢速垒球协会规定，正式比赛中使用钛金属球棒，视同违规球棒。近年来的一些国内慢垒邀请赛，竞技组的比赛多要求只能使用木棒、竹棒、竹木合成棒。

(3)手套

慢投垒球中使用的手套应为皮革制，除捕手和一垒手可以使用连指手套之外，其他防守队员必须使用分指手套。

所有使用的手套，在大拇指与其他部位之间，也就是虎口部位，不可以有花边、带子或其他设

碳纤维制复合垒球棒

枫木制垒球棒

图 21—5

计，其长度应长于 12.7 厘米(见图 21—6)。

投手手套

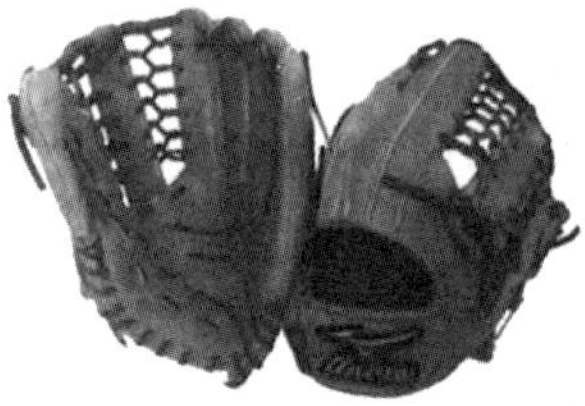

外场手套

捕手或一垒手套

内场手套

图 21—6

(二)慢投垒球基本比赛方法

慢投垒球比赛在两支球队之间进行，两队赛前通过猜先选择先攻或先守，每局上半局由先攻队进攻，在三人出局之后交换攻守，由先守队进行下半局的进攻，如是交替。一般慢垒比赛为七局或者 70 分钟，比赛到达局数或者时间限制之后，累计得分多的球队获胜(见图 21—7)。

比赛开始前，双方应将排定击球顺序的上场队员以及替补队员的名单交给主裁判与对手，然后在主裁判的主持下抽签决定攻守权。先攻队击球员必须由参与防守的队员严格按照名单中的击球次序依次上场进行击球及完成跑垒任务，除非该轮次时该队员已经被替换，此时则由替补该队员的人进入该轮次击球;进攻时若采取专任击球员的规则，则可以有 11 人进攻，但须从比赛一开始就采用至比赛终了，只担任打击任务，不可参与防守。若不采用专任击球员，则从比赛开始就采用 10 名队员依次进行击球及跑垒任务。当有一名队员从本垒击球开始，依照一、二、三垒的次序跑回本垒，该队即得分。

防守时，每队可以有 10 名队员在场上防守，按照防守位置的不同分为内场手(内野手)和外场手(外野手)，其中内场防守队员有 6 名队员，外场防守队员有 3 名，第 10 位球员称为自由人，与其

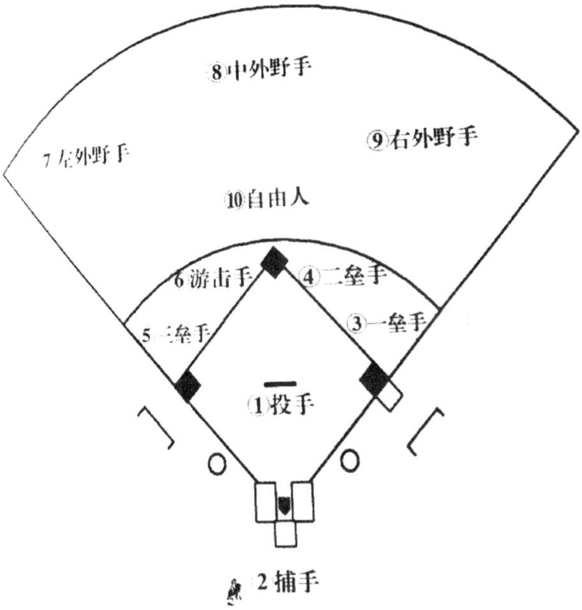

图 21—7

他外场手类似，可在界内的任何位置。正式比赛时应由 1 名司球裁判和 2～3 名司垒裁判担任裁判工作。正式慢投垒球比赛为七局，赛满局数，以累积得分区分胜负，累积得分多的一方获胜。如果两队得分相等应继续比赛，直到决出胜负。普通比赛也可规定为按时间限制进行比赛。比赛开始时，先守队的 10 名队员进入场内各自的防守位置，准备防守；先攻队在场外本队一侧的运动员席，按照排定的击球次序，从第一棒击球员开始，依次轮流进入击球区击球；另有两名教练员或队员分别站在一、三垒界外场区的跑垒员指导区内，指导本方的队员跑垒和进攻；比赛前所填报的击球次序在本场比赛中不能变动；进攻时，每个队员必须按照填报的击球次序上场击球；第一局以后，每局的第一个击球员应为上一局最后完成击球任务（不管是否上垒抑或出局）的后一个击球员。

比赛由投手向对方第一棒击球员投球开始，投手要按照规则规定的方法投球，投出的球落在好球带或本垒板上面，为“好球”，否则为“坏球”。轮到上场击球的击球员有三次合法的击球机会，如果三“击”不中（好球未击、击而不中、击成界外球或“坏球”击而不中等都应判一“击”），或击出的球在落地前被防守队员接住，或踏出击球区击球等，均判该击球员“出局”。如果是“坏球”而击球员未挥棒击球，判为一“球”，累计四“球”判击球员安全进占一垒，然后由下一位击球员继续击球。如果击球员把对方投手投来的球打进界内（直角扇形地区内），击球员就成为击跑员，并取得跑垒一继续进攻的权利；击跑员如能安全进占一垒，即成为跑垒员。各垒上的跑垒员在比赛进行过程中都可以合法跑垒，但是不得妨碍或扰乱正常防守活动，不得故意颠倒跑垒顺序等，违反规则的跑垒员将被判出局。跑垒员如能在本方三人出局前，合法地跑过一、二、三垒并安全地返回本垒，就为本队赢得分。跑垒员如果在跑垒途中，在接触空垫之前被防守队员持球触及身体者，即被判为出局；当攻方队员累计有三人出局时，双方队交换攻守，此时赛完局中的上半局，进入下半局比赛，先攻队进场防守。

防守方的第一动作是投球，投手与接手配合，力求使投球既符合规则又投向击球员打不中或打不好的点上，使击球员得不到上垒的机会。如果击球员把球打入界内，防守队员则利用跑动、接应来截住击出的球，再用传球组成严密的防线，传向击跑员或跑垒员企图进占的垒位。在比赛进行过程中，任何防守队员都可以用封杀或触杀，使击跑员或跑垒员出局。跑垒员不得为躲避守方的触杀而越出跑垒限制线或故意颠倒跑垒顺序，违反规则的跑垒员应被判出局；守方也不得在手中无球时故意阻挡跑垒员跑垒，不得抛出手套、帽子或衣物等拦截球；守方只能遵守规则、积极行动、默契配合，争取尽早使攻方三人出局才能夺回进攻权。比赛的双方进攻、防守各完成一次为一局，比赛继续进行，直到比赛时间（一般为 1 小时）结束或者赛满规定局数（一般为七局）并分出胜负，比赛宣告结束。

（三）慢投垒球运动的基本概念

参与慢投垒球运动，必须先要了解慢投垒球的基本概念和基本规则，这样才能够读懂比赛，才能够掌握并合理运用基本技、战术，更好地完成比赛。以下就是参与慢投垒球运动必须了解的、最基本的概念：

（1）击球员：在击球区内击球的攻队队员叫“击球员”。

（2）击跑员：完成击球任务后向一垒跑进的攻队队员叫“击跑员”。

（3）跑垒员：正在进行进垒、触垒或回垒的攻队队员叫“跑垒员”。

（4）击球员区：击球员击球时站立的区域叫“击球员区”。

（5）击：投手的合法投球如符合下列任一情况时为“击”，击球员三击不中即为“三振出局”：

①击球员未挥棒击球，但合法投出之球落在好球板上。

②投出的球在好球区内碰触到击球员。

③投手投出的球，包括违规投球，击球员挥棒击空或擦棒球时。

④二“击”之前，击出的界外球；慢垒比赛二击以后击出界外球，则直接判击球员“出局”。

⑤击球员在裁判宣布“比赛开始”，10 秒内未进入击球区时。

⑥比赛中攻队成员均不得故意涂擦击球区线；如击球员涂擦，不必投球即判击成死球；如教练或该队不是正在比赛的成员涂擦，则判击球顺序中下一击球员或替补“击”；第一次违例后，任何人故意涂擦，则判离场。

（6）坏球：投手合法投出的没有直接落在“好球区”，或者高度不符合规定且击球员又未挥击的球叫“坏球”。

（7）出局：攻队队员被取消击球、跑垒或得分的权利或者防守队为使本队改守为攻，使进攻队失去三次进攻条件之一叫“出局”。

（8）投手：指站在投手板上向本垒方向投球给击球员打击的守队队员。

（9）接手：位于本垒后面的守场员叫“接手”。

（10）四坏球上垒：击球员击球时得四个“球”而安全进到一垒的判定叫“四坏球上垒”。

（11）故意保送：慢垒可以故意保送击球员上垒，只要防守方任何人告知裁判即可，可以同时保送几人，但是要依次保送。

（12）垒位：跑垒员为得分而必须按顺序踏触的、位于内场四角的四个位置叫“垒位”。垒位通常放置帆布垒包或塑料胶板作为标志。

（13）擦棒球：碰触球棒后迅猛而直接地到达接手手中并被接住的击球叫“擦棒球”；没有接住就不是“擦棒球”。每一擦棒球均判一“击”，继续比赛；棒的击球如先触及接手的手或手套再触身体并在落地前接牢时，为直接接住，判擦棒球；但先触及接手的手或手套以外的东西，如身体、护具等不判直接接住。

（14）触击球：不挥动球棒但有意等球碰棒或使棒轻触来球，使球缓慢地滚入内场的击球叫“触击球”。慢投垒球比赛中不允许触击球，故意触击球即判“出局”。

(15)活球：处于继续比赛过程中的球叫“活球”，比赛中的这种局面叫“活球局面”。

(16)死球：据规则暂停比赛的击球、传接球或投球叫“死球”，这种暂停比赛的局面叫“死球局面”。

(17)外(内)场手：在外(内)场位置上进行防守的队员叫“外(内)场手”，也叫“外(内)野手”。

(18)安全：裁判员对跑垒员合法取得欲占垒位的判定叫“安全”。

(19)好球：投手合法投出的球必须有弧度，其高度距地面1.83～3.65米，并掉落在本垒后方的好球带内(1米以内)。

(20)触杀：守场员用手或手套牢固地将球握住，同时以持球的手或手套碰触跑垒员的防守行为叫“触杀”

(21)封杀：守场员对击跑员进行传杀或对由于击跑员上垒而被迫进垒的跑垒员进行传杀的防守行为叫“封杀”。这种攻守局面叫“封杀局面”。

(22)双杀：守场员无失误而使攻队两名队员连续出局的防守行为叫“双杀”，“双杀”有以下两种形式：

①双封杀：两个封杀造成的双杀叫“双封杀”。

②封触双杀：先用封杀，再用触杀造成的双杀叫“封触双杀”。

(23)得分：攻队队员击球后跑垒并依次踏触一、二、三垒，最后安全踏触本垒的进攻行为叫“得分”。

第二节 慢投垒球的基本技术解析

慢投垒球作为棒垒球运动的一个分支，其基本技术也包括进攻技术与防守技术。进攻技术主要是指打击技术和跑垒技术，防守技术主要包括传球和接球技术、投手投球技术、内外场守备技术以及相应产生的补位、接力等团队战术配合方式等。

一、防守的基本技术

防守技术的基础就是传接球技术，这也是棒垒球运动的基础。接球分为接平直球、地滚球、反弹球、高飞球等，传球则包括下手抛传、上手传球、快速侧身传球等。传接球技术的基本功好坏，直接决定了球队防守的稳定程度，所以在训练中，应当明确防守动作的要领，并通过多样化的训练手段予以强化。当然，投球是防守的第一环，投球比较好的投手，可以直接抑制对方的进攻火力，但投球本身也是由传球开始的。一般而言，在防守时，压制对手的第一道防线就是投手的投球，第二道防线就是防守队员们的传接球。但是，在慢投垒球运动中由于刻意地压制了投手的投球速度，弱化了投手的作用，导致“人人都能打到球”，因此防守时传接球的稳定性，直接决定了比赛的成败。

比赛中，防守队员首先要通过判断、移动，准确稳定地接到击出的球，然后再以正确的动作将球传到相应的垒位或者其他防守队员手中。这样，通过准确、迅速的传接球技术，使得场上每个位置的防守队员浑然一体，10个人各司其职，发挥自己最大的能力，通过封杀、接杀、触杀、夹杀、补位、接力、拦截等技战术，从而达到阻止进攻队员进垒和得分的目的。

慢投垒球比赛就是时间、距离和速度的比拼。在任何情况下，传球的要求都是要把速度和准确程度完美地结合在一起，不能求快而失准，也不能求稳而传慢。因此传球要充分发挥手臂、手腕、手指的协调和爆发力，充分掌握好出手的时机和动作的节奏。在这个基础上，还要通过对规则和战术的学习，在比赛中当机立断决定传球的方向和做好二次传球的准备，以最快的速度将球准确传出去，才能完成防守的任务。

棒垒球运动最大的特点，就是用手套辅助接球。手套是为了保障接球队员的安全，同时增加接球队员的方便，因此一般在非惯用手上戴手套，也就是一般人的左手(左撇子队员用的是右手)，戴手套的手我们一般称为接球手，而另一只手则称为传球手。垒球比赛中的接球能力是评价一个队员防守能力的基础，无论是接队友传来的球，还是接对方击出的球，接住并且能接稳球是完成防守动作的基础；球都接不稳，当然不能完成其他的防守动作，因而也无法做出稳定的防守。

每个防守队员首先要力争把对方击球员击出的腾空球在未落地前接住，这样该击球员就会被判出局而失去继续进攻的机会。如果击球员击出的球在落地后被接住，防守队就得依靠队员之间的传接配合，来阻止跑垒员继续跑垒或使跑垒员出局。"稳"是接球的基本要求，而接球前及时准确地判断和快速地移动是"稳"的保证。

(一)握球的方法

传接球第一要点就是正确地握球。根据每个人的习惯以及手的大小不同，握球方法主要有三指握球法和两指握球法两种方法。但是，不论是哪一种握球方法，都要保证至少有三根手指的指肚搭在球的缝合线上，这一点对传球的速度和准确性非常重要(见图 21—8)。

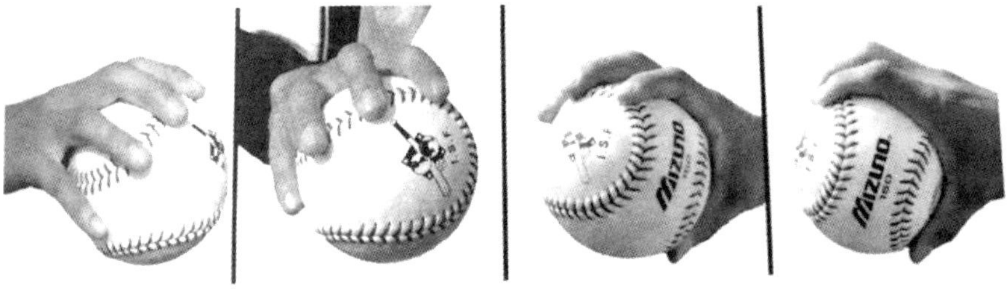

图 21—8

(二)接球技术

1. 徒手接球动作

接球的动作实际上是与人的徒手接球完全一样的感觉，通常我们怎么接其他物品，也就应当如何接球，一定要避免戴了手套之后，就只会机械地用手套接球，这样往往会造成抓球、取球慢，转手套接球等错误动作(见图 21—9)。

2. 手套的使用方法和接球位置

手套使用的原则之一，就是让自己的手肘关节不要处于过度扭转的状态，而应该尽量自然放松，这样可以使得手套的正面对着球。一般接球时都应该是手套的四指面朝上，但是当接球位置较低，低于皮带时，则应反转手套面接球。不同的位置要采用不同的接球方法(见图 21—10)。

3. 接地滚球动作

接地滚球是比赛中经常遇到的情况，接地滚球时一定要重心下降，如果只是弯腰用手接球，球很容易从双脚中间滚过去。将重心降低，不只用手套，而是用整个下半身接球。接球时重心一定要调整好，重心偏前或偏后都会使身体失去平衡：若是上半身直立的话，重心会向后而不易往前移动；若是膝盖伸直的话，就不易瞬间反应动作。将脚尖、膝、肩成一直线，这不仅是内野手的标准动作，也是其他接球手的共同姿势。脚尖、膝、肩成直线，上身放松，手套放在肚脐下，接球或投球都要注意身体成一直线，保持前倾姿势，才能形成有利于瞬间往各方向动作的姿势(见图 21—11)。

接地滚球的基本动作就是脚尖、膝、肩成一直线的前倾姿势，动作重点要注意是非正面看球而是稍微有点侧面地看球，同时双脚不要并拢，分开比肩略宽，并确认球的最后弹跳位置，将球与手

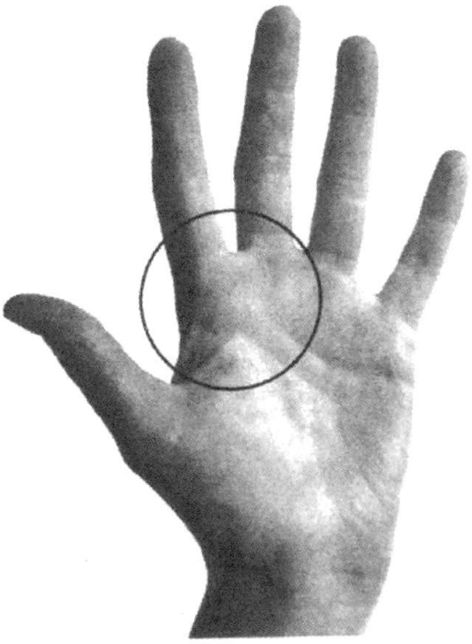

图 21—9

套、眼睛集于一点上接球。没戴手套的手伸出于手套之前，在接球时压制球的走向。

接球时，不管球由右边还是左边过来，最基本的动作都是左脚向前；如若先伸右脚的话，会无法进行下一踏步动作。上半身要保持在一个高度上，并用肚脐对着来球方向，于左脚前方接球(如果是左撇子则动作相反，以后技术介绍如分左右的话亦如此)。

对应右侧的来球，并非去追球，而是先超越球后再绕行，身体往一垒方向移动，并于左脚前接球。左脚跟着地，再将普通走路动作与送球动作顺畅连接；由于脚尖着地的话有停止动作的作用，所以一定先以脚跟着地。

(三)传球技术

1. 传球的基本技术

防守的基本守则就是将球准确地传给队友，在保证一定速度的情况下，使同伴容易接住。根据统计，在比赛中传球失误大概占到失误的一半以上，这还不包括因为传球不到位而形成的隐性失误。不重视传接球，比赛时就容易失误，特别是在比赛分数比较接近时，更容易因为心理压力加大，再加上传球基本功练习不足致使球传不好而造成失误，所以传球一定要多多练习。

传球的动作基本上与棒球投手的投球方法相似。传球动作并非是单纯利用上臂，由后往前或由上往下，更重要的是利用下半身由右往左(左手投球由左往右)旋转投球。另外，传球时不是用手拉开动作，而是用脚将动作拉开，然后再靠其反作用力，双手张开旋转下半身(髋部)投球后，再将双臂收起。

投球时利用下半身投球是很重要的，如果只是将手臂拉开的话，就只能利用手臂的力量，是无法投出强球的；必须利用下半身髋部的转动，牵引出全身力量，传出的球的速度就会非常之快。

2. 上手传球

上手传球是以肩为支点并使用手臂的投球，最重要的是先踏步用脚的力量将球后拉，然后脚朝传球的方向踏出(若是右投时即为左脚，反之为右脚)，以踏出的脚为中心，身体旋转投球，球出手点在于脸之前，基本是刚过耳朵的位置，手上抬时的姿势应该是最轻松的，可以参考广播体操双手侧平举时的手臂动作(见图 21—11)。

图 21—10

图 21—11

一般而言，传球时手肘不能低于肩膀，基本与肩膀水平，然后尽量将球向前方传出。

二、投手基本技术

投手投球是慢投垒球运动中一项特殊的位置技术，也是全队战略战术的组成部分。慢投垒球比赛的开始和每一个新局面的开始，都是以投手投球为起始的。因此，掌握好投球技术，利用投球的速度、路线、高低、内外和时间差等变化，各队在防守时变被动为主动的首要环节，向击球员主动进攻的投手，才是合格的投手。

慢投垒球比赛投手投球时，根据竞赛规则必须遵守下列各项规定：第一，投球前面对击球员，两手握球置于身前，两脚立定在投手板上，两肩与一、三垒平行，并至少要保持 1 秒钟的静止，然后

图 21—12

才可以放开握球的手做后摆或环绕的动作。第二，投球时，向击球员迈出一步，迈步和投球的动作要在同一时间开始。第三，合法投球，应采用低手投法，手腕必须随球前送，待手部摆到体前时，才能使球离手。

垒球投手投球的方法有后摆投球(包括 8 字后摆投球)、绕环投球和屈臂后摆投球三种，而在慢投垒球比赛中，只能采用后摆投球的动作，这也是慢投垒球的一个特征。

(一)投球准备动作

后摆投球、绕环投球和屈臂后摆投球在投球技术上各有其特点和技术要求，但是在准备投球时的握球、踏板等准备动作是基本相同的。因此，我们首先将上述投球方法准备动作的共性加以论述。

1. 握球

垒球球体较大，投球与传球的握球方法基本相同，可以是三指，也可以是四指，握球时食指和中指压在球体上部，无名指在上侧，大拇指在下部，小指微屈托在球的侧下方。握球要紧一些、深一些，特别是投曲线球，更应该如此。食指、中指和大拇指要压在球的缝线上，投球时主要是这三个手指发力。无名指起保持球体稳定的作用。四指握球时，食指与中指应间隔小些，以保证力量集中。两指在球体中心线两侧，如偏握一侧，投出的球就会走偏，力量也分散。

2. 踏板位置和准备姿势

投手投球时两脚必须站在投手板上，可平行站立或稍前后站立，两脚之间的距离小于肩宽，约 20 厘米左右。前后站立时右脚(轴心脚)稍在前，前脚掌踏在投手板的前沿，脚尖可稍偏向三垒方向，膝关节稍屈。左脚(自由脚)在后，脚掌踏在投手板的后沿，腿自然伸直支撑身体重心。身体自然放松，两肩与一、三垒平行，面对击球员，两手合拢持球置于胸腹前，眼睛注视接手手套，准备接受接手的暗号，整个身体至少保持 1 秒钟的静止，然后开始投球。

3. 技术要点

握球要适当紧一些、深一些，三指或四指握法均握球时食指和中指在上、大拇指在下压住球的缝线。投球从投手站在投手板上的静立姿势开始，两脚都要踏在投手板上。踏板时必须遵守垒球比赛规则中的相应规定。

(二)投球动作

慢投垒球比赛中，投球的动作有一定的要求，就是不能动作幅度过大。投球时，伸踏脚可以向前踏步或者不伸踏，但是手只能向后摆动，不能采取绕臂的动作投球。

投手投球时，应当将球向前上方投，使球产生一定的弧线；同时，为了控制球飞行的轨迹，应在出手时用手指拨球，使球产生旋转。一般而言，可以从下向上拨，也可以从右向左拨，甚至翻转手腕，使球产生从上往下的旋转(见图 21—13)。

图 21—13

投手投球时，手和手腕必须同时前送，待通过体侧后才可使球出手。投手的握球基本与传球时应当一致，但是为了使球产生不同的旋转，以迷惑击球员，可以采用其他握法，包括上旋球、下旋球和不能旋转球等。

三、慢投垒球的进攻基本技术

(一)打击基本技术

慢投垒球比赛中，击球员可以选择左打或者右打，站在本垒板左侧击球区的就是右打者，左肩对着投手。站在本垒板右侧击球区的是左打者，右肩对着投手。一般而言，常用手为右手的人，当然在慢垒比赛中这也不是绝对的，右投左打甚至左投右打并不在少数，也有很多击球员可以两打，按照不同的局面选择左打或者右打。通常认为，左打者更接近一垒，可以少跑几步，但实际上在慢垒比赛中，这个差别并不明显。

击球时，无论采取怎样的站位，都应该让上半身放松，重心放在下半身，打击动作基本上以自己最自然的姿势为主。上半身放松，肩膀不施力，如果肩膀用力就会肌肉僵硬，导致挥棒速度变慢；重心放下半身，保持稳定，为上身提供一个发力的来源。

打击时，注意力要高度集中，要从头到尾都盯着球，用两眼看球能确实掌握与球之间的距离感，对来球的变化也能及早做出对应，应该尽量在投手球未出手时就盯住球，只要眼睛牢牢盯住球，抓好启动和击球的节奏，就一定可以打到球。

注意保持身体旋转的轴心，身体应当以中轴为轴进行旋转。花式溜冰选手旋转时，若将手张开，旋转速度就会减缓：若将手上举，以身心为轴心，旋转速度就会加快。打击时也一样，需将背伸直，有助于挥棒时的身体旋转。

(二)挥击动作

挥棒击球的基本就是用下半身旋转，将球棒与地面平行击出。利用身体旋转的离心力带动球棒挥动，下半身旋转力量越强，球棒击出的力量越大。需要注意的是，挥棒时不仅仅使用手的力量，而且要用下半身的力量去击球。通常把击球分为引棒、伸踏、转体下棒、中球、延伸五个阶段。

1. 引棒

挥棒击球之前需要有一个引棒的动作，简单地说就是把球棒向后拉，可以回忆我们挥拳击打物体时，也需要把手先往后拉，这样才能给整个动作一个启动。需要注意的是，引棒动作不能太大，否则会影响出棒的时机和速度；另外，引棒需要早些，可以引棒之后等一下球，但不要在球马上进入击球区域的时候，匆忙引棒，这样往往会造成挥击不及。

2. 伸踏

伸踏就是将自由脚(右打者是左脚)向着投手的方向踏出，降低重心，这样可以让下身更加稳定，为身体的旋转提供一个平台。伸踏时应该注意身体不要向前倾，应当继续把重心保留在轴心脚(右打者是右脚)。伸踏时不能用力过大，只要能够踩稳即可。

特别需要注意的是，伸踏不能踩到击球区之外或者踩踏到本垒板，这是击球员的犯规行为，将被判出局。击球员只能在击球区之内完成击球任务。

3. 转体下棒

伸踏之后应当立刻衔接转体下棒的动作，身体围绕着中轴进行旋转，同时手与身体同步进行旋转。转体时应当尽量保持手和身体的相对位置不变，避免腰转开了手留在后面，或者身体不动，勉强用手去带动球棒，这样都无法达成手和身体的协调。

4. 中球

身体转动之后，利用手腕控制球棒，使球棒的击球部位完全击准球。在中球时，应当尽量保持球棒水平挥击，避免太过向上扬或者向下砍。从规则上来说，砍击使球产生大的弹跳，与触击(用棒轻碰球使球慢慢滚动)一样都是不允许的。从技战术的角度来说，向下砍会造成地滚球，有时可能出于战术需要；而向上扬的挥击动作，除非具备很强的力量，飞行距离超过防守队员的防守范围，否则只能使得球飞行的弧度变高，使对方容易防守。

挥棒要注意膝、腰、肩需平衡并在各自的同一水平面上旋转，稍有偏斜都会破坏整体平衡。不要只用手臂将球棒伸出，而是在肚脐前利用腕力击球。最好能找到身体轴心，注意头部位置不要破坏平衡，当重心由右脚移到左脚时，头部才稍微朝前。

5. 延伸

必须注意的是，击中球不是挥击动作的结束。击中球之后更重要的事情，是要利用球棒继续带动球向着击球员所希望的方向飞行，这就是击球的延伸。好的击球员可以利用球棒控制住球的方向，将球打到希望的位置。打击完毕后，重心应完全放在左脚的大腿位置(右打者)，身体重心从右侧移动到左侧(见图 21－14)。

图 21－14

球棒延伸直到两手完全伸直之后结束，然后击球员可以进入跑垒的环节。需要提示的一点是，在挥击过程完成之后击球员应当有意识地把球棒抛在场边，不要将球棒大力甩出，这样可能造成危险，是没有体育道德的行为。

四、跑垒基本技术

击球员完成击球任务后立即开始跑垒，这是进攻击球后的继续动作。棒垒球规则明确规定，跑垒员必须依次安全地触踏各个垒位，最后回到本垒才能得分。跑垒是靠队员正确的判断、机智的时机选择、果敢的起动、快速的奔跑、在临危的情况下勇猛滑垒等才能获得成功。速度是跑垒员能否上垒和得分的重要条件，但是在跑垒过程中，除发挥速度外，跑垒员必须及时观察场上比赛的情况，根据当时的进攻任务，做到既要力求保存自己不被中途截杀，又要与同队击球员相互配合来牵制对方，扰乱对方的防守，达到拖延时机或造成对方防守失误以利于本队得分的目的。

(一)击球后的跑垒

进攻队员在击球时称为击球员，完成击球动作后开始跑向一垒即成为击跑员，只有当击跑员跑上一垒后才算是跑垒员。

击球员在将球击出后，应立即起跑，并全速冲向一垒，力争在球未被守队传至一垒前触踏一垒垒包。击球员挥棒击球后，双手顺势随挥后在左肩前(右打者)松棒并随着跑垒起步将球棒放下，注意不要甩棒，同时加速跑向一垒。

起步时右脚先向前跨一小步，左脚跟上正对一垒方向，两臂快速摆动，上体稍前倾，用力后蹬。跑出三四步后，保持身体平衡，步幅逐渐加大，以最快的速度沿垒边线和跑垒限制线冲向一垒。在踏垒前的几步，身体重心稍向右倾斜，以便用左脚触踏一垒外侧垒包的右角。踏垒后可继续沿界线外侧冲出几步，并减慢速度，然后返回一垒再站在垒包上(只有击跑员上一垒时可以在踏垒后冲过垒包。跑垒员跑向二垒或三垒时，如冲过垒位就有被触杀的危险)。

击跑员在返回一垒时，应注意球所在的位置，如情况许可，就再继续跑垒并争取安全到达二垒。踏一垒前不要因害怕踏不上垒包而调整步点，以免影响速度，两眼要注视一垒手的脚和垒包，以防与一垒手相撞或漏踏垒包。根据规则规定，击跑员要进入跑垒员限制线内跑上一垒，否则一旦与接球的一垒手相撞或妨碍对方接球和传杀时就要被判出局。

一垒跑垒的基本原则是，当击出内野滚地球时就往一垒全力冲刺，慢投垒球比赛的垒间距较短，因此安全上垒的概率很高。不要放弃任何机会，全力向前冲刺。

击出内野滚地球后，首先以一垒为目标，朝垒包全速奔跑。起跑时，为了确认球的走向，需边跑边观察由三垒到一垒的动向。确认是漏接或失误的话，就马上全力跑垒。

踩垒时，踩在离身体最近的距离处。若穿越过垒包的话，先注意不要急停防止拉伤，要慢慢停步后返回一垒。

跑垒时不要忘了用眼睛余光确认野手的动向，若野手发生失误，就可直接上二垒。如果准备上二垒，那么就要采用弧线跑动上垒，在到达一垒时尽量踩在垒包的最近位置。

踩垒瞬间观察界外区域，以确认球的走向。在穿越垒包的瞬间最好养成多看界外一眼的习惯，若球偏至界外区，还可以一口气直奔二垒。如果看到一垒手已经准备采取触杀动作，不能直接跑上硬撞，这样做不但没有效果，还容易造成双方队员的受伤。在跑动不偏离跑垒限制线(距边线动路线 0.91 米)的情况下，可以扭转上身躲避触杀，但如果偏离限制线，会被判出局。若球飞向外野，或者形成穿越内野的安打，击球员就可以经过一垒直接再往二垒跑。击球员在将球击出的一刹那是能够看到球的去向的。因此，击跑员在快速起动跑向一垒的过程中不应回头看球或边跑边看球，否则就要影响奔跑速度。击跑员在跑向一垒时，还要注意观察跑垒指导员的手势，根据场上情况的变化，如有可能在到达一垒后继续跑进，争取跑上二垒。若要提高连续跑垒的速度，就要注意不能直线跑垒，因为直线跑垒会在转向的时候耗费时间，所以在即将到达一垒时，应当提前按照一定曲线绕行就能在最短时间上垒。击跑员和跑垒员在连续跑垒时应跑弧线，在临近下一个垒位

5～6 米时，逐渐向外侧绕弧线。跑动中，上体要向内倾斜，克服离心作用，右脚以前脚掌内侧着地，左脚以前脚掌外侧着地，右肩高于左肩。在靠近垒位时，用左脚或右脚触踏垒垫的内角，踏垒后加速直线跑向下一个垒位，急停或者再绕弧线继续跑进。在跑垒的过程中，不能总是去看球，这样会影响跑垒的速度，所以击球员在球击出的瞬间，应当能够判断球的走向，然后就要按照跑垒指导员的指示，坚决跑垒；如果跑垒员对于跑垒指导员的指令没有信心，可以停在自己认为安全的垒包上，但不能在跑垒的过程中犹豫，这样的跑垒很容复被杀出局，也容易受伤。正常情况下，在连续跑垒时，应当以左脚踩踏垒包的内侧，身体稍微向内倾斜，这样会比较稳定，当然在脚步来不及调整时，右脚踏垒也可以。在平时的训练中，跑垒员应当反复练习跑垒，以提高跑垒的感觉，争取建立正确的步伐和固定的步数。

(二)跑垒员的进垒技术

击球员安全到达一垒后即成为跑垒员，跑垒员在一垒、二垒或三垒上时，必须随时准备利用一切机会攻占下一个垒位。

当投手踏上投手板准备投球时，跑垒员的一只脚的前脚掌触踏垒垫的一步支撑身体重心，两膝弯曲，另一只脚向前自然跨出，上体前倾，成站立式起跑姿势，两眼注视投手投球出手的动作；在球被击出的瞬间，后脚用力伸蹬垒垫，起动离垒；如果出现被迫进垒等必须跑的情况时，要迅速跑向下一个垒位；如果判断不能直接向下一个垒包跑动时，应起动后观察情况，没有机会的话迅速回垒，有机会的话坚决向下一垒位跑进。进占二垒和三垒时，不像进一垒时可以冲过头，所以必须停在垒上。通常在时间比较充裕的情况下，只需要在接近垒包时，步子变小，速度减慢，重心略微降低，就可以稳稳地停在垒包上；在时间比较紧张的情况下，则应该采取扑垒或者滑垒的动作，以避免被杀出局。

慢投垒球比赛中，为了避免冲撞，在本垒处采取“封杀线”的特殊规定。封杀线是平行于一垒边线的一条辅助线，与三垒边线垂直且在三垒的界外地区，这条线与一垒边线的距离为 4.5 米。当跑垒员越过这条线时，不能再返身回三垒，只能继续向下跑进，只要越过一垒边线的反向延长线（即从一垒往本垒方向的延长线）就视为已经踩踏了本垒。对方队员在防守时，只需要踏本垒板接球即可。在这样的规定下，过三垒的时候可以不必太过注意弧度，但不能跑出太大的角度，否则人为地延长了跑垒距离。另外，某些比赛中规定只要跑垒员踩踏本垒板就判出局，在回本垒比较轻松的情况下，跑垒员要当心习惯性踩踏本垒板而造成无谓的出局。

在跑垒中如果出现高飞球和平飞球时，跑垒员是不能直接向下跑进的。慢投垒球比赛规则规定：在比赛中出现击球员击出界内球或界外球（擦棒球除外），在球未落地前被守队队员合法接住的局面，此时跑垒员如果在守队队员合法接得击出的界内或界外腾空球之前已经离垒，则必须返回原来的垒位，如果跑垒员在未返回原垒前被守队队员持球触及身体或该跑垒员原占之垒包时，判该跑垒员出局。根据这一规定，跑垒员在击球员击出腾空球时，要看具体情况，根据球的落点和距前面垒位的距离远近，采取不同的跑垒战术和不同的跑垒方法。

一般而言，如果判断球会被接住，则要先返回原有垒包，在球碰到防守队员之后只要有机会就可以离垒向下跑进。如果判断球不会被接住，可以在确认之后直接向下一垒包进发。如果是模棱两可的情况，应该先保持适当的离垒距离，随着接到球的概率提高或降低，可以减少或增加离垒的距离。

第三节 慢投垒球运动安全事故与预防措施

一、肩膀

肩膀会受伤的原因不外乎就是动作不正确，还有过度使用，造成肩膀过度磨损，导致发炎甚至有撕裂伤等，通常属于慢性累积的伤害。如果平时不注意保养的话，就像一颗地雷一样，什么时候爆发都不知道，好一点只是感觉今天丢球没力、会酸会痛。

二、手肘

与肩膀一样，多是累积造成的伤害，平时也要注意保养，还是老话一句：赛前热身，赛后收操，再加个冰敷才能健康打球！如果有机会看到棒球投手的手肘，常常会发现他们的手肘伸不直！其实就是因为使用过度，骨头增生所造成的，长久不处理的话，很可能连生活上都会出现问题。

三、下背痛

与一般人的腰酸背痛有些不太一样，因为慢投垒球运动也算是单侧运动，我们都会用惯用手投球还有打击，所以很容易发生左右边肌肉不平衡，严重的会导致脊椎侧弯，长久下来腰背部的负担就会很重，导致腰酸或者疼痛。解决的方法除了基本的保养之外，更要注意平时的“体能训练”，要同时训练“两侧的肌力”，让两边身体能够平衡，才能根本地解决问题。

四、腿部拉伤

腿部拉伤常发生在瞬间的快速冲刺，例如要快速位移接一个滚地球，而拉伤“鼠蹊部”，也就是胯下拉伤，或者是打者击出球快速地往一垒冲刺而造成拉伤。一般的治疗方式是：立即进行冷处理；然后用绷带适当用力包裹损伤部位，防止肿胀；放松损伤部位肌肉并抬高伤肢。平时也要加强下半身的肌力训练，有强壮的体能不只能够提升运动表现，更能减少运动伤害发生的概率。

五、手腕受伤

其实手腕受伤的状况很多，不管是扑球扭到，打击的时候“挤到”都有可能，第一时间的做法都是先休息冰敷，状况好了再回去运动。平常的预防措施是使用手腕护具，也要多利用平时的扑垒、接球与打击训练增加自己的技巧，毕竟技术好的人比较不容易受伤，因为知道要怎样使力和使用“身体”的力量做动作。

六、擦伤

这是一种非常常见的伤害，其实就是一般的外伤，但是因为棒球场特别脏，那些沙土暗藏大量细菌，所以如果当下没做好清洁的动作，很容易就因此而感染，造成更严重的伤害。常见的是在扑垒的时候手掌或手肘磨破皮，或者是滑垒的时候膝盖破皮，当下都应该用清水或生理盐水先把伤口清洁干净，再用运动贴布包扎。

第二十二章

足　球

第一节　足球运动概述

一、足球起源

足球是足球运动或足球比赛的简称。当然它也指足球比赛中的用球。足球运动是一项古老的体育活动，源远流长。最早起源于中国古代的一种球类游戏“蹴鞠”，后来经过阿拉伯人传到欧洲，发展成现代足球。

2004 年初，国际足联确认足球起源于中国，“蹴鞠”是有史料记载的最早的足球活动。《战国策》和《史记》是最早记录蹴鞠的文献典籍，前者描述了 2 300 多年前的春秋时期，齐国都城临淄（现山东临淄）流行蹴鞠活动；后者则记载，蹴鞠是当时训练士兵、考察兵将体格的方式（“蹹鞠，兵势也，所以练武士，知有材也”）。

“蹴鞠”一词，最早载于《史记・苏秦列传》，苏秦游说齐宣王时形容临淄：“临淄甚富而实，其民无不吹竽、鼓瑟、蹋鞠者。”“蹋”即“蹴”，踢的意思。“鞠”，球，即古代的足球。汉代的《西京杂记》《盐铁论》《蹴鞠新书》《刘向别录》中都有关于蹴鞠的记载。三国两晋南北朝时，蹴鞠之习依旧流行未衰。唐代时，蹴鞠仍是一项很普遍的运动，杜甫有诗曰：“十年瞰鞠将雏远，万里秋千风俗同。”

二、现代足球发展史

19 世纪初叶，足球运动在当时欧洲及拉美一些国家特别是在英国已经相当盛行。在中世纪的英国，足球已成为许多年轻人所热衷的一项活动。他们在狭窄的街道上追逐皮球，经常将皮球踢到街边人家的窗子上。于是英国国王不得不下令禁止踢足球。从 12 世纪到 16 世纪，英国国王先后四次发布过“足球禁令”。不过，由于足球运动的特殊魅力，禁令也未能使它夭折。

1848 年，足球运动的第一个文字形式的规则《剑桥规则》诞生了。所谓的《剑桥规则》，即是在 19 世纪早期的英国伦敦，牛津与剑桥之间进行比赛时制定的一些规则。当时，每队有 11 个人进行比赛。因为当时在学校里每套宿舍住有十名学生和一位教师，因此他们就每方 11 人进行宿舍与宿舍之间的比赛，当前的 11 人足球比赛就是从那时开始的。

1857 年，在英国谢菲尔德成立了世界上第一个足球俱乐部。1863 年，在英国又成立了第一个足球协会。从此，有组织的、在一定规则约束下的足球运动开始从英国传遍欧洲，传遍世界。在 19 世纪末，足球运动在西欧国家已相当普及。在 1896 年第一届夏季奥运会上，就将足球列为比赛项目之一，结果丹麦队以 9∶0 战胜希腊队，成为奥运会足球比赛的第一个冠军。

1863 年 10 月 26 日，英国足协在伦敦成立，并统一了足球规则，人们称这一天为现代足球的诞生日。这次制定的足球规则共 14 条，它是现今足球规则的基础。从 1900 年的第 2 届奥运会开始，足球被列为奥运会正式比赛项目，但它不允许职业运动员参加。1904 年 5 月 21 日，国际足联在巴黎成立。1904 年，英国、法国、荷兰、比利时、西班牙、瑞典和瑞士七个国家的足球协会在法国成立了国际足球联合会，并推选法国人盖兰为第一任国际足联主席。

三、足球运动的意义

(一)有利于培养良好的个性品质

足球比赛对抗激烈，攻守转换频繁，局面复杂多变，对运动员注意力、想象力、创造力、思维能力和时空间感知觉等心理品质的形成有较好影响，长期参加足球运动还可以培养勇敢顽强、坚忍不拔、拼搏进取的意志品质，以及团结协作、遵守纪律、公平竞争、积极向上的道德品质。

(二)有利于增强体质

经常参加足球运动可以全面提高人体速度、力量、耐力、灵敏、柔韧等身体素质，改善人体神经系统、心血管系统、呼吸系统等内脏器官系统和肌肉、骨骼等运动系统的功能，达到增强体质、促进健康的目的。

(三)有利于振奋民族精神

足球运动蕴涵着深刻的文化和思想内涵，其影响已远远超过其本身的竞技运动范畴，成为政治、经济、文化、生活的重要组成部分，关系到地区或国家的形象。重大国际比赛的胜利，就犹如盛大的节日，举国欢庆，民族自豪，不仅鼓舞斗志，还能振奋民族精神，激发人们的爱国热情。

(四)有利于国际交往

足球运动是人类文明的结晶，是现代社会文化生活的重要内容，是促进人们相互交往、加深了解的纽带和桥梁。通过足球比赛不仅可以传播友谊、扩大交往，还能够宣传展示国家和民族的精神风貌。

(五)有利于创造社会财富

足球是世界上影响力最大的体育项目，高度的国际化、职业化和产业化发展趋势，使其具备了巨大的经济利益和商业价值。目前在欧洲，足球产业已成为国民经济的重要产业之一。足球运动以其影响力和自身价值，促进了足球资源、信息技术、中介服务等市场体系的形成，并通过彩票、门票、转会、广告、电视转播等获得丰厚利润，同时足球运动的发展还可以带动运动器材、服装、饮食、中介、纪念品、旅游等相关产业的发展，提供更多的就业机会，促进国民经济发展，为社会创造财富。

第二节　足球基本技术动作解析

足球基本技术主要包括颠球、传球、接球、运球、头顶球、抢截球、投掷界外球、假动作等方面。对于大学生来说，应先从最基本的运球、踢球和接球学起。通过本节的学习，你将能够了解到足球基本技术动作体系的内容、技术动作的要领和完成这些技术动作的练习方法等内容。

一、足球运球技术

足球练习中运球的基本技术：常用的运球技术主要分为脚背正面运球和脚内侧运球两种。

(一)脚背正面运球技术

1. 特点

直线推拨，速度快，但路线单一。

2. 动作要领

运球跑动时身体自然放松，上体稍前倾，步幅稍小，两臂屈肘自然摆动。在运球脚提起时，膝关节微屈，脚跟提起，脚背绷紧，脚尖向下，在迈步前伸着地前，用脚背正面推拨球前进。

3. 练习方法

(1)可采用放慢运球速度的练习，巩固触球脚的稳定性。反复练习并体会，步幅可小些，固定脚踝，掌握好蹬、摆用力方向。

(2)放慢运球速度，要求按照蹬、摆、推拨的顺序，做完一次，向前慢跑两步，反复练习并体会，在熟练的基础上扩大视野。

(二)脚内侧运球技术

1. 特点

与其他运球技术相比，速度较慢，容易控制，多用于掩护性运球或运球变向。

2. 动作要领

运球时，支撑脚稍向前跨，踏在球的前侧方，膝关节稍弯曲，上体前倾向里转。随着身体向前移动，运球脚提起，用脚内侧推球的侧后中部。

3. 练习方法

(1)在练习中，确定支撑脚的位置，进行走步式练习，体会动作要领。

(2)在练习中，固定脚型，强调触球时脚尖外转。

二、足球踢球技术

(一)脚内侧踢球技术(又称脚弓踢球)

1. 特点

脚内侧是踢球时最常使用的部位，它触球的面积比脚的其他部位都大，这使得在踢球时可以更容易地控制球。

2. 动作要领

直线助跑，最后一步稍大些，支撑脚站在球的侧面约15厘米处，脚尖正对出球方向，支撑腿膝关节微屈。在支撑脚着地时，踢球腿大腿带动小腿由后向前摆动，在前摆的过程中大腿外展，当膝关节的摆动接近球的正上方时小腿做爆发式摆动，在触球前将脚跟送出使得脚内侧部位所形成的平面与出球方向垂直，踢球脚脚底与地面平行，脚尖微微翘起，踝关节功能性地紧张使脚型固定，触(击)球后身体跟随移动，髋关节向前送(见图22—1)。

图22—1

3. 练习方法

(1)可进行分解练习或无球模仿练习，也可结合固定球进行练习。

(2)在练习中强调支撑脚最后一步跨出的距离，使腿后摆充分伸展，膝关节放松。

(3)踢定位球时，确定支撑脚的支撑点，运用敲击的方式固定脚型。

(二)脚背正面踢球技术

1. 特点

脚背正面踢球，其摆幅相对较大，摆幅动作顺畅快速，便于发力，但出球路线或性能缺乏变化，适用于远距离的发球和大力射门。

2. 动作要领

直线助跑，最后一步稍大些，支撑脚积极着地支撑，在球的侧面 10～12 厘米处，脚尖正对出球方向，膝关节微屈，踢球腿随跑动向后摆动，积极着地支撑，小腿屈曲，支撑的同时，踢球腿以髋关节为轴，大腿带动小腿由后向前摆动。当膝关节摆至接近球的正上方时，小腿做爆发式的摆动，脚趾屈，以脚背正面部位击球的后中部。击球后身体及踢球腿随球前移(见图 22－2)。

图 22—2

3. 练习方法

(1)进行无球模仿练习，在强调支撑脚位置的同时，采用分解动作和固定球，进行体会动作练习。

(2)在练习中固定脚型，稳固脚的击球部位，增大支撑腿最后一步跨出的距离，使后摆腿充分伸展，膝关节放松。

(3)强调用中等以下力量击球，控制击球点，运用敲击的方式固定脚型，使踢出的球低、平、直。

(三)脚背内侧踢球技术

1. 特点

摆踢动作顺畅、幅度大、脚触球面积大、出球平稳有力，且性能和路线富于变化，适用于中远距离传球和射门。

2. 动作要领

斜线助跑，助跑方向与出球方向约成 45°，最后一步稍大，以支撑脚脚底积极着地，脚尖指向出球方向，距球内侧后方 20～25 厘米，膝关节微屈。在支撑的同时，踢球腿已完成后摆，并开始以髋关节为轴大腿带动小腿由后向前摆动，当大腿摆至与支撑腿接近同一平面时，小腿做爆发式摆动，此时脚尖外转、脚背绷直，以脚背内侧部位触击球，击球后踢球腿及身体继续随球向前(见图 22－3)。

3. 练习方法

(1)进行助跑后的模仿踢球练习，体会支撑脚的位置，注意身体的协调配合。

(2)在练习中，增大支撑腿最后一步跨出的距离使后摆腿充分伸展，膝关节前顶，放松做随前动作。

(3)踢内弧线球时，强调触球的正确部位，踢球脚翘起，向出球方向顺势前摆。

图 22—3

三、足球脚内侧接球技术

1. 特点

脚内侧接球用途广泛，接球平稳，可靠性强，其技术动作运用时能够灵活多变。

2. 动作要领

(1)接地滚球：支撑脚脚尖正对来球，膝关节微屈，同侧肩正对来球。接球腿提膝外展，脚尖微翘，脚底基本与地面平行，脚内侧正对来球并前迎，当脚内侧和球接触的一刹那迅速后撤，把球接在脚下(见图 22—4)。

图 22—4

(2)接反弹球：根据来球移动到位，支撑脚和球落点的相对位置在球的侧前方，支撑腿膝关节微屈，身体向接球后球运行的方向偏移。接球时脚尖微翘，接球腿提起小腿且放松，脚内侧对着接球后球运行的方向并与地面成一锐角，当球落地反弹刚离地面时，大腿向接球后球运行的方向摆动，用脚内侧部位轻推球的中上部(见图 22—5)。

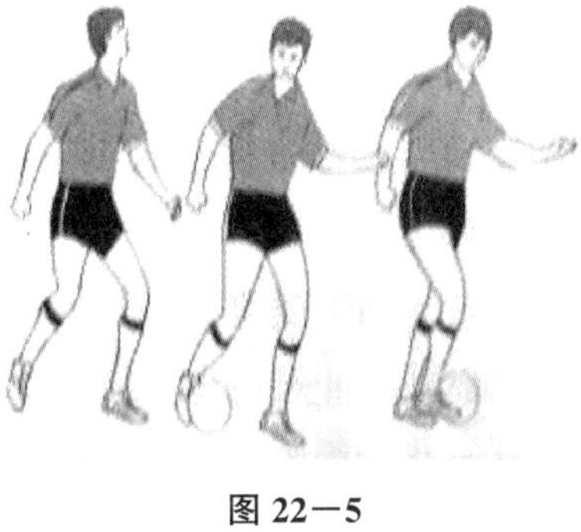

图 22—5

(3)接空中球:根据来球移动到位,若是抛物线较小的平空球则应该根据临场的实际情况选择适当高度的接球点,将接球腿抬起,使脚内侧部位对准来球的方向并前迎,脚在接触球的一瞬间向后下方撤,并将球接在所需的位置上(见图 22—6)。

图 22—6

3. 练习方法

(1)可进行分解动作和无球模仿练习,提高动作的协调性。

(2)练习中强调反应快、起动快,抢占最佳接球的位置,从而进一步理解和体会主动接球的实际意义。

(3)接地滚球时,确定支撑脚的支点,要求由慢到快地迎撤接球,从而达到最佳的缓冲效果。

(4)用手接反弹球,体会接球的时机是在球离地面的瞬间。

(5)接空中球时,在确定正确的技术动作时,强调接球腿髋关节要放松,注意整个身体的协调配合。

四、前额正面头顶球技术

(一)特点

前额正面顶球是头顶球技术中最为常见的方式,其特点是触球部位平坦,动作发力顺畅,容易控制出球方向,准确性高,出球平稳有力。

(二)动作要领

原地头顶球:身体正对来球方向,两脚左右开立(或前后开立),膝关节微屈,重心置于两脚间的支撑面上(或后脚上),两臂自然张开。当球运行到将垂直于地面的垂线时,迅速向前摆体,两腿用力蹬地,微收下颌,在触球瞬间颈部做爆发式的振摆,用前额正面击球中部,上体随球前摆。

五、足球掷界外球技术

(一)动作要领

1. 原地掷界外球

面对出球方向,两脚前后或左右开立,每脚均应有一部分站立在边线上或边线外。膝关节弯曲,上体后仰成背弓,重心移到后脚上(左右开立时,重心在两脚间),两手自然张开,大拇指相对,持球的侧后部,屈肘将球置于头后。掷球时,后脚用力蹬地(或两脚用力蹬地),两腿迅速伸直,身体重心由后脚移到前脚,收腹屈体,同时两臂急速前摆。当球摆到头上时用力甩腕将球掷入场内。掷球时,后脚可沿地面向前滑动,两脚均不得离地(见图 22—7)。

2. 助跑掷界外球

助跑时,两手持球放在胸前,在助跑迈出最后一步时上体后仰成背弓,同时将球上举至头后,

图 22—7

掷球时的动作与原地掷界外球动作相同。将球掷出后,后脚可在地面上向前滑行,但不得离地。

(二)练习方法

(1)可进行徒手模仿掷球的动作,也可进行分解动作的练习。

(2)练习时,可把动作速率放慢些,掷球距离适当近些,着重体会并加深对技术的理解。

(3)下肢蹬地力量可适当减少,以做到协调用力。身体不能面向出球方向,在掷球时可把两脚改成前后开立。

第三节 足球运动安全事故与预防

一、足球运动中损伤的范围和种类

足球运动中损伤主要有挫伤、扭伤、拉伤、擦伤、劳损等。其中大部分损伤都发生在四肢,一般常见的有皮肤擦伤、踝关节内外侧扭伤。其次是大腿前后肌群的拉伤,甚至是撕裂。第三是膝关节损伤。第四是小腿腓骨骨折。第五是守门员的肩袖损伤及腕、指关节的损伤。此外还有劳累过度而引起的腰肌劳损,以及由于激烈对抗而引起的内脏损伤甚至脑震荡。

二、足球运动中损伤发生的原因

体育运动特别是在对抗型的竞赛活动运动损伤是不可能完全避免的。运动损伤发生的原因主要有如下几种:(1)思想认识不足,准备活动不当或不充分。(2)技术动作的缺点或错误。(3)自身的身体素质差、运动量过大、身体功能状况不良。(4)心理状态不良。(5)教学、训练、比赛的组织方法有缺憾。(6)场地设备和服装不符合卫生标准。(7)气候条件差等。再具体到足球运动中,运动损伤发生的原因还有:犯规动作、蹬踏、合理冲撞、球击伤、失去重心而摔伤。须特别注意的是足球运动中的背后铲球,这是非常危险而应该禁止的动作。荷兰著名球星巴斯滕便成了这一动作的牺牲品。

三、足球运动中损伤的预防

足球运动中损伤的预防可从以下几点着手:(1)加强教育,了解运动损伤的危害。(2)合理安排训练及比赛,培养做准备活动的习惯,特别是做好容易损伤部位的准备活动。例如:利用正、侧压腿防止大腿前后肌群拉伤;利用手腕、踝关节环绕防止踝关节扭伤等。只有准备活动做充分了才能降低肌肉的黏滞性,使身体尽快进入运动状态中。(3)加强保护和自我保护意识,学会在摔倒时就地打滚,缓冲下摔时的力度,尽量减少损伤的程度。(4)加强医务监督和设备卫生。

四、足球运动中常见的运动损伤与急救常识

在学校平时的足球课上以及足球训练时，因准备活动不充分等原因很容易会出现急性损伤，这就需要教师或学生具备一些最基础的急救常识，这为以后的医院处理节约了时间。

学校中常出现的急性损伤主要有软组织损伤和骨性损伤（骨折），此两类损伤的急救常识如下：

（一）软组织损伤的急救常识

软组织损伤是急性损伤中最常见的，常见的软组织损伤有踝关节扭伤、大腿肌肉拉伤、肌肉痉挛等，以踝关节扭伤最为常见。

1. 踝关节扭伤

踝关节扭伤后全关节均有肿胀、淤血出现，以外侧最为显著，常伴有功能受限，一般不能负重，极为影响日常生活。踝关节扭伤后出现以外踝压痛为主的全关节疼痛。踝关节扭伤主要是踝关节周围韧带组织的损伤，最常见的损伤就是外侧副韧带，但也会常常合并踝关节其他组织损伤，如三角韧带损伤、软骨损伤等。

踝关节扭伤的治疗主要包括以下几个方面，可根据踝关节临床表现制订治疗计划。

（1）保守治疗。保守治疗是最常见的踝关节扭伤的治疗方式，适用于踝关节初次损伤或者无踝关节不稳的患者。急性期应根据 RICE 原则（即冰敷、加压包扎、休息、抬高患肢），并根据具体情况确定是否需要石膏固定，这是治疗损伤最主要也是最重要的方式，常需要固定 2～3 周后进行踝关节功能训练。伤后短期内可使用护踝防止再次损伤。

（2）手术治疗。手术治疗是严重踝关节扭伤的治疗方式，主要针对踝关节周围韧带全部损伤导致踝关节极为不稳的患者。术后需要石膏固定 3 周后进行踝关节功能训练，并逐步恢复功能。

2. 大腿肌肉拉伤

大腿肌肉拉伤是足球运动常见的运动损伤，以内收肌群拉伤最为常见。大腿部的内收肌群位于大腿内部，是一组肌肉组织的统称。奔跑时当大腿肌肉外旋时，内收肌群就会受到很大的拉力，这是由于肌肉的用力收缩或者准备活动不充分，导致肌肉紧张，从而很容易损伤肌群。肌肉拉伤后，会出现伤处疼痛、肿胀、压痛、肌肉紧张或痉挛，触之发硬的症状。

患者在运动时，突感大腿内侧疼痛，不能发力或者继续运动，就要考虑内收肌的损伤。症状主要有局部压痛，若出现严重损伤（如肌肉断裂），就会出现局部肿胀明显，最主要的表现是局部凹陷的出现，这也是压痛最明显的地方。所有内收肌群损伤均会出现大腿内收受限，这也是其中一个重要特点。

内收肌群拉伤的治疗主要有以下几点：

（1）弹力带固定是最好的治疗方法，裹扎后一般比较舒服，并不影响运动。

（2）慢性损伤时可以增加物理治疗、局部按摩等。

若上述治疗仍不见效，可以局部使用激素治疗，此方法效果明显，但不能长期使用。

3. 肌肉痉挛

肌肉痉挛（俗称抽筋）是肌肉不自主地强直性收缩，在足球运动中以小腿腓肠肌最易发生，造成肌肉痉挛的最主要的原因是运动量过大、肌肉疲劳；直接原因是因为出汗过多，体内电解质大量丢失所致。出现痉挛时，伴有肌肉僵硬、疼痛难忍、久不缓解等症状。

肌肉痉挛的处理方法：牵引痉挛肌肉，排除小腿腓肠肌痉挛时，应让患者仰卧或坐位，膝关节伸直，牵引患者足部，将患者足踝关节缓慢地背伸，此外配合局部按摩、点穴或针刺（承山、委中穴等）。

(二)骨折与脱位的急救常识

骨折在足球运动中也是比较常见的运动损伤,主要有四肢骨折和脊柱骨折。最常见的骨折是由外力造成的,如摔倒时肩关节着地造成的锁骨骨折、膝关节着地造成的髌骨骨折等。

1. 关节脱臼(脱位)

关节脱臼是因为外力作用使关节面之间失去正常连接关系的一种损伤形式,分为半脱臼和完全脱臼两种,前者是关节面部分错位,后者是关节面完全脱离原来的位置,严重的关节脱臼常伴有关节囊撕裂,关节周围韧带、肌腱及其附着组织的损伤。造成关节脱臼的主要原因是摔倒后的落地姿势不正确。

关节脱臼处理的方法:首先是止痛,抗休克。一旦发生脱臼,应嘱咐伤者保持安静,不要活动,更不可以揉搓脱臼部位。如脱臼部位在肩部,可把患者肘部弯成直角,再用三角巾把前臂和肘部托起,挂在颈上,送医院就诊治疗。

2. 四肢骨折

(1)腕舟骨骨折

腕舟骨位于近排腕骨的桡侧,但排列于远近两排腕骨之间,在功能上发挥桥接、控制和协调的作用。腕舟骨骨折多发生于青壮年,常由间接暴力致伤:跌倒手掌触地,手腕强度背屈,轻微桡偏,桡骨背侧缘切断舟骨。在足球这样的剧烈运动中很常见。

腕舟骨骨折主要的主要症状为:伤后局部肿胀,疼痛,腕关节活动受限且疼痛加重,鼻因窝处及舟骨结节处有压痛感,第 2、3 掌骨头纵向叩击痛,但陈旧性损伤上述症状可能不明显。

对腕舟骨的治疗选择取决于骨折的稳定性以及移动情况。

①无移位的稳定的腕舟骨骨折。对于早期的无移位的稳定的舟骨骨折采用大拇指人字石膏固定,一般愈后较理想,10 周内愈合率可达 95%。若误诊或漏诊,则其愈后就会不理想,若固定 20 周后无愈合迹象,则要手术治疗。

②移位的不稳定的腕舟骨骨折。保守治疗很难达到成功复位,而且由于该骨折的愈合率较低,因此,主要选择手术治疗。

(2)四肢长骨骨折

四肢长骨骨折在运动中十分常见,如股骨骨折、髌骨骨折等,均应及时送医院就诊治疗。

第二十三章

武　术

第一节　武术运动概述

武术源于中国，属于世界。在中华民族几千年的文明发展史中，武术是一颗璀璨的明珠，它代表着一种勇猛向前、不屈不挠的精神，它有着圆润、和谐的深厚哲理，鼓舞了一代又一代的人继承、发展。国家体委为继承、发展传统武术，于 1979 年组织了全国大范围的武术挖掘整理工作，历时六年之久，投入了大量人力、财力、物力。提出的工作方针是挖掘、整理、继承、发展，在全国二十多个省、市政府的大力支持下，民间武术组织积极响应，民间传统的武术各拳种纷纷登台亮相，充分显示出中华武术的博大精深。作为中华民族的宝贵文化遗产之一，武术以其丰富的内容、多样的形式和独特的风格屹立于世界体育之林。武术这项与多学科相关联的运动项目，是因人类生存的需要而产生的。原始社会人们在狩猎觅食和抵抗猛兽的生存之争中，把抗击的本能和自卫动作结合起来，从而形成了一种拳打脚踢和使用简陋武器的攻防方法，久而久之逐渐成为有意识的活动，这就是武术的萌芽，而使用的武器就是武术器械的原型。原始社会末期，人们在争夺食物和地盘的激烈冲突中，把对抗野兽的方法运用于人与人之间。争斗中的人们有时是空手相搏，有时一个人要对付几个人，有时器械掉地要空手与持武器者搏斗，频繁的争斗促进了武术技术的飞速发展。人们为了取胜，把在战争中获得的技能和经验加以总结，传给后人，从而使武术技巧也逐渐得到丰富和提高。随着频繁的战争，武术在军队将士训练中普遍运用。这不仅提高了部队的作战能力，而且使武术强身健体的功能非常鲜明地体现了出来，使武术成为一种体育手段得到进一步的发展。

中华人民共和国成立后，武术纳入了社会主义体育运动的发展轨道。在党和国家的重视与关怀下，武术运动得到了迅速的发展和提高，成为城乡广大群众喜爱的体育运动项目之一。近年来，随着武术的挖掘、整理工作逐渐深入，竞赛制度的进一步完善，武术的技术水平有了新的提高，武术理论研究也日趋活跃。随着我国对外开放政策的实施，中国的传统体育项目也逐渐为各国人民所接受。许多国家和地区兴起了武术运动，成立了武术团体，筹建了国际武术联合会并举办武术比赛。1987 年 10 月，亚洲武术联合会在日本正式成立。1990 年 9 月，国际武术联合会在北京成立。在第十一届亚运会上，武术作为正式比赛项目载入亚运会的史册，这标志着具有中华民族特色的武术，正在成为一个世界性的运动项目。武术已进入世界运动会、亚运会等大型国际、洲际综合体育赛事，成为世界体育的重要组成部分。

一、武术的特点与作用

(一)武术的特点

武术是由人的技击自卫术发展起来的,无论是套路与搏斗、单练与对练,无论什么民族、使用何种器械,都保留了攻防技击的技术特点。

(1)武术产生、发展于中国,受中国传统文化影响,带有浓厚的中国传统文化色彩。

(2)刚健有为的民族精神,它是中华民族的心理要素,体现于自强不息和厚德载物两个方面。

(3)注重和谐。注重人与自然的和谐、人与社会的和谐及人的自我身心内外的和谐。

(4)注重形神兼备。武术在技术上不仅重视外在形的美,更追求内在神的美。

(5)注重整体的思维方式。武术不仅注重单个动作与单个动作之间的衔接,而且要求整套的演练气韵生动、气势磅礴、一气呵成。

(6)既重外练又重内练。外练指人体骨骼、关节、肌肉所组成的运动系统完成的各种动作;内练通过调整呼吸,掌握运气调息的方法,达到精、气、神、力、功的更高境界。

(7)多种拳种并存。武术是个多拳种、多流派的传统体育项目。

(二)武术的作用

1.健身作用

中国人历来重视运动,重视生命,注重养生之道,所以在武术的发展过程中与中国养生导引术相互影响、相互渗透。如轻柔缓慢的太极拳运动,不仅对心血管、呼吸系统有良好影响,而且对调节神经系统、陶冶性情、缓解压力都有其独到之处,因此受到海内外人群青睐。

2.技击作用

在以冷兵器为主要兵器的时代,武术的技击作用是非常突出的。到了现代,武术技击作用虽不如古代那样突出,但在战争中仍不可避免地会遭遇近距离的搏斗,尤其在公安战士执行公务时,娴熟的格斗技能对完成任务的作用更重要。

3.观赏作用

武术既是人的身体活动,又是一种武技,尤其是现代的套路运动:高、新、难、美的技术要求,使武术运动的观赏性得到更大幅度的提高。即使在人们进行攻防技击时表现出的神态与神秘技击色彩,也同样具有很高的观赏价值。

4.教育作用

武术教育作用主要体现在学校教育。明清之际的思想家、教育家颜元,他主持的漳南书院里就有武备课。现代学校体育课程中的武术课,其功能是通过武术向学生传授武技,更重要的是灌输武德思想,提高民族意识,激发图强精神。

5.经济作用

武术同其他体育运动一样,本身就是一种产业。如对国内外武术爱好者进行教学、训练,开办武术馆校,举行武术表演、比赛,这些活动使武术以劳务的形式为社会提供了服务,加上武术器材、服装、教材、音像资料等用品的消费,充分发挥了武术的经济作用。

第二节　武术动作解析部分

一、初级长拳第三路图解

(一)动作名称

1.预备动作

(1)预备势　(2)虚步亮掌　(3)并步对拳

2.第一段

(1)弓步冲拳　(2)弹腿冲拳　(3)马步冲拳　(4)弓步冲拳

(5)弹腿冲拳　(6)大跃步前穿　(7)弓步击掌　(8)马步架掌

3.第二段

(1)虚步栽拳　(2)提膝穿掌　(3)仆步穿掌　(4)虚步挑掌

(5)马步击掌　(6)叉步双摆掌　(7)弓步击掌　(8)转身踢腿、马步盘肘

4.第三段

(1)歇步抡砸拳　(2)仆步亮掌　(3)弓步劈拳　(4)换跳步弓步冲拳

(5)马步冲拳　(6)弓步下冲拳　(7)叉步亮掌、侧踹腿　(8)虚步挑拳

5.第四段

(1)弓步顶肘　(2)转身左拍脚　(3)右拍脚　(4)腾空飞脚

(5)歇步下冲拳　(6)仆步抡劈拳　(7)提膝挑掌　(8)提膝劈掌、弓步冲拳

6.结束动作

(1)虚步亮掌　(2)并步对拳　(3)还原

(二)动作说明

1.预备动作

(1)预备势

两脚并步站立,脚尖向前;两臂垂于身体两侧,双手成掌自然贴靠腿外侧;眼向前平视(见图23—1)。

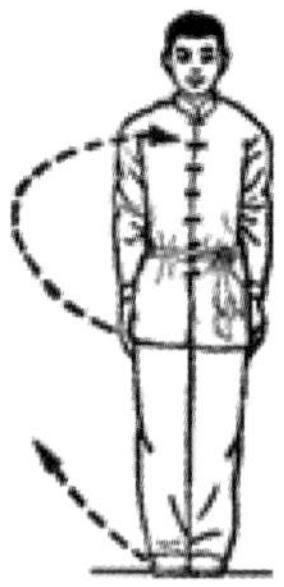

图 23—1

要领:头正颈直,下颌微收,挺胸、收腹、塌腰、夹腿。

(2)虚步亮掌

①退步砍掌

重心下降,右脚向右后方撤步成左弓步;右掌经体侧向胸前上方画弧,掌心向上,左臂屈肘,左

掌提至腰侧，掌心向上；目视右掌（见图 23—2）。

②后移穿掌

左腿蹬地发力使重心后移，右腿微屈；左掌经胸前从右臂上向前上弧线穿出伸直，掌心向上，同时右掌收至腰侧，掌心向上；目视左掌（见图 23—3）。

③转头亮掌

重心继续后移，左脚稍向右后移，脚尖点地，成左虚步；左臂内旋经左侧向后下方画弧成勾手，勾尖向上，右手继续向后、向右、向前上画弧，屈肘抖腕，在头前上方成亮掌（即横掌），掌心向前，掌指向左；目视左方（见图 23—4）。

图 23—2

图 23—3

图 23—4

要领：三个动作连贯，双手路线走圆。成虚步时，重心落于右腿上，右大腿与地面平行，上体注意保持正直。

(3)并步对拳

①提膝亮掌

右腿蹬直，左腿提膝，脚尖里扣；身体直立，上身姿势不变（见图 23—5）。

②上步穿掌

左脚向前迈步，重心前移；左臂屈肘，左勾手变掌经左肋前穿，右臂外旋向前下落于左掌右侧，两掌同高，掌心均向上；头转正，目视前方（见图 23—6）。

图 23—5

图 23—6

③上步后摆掌

右脚向前上一步，重心前移；两臂下垂，双手经髋侧向后摆掌（见图 23—7）。

④并步转头对拳

左脚向右脚并步，身体直立；两臂向外、向上经胸前屈肘下按，两掌变拳，拳心向下，拳面相对，停于小腹前；目视左侧（见图 23—8）。

图 23—7

图 23—8

要领：并步后挺胸、塌腰。对拳、并步、转头要同时完成。

2.第一段

(1)弓步冲拳

①上步格挡

左脚向左横开一步，脚尖向斜前方，右腿微屈，上体微左转，成半马步；同时左臂屈肘向左格挡，拳眼向后，拳与肩同高，右拳收至腰侧，拳心向上；目视左拳（见图 23—9）。

②蹬地冲拳

上体左转，右腿蹬直成左弓步；右拳成立拳向前冲出，高与肩平，拳眼向上，同时左拳收至腰侧，拳心向上；目视右拳（见图 23—10）。

图 23—9

图 23—10

要领：成弓步时，右腿充分蹬直，脚跟不要离地。冲拳时，尽量转腰顺肩。

(2)弹腿冲拳

重心前移至左腿，右腿屈膝提起，脚面绷直，猛力向前弹出伸直，高与腰平；左拳成立拳向前冲出，右拳收至腰侧，拳心向上；目视前方（见图 23—11）。

要领：弹腿和冲拳要协调一致，弹出的腿要用爆发力，力点达于脚尖。

(3)马步冲拳

右脚向前落步，脚尖里扣，右脚脚跟后辗，上体左转，两腿下蹲成马步；右拳成立拳向前冲出，高与肩平，同时左拳收至腰侧；目视前方（见图 23—12）。

要领：成马步时，大腿接近水平，脚跟外蹬，挺胸、塌腰，冲拳配合转体动作发力。

(4)弓步冲拳

图 23—11

图 23—12

①转体格挡

右脚尖外撇向斜前方，成半马步，上体右转 90°；右臂屈肘向右格挡，拳眼向后，拳与肩同高；目视右拳（见图 23—13）。

②蹬地冲拳

左腿蹬直成右弓步；左拳成立拳向前冲出，右拳收至腰侧，拳心向上；目视左拳（见图 23—14）。

图 23—13

图 23—14

要领：与本段的第一个弓步冲拳相同。

(5)弹腿冲拳

重心前移至右脚，左腿屈膝提起，脚面绷直，猛力向前伸直弹出，高与腰平；右拳成立拳向前冲出，左拳抱拳于腰侧，拳心向上；目视前方（见图 23—15）。

图 23—15

要领：与本段的第一个弹腿冲拳相同。

(6)大跃步前穿

①收腿挂掌

左腿屈膝收腿，上体微前倾；右拳变掌内旋，以手背向左下挂至左膝外侧；目视右手(见图23—16)。

②上步后摆掌

左脚向前落步，重心移至前脚，两腿微屈；右掌继续向后挂，左拳变掌，向后下摆掌伸直；目视右掌(见图23—17)。

图 23—16

图 23—17

③跃步上摆掌

右腿屈膝向前提起，左腿立即猛力蹬地向前跃出，跳起后双小腿后背，身体右转；两掌向前向上画弧摆起；目视左掌(见图23—18)。

④仆步抱拳

右腿落地全蹲，左腿随即落地向前铲出成仆步；右掌变拳抱于腰侧，左掌由上向右、向下画弧成立掌，停于右胸前；目视左脚(见图23—19)。

图 23—18

图 23—19

要领：跳起后在空中要挺身背腿；跃步要远，落地要轻，落地后立即接做下一个动作。

(7)弓步击掌

右腿猛力蹬地，上体左转，重心移向左脚成左弓步；左掌经左脚面向后画弧至身后成勾手，左臂伸直，勾尖向上，右拳由腰侧变掌向前推出，掌指向上，掌外侧向前；目视右掌(见图23—20)。

(8)马步架掌

①转体穿掌

重心移至两腿中间，上体右转，左脚脚尖里扣成马步；右臂向左侧平摆，稍屈肘，同时左勾手变掌由后经左腰侧从右臂内向左上穿出，掌心均朝上；目视左手(见图23—21)。

②转头亮掌

图 23—20

上体继续右转；右掌立于左胸前，左臂向左上屈肘抖腕亮掌于头部左上方，掌心向前上方；头部右转，目视右方(见图 23—22)。

图 23—21

图 23—22

要领：亮掌的抖腕动作和转头同时完成，发力要干脆；马步同前。

3.第二段

(1)虚步栽拳

①提膝转体

右脚蹬地，屈膝提起，左腿伸直站起，以前脚掌为轴向右后转体 180°；右掌由左胸前向下经右腿外侧向后画弧成勾手，勾尖向后，左臂随体转动并外旋，使掌心朝右；目视右手(见图 23—23)。

②虚步栽拳

右脚向右落地，重心移至右腿上，下蹲成左虚步；左掌变拳下落于左膝上，拳眼向里，拳心向后，右勾手变拳，屈肘架于头右上方，拳心向前；头迅速左转，目视左方(见图 23—24)。

(2)提膝穿掌

①转头盖掌

右腿稍伸直；右拳变掌收至腰侧，掌心向上，左拳变掌由下向左上画弧盖压于头上方，掌心向前；头转向右方(见图 23—25)。

②提膝穿掌

右腿蹬直，左腿屈膝提起，脚尖内扣；右掌从腰侧经左臂内向右前上方穿出，掌心向上，左掌收至右胸前成立掌；目视右掌(见图 23—26)。

要领：①②动作连贯完成，支撑腿与右臂充分伸直。

图 23—23

图 23—24

图 23—25

图 23—26

(3)仆步穿掌

右腿全蹲,左腿向左后方铲出成左仆步,脚尖内扣;右臂不动,左掌由右胸前向下经左腿内侧,向左脚面穿出;目随左掌转视(见图 23—27)。

图 23—27

(4)虚步挑掌

①弓步前穿

右腿蹬直,重心前移至左腿,成左弓步;左掌随重心前移继续向前上方穿掌,右掌稍下降;目随左掌转视(见图 23—28)。

②虚步前挑

右脚向左前方上一步，脚尖点地，左腿半蹲，成右虚步，上体向左转 180°；在右脚上步的同时，右掌由后向下、向前上挑起成立掌，指尖与眼平，左掌由前向上、向后画弧成立掌；目视右掌（见图 23－29）。

图 23－28

图 23－29

要领：上步要快，虚步要稳。

(5)马步击掌

①搒手抱拳

右脚落实，脚尖外撇，重心稍升高并右移；右掌俯掌向外搒手，左掌变拳收至腰侧（见图 23－30）。

②上步横击

左脚向前上一步，以右脚为轴向右后转体 180°，两腿下蹲成马步；左拳变掌从右臂上成立掌向左侧击出，力达掌根，右掌变拳收至腰侧；目视左掌（见图 23－31）。

图 23－30

图 23－31

要领：右手做搒手时，先使臂稍内旋、腕伸直，手掌向下向外转，接着臂外旋，掌心经下向上翻转，同时抓握成拳。收拳和击掌要同时进行。

(6)叉步双摆掌

①转头下摆掌

重心稍升高、右移；右拳变掌，同时两掌由下向右摆，掌指均向上；目视右掌（见图 23－32）。

②叉步上摆掌

右脚向左腿后插步，前脚掌着地，上身拧紧；两臂继续由右向上、向左摆，停于身体左侧，均成立掌，右掌停于左肘窝处；目随双掌转视（见图 23－33）。

要领：两臂要划立圆，幅度要大，摆掌与后插步配合一致。

(7)弓步击掌

①转身按掌

图 23—32

图 23—33

两腿不动，身体右转；右掌向上、向右画弧，掌心向下按掌，左掌收至腰侧，掌心向上；头转向右方(见图 23—34)。

②退步击掌

左腿后撤一步，成右弓步；右掌向下向后伸直摆动，成勾手，勾尖向上，左掌成立掌向前推出；目视左掌(见图 23—35)。

图 23—34

图 23—35

要领：退步和推掌协调一致，推掌发力前左腿要蹬住地面。

(8)转身踢腿、马步盘肘

①转体抡臂

两脚以前脚掌为轴向左后转体 180°，重心移向左脚；在转体的同时，左臂向上、向前划半立圆，右手变掌，右臂向下、向后划半圆；目随左手转视(见图 23—36)。

②顺势抡臂

上动不停，两脚不动；右臂由后向上、向前划半立圆，左臂由前向下、向后划半立圆；目视前方(见图 23—37)。

图 23—36

图 23—37

③亮掌正踢腿

上动不停，重心移至左脚，重心升高；右臂向下成反臂勾手，勾尖向上，左臂向上成亮掌，掌心向前上方；右腿伸直，脚尖勾起，向额前正踢腿(见图 23－38)。

④落步拧身

右脚主动向前下压落地，脚尖里扣，上体微向左拧转；右手不动，左臂屈肘下落至胸前，肘平抬，左掌心向下；目视左掌(见图 23－39)。

图 23－38

图 23－39

⑤马步盘肘

上体左转 90°，两腿下蹲成马步；同时左掌向前、向左平搂，变拳后收至腰侧，右勾手变拳，右臂伸直，由体后向右、向前平摆，至体前时屈肘，肘尖向前，高与肩平，拳心向下；目视肘尖(见图 23－40)。

图 23－40

要领：两臂抡动时要划立圆，动作连贯。盘肘要快速有力，右肩前顺。

4. 第三段

(1)歇步抡砸拳

①转头抡拳

重心稍升高，右脚尖外撇；右臂由胸前向上、向右抡直，左臂摆至体侧，两拳拳心向上；目随右拳转视(见图 23－41)。

②转体抡摆

上动不停，重心升高，两脚以前脚掌为轴，向右后转体 180°；随身体转动，右臂向下、向后抡摆，左臂向上、向前抡摆(见图 23－42)。

③歇步砸拳

紧接上动，两腿全蹲成歇步；左臂随身体下蹲向下平砸，力达拳背，拳心向上，臂部微屈，右臂伸直向上举起；目视左拳(见图 23－43)。

图 23－41

图 23－42

图 23－43

要领：抡臂动作要连贯完成，划成立圆。歇步要两腿交叉全蹲，左腿大、小腿靠紧，臀部贴于左小腿外侧，膝关节在右小腿外侧，脚跟提起；右脚尖外撇，全脚掌着地。

(2)仆步亮掌

①回身横击掌

左脚由右腿后抽出向前上一步，左腿蹬直，右腿半蹲，成右弓步；上体微向右转；左拳收至腰侧，拳心向上，右拳变掌向下经胸前向右横击掌，掌心向下，力达掌沿；目视右掌(见图 23－44)。

②提膝穿掌

右脚蹬地屈膝提起，上体右转；左拳变掌从右掌上向前穿出，掌心向上，右掌回收，平放至左肘下，掌心向上(见图 23－45)。

③仆步亮掌

右脚向右落步，屈膝全蹲，左腿伸直，成仆步；左掌向下、向后画弧成勾手，勾尖向上，右掌向右、向上画弧后，抖腕成亮掌，掌心向前，臂微屈；头随右手转动，至亮掌时，目视左方(见图 23－46)。

图 23－44

图 23－45

图 23－46

要领：仆步时，左腿充分伸直，脚尖里扣，右腿全蹲，两脚脚掌全部着地。上体挺胸塌腰，稍左转。

(3)弓步劈拳

①上步掳手

右腿蹬地立起，左腿收回并向左前方上步；右掌变拳收至腰侧，拳心向上，左勾手变掌由下向前上经胸前向左做搂手，掌心横向外；目视左手（见图 23—47）。

②上步挥摆

右腿经左腿前方向左绕上一步，左腿蹬直成右弓步；左手向左平搂后再向前挥摆，虎口朝前，在左手平搂的同时，右拳向后平摆，拳眼向上（见图 23—48）。

③弓步劈拳

重心前移成弓步；右拳向上、向前做抡劈拳，力达拳背，拳高与耳平，拳心向上，左掌外旋接扶右前臂；目视右拳（见图 23—49）。

图 23—47　　**图 23—48**　　**图 23—49**

要领：左、右脚上步稍带弧形。

（4）换跳步弓步冲拳

①缩身挂掌

重心后移，右脚稍向后移动，上体微前弓；右拳变掌，右臂内旋以掌背向下画弧挂至右膝内侧，左掌背贴靠右肘外侧，掌指向前；目视右掌（见图 23—50）。

②提膝拧身

右腿自然上抬，上体稍向左扭转；右掌挂至体左侧，左掌留在右腋下；目随右掌转视（见图 23—51）。

图 23—50

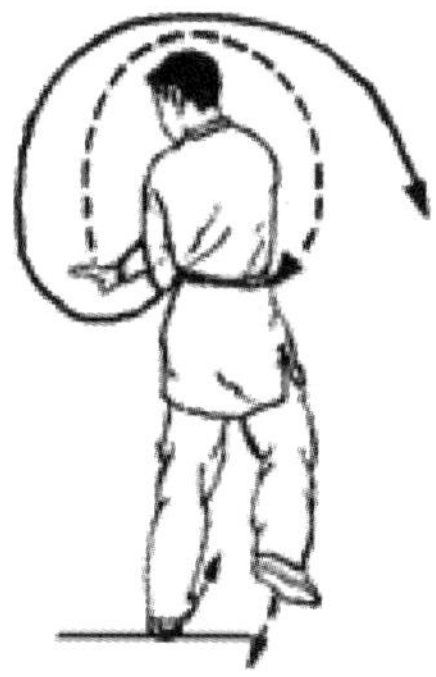

图 23—51

③震脚按掌

右脚以全脚掌用力向下震跺，与此同时，左脚急速离地向后勾起，同时上体右转；伴随转体，右手由左向上、向前搂盖，而后变拳收至腰侧，左掌伸直向上经头上方向前、向下横掌下按，肘关节平屈，掌心向下；目视左掌（见图 23—52）。

④弓步冲拳

左脚向前上步，右腿蹬直成左弓步；右拳从左手手背上向前冲出（立拳），拳高与肩平，左掌回收藏于右腋下，掌背贴靠腋窝，掌指向上；目视右拳（见图 23—53）。

图 23—52

图 23—53

要领：换跳步动作要连贯、协调。震脚时腿要弯曲，全脚掌着地。左脚离地不要太高。

(5)马步冲拳

左脚蹬转，脚尖内扣，上体右转 90°，重心移至两腿中间，成马步；左掌变拳向左冲出，拳眼向上，右拳收至腰侧，拳心向上；目视左拳（见图 23—54）。

(6)弓步下冲拳

右脚蹬直，左腿弯曲，上体稍向左转，成左弓步；左拳变掌向下经体前画弧向上架于头左上方，掌心向上，右拳自腰侧向左前斜下方冲出，拳眼向上；目视右拳（见图 23—55）。

图 23—54

图 23—55

(7)叉步亮掌、侧踹腿

①十字交叉

上体稍右转；左掌由头上下落于右手腕上，右拳变掌，两手手腕处交叉成十字，手掌小指侧向前；目视双手（见图 23—56）。

②叉步亮掌

右脚蹬地并向左腿后插步，以前脚掌着地；左掌由体前向下、向后画弧成勾手，勾尖向上，右掌由前向右、向上画弧抖腕亮掌，掌心向前；目视左方（见图 23—57）。

③侧踹腿

重心移至右腿，左腿屈膝提起，向左上方猛力踹出，脚尖勾紧；上肢姿势不变；目视左侧（见图

23—58)。

图 23—56

图 23—57

图 23—58

要领:插步时上体稍向右倾斜,腿、臂的动作要一致。侧踹高度不能低于腰,大腿内旋,着力点在脚跟。

(8)虚步挑拳

①落步左挑拳

左脚在左侧落地;左勾手变拳由体后向左上挑,拳背向上,右掌变拳稍后移,拳心向后(见图23—59)。

②提膝前挂拳

上体左转 180°,微含胸前俯;左拳继续向前、向上画弧上挑,右拳向下、向前画弧挂至右膝外侧,拳眼向上;同时右膝提起;目视右拳(见图 23—60)。

③虚步右挑拳

右脚向左前方上步,脚尖点地,重心落于左脚,左腿下蹲成右虚步;左拳向后画弧收至腰侧,拳心向上,右拳向前屈臂挑出,拳眼斜向上,拳与肩同高;目视右拳(见图 23—61)。

图 23—59

图 23—60

图 23—61

要领:挑拳发力与脚尖点地同时完成;虚步大腿接近水平。

5.第四段

(1)弓步顶肘

①缩身下挂

重心升高,右脚踏实,上身微含胸前俯;右臂内旋向下直臂画弧以拳背下挂至右膝内侧,左拳不变;目视前下方(见图 23—62)。

②提膝摆臂

左腿蹬直，右腿屈膝上抬，上体右转；左拳变掌，右拳不变，两臂向前向上画弧摆起；目随右拳转视(见图 23—63)。

③跳换步一

上动不停，左脚蹬地起跳，身体腾空；两臂继续画弧至头上方(见图 23—64)。

图 23—62

图 23—63

图 23—64

④跳换步二

右脚先落地，右腿屈膝，左脚向前落步，以前脚掌着地；同时两臂向右向下屈肘停于右胸前，右拳变掌，左掌变拳，右掌心贴靠左拳面，目视右方(见图 23—65)。

⑤弓步顶肘

左脚向左上一步，右腿蹬直，左腿屈膝成左弓步；同时右掌推左拳，以左肘尖向左顶出，高与肩平；头随顶肘动作转向左方，目视前方(见图 23—66)。

图 23—65

图 23—66

要领：交换步时不要过高，但要快。两臂抡摆时要成圆弧。

(2)转身左拍脚

①转身抡臂

以两脚前脚掌为轴向右后转体 180°，转体后左脚跟半步；随着转体，右臂向上、向右、向下画弧抡摆，同时左拳变掌向下、向后、向前上抡摆(见图 23—67)。

②左拍脚

身体重心移至右脚，左腿伸直向前上迅速踢起，脚面绷平；左掌变拳收至腰侧，拳心向上，右掌由体后向上经头上向前拍击左脚面；目视右手(见图 23—68)。

图 23－67

图 23－68

要领：右掌拍脚时手指稍横过来，拍脚要准而响亮。

(3)右拍脚

①左掌后摆

左脚主动向前下压落地；左拳变掌向下、向后摆，右掌变拳收至腰侧，拳心向上(见图 23－69)。

②右拍脚

身体重心移至左脚，右腿伸直向前上迅速踢起，脚面绷平；左掌由后向上经头上向前拍击右脚面；目视左手(见图 23－70)。

图 23－69

图 23－70

要领：接转身左拍脚的上步动作要连贯；其余与本段的转身左拍脚相同。

(4)腾空飞脚

①落脚上步

右脚主动向前下压落地，身体重心迅速移至右腿；上肢姿势保持不变(见图 23－71)。

②起跳击掌

左脚向前摆起，右腿猛力蹬地跳起，左腿屈膝继续前上摆；同时右拳变掌向前上摆起，左掌先上摆而后下降拍击右掌背(见图 23－72)。

③空中拍脚

左腿保持屈膝上提，右腿继续上摆，脚面绷平；右手拍击右脚面，左掌由体前向后侧上举；目视右手(见图 23－73)。

要领：蹬地要向上，不要太向前冲，左膝尽量上提。击响要在腾空时完成，右臂伸直成水平。

(5)歇步下冲拳

图 23—71

图 23—72

图 23—73

①半马步按掌

左脚先落地，右脚随后向前落地成半马步；右掌下落前伸，掌心向下，左掌变拳收至腰侧，拳心向上；目视右手（见图 23—74）。

②歇步下冲拳

身体右转 90°，两腿全蹲成歇步；右掌抓握、外旋变拳收至腰侧，左拳由腰侧向前下方冲出，拳心向下；目视左拳（见图 23—75）。

图 23—74

图 23—75

（6）仆步抡劈拳

①站起抡臂

两腿蹬地，重心升高；右臂由腰侧向体后伸直，左臂随身体重心升高向上摆起；目随左拳（见图 23—76）。

②提膝转体

以右脚前脚掌为轴，左腿屈膝提起，上体左转 270°；左拳由前向后下划立圆，右拳由后向下向前上划立圆（见图 23—77）。

③仆步劈拳

左脚向后落一步，屈膝全蹲，右腿伸直，脚尖里扣成右仆步；右拳由上向下抡劈，拳眼向上，左拳后上举，拳眼向上；目视右拳（见图 23—78）。

要领：抡臂时一定要划立圆。

（7）提膝挑掌

①弓步抡臂

左腿伸直，重心前移成右弓步；同时右拳变掌由下向上抡摆，左拳变掌稍下落，右掌心向左，左

图 23—76

图 23—77

图 23—78

掌心向右(见图 23—79)。

②提膝挑掌

左、右臂在垂直面上由前向后各划立圆一周,右臂伸直停于头上,掌心向左,指尖向上,左臂伸直停于身后成反勾手;同时右腿屈膝提起,左腿挺膝伸直独立;目视前方(见图 23—80)。

图 23—79

图 23—80

要领:抡臂时要划立圆。

(8)提膝劈掌、弓步冲拳

①提膝劈掌

下肢不动;右掌由上向下猛劈伸直,停于右小腿内侧,用力点在小指一侧,左勾手变掌,屈臂向前停于右上臂内侧,掌心向左;目视右掌(见图 23—81)。

②退步搂手

右脚向右后落地;身体右转 90°;同时左掌变拳收至腰侧,拳心向上,右臂内旋向右画弧做搂手(见图 23—82)。

③弓步冲拳

上动不停,左腿蹬直成右弓步;右手抓握变拳收至腰侧,拳心向上,左拳由腰侧向左前方冲出,拳眼向上;目视左拳(见图 23—83)。

6.结束动作

(1)虚步亮掌

①扣膝抱掌

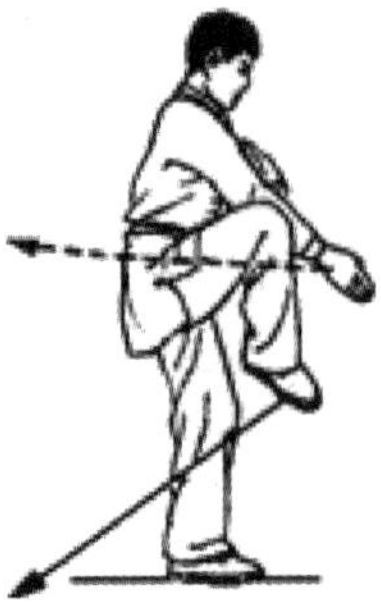

图 23—81

图 23—82

图 23—83

右脚蹬地，重心移至左脚，右脚扣于左膝后；两拳变掌，两臂右上左下屈肘交叉于左胸前，掌心向下；目视右手(见图 23—84)。

②退步舞花

右脚向右后落步，重心后移，右腿半蹲，上体稍右转；同时右掌向上、向右、体前画弧停于左腋下，左掌向左、向上画弧停于右臂上与左胸前，两掌心左下右上；目视左掌(见图 23—85)。

③虚步亮掌

左脚尖稍向右移，右腿下蹲成左虚步；左臂伸直向左、向后画弧成反勾手，右臂伸直向下、向右、向上画弧抖腕亮掌，掌心向前；目视左方(见图 23—86)。

图 23—84

图 23—85

图 23—86

要领：亮掌和转头协调一致。

(2)并步对拳

①退步穿掌

左腿向后撤一步；同时两掌从两腰侧向前穿出伸直，掌心向上；目视前方(见图 23—87)。

②退步后摆掌

右腿后撤一步；同时两臂分别向体后下摆(见图 23—88)。

③并步转头对拳

左脚后退半步向右脚并拢；两臂由后向上经体前屈臂下按，两掌变拳，停于腹前，拳心向下，拳面相对；目视左方(见图 23—89)。

(3)还原

两拳变掌，两臂自然下垂；头转向正前方，眼睛向前平视(见图 23—90)。

图 23—87

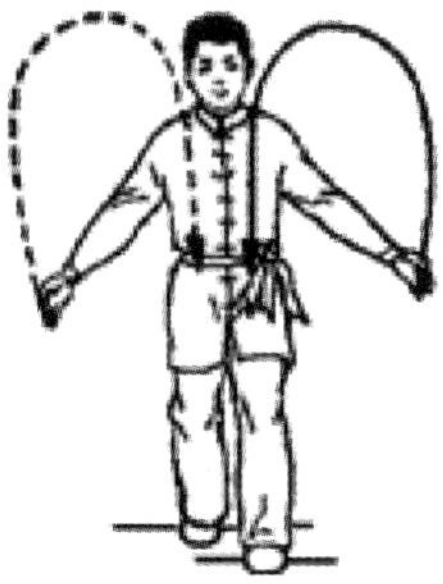

图 23—88

图 23—89

图 23—90

二、器械套路:初级刀术

(一)初级刀术动作名称

1.起势

2.第一段

(1)弓步缠头　(2)虚步藏刀　(3)弓步前刺　(4)并步上挑

(5)左抡劈　(6)右抡劈　(7)弓步撩刀　(8)弓步藏刀

3.第二段

(1)提膝缠头　(2)弓步平斩　(3)仆步带刀　(4)歇步下斩

(5)左劈刀　(6)右劈刀　(7)歇步按刀　(8)马步平劈

4.第三段

(1)弓步撩刀　(2)插步反撩　(3)转身挂劈　(4)仆步下砍

(5)架刀前刺　(6)左斜劈刀　(7)右斜劈刀　(8)虚步藏刀

5.第四段

(1)旋转扫刀　(2)翻身劈刀　(3)缠头箭踢　(4)仆步按刀

(5)缠头蹬腿　(6)虚步藏刀　(7)弓步缠头　(8)并步抱刀

6.收势

(二)动作解析

1.起势

①两脚并立,目平视前方。左手抱刀(虎口朝下,大拇指在前,其余四指在后握住刀柄,手腕部

贴靠刀盘），刀刃朝前，刀尖朝上，刀背贴靠前臂内侧；右手五指并拢，垂于身体右侧（见图 23－91）。

图 23－91

②右手向右、向上成弧形直臂绕环上举，手心朝左（见图 23－92）。

③右臂外旋并屈肘，从左肩下降至左腋近侧，手心朝上；左手握刀在右手屈肘下降的同时，由身前屈肘从右臂里面直臂向上穿出，手心朝右，刀尖朝下。目视右手（见图 23－93）。

图 23－92

图 23－93

④右手从左腋向下、向右弧形绕环，同时左手握刀从上向左、向下弧形绕环。目随右手（见图 23－94）。

⑤右手继续向上绕环至头顶，屈腕成横掌，掌心朝前，肘关节微屈，左手握刀继续向下绕环至身后，反臂斜举，手心朝右。右腿在右手成横掌的同时屈膝半蹲，左脚则随之向前伸出，前脚掌虚点地面，膝微屈。目向左平视（见图 23－95）。

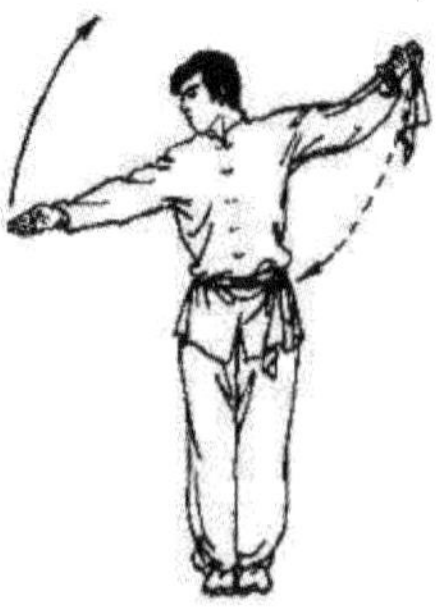

图 23－94

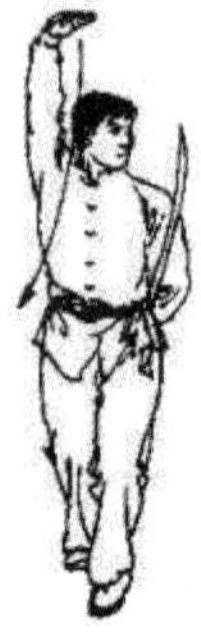

图 23－95

要点：上述四个分解动作必须连贯起来做，不要中断；成虚步时，必须虚实分清。要挺胸、塌腰。

教法提示：注意动作路线必须正确，左右两手与头部转动配合要协调；先慢速分解教学，后完整连贯按常速练习；先上肢再结合步法。

2. ①左脚向前上半步，膝略屈。右脚不动，腿蹬直。右掌同时从身前向身后弧形下落，至身后反臂斜举（见图 23－96）。

图 23－96

②右脚前进一步，膝略屈。左脚不动，腿蹬直。左手握刀与右手同时从身后向两侧平举（见图 23－97）。

③右腿伸直，左脚向前并步。左手握刀与右手同时从两侧向前额前上方绕环，至额前上方时，右手大拇指张开贴近刀盘，准备接握左手之刀（见图 23－98）。

图 23－97

图 23－98

要点：上半步、进一步和并步的动作，必须与两臂从后向额前上方绕环的动作协调一致。

教法提示：先分解教学，弄清上半步、进步和并步与两臂的配合；再完整连贯练习，使动作协调一致。

3. 初级刀术一段一二式弓步缠头和虚步藏刀

(1)弓步缠头

①右腿屈膝略蹲，左脚向左上步。右手持刀使刀背贴身从左绕向身后，左臂内旋（大拇指一侧朝下）向左伸出，掌心朝后。目向左平视（见图 23－99）。

②上身左转，右腿挺膝伸直，左腿屈膝半蹲，成左弓步。右手持刀手心朝上，在上身左转的同时从身后向右、向前、向左肋处绕环平扫，手心朝下，刀背贴靠于左肋，刀身平放，刀尖朝后；左臂随之屈肘上举，至头顶上方成横掌。目向前平视（见图 23－100）。

图 23－99

图 23－100

要点：缠头时，刀背必须贴着脊背绕行。扫刀时，刀身必须平行，迅速有力。

教法提示：抓住缠绕贴背这一要点，抓握刀柄不宜过紧，右肘尽量上抬；注意左手的配合协调，先慢速再加速。

(2)虚步藏刀

①上身右转，左腿伸直，右腿屈膝。右手持刀，手心朝下，在上身右转的同时从左胁处向右平扫，刀背朝前；左掌随之向左侧平落，手心向上。目视刀身(见图 23－101)。

图 23－101

②顺扫刀之势右臂外旋，手心朝上，使刀背向身后平摆(见图 23－102)。

③以右脚前脚掌为轴碾地，脚跟外展，上身随之左转。左脚后收半步，膝关节微屈，右腿屈膝略蹲。右手持刀，刀尖朝下，从背后向左肩外侧绕行；同时左手经体前向下、向右腋处弧形绕环。目向左前方平视(见图 23－103)。

④右腿屈膝半蹲，左腿微屈膝，左脚前脚掌点地，成右实左虚之虚步。右手持刀从左肩外侧向下、向后拉回，肘略屈，刀刃朝下，刀尖朝前；左手随即向前成侧立掌平直推出，掌指朝上。目视左掌(见图 23－104)。

要点：以上四个分解动作，必须连贯起来做。扫刀要平，绕刀要使刀背贴靠脊背。

教法提示：此动作与缠头动作基本相同，方向相反，可与缠头结合起来完成。主要抓住刀背贴身这一要点。此动作与基础刀术套路裹脑虚步藏刀略有区别，要求身体先右转再左转，注意身体转动与右脚尖外撇和脚跟外展协调配合；藏刀时注意扣腕，刀尖贴近右膝。

4.初级刀术一段三四式弓步前刺和并步上挑

(1)弓步前刺

左脚稍前移，踏实，右脚随即向前上步，左腿挺膝伸直，右腿屈膝半蹲，成右弓步。左掌在上步

图 23－102

图 23－103

图 23－104

的同时从前向上、向后直臂弧形绕环，至身后平举成勾手，勾尖朝下；右手持刀随之向前直刺，刀刃朝下，刀尖朝前。目视刀尖(见图 23－105)。

图 23－105

要点：刀尖和右手、右肩要平行，上身略向前探。

教法提示：注意左手向后变勾手，要做直臂弧形绕环；可先左手直臂上挑，右手持刀至腰间，右脚上步同时右手持刀向前扎出，左手向后变勾手；应先慢后快，循序渐进。

(2)并步上挑

左脚不动，重心后移，右脚蹬地回收，向左脚靠拢，并步直立。右手持刀在右脚向后并步的同时向上挑起，并即屈腕使刀身向背后落下，刀尖朝下，刀背贴靠脊背；左勾手随之向左平摆，与肩同高。目向前平视(见图 23－106)。

图 23－106

要点：要挺胸、直背，两腿伸直，左臂伸平，右肘微屈。

教法提示：右脚蹬地向左脚并步，与直臂上挑要同时完成；上挑力点在刀背前部，上挑后屈腕屈肘，刀背贴靠脊背，上身挺胸直腰，两腿挺膝，大腿肌肉紧张。

5. 初级刀术一段五六式左抡劈和右抡劈

(1)左抡劈

①左脚不动，右脚向左斜前方上步。右手持刀同时向左斜前方劈下，左勾手变掌附于右肘处。目视刀身(见图 23－107)。

②顺劈刀之势右臂内旋屈腕，使刀尖从下摆向身后，身体重心逐渐前移(见图 23－108)。

图 23－107

图 23－108

③右脚不动，左脚向左斜前方上步，右腿挺膝伸直，左腿屈膝半蹲，成左弓步。右手持刀向上提起，刀刃朝上，左掌仍附于右肘处(见图 23－109)。

④右手持刀从上向右斜前方劈下，刀尖稍向上翘；左臂同时屈肘上举，至头顶上方成横掌。目视刀尖(见图 23－110)。

图 23－109

图 23－110

要点：抡劈动作必须连贯、有力，与步法配合一致。

教法提示：注意劈刀路线必须正确；左手配合要协调；先慢练后快练，抡劈时注意右臂外旋与内旋的变化要顺劈刀之势；动作熟练后劈刀要体现出凶猛的风格。

(2)右抡劈

①右腿屈膝略蹲，重心后移至右腿上，左膝微屈。右手持刀向右下方抽回，刀刃朝下(见图23—111)。

②右手持刀继续运转，臂外旋使刀尖向下、向右绕行，至右侧时，刀背朝上。左掌同时从上向右胸前弧形绕环(见图23—112)。

图23—111

图23—112

③右腿蹬直，左脚向右斜前方上步。左掌向左侧下方绕环，右手持刀臂外旋将刀举起，刀刃朝上(见图23—113)。

④右脚向右斜前方上步，左腿挺膝伸直，右腿屈膝半蹲，成右弓步。右手持刀同时从上向左斜前方劈下，刀尖稍向上翘；左掌随之从下向左、向上弧形绕环，至头顶上方屈肘成横掌(见图23—114)。

图23—113

图23—114

要点：同上述左抡劈。

教法提示：同上述左抡劈。

6.初级刀术一段七八式弓步撩刀和弓步藏刀

(1)弓步撩刀

①右手持刀臂外旋屈肘使刀刃朝上，刀尖朝前，右脚提起离地(见图23—115)。

②右脚随即向前落步。右手持刀向上、向后、向下贴身弧形绕环，左掌此时从上向下按于刀背上面。目视刀尖(见图23—116)。

图 23－115

图 23－116

③左脚从体前上步，右腿挺膝伸直，左腿屈膝半蹲，成左弓步。右手持刀随左脚上步的同时向前撩起，刀刃斜朝上，刀尖斜朝下；左掌仍按刀背，掌指朝上。上身前探，目视刀尖(见图 23－117)。

要点：撩刀必须与步法协调一致。

图 23－117

教法提示：撩刀讲究身械协调，要求刀随身起，刀随身行，刀沿身体左侧贴身弧形撩刀，上身要前探，力达刀刃前部；可先原地左撩右撩，以求熟练，再结合步型练习。

(2)弓步藏刀

①右手持刀，手心朝下，从体前向后平扫，右臂平举于左侧(见图 23－118)。

图 23－118

②上身右转，左脚尖里扣，右脚向身后撤步，左腿屈膝，右腿伸直。右手持刀顺扫刀之势臂外旋，使刀背向身后平摆，刀尖朝下(见图 23－119)。

③左脚向左斜后方撤步，右腿屈膝，左腿伸直。同时左掌向下、向右腋弧形绕环，右手持刀从

背后向左肩外侧绕行(见图 23－120)。

图 23－119

图 23－120

④右腿半蹲,成右弓步。右手持刀从左肩外侧向右后下方拉回,刀刃朝下,刀尖朝前;左掌随之从右腋处向前成侧立掌平直推出。高与眉齐,掌指朝上(见图 23－121)。

图 23－121

要点:扫刀必须迅速。藏刀时右大腿要坐平,右手持刀使刀身贴近右腿,刀尖藏于膝旁。左腿挺直,两脚脚跟和脚外侧均不可离地掀起。

教法提示:右脚和左脚向右撤步的方向与位置要正确;裹脑刀要贴背运行;左手配合要协调,可先分解教学后完整连贯练习。

7.初级刀术二段一二式提膝缠头和弓步平斩

(1)提膝缠头

①右脚不动,左脚向前上步。左掌屈肘收于右肩前方,右手持刀使刀背顺左臂外侧向左后绕行,刀尖朝下(见图 23－122)。

②左脚尖外撇,上身左转。右手持刀继续顺左臂外侧绕行至背后,左掌随之向左直臂平摆(见图 23－123)。

③左脚不动,膝部伸直,右脚从身后屈膝在身前提起,脚面绷平,脚尖朝下。右手持刀从背后向前、向左肋处绕环平扫,至左肋下顺扫刀之势臂内旋,手心朝下,使刀平摆于左肋下,刀背贴肋,刀尖朝后;左掌同时从左侧屈肘上举至头顶上方成横掌。目向右平视(见图 23－124)。

要点:直立之腿,膝部必须挺直;提膝之腿,膝部尽量高提,脚底贴近裆部。上身正直,右臂稍离胸前,不要紧贴胸上。

教法提示:左脚上步同时刀向左肩缠绕;右脚提膝与藏刀要同时;缠头时注意左手配合要协调;提膝独立时,左膝挺直,大腿肌肉紧张,右脚背绷紧,托住气。

图 23－122

图 23－123

图 23－124

(2)弓步平斩

左脚不动,右脚向右侧落步,上身稍向右转,左腿挺膝伸直,右腿屈膝半蹲,成右弓步。右手持刀(手心朝下)从左肋处向身前平扫,拦腰斩击,刀尖朝前;左掌同时从上向后平落,掌指朝后。目视刀尖(见图 23－125)。

图 23－125

要点:斩击时刀身要平,刀尖与腕部、肩部要平行。

教法提示:右臂先屈后伸,直臂直腕向前横斩,使刀把末端贴靠前臂,力达刀刃。

8.初级刀术二段三四式仆步带刀和歇步下砍

(1)仆步带刀

①右手持刀臂外旋使刀刃朝上,刀尖稍向下斜垂(见图 23－126)。

②左腿屈膝全蹲,右腿挺膝伸直平铺,左脚尖稍向外撇,右脚尖向里紧扣,成仆步。右手持刀向左上方屈肘带回,刀刃仍朝上,刀尖仍稍向下垂;左掌同时屈肘附于刀把内侧,大拇指一侧朝下。目向右侧平视(见图 23－127)。

图 23－126

图 23－127

要点:翻刀、后带动作必须连贯。仆步时,脚外侧和脚跟均不可离地掀起,上身稍向左侧倾斜。

教法提示:先臂外旋使刀刃朝上;仆步与带刀要同时完成;翻刀与后带必须连贯。

(2)歇步下砍

①上身稍抬起。右手持刀,刀尖朝下,从右肩外侧向背后绕行;左掌同时向左侧平伸,大拇指一侧朝下(见图 23－128)。

②右脚不动,左脚从身后向右侧插步。同时左掌从左向下、向右腋处弧形绕环;右手持刀从背后向左肩外侧绕行,手心朝下,刀身平放,刀尖朝后。目向右视(见图 23－129)。

图 23－128

图 23－129

③两腿屈膝全蹲成歇步,右大腿压盖在左大腿上面,右脚全脚掌着地,左脚仅以前脚掌着地,臀部坐落在左小腿上。右手持刀在歇步下坐的同时从左向前、向右下方斜砍,刀刃斜朝下,刀尖朝前;左掌随之向左摆出,在左侧上方成横掌。目视刀身(见图 23－130)。

要点:上述分解动作,必须连贯起来做。下砍时,刀的着力点是刀身的后段。

教法提示:注意刀的运行路线;分解教学后必须连贯完整地完成动作;左手配合要协调。

图 23－130

9.初级刀术二段五六式左劈刀和右劈刀

(1)左劈刀

①身体起立,左掌屈肘收至右额前,并附于右手腕;左手持刀,刀尖朝下,使刀背顺左臂外侧向左后方绕行(见图 23－131)。

②两脚前掌碾地使上身向左后转。左掌随之向左侧平摆,大拇指一侧朝下;右手持刀顺左臂绕行至背后。右腿略屈膝(见图 23－132)。

③上身继续左转成左弓步(见图 23－133)。

④左脚不动,右脚向左斜前方上步,右腿稍屈膝。右手持刀同时从身后向上、向前、向左侧下方斜劈,刀尖斜向下;左掌随之屈肘附于右肘处,掌指朝上(见图 23－134)。

⑤顺劈刀之势右臂内旋,屈腕使刀尖摆向身后,刀刃朝下;左掌附于右腕处。目向前平视(见图 23－135)。

图 23－131

图 23－132

图 23－133

图 23－134

要点：转身、绕背、下劈的动作必须迅速连贯。

教法提示：转身、绕背、下劈可先分解，弄清动作运行路线；劈刀与上步要同时，力点在刀刃前部；熟练后分解的动作必须快速连贯。

(2)右劈刀

①上身稍起立并向右转。右手持刀上举，刀尖朝下，使刀背顺左肩外侧绕向身后，左掌随之上举(见图 23－136)。

图 23－135

图 23－136

②左脚向右斜前方上步，右腿稍屈膝。同时右手持刀从身后向上、向前、向右侧下方(即右腿外侧)斜劈，刀尖斜向下；左掌随之附于右腕处(见图 23－137)。

③顺劈刀之势右臂外旋并屈腕使刀尖向后摆起，刀刃朝下，左掌随之分开。目视刀尖(见

图 23－138)。

图 23－137

图 23－138

要点:劈刀必须快速有力。

教法提示:先举刀再劈刀;注意劈刀运行路线,沿身体右侧直臂下劈,力点在刀刃前部;动作不停,劈刀过身体后顺势臂外旋;劈刀动作要快而猛。

10.初级刀术二段七八式歇步按刀和马步平劈

(1)歇步按刀

①右手持刀,臂外旋屈肘,刀尖朝下,使刀背从右肩外侧向后绕行。目视右手(见图 23－139)。

②左脚前脚掌碾地使脚跟外展,右脚从身后向左侧插步。右手持刀从背后向左肩外侧绕行,同时左掌从左侧上举,附于右手腕的大拇指近侧(见图 23－140)。

图 23－139

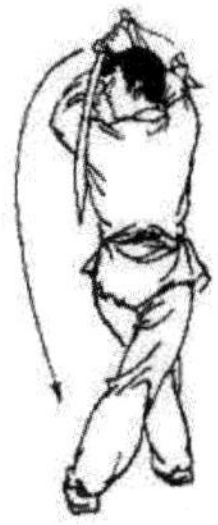

图 23－140

③两腿屈膝全蹲成歇步,左大腿压盖在右大腿上面,左脚全脚掌着地,右脚仅以前脚掌着地,臀部坐落在右小腿上。右手持刀向左侧下按,左手附于右腕,刀刃朝下,刀尖朝向身后。目视刀身(见图 23－141)。

图 23－141

要点：插步、歇步、绕刀、按刀的动作，必须快速连贯。

教法提示：先做徒手的歇步练习，调整、掌握好两脚间距离，臀部坐在后小腿接近脚跟，两腿贴紧靠拢，上体略前倾；歇步与按刀要同时完成；此动与基础刀术中歇步按刀略有不同，此动作刀要经身后绕行。

(2)马步平劈

①两腿稍微蹬起，上身向右后转。右手持刀与左掌随身体转动至上身左侧时，两手从左向上举起，刀尖向下。目视刀尖(见图 23－142)。

②两腿屈膝半蹲成马步。右手持刀从左向上、向右劈下，刀尖稍向上翘与眉相齐；左掌在头顶上方屈肘成横掌。目视刀尖(见图 23－143)。

图 23－142

图 23－143

要点：转身、劈刀要快。成马步时，两脚尖要向里扣，大腿要坐平。

教法提示：注意成马步时右脚可稍向右移步，但不要过大或过小；劈刀时右肘先屈下沉，再直臂直腕劈刀，力达刀刃中前部，虎口稍向前下压；可先慢练后快速，劈刀要狠。

11. 初级刀术三段一二式弓步撩刀和插步反撩

(1)弓步撩刀

①左掌从上向右肩弧形绕环至右肩前。目视左掌(见图 23－144)。

图 23－144

②上身左转，右脚向左侧上一大步，左腿挺膝伸直，右腿屈膝半蹲，成右弓步。左掌在右脚上步的同时继续向下、向左、向上圆形绕环，至身后成斜上举，掌心朝上；右手持刀随右脚上步的同时向下、向左侧撩起，刀刃斜朝上，刀尖斜朝下。目视刀尖(见图 23－145)。

教法提示：以左手带右手，撩刀要贴身；先左脚尖外撇，再右脚上步，眼随刀动，力达刀刃前部。

(2)插步反撩

①上身左转，右腿蹬直，左腿屈膝。同时右手持刀从右向上、向后弧形绕环，左掌屈肘收于右胸前。目随刀转(见图 23－146)。

图 23－145

图 23－146

②上身右转，左脚从身后向右侧插步。右手持刀继续向下、向右反臂弧形绕环撩刀，刀刃斜朝上；同时左掌向左侧成横掌推出，大拇指一侧朝下，掌指朝前，肘略屈。目视刀尖(见图 23－147)。

教法提示：动作幅度要大，注意撩刀时贴身，撩刀路线要正确；动作熟练后必须连贯完整，插步与反撩同时完成，眼随刀动。

12. 初级刀术三段三四式转身挂劈和仆步下砍

(1)转身挂劈

①以两脚前脚掌为轴碾地，使上身向左后翻转。右手持刀手腕反屈(向手背方向弯曲)使刀尖翘起，随上身翻转的同时从下向左、向上挑挂，刀刃朝前，刀尖朝右上；左掌随上身转动(见图 23－148)。

图 23－147

图 23－148

②上身继续向左后转，两腿交叉，左腿在前，右腿在后。右手持刀随上身后转的同时从上向下、向左弧形绕环挂刀；左掌屈肘附于右腕处。目视刀尖(见图 23－149)。

③左脚不动，右脚向右跨步，右手持刀臂内旋，使刀刃朝上向上举起；左掌从右腕处向下、向左弧形绕环平伸(见图 23－150)。

④右腿伸直，左腿蹬地提起屈膝在腹前，上身略向右倾倒。右手持刀在左腿提膝的同时从上向右用力下劈，刀刃朝下，刀尖稍向上翘；左掌随之屈肘上举，在头顶成横掌。目视刀尖(见图 23－151)。

要点：挂刀时，必须反屈腕，防止刀尖扎地。挂刀和劈刀的动作要连贯起来。提膝独立要站稳。

教法提示：应先分解教学再完整连贯；转身挂劈要注意扣腕，旋臂，挂劈运行路线要正确；劈刀

图 23－149

图 23－150

图 23－151

与独立要同时，右腿挺膝伸直，上体不要过于前倾，保持身体重心不偏。

(2)仆步下砍

①左脚在左侧落步，右腿伸直，左腿屈膝。右手持刀臂外旋屈肘，使刀刃朝后、刀尖下垂，从右肩外侧向后沿肩背绕行；同时左掌从上向左、向下、向右胸前弧形绕环，至右胸前成侧立掌，掌指朝上(见图 23－152)。

②左腿屈膝全蹲，右腿伸直平铺成仆步。右手持刀从背后向左、向前、向右下方绕行平砍，刀刃朝右，刀尖朝前；左掌同时屈肘举于头顶上方成横掌。目视刀身(见图 23－153)。

图 23－152

图 23－153

要点：平砍时，刀的着力点是刀身后段。

教法提示：左脚落步后，刀要做裹脑绕背动作；从左向右平砍要快，力达刀刃后部，刀尖朝前；定势动作上身略右拧，右手落于脚踝上面，左掌向左上方展伸。

13.初级刀术三段五六式架刀前刺和左斜劈刀

(1)架刀前刺

①左腿蹬地起立并向右侧上步,身体向右后转,右膝略屈。右手持刀臂内旋,使刀刃朝上向上横架;同时左掌附于右手腕的大拇指近处。目向前平视(见图 23－154)。

②以左脚前脚掌为轴碾地,右腿屈膝提起,上身向右后转。转身时,右手持刀上举,刀身经过头顶上,刀尖方向不变;转身后,两臂屈肘使刀平落,刀刃仍朝上,刀尖所指的方向仍不变(经过转体后,此时刀尖实际上向右)(见图 23－155)。

③右脚向前落步,左腿挺膝伸直,右腿屈膝半蹲成右弓步。右手持刀向前直刺,刀刃朝下;同时左掌向左后方平伸,掌指朝后上方。目视刀尖(见图 23－156)。

图 23－154

图 23－155

图 23－156

要点:进步架刀、提膝转身、弓步前刺的动作必须迅速连贯进行。转身时,注意刀尖的方向一直指向同一目标。

教法提示:注意转身方向;先慢速分解教学,待动作掌握后再快速连贯完成动作;刺刀要有力,力达刀尖,左掌虎口朝上。

(2)左斜劈刀

①以两脚前脚掌碾地使上身向右转。右手持刀臂内旋,刀尖朝下,刀背沿左肩外侧向后方绕环;左手从右向左前方弧形平摆。目视左手(见图 23－157)。

②左腿屈膝提起。右手持刀从后向右、向前、向左下方绕行一下劈;左掌附于右前臂,上身略向前倾(见图 23－158)。

③顺劈刀之势,右臂内旋屈腕,使刀尖向左后上方摆起(见图 23－159)。

要点:提膝独立要稳,斜劈要快速有力。

图 23—157

图 23—158

图 23—159

教法提示:注意斜劈刀路线;向左下方斜劈与提膝要同时,上身略前倾,腰向左拧,意在对方进攻我左腿,我提膝躲闪并下劈。

14.初级刀术三段七八式右斜劈刀和虚步藏刀

(1)右斜劈刀

①左脚向前落步(见图 23—160)。

②上身向右后转,右腿随之提膝离地。右手持刀从左向前、向右下方斜劈;左掌随之向左侧斜上举。目视刀尖(见图 23—161)。

图 23—160

图 23—161

要点:同左斜劈刀。

教法提示:教法与左斜劈刀相同,惟方向相反,腰向右拧;左右斜劈动作掌握后要连贯起来完成;劈刀要快、有力,要掌握好节奏。

(2)虚步藏刀

①右脚向后落步伸直,左腿屈膝。右手持刀在落步的同时臂外旋、屈腕,使刀尖朝下沿右肩外侧向左后绕行(见图 23—162)。

②身体重心后移,右腿屈膝略蹲,左脚后退半步。右手持刀从背后向左肩外侧绕行,同时左掌向下、向右腋处弧形绕环(见图 23—163)。

③右手持刀从左肩外侧向下、向后拉回,肘略屈,刀刃朝下,刀尖朝前;左掌随即向前成侧立掌平直推出,掌指朝上。此时,右腿半蹲,左腿屈膝,成右实左虚之虚步。目视左掌(见图 23—164)。

要点:绕刀时,必须使刀背贴靠脊背绕行。藏刀时,右手腕部必须上翘,使刀尖尽量向上,不要使刀尖下垂。

教法提示:握刀不宜过紧,抓住缠绕贴背要点;开始练习时,动作姿势可高些,重点解决刀法,

图 23－162

图 23－163

图 23－164

熟练后姿势再低下去；虚步、藏刀、推掌要协调一致。

15.初级刀术四段一二式旋转扫刀和翻身劈刀

(1)旋转扫刀

①左脚踩实。右手持刀臂内旋，使刀尖朝下，沿左臂外侧向左肩部绕行，左掌屈肘附于右手腕的拇指近侧(见图 23－165)。

②左脚尖外撇，右脚上步，上身左转。右手持刀沿左肩向右后方绕行，同时左掌从右向左平摆。目视右方(见图 23－166)。

图 23－165

图 23－166

③左脚从身后向右侧方插步，右手持刀继续从背后向右肩外侧绕行。目视右手(见图 23－167)。

④两腿屈膝全蹲成歇步，右手持刀手心朝上，从右肩外侧向前下方迅速平扫。目视刀身(见图 23－168)。

图 23－167

图 23－168

⑤上身向左后转，右手持刀随身转动，低扫一周。转身后，两腿直立。右手持刀顺扫刀之势臂

内旋，使手心朝下，将刀贴靠于左臂外侧；左掌附于右手腕的拇指近侧（见图 23－169）。

要点：旋转扫刀必须快速，刀身要平、要低。

教法提示：可按图分成五个分解动作教学；也可按上下肢分解教学，先下肢后上肢；开始动作姿势可高些，动作熟练后姿势再低下去；扫刀时力达刀刃前部，横扫对方膝部以下，刀刃平行，臂伸直横扫一周。

（2）翻身劈刀

①上身右转，同时右手持刀向右侧下劈，左掌附于右前臂。目视刀尖（见图 23－170）。

图 23－169

图 23－170

②右脚向左侧摆起，左脚蹬地跳起，同时上身向左后翻转，接着右脚向前落地。在跃步和转身的同时，左掌从右前臂处向下、向左后、向上弧形绕环，至头顶屈肘成横掌；右手持刀随翻转身之势向下、向左后绕环撩起，刀刃朝上。目视右手（见图 23－171）。

③上身继续向后转。左脚向身体的右后方落步，左腿屈膝全蹲，右腿伸直平铺成仆步，起身向右前方探伸。右手持刀在转身落步的同时从上向前劈下；左掌随之向下、向后、向上摆起，屈肘成横掌。目视刀尖（见图 23－172）。

图 23－171

图 23－172

要点：翻身跃步要远不要高，劈刀要抡圆。

教法提示：可将上下肢分解教学，先下肢后上肢；左脚蹬地跃起前脚尖先外撇，右手持刀先撩后劈，撩刀要贴近身体右侧；掌握后上下肢结合起来完整连贯完成，先慢速后快速。

16. 初级刀术四段三四式缠头箭踢和仆步按刀

（1）缠头箭踢

①左脚蹬直使上身立起。左掌屈肘收于右肩前方，右手持刀臂内旋，刀尖朝下，使刀背沿左臂外侧向后绕行。同时，左脚向前摆起，右脚蹬地纵起。左掌此时从右肩向左侧平摆（见

图 23—173)。

②在空中,右手持刀做缠头动作,从背后向右、向前、向左肋处绕环平扫;左掌随之屈肘上举至头顶上方成横掌。同时,右脚用脚跟向前蹬踢,左脚此时即用前脚掌落地(见图 23—174)。

图 23—173

图 23—174

要点:缠头和箭踢的动作必须先后相应地协调进行。缠头要快速,箭踢要有力,膝部要伸直。

教法提示:此动作可先教学右脚蹬地纵起空中蹬踢动作,掌握后再结合徒手做缠头来完成;熟练后再拿刀完成完整动作,注意上下肢配合协调。

(2)仆步按刀

①上身右转,右手持刀从左肋处向前、向右、向后下方斜劈,左手左斜举,手心向上。目视刀身(见图 23—175)。

②右腿屈膝收回。右手持刀臂外旋,刀尖朝下,使刀从右肩外侧向背后绕行。目视右方(见图 23—176)。

③上身向右后转。同时左脚蹬地纵起,右脚趁势下落。右手持刀在纵步之同时从背后向左肩外侧绕行,左掌随之屈肘附于右手腕的拇指近处(见图 23—177)。

图 23—175

图 23—176

图 23—177

④右腿屈膝全蹲,左脚在左侧方落步,左腿伸直平铺成仆步。右手持刀与左掌同时向下按切,左手附于右手腕,刀尖朝左,刀刃朝下。目向左平视(见图 23—178)。

要点:向右后方劈刀要快速有力,纵跳和向右后转身要借助劈刀的惯性。做仆步时,左脚尖里扣,两脚外侧和脚跟均不可离地掀起,上身略向左前方探倾。

教法提示:可按上下肢分解教学,也可按图分成四个分解动作教学,掌握动作过程后应结合起来连贯完整地完成该动作。

17. 初级刀术四段五六式缠头蹬腿和虚步藏刀

图 23－178

(1)缠头蹬腿

①右腿蹬直立起，左膝提起成独立。右手持刀向右后拉回，左掌向左前方伸出，掌指朝上。目视左手(见图 23－179)。

②上身左转，右手持刀从后向前由左膝下方朝左裹膝抄起，左掌屈肘附于右前臂。目视前下方(见图 23－180)。

图 23－179

图 23－180

③右手持刀从左肩外侧向后沿肩背绕行，左脚即向左斜前方落步，左掌向左平摆，掌心朝下(见图 23－181)。

④左腿屈膝半蹲，右腿挺膝伸直，成左弓步。右手持刀从背后经右肩外侧向前、向左肋绕环平扫，至左肋时顺扫刀之势臂内旋，将刀背贴靠左肋；左掌随之屈肘上举至头顶上方成横掌(见图 23－182)。

图 23－181

图 23－182

⑤右脚脚尖上翘，用脚跟向前上方蹬腿。目视脚尖(见图 23－183)。

图 23－183

要点：缠头时必须使刀背绕裹左膝后顺脊背绕行，动作要迅速，蹬腿要快，并与缠头动作连贯一致。

教法提示：可按图分成五个分解动作进行教学，后连贯完整地完成动作；抄刀缠头时含胸，上身前倾下压，意在防守对方进攻左膝；缠头与蹬腿要连贯协调，动作要快，发力要准确；先慢速后快速。

(2)虚步藏刀

①右脚向前落步(见图 23－184)。

②左脚向前跃步，右脚趁势提起，上身在跃步的同时向右后转。右手持刀手心朝下，随着转身平扫一周，左掌从上向左后方平摆，掌心朝上(见图 23－185)。

图 23－184

图 23－185

③右脚向后落步，右手持刀臂外旋，使刀从右肩外侧向后绕行(见图 23－186)。

④左掌从左侧向下、向右腋处弧形绕环后附于右腕处，右手持刀从背后向左肩外侧绕行(见图 23－187)。

图 23－186

图 23－187

⑤右腿屈膝半蹲,左腿略屈膝,右脚踏实,左脚尖点地成虚步。右手持刀向下、向后拉回,刀尖朝前;左掌向前平伸推出,掌指朝上。目视左掌(见图 23—188)。

图 23—188

要点:跃步、转身、落步的动作必须与刀的平扫、绕背动作协调一致。

教法提示:主要弄清跃步、转身、落步的方向与路线;可先分解后完整教学;先慢速待掌握后快速完成;上下肢要协调一致。

18.初级刀术四段七八式弓步缠头和并步抱刀

(1)弓步缠头

①左脚向左前方上半步,挺膝伸直。同时,右手持刀臂内旋,刀尖朝下,使刀从左肩外侧向后绕行,做缠头动作(见图 23—189)。

②右腿挺膝伸直,左腿屈膝半蹲,成左弓步。右手持刀从背后向右、向前、向左胁处绕环平扫,至左胁时顺扫刀之势臂内旋,使刀背贴靠于左胁,刀尖朝后;同时左掌屈肘上举至头顶上方成横掌。目向前平视(见图 23—190)。

图 23—189

图 23—190

要点:缠头时必须使刀背贴靠脊背绕行,扫刀要迅速。

教法提示:抓住缠绕贴靠的这一要点,抓握刀柄不宜过紧,右肘尽量上抬;注意左手的配合协调,先屈肘,待刀过左臂后再向左平摆后举至头上方亮掌;教学时可先慢速,待掌握熟练后加快速度。

(2)并步抱刀

①左腿伸直,右腿屈膝,上身右转。右手持刀向右平扫,左掌随之向左平摆,掌心朝上。目视刀尖(见图 23—191)。

②顺扫刀之势右臂外旋,使刀背向身后平摆。目视右手(见图 23—192)。

③右腿伸直,左脚向右脚靠拢,并步直立。右手持刀,刀尖朝下,刀刃朝后,刀把向额前上方举

起;同时左掌也向额前上方举起,拇指张开,用掌心握住刀把,准备将右手之刀接回。目视右侧(见图 23－193)。

图 23－191

图 23－192

图 23－193

要点:并步与接刀的动作要协调一致。

教法提示:注意手与脚的配合协调;可按图分解教学,弄清刀运行路线与上步并步配合,再连贯起来完成。

19.初级刀术收势

①左手将刀接回,与右掌同时从上由前分向两侧落下,左手抱刀,刀背贴靠臂肘,刀刃朝前,刀尖朝上。左脚向后退一步(见图 23－194)。

②右脚向后撤一步。同时右掌从下向后、向上绕向右耳侧成横掌,掌心朝前,大拇指一侧朝下;左手握刀不动。目视右手(见图 23－195)。

③左脚后退向右脚靠拢,并步直立。右掌随即从右耳侧向下按落。掌心朝下,肘略屈并向外撑开;左手握刀不动。目向左平视(见图 23－196)。

图 23－194

图 23－195

图 23－196

要点：退步、撤步和绕掌的动作要连贯迅速。

教法提示：可先分解教学，再连贯起来完成；弄清楚绕掌路线及退步、撤步的协调配合。

第三节　武术运动安全事故与预防

中华武术，源远流长，具有鲜明的中国传统文化特色，突出攻防技术，讲究身心统一与内外统一，其内容丰富多彩、运动形式多种多样。学习武术，可以提高素质、健体防身、锻炼意志、培养品德。在我国许多高校，武术成为必修课程之一，受到学生的喜爱，与此同时，我们发现在日常教学中，一些运动损伤较为常见，某种程度上影响教学效果。如何正确认识习武过程损伤部位的损伤机理，做好预防措施，尽量避免学生受伤，值得我们充分思考、分析、总结。

一、损伤机理

运动损伤是指运动过程中发生的各种损伤。其损伤部位与运动项目以及专项技术特点有关。日常武术教学中，经常会有弓步、马步等下盘动作，以及一些由静态突发旋转或者练习者由动态立即制动进入静态等动作，很容易造成肌肉、关节、韧带拉伤，甚至可能发生局部骨折。首先，在武术套路练习过程中，腰部、膝部、大腿、小腿、踝部、臀部等部位易发生损伤，其中腰部损伤最为常见和多发，如发生急性腰扭伤、腰椎间盘损伤等。其次，从人体结构分析，人体脊柱是由椎骨、骶骨、尾骨借韧带、关节及椎间盘连接而成的链状结构。脊柱有灵活的运动功能，运动方式包括屈伸、侧屈、旋转和环转等，运动幅度以腰段最大。脊柱背侧主要为肌肉，脊柱周围的肌肉可以发动和承受作用于躯干的外力作用。武术套路中许多步型及定式须进行半蹲位长时间、静力性练习，使练习者肌肉的感觉增加，动作趋于稳定，这样一来，膝关节的局部负荷过大，易导致损伤发生。此外，一些负重弹跳练习、跳跃动作、腾空落地定式练习等，均可使胯部、膝部、踝部负荷量增大；绕环、屈伸、仰翻等练习，也可引起关节、韧带局部负荷过大。

（一）常见损伤发生原因

1.准备活动方面

准备活动是为了使人体能够有准备地从相对的静止状态转入紧张的活动状态，提高中枢神经系统兴奋性，加强体内物质、能量代谢活动，克服生理惰性，提高肌肉、韧带和关节的弹性、灵活性及韧性，使人体的各个系统发挥最大效能。准备活动是教学中的一个重要环节，未做准备活动或准备活动不充分、不合理，都不能充分调动中枢神经和内脏器官的兴奋性，肌肉的生理机能也就不能达到适应运动所需的状态，黏滞性大，肌纤维的弹性和伸展性欠缺，易发生运动性损伤。

2.武术专项技术方面

各类运动项目均有其自身技术特点，从事某一专项训练，对负荷重的部位会造成各种运动损伤。武术套路动作由诸多技术动作组合而成，其动作技术较为复杂、难度较大，学生在学习过程中，由于专项技术训练不够，动作要领掌握不好，条件反射未完全形成，运动损伤就容易发生。

3.体能方面

完成武术套路动作，经常需要靠局部肌肉、韧带等发力，需要练习者使用身体某个部位完成动作，加上过度练习，造成过度疲劳，也很容易造成损伤。当代高校学生体能下滑非常明显，体能下降会因肌肉力量较弱，注意力不够集中，反应迟钝，身体协调性下降，产生疲劳，可直接引起重心不稳、动作发生变形等后果，进而发生运动损伤。

4.其他方面

场地、设备、服装、天气等因素也是发生运动损伤的原因。例如：运动场地不平，有小碎石或杂物;运动时服装不符合体育卫生要求;气温过低,易出现肌肉僵硬,身体协调性下降而引起肌肉拉伤;等等。

(二)事故预防

1.做好准备活动

做好准备活动是预防运动损伤的最有效手段。但是,在日常体育教学中,学生普遍对做准备活动满不在乎,很多人认为是浪费体力和时间,甚至认为准备活动对即将进行的体育活动无任何帮助。而且个别体育老师惯用慢跑两三圈、做广播操的体育课准备活动模式,千篇一律,不能根据课堂内容有针对性地将准备活动做到位。这种模式,让学生产生了准备活动无用的错觉,不但不能使学生产生兴趣,而且会造成思想上的麻痹大意。无针对性的准备活动失去了准备活动的实际意义,也造成了运动损伤概率的大为增加。因此,体育教师必须足够重视准备活动,使学生认清准备活动的目的与作用;体育教师必须掌握准备活动的各种内容和运用手段,并在每节课前有针对性地选择准备活动的动作及形式。教师应带领学生充分做准备活动,尽可能地使关节和肌肉韧带活动开,并且需安排合理,与教学内容有机结合,可在常规准备活动基础上,进行项目针对性准备活动,内容应全面、丰富、形式多样,可徒手、器械相结合,单人、双人或多人相结合,一般与模仿、诱导性辅助相结合等。但同时应注意量的把握,如果运动强度过大,可能会造成未练习动作,学生就产生疲劳感,影响教学效果。

2.规范技术动作,针对性练习易损伤部位

教师应充分了解武术运动规律,并且让学生循序渐进地掌握武术基础技术,充分练习掌握武术动作的基本功,由易至难,由分解至完整,最后组合成完整的武术技术动作。错误的武术技术动作往往给身体某部位加重负荷,超强负荷已超越机体生理机能承受范围,发生各种损伤就在所难免。如腾空摆莲动作技术,包括起跳、摆腿、空中姿态、落地等。此外,教师可根据武术运动的特点,加强武术运动中薄弱部位锻炼,预防运动损伤,如仰卧起坐、侧卧起坐等运动。

3.加强学生身体素质练习

身体素质是指人运动时以力量、耐力、速度、灵敏和柔韧等方式表现出的身体机能能力。身体素质的强弱,是衡量一个人体质状况的重要标志之一。身体素质的发展,对增强人的体质和健康,掌握运动技术,提高运动成绩,实现大学时期体育与健康教学目的等都具有重要意义。身体素质好坏与否,直接关系其机体肌肉的抗击打能力、柔韧性等。

4.普及运动损伤常识

大学生在课上课下体育活动中,经常会发生各种扭伤、摔伤、撞伤、拉伤等运动损伤现象,不管是学校,还是教师,都应多渠道让学生了解运动损伤常识,对于武术课,应使其懂得如何预防武术套路练习时发生运动损伤,运动损伤发生后如何应对,积极采取措施治疗,最大限度减少运动损伤的发生、发展。

武术是我国传统文化的瑰宝,是中华民族智慧的结晶,有着极高的健身价值和丰富的文化内涵,我们应尽量减少损伤的发生,让学生安全、安心学习、练习武术,将武术精神发扬光大。

第二十四章

啦啦操

第一节 啦啦操运动概述

一、啦啦操的起源与发展

(一)国外啦啦操的起源与发展

啦啦操是一项新兴的集竞技性、艺术性、观赏性和娱乐性为一体的运动项目。现代啦啦操运动诞生于美国,最早起源于为美式足球呐喊助威的活动,并借助美国职业篮球赛(NBA)逐渐在全球范围内广泛传播,距今有100多年的历史。

早期啦啦操的演变、进化、成型及发展都是在美国文化的孕育下完成的。它的正式发展则是从19世纪后期开始的。19世纪70年代,在美国普林斯顿大学成立了第一个啦啦操俱乐部,1898年,美国明尼苏达州立大学一年级的医学生约翰尼·坎贝尔带领六名男生组成了世界上第一支啦啦操队,为明尼苏达州立大学橄榄球队加油助威,约翰尼·坎贝尔成为世界上第一位啦啦队队长,也标志着啦啦操活动的正式诞生。

20世纪初,啦啦操的表演形式逐渐丰富起来,喇叭筒在啦啦操中开始流行,在大学和中学开始用纸制作的线球作为道具进行啦啦操的表演(类似于现在的花球)。随着女生在啦啦操中发挥的作用越来越重要,开始将体操、舞蹈等融入其中。1948年第一个啦啦操组织——全美啦啦操协会(NCA)成立,称为国立啦啦操协会,由52名女孩组成。到20世纪五六十年代,学院啦啦操队开始有了自己的培训教程和训练班,教授基本的啦啦操技巧,并得到大力推广。进入20世纪70年代,啦啦操除了为足球和篮球助威外,开始逐渐涉及学校所有项目的运动队。1978年春天,哥伦比亚广播公司通过电视第一次向全国转播学校啦啦操评选赛事,从此啦啦操开始作为一项运动被人们认识。1980年,美国举办了首届全美啦啦操锦标赛,并且首次制定了比较规范的啦啦操运动竞赛规则,标志着啦啦操运动进入了竞技比赛的行列。20世纪80年代初,啦啦操开始跨越美国国界,向世界传播,并建立了统一的啦啦操标准。目前,全世界有近60个国家和地区开展了啦啦操运动。特别是在美国、日本、英国及欧洲等发达国家,啦啦操运动开展得比较普及。国外啦啦操的开展现已不局限于运动场边,而是广泛地发展到社会各个领域,支持各种社会活动。

2001年举行了第一届世界啦啦操锦标赛,标志着啦啦操运动正式发展为世界性竞赛项目。

(二)中国啦啦操的起源与发展

啦啦操在我国大陆地区起步较晚,自传入后很快受到了广大青少年的喜爱。1998年,中国大学生篮球联赛(CUBA)诞生以来,各高校激情四射和充满活力的啦啦操表演使当代大学生的精神风貌和竞技水平得到了充分的展示，给观众留下了深刻的印象，也成为篮球场上一道亮丽的风景线。

2001 年，中国大学生体育协会健美操艺术体操分会（CSARA）的秘书长田敏月、刘承銮、周田宝等邀请美国专家到中国进行业务培训，使教师对啦啦操运动有了更深的理解，对普及推广啦啦操运动起到了非常重要的作用。同年 9 月，在广州举行了“统一红茶迎九月全国首届高校动感啦啦操挑战赛”取得空前的成功，这是国内首次举办啦啦操比赛，充分展现了大学生青春、动感、健康的精神风貌，标志着啦啦操文化在中国体育史上写下了第一页。

为推广、丰富健身活动内容，教育部体育卫生司与艺术教育司于 2006 年 7 月组织相关专家创编了《中国校园啦啦操规定推广套路》和中国啦啦操队歌《我们必胜》。8 月，在人民大会堂召开新闻发布会向全国的大、中、小学正式推广啦啦操运动，这标志着中国的啦啦操运动开始走向成熟、正规的发展阶段。11 月，“首届中国全明星啦啦操锦标赛暨 2007 年世界啦啦操锦标赛选拔赛”在武汉华中科技大学举行，胜出的六支队伍代表中国出征 2007 年世界啦啦操锦标赛。赛后，又举办了“国际全明星啦啦操教练员及评判员资格认证培训班”，中国官方聘请了国际著名的啦啦操运动专家 Karl Olson 和 Mike Cooper 进行授课和考核，为中国学校啦啦操运动的发展培养了大批专业的啦啦操运动教练员和专业评判员，为该项目的普及和发展奠定了一定的基础。从此，啦啦操运动在我国得到了迅速的普及和推广。

（三）啦啦操概念

啦啦操，英文 Cheer Leading，广义地讲，是指一种有组织的为体育赛事助威的表演活动。狭义地讲，是指在音乐伴奏下，通过运动员集体参与完成复杂、高难度的基本手位与舞蹈动作、过渡配合等动作内容，充分展示团队高超的运动技巧，体现青春活力、积极向上的团队精神，并努力追求最高团队荣誉感的一项体育运动。

啦啦操是所有与呐喊助威目的有关的社会文化活动的总称，是在音乐的伴奏下，以徒手或手持轻器械的技巧动作或舞蹈动作为载体，以团队的组织形式出现，为比赛助威、调节紧张对抗的比赛气氛，旨在体现团队意识与集体主义精神，反映朝气蓬勃的精神面貌，具有竞技性、观赏性、表演性。

二、啦啦操分类

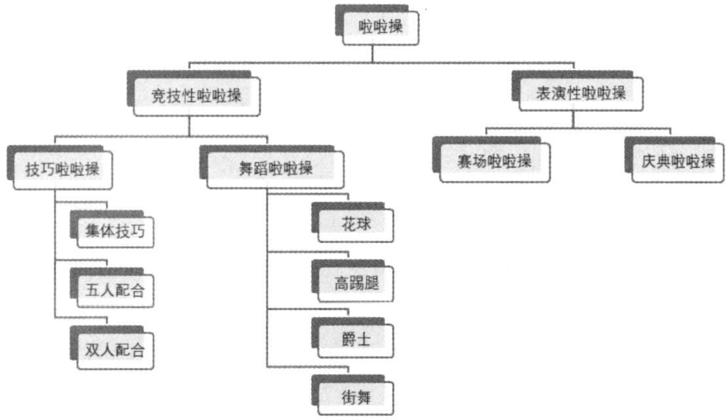

图 24—1 啦啦操运动分类

我国啦啦操分类方式繁多，分类方法也各不相同。啦啦操按活动目的，分为竞技性啦啦操和表演性啦啦操；按实施的场所，分为看台啦啦操和场地啦啦操；按表演形式，分为轻器械啦啦操和徒手啦啦操；按动作技术的类别，分为舞蹈啦啦操和技巧啦啦操（见图 24－1）。其中，技巧啦啦操是以翻腾、托举、抛接、金字塔组合、舞蹈动作、过渡连接及口号等形式为基本内容的团队竞赛项目，包括男女混合组（Mixed）、全女子组（All-Female）和舞伴特技（Partner Stunts）三种类型。舞蹈啦啦操是以舞蹈动作为主，通过展示各种舞蹈技巧和元素并可结合道具为基本内容的团队竞赛项目，包括花球（Pom）、高踢腿（Highkick）、爵士（Jazz）、街舞（Hip-hop）等多个组别。

此外，代表世界啦啦操最高水平的全美啦啦操锦标赛的参赛标准为：队伍人数要在 6～30 人之间，并且分为 4 个组别进行比赛，分别是业余组、中学组、大学组和全明星组。

三、啦啦操的特点与功能

（一）啦啦操的特点

啦啦操至今已有一百多年的历史，因其独特的技术风格和热情奔放的表演受到了世界各国人民的青睐。与其他体育项目相比，啦啦操具有以下特点：

（1）啦啦操上肢的发力点在前臂，手臂的 32 个基本手位均在肩关节前制动，发力速度快，制动时间短，制动之后没有延伸，身体控制精确，位置准确。

（2）啦啦操动作内容丰富，所有的手臂动作都必须严格按照 32 个基本手位的标准来完成，没有固定的基本步伐。

（3）啦啦操动作重心较低，在做动作的过程中膝关节不完全伸直，保持微微弯曲的状态，重心稳定，移动平稳。

（4）啦啦操动作完成干净利落，具有清晰的开始和结束，肢体运动中直线动作曲直分明、弧线动作蜿蜒流畅，具有较高的欣赏价值和艺术价值。

（5）啦啦操三维空间高低起伏突出、队形变化多样，能够充分利用场地空间。

（6）啦啦操音乐风格多样、旋律优美、气氛热烈，节奏快慢有致、强弱有别。

（7）啦啦操服装款式各异、绚丽多姿。

（二）啦啦操的团队特点

1. 啦啦操项目的团队精神

啦啦操区别于其他项目最显著的特点就是团队精神。啦啦操是一个特殊的集体项目，一般由 6～30 名队员组成一个团队。啦啦操要求队员在展示个体不同能力的基础上，注重与其他队员之间的相互协调配合来完成基本动作及不同的难度动作，强调整个团队完成动作的高度一致性，包括动作的一致性、口号的一致性、难度动作配合的一致性，以营造队员间相互信任的集体氛围、健康向上的团队精神，激励运动员高昂的斗志，提高团队整体的凝聚力，追求最高团队荣誉感，形成一种风险共担、利益共享的团队精神。

2. 啦啦操项目的集体精神

一套完美流畅的啦啦操，需要依靠队员间的集体协作来完成，这是啦啦操运动有别于其他项目最显著的特征。一场表演或比赛的完美完成需要队员成百上千次甚至上万次的不断重复练习，而啦啦操这一集体协作的项目特点对啦啦操运动员也会产生潜移默化的影响。经过啦啦操项目的专业训练，队员之间不仅能够在训练、比赛时积极发挥各自的作用，通过团队协作取得表演或比赛的胜利，还可以将这种集体精神迁移到日常生活、工作、学习等方面，而这种集体精神是人们踏入社会、走向成功的基石。

3. 啦啦操的文化特点

啦啦操文化是基于啦啦操运动发展形成的，以表现青春活力、健康向上、团队精神、合作意识为目的的一种体育文化，其文化特点主要体现在以下四个方面：啦啦操口号、啦啦操吉祥物、啦啦操运动与传统文化和啦啦操运动与校园体育文化。

啦啦操运动除了基本动作、技术技巧外，口号也是提高队员的气势、传达表演者激情与活力的具有特殊意义的工具。运动员通过啦啦操的口号表达啦啦操的主题思想与团队精神，达到振奋人心、鼓舞士气的效果。

吉祥物是每一支啦啦操必须拥有的卡通人物。吉祥物一般出自各支参赛队伍能代表本队特点的动物或当地稀有的动物进行包装设计出的产物。吉祥物是构成啦啦操运动项目参赛队伍形象特征的主要成分，是啦啦操文化传播的重要载体。

啦啦操内容丰富多彩，形式多种多样，通常融汇着大量本国或本土的传统文化，是体育与传统文化相结合的典型代表。

高等院校是啦啦操运动得以蓬勃发展的沃土，其强大师资为啦啦操运动的广泛开展提供了平台与载体。啦啦操运动以校园为其生存的土壤，互相促进、相得益彰，校园体育文化建设对啦啦操运动有良好的导向作用，丰富多彩的校园体育文化，如大学生篮球赛、足球联赛等，也为啦啦操的表演提供了广阔的舞台和空间。

（三）啦啦操运动的功能

1. 健身功能

啦啦操运动是由多种形式组成的综合艺术，其中的主体部分是身体运动，而身体运动又是由各种不同的运动类型构成的，有舞蹈、体操、跳跃、技巧等动作类型，啦啦操也因此具备了所有这些运动具有的综合锻炼价值和功能，广泛地影响人们的身体形态、身体机能、身体素质和运动能力。

2. 教育功能

啦啦操运动是一项体现青春活力、健康向上的团队合作精神和集体荣誉感的项目，它强调整体效果，注重团队之间的合作，它要求队员之间密切配合，动作和眼神要有交流，更有一些技术技巧动作需要双人、多人配合才能完成。因此，啦啦操运动能有效地培养人们的合作意识和团队精神。通过集体的配合，能启发学生的社会意识，增强学生的自豪感和责任感，使情感社会化，从而产生团结协作，互助友爱的集体主义情感。在啦啦操比赛中任何一个群体难度动作的完美完成都与队员之间逐步建立起来的相互信任、相互依赖、相互尊重的和谐的人际关系是分不开的。

因此，啦啦操运动是一项可以增强青少年健康向上的团队精神和集体荣誉感的健身运动，对培养学生集体荣誉感、团队合作精神有很好的教育意义。啦啦操运动在高校开展不仅可以丰富素质教育的内容，又有利于体育健康课程的开展，对培养学生团结合作和爱国主义意识有着非常重要的意义，对我国学校教育及终身体育意识的形成具有不可忽视的作用。

3. 心理健康功能

啦啦操运动对人的心理影响也是多方面的。在国外，人们将啦啦操运动比喻为“欢笑运动”(smilesports)。该项目无论是在比赛场边还是在竞技场上，啦啦操表演者始终都以感人深切的微笑面对观众，感染观众，使得气氛异常活跃、充满欢乐。这种欢快的气氛能有效地防止沮丧、失望、抑郁等不良心理，提高人们的心理健康水平。

啦啦操对运动员的注意品质也能产生积极的作用。在我国，啦啦操是依附于CUBA而发展起来，或加油助威，或表演助兴。由于比赛场内的进攻和防守是不停变换的，所以啦啦操成员在为比赛加油时要时刻注意比赛场上的变化，以便及时地为本队鼓舞示威、加油打气。这对提高队员的注意集中及注意分配等品质有积极的作用。

啦啦操还有促进人的个性发展和提高运动自信的功效。美国学者 R. T. Clifton 和 D. L. Gill

对啦啦操运动员的运动自信做了研究，结果表明啦啦操运动员对他们认为适合自己性别的事情都表现出较高的自信。男性在做啦啦操运动中的托举和筋斗以及女性在做啦啦操运动中的操化动作、跳跃和舞蹈动作时，都表现出较强的运动自信。

4. 提高审美能力及完善个性品格的功能

现代的啦啦操运动已不是单纯的体育运动，而是体育与表演艺术相结合的综合性艺术形式，讲究舞台舞蹈艺术、服饰、总体效果及观众效应等，它本身就是一种艺术创造，练习过程本身就是一种美的展示和体验。在练习过程中，学生自己感受美、鉴赏美、表现美和创造美的情感与能力也得到培养，如激情的舞蹈、动感的音乐、惊险的技巧动作、运动员的形体、服饰、道具等都展示出其艺术效果。学生通过啦啦操运动可以净化他们的心灵，提高他们的审美情趣，通过这种艺术活动，情操、精神境界得到升华，从而不断完善自己个性品格的塑造。

第二节　啦啦操基本技术动作及音乐、口号

一、基本动作的技术特征

（一）身体的外部特征

1. 躯干

啦啦操队员在完成动作的过程中，应该保持身体挺拔，头部稍仰，颈椎、胸椎、腰椎在一条直线上，身体姿态展现出健康活力、自信和积极向上的精神面貌。

2. 手臂动作

手臂动作主要以肩关节为轴，手臂伸展时应直臂，弯曲时应有一定的角度，手型多为握拳。要求完成动作清晰、有力，即在最短的时间内完成向下一个动作的转变，其转变过程中不得有多余的无控制形态出现，手臂到达下一个动作所规定的位置时不能有明显的晃动现象。手臂动作应在移动迅速、定点准确的基础上，以手指带动发力，选择最短的路线到达下一个动作。

3. 步伐

啦啦操的步伐要求在短时间到达指定位置，每个步伐清晰、有力，不需要有意识的缓冲。动作伸展时不要屈膝，屈膝时的角度应有一定要求，膝关节与脚尖的方向要始终保持一致。

总体来说，单个动作可以千变万化，但要按照具体标准在不同的时间，以特定的姿态处于其准确的位置上。

（二）内部特征

啦啦操的基本动作内部特征包括发力、重心控制、停顿三个方面，具体表现在头部、四肢动作和移动中的重心控制上。

1. 头部动作

在做头部动作时，头部放松，颈部发力，注意动作过程中的加速、最后的制动与定位。

2. 四肢动作

在动作过程中，肌肉用力使手臂或腿部的动作加速，在完成动作转变的过程中不宜用力过猛致使动作整体视觉效果僵硬。正确的动作要领是有力而不僵硬、松弛而不松懈，在手臂肌肉发力时肩部肌肉放松，不可耸肩。

3. 移动中的重心控制

人体的平衡是安全、流畅地完成动作的基础。人体的重心在随着运动方向变化时，可利用肢体的伸展与收缩来调节身体的平衡使重心稳定，也可以利用肌肉的反作用力与肌肉收缩时产生的

牵拉力来保持重心的稳定。

二、舞蹈啦啦操的定义及技术特征

(一)定义

新出版的《2017—2020全国啦啦操竞赛规则》将"舞蹈啦啦操"定义为在音乐伴奏下,运用多种舞蹈元素的动作组合,结合转体、跳步、平衡与柔韧等难度动作以及舞蹈的过渡连接技巧,通过空间、方向与队形的变化表现出不同舞蹈风格特点,强调速度、力度与运动负荷,展示运动舞蹈技能以及团队风采的体育项目。目前我国舞蹈啦啦操竞赛项目包括爵士舞蹈啦啦操、花球舞蹈啦啦操和街舞啦啦操。

ICU(International Cheer Union)作为国际啦啦操最权威的组织机构,主要负责国际啦啦操项目的发展,举办世界范围内啦啦操单项赛事。近几年,国内外正式啦啦操比赛主要采用ICU的评分细则对竞技啦啦操项目比赛进行评分。而在最新ICU规则中,舞蹈啦啦操又分为花球、爵士、街舞和高踢腿。

(二)舞蹈啦啦操的技术特征

舞蹈啦啦操的技术特征主要表现为上肢、下肢和身体的控制及发力方式,上肢通过短暂的加速发力、制动定位来实现啦啦操运动所特有的力度感;下肢保持适度紧张,身体重心平稳,展示舞蹈啦啦操运动干净利落的技术风格;躯干、头颈挺立,适度控制,凸显啦啦操技术的稳定、精确和美感。

(三)舞蹈啦啦操种类

1. 花球舞蹈啦啦操

花球舞蹈啦啦操就是手持花球完成的啦啦操。成套动作全程应手持花球并结合啦啦操基本手位、个性舞蹈、难度动作、舞蹈技巧等动作元素,体现干净、精准的运动舞蹈特征以及良好的花球技术运用,展示整齐一致、队形不断变化等集体动作的视觉效果。

舞蹈啦啦操花球的材质可分为比赛用球和非比赛用球两种。比赛用球一般为塑料或金属材质;非比赛用球的材质不限,可以根据自身条件因地制宜灵活选用,如花球纸、麻绳球、纤维绳球等。

花球规格也可分为比赛用球和非比赛用球两种,比赛用球规格可以是4寸、6寸或8寸;非比赛用球不受限制可以自定大小,也可以根据情况自行选择或制作。

2. 街舞舞蹈啦啦操

街舞舞蹈啦啦操是在舞蹈啦啦操基本技术特征的基础上融入大量的街舞元素所形成的,街舞啦啦操的成套动作强调街头舞蹈风格和形式,注重动作的风格特征以及身体各部位的律动与控制,要求动作的节奏、一致性与音乐和谐一致,同时也可附加一定的强度动作,如包括不同跳步的变换及组合或其他配合练习。

街舞舞蹈啦啦操的技术特点有:

(1)街舞啦啦操是街舞与啦啦操的完美结合,是用街舞动作体现啦啦操风格、用啦啦操动作体现街舞文化的一个独特的舞种。其特点是既有街舞的个性新潮和帅气潇洒,又不乏啦啦操的热情奔放和强烈的团队意识。

(2)街舞啦啦操属于集体项目,练习过程中要注意动作的一致性,在成套动作中,街舞啦啦操需要按照组别来进行队形、层次的变化以及对比动作的量化。编排过程中要注意以动作松弛有度的强度突出运动舞蹈的特征。

(3)街舞啦啦操要充分体现啦啦操的运动特征,即发力短促,制动性强。由于街舞啦啦操是集体的项目，因此，为了达到高度的一致性，街舞啦啦操更注重于手臂的控制力和身体的制动。

(4)除了操化队形之外，街舞啦啦操需要按照组别来穿插难度，并且要去集体完成难度，因此，对全体人员的身体素质及综合能力要求更高。

(5)街舞啦啦操的比赛没有服装要求，成套动作风格多样、主题鲜明。

(6)街舞啦啦操的比赛没有边线裁判员，在比赛规则规定的有效区域内，队员可以尽情发挥自身及团队的个性。

3. 爵士舞蹈啦啦操

爵士舞蹈啦啦操的成套动作由爵士风格的舞蹈动作、难度动作以及过渡性动作等内容组成，通过队形、空间、方向的变换，展现参赛运动员的激情以及团队良好的运动舞蹈能力。

爵士舞蹈啦啦操的显著特征是舞蹈动作相对随性，不必像传统式的古典芭蕾必须局限于一种形式与遵守固有的姿态，但又与迪斯科舞等完全自我享受的舞蹈不同，它在自由之中仍有一种规律的存在，例如会配合爵士音乐表现感情，也借助或仿效其他舞蹈技巧的灵敏性、现代舞躯体的收缩与放松、拉丁舞的舞步与摆臂以及东方舞蹈上半身的挪动位置等。

4. 高踢腿舞蹈啦啦操

高踢腿舞蹈啦啦操的成套动作基本全部由踢腿动作组成，可通过踢腿的方向、节奏、空间以及队形的变换展示参赛运动员高超的腿部柔韧性、灵敏性及良好的团队配合，并结合啦啦操基本手位、难度动作、舞蹈技巧等动作元素，体现干净、精准的腿部柔韧、速度和爆发力特征以及技术运用，展示踢腿动作整齐划一、队形不断变化等集体动作的视觉效果。

三、技巧啦啦操的定义及技术特征

(一)定义

技巧啦啦操是在音乐的伴奏下，以跳跃、托举、金字塔组合、抛接、翻腾等技巧性难度动作为主要内容，配合口号及啦啦操个性舞蹈动作，充分展示运动员高超竞技能力的团队竞赛项目。

技巧啦啦操的主要技术元素包括 Dance(舞蹈)、Cheer(口号)、Tumbling(技巧)、Basket Toss(轿子抛)、Partner Stunts(舞伴特技，是指托举的难度动作)、Pyramid(叠罗汉)、Jump(跳跃)等动作。

(二)技巧啦啦操技术特征

技巧啦啦操以其动感、有力的特点配以高超的难度征服着观众，它不像舞蹈啦啦操的动作那样具有延展性，也不像竞技健美操那样有弹动性，不难看出动作短促有力、核心稳定、脚下平稳是其最直观的基本技术特征之一。而技巧啦啦操中托举、金字塔等内容多为多人配合动作，队员之间协同合作、相互配合是基本技术的基础特征。在成套动作过程中，运动员担当的角色往往不固定，要根据实际动作进行改变，因此身兼多职、角色互换是其基本技术的显著特征。

(1)短促有力、核心稳定、脚下平稳是其最直观的基本技术特征。技巧啦啦操在节奏鲜明欢快的音乐伴奏下，运动员们要完成繁杂的动作，并且动作涉及不同的空间层次，因此想要完成一系列的动作，需要一定的力量来支持运动员完成。技巧啦啦操肢体动作常常通过短暂的加速、制动定位来体现该项目的动作力度感，所以短促有力的发力特点是完成干净利落、位置精确的技术动作的关键。无论是看似简单的手位动作，还是技艺高超的抛接、金字塔难度，核心稳定是决定性因素。核心稳定可以从两方面来看：一方面是需要运动员自身核心稳定。直观来看，“核心”指的是人身体的中间部位，具体来讲就是身体肩关节以下到髋关节以上的区域，包括骨盆在内，是由腰部、骨盆与髋关节三个部分所形成的一个整体。核心的稳定，有助于保持运动员身体的稳定性，力从核心部位向四肢传开带动肢体的运动，从而更好地完成转体、跳跃、托举等一系列动作。特别是尖子运动员，保持好核心稳定才能配合底座等运动员完成一系列的难度动作，保证难度动作发挥的稳定性。所以说，运动员只有能够保证自身核心稳定，团队的核心稳定才能够得到保证。另一方面是团队的稳定性。在成套动作演绎中很多动作需要多个成员共同完成，比如金字塔、抛接动作等，成员角色转变多样，动作花哨复杂，不管是造型动作还是上下架的过程，想要追求省力、快速，就一定要具备核心稳定性。在底座搭建稳定的情况下，尖子运动员才能够稳定地上架准备下面的一系列动作；同样也只有在尖子运动员核心稳定的情况下底座才能够将抛接等动作中的运动轨迹做得精准，二者相辅相成，互相影响。在金字塔多层搭建过程中，团队核心稳定有助于上层运动员更好地到位，从而完美地展示动作造型。在动作与动作的转换连接过程中，核心稳定则重心能更好地保持稳定，移动平稳，展现出技巧啦啦操的特点。以上三点是一个构成成套动作最基础、最明显的要点，也是技巧啦啦操最直观的基本技术特征。

(2)队员之间协同合作、相互配合是基本技术的基础特征。成套动作演绎过程中，托举、抛接等配合动作都需要两名以上运动员一起合作完成，尤其像金字塔等动作需要更多的队员甚至于全部队员一起通力合作、协作完成。队员们要按照各组规定的统一的节奏顺序、发力时间与大小，通过彼此间的肢体接触，相互传力合作完成。他们通过长期的练习磨合而获得高度一致性，使时间、角度、轨迹、落点等精准无误，是保证完成一个高质量的难度动作的基础，所以说协同合作、相互配合是基本技术的基础特征。

(3)身兼多职、角色互换是其基本技术的显著特征。在一支成熟的队伍中，底座、尖子、保护员、中间人等角色每一个都非常重要，起着不可或缺的作用，想要完成难度动作需要他们共同努力、协作完成。在一组成套动作中，运动员们并不是单一地从事某一个角色的工作，他们往往需要根据实际编排动作的需求在多个角色间随时转变，并且大多是在动态过程中进行转变，甚至于同时兼顾两个角色。这就要求运动员熟练掌握多重技术，并在脑海里有清晰的节奏顺序，保证角色和角色的转化中顺畅无误。这种能够掌握多种技术，并能在成套动作中完美实现的能力是一个技巧啦啦操队员所必备的，也体现了运动员身兼多职、角色互换的这种显著特征。

(三)难度动作特征

在技巧啦啦操中，多人协同配合、共同完成是其难度动作最大的特征，需要两名或多名队员一起，按照各组规定的统一的节奏顺序，发力时间、大小与方向，通过彼此间的肢体接触，相互传力合作完成。技巧啦啦操难度动作包括托举、金字塔、抛接、翻腾四大类，根据难易程度又分为不同的等级，因此，难度动作在技巧啦啦操中占有十分重要的位置。

1. 托举类难度

托举是指尖子被在地面上的一个或更多人的支撑下完成的技巧。托举类难度动作可以分为上架、造型动作、下架三个过程；根据尖子被托起后的高度可以分为髋位托举、肩位托举、高位托举、火炬式托举四大类；依据参与动作的底座的人数分为单底座托举、双底座托举、多底座托举三大类。托举类难度可以细分为很多种，要求每一个动作在空中有清晰的展示时间和过程，队伍可以根据自己的能力情况选择不同的动作，并且可以在上架、下架的方式和托举过渡上选择创编多样、复杂的动作，以展示团队的能力。

2. 金字塔类难度

金字塔动作是指由一组组的托举相连接而形成的造型动作，站在地面上的运动员可以协作形成一个团体。金字塔类难度搭建过程分为上架、搭成金字塔造型、下架三步，根据搭成后的高度可以分为两人高金字塔和两人半高金字塔两大类，其中六级以下不能出现两人半高金字塔这个难度。搭建金字塔类难度要求所有运动员之间要相互连接形成联系，在创编动作造型时要兼顾动作结构是否合理、视觉效果是否美观以及上下架及过渡动作的多样性和复杂程度，在追求惊险刺激效果的同时充分保证运动员自身的安全性。

3. 抛接类难度

抛接是一种空中的难度动作，是指底座队员利用手腕发力将尖子运动员抛出，提高尖子运动员的离地高度，由尖子运动员在空中完成一系列例如踢腿、团身转体等造型动作或者转体动作，下落再由底座接住的过程。在做这一类难度时，抛出的轨迹、空中动作的完成度、接法和下法的动作是否清晰稳定，对运动员是一个极大的考验，对成员间的配合与运动员的身体素质有极大的要求。加入成套动作中，往往还会加入空间、层次、队形变换等因素，各小组会出现不同节奏的抛接难度，从而带动整体的氛围，增加了惊险刺激的视觉效果。

4. 翻腾类难度

翻腾是指在表演场地进行的开始或者结束的任何体操或杂技技巧，在技巧啦啦操中分为原地和行进间两种方式，包括各种滚翻、软翻、手翻、空翻难度，结束时有单脚、双脚两种落地形式，成套中把这些难度加以串联来展示团队实力。此类难度要求动作清晰，技术要领正确，空翻动作时要有明显的腾空动作，且转体度数能够基本完成。此类难度在比赛成套中要出现大于等于一次，参与的队员数量越多反映队伍的整体能力越高。

四、啦啦操 32 个基本手位动作及要求

啦啦操的 32 个基本手位动作都锁肩并制动于体前。

(1)上 M(upM)：两臂肩上弯曲，手指触肩，肘关节向外打开(见图 24—2)。

(2)下 M(handsonhip)：两手成拳，拳面叉腰于髋关节处，拳心向后(见图 24—3)。

(3)W(muscleman)：两臂成拳肩上屈，大小臂成 90°，拳心相对(见图 24—4)。

(4)高 V(highV)：两臂斜前上举握拳，拳心朝外(见图 24—5)。

图 24—2

图 24—3

图 24—4

图 24—5

(5)倒 V(lowV)：两臂斜下举握拳，拳心向内(见图 24—6)。

(6)T(T)：两臂侧平举成拳，拳心向下(见图 24—7)。

(7)斜线(diagonal)：一臂斜上举，一臂斜下举，双手成拳，两手臂成一斜线(见图 24—8)。

(8)短 T(halfT)：两臂胸前平屈，双手成拳，拳心向下(见图 24—9)。

图 24—6

图 24—7

图 24—8

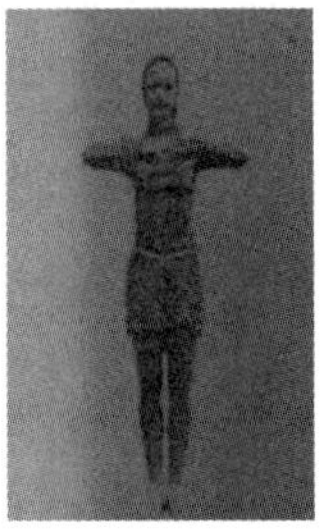
图 24—9

(9)前 X(frontX):两臂伸直体前交叉,双手握拳,拳心向下(见图 24—10)。

(10)高 X(highX):两臂于头前上方交叉,拳心朝前(见图 24—11)。

(11)低 X(lowX):两臂体前下方交叉,拳心朝斜下(见图 24—12)。

(12)屈臂 X(bendX):小臂胸前交叉,拳心向内(见图 24—13)。

图 24—10

图 24—11

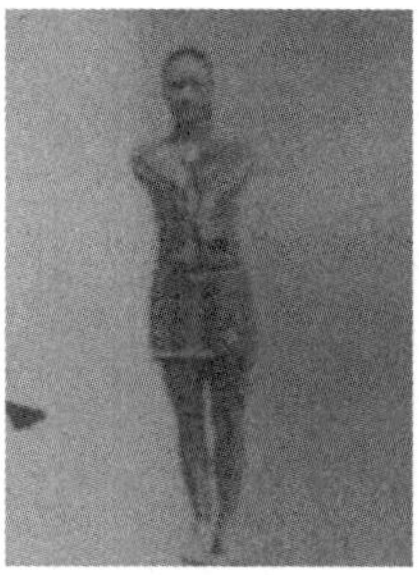

图 24—12

图 24—13

(13)上 A(upA):双手成拳,双臂上举且双拳相触,拳心相对(见图 24—14)。

(14)下 A(downA):两臂胸前斜下举,双拳相触,拳心相对(见图 24—15)。

(15)加油(applauding):两手握式击掌于胸前,肘关节向下,手低于下颌(见图 24—16)。

(16)上 H(touchdown):两臂上举与肩同宽,拳心相对(见图 24—17)。

图 24—14

图 24—15

图 24—16

图 24—17

(17)下 H(lowtouchdown):两臂体前下举,拳心相对(见图 24—18)。

(18)小 H(littleH):一臂上举成拳,拳心向内,另一臂胸前屈,肘关节向下,拳心向内(见图 24—19)。

(19)L(L):一臂上举,拳心向内,另一臂侧平举成拳,拳心向下(见图 24—20)。

(20)倒 L(lowL):一臂侧举,另一臂体前下举握拳,拳心向下(见图 24—21)。

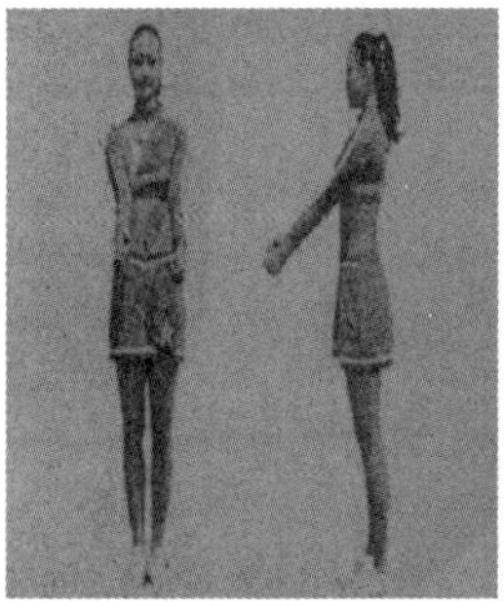

图 24—18

图 24—19

图 24—20

图 24—21

(21)K(K):一臂体前上举,另一臂体前下举,双手握拳,拳心相对(见图24—22)。

(22)侧K(sideK):下肢成弓步或开立,手臂同K(见图24—23)。

(23)R(7R):一手头后屈,拳心向前,另一手臂体前斜下冲拳,拳心向下(见图24—24)。

(24)弓箭(bowandarrow):一臂胸前平屈,另一臂侧平举,两手成拳,拳心向下(见图24—25)。

图24—22

图24—23

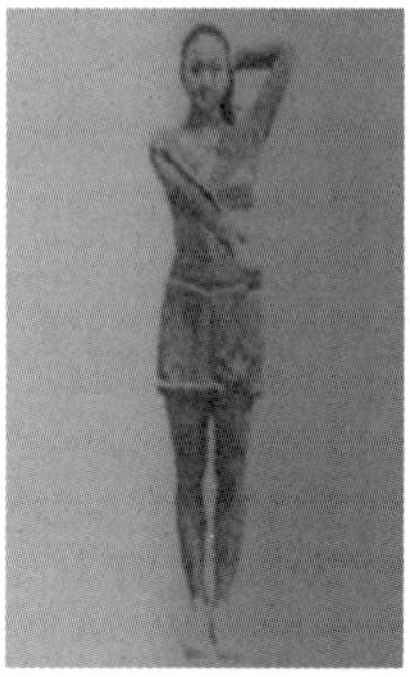

图24—24

图24—25

(25)小弓箭(bow):一臂侧平举,拳心向下,另一臂胸前屈,肘关节向下,拳心向内(见图24—26)。

(26)高冲拳(highpunch):一臂体前上举,拳心向内,另一手拳面叉腰,拳心向后(见图24—27)。

(27)侧下冲拳(lowsidepunch):一手拳面叉腰,拳心向后,另一臂做下V的一半,拳心向内(见图24—28)。

(28)斜下冲拳(lowcrosspunch):一手拳面叉腰,另一臂体前斜下冲拳,拳心朝下(见图24—29)。

图24—26

图24—27

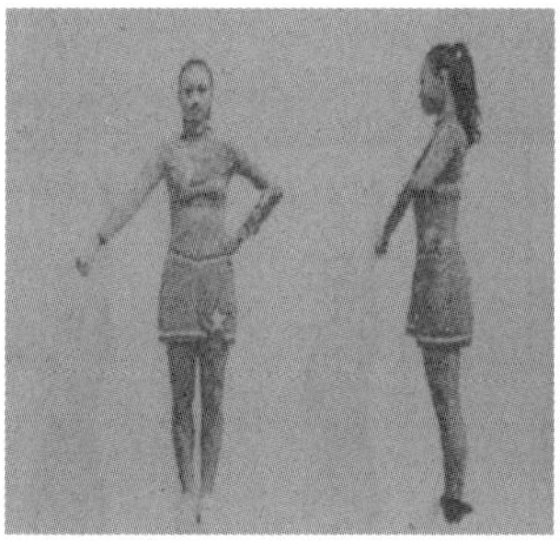

图24—28

图24—29

(29)斜上冲拳(upcrosspunch):一手拳面叉腰,另一臂体前斜上冲拳,拳心朝下(见图24—30)。

(30)短剑(halfdagger):一手拳面叉腰,另一臂胸前屈肘,肘关节向下,拳心朝内(见图24—31)。

(31)侧上冲拳(highsidepunch):一手拳面叉腰,另一臂斜上冲拳,拳心朝外(见图24—32)。

(32)X(X):双腿开立,两臂头后平屈,拳心贴于头部,肘关节向外打开(见图24—33)。

图 24—30

图 24—31

图 24—32

图 24—33

五、常用下肢动作基本技术与基本手型

(一)下肢动作基本技术及要求

啦啦操常用下肢基本动作包括立正站、军姿站、弓步站、侧弓步站、锁步站和吸腿站。

(1)立正站(feettogether):直立,两腿并拢,手臂贴于体侧(见图 24—34)。

(2)军姿站(handsonback):直立,脚跟并拢,脚尖外开,两手背于体后(见图 24—35)。

(3)弓步站(lunge):一腿向前弯曲,一腿向后伸直,重心在两腿之间,双手背于体后(见图 24—36)。

(4)侧弓步站(sidelunge):一腿弯曲支撑,另一腿伸直侧点地,重心在支撑腿上(见图 24—37)。

(5)锁步站(lockstep):两腿弯曲,一腿交叉于另一腿前(见图 24—38)。

(6)吸腿站(knee):一腿直立,另一腿屈膝抬起,大小腿保持 90°(见图 24—39)。

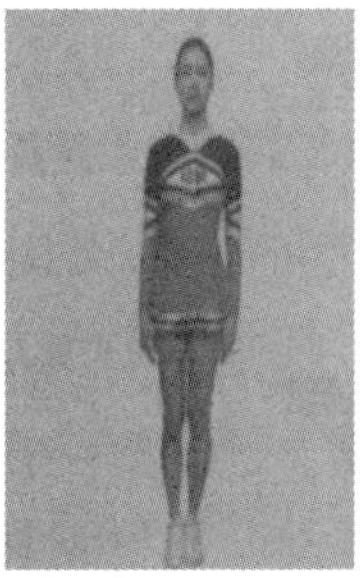
图 24—34

图 24—35

图 24—36

图 24—37

图 24—38

图 24—39

(二)常用手型及要求

(1)胜利(victory):握拳,食指和中指伸直成 v 字形(见图 24—40)。

(2)力量(fist):手握拳(见图 24—41)。

(3)喝彩(openpalm):双手五指用力张开,并高举双手,手掌前后摆动(见图 24—42)。

(4)酷(cool):中指和无名指弯曲,其他三指伸直(见图 24—43)。

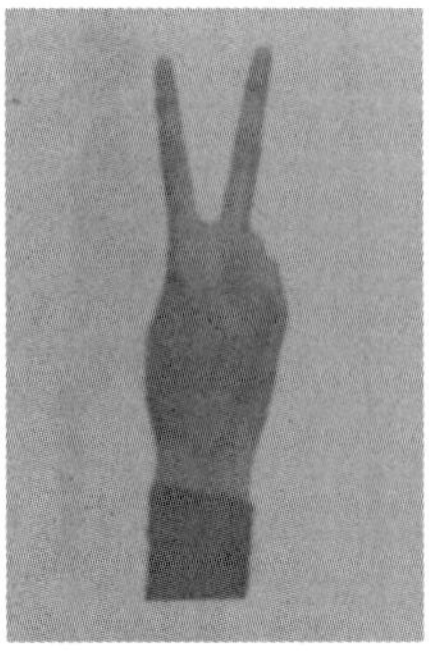

图 24－40

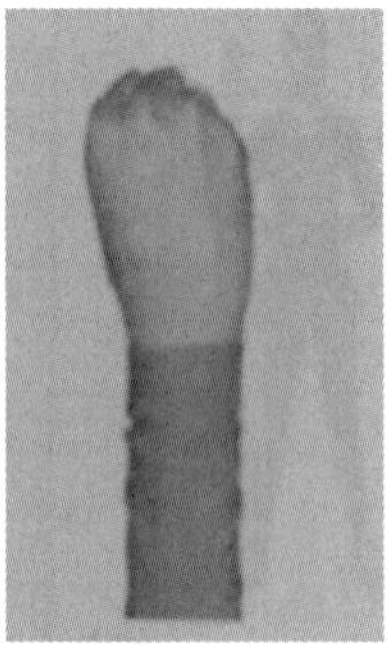

图 24－41

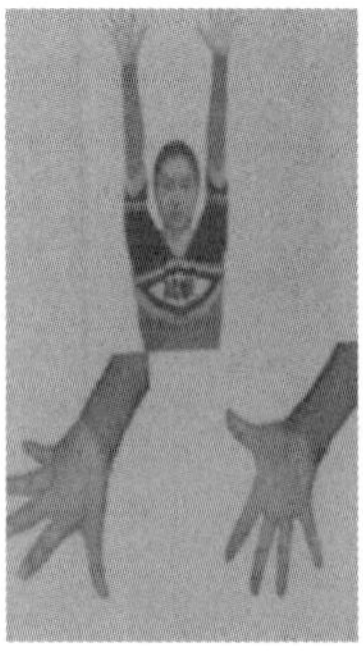

图 24－42

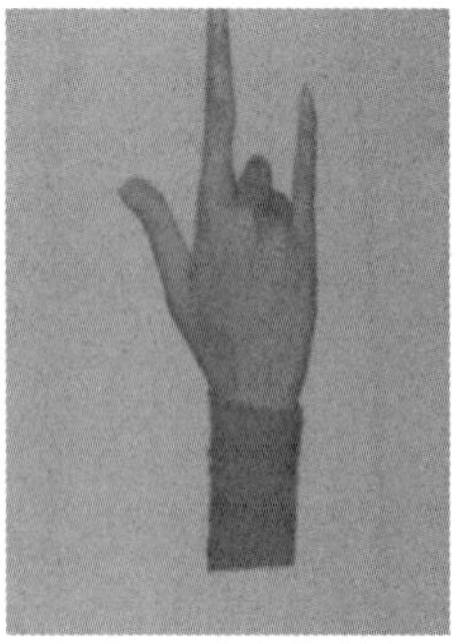

图 24－43

(5)团结(clap):双手在虎口处相握(见图 24－44)。

(6)真棒(thumb):四指相握,大拇指竖起(见图 24－45)。

(7)勇往直前(forefinger):食指伸出,其余四指握拳(见图 24－46)。

(8)自信张扬(palm):四指并拢,大拇指张开(见图 24－47)。

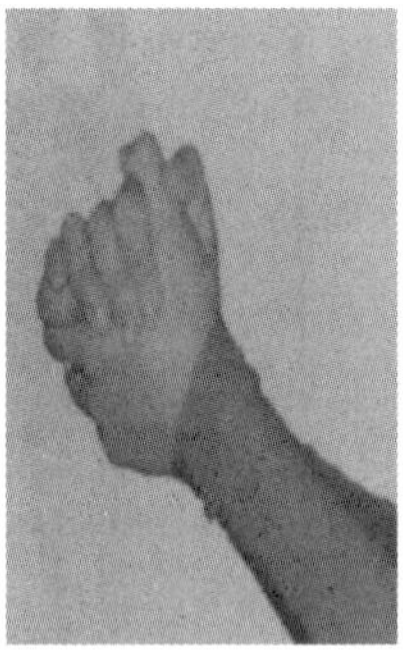

图 24－44

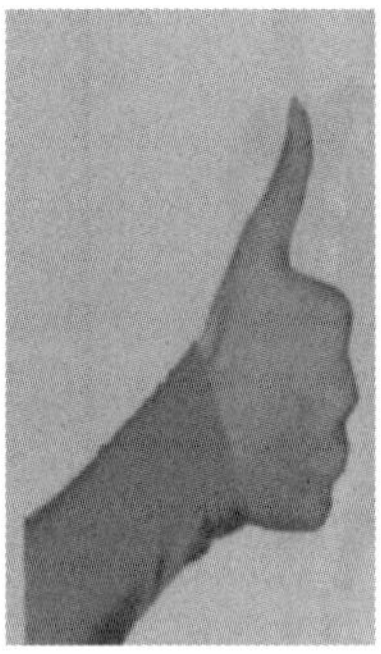

图 24－45

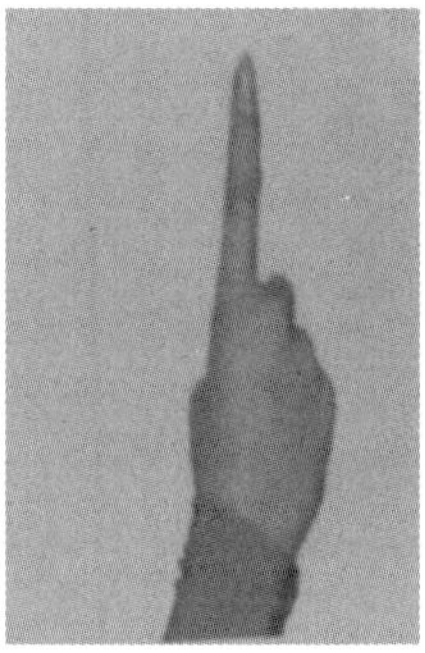

图 24－46

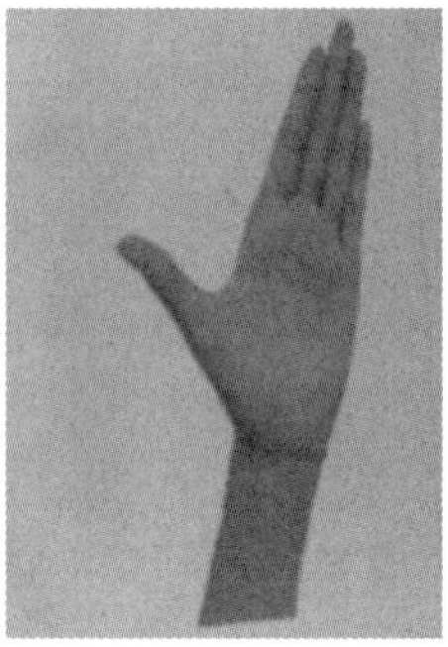

图 24－47

六、啦啦操运动的口号与音乐

(一)口号的介绍

口号是技巧啦啦操最基本的技术之一,也是技巧啦啦操的基本特征之一,口号是成套动作中的重要组成部分,可以放在成套动作的任何阶段,包括开始、中间、结束位置,一般多放在成套动作的中间段。在《国际全明星啦啦操竞赛评分规则 2006—2009 版》中规定:成套动作时间为 2 分 30 秒,前后有 10 秒的宽容度,对于技巧啦啦操,在成套动作中必须设计一组 30 秒的口号,允许上下 5 秒的宽容度,口号的要求为:

(1)体现主题:口号要体现队伍勇往直前、积极向上的精神。

(2)口号选取:队伍、吉祥物、学校、地区、国家的名字以及简短的激励人心、鼓舞士气的词语或名言警句均可作为口号。口号应含义清楚,切忌选取发音复杂、不容易提高音量的词汇,同时要避免使用晦涩、易产生歧义的词语。

(3)口号效果:口号要做到简短有力,声音洪亮而整齐,用热情感染观众。

(4)声音运用:发出声音前要深呼吸,使整个咽喉部放松,当肺活量处于最大值时,发出口号,同时控制气息流动,保证气息通畅,使身体的共鸣腔扩展到最大,以产生最佳声音效果。

(5)口号运用:口号内容与形式不限(不得出现不文明语言),不得有音乐伴奏,不得将口号录制在音乐中，所有口号必须现场原声。口号可以运用道具、舞蹈、难度等内容与之配合。

（二）口号的组成

组成口号的句子或词语多来自比赛的内容，学校、队伍名字或啦啦操的吉祥物、标志、图标等以及校训等。一般使用振奋人心、鼓舞士气的一系列词语，也可以是为比赛而设定的一些专门的口号。

（三）呼喊口号的原则

（1）统一性：由于每个人声音大小、音色不同，个人的风格与整体的风格要具有统一性，从而使口号的发声具有一致性。

（2）有效性：口号应有利于裁判和观众听得清晰，要简单、有力、朗朗上口，给人一种积极向上的精神。

（3）时机性：加油的时机应合理，在突出队伍团结性的同时，适时地为本队加油喝彩。

（4）合理性：利用标记牌或麦克风传递口号的信息，用最大的激情让观众感受到啦啦操也是参赛队伍的努力，创造与观众共同参与的热烈氛围。

（5）节奏性：应突出节奏的一致和音节的押韵。

（四）口号声音的控制

口号声音控制的三个主要方面是清晰的发音、适当的音调和控制性的音量。

1. 清晰的发音

啦啦操每一位队员都必须清楚，每个词语配上清晰的发音，再加上适度的动作，才能使啦啦操项目的精髓得到体现。在加油喝彩时发音清晰、重点突出，可以使人们更容易地理解与声音匹配的动作含义。如“GO-GO-LET’S-GO!”，在每个词语后面加上动作。

2. 适当的音调

音调是指声音的质量、特性。低音调是最好的，啦啦操队员应自然地降低发音，声音的发出需要自然而不互相影响。当啦啦操队员兴奋时，他们的声音会不自觉地变高，啦啦操队员在工作时，必须保持自然的音调，有意识地控制声音。

3. 控制性的音量

音量是指发出声音的响度。啦啦操队员的声音要有控制性。在队员吸入大量的空气后，要以充足的底气大声喊出口号。发音时，最好使用低音调和正常的音量，在需要更高的音量帮助声音传递时，应避免口号声音变成噪音。

七、啦啦操运动的音乐

（一）音乐的作用

音乐作为啦啦操的重要组成部分起到烘托气氛与激发灵感的作用。音乐是声音的艺术。音乐作为完整的艺术形式有着自己独特、系统和完整的表达方法与方式。啦啦操的动作在音乐的衬托下使其更具生命力与艺术性，使啦啦操扩大了表现空间。如果说仅仅由动作构成了啦啦操的锻炼与原始的竞技冲动，音乐则为啦啦操注入了灵魂，并使内心的激动呐喊出来。

音乐节奏的快慢与强弱、音调的优美和谐，关系到动作节奏的快慢，动作力度、幅度的大小及运动负荷的大小等。动作和音乐旋律协调一致，就会激发练习者的情绪，能给练习者带来愉快和美的享受，可以延缓疲劳的出现，达到健身和陶冶情操的目的。成套啦啦操的音乐讲究韵律的变化要此起彼伏，节奏有强有弱、有快有慢。好的音乐能给人以感染，能对啦啦操起到推波助澜、锦上添花的作用。

音乐的节奏与速度，严格地控制着动作的节奏与速度，因此在很大程度上控制着运动的强度。

就速度与节奏而言，时间相同，节奏与动作越快，越复杂，强度就越大；反之越小。两者的相互关系如表 24—1 所示。

表 24—1

音　乐	动　作	联　系	作　用
节奏与速度	节奏与强度	正向	控制强度
风格	风格	文化	强化特点
结构	套路结构	段落与过渡	结构完美
情绪	表达	脑细胞	抑制疲劳

音乐的风格决定着动作的风格。音乐风格受时代的变化、民族地域、环境、作者等因素影响。因此，我们应当尊重音乐的风格。因为唯有这样，动作与音乐才能协调，音乐才能有力地支撑其动作。

音乐的强弱变化为动作的力度与起伏造就了内在的条件，使动作与音乐在结构上产生联系，曲调与节奏的变化加之动作起伏从而产生韵律感，增加啦啦操的韵律美，使啦啦操在美学的价值上更高。

音乐的情绪有控制啦啦操动作与脑细胞兴奋的作用，因此在音乐伴奏下进行锻炼和比赛可以延缓疲劳现象的出现。同时，音乐的情绪同样可以影响人的情绪，这也是啦啦操多选择曲调欢快、节奏强劲的音乐作为伴奏音乐的重要原因之一。欢愉明快地音乐可以更快调动起人的兴奋性。

(二)音乐的基本常识

1. 旋律

旋律即曲调，是音乐的灵魂，是指若干乐音经过艺术构思而形成的有组织、有节奏的序列。旋律是体现音乐作品的思想感情的主要元素之一。人们在聆听音乐时，最先能够感知和获取的音乐信号就是旋律，它是首先进入人们脑海的信号元素。

2. 节奏

节奏是乐曲的基本要素，是乐音在演奏过程中长短与强弱的对比关系。它不但存在于音乐之中，也存在于所有运动着的事物中。音乐的节奏给音乐以活力与动力。

啦啦操动作的节奏一定要遵循音乐节奏，特别是在重拍的处理方面，通常和音乐的拍子是看队员的步伐处理。

3. 节拍

节拍是规律拍节的重复，是按照一定规律均匀交替出现的强拍节与弱拍节。例如，啦啦操音乐常用的 2×8 拍、4×8 拍，就是指强弱拍节交替、规律地重复出现 2×8 拍、4×8 拍。

4. 和声

和声是最常见的音乐表现手段，是两个或两个以上不同的乐音按一定的法则同时发声而构成的音响组合。和声的效果指向和谐，是在统一与不统一、稳定与不稳定、强弱变换与不变换关系之间相对平衡的美。和声是极具感染力的情感表达方式，它既可以在编曲中自然加入，也可以在音乐作品完成后根据情境特点人为添入。例如：演唱会临时加入的多人和声演唱。和声对于音乐节奏的快慢程度、音乐的爆发力与表现力、音乐的情感与效果有着直接影响。

5. 音乐的其他表现手段

除了上述音乐的几种表现手段外，音乐还靠其他的表现手段来增强音乐的表现形式，如速度的变化、力量的变化、音区的变化、演奏形式的变化、表情手段的变化等。

音乐的各种基本表现手段在作品中是综合运用的。掌握并了解这些表现手段，就会对所采用的音乐作品有一个较为清楚的认识，同时具备将动作与音乐融为一体的能力，使动作更具生命力。

八、啦啦操运动套路

(一)套路介绍

为把我国啦啦操运动普及成为时尚、健康、快乐的现代大众健身项目，促进青少年素质教育和校园体育文化建设，国家体育总局体操运动管理中心于2010年推出《全国啦啦操规定套路》(第一套)。该套路分为技巧啦啦操规定套路和舞蹈啦啦操规定套路。该规定套路在动作创编中遵循了健身性、时尚性、娱乐性、艺术性原则，结合我国大众健身和学校体育的具体要求，精心设计和创编，保证了动作的专业性、科学性、观赏性和趣味性。

(二)《花球舞蹈啦啦操》动作说明

(1)预备姿势(一个八拍)：左手扶臀，右臂侧平举，两腿屈膝外开右脚点地，面向1点(见图24—48)。

预备　　哒　　1～4　　哒　　5～7　　8

图 24—48

1～4拍：双臂成下V，右脚上前一步成锁步。

5～8拍：5～7拍双臂成上V，两脚跳成开立，第8拍双手持花球置于胸前，两腿并拢站立。

(2)1×8拍(见图24—49)：

1～3　　1～3侧面示范　　4　　5～6　　7～8

图 24—49

1～4拍：1～3拍手臂放于大腿前方，双脚右、左、右依次向前上步；4拍双手成上H，双脚并步提踵。

5～8 拍：双手将花球置于胸前后成上 V，两拍一动；上左脚成弓步，右膝微屈，脚跟提起。

(3)2×8 拍(见图 24－50)：

1～3　1～3侧面示范　4　5～6　7～8

图 24－50

1～4 拍动作同 1×8 拍的 1～4 拍动作，但出脚顺序相反。

5～8 拍动作同 1×8 拍的 5～8 拍动作，但下肢为右脚后退成弓步，脚跟提起。

(4)3×8 拍(见图 24－51)：

1　2　3　4　5～6　7～8

图 24－51

1～4 拍：1～3 拍双臂置于大腿前方，两脚依次左、右、左踏步，同时向左转体 360°，4 拍双脚并步，双臂屈肘于胸前。

5～8 拍：5～6 拍手臂成 K 形，迈左脚成屈腿弓步；7～8 拍双臂屈肘于胸前，两腿并拢站立。

(5)4×8 拍(见图 24－52)：动作同 3×8 拍，但方向和出脚顺序相反。

1　2　3　4　5～6　7～8

图 24－52

(6)5×8 拍(见图 24—53):

1　　2　　3　　4

5　　6　　7　　8

图 24—53

1～4 拍:1 拍右上 L,左脚向左侧迈步成半蹲;2 拍屈肘于胸前,收左脚成并步;3～4 拍动作相同,方向相反。

5～8 拍:5 拍右臂前 L,左脚上步成前弓步;6 拍双臂成上 H,双脚并步提踵;7 拍左臂前 L,左脚向左侧迈步同时半蹲;8 拍双臂垂于大腿前方,双脚跳成并步。

(7)6×8 拍(见图 24—54):

1～2　　3～4　　5～6　　7～8　　5～6侧面示范　　7～8侧面示范

图 24—54

1～4 拍:1～2 拍成右斜 T,迈右脚成右弓步;3～4 拍成左斜 T,下肢重心左移成左弓步。

5～8 拍:5～6 拍含胸双手收于胸前,双脚跳成屈膝并步;7～8 拍两手并拢并前伸双臂前举,左脚前迈步成前弓步,右脚脚跟提起。

(8)7×8 拍(见图 24—55):

1～4 拍:1～2 拍成右臂高冲拳左脚向左侧迈出一步成分腿站立;3～4 拍低头、抬头各一次,双脚保持 1～2 拍动作。

5～8 拍:5 拍成右斜下冲拳;6 拍由右下方摆至左上方成左侧上冲拳;7～8 拍动作相同方向相反。下肢保持 1～4 拍动作不变。

图 24－55

(9)8×8 拍(见图 24－56)：

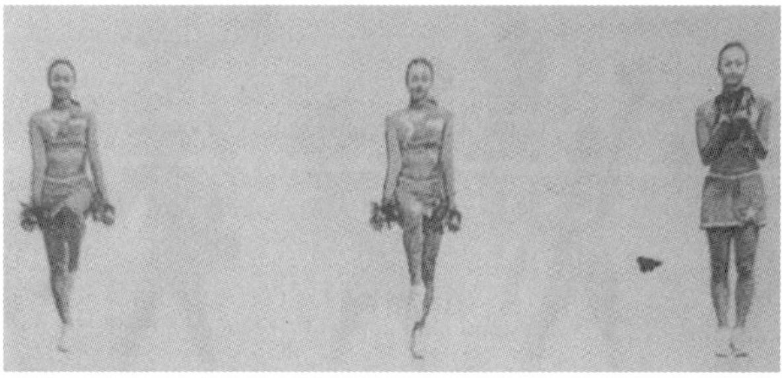

图 24－56

1～6 拍：1～6 拍双臂垂于大腿前方，左右脚依次踏步。

7～8 拍：双手抱于胸前(成加油手位)，两脚成并步。

(10)9×8 拍(见图 24－57)：

图 24－57

1～4 拍：1～2 拍双手上举成上 A 手位，双脚成大字形，分腿站立；3～4 拍双手向下成 H 手位，双腿屈膝俯身。

5～8 拍：5 拍双臂平行向右上方斜冲拳，身体右转后靠，两腿分立半蹲，重心移至左脚同时左脚跟提起；6 拍双手下压扶右膝，身体保持重心并移至两腿之间；7 拍双手垂直于大腿前方，双脚跳成并步直立；8 拍双手屈臂收于腰间，右脚前方上步成锁步。

(11)10×8 拍(见图 24－58)：

1　　2　　3～7　　8

图 24－58

1～7 拍：1 拍双手上举成上 H 手位，右脚支撑，左脚向侧摆腿；2 拍双臂经体侧由上向下压，左腿摆腿后前迈步成锁步；3～7 拍双手扶右膝，身体右转后向前俯身，两腿分立半蹲，重心置于两腿之间，同时左脚跟提起。

8 拍双臂自然垂放于大腿前方，双腿并拢站立。

(12)11×8 拍(见图 24－59)：

1　　2　　3　　4～7　　8

图 24－59

1～4 拍：1 拍双手上举成上 H，并分别于右前、正前、左前三个方位各敲击一次，双腿成分腿站立；4 拍双手下压扶左膝，身体向下俯身，两腿分立半蹲，重心置于两脚之间，同时右脚跟提起。

5～8 拍：5～7 拍保持 4 拍动作，8 拍双腿并步直立，两手垂放于大腿前方。

(13)12×8 拍(见图 24－60)：

1、3　　2、4　　5　　6　　7～8

图 24－60

1～4 拍：两臂屈肘于胸前（成“加油”手位），两脚左右脚依次踏步。

5～8 拍：5～6 拍两臂屈肘成短 T 形手位，两脚继续左右脚依次踏步；7～8 拍双手垂放于大腿前方，两腿并拢站立。

（14）13×8 拍（见图 24－61）：

图 24－61

1～4 拍：1 拍两臂由体侧摆至腹前，右脚经地面向前踹；哒拍两臂屈肘收于腰两侧，右腿屈膝；2 拍两臂前冲，右腿向侧落步与左腿成马步半蹲；3 拍双手屈肘成短 T 位于胸前；4 拍成右手斜上冲拳，左手贴于腰际，身体稍向左倾斜，双脚 3～5 拍原地小跳三次。

5～8 拍：5 拍动作同 4 拍，但方向相反；6 拍双臂侧下举，同时身体右转向下俯身，7～8 拍胸部向前振动两次；6～8 拍双脚成分立半蹲，重心于两脚之间，同时左脚跟提起。

（15）14×8 拍（见图 24－62）：

图 24－62

1～4 拍：1 拍右手扶臀，左臂侧平举，双腿分腿半蹲，左脚尖点地；2 拍左手扶臀，右臂保持 1 拍动作，下肢动作与 1 拍动作相反；3 拍双臂斜下举，头向右倾，下肢动作同 1 拍；4 拍两臂交叉于胸前，头向左倾，左腿顶直的同时右腿屈膝提踵。

5～8 拍：5～6 拍两臂分开并置于身体两侧，上体左转并向前俯身，双腿分立半蹲；7～8 拍双臂前举平移至胸前，两腿分腿开立。

(16)15×8 拍(见图 24－63)：

图 24－63

1～4 拍：1 拍右臂下伸，左臂屈肘于胸前；哒拍与 1 拍动作相反，两腿分立重心移至右脚；2 拍双臂成“加油”手位，哒拍成 H 手位，两腿保持分腿半蹲站立后伸直；3～4 拍动作同 1～2 拍动作，但方向相反。

5～8 拍：5～6 拍小臂上举内绕环，经右侧平移至左侧，双腿依然分腿站立；7 拍含胸低头双臂屈于胸前，双腿屈膝且上身俯身；8 拍双臂成上 A 手位，双脚跳成并步。

(17)16×8 拍(见图 24－64)：

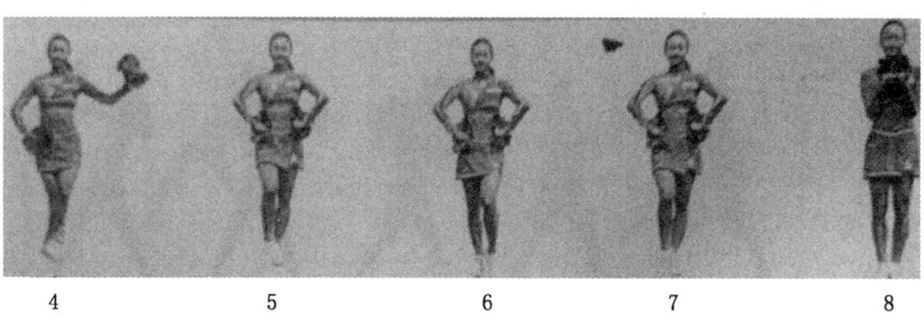

图 24－64

1～4 拍：1、3、4 拍右手屈肘扶于右胯，左手屈肘外摆于体侧；2 拍、哒拍动作相同，方向相反。下肢左、右脚依次向前走并成锁步。

5～8 拍：5～7 拍成下 M 手位，8 拍屈肘于胸前。下肢右、左脚依次上步，8 拍时双脚并拢。

(18)17×8 拍(见图 24－65)：

1～2 拍侧下举；3～4 拍屈肘于胸前(成加油手位)；5～8 拍动作同 1～4 拍动作。下肢始终保持并拢站立。

1～2　3～4　5～6　7～8

图 24－65

(19)18×8 拍(见图 24－66)：1～7 拍左臂上举，右臂下垂；2～7 拍左臂带动右臂做风火轮；8 拍成胸前屈臂折叠。下肢 1～7 拍并立并弹动，一拍一动，8 拍保持直立。

1　2　3　4

5　6　7　8

图 24－66

(20)19×8 拍(见图 29－67)：1～6 拍双臂垂直于大腿前方，左、右脚依次踏步向左转体 360°；7～8 拍双手成 T 手位，双脚并立。

(21)20×8 拍(见图 29－68)：双手成 T 手位，下肢 1～4 拍左腿前踢腿后落脚并立；5～8 拍下肢动作同 1～4 拍，但出腿顺序相反。

1 2 3 4 5 6 7～8

图 24－67

正面示范：

1 2 3 4 5 6 7 8

侧面示范：

1 2 3 4 5 6 7 8

图 24－68

(22)21×8 拍(见图 24－69):这是一组双人配合动作。下肢动作为分腿开立。

1～4 拍:1～2 拍双手扶髋,3～4 拍站在后面的人俯身将花球放在前面同伴的脚下,前面的人两臂前平举。

5～8 拍:5～6 拍后面的同伴伸手接前面同伴屈肘向后递来的花球;7～8 拍后面的同伴接花球后上举成 H 手位,前面的同伴俯身弯腰捡后面同伴放在自己脚下的花球。

1～2 3～4 5～6 7～8

图 24－69

(23)22×8 拍(见图 24—70)：

1～4 拍：右臂高冲拳，左臂扶髋，下肢左、右脚依次上步向前走。

5～8 拍：左手叉腰，右手随胯左、右依次摆动(一拍一动)；下肢 5 拍左脚向左移动成开立，双腿屈膝，右脚点地；6～8 拍脚跟随髋部左、右摆动。

1、3　2、4　5　6　7　8

图 24—70

(24)23×8 拍(见图 29—71)：

1～4 拍：双臂依次向左斜下、右斜下、左斜上、右斜上推动，左脚开始走十字步。

5～8 拍：5 拍双手成 T 手位；哒拍双臂屈肘向外绕环；6 拍双手成 T 手位；7 拍双臂成下 V 手位；8 拍双臂成 X 手位。下肢 5～6 拍左侧身向前恰恰跳步；7 拍右脚向右后转体 180°；8 拍左脚在前撑弓步。

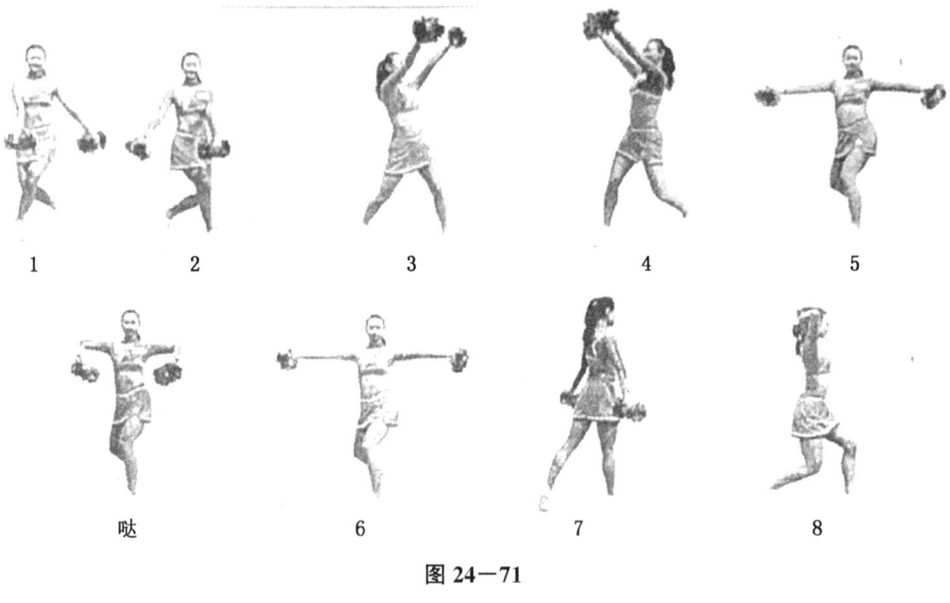

1　2　3　4　5

哒　6　7　8

图 24—71

(25)24×8 拍(见图 24—72)：

1～2 拍：1 拍双臂上举成高 V；哒拍屈臂于胸前；2 拍双臂下举成倒 V。下肢右腿侧身向前恰恰步。

3～8 拍：3～6 拍双臂自然垂直于大腿前方，下肢从左脚开始左后方向转身 180°向前走；7 拍双手持花球与胸前，下肢并步成团身半蹲；8 拍双臂成上举 H，双脚提踵站立。

图 24－72

(26)结束动作(见图 24－73):右臂于斜前下方,左臂屈肘于头部后方;右后方向转体 180°成分腿站立并屈膝,左脚前脚掌点地屈膝外开。

图 24－73

第三节 啦啦操运动安全事故与预防

啦啦操是一个充满青春活力的项目,是一项青少年乐于参与的新兴体育运动,但因其动作难度大、危险性高,所以在训练和比赛中运动员偶尔会出现一些意外伤害事故。尤其是技巧啦啦操,因其难度高、节奏欢快、惊险刺激深受观看者喜爱的同时,也带动了表演者的激情。但在训练和比赛过程中,正是因为这些高难度的技巧配合、跳跃、翻腾等动作,使运动员在落地时受到巨大的冲击力,在技术动作不正确或不合理时极易发生对身体上的损害,轻的会出现扭伤、挫伤、抓伤等现象,严重了则会出现骨折、骨裂、关节错位甚至威胁生命。

舞蹈啦啦操虽然没有技巧啦啦操的抛接、翻腾等难度动作，但会有很多跳跃、转体、平衡等舞蹈动作，因此，在舞步的运行中常有开阔的步伐、富有韧性的屈伸、起伏有致的升降移动以及灵活多变的方向转换等，其发力和全身的稳定与平衡主要依赖于下肢和腰部，要保持良好的舞蹈造型以及舞蹈感觉，要求控制上肢的肌群，颈部伸直、舒展，肩部拉开、沉肩，胸腰充分展开等，因此舞蹈啦啦操运动损伤以软组织损伤为主，且多见于上下肢。

一、啦啦操运动损伤原因

高难度的运动往往很容易造成运动员的运动损伤，造成损伤的原因有主观原因和客观原因。

(一)主观原因

1. 思想认识不足，注意力不集中

啦啦操运动是一个循序渐进的过程，许多运动员急于求成，不按训练原则盲目地进行训练，最终给自己带来损伤。除此之外，技巧啦啦操有许多托举抛接动作，许多运动员不能克服高空的恐惧，这也造成了啦啦操运动的损伤。

2. 没有掌握正确的动作要领

啦啦操运动涉及的动作范围广、难度大、种类多，这些都要求运动员要有比较强的领悟能力和身体素质，需要掌握正确的动作要领。啦啦操的动作都是由许多技术环节构成的，没有掌握正确的技术动作要领会使动作脱节进而造成运动损伤。

(二)客观原因

1. 场地器材欠缺

啦啦操是一项运动难度较高、技巧性较强的运动，特别是技巧啦啦操中的托举、抛接、翻腾、金字塔等高难度动作对其场地的要求也相当严格，在练习这些动作的时候稍有不慎或者保护不佳很可能造成摔伤、撞伤、扭伤等伤害，在场地不佳的情况下这些伤害很容易出现。一般啦啦操运动场地都需要在弹性和缓冲都很大的场地进行，这样的场地一般耗资也很大，对于许多高校来说负担太重，因此这样的场地设备并不完备。

2. 准备活动不充分

准备活动在任何运动中都是特别重要的，尤其是在啦啦操运动中。啦啦操动作中的旋转、翻腾、抛接、托举、快速移动等动作都要求进行充分的准备活动。准备活动不够充分，各个身体部位不够兴奋，对于突然的高强度、大难度的运动难以适应，会很容易造成身体的损伤。

3. 运动时间太长，运动负荷过大

啦啦操是一个集体运动的项目，教练员很难充分考虑到每一个运动员的身体机能情况，进而制定相应的运动负荷。而这些运动负荷并不是适应每一个运动员，因此会带来运动损伤。

二、预防啦啦操运动损伤的原则

(一)对于教师或指导员来说

(1)提高教师或指导员的知识水平，积极开展预防啦啦操运动损伤的宣传工作。

(2)时刻教导学生以正确的技术练习。

(3)教育学生穿着合适的鞋。

(4)合理安排一节课的运动负荷，切记不要靠加快音乐的速度来增加运动负荷。

(5)合理安排内容，课程的设计应考虑学生全面均衡的发展，难度动作训练时一定要注意保护、帮助并结合力量和柔韧练习。

(6)加强医务监督和安全教育，建立和健全自我监督意识，使练习者学会运动损伤的治疗方法和预防措施，学会自我保护。

(7)改善场地设备条件及周围环境，调整练习者的心理状态。

(二)对于练习者来说

(1)加强身体的全面锻炼，提高机体对运动的适应能力。

(2)重视热身运动。

(3)使用适当的方法，听取教师或指导员的意见。

(4)学习防止运动损伤的技术和理论。

(5)穿戴合适的运动鞋、护腕、护膝等。

(6)保持有氧运动和无氧运动的锻炼均衡，同时参加一些力量和柔韧练习防止受伤，而在力量练习中要加强主动肌和对抗肌双方面的力量。

(7)运动前不要空腹，运动的前中后要适量饮水。

(8)根据自己的身体及时调整运动，如果在运动中某部位产生酸痛，可以考虑减轻运动或停止。

三、伤后康复

(1)尽量保持全身训练和未损伤部位的训练(如上肢受伤练下肢，下肢受伤练上肢)，以免伤后训练水平、机能状态、健康情况下降。

(2)对受伤部位要根据伤情合理安排训练内容和局部负担量。安排时要注意循序渐进和个别对待。急性损伤的早期，伤区暂不活动，以促使急性症状消退。对慢性损伤与劳损者实行合理的伤后训练是最适宜的。

(3)加强功能训练，如加强伤部有关肌肉的力量练习和关节动能训练，是伤后训练的重要内容，其目的在于发展伤部周围肌肉的负担能力，提高组织结构的适应性，恢复关节、肌肉的正常功能。

(4)加强伤后训练的医务监督。在每次训练前，应做好准备活动，对伤部要使用保护支持带(如护膝、护踝、护腕)，或用胶布、绷带固定支持，以加强伤部的稳固性，防止再度受伤。

第二十五章

身体素质

传统上，身体素质一般是指人体在活动中所表现出来的力量、速度、耐力、灵敏、柔韧等人体机能，也称体能。身体素质是一个人体质强弱的外在表现。身体素质经常潜在地表现在人们的生活、学习和劳动中，自然也表现在体育锻炼方面。一个人身体素质的好坏与遗传有关，但与后天的营养和体育锻炼的关系更为密切，通过正确的方法和适当的锻炼，可以从各个方面提高身体素质水平。

身体素质是人体在运动、劳动和日常活动中，在中枢神经调节下，各器官系统功能的综合表现，如力量、耐力、速度、灵敏、柔韧等机体能力。身体素质的强弱，是衡量一个人体质状况的重要标志之一。身体素质的发展，对增强人的体质和健康有重要意义。

从力量素质看，不同年龄阶段青少年、成年、老年人的下肢、上肢力量和力量耐力发展都有自身特点。下肢力量(20～39 岁)表现为随年龄的增长而呈持续下降，下降幅度男性稍大于女性；城市非体力劳动者大于城市体力劳动者大于农民。上肢力量表现为：35 岁前成年人的握力继续呈现增长趋势，此后随年龄增长，握力逐渐下降。女性的上肢力量持续发展时间长于男性，且增长率大于男性。衰退曲线则呈现了同步性特点，但下降率低于男性。力量耐力的发展特点是随年龄增长，男、女呈下降趋势。力量耐力发展与工作种类特点正相关。不同工种在不同年龄段表现出不同的特点，但最终下降趋势是非体力劳动者大于体力劳动者。

从速度和灵敏素质看，中国成年、老年人速度与灵敏素质的发展特点是，随年龄的增长，男、女均呈下降趋势，下降趋势男性表现为先慢后快，女性则相反。男、女同年龄段的量值特点是，男性优于女性。

从柔韧素质看，中国成年、老年人各年龄段柔韧素质的变化特点是：20～24 岁时男、女坐位体前屈均在 11～12 厘米，随年龄增长，坐位体前屈男、女均持续性下降，但女性下降幅度低于男性。

第一节　力量素质

一、力量素质的概念

肌肉力量是指机体神经肌肉系统在工作时克服或对抗阻力的能力。肌肉力量是实现各种身体活动和提高运动成绩的基础，也是制约和影响速度、耐力、灵敏等素质的重要因素。外部阻力是指物体的重量、支撑反作用力、摩擦力以及空气或水的阻力等。内部阻力包括肌肉的粘滞力、关节的加固力及各肌肉间的对抗力等。外部阻力往往是发展力量素质的手段，人体在克服这些阻力中提高、发展自身的力量素质。

力量素质是人体进行体育运动的基本素质之一，是获得运动技能和取得优异运动成绩的基础，同时也是其他身体素质发展的重要因素。据统计，一场激烈的羽毛球比赛，运动员在场上反复快速移动达500次左右，再加上蹬、跳、跨、击球、跳起扣杀等，对下肢力量的要求很高。无论是在前场的搓、推、勾、扑球、放球，还是在后场的挥拍吊球、扣杀都需要一定的手腕、手背、肩部、腰背肌群的力量。因此，羽毛球运动对上肢、肩部、躯干肌肉群的力量要求也较高。所以，在教学、训练以及自我训练中，应注意科学地、系统地增强上、下肢及躯干肌肉群的力量素质。

二、肌肉力量的分类

(一)依据肌肉收缩形式分类

(1)静力性力量。静力性力量是指肌肉在等长收缩时所产生的力量，使身体维持或固定一定的位置和姿势，不产生明显的位移运动。

(2)动力性力量。动力性力量是指肌肉在动态收缩时所产生的力量，此时机体产生明显的位移运动。动力性力量还可以进一步分为向心收缩力量、离心收缩力量、等速肌肉力量和超等长肌肉力量等。

(二)依据身体某一部分分类

(1)绝对力量。绝对力量是指整体克服和对抗阻力时表现出来的最大肌肉力量，通常以肌肉收缩克服和对抗的最大阻力来表示，举重是典型的绝对力量性项目。

(2)相对力量。相对力量是指以体重、去脂体重、体表面积或肌肉横断面积等为单位表示的最大肌肉力量，这对于以克服自身体重为主的项目十分重要，如体操、跳高等。

(三)依据功能表现不同分类

(1)最大肌肉力量。最大肌肉力量是指肌肉进行最大随意收缩时表现出来的克服极限负荷阻力的能力。

(2)快速肌肉力量。快速肌肉力量是指肌肉在短时间内快速发挥力量的能力，爆发力是快速肌肉力量的常见表现形式。

(3)力量耐力。力量耐力是指肌肉长时间对抗最大阻力收缩的能力。

三、影响肌肉力量的生理学因素

影响肌肉力量的生理学因素主要有肌源性和神经源性两类，此外还有年龄、性别、激素和训练等因素。

(一)肌源性因素

1. 肌肉生理横断面积

肌肉生理横断面积是指垂直横切某块肌肉中所有肌纤维获得的横断面积，由肌纤维的数量和直径决定，通常以平方厘米表示。正常情况下肌肉生理横断面积越大，肌肉力量也越大，两者几乎呈正比。

训练对肌肉生理横断面积的影响：通过力量训练可以增大肌肉的生理横断面积，从而提高肌肉力量。肌肉力量增长的同时并不总是伴有肌肉横断面积增大，表现为：第一，力量训练可引起男、女人群的肌肉力量的增长百分比相似，但女性肌肉体积的增加不及男性。第二，力量训练可使儿童和老年人肌肉力量明显增加，但并不伴有肌肉面积等比例的增加。第三，力量训练具有明显的“交叉转移”现象，即侧肢体的训练不仅可以引起被训练肢体力量增强，还可以使对侧未接受训练机体肌肉力量的增加。

2. 肌纤维类型

肌纤维分为快肌与慢肌纤维。肌肉中快肌纤维百分比高且横断面积或肌纤维直径大的人，肌肉收缩力量就大；，而慢肌纤维百分比高的人，则肌肉力量相对较小。

运动对肌纤维类型的影响：一定的力量训练可使快肌和慢肌纤维的横断面积和收缩力量均发生增加，但快肌力量增加的速度和程度大于慢肌，快肌具有更好的适应性，更适合于力量型运动项目。

3. 肌肉初长度

肌肉初长度是指该肌肉在收缩之前的初始长度。在一定范围内，肌肉收缩前的初长度越长，则收缩时产生的张力和缩短的程度就越大。因为：第一，肌肉收缩前的初长度在最适宜的状态下，活化的横桥数目达到最佳。第二，肌肉受外力被拉长时，肌肉内肌梭感受器受到牵拉刺激，增大肌肉的收缩力。第三，肌肉组织是一种黏弹性组织，在受到快速牵拉时具有弹性回缩作用，使其后的收缩力叠加上一个弹性回缩力而使肌肉力量增大。

4. 关节运动角度

人体同一块肌肉在关节处于不同运动角度时产生的力量不同，肌拉力线与关节角度在最适宜时，肌肉收缩所产生的力量最大，反之则小。如肘关节角度为 100°时，肱二头肌对前臂产生的拉力最大；大于和小于该角度，力量均减小。

5. 肌肉内的能量储备

肌肉内的能量储备特别是 CP 含量以及肌糖原的储备等对肌肉力量的发挥也会产生一定的影响。

(二)神经源性因素

1. 中枢神经系统的兴奋状态

人体肌肉进行最大用力收缩时，每块肌肉的所有肌纤维参与收缩的程度与中枢神经系统的兴奋状态有关。中枢激活是指中枢神经系统动员肌纤维参加收缩的能力。中枢激活作用主要表现为所支配的肌肉的运动神经元放电频率及其同步的变化。中枢激活的机制：中枢神经系统高度兴奋或紧张使肾上腺素大量释放，引起运动中枢产生“强而集中”的兴奋过程，从而发放同步化的高频率的神经冲动。这不仅可以募集肌肉中更多的运动单位参与收缩，并且能使每一个运动单位发挥出最大的张力变化，表现出更大的力量。

2. 运动中枢对肌肉活动的协调和控制能力

不同肌肉群的活动是由运动中枢的不同部位来控制的，不同运动中枢之间协调性的改善，可以明显地提高肌肉的收缩力量。力量训练可以改善各运动中枢间的协调与控制能力，使支配各肌群的中枢之间能够准确而及时地产生兴奋与抑制的转换，使主动肌与对抗肌、协同肌、固定肌之间的工作更加协调一致，表现为主动肌群用力、被动肌群放松，从而发出更大的力量。

(三)其他因素

1. 年龄

肌肉力量的自然发展具有明显的年龄特征，表现为：(1)10 岁以前，随着生长发育，无论男、女生肌肉力量都呈缓慢而平稳的增长趋势，而且性别差异不大。(2)从青春期开始，男、女生肌肉力量的差异开始凸显，男性增长要快于女性。(3)青春期过后，肌肉力量仍在增长但其增长速率降低，女生达到最大肌肉力量约在 20 岁，男生在 20～30 岁。(4)40 岁以后肌肉力量开始衰退，50 岁以后，每 10 年肌肉力量下降 12％～14％，70 岁时多数人的肌肉力量只有其鼎盛时期的 30％～60％。

2. 性别

肌肉力量绝对值的性别差可能是由肌肉横断面积或全身肌肉面积的差异所决定的，正常成年男子肌肉重量占体重的40％～45％，而女子则占30％～35％。

以绝对力量表示肌力，女子上肢肌力较男子低约50％，下肢肌力低约30％。以相对力量表示肌力，男、女生的肌力性别差异明显减小。以体重和去脂体重的相对值表示肌力，有训练的男、女之间的差异较无训练者小。

3. 激素

肌肉力量的年龄、性别和个体差异在很大程度上受激素作用的影响。

(1)睾酮是肌肉生长最直接的刺激因素。睾酮可以通过促进肌肉蛋白质的合成，促进肌肉肥大，从而提高肌肉力量。

(2)生长激素、甲状腺素等也对肌肉的生长和肌力发展有一定的促进作用。

四、肌肉力量的训练

(一)肌肉力量的训练的生理学原则

1. 超负荷原则

超负荷是指练习的负荷应不断超过平时采用或已适应的负荷。超负荷能不断对肌肉产生更大的刺激，从而产生相应的生理适应，使肌肉力量不断增长。力量训练的超负荷是一个不断递增的持续过程。

2. 专门化原则

力量训练的专门化是指被训练肌肉对不同代谢性质、收缩类型和练习模式的力量训练产生特定反应或者适应的生理学现象。

3. 安排练习原则

(1)练习顺序。力量训练是由多种练习组成并由多块肌肉完成的训练，要考虑不同肌群的练习顺序。在一次力量训练课中，大肌群训练在先，小肌群训练在后；多关节肌训练在前，单关节肌训练在后；大强度练习在前，小强度练习在后。

(2)训练节奏。训练节奏是指力量训练时的强度、运动负荷和训练频度应符合力量增长规律的要求。即下一次力量训练应尽可能安排在前一次训练引起的肌肉力量增长效果的高峰期进行。

4. 适时恢复原则

大强度训练后肌肉疲劳，会产生相应的应激反应。肌肉酸、麻、胀、疼等应相应安排恢复，以避免过度训练带来伤害。

(二)静力性力量的练习方法

这种练习的主要特点是肢体不产生明显的位移，肌肉收缩产生张力，但一般不发生长度的变化。完成静力性练习时，因工作的肌肉一直处于紧张收缩状态，会影响其血液循环，疲劳出现较早。

静力性力量锻炼的一般方法是以最大用力来维持某一动作，主要是注意掌握持续时间的长短。主要手段如下：第一，对抗性静力锻炼；第二，负重静力锻炼；第三，动静结合锻炼。

(三)动力性力量的练习方法

动力性力量是肌肉作非等长收缩时产生的力量。动力性力量锻炼又分为：(1)最大力量练习。最大力量是用最大力量克服阻力的能力。如举起杠铃的最大重量。发展最大力量的方法主要是采用克服大阻力(最大力量的80％以上强度)，重复次数少的练习。(2)速度力量锻炼。速度力量又称爆发力，它是在最短时间内发挥最大力量的能力。速度力量锻炼的特点是适当减少阻力(最大力量的60％～70％)，用最快的速度完成动作。如跳远、立定跳远的弹跳力。(3)绝对力量锻炼。绝对力量的锻炼一般采用附加重量(次极限重量)或最大重量(极限重量)的重物，如在卧推杠铃、深蹲和半蹲杠铃时经常使用。(4)相对力量锻炼。相对力量要求锻炼者具有较大克服自身体重的能力。锻炼的主要方法有体操、短跑、武术、摔跤、拳击等。(5)速度力量锻炼。速度力量的锻炼一般是以中等或中小负荷,重复次数较少,以最快速度完成动作,这种锻炼效果最好。(6)力量耐力锻炼。力量耐力是指长时间克服阻力的能力。它要求既要克服一定的阻力(约50%的强度),又能坚持较长时间的练习,达到一定的疲劳感觉为宜。如俯卧撑、仰卧起坐等。

五、力量练习的注意事项

力量素质发展水平是影响身体训练水平的关键因素。在发展力量素质的过程中为达到优化控制,取得事半功倍的效果,必须注意如下几点:

(一)力量素质的发展要全面而又有重点

在发展力量素质的过程中,一方面应使四肢、腰、腹、背、臀等部位的大肌肉群和主要肌肉群得到锻炼、提高;另一方面也要注意发展那些薄弱的小肌肉群的力量。因为体育运动中的许多动作是很复杂的,需要身体各部位许多大小不同的肌群协同工作才能完成。但是,发展不同类型的力量素质也不意味着面面俱到、平均发展,应该在全面发展的基础上针对项目特点而有所侧重。

(二)练习时要使肌肉充分拉长和收缩,练习后要使肌肉充分放松

每次练习时,应使肌肉先充分伸展拉长,然后再收缩,动作的幅度要大。因为肌纤维被拉长后可以增大收缩的力量,同时又可保持肌肉良好的弹性和收缩速度。力量练习以后,肌肉常会充血,胀得很硬,这时应做一些与力量练习动作相反的拉长动作,或者做一些按摩、抖动动作,使肌肉充分放松。这样既可加快疲劳的消除,促进恢复,又可防止关节柔韧性因力量训练而下降,同时也有助于保持肌肉良好的弹性和收缩速度。

据肌电研究证明,肌肉越是工作到接近疲劳时其放电量越大。这说明此时肌肉受到了较深的刺激。这种刺激能促使机体发生良好的生理、生化反应,有助于超量恢复而使力量得到增长。所以,在进行力量练习时,越是最困难的最后一、二次动作,越是要坚持完成。

(三)进行力量练习时,要全神贯注、念动一致、注意安全

肌肉活动总是在中枢神经系统的调节下进行的,练习时要全神贯注,练习哪里就想到哪里,使意念活动与练习动作紧密配合保持一致。这样有助于肌肉力量得到更好的发展。特别是进行大负荷练习时不能说说笑笑,注意力应高度集中,否则容易受伤。因为笑的时候肌肉最容易放松,而力量练习的负荷又大,不当心就易造成损伤。此外,为了平安练习,达到期望的效果,还应注意加强自我保护和互相保护。尤其在举或肩负极限重量时,更应该注意加强相互保护。

(四)紧密结合专项特点安排力量训练,注意正确的技术动作规格

不同的专项动作有各自不同的技术结构,要求参加工作的肌肉群力量也不同。如跑要求竭尽全力连续快速蹬地向前推进的力量;投掷要求竭尽全力使运动器械获得最大加速度的爆发力量;体操项目既有缓慢用力动作,又有爆发力的推手、踏跳,还有回环力、翻转力等动作。因此,力量训练时首先要根据专项技术的动作结构来选择恰当的练习,以发展有关的肌肉群力量;其次要通过肌电研究了解主要肌群用力特点、工作方式、用力方向、关节角度等,来确定力量训练的方法。只有紧密结合专项特点来安排力量训练,才能收到更好的效果。

每一个力量练习动作,都有各自的技术规格要求,练习者只有按照技术规格要求去操作,才能够真正发展肌肉群的力量。否则,技术动作变了样,参与活动的肌群也就有所改变,就势必影响力量训练的效果。例如,臂弯举的正确动作是身体直立,两臂贴于体侧,只依靠肘关节的充分屈伸来完成,保证屈肘肌群力量得到充分的发展。但是,很多练习者做弯举时,为了贪图省力举得重,往往依靠身体的前后摆动来帮助完成动作。这样表面看起来似乎举得还重一些,但实际上发展肱二

头肌的效果反而要差一些，因为身体摆动时腰背肌肉、臀部和大腿后面的伸髋肌群也参与了工作。更重要的是掌握正确的技术动作，还可以防止伤害事故。比如做深蹲练习，正确的动作要求挺胸直腰，腰背肌收紧以固定脊柱，主要依靠膝关节的屈伸，同时也伴随着髋关节的一定屈伸来完成动作。即使站不起来，腰背肌也要一直保持收紧，等待同伴的保护帮助。这样既安全可靠，又能保证伸膝肌群力量得到很好的发展。可是很多练习者往往总是弓腰练习深蹲，尤其是当站不起来时，腰弓得更加厉害，这样就比较容易造成腰部损伤。

(五)进行力量训练时，要掌握正确的呼吸方法

由于憋气有利于固定胸廓，提高腰背肌紧张程度，因此可提高练习时的力量，所以极限用力往往要在憋气的情况下进行。有的学者进行背力测定研究时发现，如一人憋气时背力最大为 133 公斤，在呼气时为 129 公斤，而在吸气时力量最小，为 127 公斤。虽然憋气可提高练习时的力量，但用力憋气会引起胸廓内压力的提高，使动脉的血液循环受阻，而导致脑贫血，甚至会产生休克。

为避免产生不良后果，力量练习时必须注意以下几点：(1)当最大用力的时间很短，但有条件不憋气时就不要憋气。尤其在重复做用力不是很大的练习时，应尽量不憋气。(2)为避免用憋气来完成练习，对刚开始训练的人，所给予的极限和次极限用力的练习不要太多，并让其学会在练习过程中完成呼吸。(3)在完成力量练习前不应做最深的吸气，因为力量练习时间短暂，吸的气并不会立即在练习中产生作用；相反，深度吸气增加了胸廓内的压力，此时如再憋气就可能产生不良变化。(4)用狭窄的声带进行呼气，几乎也可达到与憋气类似同样大的力量指标。因此，做最大用力时可采用慢呼气来协助最大用力练习的完成。

(六)训练中要采用大负荷与循序递增负荷

大负荷是指训练的负荷强度和训练总量，一般要用某人所能承受的最大负荷或接近最大负荷来进行训练。因为采用大负荷能迫使肌肉进行最大收缩，能刺激人体产生一系列的生理适应性变化，从而促使肌肉力量的增加。为了达到大负荷，训练时无疑要保持较大的强度，或者要保持较大的数量(次数和组数)。

在力量训练过程中，当力量增长后，原来的负荷(主要指重量)就逐渐地变为小负荷了，因此为了继续保持大负荷，就必须循序渐进递增负荷。比如训练开始时，某人用 20 公斤做臂弯举，反复举 8 次出现疲劳，而他能用 20 公斤连续举起 12 次时，这时就可以增加负荷至又能举起 8 次的重量，从而使其上升一个新的负荷。这样，就可使有关的肌肉群始终在大负荷状态下工作。进行负重练习是力量训练的一个基本特征和基本要求。

优秀运动员的力量训练是建立在“超负荷训练”的基础上的。所谓“超负荷训练”，就是指要求肌肉完成超出平时负荷的动作。“超负荷训练”通常会引起肌肉成分特别是肌蛋白的分解。“超负荷训练”会导致超量恢复的产生。在超量恢复的整个过程中，肌肉的成分会重新组合，肌蛋白含量得到提高，从而使肌肉更加粗壮有力。所以应不断地有目的、有计划地安排“超负荷训练”以引起超量恢复，达到迅速发展力量素质的目的。

(七)力量素质训练要系统科学安排，不间断

根据“用进废退”的原理，力量素质训练应全年系统安排，不能无故中断。科学研究表明，力量增长得快，停止训练后消退得也快。如果停止了力量训练，已获得的力量将会按增长速度的三分之一消退。通过训练获得的力量，停止训练后虽然会逐渐消退，但一部分力量会保持很久，甚至会永远保持下来。然而，发展力量素质练习不宜在疲劳的状态下进行，这种状态下的练习不是发展力量，而是发展耐力。

力量素质练习应因人、因项、因不同训练周期和训练任务而异，负荷的安排应是周期性、波浪式的变化。力量训练课的次数取决于一系列因素：训练课的主要任务，训练课所处的阶段和周期，各力量素质的发展水平及训练特点，运动员的年龄、性别、健康状况、身体素质能力及训练水平等。其中，训练水平是重要的因素之一。实验证明，对刚开始训练的人，每周3次课要比1～2次课或5次课的效果更好。而对训练有素的运动员来讲，训练课的次数则可安排得稍多一些。这是因为刚参加训练的人与训练有素的运动员相比恢复过程不同，适应性变化也不相同。根据优秀运动员的训练经验，每周进行1～2次力量训练，可保持已获得的力量；每周进行4～6次力量训练，力量可获得显著增长。

由于大肌肉群的工作能力恢复相对较慢，通常在比赛前7～10天，训练中不宜安排用极限负荷进行较大部位肌肉群的练习。在每个小周期中，尽量使各种不同性质的力量训练交替进行。在一堂课中，可先安排发展最大力量、速度力量的练习，最后安排发展力量耐力的练习。

在进行发展力量素质的训练课中应使各肌肉群交替“进行工作”。例如，训练课开始时，先进行下肢肌肉群的综合练习，之后进行躯干肌肉群的练习，然后进行上肢和肩带肌肉群的练习。在一堂课上安排发展某些肌肉群练习时，应先促进大量的肌肉群投入工作，然后才可以起动部分或局部肌肉群投入工作。

(八)偏重摆动的动力性练习

在进行发展力量素质练习时，应偏重于摆动的动力性练习，尤其要注意动作的振幅。这样做可使练习者获得用力感和速度感，增强技术动力力量，培养快速完成动作的能力，同时也改进了关节的灵活性。为了增大动作的振幅，要注意结合肌肉的放松和伸展练习，以使肌肉保持弹性和柔韧性。

第二节　速度素质

速度素质是指人体快速运动的能力。快速运动反映着机体运动的加速度和最大速度的能力。

一、反应速度

反应速度是指人体对各种信号刺激(声、光、触等)快速应答的能力。由于运动员对不同类型信号的反应时是不同的，训练中往往根据不同项目的特点测定运动员对特定信号的反应时。如短跑、游泳等周期性竞速项目运动员主要接受听觉信号，而乒乓球运动员则主要通过接受视觉信号做出技战术反应。

(一)反应速度的影响因素

反应速度主要取决于人的感受器(视觉、听觉)和其他分析器的特征以及中枢神经系统与神经肌肉之间的协调关系。反应速度素质受遗传效应影响较大。

(二)反应速度的评定

人们通常通过测定反应时，即运动员对信号刺激做出反应所需的时间来评定运动员反应能力。应根据不同项目的特点测定运动员对特定信号的反应速度。如短跑、游泳等竞速项目，运动员主要接收听觉信号而开始竞技，而乒乓球选手则主要接收视觉信号而做出技战术反应。

对反应时的评定，可以通过实验室的测试进行评定，也可用简易的方法进行测量与评定。

二、动作速度

动作速度是指人体或人体某一部分快速完成动作的能力。动作速度是技术动作不可缺少的要素，表现为人体完成某一技术动作时的挥摆速度、击打速度、蹬伸速度、踢踹速度等，此外还包含在单位时间里连续完成单个动作时重复的次数(即动作频率)。

(一)动作速度的影响因素

运动员机体任何部位动作速度的快慢,主要取决于中枢神经系统的功能、引起该部位运动的肌肉力量大小,以及技术动作的合理性。

(二)动作速度的评定

因为动作速度寓于某一个技术动作之中,如抓举的动作速度、跳跃起跳的动作速度、游泳转身的动作速度等,所以动作速度的测量是与技术参数测定联系在一起的,如出手速度、起跳速度、角速度、加速度等。此外,可以通过对连续反复多次完成同一动作计时求出平均的动作速度。

三、移动速度

移动速度是指人体在特定方向上位移的速度。以单位时间内机体移动的距离为评定指标。从运动学上讲,是距离(S)与通过该距离所用的时间(t)之比。在体育运动中,常常是以人体通过固定距离所用的时间来表示的,如男子100米跑10秒、100米自由泳50秒等。

(一)移动速度的影响因素

移动速度的主要影响因素是步长和步频。移动速度主要取决于动作频率即单位时间内完成的动作周期数和每一个动作周期在特定运动方向上的位移幅度。这两个因素状况的改善以及它们之间的合理组合是提高移动速度的关键。

(二)移动速度的评定

测定移动速度常常用短距离跑作为测量手段。

测试要求:运动员全力加速。

(1)根据不同测试目的选定跑动距离,如10米、30米、60米、100米、120米。

(2)在运动员不疲劳、神经兴奋性高的状态下测验。

(3)充分的准备活动。

(4)除了时间参数外,步数、步频和单腿蹬地时间也是重要的评价参数。

四、发展速度的训练

(一)提高神经过程的灵活性

大脑皮层神经过程的灵活性是实现高频率动作的重要因素。

1. 方法

采用变换各种信号让练习者迅速做出反应的练习,以及做各种高频率动作的练习,如牵引跑、下坡跑和顺风跑等。

2. 意义

可使练习者在不缩短步长的情况下增加步频,提高神经中枢兴奋与抑制快速转换的能力。

(二)发展磷酸原系统供能的能力

1. 方法

“无氧—低乳酸训练”法:在训练中通过重复训练法,使ATP和CP达到最大的消耗,且不过多地动用糖酵解供能,使血乳酸基本维持在安静或较低水平,以提高ATP—CP储备量和代谢能力。

2. 注意事项

(1)训练强度一般应达到本人最大强度的95%以上。(2)每次疾跑的时间一般在10s左右。(3)练习重复次数不宜过多。(4)重复训练中应保证足够的间歇时间。

(三)发展腿部肌肉力量及关节的柔韧性

采用负重训练和一些超等长练习(如连续单腿跳、蛙跳等练习)发展腿部肌肉力量,以提高速度素质。

改善关节柔韧性有利于速度素质的提高。

(四)提高肌肉的放松能力

提高肌肉放松能力不仅可以减少快速收缩时肌肉的阻力,而且有利于 AIP 的再合成(肌肉放松期 AIP 再合成速度加快)。当肌肉过度紧张时,会减少或中断肌肉的血流供应;当肌肉放松时,肌肉的血流量显著增加,有利于 ATP 的再合成,从而加快肌肉收缩速度。

(五)完善技术动作

可通过先进的仪器设备对短跑技术进行诊断与分析,并改进技术动作以提高速度项目的运动成绩。

第三节 耐力素质

耐力素质是指机体在一定时间内保持特定强度负荷或动作质量的能力。"一定时间"是指不同专项对运动时间的规定性。保持特定运动强度或动作质量是耐力水平的体现。耐力水平的提高表现为更长时间保持特定强度或动作质量,或在一定时间内承受更高强度的能力。运动员要在竞赛全过程保持特定的运动强度或动作质量,就必须具备良好的耐力素质。

一、耐力素质的作用

在竞技体育领域中,耐力素质在不同的竞技运动项目中有着不同的作用。对于长距离走、跑、骑、游、滑、划等竞速项目来说,耐力素质是决定运动员竞技能力高低的主导素质,对运动员总体竞技水平起着决定性的影响;对足球、羽毛球、水球、拳击、摔跤等持续竞技时间较长的运动项目来说,耐力素质对运动员比赛结果也有重大影响;对比赛时间很短的竞技项目来说,尽管在比赛现场通常无法直接感受到耐力素质对运动员竞技水平的重要影响,但毋庸置疑的是,短距离竞速选手、远度竞技选手及举重、体操、技巧等选手也都需要发展相应的耐力素质,以便坚持和承受不断加大的训练负荷,并保证以充沛的体力参与竞技比赛。

二、耐力素质的分类

(一)按人体的生理系统分类

按人体的生理系统分类,耐力素质可分为肌肉耐力和心血管耐力。

肌肉耐力也称为力量耐力。心血管耐力又分为有氧耐力和无氧耐力。有氧耐力是指机体在氧气供应比较充足的情况下,能坚持长时间工作的能力。有氧耐力训练的目的在于提高运动员机体吸收、输送和利用氧气的能力,促进有机体的新陈代谢。

无氧耐力是指机体以无氧代谢为主要供能形式,坚持较长时间工作的能力。无氧耐力又分为磷酸原供能无氧耐力和糖酵解供能无氧耐力。在无氧代谢供能的肌肉活动中,CP 分解供能,不产生乳酸,机体处在这种状态下,坚持较长时间工作的能力,称为磷酸原代谢供能的无氧耐力;在无氧代谢的肌肉活动中,糖的酵解供能,产生乳酸,机体处在这种状态下,坚持长时间工作的能力,称为糖酵解代谢供能的无氧耐力。

(二)按肌肉工作的力学特征分类

根据肌肉工作的力学特征分类,耐力素质可分为静力性耐力(如立姿步枪射击)及动力性耐力。

(三)按耐力素质对专项的影响分类

依耐力素质对专项的影响,耐力素质又可分为一般耐力和专项耐力。一般耐力是指对提高专项运动成绩起间接作用的基础性耐力;专项耐力是指与提高专项运动成绩有直接关系的耐力,具体地讲是指持续完成专项动作或接近比赛动作的耐力。

三、耐力素质的影响因素

耐力素质取决于运动员有氧代谢的能力、体内能源物质的储存、支撑运动器官承受长时间工作的能力,以及运动员的心理控制和对疲劳的耐受程度四个方面。

提高运动员的摄氧、输氧及用氧能力,保持运动员体内适宜的糖原的储存量,提高肌肉、关节、韧带等支撑运动器官对长时间负荷的承受能力,加强运动员心理调节控制的能力,改进运动员在疲劳状态下动员机体潜力、持续工作的自我激励能力,是发展运动员耐力素质的重要途径。

长时间的单一练习,如跑步、游泳、骑自行车等,既能发展机体有氧代谢的能力,又能发展进行该项运动主要工作肌群及关节、韧带的工作耐力;而长时间变换内容的练习,则减轻局部运动装置的工作负荷,着重培养运动员有氧代谢的能力。

四、发展耐力素质

(一)基本要素

(1)发展耐力素质要充分考虑年龄、性别及生理特点。男子在 17 岁之后、女子在 16 岁以后发展素质耐力较好。对于运动负荷,男子与女子、体质强者与体质弱者之间都要有明显的差别。

(2)发展耐力素质应该在发展有氧耐力的基础上发展无氧耐力。

(3)发展耐力素质是要加适量的运动负荷与间歇。

(4)要重视耐力锻炼中的呼吸与动作的配合。

(5)耐力锻炼必须持之以恒,要有顽强的意志品质。

(6)耐力锻炼后,应加强营养补充和疲劳的消除。

(二)生理学基础

1. 发展有氧耐力(最大摄氧量)的生理学基础

有氧耐力是指机体长时间进行有氧供能(靠糖原和脂肪有氧分解供能)的工作能力。这种有氧耐力可以通过人体的最大摄氧量反映出来。

第一,呼吸器官的机能得到良好的改善。

第二,红细胞所含的血红蛋白与氧的结合能力提高,血红蛋白有结合氧、携带氧的能力,可以将结合的氧经循环系统运送到肌肉和其他组织。经常锻炼身体可以增加红细胞的数量,提高血红蛋白结合氧的能力,提高机体有氧耐力。

第三,肌肉中的糖原、脂肪在酶的作用下进行旺盛的有氧代谢,同时影响最大吸氧量。

第四,心血管系统的机能是影响最大摄氧量的重要因素。

2. 发展无氧耐力的生理学基础

无氧耐力是指机体在缺氧状态下,长时间对肌肉收缩供能的工作能力。

第一,肌肉内无氧酵解供能能力提高。

第二,机体缓冲乳酸的能力提高。

第三,脑细胞对血液酸碱度变化的耐力提高。

第四节　灵敏素质

一、定义

灵敏素质是指人体在各种突然变化的条件下，能够迅速、准确、协调、灵活地完成动作的能力，是人各种运动技能和身体素质在运动中的综合表现。大脑皮层神经活动过程的灵活性及分析综合能力，是灵敏素质的重要生理基础，因此可通过训练改善和提高各感受器官功能，以增强灵敏素质。此外，在体育锻炼的实践中，掌握的运动技能越多越熟练，大脑皮层中暂时神经联系的接通就越迅速、准确，动作也越灵巧。

灵敏素质是运动技能、神经反应和各种素质的综合表现。在对抗性体育活动中（如篮球、足球等），灵敏能力是非常重要的。良好的灵敏性有助于更快、更多、更准确、更协调地掌握技术和练习手段，使已有的身体素质充分、有效地运用到实践中去。

二、灵敏的生理学基础

灵敏是一项复杂的综合素质，它与运动员的力量、反应、速度、爆发力和协调性密切相关。因此，灵敏素质的生理学基础主要涉及神经、感觉和骨骼肌的结构与功能状态。

（一）大脑皮层的机能状态

大脑皮层是接受、分析来自运动机体各类感觉信息的中枢。

在激烈的对抗性运动中，大脑皮层只有处在良好的功能状态下，才能迅速地对变化的情况做出准确的分析和判断，并下达指令调控运动器官完成相应的动作。

运动中的突然起动、急停、动作的迅速转换等，均要求大脑皮层神经的兴奋、抑制过程迅速转换。

（二）感觉器官的功能状态

各种分析器和外周神经功能的改善，特别是运动分析器的敏感程度，兴奋在神经肌肉传导的快慢，肌肉的收缩速度、力量均可直接影响运动机体的灵敏性。

各种分析器和外周神经处于良好的功能状态时，可以提升人体在运动过程中空间和时间上的定向定时能力，使得动作准确、变换迅速。

运动前充分做好准备活动，适度降低肌肉紧张度，解除肌肉活动时内在的阻力，也可以增强人体的灵敏功能。

（三）运动技能的掌握程度

运动技能掌握的数量越多、越牢固，可使机体运动时动作更加协调、稳定，而且达到高度的自动化，表现出灵活而省力。

（四）其他因素

人的灵敏还与年龄、性别、体重、整个机体功能状态以及力量、速度和柔韧性密切相关。

（1）年龄：从儿童开始到成年人，灵敏性逐步提高，其中青春期灵敏性发展迅速。

（2）性别：青春期前，男孩的灵敏性稍优于女孩；青春期后，男孩的灵敏性远好于女孩。

（3）体重：体重过大会使身体各部分的惯性加大，降低肌肉的收缩能力，在进行改变方向的动作时，速度必然减慢。

（4）状态：人在疲劳时灵敏性显著降低。

三、练习方法

由于灵敏素质是人体综合能力的表现，发展灵敏素质必须从全面发展身体素质的综合能力入手，重点培养掌握动作的能力、反应能力、平衡能力等。主要练习方法有：

(1)固定转换体位的练习，如各种穿梭跑、8字跑和折返跑等，这些练习主要发展人体的基本灵敏能力。

(2)在跑、跳中做迅速改变方向的各种跑、躲闪、突然起动以及各种快速急停和迅速转身等练习。

(3)突然发出各种指令信号，练习者接收信号后，迅速做出应急反应。这种方法主要是提高人体应用灵敏的能力。

(4)器械、体操、武术中的一些复杂动作练习，以及速度、动作、力量、高度、方位等经常变化的不对称练习和各种球类活动。

(5)做复杂多变的综合练习。例如，用之字跑、躲闪跑、穿梭跑和立卧撑四项组成的综合性练习。

(6)专门练习，如立卧撑跳转180°连续进行、上步纵跳、左右弧线助跑、单腿起跳、旋转360°连续进行等。

(7)变速和变向练习。在跑、跳过程中快速、协调、准确地完成各种动作，如变向、变速、急停、急起、转体等。

(8)其他方式的练习。按各种信号做出应答反应的游戏和各种变相的追逐游戏，专门设计的各种复杂多变的练习，如躲闪跑、穿梭跑等。

四、注意事项

(1)灵敏性的全面提高有赖于建立有严格要求的条件反射。也就是说，学会正确的、随意的动作，越多越好。

(2)灵敏素质是由大脑皮层神经活动过程的可塑性和灵活性所决定的，前者表现为对动作的掌握能力，后者表现为对参加运动肌群的控制、指挥能力。灵敏素质与复杂的运动反射速度及准确性密切相关，这要求练习时要有较强烈的欲望，要有明确的目标追求，减少不动脑筋的盲目重复练习。

(3)发展灵敏素质应在体力较好时进行锻炼，练习负荷强度要大，每次负荷持续时间不宜过长，重复次数也不宜太多，间歇时间要充分，以不产生疲劳为限度。

(4)人在疲劳时灵敏性会变差。因此，不断提高自己的耐力水平，对保持灵敏性有积极的作用。

(5)灵敏素质是一种综合素质，与力量、速度、协调等素质有密切关系，尤其是反应速度、动作速度、爆发力和协调性等对灵敏素质影响最大。因此，发展灵敏素质应从这些基本因素着手，可结合所锻炼项目的运动特点，组合设计切合自己实际的锻炼内容。

(6)灵敏素质应从小抓起，少儿年龄阶段是发展灵敏素质的关键时期。同时，在发展灵敏素质时，应加强心理素质培养，避免由于紧张和恐惧心理而导致反应迟钝，动作的协调性下降，影响正常动作的发挥。

第五节　柔韧素质

一、定义

柔韧是人体在运动过程中完成大幅度运动技能的能力。柔韧性不足会影响动作的学习和高难运动技能的掌握，以及力量、速度、协调、平衡能力的发展，并易造成运动损伤。特别是对快速、有力、轻松、富有表现力的动作影响更大，如在艺术体操、花样滑冰等一些表演性运动技能方面尤其突出。

二、柔韧的生理学基础

决定柔韧的主要生理基础是运动器官的构造、关节周围组织的体积和髋关节的韧带、肌腱、肌肉和皮肤的伸展性。也与神经系统支配骨骼肌的机能状态，特别是与中枢神经对肌肉收缩和放松的调节能力有关。

(一)关节的结构特征

遗传决定关节的结构，从而决定关节的活动方向和幅度。柔韧性的发展只能限制在关节结构所允许的范围内，否则，一定会引起关节损伤而降低其稳定性。但在关节结构许可的范围内，关节活动幅度可有一定程度的增加。

(二)关节周围软组织的伸展性

影响关节周围软组织的伸展性的因素有：(1)性别、年龄。一般女性优于男性，少年儿童优于成人。(2)肌肉本体感受器官。训练使肌肉本体感受器官发生适应性的变化，表现为肌梭兴奋阈值升高、肌腱器官的兴奋阈值降低。(3)运动。运动可能会改变关节囊、韧带等结缔组织内分布的痛觉末梢的兴奋阈值，有利于肌肉和结缔组织的伸展性发展。

(三)关节周围组织的体积

身体脂肪含量和关节周围组织的体积是限制关节活动的重要因素，为解决关节活动幅度与肌肉体积增加的矛盾，必须有针对性地进行柔韧训练，才能更好地提高运动技能水平。

(四)中枢神经的协调功能和肌肉力量

改善肌群内的协调性，特别是改善原动肌与对抗肌之间的协调，也可提高人体的柔韧性。大力发展肌肉力量，有利于主动增大关节活动幅度。

三、种类及特点

人们通常把柔韧素质称为柔韧性。但不能把柔韧性和柔软性混为一谈，虽然两者都可用身体活动幅度的大小来衡量，可是它们在实质上是有区别的：从字义上讲，柔韧是既柔又韧，即柔中有刚、刚柔并济；而柔软只是柔与不硬，或曰柔中无刚、刚柔不济。从性能上看，韧是在幅度中还含有速度和力量的因素，即在做大幅度动作时，肌肉仍能快速有力收缩，像钢丝一样，既能变曲又能迅速伸直。而柔软是幅度大，却缺乏速度和力量，做动作时软绵绵的，打得开却收不拢。体育运动中需要的是柔韧性而不是柔软性。

柔韧素质从其与专项的关系看，可分为一般柔韧性与专项柔韧性。一般柔韧性是指为适应一般技能发展所需要的柔韧素质。专项柔韧性是指专项运动特殊需要的柔韧性，由于专项柔韧性是具有较强选择性的，因此，同一身体部位具有的柔韧性由于项目的需求不同，在幅度、方向等表现上也有差异。

柔韧素质从其外部运动状态的表现看,可分为动力性柔韧性和静力性柔韧性。动力性柔韧性是指肌肉、肌腱、韧带根据动力性技术动作需要,拉伸到解剖学允许的最大限度,随即利用强有力的弹性回缩力来完成所要完成的动作。所有爆发力前的拉伸均属于动力性柔韧性。静力性柔韧性是指肌肉、肌腱、韧带根据静力性技术动作的需要,拉伸到动作所需要的位置角度,控制其停留一定时间所表现出的能力。如体操中的控腿、俯平衡动作、"桥"、劈叉,体育舞蹈中的各种造型,跳水运动员保持体前屈的姿势等就是这种能力的体现。动力性柔韧性建立在静力性柔韧性的基础上,但必须要有力量素质的表现。静力性柔韧性好,动力性柔韧性不一定好。

四、柔韧训练

(一)柔韧训练的方法

对柔韧的训练可分为主动柔韧性练习和被动柔韧性练习两种。

主动柔韧性是指依靠相应关节周围肌群的积极工作,完成大幅度动作的能力。主动柔韧性训练培养身体的柔韧能力,也起到发展力量素质的作用。例如训练正、侧、后踢腿时,要求主动腿能踢得高、幅度大、速度快而有力,达到既有柔性又有韧性的效果。反过来力量素质的发展又能促进主动柔韧性水平的提升。

被动柔韧性是指身体被动用力(或借助外力)时,关节所能达到的最大活动幅度,如压腿、扳腿等练习。被动柔韧性练习是发展主动柔韧性的基础。

(二)影响柔韧素质提高的因素

(1)肌肉、韧带组织的弹性不仅取决于性别、年龄,而且取决于中枢神经系统的兴奋度。情绪高涨时,柔韧性会增大。因此,柔韧训练要从少儿抓起,练习时的情绪也不可忽视。

(2)关节的骨结构是柔韧性最不易改变的因素,基本上由遗传决定。如先天骨盆形态扁平,其髋关节开度就好。关节周围组织体积大小对关节活动幅度有限制作用,它受先天和后天训练的影响。如有些肌肉体积增大后,就会影响其周围关节的活动幅度。因此,对舞者来说,控制肌肉体积的增大是极其重要的。

(3)神经系统兴奋与抑制过程转换的灵活性与运动中肌肉的基本张力有关。特别是中枢神经系统调节对于肌肉之间的协调性改善以及肌肉紧张和放松的调节能力的提高是至关重要的。研究证明,训练水平高的人,肌肉的随意放松能力很高,这与中枢神经系统支配骨骼肌的神经细胞的抑制深度有关。

(三)柔韧训练的方法与要求

主动拉伸与被动怀拉伸练习法必须相互兼顾。

主动的动力拉伸练习是依靠自身的力量,将肌肉、肌腱、韧带等软组织拉长,提高其伸展性的方法。如踢腿练习,可采用负重和不负重的拉伸练习。

主动拉伸还可采用静力拉伸练习法。即在动作幅度最大的情况下,依靠自身肌肉力量保持静止姿势的练习。如在做控腿、探海、冲天炮等动作时,要求在规定时间内,保持静止不动姿势是提高肌肉控制能力的有效办法。

被动性拉伸练习法是依靠外力的作用,促使关节灵活性增大的方法。

被动的动力拉伸练习是依靠老师或同伴的助力拉长韧带、肌肉的练习。例如,依靠同伴的助力帮助逐渐提高后踢腿或前踢腿的动作幅度。

而被动的静力拉伸练习是由外力来保持固定姿势的练习。例如,依靠同伴的力量来保持高举腿的最大幅度。

第六节　协调素质

一、定义

协调素质是指运动员机体不同系统、不同部位、不同器官协同配合完成技术动作的能力，协调能力是形成运动技术的重要基础。

运动协调能力是综合的神经机能能力，其表现形式即是运动协调。人体运动协调能力由反应能力、空间定向能力、本体感知能力、节奏能力、平衡能力、与动作认知有关的认知能力等多种要素所构成。

良好发展的协调能力有助于运动员迅速地建立起大脑皮层中相关中枢之间的暂时联系，更快地形成动力定型，高质量地掌握运动技巧；有助于运动员更好地适应运动时的外部环境；有助于运动员在完成同样的练习时更节省地使用能量；有助于减少运动创伤的发生。

二、分类

在神经综合控制下，运动协调可以分为肌肉协调与动作协调。肌肉协调通过肌肉的配合来表现。一个动作，不论简单还是复杂，都存在着主动肌、辅助肌、拮抗肌的相互配合协作以及不同动作部位各肌肉间的配合协作。而动作协调则是指动作的不同阶段、不同环节相互配合、相互联结的状态。

依运动员协调能力与其运动专项关系的密切程度，可将其分为一般协调能力和专项协调能力。一般协调能力是指运动员完成各种运动时所需要的普适性的协调能力，专项协调能力则是指运动员完成专项运动时所需要的专门性的协调能力。

三、协调素质的训练

(一)反应能力的训练

反应能力是指人神经及动作的快速应答能力。运动员反应能力的强弱直接影响着运动员的协调能力的水平。反应能力的训练通常采用反应速度的训练方法。

(二)平衡能力的训练

平衡能力是指人体维持平衡的本领。人体运动时总是与维持相对稳定的身体位置(操作姿势)相联系，即与保持平衡相联系。平衡是通过对抗使身体偏离适宜位置的力(惯性力、支撑反应力等)而达到的状态。人体保持稳定姿势的能力是保证人体基本静态位置的关键能力，也是人体有效完成某一动作的基础。实践中，在加强关节稳定性的同时常采用以下方法改善运动员的平衡能力：

(1)在有视觉和运动感觉的条件下，或在只有运动感觉的情况下完成负重练习。通过改变负重量，并准确控制用力的大小，来提高运动员控制肌肉工作的能力。

(2)在各种器械上模仿比赛动作。要求在最大用力 50%～100%的范围内改变用力的大小。

(3)在力量练习器上通过不断改变阻力的大小，提高运动员在改变阻力的情况下完成练习的能力。

(三)节奏能力的训练

节奏能力是指运动员在练习过程中，在完成动作的时间和力度上呈现出来的快慢、强弱有序变化的能力。常采用的练习有：

(1)用固定的频率完成不同长度的分段距离。要求在完成每一个分段距离时保持固定的频率。

(2)用高于比赛平均频率完成分段距离和全程。要求练习时首先确定比赛平均速度,然后在完成每分段距离时采用高于或低于比赛的频率,如1分钟多或者少2、4、6个动作,来提高运动员控制节奏的能力。

(3)完成3～4个分段距离,保持成绩,增加频率。要求第一个分段距离用比赛速度来完成,下一个分段距离与上一次练习相比,多增加一个周期动作或减少一个周期动作。

(四)空间定向能力的训练

空间定向能力,是指运动员对外界物体或现象的空间位置的判断及其对自身运动的空间位置判断的能力。空间定向能力的主要评价指标就是对技术动作的精确控制水平。

控制动作的精确性作为完成某一技术动作的关键因素对运动员的空间定位能力起着决定性作用。如体操等表现难美项群的运动项目要求运动员神经、肌肉系统准确控制肌肉的工作,并表现身体和身体各个环节在空间运动过程中的精确移动。排球、拳击等命中类运动项目,也要求运动员具有很强的空间定向能力,通过瞬间判断和操作来控制完成动作的方式与发力。

(五)时间感知能力的训练

时间感知能力是指运动员对完成练习在时间维度上准确判断的能力。时间感知能力的培养常采用以下方法:

(1)变速完成比赛距离的练习。预先设定练习目标(如时间目标),如规定行进速度为最大速度的95%、90%、85%、75%、70%。要求运动员尽可能按规定的速度完成练习。

(2)要求运动员在练习距离中规定段落里按比赛速度行进,并逐渐增加规定段落的距离。

(3)练习后要求运动员将实际练习速度与主观感觉速度进行对比,以提高运动员的时间感知能力。

(六)距离感知能力的训练

距离感知能力是指运动员对距离的准确判断与控制的能力。该能力对田径项目中需要准确助跑的跳跃和掷远运动项目有着重要作用。

对于要求有准确助跑的运动项目来讲,由于场地、气候、运动员身体状态等各种原因都会影响助跑的准确性,因此训练运动员的助跑准确性时,加强运动员的距离感成为重要的内容。如,提高运动员最后4～5步控制步幅,准确起跳的能力成为像跳远这样要求有准确助跑运动项目运动员训练的关键。

另外,可以通过固定投掷距离的方式提高运动员肌肉控制能力,即通过投准的方式提高运动员控制器械的能力。该练习对铁饼、标枪等项目运动员距离感的提高有积极作用。

(七)专门感觉能力的训练

专门感觉能力是在完成各种各样的专门练习的过程中得到发展的。专门的感觉能力与运动项目的运动方式以及运动环境密切相关。如,自行车的车感,游泳运动员的水感,划船、帆船运动员的船感,篮球运动员的球感等都是通过从小在相应的环境里或通过从小驾驭器械的训练获得的。

四、协调素质训练应注意的问题

运动员的协调能力受到运动员时间、空间或动力控制等多种因素的影响。

改善运动员协调能力的训练中,在关注某一能力改善的同时,应注意与全面改善综合协调能力密切结合。

少年儿童运动员应该更多运动项目的练习，尤其要重视多安排体操训练，以有效提高运动员肌肉协调能力、空间感知能力以及平衡能力。

协调素质的训练应作为每天的重要训练内容来予以安排，尤其是对一些动作相对单一的运动项目来讲显得更为重要。

在周期性项目中，协调能力的专门练习手段较少，因此，随着运动技术水平的逐步提高，应在完成习惯性练习的同时开拓更多的训练手段。

由于协调素质具有明显的项目特征，因此，要密切围绕专项需要进行协调性训练。

第七节　平衡素质

一、平衡的定义和分类

（一）定义

平衡是身体所处的一种姿态以及在运动或受到外力作用时能够自动调整并维持姿势的能力。保持平衡是完成诸如跑、跳等多种运动的前提条件。

（二）分类

按性质可将人体平衡分为对称性平衡、静态平衡和动态平衡三种。

1. 对称性平衡

对称性平衡是指能否将身体的重量均等地分配到身体支撑点的能力，如人站时的双脚受力、坐位时的两臀受力是否均等。

2. 静态平衡

静态平衡是指人体在相对静止的状态下，维持身体某种特定姿势一段时间的能力，如站立、单脚支撑、倒立、射箭等动作。

3. 动态平衡

动态平衡是指人体在运动过程中，控制身体姿势的能力，如蹦床、特技、冰上舞蹈与游泳等均需要很好的动态平衡能力。

二、平衡的生理学基础

人体的平衡能力除了要求身体结构完整外，还与前庭器官、视觉器官、本体感受器、大脑平衡调节、小脑共济协调以及肢体肌群力量、肌张力之间的相互平衡等密切相关。因此，平衡反映了人体对来自各方面刺激的一种协调综合能力。

（一）位觉器官

1. 位觉器官调节身体平衡的过程

当人体进行旋转或直线变速运动及头在空间的位置与地心引力的方向出现相对改变时，会刺激位觉器官（前庭器官）的感觉细胞产生神经冲动，经前庭神经传送至中枢神经系统，引起身体在空间的位置或变速感觉，并通过姿势反射来调整有关骨骼肌的张力，以维持身体的平衡。

2. 位觉器官对身体平衡的双重作用

（1）通过前庭器官反射可以维持运动中身体平衡；（2）如果前庭器官对位觉刺激过于敏感（前庭功能稳定性差），反而会破坏运动时的身体平衡，导致动作失调。

3. 位觉器官调节身体平衡的实例

（1）晕车、晕船和晕机等现象出现的原因是人的前庭感受器对交通工具的突然变速、颠簸、左右摇摆、震荡等的刺激过于敏感，产生超出个体耐受限度的强烈而频繁的神经冲动，引起全身肌张力的正常关系失调，出现空间定向错觉和系列植物性功能紊乱反应；(2)在赛艇、划船、跳伞、跳水、滑雪、花样滑冰、体操、铁饼和链球等项目的运动员选材时应考虑这方面的因素。

(二)动觉器官

1. 动觉器官调节身体平衡的过程

机体运动时，动觉器官(本体感受器)将运动刺激转变为神经冲动传入大脑皮层的相应中枢，通过综合分析，感知身体在空间的位置、姿势以及身体各部位肌肉的活动状态，使之产生正确的肌肉感觉。当运动过程中身体平衡或动作环节遭到破坏时，本体感受器又能及时将刺激信号传向中枢，通过调节相关肌张力纠正偏差，确保运动技能中规定动作的顺利完成。

2. 动觉器官对运动能力的作用

动觉器官功能的提高，不仅可以促进动作技能的形成和肌肉活动在时间和空间上更加协调，还有助于运动技术、战术的运用与创新。

3. 动觉器官调节身体平德的实例

篮球、足球运动员动作技能熟练后，有时仅靠运动觉就可以很好地控制球，以完成各种复杂的动作。体操、跳水运动员在空中完成翻腾、转体时，本体感受器对正确完成复杂动作起着极其重要的作用。

(三)视觉器官

1. 视觉器官调节身体平衡的过程

运动过程中，眼睛可提供周围环境和身体运动与运动方向的信息，并传入大脑，结合本体感受器和位觉感受器传来的信息，一方面通过调节眼位保持清晰的视觉，另一方面调节有关骨骼肌保持头位及正确的身体姿势。

2. 视觉器官对身体平衡的重要作用

(1)视觉与本体感觉在维持身体姿势时有较大的相互依存性，视觉对动作的控制发挥重要作用；(2)在特定情况下，视觉也会引起平衡能力下降，如有恐高症的人站在高处向下看时，会感到两腿发软，难以维持站立姿势。当视觉功能发生障碍时，可明显影响姿态的稳定。

(四)身体的机能状态

维持身体平衡是在神经系统、感觉器官和运动系统等共同参与下完成的。只有身体机能处于适宜状态时，各系统、器官之间才能密切协调配合，发挥良好的生理作用以维持身体特定姿势。身体机能欠佳时，各器官、系统功能下降，最终严重影响身体的平衡。表现为：(1)感受器兴奋升高，对运动刺激不够敏感，产生的传入信号总量(神经冲动)减少。(2)信息传导、传递速度变慢。(3)中枢神经整合、协调能力减弱。(4)效应器肌肉收缩无力。

三、发展平衡能力的训练

(一)前庭功能训练

1. 训练分类

(1)被动训练。让人在产生加速度变化的器械(如离心机、过山车、极速之旅等)上被动地感受加速度的变化，在训练过程中旋转速度要循序渐进，以免引起过于强烈的前庭反应。(2)主动训练。锻炼者主动地选择各种有加速度变换的旋转运动进行训练，如球类运动、器械体操、空翻、翻滚、荡秋千等。(3)综合训练。锻炼者采用主动训练和被动训练相结合的方式进行训练，效果更好。

2. 训练效果

只要坚持体育锻炼或运动训练都可以增强机体对变速运动的适应和平衡能力。

3. 训练方案

训练者可根据各类平衡训练仪的功能以及受训者提高平衡能力的具体要求来制订训练方案，进而指导受训者进行平衡训练。如果前庭功能稳定性从幼年开始训练，效果会更好。

(二)动觉功能训练

人体运动时所产生的本体感觉常被视觉、位觉或其他感觉所掩盖，而难有明确的主观感觉，故本体感觉又称为“暗淡感觉”。

1. 长期性

本体感觉必须经过长时间的训练，才能明显而精确地在自己的动作过程中体验到。

2. 反复性

只有通过反复练习，才能获得良好的本体感觉。

3. 综合性

有人认为在进行平衡能力训练时，掩盖视觉而使注意力集中于位觉和动觉，能更有效地提高后两者的功能。

(三)视觉功能训练

(1)为了提高视觉的功能除了平时注意用眼卫生外，还要坚持做眼保健操。

(2)在运动训练过程中，注意运动环境参照物的选择、多看视频录像、仔细观察教师或教练员的示范动作、多对着镜子练习强化视觉与本体感觉的结合、多站在高处向下方和远处看。

四、平衡能力的测评

平衡能力的测评是指按照特定的方法或程序对人体的平衡功能进行定量或定性的描述与分析的过程，主要用于运动员选材、制订运动训练方案、诊断运动员是否有平衡功能障碍，以及确定平衡训练后的效果等。

常用的测定方法包括：

(一)平衡仪测评

1. 静态平衡仪

(1)静态平衡仪的工作原理

静态平衡仪又称压力平板，通过平板下各角处安置的压力传感器，记录站立时足对地面的压力，检测身体的摇摆情况，记录分布到支撑面的重心移动及身体不自主轻微移动而产生的惯性力。并将压力传感器所记录到的信号转化成数据，输入计算机，实时描记静态姿势图。

(2)静态平衡仪的测评方法

受试者可分足(与肩宽)、并足、前后足或单腿站立。通过对图中的摆幅、摆速、功率谱等多项指标的分析来了解平衡功能。

2. 动态平衡仪

(1)动态平衡仪的工作原理

在静态平衡仪的基础上，将固定平板用一种装置控制，使其可以水平移动，以踝关节为轴旋转，或环绕检查者给予或真或假的视觉干扰。它所描记出来的足对平板的压力时间曲线称为动态姿势图。

(2)动态平衡仪的测评方法

受试者通过对不同部位的动态姿势图的探讨，可以了解维持平衡时肌肉的收缩及躯体各部位的运动反应和找到平衡障碍的原因。

(二)单脚支撑测评

1. 测评过程

受试者用优势腿站立,另一腿的脚置于支撑腿的膝关节处,双手叉腰。听到“开始”信号后,尽量使自己身体保持不动,直到不能坚持为止。计算从开始到失去平衡之间的时间,共做三次,以维持平衡时间最长的一次作为测验的成绩,来评价受试者的静态平衡能力。

2. 注意事项

出现下述三种情况中的任何一种,即为失败:(1)支撑腿脚掌发生移动。(2)叉腰的双手离开叉腰的位置,用双臂来帮助维持平衡。(3)另一脚离开支撑腿的膝关节。

(三)其他测评

1. 睁眼动态平衡测验

让受试者在3.8厘米宽的平衡木上往返行进4次,记录时间及掉下来的次数,然后进行评价。

2. 睁、闭眼静态平衡测验

让受试者先睁眼用优势脚在2.8厘米宽的木板上站立,记录站立的时间;然后再让受试者闭眼,采用同样方法,记录站立的时间;最后比较睁眼与闭眼时的平衡能力。

3. 头手倒立测验

让受试者在垫子上做头手倒立,测定其倒立的时间。

参考文献

[1]ICU. 2010 Rules[S]. International Cheer Union,2010.

[2]马鸿韬. 啦啦操运动[M]. 北京:高等教育出版社,2009.

[3]王洪. 啦啦操教程[M]. 北京:人民体育出版社,2013.

[4]徐中秋,徐艳,刘松霞. 啦啦操的历史沿革综述[J],体育科技文献通报,2007,15(1).

[5]陈铁龙. 论啦啦操的发展[D]. 湖南师范大学硕士论文,2006.

[6]于亚南. 我国技巧啦啦操运动的发展趋势与对策研究[D]. 山东师范大学硕士论文,2007.

[7]卢晨曦. 中美竞技啦啦操文化层面的比较研究[D]. 西南交通大学硕士论文,2004.

[8]沈柳红. 广西高校竞技啦啦操运动发展现状及对策研究[D]. 广西师范大学,南京体育学院硕士学位论文,2008.

[9]张燕冰,王丽敏,孙佳剑. 大学生体育舞蹈与排舞[M]. 哈尔滨:东北林业大学出版社,2014.

[10]武利华. 形体训练[M]. 天津:天津人民美术出版社,2017.

[11]符敏. 形体训练第 2 版[M]. 重庆:重庆大学出版社,2016.

[12]姜兰. 舞蹈形体教程[M]. 重庆:西南师范大学出版社,2017.

[13]张厚胜. "目标模式"和"过程模式"对我国体育课程开发的启示[J]. 内江科技,2007(9).

[14]赵晓玲. 健美操教程[M]. 重庆:重庆大学出版社,2017.

[15]赵晓玲. 形体训练[M]. 北京:科学出版社,2012.

[16]薛敏. 普通高校开展形体课程现状的调查与研究[J]. 体育科技文献通报,2012(12).

[17]刘清梅. 高校健美操教学现状及创新思路解析[J]. 当代体育科技,2016(4).

[18]李丁辛. 高校健美操教学现状及发展策略探究[J]. 体育世界(学术版),2014(4).

[19]崔伟芳,王菁. 高校体育舞蹈教学现状及对策探讨[J]. 产业与科技论坛,2012(14).

[20]蒋含真. 高校女生形体课教学的现状与对策研究[J]. 中国校外教育,2009(7).

[21]王振超,薛月. 形体训练[M]. 北京:科学出版社,2009.

[22]颜飞卫. 大学健美操、体育舞蹈、排舞教程[M]. 北京:北京师范大学出版社,2012.

[23]徐裴,韩颖,徐立宏. 高校时尚健美操运动教学理论与实践[M]. 北京:光明日报出版社,2015.

[24]姚明焰. 形体训练(4 版)[M]. 北京:中国劳动社会保障出版社,2016.

[25]王莹. 街舞[M]. 北京:北京体育大学出版社,2016.

[26]林晓海. 天天瑜伽塑形美体[M]. 青岛:青岛出版社,2017.

[27]林晓海. 天天瑜伽减脂瘦身[M]. 青岛:青岛出版社,2016.

[28]汉竹. 普拉提教程[M]. 南京:江苏科学技术出版社,2016.

[29][美]德沃拉·科雷克. 肚皮舞[M]. 北京:中国文联出版社,2010.

[30]蒋宁等. 大学体育与健康教程[M]. 天津:南开大学出版社,2012.

[31]袁建国. 大学体育与健康教育教程[M]. 西安:西安交通大学出版社,2014.

[32]王皋华,张威.大学体育与健康教程[M].北京:北京体育大学出版社,2014.

[33]蔡仲林,周之华.武术[M].北京:高等教育出版社,2000.

[34]肖光来.健美操[M].北京:人民体育出版社,2003.

[35]王洪.健美操教程[M].北京:人民体育出版社,2000.

[36]《全国健美操大众锻炼标准》等级动作图解[S].国家体育总局,2009.

[37]《全国普及性健美操规定动作》图解[S].国家体育总局,2011.

[38]刘壮壮.有效避免健美操学习中的运动伤害[J].吕梁教育学院学报,2017(6).

[39]刘卫军. 跆拳道 [M].北京:北京体育大学出版社,2006.

[40]张瑞林. 体育与健康 [M]. 济南:山东大学出版社,2003.

[41]张瑞林.跆拳道 [M]. 北京:高等教育出版社,2011.

[42]李德祥. 跆拳道快速入门 [M]. 北京:北京体育大学出版社,2003.

[43]徐晓涛.跆拳道 [M]. 长沙:湖南大学出版社,2004.

[44]张蕙兰,柏忠言编著.瑜伽气功与冥想[M].北京:人民体育出版社,2006.

[45]艾扬格.瑜伽之光[M].北京:世界图书出版公司,2005.

[46]美梓编著.瑜伽与冥想大全[M].北京:中国华侨出版社,2014.

[47]国家体育总局社会体育指导中心审定.健身瑜伽108式体位标准,2016.

[48]廖建国,王永新,罗雪琳主编．高校传统武术创新发展与教学实践研究[M].北京:中国原子能出版社,2013.

[49]田文林,张广明主编．传统体育养生功法教程[M].西安:西安交通大学出版社,2014.

[50]王耀全,迟永柏,王晓旭编著.武术与养身[M].北京:清华大学出版社,2015.

[51]靳卫平,徐学峰,袁丽主编.传统武术的多元探究与健身实践[M].北京:中国商业出版社,2014.

[52]国家体育总局职业技能鉴定指导中心.体育舞蹈[M].北京:高等教育出版社,2012.

[53]宋晓芬,曹竟成.浅析健美操与舞蹈之间的运动技能迁移[J].吉林体育学院学报,2007(1).

[54]体育舞蹈运动教程编写组.体育舞蹈运动教程[M].北京:北京体育大学出版社,2015.

[55]闫爽爽.对体育舞蹈摩登舞专项选手身体素质训练的分析与研究[D].首都体育学院,2015.

[56]熊文.摩登舞与拉丁舞锻炼价值的比较分析[J].上海商学院报,2007(2).

[57]左志云.3D多媒体教学手段在摩登舞技术教学中运用的可行性探究[D].武汉体育学院,2014.

[58]张灵燕.陕西省高校摩登舞较拉丁舞发展滞后因素分析[D].陕西师范大学,2016.

[59]高名洋.影响摩登舞发展的因素分析[J].现代交际,2017(11).

[60]姜桂萍.体育舞蹈[M].北京:高等教育出版社,2008.

[61]田祖国.国家文化软实力与民族传统体育发展的制度保障研究[M].北京:民族出版社,2016.

[62]马士珍.体育舞蹈文化在我国的传播及发展研究[D].山东师范大学,2014.

[63]刘福安,杨兆春,白玲等.棒球的文化内涵:中国棒球联赛的文化前景[J].中国体育科技,2004,41.

[64]冯景梅,邹保禄．棒、垒球运动探源及其发展[J].河北体育学院学报,2002(2).

[65]庞中.我国高校开展棒垒球运动的思考[J].成都体育学院学报,2002,5.

[66]邵恒忠，王祥茂，陈文. 我国高校棒球运动的发展现状及对策研究[J]，广州体育学院学报，2006.

[67]郑卓肇，李伟等. 职业棒球运动员的优势肩关节：MRI 检查[J]. 中国医学影像技术，2005，21.

[68]和平，孟繁林，孙晓菊等. 棒球投手掷臂动作的生物力学分析[J]. 天津体育学院学报，2000，15.

[69]王正利，张胜年. 棒球投手上肢肌力研究[J]. 南京体育学院学报，2005，4.

[70]李岳峰，李亚俊. 对标枪训练中肘关节损伤的研究[J]. 体育成人教育学刊，2004.

[71]赵政时，程兴杰，姜健夫等. 棒球肘 13 例的诊断与治疗[J]. 中国冶金工业医学杂志，2003.

[72]乔培基. 垒球[M]. 北京：北京体育大学出版社，2003.

[73]球类运动编写组. 球类运动[M]. 北京：高等教育出版社，1989.

[74]曲宗湖、杨文轩. 课余体育新视野[M]. 北京：人民教育出版社，1999.

[75]国家体育总局. 2001－2010 年体育改革与发展纲要[J]. 体育科学，2001(3).

[76]张可宏. 棒球与垒球[M]. 北京：知识出版社，2001.

高等院校经济学管理学应用技能型精品教材

市场调查与预测

赵　悦　金升辉　主　编
王春赢　向　南　赵珈瑶　副主编

上海财经大学出版社

图书在版编目(CIP)数据

市场调查与预测/赵悦,金升辉主编. —上海:上海财经大学出版社,2021.7

(高等院校经济学管理学应用技能型精品教材)

ISBN 978-7-5642-3773-8/F · 3773

Ⅰ.①市… Ⅱ.①赵…②金… Ⅲ.①市场调查-高等学校-教材②市场预测-高等学校-教材 Ⅳ.①F713.52

中国版本图书馆 CIP 数据核字(2021)第 107831 号

□ 责任编辑 李嘉毅
□ 封面设计 张克瑶

市场调查与预测

赵 悦 金升辉 主 编
王春赢 向 南 赵珈瑶 副主编

上海财经大学出版社出版发行
(上海市中山北一路 369 号 邮编 200083)
网 址:http://www.sufep.com
电子邮箱:webmaster @ sufep.com
全国新华书店经销
上海叶大印务发展有限公司印刷装订
2021 年 7 月第 1 版 2024 年 7 月第 2 次印刷

787mm×1092mm 1/16 16.75 印张 407 千字
印数:3 001—4 000 定价:49.00 元

前　言

本书是为满足我国应用型本科院校“市场调查与预测”课程教学的需要，培养高素质的应用型市场调查与预测人才而编写的，具有时代气息和中国特色，能够使学生掌握市场调查与预测的技巧，从而具备一定的实际应用能力，并增强其服务社会的能力。

本书特色

1. 系统完整性

在借鉴国内外先进的市场调查与预测理论、方法和技术的基础上，按照各类企业和有关组织开展市场调查与预测的需要，采用系统思维的方法，构建了综合反映市场调查与预测基本理论和技术的体系结构，层次清晰，内容全面。

2. 实践操作性

结合现代社会发展的需要，按照市场调查与预测的实际运作程式和规范，精心设计，认真组织编写，每章都设有多个案例，还有“复习自测”和“实训课堂”两个板块，使读者能够轻松掌握基本理论和方法，并完成实际的操作。

本书内容

本书共设十章，全面介绍了市场调查与预测的基本知识，注重分析问题与解决问题能力的培养和提高，使读者能够深入了解市场调查与预测的方法、调查方案及问卷的设计、调查报告的撰写等。主要内容包括：市场调查认知、市场调查方案设计、市场调查方法选择、调查量表和调查问卷设计、市场调查组织方式选择、市场调查资料的整理与分析、市场预测的基本方法、市场调查报告的撰写等。

全书知识结构如下：

第一章“市场调查认知”：介绍了市场调查的含义、内容、类型和程序，以及市场调查机构的类型、调查者的基本素质。

第二章“市场调查方案设计”：介绍了市场调查方案设计的原则、步骤、内容，以及市场调查方案的分析与评价方法。

第三章“市场调查方法选择”：介绍了二手数据的收集方法，详细介绍了访问调查法、实验调查法、观察调查法的具体操作。

第四章“市场调查量表设计”：介绍了态度量表的含义、市场调查常用量表的类型，以及量表信度与效度评估方法。

第五章“市场调查问卷设计”：介绍了调查问卷设计的原则、程序，详细介绍了问卷设计技术和网络问卷创建方法。

第六章“市场调查组织方式选择”：介绍了抽样调查的基本问题、样本容量、抽样误差的确定，并详细介绍了随机抽样及非随机抽样的应用技术。

第七章“市场调查实施与资料整理”：介绍了市场调查实施队伍的组织及监督管理，并详细介绍了市场调查资料整理的流程。

第八章“市场调查资料的分析”：介绍了市场调查资料的静态及动态分析方法，并详细介绍了 SPSS 统计分析的具体操作与应用。

第九章“市场预测的基本方法”：介绍了市场预测的基本理论，并详细介绍了各种定性预测及定量预测方法的具体应用。

第十章“市场调查报告撰写”：介绍了市场调查报告的结构，并详细介绍了报告中常用的几种统计图的特点及应用。

本书应用

本书既可作为应用型本科院校管理类专业学生的专业课教材或非管理类专业学生的选修课教材使用，也可作为企业经营管理人员和社会人士培训或自学用书。书中所涉及的方法和技术是编者及相关专家在实践和教学过程中不断积累的成果，希望能给读者启发和帮助。

本书由赵悦撰写大纲、安排编写任务，金升辉统稿。编写分工如下：第一章、第十章由赵珈瑶编写；第二章、第三章由向南编写；第四章、第五章由金升辉编写；第六章、第七章由王春赢编写；第八章、第九章由赵悦编写。

在编写过程中，编者学习、借鉴和参考了国内外专家、学者的论著和研究成果，谨向他们致以诚挚的谢意。

由于编者学识水平有限，书中定有疏漏之处，恳请各位同仁及读者批评指正。

编　者

2021 年 6 月

目　录

第一章

市场调查认知

学习要点及目标

1. 了解市场调查的含义、作用与特点
2. 掌握市场调查的内容
3. 掌握市场调查的程序
4. 掌握市场调查的各种类型
5. 了解组织市场调查的机构与人员

核心概念

市场调查　市场调查机构

引导案例

中国居民洗衣习惯的调查

上海某市场研究公司为深入了解中国居民的洗衣习惯,曾展开了一次全国性的市场调查,调查在六大城市进行。这六大城市的选址具有明显的中国东、西、南、北、中的不同地域特征。在实际调查中,每座城市选择了数百户居民进行入户访问,要求被访者在试用洗衣液新品的同时详细描述洗衣过程,为了不遗漏细节,还实地观察,实录被访者的洗衣方法。在选择样本时,要求被访者分布于平房、多层、高层等不同居住环境,以全面了解因不同居住环境、采用不同洗衣设备而导致洗衣习惯的差异。根据调查结果,有关公司摄制了广告片,在画面上再现了不同地区居民洗衣的实景,这令家庭主妇倍感亲切,产生对洗衣液新品的认同和好感。这一品牌的洗衣液新品最终在市场上获得了巨大成功。

(资料来源:www.docin.com)

第一节　市场调查概述

一、市场调查的含义和特点

(一)市场调查的含义

市场调查又被称为市场营销调研、市场调研、市场研究、市场营销调查和营销调研等,在调查实践中有时候被简称为“市调”。随着社会经济的发展，市场营销始终处于不断发展的状态中，市场调查也随之不断发展和变化，加之研究角度和认识上的不同，导致不同国家和地区对市场调查的含义有着不同的理解。

美国市场营销协会(AMA)认为，市场调查是指把消费者、客户、大众和市场人员通过信息联系起来，营销者借助这些信息发现和确定营销机会与营销问题，开展、改善、评估和监控营销活动，并加深对市场营销过程的认识。

国际商会(ICC)/欧洲民意与市场营销调研协会(ESOMAR)认为，市场调查是指个人或组织(工商企业、公共团体等)对有关其经济、社会、政治和日常活动范围内的行为、需要、态度、意见、动机等情况的系统收集、客观记录、分类、分析和提供数据资料。

现代营销之父菲利普·科特勒(Philip Kotler)认为，市场调查是系统地设计、收集、分析和提供数据资料以及提供与公司所面临的特定的营销状况有关的调查研究结果。

中国台湾学者樊志育认为，市场调查有狭义和广义之分。狭义的市场调查是从市场营销的角度定义的，认为市场调查就是对消费者进行调查研究，是用科学的方法和手段收集消费者对产品购买及使用的数据、意见、动机等有关资料，通过分析研究，识别、挖掘市场机会和可能出现的问题，制定和优化市场营销组合策略，并评估其效果。广义的市场调查包括市场的运营或营销的每一个阶段，即从消费和流通领域扩展到生产领域，包括产前调查、产中调查、产后和售后调查，其调查的对象为市场运营的所有功能和作用。

综合国内外学者的观点，本书对市场调查做如下定义：市场调查是指在市场活动中，以特定研究目的为指引，有计划地收集、整理和分析市场的信息资料，提出解决问题的方案及建议的一整套科学方法、技术与规程。

(二)市场调查的特点

市场调查活动的目的性强，包括一整套科学的方法与技术。其特点概括如下：

1. 目的性

由于任何调查都受限于一定的人力、物力和财力，因此，要在一定的时间和空间条件下获取充分的信息，就必须目标明确。任何一种调查都有明确的目的，并围绕目的展开具体的调查。没有目的或有多个目的都是不可取的。

2. 系统性

调查活动是一个系统工程，包括问题的定义，计划的编制，方案的设计，样本的抽取，资料的收集、整理与分析，报告的撰写等。在这一过程中，各个阶段环环相扣、互相联系、互相依存、互相影响。某一个环节的疏忽可能会影响整个调查结果的准确性。

3. 科学性

市场调查的科学性体现在三个方面：科学的方法、科学的技术手段和科学的分析结论。市场调查工作因为复杂而需要周密的计划、精心的组织和科学的实施。在进行市场调查时，要以科学的方法为指导；在调查设计时，要按照科学的程序进行；在选择研究方法时，要根据具体要求和条件选择最适当的方法；在撰写研究结果报告时，要排除主观因素的影响与干扰，以科学的态度提供研究报告。

二、市场调查的原则

市场调查的原则主要有:时效性原则、客观性原则、准确性原则、科学性原则、全面性原则和效益性原则。

(一)时效性原则

市场调查的时效性要求市场调查的信息收集、发送、接收、加工、传递和利用的时间间隔短、效率高,只有这样才能提高市场调查资料的价值。

(二)客观性原则

市场调查的座右铭:“寻求事物的本来状态,说出事物的本来面目。”市场调查必须实事求是,尊重客观事实。调查者和调查机构应遵守职业道德。

(三)准确性原则

准确性原则要求获取真实、准确的信息,调查误差尽可能小,调查数据真实、可靠,对调查结果的描述明晰、准确,不能含糊不清、模棱两可。切忌用主观臆断来代替科学分析。资料收集时的造假行为、数据分析时个人一次性的主观判断都可能造成信息失真。

(四)科学性原则

市场调查不是简单的收集情报和信息的活动,为了在时间和经费都有限的情况下获得更多更准确的信息资料,就必须对整个调查过程进行科学的安排,必须运用科学的调查方法、科学的信息收集加工手段,为企业经营决策提供正确的信息。

(五)全面性原则

全面性要求调查项目尽可能齐全,包括总括性数据与结构性数据齐全、内部信息与外部信息齐全、主体信息与相关信息齐全、横向信息与纵向信息相结合等,以便进行系统的分析。

(六)效益性原则

市场调查是一项费时、费力、费钱的工作,不仅需要人的体力、脑力支出,而且需要利用一定的物质资源。因此,调查时要求选择恰当的调查方法,争取用较少的费用获取较多的调查资料,以满足调查目的和要求。

三、市场调查的作用

市场调查在发达国家的许多企业中已经成为一种“武器”,在他们看来,企业不搞调查就进行市场营销决策是不可思议的。国际知名的市场调查专家、美国德克萨斯大学阿灵顿分校市场营销系主任小卡尔·麦克丹尼尔(Carl McDaniel, Jr.)博士在其著作《当代市场调查》中指出,“市场调查具有三种功能:描述、诊断和预测”。正是由于这三种功能,在美国,73%的企业设有市场调查部门,负责对产品的调查、预测、咨询等工作,所获得的成果为企业带来丰厚的利润。市场调查因此被看作企业的“雷达”或“眼睛”,其作用主要表现在以下几个方面:

(一)识别机会与问题

机会,是指未得到满足或未得到很好满足的需求。问题,是指企业营销中显著的或潜在的不利因素及其影响。

通过市场调查,建立起市场营销信息系统,能够方便地检索、查询和利用已有的资料,掌握国际层面、国家层面、行业层面的有关信息,分析并预测市场发展的总体趋势,为企业的战略性决策提供依据。

通过市场调查,广泛收集、整理和分析数据资料,建立起监测市场环境变化的预警系统,及时掌握市场可能出现的机会与问题,从而把握有利的条件与因素,规避不利的趋势与变化。

通过市场调查,帮助企业明确所属行业中可能存在的机会,发现对企业现在或将来发展的不利因素。

通过市场调查,了解企业自身的优势与劣势、机会与问题,确切感受竞争引起的压力,并转化为企业发展的动力,迫使企业加强经营管理,跟踪最新产品的市场发展趋势,增强产品的适应能力,从而跟上市场的步伐,避免因市场需求变化而给企业带来的机会损失与经济损失。

总之,借助市场调查,企业可以明确营销努力的方向,高效率地整合资源,实现企业的盈利目标。

【案例 1－1】

王永庆的"第一桶金"

台湾著名企业家王永庆早年因家境贫寒而读不起书,只好去做小生意以补贴家用。16岁时,王永庆在嘉义开了一家米店。当时,小小的嘉义已有米店近30家,竞争非常激烈。在刚开张的日子里,王永庆的米店生意冷清。王永庆曾背着米挨家挨户推销,但效果不好。王永庆感觉到要想让自己的米店在市场上立足,就必须有一些别人没做到或做不到的优势才行。经过仔细的调查,王永庆很快从提高米的质量和服务上找到了突破口。

当时的加工技术导致米里面掺杂着沙子、小石子之类的杂物,王永庆从顾客的抱怨中找到了自己应该改进产品质量的信息。他带领两个弟弟一起动手,不辞辛劳、不怕麻烦,一点一点地将夹杂在米里的秕糠、砂石之类的杂物拣出来。这样,王永庆的米店卖的米的质量显然高了一个档次,从而深受顾客好评,米店的生意也日渐兴隆起来。

20世纪30年代的台湾,电话还不普及,没有电话订购业务,大部分人买米要自己到街上的米店去买,然后自己搬回家。有客户反映,平时太忙,煮饭时才发现没米了,于是只好饿着肚子去米店买米回家。经过长时间的观察,王永庆还发现,一些家庭由于年轻人工作时间的关系,不方便前来买米,买米的任务只能由老年人来承担。注意到了这些情况,王永庆决定超出常规,主动送货上门。这一方便顾客的创新服务措施大受欢迎。王永庆米店的生意因此更加红火。

但是,王永庆并不满足,他将目光投向了更加精细的服务。即使在今天,送货上门也多是将货物送到客户指定的位置罢了。对此,王永庆是怎样做的呢?

每次给新顾客送米,王永庆就拿出随身携带的小本子细心记下这户人家米缸的容量,并且问明家中有多少人吃饭,有多少大人、多少小孩,每个人的饭量如何,依据这些资料大致估计该户人家下次买米的时间,到了这个时间段,不等顾客上门,他就主动将相应数量的米送到客户家里。在送米的过程中,王永庆还了解到,当地居民并不富裕,许多家庭还未到发薪日就已经囊中羞涩。王永庆是主动送货上门的,货到收款,有时碰上顾客手头紧,一时拿不出钱会弄得大家很尴尬。为解决这一问题,王永庆采取按时送米,约定到发薪日再上门收钱的办法,极大地方便了顾客。

王永庆精细、务实的营销方法使嘉义人都知道在米市马路尽头的巷子里有一个卖高质量米并送货上门的王永庆。有了知名度后，王永庆的生意越来越红火。就这样，王永庆从小小的米店生意开始了他后来荣登台湾首富的事业。

（资料来源：www.wendangxiazai.com）

（二）更好地理解市场

理解市场是指理解市场信息在不断更新的过程中表现出的各种关系的改变。只有通过市场调查，才能充分认识市场的过去和现在，探明市场供求发展变化的规律，了解顾客的需求及其变化趋势，掌握竞争对手的数量与策略，为更好地服务于目标顾客提供依据。此外，通过市场调查，可以动态地了解不同偏好导致的需求差异，认识、分析和解释消费者行为，掌握市场主体及其行为特征，有助于企业改进营销策略。无视市场经济自身发展变化的规律，按照个人的主观意志来开发产品、开拓市场，注定失败。

（三）协助制定营销规划

无论是战略性决策还是战术性决策，都需要以大量信息为依据，特别是在21世纪这样一个信息时代，超出企业常规决策的发展创新战略不能仅凭经验和猜测做出，因为这一类型的决策具有一定的创新性，存在较大的不确定性和风险性，必须掌握大量的第一手数据和第二手数据，而这些数据资料只有通过文案调查和实地调查才能获得。通过调查，可以辨别环境变化所带来的市场机会，发现企业营销中可能存在的问题，协助制定企业的总体发展战略、目标市场战略和竞争战略。

（四）做出营销决策

企业做出营销决策通常需要回答以下问题：顾客关注哪些产品属性？产品设计应集成多少特性？产品应该怎样定价？产品应由谁来销售？推广方面的费用为多少较经济？科学的营销决策以占有信息为前提，而信息的质量取决于市场调查的质量，因而市场调查结果直接影响决策的准确性。一般来说，决策者掌握与决策相关的信息越多，对决策方案选择和制订的余地就越大，对各种方案可能出现结果的估计就越充分，决策的可靠性就越有保证。在市场经济条件下，企业决策者无论是做出目标市场决策，还是产品开发、价格制定、渠道安排及促销决策，都必须对市场状况进行认真调研，并权衡各种方案的得失。不认真研究市场的实际情况，只凭主观臆断盲目决策，必然蒙受损失、付出代价。

（五）实施营销控制

控制就是了解目标与实际情况的差距。企业需要通过市场调查来掌握市场占有率、顾客满意度、退货率、服务质量和服务水平等营销指标的实际执行情况。只有通过调查揭示差距，明确问题的症结所在，才能够“对症下药”，提出相应的矫正方案，改善企业的经营管理，提高企业的经营效益。

作为国民经济微观核心的企业，要在市场经济的“海洋”中勇立潮头，就必须用好“市场调查”这个有效工具，为企业经营决策服务。但市场调查结果有局限性，需要正确利用。市场调查通常是用样本数据推断总体，不可避免地存在误差，但其误差可控，所以可以在大概率条件下认同调查的结果。市场调查结果只是找出了企业的病根或部分病因，解决问题还要依靠企业对各种资源的运作能力。市场调查结果还需用于决策，准确、可靠的调查信息如果不用于决策，就不会对营销活动产生影响，调查所耗的投入就不会产生经济效益。

第二节　市场调查的内容

市场调查的内容涉及广泛：有宏观环境调查，主要包括对政治和法律环境、经济环境、人口环境、社会文化环境、技术和自然地理环境等的调查；有微观环境调查，主要包括对市场需求、市场供应、竞争对手等的调查；还有对市场营销活动的调查，主要包括对产品包装、产品价格、销售渠道、促销等开展的调查。

一、宏观环境调查

宏观环境即外部环境。宏观环境的变化会明显地影响市场需求的变化，影响企业的生存、发展和营销活动。因此，企业必须重视对宏观环境的调查，分析宏观环境对企业经营的影响，主动地适应甚至超前引导宏观环境的变化。

宏观环境调查，是指从宏观上调查和把握企业运营的外部影响因素及产品的销售条件等。宏观环境调查主要包括对政治和法律环境、经济环境、人口环境、社会文化环境、科学技术环境和自然地理环境的调查。

（一）政治和法律环境调查

政治和法律环境调查主要是指企业对其业务所涉及的国家（或地区）的政治制度、法律法规、方针政策、政治形势等因素进行调查。

1. 政治环境调查

政治环境调查包括国内政治环境调查和国际政治环境调查。

2. 法律环境调查

法律环境调查是对企业在市场经营活动中所必须遵守的各项法律、法规等进行调查。企业不仅必须了解与自己的营销活动有关的法律，如公司法、税法、反垄断法等，而且必须了解正在建议制定的、将影响企业经营的有关法律，如有关定价、分销渠道、人员推销、广告传播等方面的立法议案。

（二）经济环境调查

经济环境调查是指对企业所面对的市场在宏观经济发展中将发生何种变化的调查，包括经济发展水平调查、经济特征调查和经济结构调查。

（三）人口环境调查

人口环境因素涉及人口数量、人口结构、地理分布等诸多方面。人口数量直接决定市场规模和潜在容量，人口的性别、年龄、民族、婚姻状况、职业、居住分布等对市场格局产生着深刻影响，从而影响着企业的营销活动。企业应重视对人口环境的研究，密切关注人口特性及其发展动向，及时调整营销策略以适应人口环境的变化。人口环境调查是指对企业营销所涉及的人口环境因素所进行的调查，包括人口数量调查、人口结构调查、人口地理分布调查等。

（四）社会文化环境调查

社会文化环境调查是指对市场需求变动产生影响的社会文化因素，如价值观念、风俗习惯、宗教信仰、受教育程度、审美观等因素进行的调查。企业的经营活动必须适应所涉及国家（或地区）的文化和传统习惯，这样才能为当地消费者所接受。

（五）科学技术环境调查

科学技术环境调查是指对与本企业生产有关的技术水平状况、趋势以及社会相同产品生产企业的技术水平提高情况的调查。科学技术环境调查的主要内容包括本企业所涉及的技术领域的发展情况及发展趋势，产品技术质量检验指标和技术标准，新技术、新材料、新能源、新产品的开发状况，信息与自动化技术发展可能带来的生产率提高的前景等。

（六）自然地理环境调查

自然地理环境调查主要包括对气候、季节、自然资源、地理位置等的调查。

以上所述宏观环境的各个因素并不以企业的意志为转移，所以，信息收集首先要对企业所处的环境进行调查，以便对这些不可控因素的特征有充分的了解，从而避免在经营中出现与宏观环境相冲突的情况，并尽量利用宏观环境中有利于企业发展的方面，以保证经营活动的顺利进行。

二、微观环境调查

微观环境是指企业生存与发展的具体环境。与宏观环境因素相比，微观环境因素更能够直接地为一家企业提供有用的信息，所提供的信息也更容易被企业所识别。企业的微观环境涉及市场需求、市场供应、竞争状况等。

微观环境调查，是指对直接影响和制约企业营销活动的各种外部因素的调查。进行微观环境调查能够更好地协调企业与这些相关群体的关系，促进企业营销目标的实现。微观环境调查主要包括市场需求调查、市场供给调查和竞争状况调查。

（一）市场需求调查

市场需求调查的内容包括人口数量和结构调查、社会购买力调查、消费者购买动机及行为调查等。

1. 人口数量和结构调查

消费者数量和结构是计算市场需求量时必须考虑的因素。人口数量多，对产品的需求量就大，尤其是食品和日用工业品这类产品，其需求量随着人口的增加必然增加。市场需求不仅与人口数量有关，而且与人口构成有关。由于人口的性别、年龄、职业、民族等的不同，因此，其消费投向会有很大的差异。就拿年龄来讲，儿童在食品、玩具方面的消费占其日常消费的很大比重；青年崇尚时髦和新奇的产品，对新产品的认可过程很短；老年人则更注重产品的实用性及其营养、保健方面的功能。

2. 社会购买力调查

社会购买力调查包括对居民购买力、社会集团购买力、生产资料购买力和购买力投向等的调查。其中，居民购买力尤其是居民消费品购买力是社会购买力最重要的内容，历来是市场需求调查的重点。通过对购买力总量及其影响因素的调查，可使企业对其所在地区的市场容量情况有整体的了解，为企业在计划期安排业务计划、确定生产和销售规模提供重要依据。

(1)居民购买力调查

居民购买力又称零售商品购买力，是指城乡居民在市场上用于购买生活消费品的货币支付能力。居民购买力是居民消费水平的重要标志，与居民的货币收入成正比。

(2)社会集团购买力调查

社会集团购买力调查是指社会集团用公款购买公用消费品和服务的货币支付能力。社会集团购买力的大小主要受国家行政机关、部门、学校、社会团体与企事业单位对公用消费品或服务的需求的影响，还与各级政府对社会购买力控制或发展经济的一些措施的贯彻执行情况有关。

(3)生产资料购买力调查

生产资料购买力是各行各业的企业用于购买生产所需的设备、房屋、原材料和各种用具等的货币支付能力。

(4)购买力投向调查

购买力投向是指在购买力总额既定的前提下，购买力的持有者将其购买力用于何处。购买力投向调查主要是搜集社会商品零售额资料，并对其做结构分析。它是从卖方角度观察购买力投向变动，其方法是将所搜集的社会商品零售额资料按产品主要用途进行分类，计算各类商品零售额占社会商品零售总额的比重，并按时间顺序观察其特点和变化趋势。

3. 消费者购买动机及行为调查

消费者行为是受消费者的性格、偏好、宗教信仰、文化程度、消费习惯及周围环境等多方面因素影响的，这些因素在一定程度上影响着消费者的购买行为。消费者行为调查就是要了解上述客观因素及其发展变化对消费者购买行为的影响。消费者行为调查主要包括消费者购买动机调查、消费者购买行为类型调查和消费者购买行为调查。

(1)消费者购买动机调查

消费者购买动机是指人们为满足一定需要而进行购买活动的意愿。消费者的购买动机常常是由那些最紧迫的需要决定的，但购买动机又是可以运用一些手段诱发的。消费者购买动机调查的目的主要是弄清购买动机产生的原因，以便采取相应的诱发措施。

(2)消费者购买行为类型调查

消费者购买行为受内外多种因素的影响。消费者购买行为的复杂多变对营销人员提出了挑战。对于优秀的营销人员来说，掌握消费者购买决策过程及了解影响消费者做出购买决策的因素至关重要。

(3)消费者购买行为调查

消费者购买行为是消费者购买动机在实际购买过程中的具体表现。消费者购买行为调查就是对消费者购买模式和习惯的调查。消费者购买行为的产生通常受其内在因素和外在因素的交互影响。企业通过对消费者购买行为的 5W1H 研究来掌握其购买行为的规律性及变化趋势，从而制定有效的市场营销策略，实现企业营销目标。

What——市场需要什么，有关产品(Objects)是什么。通过调查了解消费者希望购买什么，为什么需要这种产品而不是那种产品；研究企业应如何提供适销对路的产品去满足消费者的需求。

Why——为何购买，购买目的(Objectives)是什么。通过调查购买动机的形成(生理的、自然的、经济的、社会的、心理因素的共同作用)，了解消费者的购买目的，采取相应的市场策略。

Who——购买者是谁，购买组织(Organizations)是什么。调查分析购买者是个人、家庭还是集团，购买的产品供谁使用，谁是购买的决策者、执行者、影响者。消费者的购买行为因受年龄、性别、职业、收入、文化程度、民族、宗教等影响，有很大的差异，对产品的要求各不相同，而且随着社会经济的发展，消费者消费习惯、消费观念、消费心理在不断发生变化，导致消费者购买行为的差异性大。根据分析，组合相应的产品、渠道、定价和促销。例如，在一个家庭中，对于日用品、服装、食品等产品，大多由女方做出购买决定，同时由女方实际购买；对于耐用消费品，男方做出购买决定的情况较多，也存在与女方商定的情况，最后由男方独自或与女方一同购买；对于儿童用品，通常由孩子提出购买要求，由父母做出购买决定，与孩子一同购买。

How——如何购买，运营行为(Operations)是什么。分析购买者对购买方式的不同要求，有针对性地提供不同的营销服务。在消费者市场中，分析不同类型消费者的特点，如经济型购买者对性能和廉价的追求，冲动型购买者对情趣和外观的喜好，手头拮据的购买者要求分期付款，工作繁忙的购买者重视购买方便和送货上门等。

When——何时购买，购买时机(Occasions)是什么。分析购买者对特定产品购买时间的要求，把握时机，适时推出产品，如分析自然季节和传统节假日对消费者购买行为的影响程度等。有些产品，消费者需要常年购买、均衡消费，如食品、副食品等生活必需品；有些产品，消费者需要季节性购买或节日购买，如一些时令服装、节日消费。例如，某商场在对一周内的客流进行实测调查后发现：一周中，客流量最多的是周日，最少的是周一；一天内，客流高峰为上下班时间，即上午 11 时和下午 5 时；其他时间的客流量也有一定的分布规律。据此，该商场对员工和货物都做出了合理安排，做到忙时多上岗、闲时少上岗，让售货员能在营业高峰到来时以最饱满的精神面貌迎接顾客，从而取得较好的经济效益和社会效益。

Where——何处购买，购买场合(Outlets)是什么。分析购买者对不同产品购买地点的要求。例如，消费品中的方便品，消费者一般要求就近购买；选购品则要求在商业区(如地区中心或商业中心)购买，方便挑选、对比；特殊品往往要求直接到厂商或专业商店购买；等等。在为某商场做的市场营销环境调查中了解到：59%的居民选择离家最近的商店，10%的居民选择离工作地点最近的商店，7%的居民选择上下班沿途经过的商店；18%的居民选择有名气的大型综合、专营商店；6%的居民对购物场所不加选择，即随意性购物。

(二)市场供给调查

市场供给调查是指全社会在一定时期内对市场可提供交换的商品和服务的总量的调查。对市场供给，可着重调查以下几个方面：

1. 产品供给来源及影响因素调查

产品供给来源调查包括对国内生产部门提供的产品和服务部门提供的劳务、进口产品、国家储备拨付、挖掘社会潜在物资和期初结余供应量等的调查。

影响产品供给的因素调查包括对生产量、结余储存、进出口差额及地区间的货物流动、价格水平及产品销售前景预期等影响因素的调查。

2. 产品供应能力调查

产品供应能力调查是对工商企业的产品生产能力和产品流转能力所做的调查，主要包括以下几个方面的内容：

(1)企业现有产品生产或流转的规模、速度、结构状况及其满足消费需求的程度。

(2)企业现有经营设施、技术水平和设备现代化程度在同行业中所处的地位，以及适应产品生产和流转发展的程度。

(3)企业是否需要进行投资扩建或者更新改建。

(4)企业资金状况,自有资金、借贷资金和股份资金的总量、构成及分配使用状况,企业经营的安全性和稳定性。

(5)企业的现实盈利状况和综合效益。

(6)企业现有职工的数量,构成,思想文化素质,业务水平,适应生产、经营不断发展的需要的程度。

3. 产品供应范围调查

产品供应范围及其变化会直接影响产品销售量。范围扩大意味着可能购买本企业产品的消费者数量的增加,在正常情况下会带来销售总量的增加;反之,则会使销售总量减少。此项调查的内容主要包括:

(1)销售市场的区域有何变化

在调查中要了解有哪些地区、哪些类型的消费者使用本企业的产品,了解他们在今后一段时间内的购买是否会发生变化;同时,要了解哪些地区、哪些类型的消费者目前尚未购买但可能购买本企业的产品,通过宣传能否使他们对本企业的产品产生兴趣,以及当地社会集团的购买情况等。通过市场调查,如果发现本企业产品的销售区域有其他企业同类产品进入,并且明显比本企业的产品受欢迎,那么,本企业产品在该区域的销售就面临挑战;反之,则预示着本企业的产品将有一个较好的销售前景。

(2)所占比例有何变化

某些产品的供应能力有限或消费者选择产品的标准不同,往往造成在同一市场上多种同类产品都有销路的状况,各家企业的产品都有一定的市场占比。市场占比不是固定不变的,它会受消费者的喜好、产品的改进等各种因素的影响而发生变动。所以,要随时了解本企业产品与其他企业产品相比存在的优势和差距,这些同类产品在市场上受消费者欢迎的程度,消费者对各种同类产品的印象、评价和购买习惯等。通过调查,使企业对市场占比变化的趋势及其原因有较深入和全面的了解,有利于企业争取更多市场份额。

(三)竞争状况调查

竞争状况调查是指对与本企业经营存在竞争关系的各类企业及现有竞争程度、范围和方式等情况的调查。竞争状况调查的根本目标是通过一切可获得的信息来查清竞争者的状况。竞争状况调查的主要内容有:

1. 谁是竞争者

在竞争激烈的市场上,企业只了解顾客是不够的,还必须了解竞争者。了解竞争者与了解顾客同样重要。企业的竞争者一般是那些与本企业提供的产品或服务类似,并且有相同目标顾客和相似产品价格的企业。例如,可口可乐把百事可乐作为主要竞争者,通用汽车把福特汽车作为主要竞争者等。

【案例 1-2】

日本朝日啤酒与麒麟啤酒的成长战略截然不同

日本麒麟啤酒公司通过与以商人、军人为主的客户建立良好的关系,一度占据日本啤酒市场份额的60%。但到了20世纪80年代,在日本的年轻人中开始盛行喝干啤,而麒麟啤酒公司却不愿意放弃原有的核心客户，仍然将市场定位于喜欢传统啤酒的商人和军人消费者，没去开发干啤这一新市场。相反，日本朝日啤酒公司适应市场需求的变化，大力推出适应年轻人口味的干啤，从而迅速超越了麒麟啤酒公司，成为日本啤酒业的“龙头”。

面对日益激烈的日本啤酒市场竞争，两家公司针对未来发展方向提出了各自的战略规划。

在日本啤酒系饮料的市场占有率上位居首位的朝日啤酒公司，在2018年决算中，利润与2017年相比增加了12%。其投资1兆日元以上收购的欧洲啤酒事业提高了收益，并提出了今后3年的经营计划，将积极推进收购海外制造厂的方针。

在日本啤酒系饮料的市场占有率上位居第二位的麒麟啤酒公司，在新的中期经营计划中，将健康事业定位为收益支柱——提高消费者健康意识，减少推进啤酒事业，今后3年将对营养补充食品和乳酸菌饮料等事业进行3 000亿日元的投资。

可见，不了解竞争对手，就不能在竞争中取胜。

（资料来源：www.9928.tv）

2. 竞争者的目标

在识别了主要竞争者后，市场营销人员需要了解每个竞争者在市场上寻求的是什么、竞争者行动的动力是什么。每个竞争者都有侧重点不同的目标组合，如获利能力、市场占有率、现金流量、技术领先和服务领先等。企业只有了解每个竞争者的重点目标是什么，才能正确估计他们对不同竞争行为的反应。

3. 竞争者的市场地位与竞争战略

在众多市场竞争者中，市场营销人员必须掌握谁是市场主导者、谁是市场挑战者、谁是市场跟随者、谁是市场补缺者，他们分别有多少、各自采取了哪些竞争战略、取得了什么成效、将来会采取什么战略等。

4. 竞争者的优势和劣势

在市场竞争中，企业需要分析竞争者的优势和劣势，做到知己知彼，才能有针对性地制定正确的市场竞争战略，以避其锋芒、攻其弱点、出其不意，利用竞争者的劣势来争取市场竞争的优势，从而实现企业营销目标。

对竞争者产品的优势和劣势调查的内容主要有：

(1)产品：竞争者的产品在市场上的地位，产品的适销性，以及产品系列的宽度与深度。

(2)销售渠道：竞争者的销售渠道的广度与深度，销售渠道的效率与实力，销售渠道的服务能力。

(3)市场营销：竞争者的市场营销组合水平，市场调研与新产品开发的能力，销售队伍的培训与技能。

(4)生产与经营：竞争者的生产规模与生产成本水平，设施和设备的技术先进性与灵活性，专利与专有技术，生产能力的扩展，质量控制与成本控制，区位优势，员工状况，原材料的来源与成本，纵向整合程度。

(5)研发能力：竞争者内部在产品、工艺、基础研究、仿制等方面所具有的研究与开发能力，研究和开发人员的创造性、可靠性等方面的素质与技能。

(6)资金实力：竞争者的资金结构，筹资能力，现金流量，资信度，和财务管理能力。

(7)组织:竞争者的组织成员价值观的一致性与目标的明确性,组织结构与企业策略的一致性,组织结构与信息传递的有效性,组织对环境因素变化的适应性与反应程度,组织成员的素质。

(8)管理能力:竞争者内部管理者的领导素质与激励能力、协调能力,管理者的专业知识,管理决策的灵活性、适应性和前瞻性。

5. 竞争者可能的反应

每个竞争者都有其特定的经营理念、企业文化和指导思想。营销管理者要想预测竞争者的行为和对市场竞争的反应,就要深入了解竞争者的思想观念。例如,一些竞争者可能会在某些方面反应强烈,如对降价竞销总是强烈反击,但对其他方面(如增加广告预算、加强促销活动等)却不予理会。所以,调查竞争者可能的反应是十分必要的。

通过调查,可将本企业的现有条件与竞争者进行对比,为制定有效的竞争策略提供依据;发现竞争者的弱点,帮助企业制定恰如其分的进攻战略,扩大自己的市场份额;针对竞争者的优势,需要制定回避策略,以免遭受损失。

三、市场营销活动调查

现代市场营销活动是包括产品、定价、分销渠道和促销在内的营销活动。市场营销活动调查就是围绕企业营销活动进行的调查,主要是指企业在营销活动各个环节上所进行的调查活动,具体涉及产品调查、价格调查、分销渠道调查、服务调查和促销调查等几个方面的内容。

(一)产品调查

对任何一家企业来说,产品必须要符合消费者的需要,才能促使消费者购买。企业营销活动的最终目的是通过生产适销对路的产品来满足消费者的需求。然而这样并不够,还要使产品得到越来越多消费者的认可,才称得上成功的产品。推出一种成功的产品,既可以在原产品的基础上进行某种改良,也可以另创一种崭新的产品,究竟采用哪种方法,这就需要对有关产品的许多方面进行调查。产品调查即对生产者可能提供的产品的品种、数量、质量、包装以及生命周期等进行调查。

1. 产品实体调查

产品实体调查是对产品本身性能的好坏及其程度所做的调查,主要包括以下三个方面:

(1)产品性能调查

产品性能是消费者最为关注的问题之一。产品的耐用性、功率、发热量、防水功能、能源损耗和方便保养等都是消费者在购买产品时会考虑的问题,但不同的消费者对产品不同性能的关注程度会有很大差别。有些消费者注重产品的耐用性,有些消费者关心维修是否方便,还有些消费者则关心功率及能源损耗方面的性能。通过调查可以了解哪些问题是主要的,是生产经营中应该强调和狠抓落实的重点。例如,某企业在对淋浴器市场进行调查的过程中了解到,淋浴器的安全性是消费者购买淋浴器时所考虑的最重要的因素,于是,该企业将提高产品的安全性作为工作的中心环节来抓,很快使产品质量达到一流水平,并在广告中加以强调,使该企业的产品盛销不衰。

(2)产品的规格、型号、式样、颜色和口味等方面的调查

产品的型号、式样、颜色和口味的不同会在不同的消费者中引起不同的反应。对于一个特

定的市场，产品的型号、式样、颜色和口味必须符合当地人的习惯或爱好。例如，有些市场需要产品的所有规格，越齐全越好，而有些市场可能只青睐某种或某几种规格。颜色在不同地区会有不同的象征意义，消费者对颜色的偏好会直接影响产品的销售。图案也存在类似的情况：在某些地区受欢迎的图案，在其他地区可能是忌讳或不祥的标志。例如，在法国和德国，人们一见到墨绿色就会联想到纳粹，因而在那里，许多人厌恶墨绿色；利比亚、埃及等伊斯兰国家将绿色视为高贵色；在我国，红色象征着欢快、喜庆。企业只有在调查的基础上，投其所好，避其所恶，才能使产品为消费者所接受。

(3)产品制作材料调查

这主要是调查市场对产品原料或生产材料的各种特殊要求。例如，近年来，美国许多青年人喜欢穿纯棉制作的衬衫而不喜欢穿化纤类衬衫；我国的不少消费者喜欢喝不含任何添加剂的饮料；等等。

2. 产品生命周期调查

任何进入市场的产品都会经历诞生、成长、成熟和衰亡的过程，该过程也被称为产品的生命周期，包括导入期、成长期、成熟期和衰退期四个阶段。企业应通过对销售量、市场需求的调查，判断和掌握自己所生产和经营的产品处在什么样的生命周期阶段，以采取相应的对策。企业要明确自己所生产和经营的产品处于什么样的生命周期阶段，就需要对产品的销售量、利润率、经营者和消费者对产品的兴趣等进行调查。

(1)导入期

当产品处于导入期时，产品初次进入市场，带有一定的风险性，必须经消费者认可才能在市场上站稳脚跟。此时，调查的主要内容应包括：①消费者选择此种产品的动机；②消费者对此种产品价格的承受力；③消费者对此种产品的需求程度；④市场上有无类似产品；⑤产品的特殊优势。

(2)成长期

当产品处于成长期时，产品已在市场上保住了自己的“阵地”，并呈现上升势头。这时，调查的主要内容应包括：①产品受欢迎的原因；②产品在哪些方面尚有不足，还需改进；③是否出现了竞争产品；④潜在消费者的需求量有多大。

(3)成熟期

在成熟阶段，产品已进入销售的高峰，市场上出现了多家竞争者，销售量不仅很难再提高，而且有下降的趋势。此时，生产或经营单位应考虑转向或改进产品。这时，调查的主要内容应包括：①消费者减少购买的原因；②竞争产品的优势。通过这样的调查，企业可以确定应采取什么样的公关宣传及促销措施来促使消费者购买，维持市场占有率。

(4)衰退期

当企业已确定产品进入衰退期时，就应停止生产或经营，转向其他产品。

随着市场产品的日渐丰富、产品更新换代的速度加快，一些产品的生命周期并不按照传统的四个阶段进行。有些产品进入市场后，或直接进入成熟期，或经过短暂的成长期后进入衰退期。在不同的地区，同种产品会处在不同的生命周期阶段。例如，在城市处于成熟期的产品，在农村可能刚进入成长期；在国内市场进入成长期的产品，在发达国家可能已进入成熟期甚至衰退期。所以，只有通过调查来明确产品的生命周期，并采取相应的措施，才能制定正确的产品政策。当调查结果显示企业某种产品接近衰退期时，就应及时采取措施，或者停止生产和经营该种产品，或者开发其他新产品，或者对产品进行改装或改变促销策略等，以使产品的生命周期延长。

3. 产品包装调查

在购买产品前的最后10秒中，包装是影响消费者购买决策的最重要因素之一。消费者在多个类似产品之中做选择，通过感知收益和风险区分它们，包装起到了重要的保护、宣传等引导作用。不同的包装有不同的作用，其调查内容也不同。

(1)运输包装

运输包装的主要功能是保护产品在运输过程中不被损坏和损失。所以，运输包装应具有坚固、结实、通风、防潮、防震、防漏、防腐蚀、防失散和防盗窃等性能。一件产品要经多次流通才能走进商场或其他场所，最终到达消费者手中，在这期间需要经过装卸、运输、库存、陈列、销售等环节。在储运过程中，很多外因，如撞击、污浊、光线、气体、细菌等，都会威胁到产品的安全。因此，在运输过程中，产品包装应适应运输方式以保证产品的使用价值不受损害、包装材料不破损。不同的运输工具要求什么样的包装形式等，这些都是对包装的重要调查项目。对装卸方法、防盗、防潮、防晒、仓储形式及包装成本的调查为决定采用什么样的包装材料和形式提供了参考。

(2)销售包装

销售包装是直接接触产品并随产品进入零售网点，与消费者或用户直接见面的包装。这类包装除必须具有保护产品的功能外，还应具有促销的功能。这类包装视产品供应对象的不同而不同。针对销售包装所起的美观、保护、宣传作用，可在调查中查明：①包装是否与当地的推销环境协调或是否显得突出；②消费者对某种图案或颜色有无特殊的偏好；③在同类产品中，顾客认为最好、最受欢迎的产品包装是什么；④竞争产品的包装；⑤包装上是否需要详尽的说明；等等。

(二)价格调查

价格调查是指运用科学的方法和程序，有目的、有计划、系统客观地收集、记录、整理与分析有关市场价格运动的历史、现状及其发展变化的活动过程。

产品定价除了需要考虑本企业产品的生产成本及费用外，还要考虑市场及竞争情况。定价高，利润也高，但销量会减少，资金周转较慢；定价低，利润也低，但销量会增加，资金周转较快。在销售旺季，可适当提价；在销售淡季，可适当降价。由于产品的价格弹性不同，调价会带来不同的效果，因此，要对调价后引起的销售量增加或减少进行调查，以指导调价。除此以外，定价的高低与目标市场消费者的购买力相关。目标市场中，消费水平高的顾客与消费水平低的顾客所能承受的价格变动有很大不同，前者更注重体现身份，后者更注重价廉物美。所以，在定价方面，需要调查的主要内容包括：(1)目标市场不同阶层顾客对产品的需求程度；(2)竞争产品的定价水平及销售量；(3)采用浮动价格是否合适，提价和降价带来的反应；(4)消费者容易接受的价格及接受的程度，消费者的价格心理状态；(5)企业产品的定价是否合理，如何定价才能使企业增加盈利，在同类企业中居于什么样的地位；(6)当产品价格提高或提高一定幅度后，消费会转向哪种产品；等等。对这些项目的调查可使企业及时了解定价水平的高低，调价的时机，价格的变动会引起什么样的需求变动等。

(三)分销渠道调查

产品从生产者向消费者转移的过程中要经过若干流通环节或中间层次。流通渠道调查就是对产品在流通中所经过的环节或中间层次进行调查。

1. 渠道类型选择调查

流通渠道的具体形式决定了分销渠道调查的具体内容。分销售渠道调查的具体内容如下:(1)影响产品销售渠道选择的因素;(2)产品最常见的流通或分销渠道的情况;(3)现行经销渠道中最成功的类型;(4)企业现有销售渠道能否满足销售产品的需要;(5)企业是否有通畅的销售渠道,如果不通畅,阻塞的原因是什么;(6)销售渠道中各个环节的产品库存是否合理,能否满足随时供应市场的需要,有无积压和脱销现象;(7)销售渠道中的每一个环节对产品销售提供的支持能否为销售提供技术服务或开展推销活动;(8)市场上是否存在经销某种或某类产品的权威性机构,如果存在,它们促销的产品在市场上所占的份额大小。在掌握了上述调查项目的资料后,企业就可以针对应该选择的分销渠道做出决策。

2. 中间商选择调查

企业应善于利用原有的销售渠道并且不断开拓新的销售渠道。对于企业来讲,目前可供选择的销售渠道有很多,虽然有些工业产品可以对消费者采取直销方式,但多数产品要经由一个或更多中间商转手销售,如批发商、零售商等,对于销往国际市场的产品,还要选择进口商。为了选好中间商,就有必要了解批发环节和零售环节的情况。

(1)批发环节

选择一个通力合作的批发商对企业产品的市场开拓影响重大,要考虑调查以下内容:①批发商业务范围的地理分布与企业目标销售区域是否一致;②批发商渠道的参加者有哪些,各个批发商的规模、信誉、经销商的能力、批发商之间的竞争状况等;③批发商掌握和反馈市场信息的能力,合作精神和能力,竞争优势等;④批发商流转环节的层次,影响流转环节层次的因素等。

(2)零售环节

现在有越来越多的企业直接向零售商供货而不通过批发环节,这种方式减少了经营费用,并能使产品快速与消费者见面。但这种做法并不一定适用于所有产品,在选择由零售商直接供应消费者时,需考虑调查下列因素:①零售企业所在区域、服务范围、服务的人口数量;②此种产品的顾客经常选择哪类零售商店进行购买;③经营此种产品的商店的进货来源;④有哪些或哪类零售商店经营此种产品很成功及其成功的原因。

(四)服务调查

在当今社会,产品售前、售中、售后服务已日益成为广大消费者购买产品时考虑的重要因素。在生活水平提高的情况下,小件产品的售后服务并不被人们重视,而在耐用家电和技术性产品的销售上,随着市场竞争的日趋激烈,服务已成为许多企业获得竞争优势的手段。企业之间的竞争往往在服务上做文章。某种产品在特定地区的维修方便往往会使其销售量在该地区超过其他没有这种优势的同类产品。就服务本身来讲,包括的内容有产品代办托运、免费运送、上门修理、技术咨询、培训有关人员、提供零配件、代办保险、索赔、担保产品性能和使用期限等。针对不同的产品,顾客对服务的要求也有所不同,如技术性产品与家用电器,往往要求维修方便并担保使用性能,前者更注重技术培训和咨询方面的服务,后者则更注重运输、维修的便捷等。对此,要进行以下几个方面的调查:(1)消费者或供应对象希望在哪些方面得到服务;(2)消费者公认的服务方式好的同类产品有哪些;(3)竞争者提供的服务有哪些,有哪些欠缺和不足。

(五)促销调查

促销调查的内容主要包括对广告宣传、人员推销、公共关系、现场演示等其他促销活动的调查,是对人员推销、广告宣传、公共关系等促销方式的实施效果进行分析、对比。

1. 广告调查

广告调查是用科学的方法了解广告宣传活动的情况和过程,为广告主做出决策、达到预定的广告目标提供依据。广告调查的内容包括广告诉求调查、广告媒体调查和广告效果调查等。

(1)广告诉求调查

广告的诉求对象就是该产品的消费者。广告诉求调查就是消费者动机调查,包括消费者收入情况、知识水平、广告意识、生活方式、情趣爱好以及消费者对特定产品的接受程度等。只有了解消费者的喜好,才能制作打动人心的好广告。

(2)广告媒体调查

广告媒体大致可归纳为以下四类:①视听广告,包括广播、电视和电影等;②阅读广告,包括报纸、杂志和其他印刷品;③邮寄广告,包括产品目录、说明书和样本等;④户外广告,包括户外广告牌、交通广告、灯光广告等。

广告媒体调查主要调查诉求对象接触广告的情形及媒体的特性,各种媒体辐射的范围等。

(3)广告效果调查

好的广告会给人留下深刻的印象,促进购买的实现,并激发消费者的潜在需求。一则广告播出后,专业人员与一般受众对其会有不同的理解和看法,有时他们的看法会截然相反。但由于广告本身所具有的商业特性,广告的成功与否主要看其推销产品的功效,因此,如何以最低的广告费用求得最大的媒体影响力,是企业和广告制作者密切关注的问题。为此,广告效果调查要考虑:①广告引起什么人、多少人的注意,给哪些人留下的印象最深;②广告是否引起受众的兴趣;③广告给观众怎样的产品形象;④看过广告后,观众是否产生购买欲望。

2. 人员推销、公共关系、现场演示等其他促销活动的调查

促销活动除了广告外,还有人员推销、公共关系、现场演示等方法。

促销活动调查主要包括下列内容:(1)采用优惠、赠品、有奖销售等方法后,销售额的增加幅度,消费者的反应是积极的还是漠不关心的;(2)有多少使用其他品牌产品的消费者在上述促销活动后改用本企业的产品;(3)改用本企业产品的消费者的反应程度;(4)促销活动开展后,本企业产品市场占有率的变动及其在竞争中的地位是否发生变化;(5)公共关系的作用以及哪种公共关系形式对本企业产品的销售所起的作用最大。

由于在不同地区,不同消费者的习惯、生活方式和价值观不同,因此,不宜采用固定的促销形式。对促销活动的调查可以使企业掌握促销活动的适用程度、实际效果和长远效果,及时就出现的问题进行调整和改进。

第三节　市场调查的类型

从各种角度将市场调查区分为不同的类型，有利于对市场调查的全面系统理解，也有利于在市场调查实践中明确调查目的和内容。

一、根据研究的性质分类

市场调查按照目的和研究性质，可以分为探索性调查、描述性调查、因果性调查和预测性调查。

（一）探索性调查

探索性调查是指对知之甚少的事物进行初步研究的方法与技术，目的是提供一些资料以帮助研究者认识和理解所面对的问题、产生想法和洞察内部关系。探索性调查一般采用小样本研究，用于大规模正式调查前。探索性调查的常用方法有专家咨询或调查、预调查、个案研究、二手资料分析、定性研究等。其用途主要有获取背景资料、定义术语和概念、阐明问题和假设、研究调查的先后次序。探索性调查得到的结果一般可以通过描述性调查或因果性调查进行证实。

探索性调查虽不如正式调查严密、科学，一般不制订详细的调查方案或调查问卷，但节省时间，可迅速发现问题。

【案例 1－3】

拟开设大型超市的探索性调查

某公司拟投资开设一家新的大型超市，首先可做探索性调查，对店址、顾客流量、交通运输条件等各个方面做初步论证，如果可行，则可做进一步深入细致的调查。这一般涉及二手资料的查阅。

（资料来源：www. baiduwenku. com）

（二）描述性调查

描述性调查是指采用结构性方法描述总体（市场）的特征或功能。使用该方法的前提是假定研究者事先已具备所研究问题的许多相关知识，一般以有代表性的大样本为基础，通过事先制订好的具体假设和结构性方案展开研究。当调查的目的只是了解现状时，可以实施描述性调查。

描述性调查通常通过对“谁”“什么”“哪里”“何时”“怎样”等问题的回答进行。例如，给出某些名牌商店的“重型使用者”（经常购物者）的轮廓以描述有关群体的特征，从在百货商店购物与外出就餐之间有什么程度的关联的角度确定变量之间的联系程度等。

描述性调查经常采用的方法有二手资料分析、抽样调查、固定样本连续调查、观察法、模拟法等。

（三）因果性调查

因果性调查是指为了确定研究对象中变量之间的因果关系而进行的调查，是对因素之间作用机制的深刻认识，一般是在因果机制的假定下，对定义好的因变量和自变量进行调查，观察一个因素改变是否引起另一个因素改变的研究活动。因果性调查要求调研人员对所研究的问题有深刻的理解，能够判断一种情况出现了，另一种情况会接着发生，并能说明原因，如价格与销售量、广告与销售量。

因果关系研究的特征是要处理一个或多个独立变量、控制其他中间变量或间接变量，常用的方法有市场实验法等。

（四）预测性调查

预测性调查是指利用已有的市场经验和科学的预测技术对市场的发展趋势进行估计和判断的调查方法。预测性调查要求对影响市场发展的各种因素进行调查，并且对未来可能出现的各种状况及其概率进行估计和测算，常用方法有专家咨询法、趋势分析法、时间序列预测等。

二、根据资料来源分类

市场调查按照调查资料的来源，可以分为文案调查和实地调查。

（一）文案调查

文案调查又被称为二手资料调查、二手资料分析或二手数据分析，是指通过收集已有的资料、数据、调查报告、文献等有关的二手信息，加以整理和分析的一种市场调查方法。文案调查经常在探索性的研究阶段使用。

（二）实地调查

实地调查是指在制订详细的调查方案的基础上，由调查者直接向被调查者收集第一手资料，再进行整理和分析，从而撰写调查报告的市场调查方法。由于二手数据的信息常常不能很好地满足问题研究的需要，因此，实地调查是市场研究中的主流方法。

三、根据调查的组织形式分类

市场调查按照调查的组织形式，可以分为专项调查、连续性调查和搭车调查。

（一）专项调查

专项调查是指受某个客户的委托，针对某些问题进行一次性调查，即从给定的总体中一次性抽取样本进行调查，并且只从样本中获取一次性信息的调查形式。专项调查可以采用定量调查方法，也可以采用定性调查方法。

（二）连续性调查

连续性调查是指对一个（或多个）固定样组进行定期的、重复的调查。样本中的被调查对象（人或单位）一般不随调查时间的变化而变化。消费者固定样组或其他固定样本调查，连续的跟踪研究和品牌测量，零售扫描研究，连续的媒介研究等都属于连续性调查。

（三）搭车调查

搭车调查是指多个客户共同利用一个样本进行调查。根据各个客户搭车调查问题的个数和类型决定客户的费用。一般有搭车调查业务的调查公司，每年实施搭车调查的时间和价格是固定的，如每月实施一次或每周实施一次。由于搭车调查的实施一般是定期的，因此经常将搭车调查归入连续性调查，但要注意的是，搭车调查每次所用的样本是可变的。

四、根据调查研究的方法分类

市场调查按照调查研究的方法，可以分为定性调查和定量调查。

（一）定性调查

定性调查是指采用专门的方法收集定性的调查数据进行研究。定性调查注重对现象的性质、特性的认识。定性调查的方法具体包括文案调查法、小组座谈会、深层访谈、投影技法和其他定性调查方法。

（二）定量调查

定量调查是指采用专门的科学方法收集定量的调查数据进行研究。定量调查注重对现象结构性量化特征及数量关系的揭示。定量调查的方法具体包括邮寄调查、电话调查、街道或商城拦截面访、中心地调查、入户面访、借助其他电子手段（如传真、互联网等）的调查、神秘购物调查以及其他定量调查方法。

五、根据调查对象的范围分类

市场调查按照调查对象的范围，可以分为全面调查和非全面调查。

（一）全面调查

全面调查是对调查对象中的所有单位全部进行调查的一种市场调查，目的在于获得研究总体的全面、系统的总量资料。全面调查一般仅在调查对象有限的情形下使用，当调查对象太多时，全面调查需要花费大量费用。仅当全面调查非常必要时，才进行全面调查，如人口普查。

（二）非全面调查

非全面调查是对调查对象中的一部分样本进行调查。非全面调查一般按照代表性原则，以抽样的方式挑选出被调查单位。常见的市场调查多为非全面调查，其优点是费用低廉、容易实施。

第四节　市场调查的程序

市场调查是一项复杂、细致的工作，涉及面很广，所以，在市场调查活动中，事先建立一套科学的工作程序是提高调查工作效率、保障调查质量的重要前提。不同类型市场调查的程序要按照其调查内容的繁简程度，精确程度，调查的时间、地点、预算、手段以及调查者的素质等条件具体确定。但一般来说，市场调查大致有确定调查问题、设计调查方案、实施调查计划、处理与分析调查数据、报告调查结果五个前后衔接的阶段，每个阶段又分为若干具体步骤。

一、确定调查问题

市场调查的第一步是明确并定义调查研究的问题，提出必要的研究假设。定义调查问题需要背景信息、决策信息等的支撑，一般包括如下几个方面：

（一）理解调查问题的背景

从背景出发有助于理解问题的来龙去脉，了解问题依据的基本信息、侧重方向，并对关联问题有初步的研判，核心是围绕调查费用、调查目的、调查对象、调查内容、资料及数据基础等开展一系列交流、访谈与摸底。

(二)充分交流问题关联信息

在理解调查问题的背景后,需要进一步聚焦问题的核心,这时需要与决策者进行充分的交流和讨论,明确决策者所面临的问题的性质、可能采取的行动或策略、市场调查可以解决什么问题等;同时,向行业专家咨询,通过行业关联分析,加深对问题深度和广度的理解;还需要从更加宽泛的视角收集和分析二手资料,补充从决策者和行业专家那儿得到的信息。有时可以进行必要的定性研究,如采取小组座谈的方法或小样本的预调查方法等,从而全面和准确地界定问题的边界。

(三)定义调查问题

市场调查常常是为了解决管理决策问题而实施的。所以,定义调查问题就需要很好地将市场调查问题与管理决策问题进行转换,使两者在信息的针对性上实现对接。例如,管理决策问题是"是否需要研发新产品或新服务",将其转换为市场调查问题就可能是"确定消费者的偏好以及对新产品的购买倾向""确定对价格的弹性要求以及价格对销售量的影响""确定各种价格变化水平的收益"。

研究者在定义调查问题时要避免定义得太宽或太窄。将问题定义得太宽则难以操作,而定义得太窄又可能限制了研究者的视角,妨碍研究者关注管理决策问题中的重要部分。所以,可以先将调查问题用比较宽泛的、一般的术语来陈述,再具体规定问题的各个组成部分。在许多市场调查研究项目中,需要理论的框架和分析模型的支持,研究者才能确定要调查的变量及变量之间的关系,从而帮助研究者明确有关的调查问题,进一步提出假设。

假设是关于研究者所感兴趣的某个因素或现象的未经证明的陈述或主张。例如,假设可以是理论框架或分析模型中规定的两个变量或多个变量之间关系的一种试验性描述。假设的重要作用之一是提醒调查研究方案中应包括哪些变量。

二、市场调查方案的设计

(一)确定市场调查目标

确定调查目标是调查方案设计的首要问题。具体讲,确定调查目标,就是明确在调查中要解决哪些问题、通过调查要取得什么样的资料、取得这些资料有什么用途等问题,即通过调查所获得的信息能否解决客户所面临的问题。衡量一个调查设计是否科学的标准主要就是看方案的设计是否体现调查目标的要求,是否符合客观实际。目标不同,调查的内容和范围就不同。如果目标不明确,就无法确定调查的对象、内容和方法等。在目前大多数市场调查中,一项调查的目标通常有许多,所以,研究人员必须对每一个目标及相应要调查的问题有清楚的界定,从而为如何进一步操作提供清楚的指引路线。

(二)确定调查对象和调查单位

明确了调查目标后,就要确定调查对象和调查单位,这主要是为了解决向谁调查和由谁来具体提供资料的问题。调查对象就是根据调查目的和任务确定调查的范围以及所要调查的总体,它是由某些性质上相同的调查单位所组成的。调查单位就是所要调查的社会经济现象总体中的个体,即调查对象中的具体单位,它是调查中要调查登记的各个调查项目的承担者。

（三）确定调查项目

调查项目是指对调查单位所要调查的主要内容，确定调查项目就是要明确向被调查者了解些什么。调查项目一般是调查单位的各个标志的名称。例如，在消费者调查中，消费者的性别、民族、文化程度、年龄、收入等，其标志可分为品质标志和数量标志，品质标志是说明事物质的特征，不能用数量表示，只能用文字表示，如性别、民族和文化程度；数量标志表明事物的数量特征，可以用数量表示，如年龄和收入。标志的具体表现是指在标志名称后所表明的属性或数值，如消费者的年龄为 30 岁或 50 岁、性别是男性或女性等。

（四）编制调查提纲和调查表

当调查项目确定后，可将调查项目科学地分类、排列，构成调查提纲或调查表，方便调查登记和汇总。调查表一般由表头、表体和表脚三个部分组成。

（五）确定调查时间和调查工作期限

调查期限是规定调查工作的开始时间和结束时间，包括从调查方案设计到提交调查报告的整段工作时间，也包括各个阶段的起始时间，其目的是使调查工作及时开展、按时完成。为了提高信息资料的时效性，在可能的情况下，调查期限应适当缩短。

拟定调查活动进度表主要考虑两个方面的问题：一方面是客户的时间要求，即信息的时效性；另一方面是调查的难易程度，即在调查过程中可能出现的问题。根据经验，从签订调查协议到交出调查报告的这一段时间中，花费时间的工作大致有以下几项：问卷设计时间，问卷印刷时间，抽样设计时间，访问人员的招聘、培训时间，预调查时间，问卷修正、印刷时间，调查实施时间，资料的编码、录入和统计时间，数据的分析时间，完成调查报告的时间，鉴定、论证、新闻发布会时间，调研结果的出版时间等。

（六）确定调查费用预算

市场调查依据调查项目和调查内容的不同而不同。一般来说，市场调查所需的费用包括以下几项：调查方案策划费、抽样设计费、问卷设计费、印刷费、邮寄费、调查人员差旅费、被调查者的礼品、统计处理费、报告撰写制作费、通信费、协作人员劳务费、税收、鉴定费、新闻发布会及出版印刷费用等。通常可以制作成表格的形式。

在进行预算时，要将所需费用尽可能考虑全面，以免将来出现一些不必要的麻烦而影响调查的进度。

（七）确定调查地点

在调查方案中，还要明确规定调查地点。调查地点与调查单位通常是一致的，但也有不一致的情况，当不一致时，就有必要规定调查地点。例如，人口普查，规定调查登记常住人口，即人口的常住地点；若登记时，被调查者不在常住地点，或不是本地常住的流动人口，则均须明确规定处理办法，以免调查资料出现遗漏和重复。

（八）确定调查方式和方法

调查方法有面谈、电话访问、邮寄调查、留置调查、座谈会、网上调查等。至于具体采用什么方法，往往取决于调查对象和调查任务。选取样本的方法也很多。例如，按是否是概率抽样可以分为随机抽样和非随机抽样。在随机抽样中有简单随机抽样、系统抽样、分层抽样、分群抽样等方法可以选择，在非随机抽样中有判断抽样、配额抽样、滚雪球抽样等常用方法可供选择。选择不同的调查方式和抽样方法，调查结果会有差异。

(九)确定调查资料整理和分析方法

对调查所取得的资料进行研究和分析主要包括对资料进行分类、编辑、分析、整理、汇总等一系列资料研究工作。采用实地调查方法收集的原始资料大多是零散的、不系统的,只能反映事物的表象,无法深入研究事物的本质和规律性,这就要求对大量原始资料进行加工汇总,使之系统化、条理化。

(十)确定提交报告的方式

提交报告的方式主要包括报告书的形式和份数、报告书的基本内容、报告书中图表量的大小等。

(十一)制订调查的组织计划

调查的组织计划是指为确保实施调查的具体工作计划,包括调查的组织领导、调查机构的设置、人员的选择和培训、工作步骤及其善后处理等,必要时候,还必须明确规定调查的组织方式。

三、实施调查计划

调查的顺利实施是关系到市场调查成功与否的关键步骤,其重心在于实施过程中严格的组织管理和质量控制,具体包括:(1)挑选调查者;(2)培训调查者;(3)监督和管理调查的实施;(4)复查和验收调查者的工作;(5)评价调查者的工作。

专业性的市场调查公司对上述每一项工作都会制定详细的工作手册或工作流程,包括调查者的基本条件、调查者培训手册、督导者工作手册、复查规则、调查者评价标准等。

四、处理与分析调查数据

市场调查实施完成后,还必须在数据处理和分析环节严格管理,才有可能得到准确的结果,具体包括:(1)接收和清点资料;(2)检查和校订资料;(3)编码;(4)录入数据;(5)查错或数据净化;(6)处理缺失数据;(7)统计预处理;(8)制表、作图;(9)抽样估计与统计分析。

五、报告调查结果

市场调查的最后一步是撰写市场调查报告。市场调查报告是调查项目的重要组成部分,是呈交给客户的最终产品。研究者必须花费足够的时间和精力,认真地准备好书面报告和口头报告。市场调查书面报告有不同的类型和格式,一般包含以下几个部分:

(一)报告的摘要

这部分要简短明了,一般包括调查的主要发现、主要结论和建议。

(二)报告的详细目录

这部分包括正文和附录的每一部分的大标题和小标题。

(三)报告的正文

这部分一般包括调查的基本情况、具体发现、对结果的讨论、总结和建议等。

(四)报告的附录

这部分一般包括问卷、图表、技术细节说明、实施细节说明等。

（五）追踪与反馈

提出了调查的结论和建议，不能认为调查过程就此完结，而应继续了解其结论是否被重视和采纳、采纳的程度、采纳后的实际效果，以及调查结论与市场发展是否一致等，以便积累经验，不断改进和提高调查工作的质量。

第五节　组织市场调查的机构与人员

市场调查工作需要一定的组织者和实施者。在市场经济不发达的情况下，市场调查的职能有限，大多数市场调查活动由企业内部的部门或人员承担。现代市场经济高度发展，尤其是在买方市场的条件下，市场调查活动在市场营销中所处的地位日益显要。越来越多的企业认识到市场调查的重要性并日益重视之，市场调查的技术和方法日渐完善、手段日益先进。与此相适应，专门从事市场调查的机构应运而生。现阶段，市场调查的组织者和实施者既包括企业外部的市场调查机构，也包括企业内部的调查部门和人员。

一、市场调查机构

（一）市场调查机构的概念

市场调查机构，是指专门或主要从事市场调查活动的单位或部门，是一种服务性的组织机构。

（二）市场调查机构的类型

1. 根据调查服务的独立程度分类

市场调查机构按照调查服务的独立程度，分为非独立性市场调查机构和独立性市场调查机构。

(1)非独立性市场调查机构

非独立性市场调查机构是指企业内部设立的主要从事市场调查活动的部门。它的职能有限，不对外承接市场调查业务，主要职责是为本企业收集第二手商业情报资料。

在国外，许多企业尤其是大公司，如福特、可口可乐等，有自己的市场调查部门。目前，我国许多大中型企业，如海尔等，也设有这种部门，称为调查部或市场研究室，专门地、全面地负责企业各项市场调查任务。

(2)独立性市场调查机构

独立性市场调查机构也称专业市场调查机构，是企业之外接受客户委托从事市场调查的主体，是进行市场调查的独立组织，主要包括完全服务公司、有限服务公司和其他专业机构。

①完全服务公司

完全服务公司有能力完成其委托人要求的全部市场调查工作，能够自己找出问题、进行调查设计、收集和分析数据并完成报告。

完全服务公司又包括标准服务公司、辛迪加信息服务公司、定制服务公司、广告研究公司、经营顾问公司等几种类型。标准服务公司是用标准程序为不同客户提供市场调查服务的公司。辛迪加信息服务公司是收集信息资料，并向客户出售资料的信息服务公司。定制服务公司是根据不同客户的特殊要求提供定制化市场调研服务的公司。广告研究公司是能独立为广告主提供市场调研的公司。经营顾问公司是能独立实施市场调研的咨询公司。

②有限服务公司

有限服务公司专门从事某个方面或某几个方面的调查工作，主要是为其他市场调查公司提供辅助性服务，如提供抽样样本、现场支持、市场细分、数据输入和统计分析等专业性强、技术含量高的服务项目。

有限服务公司主要包括现场服务公司、市场细分专业公司、调查样本公司、数据输入服务公司、数据分析公司和研究技术公司等。现场服务公司是专门进行采访并收集数据的公司。市场细分专业公司是对特定的调查对象进行市场调研的公司。调查样本公司是专门从事样本设计和分发的公司。数据输入服务公司是专门编辑已完成的问卷，提供高质量的数据输入服务的公司。数据分析公司是指在调查过程中为数据分析和数据解释提供技术帮助的公司。研究技术公司是运用专门化的研究技术提供某类市场调查服务的公司。

【案例 1－4】

世界市场研究先驱——AC 尼尔森

1923 年，现代市场研究行业的奠基人之一阿瑟·查尔斯·尼尔森(Arthur Charles Nielsen)在美国创建了 AC 尼尔森(AC Nielsen)。自 1923 年至今，AC 尼尔森为市场研究建立了很高的行业标准，其涵盖的知识面及全球性都是无与伦比的。AC 尼尔森在一百多个国家中提供全方位的市场研究服务和具有战略意义的市场剖析，让客户能够全面了解本企业产品和整个市场，增强销售能力，发掘并占领新市场，营造竞争优势，做出重要决策。

AC 尼尔森的专业人士经验丰富，具有广泛的市场研究、销售和零售业背景。他们是客户的商业伙伴，熟知每一个领域——从统计和信息处理、先进软件的开发到发展客户业务。AC 尼尔森优质的服务是市场研究行业的标准。

AC 尼尔森的宗旨是提供市场洞识，帮助客户制定以事实为依据的市场策略。遍及全球的两万多名员工共同向着这一目标做出不懈的努力，建立了以保密和坦诚为基础的紧密、可靠的客户关系。

通过使用开放的系统、一致的研究方法和最高的质量标准，AC 尼尔森为客户提供全球、跨国、区域性和各市场的市场信息，从战略和战术层面满足其业务需要。AC 尼尔森于 1984 年开始在中国发展业务，同时提供零售、媒介和专项研究服务，目前在中国内地设有五个办公室，拥有六百多名全职员工。

（资料来源：www. wenku. baidu. com)

③其他专业机构

其他专业机构如政府信息统计部门、高校调查研究中心、科研单位的研究中心等，一般不是商业性的经营机构。

2. 根据执业主体分类

市场调查机构按执业主体，分为民营机构、政府机关主办机构、合资机构、学术研究和新闻单位创办机构。

(1)民营机构

民营机构又称民办机构，是由个人独资或数人合伙创办的私营或股份制市场调查机构，目前主要分布在北京、上海、广州三地，如零点研究咨询集团等。

(2)政府机关主办机构

政府机关主办机构主要是指国务院各部、委、局及地方政府部门和国有企业创办的市场调查公司，如全国各级统计部门创办的各类信息咨询中心、调研中心等。

(3)合资机构

合资机构主要是指中外合资、中外合作等联合创办的市场调查机构，如新华信集团等。

(4)学术研究和新闻单位创办机构

学术研究和新闻单位创办机构是指一些大专院校、科研院所和广播、电视等媒体单位创办的调研机构，如一些大学创办的统计调查所、市场调研中心、央视市场研究股份有限公司等。

【案例 1－5】

央视市场研究股份有限公司

央视市场研究股份有限公司(CTR)是中国目前最大的市场调查和媒介研究公司，成立于1995 年，2001 年改制为中国国际电视总公司与世界领先的市场研究集团——索福瑞集团(TNS)合资的股份制企业。公司自 1997 年起营业额以年均 20%的速度增长。央视市场研究股份有限公司拥有各类专业人才四百二十多名，同时吸纳了媒体、市场及公关研究等具有国际水准的一批专家，建立了覆盖全国的市场调查网络，拥有全职或兼职督导和访问员一千多名，形成了强大的运作队伍，并拥有连续 7 年的媒介市场和广告研究数据库。

(资料来源：www. wenku. baidu. com)

(三)市场调查机构的选择

1. 市场调查机构选择的必要性

由市场调查专业机构和人员实施市场调查职能具有很大的经济合理性和有效性，具体表现为以下几个方面：(1)有利于企业实现本土化，克服地理、语言以及其他文化上的偏见；(2)有利于发挥专业人才的专业优势；(3)有利于节省成本；(4)有利于信息的客观性。

2. 选择市场调查机构应明确的问题

企业选择市场调查机构应明确的问题包括：(1)希望市场调查机构提供何种市场调查服务；(2)希望提供全过程服务还是部分服务；(3)是长期合作还是短期合作；(4)提交调查报告的最后期限；(5)调查预算为多少；(6)资料是归企业独家享用，还是与市场调查机构共享。

3. 选择市场调查机构需要考虑的因素

企业在选择市场调查机构时，需要考虑的因素包括：(1)有哪些市场调查机构，如何联系；(2)市场调查机构的信誉；(3)市场调查机构的业务能力；(4)市场调查机构的经验；(5)市场调查机构的软硬件条件，包括人员素质、公司规模等；(6)市场调查机构报价及其收费的合理性。

二、市场调查者

(一)市场调查者的素质

市场调查者作为现代经济管理人员，应具备一般经济管理人员应具备的素养，包括政治思想素养、文化知识素养、经营管理素养、道德品格素养、性格风度素养和体质等。由于工作的特殊性，市场调查者的下列素质和条件尤为重要：

1. 要有良好的沟通能力

市场调查是一项与社会广泛联系的工作，市场调查者在实际工作中会经常性地大量接触各种类型的人，在与他们沟通的过程中把企业的有关信息、市场调查的目的、调查的问题传递给调查对象，并收集信息，了解他们的意见，掌握他们的态度。如果没有良好的沟通能力，就难以履行市场调查的职能，完成调查任务。所以，市场调查者必须具有良好的沟通能力，要善于与人交往，有良好的交际能力和语言表达能力。

2. 要有高度的敏感性

市场调查者所面对的是错综复杂的事物，需要他们根据不同的情况，灵活处置。在当今经济全球化和信息化程度越来越深、营销环境和市场状况复杂多变的条件下，市场调查者从事的工作具有很强的时效性，必须及时处理，为此，要求市场调查者思维活跃、敏锐，及时、正确地感应客观环境的变化，善于认识和接受新事物，不因循守旧、闭目塞听。

3. 要有广博的知识和广泛的兴趣

市场调查工作的特性要求调查者的知识面广博、兴趣爱好广泛。专业的市场调查者需要具备相关的专业知识，如概率论与统计、人类心理学、心理测量学、社会学、微观经济学、市场营销学、消费者行为学等，而且知识面要宽；否则，必然会影响其视野和综合分析能力，也不利于与社会发生广泛的接触。

4. 要有较强的综合分析能力

市场调查的根本目的在于正确认识市场，了解各种经济现象及其本质。市场的复杂性要求市场调查者实行全面的综合分析，善于从大量细小的、孤立的资料中看出问题的实质、规律和趋势，从而正确地把握事物的全貌和本质，提供全面、准确、适用的市场信息。

【案例 1－6】

懒蚂蚁效应：懒于杂务才能勤于动脑

日本北海道大学进化生物研究小组对三个分别由 30 只蚂蚁组成的黑蚁群的活动进行了观察，结果发现，大部分蚂蚁很勤快地寻找、搬运食物，少数蚂蚁却整日无所事事、东张西望，人们把这少数蚂蚁称为“懒蚂蚁”。

当生物学家在这些“懒蚂蚁”身上做上标记，并且断绝蚁群的食物来源时，那些平时工作很勤快的蚂蚁表现得一筹莫展，“懒蚂蚁”则“挺身而出”带领众蚂蚁向它们早已侦察到的新的食物源转移。原来“懒蚂蚁”把大部分时间花在“侦察”和“研究”上了。它们能观察到组织的薄弱处，同时保持对新的食物的探索状态，从而保证群体不断得到新的食物来源。这就是所谓的“懒蚂蚁效应”：懒于杂务才能勤于动脑。

可见，市场调查者应善于思考而不是勤于杂务。

（资料来源：www. wenku. baidu. com）

5. 要有良好的工作态度和严谨细致的作风

市场调查者必须踏实、认真、肯干；必须实事求是，从严要求；不弄虚作假，不马马虎虎；要严谨细致，一丝不苟。这是保证市场信息真实、可靠、精确、全面的必要条件。

6. 要为人诚恳

市场调查者除了要热情开放，待人亲切、自然外，还必须严格遵守职业操守，注重伦理道德，为人诚恳，给人以信任感。

7. 要掌握现代科学知识

市场调查者要懂得现代信息科学的有关知识，掌握一定的信息处理技术和方法，具体要求掌握互联网和计算机技术，最好能熟练掌握 EXCEL 和 SPSS 等数据处理与分析软件的应用。

（二）市场调查者的培训

1. 市场调查者培训的内容

（1）思想道德方面的教育

这是培养调查者实事求是，不弄虚作假；诚实守信，保守秘密；谦虚谨慎，礼貌待人；等等。

（2）性格修养方面的培养

这是培养调查者耐心细致，不急不躁；克服畏难心理，遇挫不馁；愿意与人交流，深入实际，了解社会；等等。

（3）市场调查业务方面的训练

这包括总体方案介绍、问卷的解释和试填写、调查实施的一般技巧、现场可能遇到的问题及其处理方法、解答被调查者不清楚的问题等。

2. 市场调查者培训的途径

市场调查者的培训包括业余培训和离职培训两条途径。

3. 市场调查者培训的方法

（1）集中讲授法

集中讲授是指请有关专家、调查方案的设计者对调查课题的意义、目的、要求、内容、方法及调查工作的具体安排等进行讲解，在必要的时候，还可讲授一些调查基本知识，介绍一些背景材料等。

（2）以会代训法

以会代训是指由主管调查的部门召集会议，包括两种形式的会议：一是研讨会，主要是对调查的主题进行研究，从拟定调查题目到调查的设计，资料的搜集、整理和分析调查的组织等，对各项内容逐一进行研究、确定；二是经验交流会，在会上，大家可以互相介绍各自的调查经验，先进的调查方法、手段和成功的调查案例等，集思广益，博采众长，共同提高。采取以会代训的方法一般要求参加者有一定的知识和业务水平。

（3）以老带新法

以老带新法是一种传统的培训方法，是由有一定理论和实践经验的人员对新接触调查工作的人员进行“传”“帮”“带”，使新手能尽快熟悉调查业务，得到锻炼和提高。

（4）模拟训练法

模拟训练法是人为地制造一种调查环境，由培训者和受训者或受训者之间分别装扮调查者和被调查者，进行一对一的模拟调查，练习某一具体的调查过程。

（5）实习锻炼法

实习锻炼法是在培训的策划下，让受训者到自然的调查环境中去实习和锻炼，这样能将理论与实践有机地结合，在实践中发现问题，培养处理问题的能力。

复习自测

一、单项选择题

1. 某公司上一季度的市场份额下降了,如果需要找出下降的原因,你应该通过(　　)完成任务。

A. 描述性调查　　B. 探索性调查　　C. 因果性调查　　D. 预测性调查

2. 在明确所要研究的问题的内容与重点后,拟订调研计划,进行实地调查,收集资料,如实反映情况和内容。这属于(　　)。

A. 描述性调查　　B. 探索性调查　　C. 因果性调查　　D. 预测性调查

3. 市场调查首先要解决的问题是(　　)。

A. 确定调查方法　　B. 选定调查对象　　C. 明确调查目的　　D. 解决调查费用

4. 市场调查的目的是(　　)。

A. 预见市场的发展趋势　　B. 为经营决策提供依据

C. 了解市场活动的历史与现状　　D. 收集企业生产活动的相关信息

5. 产品生命周期调查的主要内容是产品的(　　)。

A. 自然生命周期阶段变化　　B. 销售利润变化

C. 年实际销售率变化　　D. 需求状况变化

6. 下列市场调查中,属于生产者市场调查的是(　　)。

A. 对小轿车市场的调查　　B. 对化肥市场的调查

C. 对服装市场的调查　　D. 对家电市场的调查

7. 人口中的性别比例和年龄构成主要会影响产品的(　　)。

A. 需求数量　　B. 需求质量　　C. 需求价格　　D. 需求构成

8. 对某类产品的库存量、供货渠道以及消费对象的调查属于(　　)。

A. 全面调查　　B. 非全面调查　　C. 经常性调查　　D. 综合性调查

9. 下列各项中,属于民营市场调查机构的是(　　)。

A. AC 尼尔森　　B. 盖洛普(中国)咨询有限公司

C. 央视咨询或广告公司　　D. 赛诺市场研究公司

10. 下列机构中,属于专业性市场调查机构的是(　　)。

A. 城市社会经济调查队　　B. 零点调查公司

C. 新华通讯社　　D. 某财经大学市场营销系

二、多项选择题

1. 下列各项中,属于市场调查原则的有(　　)。

A. 实事求是　　B. 系统性　　C. 反馈性　　D. 全面性

E. 科学性　　F. 针对性

2. 按需要市场提供信息目的的不同,市场调查可以分为(　　)。

A. 探索性调查　　B. 全面调查　　C. 描述性调查　　D. 因果性调查

E. 预测性调查　　　　F. 环境调查

3. 按调查内容的不同，市场调查可以分为（　　）。

A. 市场需求调查　　　　B. 市场供给调查

C. 市场行情调查　　　　D. 市场营销活动调查

E. 市场营销环境调查

4. 市场需求调查主要包括对（　　）的调查。

A. 市场容量　　B. 顾客　　C. 消费行为　　D. 地区

E. 目标市场

5. 市场调查者培训的基本内容包括（　　）。

A. 思想道德培训　　　　B. 形体培训

C. 性格修养培训　　　　D. 市场调查业务培训

E. 体能培训

6. 市场调查者培训的途径主要有（　　）。

A. 业余培训　　B. 实习锻炼　　C. 以老带新　　D. 离职培训

E. 模拟训练

三、判断题

1. 市场信息无处不在，无时不有。（　　）

2. 市场调查就是关于消费者的调查。（　　）

3. 市场调查是市场营销活动的起点。（　　）

4. 确定市场调查目的就是明确在市场调查中要解决哪些问题。（　　）

5. 英国路透社是政府部门设立的调查机构。（　　）

6. 目前，调查者培训采用的主要方法是以会代训方法。（　　）

四、简答题

1. 市场调查有哪些类型？

2. 市场调查的原则是什么？

3. 简述市场调查的内容。

4. 简述市场调查的程序。

5. 市场调查者应具备的素质有哪些？

实训课堂

查阅资料，分别找出探索性调查、描述性调查、因果关系调查的例子。

第二章
市场调查方案设计

学习要点及目标

1. 了解市场调查方案的含义、重要性与类型
2. 熟练掌握市场调查方案设计
3. 理解市场调查方案的可行性与质量评价
4. 熟练应用调查方案的撰写格式
5. 理解调查方案撰写需要注意的事项

核心概念

市场调查　方案设计

引导案例

联合利华市场调查之惑

联合利华公司生产的冲浪超浓缩洗衣粉(Surf)在进入日本市场前做了大量市场调查。调查的内容主要包括:(1)消费者对洗衣粉的购买心态与消费心理;(2)消费者对洗衣粉品牌的了解程度;(3)消费者对洗衣粉香味的看法;(4)消费者对洗衣粉包装的要求;(5)消费者对理想洗衣粉的描述;等等。通过调查,联合利华公司将Surf的包装设计成日本人装茶叶的香袋模样,很受消费者喜欢。调查还发现,消费者在使用Surf时,方便是很重要的性能指标,于是,联合利华公司对该产品进行了改进。消费者还认为,Surf的气味很吸引人,联合利华公司就将"气味清新"作为该产品的主要特点进行宣传。但当该产品在日本全国推广后,发现市场份额仅占2.8%,远远低于期望值,使得联合利华公司一时陷入窘境。那么,问题出在哪里呢?

问题一是消费者发现Surf在洗涤时难以溶解,原因是日本当时正在流行使用慢速搅动的洗衣机,而联合利华公司恰恰忽视了Surf作为洗衣粉应具有的易溶性。问题二是误将包装、方便性和气味作为考虑的关键因素,而没有考虑日本人家庭生活的实际情况。例如,大多数日本人在露天晾晒衣服,因而"气味清新"的宣传特点基本上没有吸引力。

显然,Surf在进入市场时实施的调查方案存在严重缺陷,调查者没有找到日本洗衣粉销售中应该考虑的关键因素,而将气味作为主要调查内容之一,导致了对消费者行为的误解。

(资料来源:宫宝仁,曾祥君．市场调查与预测[M]. 北京:航空工业出版社,2012.)

第一节　认识市场调查方案

市场调查方案是指在实际调查前，根据调查的目标和内容制订的调查实施计划和调查工作程序。市场调查方案是指导调查研究活动的大纲，是用书面形式表达的对调查计划和程序的说明，是对调查过程和调查方法的详细规定。一份出色的市场调查方案能使调查工作取得令人满意的结果，能提升调查工作的水平和价值。

一、市场调查方案的重要性

具体而言，市场调查方案的重要性主要有以下几点：

(一)市场调查方案是市场调查的重要组成部分

市场调查是一系列调查事项和阶段的组合，包括调查方案的设计、调查资料的收集、调查数据的整理和分析、调查报告的撰写等。调查方案的设计是整个调查过程的第一步。做好调查方案的设计，可以使调查者统筹兼顾、统一规划，可以使调查者有法可依、有章可循，从而使调查作业高质、高效地运行以提高调查工作的水平。

(二)市场调查方案有利于实现企业既定的目标

对于企业来说，许多营销问题需要调查，如环境研究、市场分析、战略制定、营销组合等，而针对每一个营销问题都有不同的解决方式和方法。做好调查方案的设计，可以使企业根据自身的条件选择最好的行动方案、最适合的解决方法，并对整个调查过程进行监督和控制，从而更好地实现调查目标。

(三)市场调查方案有利于提高调查工作的效率和效果

市场调查是一项复杂的工作，在调查过程中会遇到许多矛盾和问题，碰到多种困难和障碍。在这些问题中，有些是调查本身的，有些是技术层面的，也有些是与调查相关的。例如，抽样调查中样本容量的确定既取决于调查的误差要求和把握程度，也取决于调查的经费和时间。所以，做好调查方案的设计，可以使企业抓住主要矛盾，合理分配资源，并根据需要和条件选择相应的方法，从而提高调查工作的效率和效果。

二、市场调查方案的类型

从市场调查问题的性质角度划分，可将市场调查方案分为探索性调查、描述性调查和因果性调查三种类型。

(一)探索性调查

探索性调查又称非正式调查，是指调查者在对所要调查的问题不清楚或不确定的情况下所进行的试探性调查，目的是搞清所要调查的问题的性质和产生的原因，明确调查的具体目标，为下一步的深入调查做准备。

1. 探索性调查的作用

(1)有助于发现问题，寻找问题产生的原因

在设计调查方案初期，当需要调查的问题比较复杂、影响因素较多时，调查者经常无从下手，不知怎样切入。进行探索性调查，可以使调查者了解问题的特征，掌握问题的背景，发现问

题产生的原因及症结所在,从而提高调查工作的针对性和准确性。

(2)有助于提出假设,明确调查的目标

在调查的初始阶段,调查的目标往往不确定或较为笼统,甚至出现多重目标,这就需要调查者事先提出假设,即先有调查观点,后找材料说明。进行探索性调查,有利于调查者形成和提出假设,并通过调查实践验证假设,从而使调查的目标更加明确和集中。

(3)有助于制定和完善调查方案

在设计调查方案时,调查委托者有时会提出各种各样的想法和要求,甚至会直接规定调查的方案和方法。通过探索性调查,调查者可以判断哪些资料无法收集、哪些方案脱离实际、哪些方法不能操作,然后及时进行信息反馈,与委托者一起对调查方案进行修改和完善,以避免调查中出现无谓的损失。

2. 探索性调查的方法

探索性调查通常采用的调查方法有文献调查、专家调查和案例分析等。

(1)文献调查

文献调查是指利用现有文献、档案收集市场信息资料的方法。它具有简单、快捷、经济等特点,是探索性调查使用得最多的一种方法。

文献调查法的主要优点:一是信息丰富,即现有的文献种类繁多,可收集各种各样的信息;二是速度快,调查者可利用计算机和网络媒体进行调查;三是节省时间和经费,即不需要进行实地调查就可以获得比较准确的调查结果。

与其他市场信息的收集方式一样,文献调查也需要制订周密的调查计划,并对拟采用的文献进行真实性、可靠性检验,这样才能保证调查的系统性和准确性。

(2)专家调查

专家调查又称经验调查,是指通过访问那些对调查问题具有专门知识或丰富实践经验的专家来收集信息资料的方法,目的是及时了解调查问题的性质和影响因素,以便较迅速地得出调查的初步结论。

专家调查的关键在于选择专家。调查者既可以选择那些有经验的专家学者、政府官员,也可以选择企业内部的管理者、业务人员,还可以选择企业外部的同行、竞争者或用户。通过对他们进行访谈,获取有价值的信息,明确下一步的调查目标和行动方向。

(3)案例分析

案例分析是选择若干实例进行分析,并与现实的调查问题进行比较,从中寻找解决问题的方案和方法。案例分析也是探索性调查的重要方法之一,它主要是从过去或别人成功和失败的经验教训中获得启示,以解决当前困扰调查者和决策者的问题。

进行案例分析时需要注意:一是要有针对性地选择案例,即选择那些与所调查的问题密切相关的案例;二是要把握案例分析的进程,引导参与者进行深入讨论和分析,以利于选择和决策;三是要注意案例的时效性,要使案例分析的结果有助于解决现实的营销问题。

(二)描述性调查

描述性调查是指能比较深入、客观地描绘和反映调查对象的实际情况的调查。它主要是通过对被调查者的直接调查,发现所要解决的问题之间的基本关系,再通过定量和定性分析得出结论,为营销决策提供依据。

1. 描述性调查的主要内容

(1)了解相关群体的特征

相关群体包括顾客、销售人员、企业及市场等。通过描述性调查,可以了解调查对象的基本特征,如顾客的年龄、收入、受教育程度、生活方式、消费偏好等。

(2)确定顾客对产品或服务特征的理解和反应

通过描述性调查,可以了解顾客对产品性质、特征、功能的理解和反应程度,并确定这些因素对购买决策的影响。

(3)估计某个特殊群体在具有某种行为特征的人群中的比重

例如,企业通过调查可以了解购物时经常使用信用卡的顾客的比重,并决定是否应针对这些顾客采取单独的促销措施。

(4)判断各种变量与营销问题的关联程度

例如,通过调查可以确定广告促销费用与产品销售量之间的关系、产品价格升降与市场占有率之间的联系等。

描述性调查也可以围绕六个问题展开:人物是谁(Who),什么事情(What),什么时间(When),什么地点(Where),什么原因(Why),什么方法(Way),即所谓"6W 模式"。通过对这六个问题的调查,调查者基本上可以发现事物之间的关系和问题的基本特征,并决定调查对象、调查内容、调查时间、调查地点、调查过程及调查方法。当然,这六个问题并不代表描述性调查的全部内容。

2. 描述性调查的方法

描述性调查通常采用实地调查的方法收集第一手资料,包括访问法、观察法、小组座谈法等。例如,调查者使用问卷访问的方法,了解企业在营销策略方面存在的问题,包括产品、价格、渠道等,然后根据调查的结果制订整体的营销组合方案,并提出相应的营销建议和措施。

(三)因果性调查

因果性调查是为了解市场现象与影响因素之间的因果关系而进行的调查。它是在描述性调查的基础上,进一步探讨事物发展变化的原因,并研究市场变量之间的因果关系及其演变规律,为企业的决策提供更加翔实的信息。

1. 因果性调查的方法

因果性调查主要是采用实验的方法进行。所谓实验,是对提出的某种行为和假设进行科学的论证,通过控制自变量的变化来观察对因变量的影响。实验可分为实验室实验和实地实验,两者的区别主要在于环境的不同。前者是在人为制造的环境中进行的实验,后者是在现实的自然状态下进行的实验。在市场调查中,大量采用的是实地实验。

无论采用何种实验方法或在何种实验环境中进行实验,都需要满足以下条件:一是对实验的变量要能够有效控制,二是对自变量对因变量的影响要能够计算和衡量,三是对影响实验结果的外部变量要能够准确识别。

2. 因果性调查方案设计的原则

在设计因果性调查方案时,应注意以下原则:

(1)对比性原则

实验因素所产生的结果只有在不同的状态下进行对比才能被确定和测量。为了进行对比，就需要设置实验单位和非实验单位，将两者在实验前后的情况进行比较。当然，也可以只比较实验单位在实验前后的状态。

(2)协同性原则

在实验中，进行相互比较的各单位之间，除了实验因素做有计划的变动外，其他因素要尽可能相对固定，只有这样，才能凸显实验因素的作用。

(3)随机性原则

在实验中，每一个实验单位都有被选取的同等机会。在实验调查中，无论是选择调查对象，还是选取实验单位，都应该采用随机抽样的方法。当外部因素对实验单位的影响相同时，可选择简单随机抽样；当外部因素对实验单位的影响不同时，可采用分层随机抽样。

上述三个原则中，对比性原则是实验设计的基础，它强调实验结果必须经过实验对比才能获得。协调性原则是实验设计的条件，它强调因变量的改变必须或者主要来源于自变量的影响。随机性原则是实验设计的保障，它强调实验结果必须真实、可靠，要能够在市场营销的实践中得到应用和推广。

三、市场调查方案的选择

调查方案的选择是一种事前决策，需要调查者在实地调查前就设计完成。调查方案的选择主要应考虑以下因素：

(一)调查方案的适用性

探索性调查主要适用于企业对调查的问题不了解，对调查的范围不清楚，或对调查的内容不确定的情况。通过探索性调查，可以收集调查对象的背景资料，找出问题产生的原因及症结所在。

描述性调查适用于企业对所要调查的问题已有一定的了解，对问题的性质和特征较为清楚的情况。调查的目的主要是描述和测量各种市场现象，发现和解决市场营销中存在的问题。

因果性调查主要适用于了解市场现象之间的因果关系，测量自变量对因变量的影响，目的是通过了解和探讨影响市场变化的原因及其演变规律，制定企业的市场营销对策和措施。

(二)调查时间的安排

任何决策都会受到时间因素的制约，调查方案的选择也是如此。一份出色的、完整的调查方案通常需要较长的时间才能完成。一般来说，探索性调查所需时间较短，描述性调查所需时间较长，因果性调查需要的时间则最长。

(三)调查成本的控制

调查成本也是制约调查方案选择的一个重要因素。调查方案设计的水平越高，调查工作的质量就越高，调查所需要的经费也就越多。在通常情况下，探索性调查方案所需费用最少，描述性调查方案次之，因果性调查方案的成本则最高。调查者需要综合考虑调查质量、调查时间、调查费用等因素，权衡利弊，做出调查方案的选择和决策。

【案例 2－1】

莫里斯·伯纳德的调查

莫里斯·伯纳德(Maurice Bernard)在花卉修整行业干过好些年,又投资建立了新企业——绿雕塑作坊(HT)。他的起步很踏实并且对前两年的经营结果很满意。

莫里斯·伯纳德需要战胜一些挑战以继续以前的成就。在一个 60 000 人的社区里,很多人只是把他的企业当作又一家花店,正因如此,产品差异化处于艰难摸索阶段。幸运的是,他作为花卉栽培者和装饰者的名声给他提供了机会,使他借机推销树木造型设计。要使客户和公众相信将一棵枝叶短小的植物修剪和设计成动物或其他形象是一件很高雅的事,这本身就是一件极富挑战的事。他相信辛勤的劳动和过去两年的无数不眠之夜是有回报的,在过去的 6 个月里,对他的“绿雕塑”的需求一直在稳步上升。

如今,莫里斯·伯纳德在考虑将业务扩展到范围更大的地区。这需要他扩大作坊规模,以及雇用更多员工,此时缺少的是支持他这一决定的调研。他的一个好朋友建议他联系当地大学的卓越调研中心(CME),通过收取极少的费用或免费提供学生工来完成营销调研服务。卓越调研中心与很多不同的小企业合作过,学生也从这些活动中受益,获取了进行营销调研和为社会提供服务的机会。

五个学生与他们的营销教授过来会见莫里斯·伯纳德并熟悉了他的业务。莫里斯·伯纳德向这些调研者介绍了公司的历史,分享了他对预期扩张的看法。调研团队感觉,确定总体消费者对绿雕塑作坊的认知和对它扩张的可能反应是很重要的,定义绿雕塑作坊的目标市场(如批发商和零售顾客)将是一个关键性的要素,并且,做出一项可靠的商业决策需要对消费者和花商人口统计特征的透彻了解。双方同意让卓越调研中心代表莫里斯·伯纳德和绿雕塑作坊进行这项调研。

卓越调研中心团队拟定了一份针对中高收入家庭的问卷。这份问卷的目的是确定消费者人口统计特征,如处所、受教育水平、婚姻状况、职业、收入水平、年龄以及潜在顾客的处所,还对本地花商进行了调查以确定绿雕塑作坊开发批发业务潜力的可行性。调查样本的大小为 100,包括 80 位消费者和 20 位花商。所有数据都是通过设计好的满足本项目特定调研目标的结构问卷收集的。所有信息都由电话获取。

大约两个月后,伦敦(London)博士和他的学生向莫里斯·伯纳德提交了一份书面报告,其中包括多条建议和图表说明,如调查对象是如何知道绿雕塑作坊的、对绿雕塑作坊的了解、对绿雕塑作坊的经营建议等。

在此案例中,我们不仅了解了市场调查的众多类型,而且了解到市场调查在实际应用中的具体操作程序。在调研团队的调查前准备和确定目标时,他们对绿雕塑作坊的主要负责人进行了探索性调查,并根据产品特性,区分消费者市场和产业市场。在进行样本选择时,调查团队分别抽取消费者和花商进行问卷调查。在描述性的调查中,调查团队不仅对市场经济环境进行了调查,如对人口、收入水平、消费水平及其结构等进行调查,而且对本地花商进行调查,也就是对花市产品资源进行调查;同时,对社会教育等社会文化环境进行调查。

(资料来源:https://wenku.baidu.com/view/1bbcc3e8ddccda38366baf2d.html? from=search)

第二节　市场调查方案的设计

一、市场调查方案设计的含义

市场调查方案设计就是根据调查研究的目的和调查对象的性质，选择合适的调查方式和方法，确定调查时间，进行经费预算，并制订具体的调查组织计划。换言之，调查方案设计就是在进行实际调查前，对调查工作总任务的各个方面和各个阶段进行通盘考虑和安排，提出相应的调查实施方案，制定合理的工作程序。市场调查总体方案是否科学、可行，关系到整个市场调查工作的成败。

调查方案的设计是整个调查过程的开始，十分重要。在调查方案设计中，需要把已经确定的市场调查问题转化为具体的调查内容，通过调查指标表现出来，并对调查指标做出明确定义。调查指标的定义与调查问题的定义是有区别的。调查问题的定义是概念性的定义，而调查指标的定义是操作性的定义。例如，要研究劳动态度对企业经济效益的影响，对于什么是劳动态度，我们可以给它下一个定义，揭示其内涵与本质，但这是概念性定义，在调查中，我们需要通过具体的调查指标反映它，如工作的数量和质量、出勤率等，为劳动态度下操作性定义。这说明，调查设计是从定性认知到定量认知的连接点。

调查设计能够体现调研人员对所研究的问题在定量认识方面的广度和深度。调查设计中会面临对一些具体问题的选择。例如，研究一个相同的问题，可以采用不同的抽样范式，可以用概率抽样，也可以用非概率抽样；可以采用入户调查、问卷调查，甚至实验和观察等不同的数据采集方法。不同的选择方式和不同的数据采集方法在反映问题的数量特征方面是有差异的，有时可能会导致结论的改变。此外，在调查过程中，有许多因素影响调查结果的准确性。但是，对于不同的问题和不同的调查方法，这些因素的影响程度是不同的。在调查设计过程中，需要对这些问题进行判断和权衡。

所以，调查方案的设计对设计人员提出了很高的要求，要求设计人员不仅具有深厚的调查技术方面的专业知识，而且具有丰富的从事调查项目的实践经验，能够根据实际情况，选择最佳的方法组合。

二、市场调查方案设计的意义

市场调查是一项复杂的、严肃的、技术性较强的工作，一项全国性的市场调查往往要组织成千上万人参加。为了在调查过程中统一认识、统一内容、统一方法、统一步调，圆满完成调查任务，就必须事先制订科学、严密、可行的工作计划和组织措施，使所有参加调查工作的人员都依此执行。

具体来讲，市场调查方案设计的意义有以下三点：

（一）从认识上讲

市场调查方案设计是从定性认识过渡到定量认识的开始阶段。虽然市场调查所搜集的许多资料是定量资料，但应该看到，任何调查工作都是先从对调查对象的定性认识开始的，没有定性认识就不知道应该调查什么和怎样调查，也不知道要解决什么问题和如何解决问题。

例如，要研究某一工业企业的生产经营状况，就必须先对该企业生产经营活动过程的性质、特点等有详细的了解，设计相应的调查指标以及搜集、整理调查资料的方法，再去实施市场调查。可见，调查设计正是定性认识和定量认识的连接点。

（二）从工作上讲

调查方案设计起着统筹兼顾、统一协调的作用。现代市场调查可以说是一项复杂的系统工程，大规模的市场调查尤为明显。在调查过程中会遇到很多复杂的矛盾和问题，其中不少问题属于调查本身的问题，也有不少问题并非调查的技术性问题，而是与调查相关的问题。

例如，抽样调查中样本量的确定，按照抽样调查理论，可以根据允许误差和把握程度的大小计算出相应的必要抽样数目，但这个抽样数目是否可行要受到调查经费、调查时间等多方面条件的限制。

（三）从实践要求上讲

调查方案设计能够适应现代市场调查发展的需要。现代市场调查已由单纯的搜集资料活动发展到把调查对象作为整体来反映的调查活动，与此相适应，市场调查过程也应被视为市场调查设计、资料搜集、资料整理和资料分析的一个完整的工作过程，调查设计正是这个过程的第一步。

三、市场调查方案设计的基本原则

（一）科学性原则

设计调查方案必须遵循科学性原则，这是毋庸置疑的。但是，在市场调查过程中违背科学性的案例不少。例如，如何使用调查数据与采集这些数据的方法密切相关。如果希望用调查数据对总体的有关参数进行估计，就要采用概率抽样设计，并有概率抽样实施的具体措施；否则，设计就是不科学、不完善的。再如，确定样本量是方案设计的一项重要内容，样本量的确定方式有多种，在有些情况下需要计算，在有些情况下可以根据经验或常规人为确定。如果调查结果要说明总体参数的置信区间，样本量的确定就必须有理论依据，即根据方案设计中具体的抽样方式及对估计的精度要求，采用正确的样本量计算方式。又如，在因果关系的研究中，为了验证假设，有些调查需要采用实验法收集数据。对社会经济现象的调查毕竟与实验室里的试验有很大差异，因为它不可能像在实验室中那样完全控制其他影响因素。如果采用实验法，就必须有因素控制设计的具体措施，选择的控制因素是合理的，符合假设中的理论框架，这样才能说明调查结果的有效性。

（二）可行性原则

设计调查方案必须依据实际情况，不仅要科学，而且要具有可行性。只有操作性强的调查方案才能真正成为调查工作的行动纲领。例如，进行概率抽样，要具备抽样框。没有合适的抽样框，就难以实施真正的概率抽样。再如，对调查中的敏感性问题，受访者的拒访率通常比较高。如果这些敏感性问题不是特别必要，在设计中就应该删去，以便为调查创造宽松的环境；如果这些问题十分必要，不能删除，就要从可行性的角度采取一些措施，降低问题的敏感性，使调查不会受到影响。对于前面提到的实验法例子，需要在调查中控制其他影响因素以观察研究变量之间的相互关系。如何控制其他影响因素？有没有操作性强的措施？如果设计的要求在实施中难以满足，调查的最终目标就无法实现。所以，调查方案各项内容的设计都必须从实际出发，具有可行性。对于一些复杂群体、复杂内容的调查，可行性更是评价调查方案优劣的重要标准。

（三）有效性原则

方案的设计不仅要科学、可行，而且要有效。对于有效性，不同的人可能会给出不同的定义。这里的有效性是指在一定的经费约束下，调查结果的精度可以满足研究目的的需要。实质上，这是一个费用和精度的关系问题。人们都知道，在费用相同的条件下，精度越高越好；或在精度相同的条件下，调查设计的费用越少越好。但是，实践中的问题可能更复杂。可以说，设计是在费用与精度之间寻求某种平衡，而有效性是进行这种平衡的依据。所以，在方案设计中，在追求科学性、可行性的同时，还要考虑调查的效率。

科学性、可行性、有效性侧重于不同的方面，它们之间相互联系、相互影响。能够很好地兼顾这些方面的调查方案是较好的调查方案。

四、市场调查方案设计的内容

市场调查方案是指导研究活动的大纲，是调查计划和流程的概括与说明。一份完整的市场调查方案应包括以下内容：

（一）确定市场调查目标

确定调查目标是调查方案设计的首要问题。只有确定了调查目标，才能确定调查的范围、内容和方法，否则就会列入一些无关紧要的调查项目而漏掉一些重要的调查项目，以致达不到调查的目的。具体地讲，确定调查目标，就是明确在调查中要解决哪些问题，通过调查要取得什么样的资料，取得这些资料有什么用途等，即通过调查所获得的信息能否解决客户所面临的问题。衡量一项调查设计是否科学的标准主要就是看方案的设计是否体现调查目标的要求，是否符合客观实际。目标不同，调查的内容和范围就不同。如果目标不明确，就无法确定调查的对象、内容和方法等。在目前大多数的市场调查中，一项调查的目的通常有许多，所以，研究人员必须对每一个目的及相应要调查的问题有清楚的界定，从而为如何进一步操作提供指引。例如，自 2006 年 3 月以来，某品牌汽车的市场占有率急剧下滑，原因何在？这是一个问题，在此基础上需要调查者通过分析研究来确定调查目标。汽车市场占有率下降的原因可能是汽车销售淡季、新车大量上市、广告支出减少、经销商态度消极、消费偏好转变等。这些原因可以成为具体的调查目标，通过市场调查，就可以为企业采取对策提供依据。

【案例 2－2】

大型购物中心的市场调查目标

某公司多年来受政策保护，经营十分顺利，营业额节节攀升，收益率尚佳。但近年来，由于市场国际化、消费者消费习性多元化，该公司在既有产业的市场竞争上节节败退，加之现存经营包袱颇重，因此，该公司除积极地进行总体经营体制改善以提高市场竞争力外，更积极寻求经营多角化，为公司寻找新契机。

在众多多角化计划中，几经遴选后，该公司将“土地有效开发利用”列为优先计划。土地有效开发的途径很多，如土地出售、兴建大楼出售、发展游乐产业、兴建大型购物中心等。

该公司在某大城市附近拥有的大量土地已列入都市计划，现在该公司最高经营层决定在该土地上建筑“大型购物中心”：一则配合未来消费者购买习性多元化；二则营业行为可产生可观现金流量，增强该公司营运周转能力；三则继续保持土地所有权，以得土地增值之利。在做出经营决定前，该公司决定进行一次“大型购物中心的市场调查”，以帮助最高决策层做出最后的决策。

由此，该大型购物中心市场调查的目标的重点在于：(1)借消费者调查，认识理想大型购物中心的形态；(2)产品重点及服务重点，以便产生服务业经营差异化效果；(3)采取叙述性调查是否较为适宜。

（资料来源：https://wenku.baidu.com/view/f7554242710abb68a98271fe910ef12d2bf9a947.html）

（二）确定调查对象和调查单位

明确了调查目的后，就要确定调查对象和调查单位，这主要是为了解决向谁调查和由谁来具体提供资料的问题。调查对象就是根据调查目的、任务确定调查的范围以及所要调查的总体，它是由某些性质上相同的调查单位组成的。调查单位就是所要调查的社会经济现象总体中的个体，即调查对象中的一个一个具体单位，它是调查中要调查登记的各个调查项目的承担者。对于调查对象的选择，我们常常会从个人背景上来甄别。

在确定调查对象和调查单位时，应该注意以下问题：

第一，必须以科学的理论为指导，严格界定调查对象的含义，并指出它与其他有关现象的界限，以免造成调查登记时由于界限不清而发生的差错。例如，以城市职工为调查对象，就应明确职工的含义，划清城市职工与非城市职工、职工与居民等概念的界限。

第二，调查单位的确定取决于调查目的和对象，调查目的和对象变化了，调查单位也要随之改变。例如，在调查城市职工的基本情况时，调查单位就不是每一户城市职工家庭，而是每一个城市职工。

第三，调查单位与填报单位是有区别的，调查单位是调查项目的承担者，而填报单位是调查中填报调查资料的单位。例如，对某地区工业企业的设备进行普查，调查单位为该地区工业企业的每台设备，而填报单位是该地区的每家工业企业。但有时候，两者又是一致的。例如，在进行职工基本情况调查时，调查单位和填报单位都是每一个职工。在调查方案的设计中，当两者不一致时，应当明确从何处取得资料并防止调查单位重复和遗漏。

第四，不同的调查方式适用于不同的调查单位。如果采取普查方式，调查总体所包括的全部单位就都是调查单位；如果采取重点调查方式，就只有选定的少数重点单位才是调查单位；如果采取典型调查方式，就只有选出的有代表性的单位才是调查单位；如果采取抽样调查方式，则用各种抽样方法抽出的样本单位就是调查单位。

【案例 2－3】

某饮料消费者购买调查的重点

某公司以生产含酒精饮料的新产品供应市场，由于该产品新颖而颇受欢迎，出现供不应求的现象，因此考虑建新厂房以增强供应能力。但是，对于这个计划是否恰当，公司当前面临几个问题：

其一，因为是新产品，所以公司的内部资料搜集不够，无法提供分析。

其二，若借消费者调查以确定该产品是处于“成长期”还是已经进入“成熟期”，该以何种指标来判断呢？可能的指标包括：(1)本产品的消费者有多少？(2)购买者比例有多少？(3)购买者满意度如何？(4)重复购买率如何？(5)消费者的年龄层、性别如何？(6)对酒精饮料的选择有何特性？(7)新产品的扩散途径有哪些？市场调查者与产品营销负责人针对这些测定指标进行沟通后，决定借助消费者购买调查，以正确了解消费者购买需求动向，进而决定是否增设新厂，或者保持现状。

由此，此项饮料消费者购买调查的重点在于：(1)寻找最合适的测定指标来测定产品处于“成长期”或“成熟期”；(2)本调查应采取叙述性调查还是假设检定调查？或者两者兼具？

（资料来源：https://wenku.baidu.com/view/507015a3b0717fd5360cdc95.html）

（三）确定调查项目

调查项目是指对调查单位所要调查的主要内容。确定调查项目就是要明确向被调查者了解什么。调查项目一般就是调查单位的各个标志的名称。例如，在消费者调查中，调查项目包括消费者的性别、民族、文化程度、年龄、收入等，其标志可分为品质标志和数量标志。品质标志是说明事物质的特征，不能用数量表示，只能用文字表示，如性别、民族和文化程度；数量标志表明事物数量的特征，可以用数量表示，如年龄和收入。标志的具体表现是指在标志名称后所表明的属性或数值，如消费者的年龄为 30 岁或 50 岁、性别是男性或女性等。

在确定调查项目时，要注意以下几个方面的问题：(1)所确定的调查项目应该都是围绕调查目标，为实现调查目标服务的；(2)调查项目的表达应该是清楚的，要使答案具有确定的表示形式；(3)调查项目的含义要明确、肯定，必要时可附加调查项目解释；(4)调查项目之间一般是相互联系的，有时可能存在内在的逻辑关系或因果关系。

（四）编制调查提纲和调查表

当调查项目确定后，可将调查项目科学地分类、排列，形成调查提纲或调查表，方便调查登记和汇总。

调查表一般由表头、表体和表脚三个部分组成。表头包括调查表的名称，调查单位（或填报单位）的名称、性质和隶属关系等。表头填写的内容一般不做统计分析之用，但它是核实和复查调查单位的依据。表体包括调查项目、栏号和计量单位等，它是调查表的主要部分。表脚包括调查者或填报人的签名和调查日期等，其目的是明确责任，一旦发现问题，便于查找。

调查表分单一表和一览表两种，单一表是每张调查表只登记一个调查单位的资料，常在调查项目较多时使用。它的优点是便于分组整理，缺点是每张表都注有调查地点、时间及其他共同事项，造成人力、物力和时间的较大耗费。一览表是一张调查表可登记多个单位的调查资料。它的优点是当调查项目不多时，能使人一目了然，还可将调查表中各有关单位的资料相互核对。它的缺点是对每个调查单位不能登记更多项目。

调查表拟定后，为便于正确填表、统一规格，还要附填表说明，内容包括对调查表中各个项目的解释、有关计算方法以及填表时应注意的事项等。填表说明应力求准确、简明扼要、通俗易懂。

（五）确定调查时间和调查工作期限

调查工作期限是规定调查工作的开始时间和结束时间，包括从调查方案设计到提交调查报告的整个工作时间，也包括各个阶段的起始时间，目的是使调查工作及时开展、按时完成。为了提高信息资料的时效性，在可能的情况下，调查工作的期限应适当缩短。

拟定调查活动进度表主要考虑两个方面的问题：一方面是客户的时间要求，信息的时效性；另一方面是调查的难易程度，在调查过程中可能出现的问题。根据经验，从签订调查协议到交出调查报告的这一段时间中，花费时间的工作大致包括问卷设计时间，问卷印刷时间，抽样设计时间，访问人员的招聘、培训时间，预调查时间，问卷修正、印刷时间，调查实施时间，资料的编码、录入和统计时间，数据分析时间，完成调查报告的时间，鉴定、论证、新闻发布会时间，调研结果的出版时间等。

（六）确定调查费用预算

市场调查依据调查项目和调查内容的不同而不同。一般来说，市场调查所需的费用包括调查方案策划费、抽样设计费、问卷设计费、印刷费、邮寄费、调查者差旅费、被调查者的礼品费、统计处理费、报告撰写制作费、通信费、协作人员劳务费、税收、鉴定费、新闻发布会及出版印刷费用等，通常可以制作成表格的形式。

在预算时，要将需要的费用尽可能考虑全面，以免将来出现不必要的麻烦而影响调查的进度。当然，没有必要的费用就不要列上，必要的费用应该认真核算，做出合理的估计，切不可随意多报。不符合实际的预算将不利于调查方案的审批或竞争，因此，预算既要全面细致，又要实事求是。考虑费用的同时还必须考虑时间。一个调研项目有时需要6个月或者更长的时间才能完成，有可能由于决策的延迟而冒失去最有利时机的风险。因此，费用-效益分析的结果是：得出的设计方案在经费预算上是划算的；若不划算，应当中止调研项目，但在通常情况下并不中止调研，而是修改设计方案以减少费用，或者改用较小的样本，或者用邮寄调查代替面访调查等。

（七）确定调查地点

在调查方案中，还要明确规定调查地点。调查地点与调查单位通常是一致的，但也有不一致的情况，当不一致时，就有必要规定调查地点。例如，人口普查规定调查登记常住人口，即人口的常住地点；若登记时不在常住地点或不在本地常住的流动人口，均须明确规定处理办法，以免调查资料出现遗漏和重复。

（八）确定调查方式和方法

调查方法有面谈、电话访问、邮寄调查、留置调查、座谈会、网上调查等方法，至于具体采用什么方法，往往取决于调查对象和调查任务。选取样本的方法也很多，如按是否是概率抽样可以分为随机抽样和非随机抽样，在随机抽样中又有简单随机抽样、系统抽样、分层抽样、分群抽样等方法可以选择，在非随机抽样中又有判断抽样、方便抽样、配额抽样、滚雪球抽样等常用方法可供选择。选择不同的调查方式和抽样方法，调查结果会有差异。

（九）确定调查资料整理和分析方法

对调查所取得的资料进行研究分析，主要包括对资料进行分类、编辑、分析、整理、汇总等一系列研究工作。采用实地调查方法搜集的原始资料大多是零散的、不系统的，只能反映事物的表象，无法深入研究事物的本质和规律性，这就要求对大量原始资料进行加工，使之系统化、条理化。目前，这种资料处理工作一般由计算机进行，这在设计中也应予以考虑，包括采用何种操作程序以保证必要的运算速度、计算精度及特殊目的。随着经济理论的发展和计算机的运用,越来越多的现代统计分析手段可供我们在分析时选择,如回归分析、相关分析、聚类分析等。每种分析技术都有其自身的特点和适用性,所以,应根据调查的要求,选择最佳的分析方法,并在方案中加以规定。

(十)确定提交报告的方式

调查报告主要以报告书的形式提交,还要规定份数、报告书的基本内容、报告书中图表的大小等。

(十一)制订调查的组织计划

调查的组织计划是指为确保实施调查的具体工作计划,包括调查的组织领导、调查机构的设置、调查人员的选择和培训、工作步骤及其善后处理等,必要的时候,还必须明确规定调查的组织方式。

【案例 2—4】

冰箱品牌定位调研

A 公司拥有全球大型家电品牌。在国家推行"家电下乡"补助政策时,A 公司专门推出了一款面向乡镇市场的子品牌冰箱,因价格便宜、实用而受到欢迎。但是现在国家取消了"家电下乡"补助政策,而这一款冰箱的成本并没有减少,如果还是按照之前较低的价格售卖,则要面临"赔钱赚吆喝"的局面。这款冰箱没有突出的核心技术,如果将价格向上调整,则会面临销售下降的情况。

于是,A 公司决定对产品进行转型。这款冰箱之前主要面对乡镇市场,当时设计的最大特点就是简单、易操作,并没有很多中高端的功能,但性价比很高。A 公司的市场营销团队认为,当下的年轻人符合这款产品的目标人群,但是针对家电行业技术密集度高、产品更新快、消费者需求多元的特点,这款冰箱该如何识别并进入年轻群体的市场呢?

A 公司营销团队将抽象、宏观的问题转化为更具体、可调查的问题,提出"如何将公司冰箱品牌改造成年轻人的潮流品牌?"在这个整体目标设定下,主要提出了以下三个问题:(1)年轻人的生活状态和审美标准是什么?(2)年轻人认为的好冰箱是什么样子的?(3)年轻人认为的潮流品牌具备什么特点?

针对以上具体调查目标,对 500 名年轻消费者进行定性的访谈和座谈会等形式的调查,对获得的一手信息进行归纳整理,总结出年轻人对冰箱的主要需求点为"冰箱是否融入客厅及操作智能很关键",因为一线城市年轻人的住房面积普遍偏小,厨房则大多是开放式的,随着智能家居的普及,年轻人习惯用手机控制家电设备。

在市场调研的基础上,A 公司营销团队将这款冰箱转型后定位为"一款功能极简但可智能操控的冰箱",果然在产品上市后受到了年轻人市场的欢迎,这款产品也转危为安。

(资料来源:http://www.chanpin100.com/article/110457)

第三节　市场调查方案的分析与评价

市场调查方案制订后,需要对其进行评价,主要包括可行性研究和质量评价,目的是确定方案是否可行,并对存在的问题进行讨论和修改,以提高方案的可执行性。

一、市场调查方案的可行性研究

可行性研究是指对方案从成本、技术、实施环境、实施效果和管理上进行综合评价，分析有利和不利因素，估计调查成功率，从而评估项目是否可行。具体的评价方法有很多，以下主要介绍逻辑分析法、经验判断法和试点调查法。

（一）逻辑分析法

逻辑分析法是指分析调查方案的内容是否符合逻辑和情理的方法。例如，对于学龄前儿童调查其文化程度，对于没有经济收入的学生调查其商品房需求，对于没有通电的山区进行电视广告调查等，都是不符合逻辑和情理的，也是缺乏实际意义的。但逻辑分析法只能对调查方案中的调查项目设计进行可行性分析，而无法检验调查方案其他方面的设计。

（二）经验判断法

经验判断法是指组织具有丰富市场调查经验的人，对调查方案进行初步研究和判断，以说明调查方案的合理性和可行性的方法。例如，对劳务市场中的保姆问题进行调查，不宜采用普查方式，而适合采用抽样调查；调查棉花、茶叶等集中产区的农作物的生长情况，适宜采用重点调查；等等。这种方法能够节省人力，在比较短的时间内得出结论。但这种方法也有缺点，人的认识是有限的，而事物在不断变化，各种主观因素都会对人的判断的准确性产生影响。

（三）试点调查法

试点调查法是指通过在小范围内选择部分单位进行试点调查，对调查方案进行实地检验，以说明调查方案可行性的方法。

1. 试点调查的主要任务

具体来说，试点调查的任务主要有以下两个：

(1)检验调查方案的设计是否合理

通过试点调查，可以检验市场调查目标制定得是否合理，调查方法和方式的选择是否正确，样本是否具有代表性，抽样误差是否控制在最小范围内等。试点后，要对不合理的设计内容进行修改和调整。

(2)检验调查工作的安排是否合理

通过试点调查，可以了解调查工作的安排是否合理，是否需要增加或减少人力资源，调查时间是否需要延长，调查中需要注意哪些问题等。

2. 运用试点调查法应注意的问题

(1)事先建立一支精干的调查队伍，队伍成员应该包括有关领导、调查方案设计者和调查骨干，这是搞好试点工作的组织保证。

(2)调查方式和调查方法应具有灵活性，不能太死板。事先可以多准备几种调查方式和方法，经过对比后，从中选择适合的方式和方法。

(3)应选择适当的调查对象。尽量选择规模较小，具有代表性的试点单位。必要时，还可以采取少数单位先行试点，再扩大试点范围，最后全面展开的做法。

(4)试点调查工作结束后，应做好总结，认真分析试点调查的结果，找出影响调查成败的主客观原因，并进行分析。

二、市场调查方案的质量评价

市场调查方案的质量可以从以下四个方面进行评价：

第一，市场调查方案的设计是否体现了市场调查的目标和要求。这是评价市场调查方案的一个最基本的条件。市场调查方案的设计必须围绕调查的目的和要求展开。

第二，市场调查方案的设计是否科学、完整和方便使用，也就是说，在市场调查方案中使用的方法、测量技术等是否科学，设置的内容是否完整地表达主题思想等。

第三，市场调查方案是否具有可操作性，即设置的每一个调查项目是否都可以操作。

第四，市场调查方案是否可以提高调查质量和效果。只有科学、可行的市场调查方案才能提高调查的质量，才是好的市场调查方案。

使用上述标准评价市场调查方案，如果存在不足，就可以对方案进行讨论和修改。

第四节 市场调查方案的格式及注意事项

一、市场调查方案的格式

不同项目的市场调查方案的格式有所不同，但一般包括以下几个部分：

（一）前言部分

前言或序言是市场调查方案正式内容前的情况说明部分，简明地介绍整个调查课题的概要和背景，字数可以控制在 1 000 字以内。

概要是整个市场调查方案中各部分的要点，提供整个市场调查项目的概况。

背景是扼要地介绍与市场调查课题相关的背景和问题的来龙去脉。

【案例 2－5】

前言部分的撰写

轿车经销商 A 在 C 市代理经销多年，有一定的经营实力，商誉较好，知名度较高。但近两年，C 市新成立了几家轿车经销商，这对经销商 A 的经营造成了一定的冲击，其轿车销售量有所下降。为了应对市场竞争，经销商 A 急需了解 C 市私家车的市场普及率和市场需求潜力，了解居民对轿车的购买欲望、动机和行为，了解现有私家车用户有关轿车使用方面的各种信息，以便调整公司的市场营销策略。为此，经销商 A 要求市场调查部门组织一次以 C 市居民轿车需求与用户反馈为主题的市场调查。

前言是市场调查方案的开头部分，简明扼要地介绍了整个调查课题出台的背景。在此案例中，C 市其他轿车经销商的成立对经销商 A 的经营造成了冲击，所以经销商 A 需要了解消费者对于轿车的需求现状，由此需要开展市场调查活动。

（资料来源：https://wenku.baidu.com/view/c73848d3960590c69ec37681.html）

（二）说明调查课题的目的和意义

此部分比前言部分稍微详细一点，应指出市场调查的背景，要研究的问题和可能的几种备用决策，指明该项调查结果能给企业带来的决策价值、经济效益、社会效益及在理论上的重大价值。

设计市场调查方案，首先要明确调查目的。有的客户对市场调查业务比较熟悉，所提要求也十分明确；而有些对市场调查不熟悉的客户，提出的问题未经考虑，范围广泛，这就需要研究人员针对企业本身和企业想要了解的问题进行调查、访问，熟悉企业背景，了解企业的生产、销售情况，明确市场调查的目的和内容。

如案例2－5所示，市场调查的目的在于获取居民轿车需求与现有用户使用等方面的信息，为经销商A调整、完善市场营销策略提供信息支持。市场调查的任务在于准确、系统地搜集C市私家车市场普及率、市场需求潜力、购买动机与行为、用户使用状况等方面的信息，以及经销商A的经销店所在商圈的情况和竞争对手的经营情况，并进行分析，从中发掘对调整经营结构和市场营销策略有价值的启示。

（三）说明调查的内容和具体项目

调查的主要内容和具体项目是依据调查所要解决的问题及所需的信息资料来确定的。

市场调查的内容要根据市场调查的目的来确定。调查项目的选择要尽量做到“准”而“精”。“准”就是要求调查项目反映的内容与调查主题有密切的相关性，能反映调查要了解的问题的信息。“精”就是调查项目所涉及的资料能满足调查分析的需要，不存在对调查主题没有意义的多余项目。盲目增加调查项目会使资料统计和处理的工作量增加，既浪费资源，也影响调查的效果。

如案例2－5所示，调查内容主要包括以下几个方面：(1)被调查家庭的基本信息，包括户主的年龄、性别、文化程度、职业、家庭人口结构等；(2)购买时考虑的主要因素，如舒适的驾驶体验、便捷低耗的功能、完善的售后服务等；(3)经销店商圈研究，主要包括本经销店顾客的地理分布、职业分布、收入阶层分布、文化程度分布、行业分布等，以及商圈构成要素；(4)竞争对手调查，主要包括竞争对手的数量、经营情况和经营策略等。

（四）说明调查对象和调查范围

确定调查对象和调查范围主要是为了解决“向谁调查”和“由谁来具体提供资料”的问题。调查对象就是根据调查目的、任务确定的调查范围及所要调查的总体，它是由某些性质上相同的调查单位组成的。

需要注意的是，必须严格规定调查对象的含义和范围，以免调查登记时因含义和范围不清而发生错误。例如，对城市个体经营户经营情况的调查，必须明确规定个体经营户的性质、行业范围和空间范围。

如案例2－5所示，调查对象为C市的居民家庭——只包括本市东、西、南、北四区的居民家庭，不包括市辖区的居民家庭。其中，市区内的每户居民家庭为调查单位。据市统计局提供的资料，市区共有居民家庭20万户，拟采用抽样调查的组织方式，样本量为1 000户。

（五）说明调查所采用的方法

方法的说明主要是详细说明采用什么方法收集资料，具体的操作步骤是什么。如果采取抽样调查方式，就必须说明抽样方案的步骤，所取样本的大小和要求达到的精度指标。一般课题研究的基本方法主要包括：一手资料收集，即实地调查法，如观察法、调查法、实验法等；二手资料收集，即文案查阅法、经验总结法、个案研究法等。

在市场调查过程中，当要采用实验法、观察法或问卷访问式调查时，为使数据、情报在收集、分类统计、储存时更有效率，调查前要求设计、制定一些格式化的调查表格，如观察表、实验表或调查问卷等。这些表格应在调查方法说明中体现，也可以出现在附录中。

如案例 2－5 所示，居民私家车需求与用户调查采用抽样调查方式，样本量为 1 000 户。具体的调查方法包括：(1)居民私家车需求与用户调查采用调查者上门访问(问卷测试)的方法；(2)走访统计局、交警大队了解本市居民私家车的社会拥有量和普及率；(3)购买本市的统计年鉴用以研究本市居民的消费收支情况及社会经济发展状况；(4)利用本经销店的用户信息库进行分类统计和信息开发；(5)召开一次用户焦点座谈会；(6)竞争对手调查主要采用现场暗访调查及用户测评等获取相关信息。

(六)明确资料整理和分析的方法

明确资料分析的方法和分析结果的表达形式等。通常采用的资料分析方法有统计分析法、指标分析法、交叉列表分析法、因子分析法、灰色关联法、相关与回归分析法等。随着计算机技术的进步及统计分析软件的广泛应用，资料整理和分析的方法越来越多，分析速度大大加快，数据的精度不断提高。

如案例 2－5 所示，资料整理和分析的方法包括：(1)用户数据的系列开发，如用户特征分布数列，私家车类型、品种、价位、购入时间等分布数列，私家车使用满意度测评数列等的编制；(2)需求数据的系列开发，如需求者特征分布数列，购买欲望、购买动机、购买行为、购买时间、购买选择、信息获取等分布数列的编制；(3)本经销商圈层次划分数列，客户的分类统计数列的编制；(4)定性资料的分类要求条理化；(5)居民私家车市场普及率统计、市场需求潜力测定、市场占有率测定等。

(七)说明调查时间进度安排

在实际调查活动中，调查范围的大小不同，所用的时间也不同，但一般为 1 个月左右。基本原则有两点：一是保证调查的准确性、真实性，不走马观花；二是尽早完成调查活动，保证实效性，同时节省费用。

通常，在安排各个阶段的工作时，还应具体详细地安排需做哪些事情、由何人负责，并提出注意事项，所以，须制作时间进度表。

如案例 2－5 所示，私家车拥有量的调查标准点为本月末，私家车需求量的调查时距为近 3 年(本年、明年、后年)。要求本次调查从本月 1 日起至下月 30 日共计 60 天完成，包括调查策划、调查实施和调查结果处理等调查工作，并提交调查报告。

(八)说明经费预算开支情况

调查费用因调查工作的种类、范围的不同而不同。即使是同一种类，也会因质量要求差异而产生不同的调查费用。

根据若干市场调查案例，可以总结一般的经费预算比例：策划费 20％、访问费 40％、统计费 30％、报告费 10％。若受托代理的市场调查，则需要加上全部经费的 20％～30％的服务费作为税款、营业开支及代理公司应得的利润。

调查费用的估算对市场调查效果的影响很大。对市场调查部门或单独的市场调查机构而言，费用开支数目要实事求是。合理的支出是保证调查顺利进行的重要条件，在这个问题上应避免两种情况：一是调查时间的拖延，这样必然造成费用开支的加大；二是缩减必要的调查费用，调查活动必须有一定的费用开支来维持，减少必要的费用开支会导致调查不彻底或无法进行下去。

(九)说明市场调查结果的表达形式

确定市场调查结果的表达形式。例如,最终报告是书面报告还是口头报告,是否有阶段性报告等。

(十)附录部分

附录部分是对抽样方案的技术说明和细节说明,包括调查问卷设计中有关的技术参数、数据处理方法、所采用的软件等。例如,调查项目负责人及主要参加者名单、团队成员的基本情况介绍、抽样方案细节及技术说明、问卷及有关参数的技术说明,数据处理所用软件等。

二、撰写市场调查方案的注意事项

(一)注意完整性

一份完整的市场调查方案,上述内容均应涉及,不能有遗漏,否则就是不完整的。市场调查方案的制订必须建立在对调查项目背景的深刻认识的基础上,内容应扼要,重点应突出,应尽量简洁朴实,文字应简短中肯,用字避免晦涩,尽量做到科学性与经济性相结合。

(二)灵活安排结构

在市场调查方案的具体格式方面,需灵活处理。对于不同的调查项目,市场调查方案的设计不同,内容的次序也不完全一样,可以适当合并或进一步细分,设计人员在具体进行市场调查方案设计时需灵活地、创造地加以应用。

如果市场调查方案的篇幅不是很长(如 3 页纸以内),封面和目录部分就可以省略,直接进入正文内容和必要的附录。

(三)具有可操作性,力求客观

市场调查方案制作好后,应当从逻辑的层面对方案进行把关,考察其是否符合逻辑和情理;通过组织具有丰富市场调查经验的人士对设计出来的市场调查方案进行初步研究和判断,说明方案的合理性和可行性;通过在小范围内选择部分单位进行试点调查,对方案进行实地检验,说明方案实施的可行性方式。任何一个市场调查方案都必须具备可操作性和可行性,不仅要求调查方式、方法选择科学,而且要求组织计划与时间安排具体、合适,经费预算合理,整个方案能够在实践中有效地组织实施。

复习自测

一、单项选择题

1. 文献调研属于(　　)调查方案。

A. 探索性　　B. 因果性　　C. 描述性　　D. 相关性

2. 探索性研究的常用方法不包括(　　)。

A. 与决策者交流　　B. 全面调查　　C. 二手资料分析　　D. 定性调查

3. (　　)市场调查需要事先拟订一个调研计划和完整结构的调研方案。

A. 因果性　　B. 相关性　　C. 探索性　　D. 描述性

4. 下列各项中,不属于市场调查方案选择时要考虑的因素是(　　)。
A. 适用性　B. 时间因素制约　C. 方案之间的对比　D. 调查成本控制
5. 进行市场调查方案设计,首先要明确的是(　　)。
A. 目标　B. 计划　C. 战略　D. 策略
6. 市场调查方案设计的基本原则不包括(　　)。
A. 科学性原则　B. 可操作性原则　C. 可行性原则　D. 有效性原则
7. 下列各项中,不属于市场调查方案的可行性评价方法的是(　　)。
A. 经验判断法　B. 对比分析法　C. 试点调研法　D. 逻辑分析法
8.(　　)是指在调查中要解决哪些问题,通过调查要取得什么样的资料,以及取得这些资料有什么用途的问题。
A. 调查目标　B. 调查对象　C. 调查单位　D. 调查项目
9. 在市场调查方案中,调查工作从开始到结束的时间指的是(　　)。
A. 调查时间　B. 调查期限　C. 调查周期　D. 调查阶段
10. 下列各项中,对调查方案的编写格式而言非必要内容的是(　　)。
A. 调查目的和意义　B. 调查问卷
C. 调查方式和方法　D. 调查内容和范围

二、多项选择题

1. 下列各项中,调查方案应包括的项目有(　　)。
A. 调查目的　B. 调查对象和调查单位
C. 调查方式和方法　D. 调查项目和调查表
E. 调查时间和调查期限
2. 市场调查准备阶段的具体工作有(　　)。
A. 确定调查任务　B. 设计调查方案
C. 开展理论研究　D. 组建调查队伍
E. 确定调查机构
3. 调查项目是依据调查目的为取得资料而设置的,它通常包括(　　)。
A. 调查提纲　B. 调查资料　C. 调查细项　D. 调查问题
E. 调查对象
4. 市场调查研究阶段的主要任务有(　　)。
A. 鉴别资料　B. 统计分析　C. 整理资料　D. 定性研究
E. 调查者的选择与组织
5. 调查方案可行性的评估方法主要有(　　)。
A. 逻辑分析法　B. 统计分析法　C. 经验判断法　D. 试点调研法
6. 市场调查方案质量评价的内容包括(　　)。
A. 是否体现了市场调查的目标和要求
B. 是否科学、完整和方便使用
C. 是否具有可操作性

D. 是否可以提高调查质量和效果

7. 在设计市场调查方案时,调查背景应包括(　　)。

A. 企业营销现状　　B. 营销决策问题和市场调查问题

C. 本次调查的必要性　　D. 通过本次调查取得什么样的资料

E. 本次调查要解决的问题

三、简答题

1. 简述市场调查方案设计的重要性。

2. 描述性调查主要围绕哪些问题展开?

3. 因果性调查方案设计的原则是什么?

4. 市场调查方案设计包括哪些内容?

四、论述题

1. 为什么说市场调查方案制订得科学是调查活动开展的重要前提? 组织实施的严格管理是调查效果的重要保证?

2. 假设你准备对本地区毕业生的就业意向进行一次调查,请回答如下问题:

(1)为什么要进行这样一项调查?

(2)调查中想获取的信息有哪些?

(3)谁使用这些数据? 如何使用这些数据?

(4)请对调查过程中各环节所涉及的问题予以说明。

五、案例分析题

红塔集团女性消费者市场的调查

红塔集团的前身是玉溪卷烟厂,始创于1956年,从一家小公司发展成亚洲第一、世界前列的现代化大型烟草企业。目前,红塔集团拥有近10个香烟品牌,如玉溪、红塔山、阿诗玛等。

调查表明,当前我国居民吸烟率为36%,男性吸烟率为66.9%,女性吸烟率为3.2%。据预测,中国女性的吸烟率将逐步上升,由于人口众多,女士烟在中国市场上将有非常大的发展空间。所以,红塔集团计划开发一种新产品,以满足卷烟市场上女性消费者的需求。

基于此目的,红塔集团通过本次调查了解女士烟在中国市场的市场容量、女性吸烟者的不同需求及女性香烟品牌的主要竞争对手。在此基础上,为该品牌的营销计划提供理论依据和数据支持。

(资料来源:https://wenku.baidu.com/view/7afd6f8a6529647d272852f3.html)

问题:

1. 红塔集团的决策问题和市场调查问题是什么?

2. 红塔集团的调查目标是什么?

3. 以红塔集团的某种产品为例,设计一个消费者调查方案。

实训课堂

选择一款产品，设计一份消费者消费情况调查方案。

第三章

市场调查方法选择

学习要点及目标

1. 了解原始数据和二手数据的基本理论
2. 熟练应用访问调查基本方法和二手数据收集方法
3. 理解实验调查法的含义、分类和实验设计
4. 熟练掌握和应用观察调查方法

核心概念

市场调查　调查方法

引导案例

如何选择调查方法

市场调研公司一般会根据项目的研究目的、范围、思路、内容、周期和预算等因素，在综合考虑后，选择适当的调查方法。

新生代市场监测机构的核心产品——中国市场与媒体研究(CMMS)是单一数据来源的连续性年度调查研究项目，旨在每年提供中国30个城市7万个消费者的媒体接触习惯、品牌购买和消费习惯、生活形态等信息。此项调查的问卷分为媒体分册和产品分册，共计十万多字。如此规模庞大而复杂的研究项目，采用哪种调查方法合适呢?

另外，有很多专项研究项目的研究目的非常明确，研究总体为特定人群，问卷较短。例如，研究某一城市高档香烟消费者的品牌购买和消费习惯，研究某一城市地铁人群对地铁广告的关注程度。前者的研究总体比较分散，后者的研究总体则相对集中。类似的研究项目该采用哪种调查方法呢?

第一节　二手数据的收集方法

市场信息根据产生过程的不同，可以分为原始数据和二手数据。原始数据，是指为了解决特定问题而专门收集的调查资料、观察资料或实验数据资料。二手数据，是指已经收集好的，但不一定与当前问题直接有关的信息资料。原始数据与二手数据的区别在于资料的来源，而不在于收集资料的主体。

原始数据来源较窄，必须依靠直接的调查或实验来收集，具有较强的针对性、时效性和可靠性；二手数据则来源渠道广、获取速度快，可以节省调查费用。所以，如果可以用收集的二手数据解决问题，就不必再收集原始数据，两者的比较如表 3—1 所示。

表 3—1　　原始数据和二手数据的比较

项　目	原始数据	二手数据
优点	可靠性强、来源可控制、真实性强	花费少、来源广、收集快捷、节省时间
缺点	费时、费力、费钱，仅靠自身力量很难收集	适用性差、精确度低，需进一步加工处理
收集难度	较难收集	容易收集
收集成本	相对较高	相对较低
收集所需时间	长	短

一、二手数据的来源

二手数据的来源一般分为内部数据和外部数据，可通过查找、购买、索取、接收等方式获得。

(一)内部数据

内部数据是企业内部现有的数据，主要包括业务资料、统计资料、财务资料、数据库资料和其他资料等。

1. 业务资料

业务资料是指与调查对象的活动有关的各种资料，主要包括订货单、进货单、发货单、合同文本、发票、销售记录、业务访问报告等。通过对这些资料的收集和分析，可以掌握企业所生产和经营产品的供应情况，以及各细分市场的需求变化情况。

2. 统计资料

统计资料主要包括各类统计报表，企业生产、销售、库存等各种数据资料，各类统计分析资料等。企业统计资料是研究企业经营活动数量特征及其规律的重要定量依据，也是企业进行预测和决策的基础。

3. 财务资料

财务资料是由企业财务部门提供的各种财务、会计核算和分析资料，包括生产成本、销售成本、各种产品的价格及经营利润等资料。财务资料反映了企业活劳动与物化劳动的占用和消耗情况及所取得的经济效益。通过对这些资料的研究，可以确定企业的发展背景，考核企业的经济效益。

4. 数据库资料

数据库资料包含与顾客、销售商、供应商和其他企业的相关信息，是企业内部数据的一个重要来源。以顾客数据库为例，当顾客购买某种产品或要求某种服务时，企业就可以从顾客那里获得姓名，工作单位、地址、电话，邮箱，身份证号码等信息。现在很多大型商场实施会员制度，这就形成了很大的会员数据库。数据库资料为企业培育、发展和维系客户关系提供了重要的分析工具。

5. 企业积累的其他资料

企业积累的其他资料包括平时的剪报、各种调研报告、经验总结、顾客意见和建议、同业卷宗及有关照片和录像等。这些资料都对市场研究有一定的参考作用。例如，根据顾客对企业经营、产品质量和售后服务的意见，可以对如何改进产品及服务等加以研究。

（二）外部数据

外部数据是研究的委托方以外的机构或个人收集或提供的二手数据，主要包括政府数据、各种公开出版物、互联网数据、辛迪加数据和其他数据等。

1. 政府数据

各级纪检、财政、工商、银行、贸易等部门经常不定期发布各种有关政策法规、财政和金融、价格、产品供求等的信息，这些信息都是重要的市场调查资料。国家统计局和各地方统计局都定期或不定期发布国民经济统计资料，有影响力的资料包括中国统计年鉴、中国工业经济统计年鉴、中国农村统计年鉴、中国第三产业年鉴、中国人口统计年鉴、中国连锁零售业统计年鉴、中国城市（镇）生活与价格年鉴、中国商品交易市场统计年鉴等。调查者可以在国家统计局官方网站（www.stats.gov.cn）上查找由该局正式发布的各种统计数据。

2. 公开出版物

各种新闻和出版机构公开出版的书籍、报纸、杂志、专题报告、论文集和专利文献等都会提供许多科技信息、广告资料、市场行情、预测资料和经济信息。各种行业性组织也经常会发布一些统计资料和研究报告。越来越多的信息服务机构还会定期或不定期地出版某些专业性较强的信息资料。它们是积累资料、充实信息库的重要来源，特点是时效性强、信息量大，但是由于公开出版物的种类繁多、文献覆盖范围广，因此，市场调查必须依靠各种检索工具才能迅速而准确地获得所需资料。比较常见的检索工具有指南、名录和索引。

（1）指南

指南是搜索二手数据最重要的工具之一，它能帮助调查者确定重要的数据来源，所以，能熟练使用各种指南，就能迅速获得一些重要的二手数据。在美国，这样的指南很多，如美国市场营销协会系列丛书、市场情报指南、商业信息资源、商业信息源百科全书等。在我国，可以借助互联网发现一些指南类的商业信息，如中国商业数据网（http://www.cndatanet.com）、中国商业情报网（http://www.51tradeinfo.com/）等。

（2）名录

名录对于确定收集特定数据的个人和组织非常重要，它能够帮助调查者寻找目标市场的潜在客户、中间商和竞争对手的信息资料。最常见的是各类企业及企业经理人名录，如世界500强中国企业名录、中国名牌/驰名商标企业名录、中国民营企业500强名录、上海IT经理人名录等。

（3）索引

索引是搜索特定文献的重要工具。期刊、报纸等出版物发布的数据内容庞杂，通过索引可以轻松查找所需文献。国内知名的索引工具有中文社会科学引文索引（CSSCI）、中国期刊名录索引和全国报刊索引。

3. 互联网数据

互联网的推广和普及使数据收集发生了革命性的变化。互联网的主要优势是涉及领域广、信息量大、查询方便、更新快，极大地提高了数据收集的时效性。但互联网提供的信息有很多是不准确的、不完整的、陈旧的，所以，调查者利用互联网收集信息时一定要注意数据的及时性和准确性。

在线数据库是互联网数据非常重要的组成部分。计算机技术和网络技术的发展提高了对公开出版的数据进行分类、存储和检索的效率。与印刷数据相比，在线数据库有很多优点，如数据更新及时、容易检索、获取成本相对较低等。根据包含的数据记录的性质进行分类，可以将在线数据库分为文献目录数据库、数字数据库、名录数据库和全文数据库。

（1）文献目录数据库

文献目录数据库中包含杂志文章、政府文件、科技报告、市场营销研究报告、报纸文章、论文、专刊等文件和索引，还常常附带索引数据的摘要和摘录。

（2）数字数据库

数字数据库是指包含各类数据的数据库。国内有关的数字数据库有 CCER 经济金融数据库、中宏数据库、Wind 中国金融数据库、中经网统计数据库等。

（3）名录数据库

名录数据库由个人、企业以及商业服务部门的有关信息组成。例如，企业名录数据库可以提供企业的名称、地址、邮编、电话、传真、企业负责人姓名、经济类型、产品名称、所属行业、企业隶属关系、企业规模等信息。

（4）全文数据库

全文数据库收集了组成数据库所有文件的各种数据和文字的全部内容。我国拥有专业性科技期刊最多的全文数据库是中国知识基础实施工程（CNKI）的数字图书馆全文数据库（http://www.cnki.net）。这个网站包括中国期刊全文数据库（CJFD）、中国重要报纸全文数据库（CCND）、中国重要会议论文全文数据库（CPCD）和中国优秀博硕士学位论文全文数据库（CDMD）。

4. 辛迪加数据

辛迪加数据（Syndicated Data）是指由专业调研公司收集并整理，出售给多个信息需要者的、高度专业化的二手资料，如媒体监测数据、零售监测数据、行业研究报告等。辛迪加数据的主要优点是每一个需要者获得信息的成本相对低廉，并且信息需要者可以非常快地获得所需信息。

辛迪加数据可以分为两类：一类来自家庭或消费者，如消费者心理和生活方式测量、电视和广告收视率调查，以及其他关于消费者心理和行为的一般性调查。例如，央视市场研究股份有限公司进行的消费者年度调查的内容包括心理测量、生活方式、品牌认知、消费者行为和媒体习惯等。这类数据的主要用途包括市场细分、市场渗透率分析、市场潜力估计、市场份额分析等。具有影响力的辛加迪数据库如消费者价值观与生活方式细分[美国斯坦福国际咨询研究所（SRI）]和 IMI 消费行为与生活形态年鉴[北京市场信息研究所（IMI）]。另一类是来自批发商、零售商等机构的数据，如零售商审计数据和行业服务数据。美国 AC 尼尔森运用零售商店内产品代码扫描信息和专业人员店内访问，提供涵盖食品、家庭用品、保健美容产品、耐用品、糖果及饮料产品的销售数据。这类数据在零售层面提供了许多不同产品流动情况的相对准确的信息，而且可以按照品牌、渠道类型、地区等重要标准分类提供，如尼尔森零售指数。

5. 其他数据来源

各种博览会、展销会、交易会、订货会等促销会议一般会提供新产品、新技术、新设备、新材料等生产供应方面的信息，调研人员可以直接获取样品、产品说明书等资料，还可以进行拍照、录音、录像等。

电台、电视台等新闻媒体每天都会发送大量市场信息和广告信息，这些资料的优点是信息量大、范围广、传播速度快、成本低，缺点是精确度不高，需要进一步加工处理后才能使用。

【案例 3－1】

中国乘用车未来 5 年发展趋势研究

本次研究的内容主要分为以下两个部分：

第一部分：行业竞争现状

该部分二手数据收集的主要目的是为整个研究奠定基础，进而对行业现状进行分析并作为市场规模预测的参考信息。所收集数据的内容主要是乘用车产品的数据及信息资料。新华信国际信息咨询（北京）有限公司将充分利用自身汽车行业的信息资源，也希望客户能够在此过程中提供支持。

第二部分：市场规模相关因素，如行业政策和相关行业发展状况等

该部分二手数据收集的主要目的是获取以上因素的现有发展状况，以用来预测发展趋势，从而进一步预测其对乘用车各细分市场发展的影响；同时，深入分析国际乘用车发展的历史及趋势。

为达到上述两项研究目标，二手数据收集的主要渠道为乘用车行业管理机构内部资料、专业年鉴、行业协会、新华信数据库、国际互联网和其他相关数据库。

（资料来源：https://wenku.baidu.com/view/cf55c9867d1cfad6195f312b3169a4517623e57f.html?from=search）

二、二手数据的收集步骤

一般来说，二手数据的收集需遵循明确资料需求、确定信息源、搜集二手数据、评估数据、整理信息资料和撰写文案报告这几个步骤。

（一）明确资料需求

调查者在进行文案调查前，应明确调查的目的及企业所需要的信息，以避免调查方向错误。

（二）确定信息源

确定了所需要信息的范围后，具体的查找工作就开始了。开始查找时要假设企业所需要的资料都是存在的，并列出各种资料的可能来源。

（三）搜集二手数据

在辨明信息源后，调查者就要开始进行信息查询和数据收集。在收集这些资料的同时，记录资料的详细来源（如作者、文献名、刊号或出版时间、页码等），以便日后其他人员核对数据的

准确性。

(四)评估数据

主要可以从以下两个方面对所获得的二手资料和数据进行评估：

第一，确认资料是权威的、可信的，这可以通过资料的获取渠道来确认。一般来讲，来自政府机关、统计部门、著名企业、大型网站的资料的可信度较高。

第二，确认资料是与主题相关的，并在时间、范围等各个方面符合调查要求。例如，收入可以有不同的测量方式，如果研究人员对家庭收入超过 15 000 元的高收入消费者感兴趣，那么，按低于 15 000 元、18 000～20 000 元分组的二手数据就没有太大用处。

(五)整理信息资料

对二手信息资料进行评估后，调查者应剔除与项目无关的资料和不完整、不准确的资料。当各种资料之间有中断、互补或互斥时，调查者必须利用自己的学识和能力对资料加以补充、调整或筛选。

(六)撰写文案报告

调查报告是对调查工作的总结。撰写调查报告时，应注意以下几个方面：

第一，抓住课题特点，尽量用统计图表来反映问题，以方便使用者阅读。

第二，报告的分析要有理有据，数据确凿，图表精确。

第三，结论需明确，以供使用者参考。

三、二手数据的收集方法

二手数据收集的常用方法有查找法、购买法、索取法、交换法和接收法。

(一)查找法

查找法是获取二手数据最基本的方法。从操作程序来看，首先应注意从机构内部查找已有资料。在此基础上，还需到图书馆、资料室、信息中心等外部机构查找资料。为了提高收集效率，调查者应当熟悉检索系统和资料目录，并且在可能的情况下，尽量争取相关工作人员的帮助。在网络时代，通过互联网查找二手数据可以起到事半功倍的效果。

(二)购买法

在市场经济条件下，很多资料是有偿提供的，有些二手数据只能通过购买才能获得。许多专业调研公司的资料实行有偿转让，大多数信息出版物是有价的，许多在线数据库需要付费才能使用，如中国期刊全文数据库、维普数据库、万方数据库、超星数字图书馆等。有偿方式取得的资料构成了调查成本，所以要对其产生的成本和收益进行分析。

(三)索取法

索取是指向拥有信息资料的机构或个人无偿收集二手数据的方法。由于索取是无偿的，因此这种方法的效果在很大程度上取决于对方的态度。有些企业出于宣传的目的，会乐于向社会提供有关资料，所以，向他们索取会取得较好的效果。

(四)交换法

交换是指与一些信息机构或单位进行对等的信息交流。当然，这种交换不同于商品买卖中的以物易物，而是一种信息共享的协作关系，交换的双方都有向对方无代价提供资料的义务和获得对方无代价提供资料的权利。

（五）接收法

接收法是指接受外界主动、免费提供的信息资料。现在许多企业为宣传自己及其产品和服务、扩大知名度、树立良好的社会形象，往往主动向社会广泛传递各种信息，如广告、产品说明书、宣传资料等，在有些情况下，这些信息会成为有价值的资料。

【相关链接】

央视市场研究股份有限公司的消费者固定样本组数据

央视市场研究股份有限公司的固定样本组数据覆盖全国370个城市，对40 000个家庭户、六十多类快递移动消费品(FMCG)的购买行为进行连续追踪。

央视市场研究股份有限公司消费者固定样本组数据的用途如下：

监测市场发展主要指标：主要品牌的市场占有率、消费群体大小、产品价格、有无促销等主要指标及其发展变化。

了解消费者的购买特性：购买周期、每次购买量、购买地点、平均价格等主要购买行为指标及其发展变化。

了解主要品牌的市场地位及其发展：主要品牌的市场占有率、消费群体大小、消费者忠诚度、消费者消费程度等各项指标，品牌间差异及其发展趋势，品牌强势、弱势指标，从而确定资源的有效利用。

诊断主要品牌的市场运营、监管并评估新产品的上市及其发展趋势：分析主要品牌的消费群体及其占比，了解其消费群体主要是尝试购买者还是重复购买者，从而评判一个品牌的发展是否健康。

了解品牌的转换情况：通过跟踪消费者固定样本组样本户的购买行为，可以了解某特定消费群体在一定时间段内在各品牌之间的转换情况，从而确认各品牌的直接竞争品牌是哪些，消费者是忠诚于某些品牌，还是在几个品牌之间转换消费等，为企业了解消费者消费行为及其品牌对消费者消费行为的影响提供帮助。

主要品牌通路偏好：分析一个品牌在各通路的业务重要性，从而判断一个品牌的通路偏好，了解其通路策略。

目标消费群体的消费行为：筛选特定的消费群体，分析其购买行为、品牌偏好、在品牌之间的转换情况，了解特定消费群体的消费行为，为企业制定营销策略提供依据。

目标消费群体的媒体习惯：筛选特定的消费群体，与同源数据的媒体习惯进行链接，可以了解目标消费群体的媒体习惯及其对消费行为产生的影响，为企业制定媒体策略提供依据。

（资料来源：https://wenku.baidu.com/view/4dcc13fb4028915f814dc235.html）

第二节　访问调查法

当收集二手数据不能解决所要研究的问题时，就需要收集原始数据。

访问法又称询问法，是指通过口头或书面询问的方式向被调查者了解市场状况，获取原始数据的一种调查方法，也是收集原始数据最常用的方法。

根据调查者与被调查者接触方式的不同，访问法又可以进一步划分为人员访问法、邮寄访问法、电话访问法和网络访问法。这四种调查方法各有特点，适合不同的调查条件调查者需要根据具体的调研项目来决定究竟采用哪一种方法，以便以最有效的方式获得最可靠的资料。

一、人员访问法

人员访问又称面谈调查，是指通过调查者与被调查者面对面交谈来获取市场信息的一种调查方法。这是市场调研中最灵活的一种调查方法。这种方法要求调查者在面谈前设计好调查问卷或访谈提纲，询问时可按事先拟定的问卷或提纲顺序进行，也可以采取自由交谈方式。

（一）人员访问法的调查方式

按照访问地点和形式的不同，人员访问可分为入户（或单位）访问、拦截访问和计算机辅助人员访问等。

1. 入户访问

入户访问是指调查者到被调查者的家中或工作单位进行访问，直接与被调查者接触，然后利用访问式问卷逐个问题进行询问，并记录对方的回答，或者将自填式问卷交给被调查者，讲明方法后，等待对方填写完毕或稍后再回来收取问卷的调查方式。入户访问曾经是最常用的访问调查法。但是随着入户访问成本的不断提高，出于安全的考虑，越来越多的城市居民不愿意在家中接待陌生人，导致入户访问的数据收集速度和完成率不断下降。此外，电话和互联网的日益普及使得电话访问和其他调查方法被广泛采用，入户访问已经出现逐渐衰亡的趋势。

2. 拦截式访问

拦截式访问是指在某个场所（如商场、街道、医院、公园等）拦截在场的一些人进行面访调查。这种方法常用于商业性的消费者意向调查，如在商场的化妆品柜台前拦截女性顾客询问她们对各种化妆品的偏好以及购买习惯等。拦截式访问比入户访问容易操作，效率也更高。当需要让被调查者观看、触摸或试用产品时，商场拦截方式尤其适用。由于上述原因，因此拦截式访问在我国已经变得越来越普及。但是，拦截式访问容易产生抽样误差，如不常去商场的调查对象不容易被抽中。此外，由于外界的干扰，调查对象的注意力和配合程度通常欠佳，不适合填写较长的问卷，因此会影响所收集数据的质量。

【相关链接】

计算机辅助人员访问

计算机辅助人员访问（Computer-Assisted Personal Interview，CAPI）可以应用到入户访问和拦截式访问中。

计算机辅助人员访问通常的工作形式：问卷由计算机管理和呈现，访问者将被访者的回答录入计算机，访问结束后，调查结果通过网络传回中央服务器，数据做简单整理后即可进行统计分析。

在很多被访者看来，计算机辅助人员访问不会占用太长的调查时间，而且很有意思，所以更愿意接受这种调查。计算机辅助人员访问已经广泛地应用在使用和态度研究、品牌价值监测、广告效果研究等领域。

（资料来源：https://wenku.baidu.com/view/96aa87d976eeaeaad1f33064.html）

(二)人员访问法的优缺点

1. 人员访问法的优点

(1)具有灵活性

调查者和被调查者面对面交流,交谈的主题可以突破时间限制,对于一些新发现的问题,尤其是争议较大的问题,调查者可以采取灵活委婉的方式,迂回提问,逐层深入;调查者依据调查问卷,可以灵活掌握提问次序并及时调整、补充内容,如遇到被调查者不感兴趣的问题,可以立即回避或更换题目;既可以采取口头形式,又可以采取书面形式,甚至可以使用录音设备;一旦发现应答者不符合样本要求,就可以立即终止询问。

(2)回收率高

由于采取面对面的交流形式,面对面的压力不容易使人做出拒绝接受调查的选择,因此,只要被调查者接受调查,就能回收调查结果。

(3)样本代表性好

采用其他调查方式往往容易遗漏一部分人群。例如,邮寄访问不能很好覆盖文化程度低的人口和经常变更住址的人口,电话访问未能包括没有电话的家庭等。

(4)调查资料质量较好

在面对面访问的过程中,既可以对访问的环境和被调查者的神情、态度进行观察,又可以对被调查者回答问题的质量加以控制,使调查所获资料的准确性和真实性大大提高。

2. 人员访问法的缺点

(1)调查成本高

人员访问法的调查成本高,主要体现在以下三个方面:一是入户访问较其他方式需要额外支出交通费、礼品费;二是调查公司支付给调查者的劳务费要高于其他访问方式;三是若被调查者不在家,调查者需要在其他时间重新联系被调查者进行访问,从而增加时间和人力成本。

(2)拒访率较高

大多数被调查者基于安全等方面的顾虑,不愿接受不速之客来访。所以,调查人员需要接触很多调查对象才能找到一个愿意接受调查的人,而且对于一些敏感性问题,往往难以用人员访问的方式收集资料。

(3)对调查者的素质要求较高

在入户访问中,被调查者往往根据调查者的诚意、谈吐及行为来决定自己是否予以配合,所以,调查者的素质会影响调查质量。一旦调查开始,调查者就有了很大的独立性,因而对调查者的监督和控制困难,有时不免会产生一些不负责任甚至欺骗的行为,如随意破坏样本的随机性或其他质量要求,不进行调查,编造调查结果等。

(三)人员访问法的适用范围

人员访问法是目前我国使用最广泛的一种调查方法,几乎涉及市场调查的各个应用领域,尤其适用于调查范围较小而调查项目比较复杂的情况,包括:消费者研究,如消费行为研究、消费者生活状态研究、顾客满意度研究等;媒介研究,如广告效果研究、媒介接触行为研究等;产品研究,如对产品使用情况的研究、新产品开发研究等;市场容量研究,如各竞争品牌的市场占有率研究、市场潜力的评估等。

【相关链接】

访问员培训内容

访问员是一个颇为重要的角色，在入户访问和拦截式访问等常见的人员面访过程中，他们的穿着、语气、表情、询问方式等都会影响调查的进行。要实现成功的访问，访问员就必须掌握一定的技巧。

一、获得合作

访问员的首要任务是获得被访者的合作。被访者一般不认识访问员，他们往往会根据访问员的服饰、发型、声调、态度等来决定是否接受访问。所以，访问员需仪容得体、态度谦和，给人亲切感，使被访者放心地接受访问。

（一）自我介绍

访问员应通过主动出示介绍信、工作牌等证件来表明研究的真实性，而不是推销产品。以下是一个自我介绍的例子：

“您好，我是××大学××学院的学生。我们正在进行一项关于方便面消费品牌的研究，想向您了解对有关问题的看法。如果您愿意给予我一些时间协助完成，我将向您表示十分的感谢。”

（二）访问礼品

访问员可适当带些小礼品作为被调查者配合访问后得到的鼓励。访问员可以在访问开始前委婉地暗示：“我们将耽误您一些时间，届时备有小礼品以示谢意，希望得到您的配合。”但切不可过分渲染礼品，导致被访问者拒绝访问，或者为了礼品而提供虚假信息，影响访问效果。

（三）应对拒绝或不情愿接受访问的技巧

访问员应当具备应对拒绝或不情愿接受访问的技巧，尽可能确定拒绝或不情愿接受访问的原因并加以克服。例如，被访者借口说现在很忙，访问人员可以再次请求造访，问：“晚上您在吗，我很愿意晚上再来。”另外，访问人员可以进一步解释调查的目的和意义，说明被调查者所提供的答案可供改善目前的产品及促进社会发展等，并向被访者做出保密承诺。如果被访者实在不愿意接受访问，访问人员应该礼貌地说：“谢谢您，打扰了。”以保持良好的公众形象。

二、提问的技巧

访问员表述问题的偏差可能是访问调查产生误差的一个重要原因。访问员需要使用问卷中的词句来询问，当被访者不理解问题的意思时，建议访问员重复问题或者回答：“正如您想的那样回答即可。”

另外，在访问过程中，访问员需要避免被访者离题，要及时调整被访者的思路，使其不要离题太远，但又不能影响被访者的情绪。访问员可以这样说：“关于这个问题，我们等一下再讨论，让我们先回到这道题……”

三、记录的技巧

对于封闭性的题目，一般只要在反映被访者回答的代码前打钩或者画圈即可。但对于开放式的问题，则需要访问员掌握记录技巧，避免出现错误。记录开放式问题的回答要尽量还原和使用被访者的语言，记录与问题的目标有关的一切回答，不摘录或者解释被访者的回答。

四、结束访问

避免仓促离开是有礼貌的表现，对被访者感兴趣的问题，如调查目的、调查结果的处理流程等，访问员应给予耐心的解释，为下一次有可能的回访打下良好的人际基础。

二、邮寄访问法

邮寄访问法是将事先设计好的调查问卷通过邮政系统寄给被调查者，由被调查者根据调查问卷的填写要求填好后寄回的一种调查方法。

邮寄访问可以直接邮寄，也可以把调查问卷夹带在期刊或产品样本中，还可以由调查者直接到被调查者的住处或办公室留置给被调查者。书籍、杂志、报纸等出版单位较多采用这种方法了解读者需求，商业部门和企业应用这种方法了解市场需求的不多。

（一）邮寄调查步骤

邮寄调查一般包括以下六个步骤：

第一，根据研究目的收集人员名单及其地址或电话，这些信息可以通过电话簿、顾客名录或协会成员名单获得，然后抽样确定调查对象。

第二，通过电话、明信片或简短的信件与调查对象进行事先接触。

第三，向调查对象寄出调查邮件。调查邮件主要包括以下内容：一是贴好邮票且写明调查对象地址的信封；二是致调查对象的信，其中写明调查的发起单位、调查目的及重要性、感谢的话、发起单位的盖章或负责人签字等；三是调查问卷；四是贴好邮票且写明回寄地址的信封；五是礼品或少量现金。

第四，通过电话或简短的提示信与调查对象再次接触，询问是否收到问卷。

第五，对回收的问卷及时登记、编码，统计回收数量，决定是否需要再打电话或发提示信。

第六，如果回收率达不到研究要求，应考虑采取措施弥补低回收率造成的误差。

（二）邮寄访问法的优缺点

1. 邮寄访问法的优点

（1）费用较低

与其他访问方法相比，邮寄访问法是原始资料调查中最为便宜、最为方便、代价最小的资料收集方法。一般情况下，邮寄访问法的费用比入户访问、街头拦截访问和电话访问的费用低，因为它减少了调查者的劳务费，省去了对调查者的管理。

（2）调查覆盖区域广

邮寄访问法可以不受被调查者所在地域的限制，邮政所达之地都可以作为调查对象的选择地。此外，邮寄访问法适用于从那些难以面对面接受访问的被调查者处获得信息，包括由于“看门人”（门卫、保安、秘书）的阻碍而无法进行面对面访问的被调查者和封闭式社区的居民。

（3）调查资料质量较好

邮寄调查可以给予被调查者相对宽裕的时间作答，问卷篇幅可以较长，并且便于被调查者深入思考或从他人那里寻求帮助；无询问偏见，可以避免被调查者受到调查者的倾向性意见的影响。

（4）匿名性好

对于一些人们不愿公开讨论而对市场决策又很重要的敏感性问题，邮寄调查法无疑是一种上选方式。

2. 邮寄访问法的缺点

(1)问卷回收率低

回收率低是邮寄访问法最大的缺点,极容易影响样本的代表性。有专家称,邮寄访问的问卷回收率有时会低到10%,达到50%即被认为"满意",而达到70%~80%的回收率就会被认为是"相当好"了。

(2)数据收集速度慢

由于各种主客观原因,问卷滞留在被调查者手中的时间往往较长,这就可能会产生一些问题,如问卷是回收了,但已经失去了分析研究的价值了。

(3)缺乏对调查对象的控制

被调查者在收到问卷后,自己没有时间或者不愿回答而找别人替代,这会破坏样本的代表性。

(三)邮寄访问法的适用范围

正是由于邮寄访问法的上述缺点,其在实施过程中会受到一定的限制。一般来讲,在调查的时效性要求不高、调查对象的地址比较清楚、调查经费比较紧缺而调查内容又比较多和敏感的情况下,采用邮寄访问法是比较合适的。如果企业有多次邮寄访问调查的先例,积累了访问对象的样本群体,并建立了良好的合作关系,邮寄访问就能够取得优良的效果。邮寄访问法涉及的内容可以是日常消费、日常购物习惯、日常接触媒介习惯等比较具体的方面,也可以是有关消费观念、满意度等比较抽象的方面。

(四)提高邮寄访问问卷回收率的方法

提高调查问卷回收率是邮寄访问调查的重点和难点,具体方法有:

1. 请受尊重的权威机构主办

不同调研机构主办的邮寄调查得到的问卷回收率截然不同。在我国,政府部门主导的问卷调查的回收率最高,大学、科研院所等学术机构次之,商业性问卷调查的回收率最低。

2. 进行适当的情感激励

邮寄问卷前预先通知对方,可以满足被调查者的情感诉求,激发合作热情,提高问卷的填写质量和回收率。

3. 进行适当的物质激励

除了随问卷附上回寄信封和邮票,邮寄问卷时还可以附加一些小恩小惠,如给予一定的中奖机会、赠送一些购物优惠券、享受会员待遇等。但物质激励容易引发调查对象的趋利动机,所以,在给予"恩惠"的同时需要把握尺度。

4. 加强跟踪管理

在问卷发出后,试着做一些事后性工作,如发跟踪信、寄明信片、打回访电话等。有学者的研究表明,跟踪提醒一般可以将问卷的回收率提高20%。

三、电话访问法

电话访问法是指通过电话对抽中的调查对象按事先设计好的问卷进行提问并记录回答,以收集原始信息的一种调查方法。随着人员访问成本的不断提高、电话的日益普及和客户项目周期的不断缩短,电话访问法在发达国家的市场研究中应用得越来越广泛。

（一）电话访问法的调查方式

根据调查过程中使用的工具、设备的不同，电话访问法可以分为传统的电话访问和计算机辅助电话访问。

1. 传统的电话访问

传统的电话访问使用的工具包括电话、问卷和记录用的纸、笔。经过培训的调查者使用电话，按照调查设计规定的随机拨号方法拨打电话号码，当电话接通后，按照调查要求筛选被调查者，然后对照事先准备好的问卷向合格的被调查者逐题提问，并及时将回答记录下来。这种调查一般适用于问题简单、容易回答、占用时间短的调查项目。

为了保证样本的随机性，如果被抽中的被调查者暂时无法联系上，就应该记住该号码，换个时间再打，一般情况下要连续追打3～5次。电话访问不需要调查者直接面对被调查者。对调查者的要求主要在于发音、听力方面，要求调查者发音准确、口齿清楚、语速适中、听力良好。

被调查者样本的选取通常采用随机拨号法，利用现有的电话号码簿作为抽样框，借助随机数字表，随机拨打电话号码，或者按照等距抽样方法，从电话号码簿中抽取号码进行拨打。此外，还可以依据调查地区的具体情况和抽样方案先确定拨打电话号码的前几位（如北京的前三位为010，上海的前三位为021），然后按照随机原则，确定电话号码的后几位。

2. 计算机辅助电话访问

随着计算机和互联网技术的快速发展，借助计算机来实施电话访问日益方便。采用计算机来实施的电话调查称为计算机辅助电话访问（Computer - Assisted Telephone Interview，CATI）。采用这种方法进行调查时，每一位调查者都坐在一台计算机前，计算机会自动拨通预先设定的被调查者电话，并自动显示介绍性陈述，调查者随即把屏幕上的介绍读给被调查者听；之后，操作计算机，问题和备选答案就会出现在屏幕上，调查者读出问题，并根据被调查者的回答选择相应的答案；一个问题回答完后，计算机会自动呈现下一个问题。

计算机辅助电话访问由调查者将数据录入计算机，节约了调查完成后对数据进行整理的时间，也避免了录入误差。例如，某个问题只有A、B、C、D四个选项，调查者键入E，计算机会拒绝接受，并要求调查者重新键入。督导者可以在现场或通过监控设备随时了解访谈情况。在访谈过程中，计算机可以随时提供整个调查的进展情况，统计分析也可以在调查的任何阶段进行。这是传统市场调查所不可比拟的优势。

（二）电话访问法的优缺点及适用范围

1. 电话访问法的优点

（1）节省调查经费和时间

电话访问虽然需要花费一定的电话费，但与人员访问比较，电话访问可以节省旅途时间和交通、住宿等差旅费用，总费用相对低廉，介于人员访问和邮寄访问之间。电话访问在电话接通后可以马上进行，花费时间最少，不仅在有限的时间内能完成较多的问答，而且可以快速回收样本，特别是当被调查者分布相当分散时，这种优点就更加明显了。

（2）获取信息资料快，调查范围广

对于一些需要尽快得到结果的调查，可采用电话访问法。电话访问可以对任何有电话的地区、单位和个人直接进行询问调查，可以访问一些不易见到面的被调查者。例如，有些被调查者拒绝陌生人入户访问，但有可能接受短暂的电话调查。

(3)易于控制调查实施的质量

在电话访问中,调查者基本上是在同一个地点进行电话访问,督导员或研究人员可以在调查实施的现场随时纠正访问员不正确的操作,较好地控制调查实施的质量。

2. 电话访问法的缺点

(1)拒答率较高

由于调查者与被调查者不直接见面,对于被调查者而言,挂断电话远比拒绝一位面对面的访谈人员的提问容易。即使在调查过程中,被调查者也可能由于某些原因而毫不犹豫地挂断电话,导致调查失败。因此,电话访问中的问卷应当尽量设计得简单,并具有一定的趣味性。

(2)无法做深入调查

被调查者可能因不了解调查的确切意图而无法回答或无法正确回答问题。对于某些专业性较强的问题,调查者既无法获得所需的调查资料,也无法针对被调查者的性格特点控制其情绪。

(3)调查对象只限于有电话的地区和个人

由于我国电话的普及率比较高,并且人们已经习惯于电话调查,因此,电话访问几乎涉及各行各业的各个领域。

【相关链接】

电话访问礼仪

调查者进行电话访问时,应遵循以下原则:

第一,放慢说话的速度,保持口齿清晰。

第二,积极倾听,同时对被调查者说的话表示出兴趣。

第三,在访问过程中,多使用礼貌用语,如"请""您""谢谢""对不起""再见"等。

第四,多使用附加语,如"是的,您说得对""请继续""我非常理解您的心情"等。

第五,访问结束后,调查者要向被调查者致谢,如"感谢您对我们工作的支持,您的宝贵意见我们会认真考虑,谢谢,再见"等。

(资料来源:https://www.docin.com/p-2193724075.html)

四、网络访问法

互联网技术的发展和日益普及正在使市场调查发生深刻的革命。网络访问法是指在互联网上针对调查问题进行调查设计、搜集数据或资料,并进行分析的一种调查方法。网络访问由于成本低、收集数据速度快而有着巨大的发展潜力,也正是由于成本低和简便易行,网络调查将会被更广泛地应用。

(一)网络访问法的调查方式

利用互联网收集原始资料主要有三种方式,即网上问卷调查、网上焦点座谈和在线访谈。

1. 网上问卷调查

互联网上的调查问卷主要通过以下两个途径发放:

(1)通过电子邮件发放

调查者把调查问卷以电子邮件的形式发送给调查对象填写后再通过电子邮件收回。虽然回收的是电子文档，但一般在统计分析前需要重新录入数据。

(2)通过网站发送

在合适的网站上投放问卷，请调查对象在线填写。这种方法不需要重新录入数据，很快就可以获得调查结果，所以越来越流行。但由于调查对象不是征募的，而是碰巧浏览相关网页的人自愿参与的，因此易导致目标总体定义不清。正确的做法是根据目标总体的定义抽取样本，然后向被抽中者发出邀请并提供调查问卷的链接、用户名及密码。受邀请的调查对象应当在线填写几个过滤式问题，确认合格的调查对象才能填写正式的问卷。

2. 网上焦点座谈

调查者在同一时间随机选择多位被调查者，发出邀请信，告知他们被邀请进入一个特定的网络聊天室，共同讨论对某个事件、产品或服务的看法，调查者记录受邀者的言论。由于所有成员都能围绕一个大家感兴趣的话题展开讨论，成员之间会进行观点的碰撞与交锋，因此，通过这种方法常常可以收集一些传统方式无法得到的信息。网上焦点座谈的主要缺点是很难建立起成员之间的信任。

3. 在线访谈

调查者利用网上聊天室或论坛与不相识的网友交谈、讨论问题、寻求帮助、获取有关信息。这种方法与传统的人员访问调查法相似，不同之处在于调查者与被调查者无须见面，可以消除被调查者的顾虑，从而自由地发表个人意见，适合对有关问题开展定性研究。

(二)网络访问法的优缺点及适用范围

1. 网络访问法的优点

(1)辐射范围广

只要调查者将制作的问卷投放到网络，就会在几秒钟之内辐射全球互联网，获得超乎想象的样本容量。互联网是全球性的，许多沟通屏障会在它面前消失，这是一项非常强大的功能。例如，一家公司为了找出购买特定品牌和样式的办公用品的消费者，用了半年时间，花费数千美元进行电话调查，最后只找到了几个人；而在网络上，该公司只用了几周时间，花费了很少的费用就找到了几百个这样的消费者。

(2)调查成本低

网络访问能够节省调查问卷的印刷、数据的录入与复核、交通、联络等方面的费用，而且网络访问的边际费用是递减的，所以，这种方法特别适合进行大规模调查。

(3)访问速度快

网络访问省却了印制、邮寄和数据录入的过程，问卷的发放、数据的回收速度均得以提高，且可以在几个小时内完成统计并出具报表。

(4)视听效果好

互联网的图文及超文本特征可以用来展示产品或介绍服务内容，将动画、声音及影像插入问卷中，还可以将选项的排列进行随机化设计以避免排列顺序对调查结果的影响。这些都是其他访问方式无法比拟的。

(5)互动性强

被调查者可以及时通过电子邮件或在线留言就问卷的问题提出自己的看法和建议，从而减少因问卷设计不合理而导致的调查结论的偏差。

2. 网络访问法的缺点

(1)样本对象存在局限性

网络访问仅针对网民,对于没有上网、不经常上网或不懂得上网的人而言,则被剥夺了被调查的机会,这就会造成因样本对象的阶层性或局限性而带来的调查误差。此外,所获信息的准确性和真实性难以判断。例如,调查女性对某品牌化妆品的意见,并不能排除"热心"男士参与讨论,网络访问的匿名性使得这类问题频频发生。此外,网络访问需要一定的网页制作水平,这无疑会在某种程度上增加成本。

(2)个人信息的保密性受质疑

调查对象担心个人信息被滥用,通常不愿意在问卷调查中透露个人信息,或因为问卷中涉及过多个人信息而退出调查。

(3)回应比率难以控制

通过电子邮件进行调查时,可能只有部分收件人会做出回应。

网络调研的应用领域十分广泛,主要集中在产品消费、广告效果、生活形态、社情民意、产品市场供求等方面的市场调查研究。

五、各种访问法的比较与选择

通过上述分析我们了解到,访问法包括多种具体形式,每一种具体形式都有其优点和缺点,调查者必须综合考虑调查项目的需要和调查机构的各种主客观条件,权衡利弊,选择最恰当的调查方法。表3—2围绕各种因素,对不同的访问调查方法进行了比较。

表3—2　　各种访问调查法的比较

项　目	人员访问	电话访问	邮寄访问	网络访问
数据收集速度	中	快	慢	最快
数据收集成本	高	中等偏低	最低	低
回访难度	难	易	易	较难
地域灵活性	中	高	高	很高
回收率	高	中	低	低
问卷长度	长	短	中	中
曲解题目的可能性	低	中	高	高
调查者的影响程度	高	中	无	无

通过表3—2可以看出,若需要及时搜集相关的一手资料以便企业迅速做出决策,可采用电话访问法或网络调查法;若调查时需要灵活改变题目并对答题质量有较高的要求,可采用入户访问或街头拦截访问的人员访问法;若希望调查地域范围更广泛,则可采用邮寄调查或网络调查等。上述方法也可以综合使用,以一种方法为主,并辅以其他调查方法,扬长避短,以取得更好的效果。

【案例3－2】

楚汉酒店的经营之道

楚汉酒店坐落于南方某个省会城市的繁华地段，是一家投资几千万元的新建大酒店，开业初期生意很不景气。酒店经理为找到症结所在，分别从大中型企业、大专院校、机关团体、街道居民中邀请代表参加座谈会，并亲自走访了部分居民，还在旅游景点拦截了一些外地游客进行调查。结果发现，该酒店没有停车场，顾客来往很不方便；该市居民及外地游客对这家酒店的知晓率很低，更谈不上满意度；该酒店与其他酒店相比，其经营特色大部分居民并不清楚。为此，酒店做出了兴建停车场，在电视上做广告，开展公益及社区赞助活动，并突出经营特色，开展多样化服务等决策。决策实施后，酒店生意日渐红火。

楚汉酒店通过人员访问法中的入户访问以及街头拦截访问等方式，使得被调查者集中反映情况和问题，并能够相互补充，用较少的时间了解事情的来龙去脉，及时验证和纠正了经营中的不足，是较为高效的一次市场调查。

（资料来源：姚小远．市场调查原理、方法与应用[M]．上海：华东理工大学出版社，2015.）

第三节　实验调查法

一、实验法的含义

实验法是将自然科学中的实验求证理论移植到市场调查中，在给定的条件下，对市场经济活动的某些内容及其变化加以实验验证，从而获得市场资料。要了解和运用实验法为市场行为服务，就必须了解实验法的概念和特点、基本要素、应用及其步骤。

（一）实验法的基本概念和特点

实验法是指在市场调查中，调查者通过改变某些因素（自变量）来测试对其他因素（因变量）的影响，通过实验对比分析，搜集市场信息资料的一种调查方法。实验调查属于因果关系研究的范畴。例如，产品的品质、价格（自变量）等改变后，企业产品销售量（因变量）有何种变化；企业投放的广告是否改变了目标消费者的态度和购买行为；等等。

与其他市场调查方法相比，实验法最大的特点是将调查对象置于非自然状态下开展市场调查，可提高调查的精度。实验调查法能够在市场现象的发展变化过程中直接掌握大量第一手资料，能够揭示或确立市场现象之间的相关关系，实验调查的结论具有较高的准确性和较大的说服力。与此同时，实验调查法对调查者的要求比较高，花费的时间也比较长。

（二）实验法的基本要素

1. 实验者

实验者是市场实验活动的第一要素，是有目的、有计划的市场实验的主体。

实验者可以是专业的调查机构及其成员，也可以是为了解决自身营销或其他商业问题的企业。

2. 实验对象

实验对象是实验调查者所要调查的客体，他们往往被分成实验组和对照组两类。实验对象既可以是人、组织或其他实体，也可以是物品或者某种市场交易现象。例如，在三家不同的商场进行实验,评估某产品不同的价格水平对销售量的影响,则这三家商场就是实验对象。

3. 实验环境

实验环境是指实验活动得以开展必须具备的市场环境和场所。实验环境分为两类,即实验室环境和现场环境。市场实验活动大部分在现场环境中开展,但对有些需要精确检测消费者意愿的实验,实验室环境经常被使用。

4. 实验活动

实验活动即改变实验对象所处市场环境的各种实验活动。

5. 实验检测

实验检测即在实验过程中依据实验设计对实验对象的检验和测定。

(三)实验法的应用及其步骤

1. 实验法的应用

实验法主要用于对变量之间因果关系假设的检验,或者说自变量对因变量影响的检验。例如,广告效果的测试,促销手段效果的测试,品牌对消费者选择产品时的影响,颜色、名称对消费者味觉的影响,产品的价格、包装、陈列位置等因素对销售量的影响等。

2. 实验法的步骤

(1)根据实验目的,提出研究假设

这是实验法的第一步,要求在实施实验法前,根据调查的目的,先对所要调查的市场现象进行初步的理论分析或做探索性的市场调查,提出可能与所调查的市场现象相关的因素,并在此基础上建立实验假设,为市场实验提供明确的方向和指导。例如,市场调查的目的是找出影响市场销售量下降的因素,通过分析问题背景、向专家咨询等,初步判断可能是产品包装和价格影响了产品的市场销售量。

(2)进行实验设计,确定实验方案

这一步所要做的事情包括两个部分:一是设定和处理实验所涉及的变量,包括按照实验假设所要求检测的实验因素(自变量)及其所涉及的市场现象(因变量);二是确定在方案实施中所涉及的各项内容,包括实验环境的背景要求、实验的鉴定方法、实验中的意外事情处理方法,以及排除外来影响因素的方案等。

(3)选择实验对象

根据调查目的的特点及实验方法的选择,确定实验对象。实验对象应该具有较强的代表性,一般在考虑成本的前提下,采用随机方法从全体调查对象中选择。

(4)进行实验

严格按照实验设计规定的程序开展实验,并对结果进行认真观察和记录,必要时可以进行反复实验和研究,以获得较为真实、准确的实验数据资料。

(5)整理分析记录,撰写调查报告

完成实验后,应尽快对实验记录及有关资料进行整理、分析,并在此基础上撰写调查报告,从而得到科学、系统的实验研究成果,以揭示市场现象的规律。

【案例 3－3】

对食品厂开展的调查工作

某食品厂为了解面包的配方改变后消费者的反应，选择了 A、B、C 三家商店作为实验组，再选择与之条件相似的 D、E、F 三家商店作为对照组进行观察。观察一周后，发现两组的销售量相同，都是 2 000 袋。第二周将新配方用于实验组，观察一周后发现，A、B、C 三家商店的销售量是 3 000 袋，而 D、E、F 三家商店的销售量为 2 400 袋。两周内原配方面包销售量共增加了 400 袋，新配方面包销售量共增加了 1 000 袋，改变配方后，销售量增加了 600 袋，这说明新配方对企业有利。

这种实验的最大困难是实验组和对照组的实验对象、实验环境的选择很难完全匹配或基本相似，所以，要准确评价实验效果，还必须采用其他调查方法做更深入、细致的研究。

（资料来源：https://wenku.baidu.com/view/63f4d25c773231126edb6f1aff00bed5b9f373df.html? from＝search）

二、实验法的分类

根据实验场所的不同，实验法可以分为两类：实验室实验和现场实验。

（一）实验室实验

实验室实验是指在人工环境中，向实验对象施加某些刺激，然后观察所产生的效果。这一方法最重要的特征是调查者能够控制自变量和因变量，通过这种控制可以消除许多外来因素的影响，这使得实验室实验具有较高的内部效度。由于实验室实验的样本通常比较小，持续时间也较短，因此，其成本通常比现场实验低。例如，进行不同广告版本的测试时，可以将实验对象分成几组，给每一组播放一个不同的广告版本，然后请实验对象回忆广告的内容并做出评价，最后比较不同组的结果，选出最佳的版本。

与现场实验相比，实验室实验既省钱又省时。但是，实验室实验最大的缺点是用实验结果推断实际情况的时候所产生的误差可能很大，因为实验室实验最大限度地消除了外生变量对实验结果的影响，这就使得实验环境与现实环境可能存在较大差异。在上述例子中，由于实验对象是在特定场所集中收看广告，每组除了观看的广告版本不同外，其余环境条件都一样，因此可以将各组之间广告回忆与评价的差别归因于不同广告版本的作用，实验的内部效度好。但是，这与人们实际生活中收看广告的情景是不同的，因为人们在实际生活中不可能那么专注地去看广告。

（二）现场实验

现场实验就是在现实环境中进行的实验，其最大的特点是调查者必须在自然环境中进行实验，实验环境与现实情况非常接近。例如，在几家商场里以不同的包装销售同一种产品，以决定采用能够带来最大销量的包装。但是，现场实验缺乏对自变量和外生变量的控制，像天气、竞争对手的活动等就无法由实验者控制。由于这种方法的调查结论易于推广、预测效力较高，因此在市场研究中经常被用于新产品大范围推出前的最后验证。

三、实验法的设计

实验设计是指对实验内容和步骤进行策划，阐明如何控制实验对象、如何开展实验活动、如何进行实验测量等问题。实验设计是实验调查法各个步骤的中心环节，是实验调查能否取得成功的关键。按照是否采用随机化程序、是否有控制组和测量时点，实验设计可以分为预实验设计、真实验设计和准实验设计。

在市场调查中，通常会定义实验设计普遍使用的符号：

EG 表示接受实验处理的实验组，可以用 EG_1、EG_2 等符号表示不同的实验组。

CG 表示参与实验但不接受实验处理的控制组，也可以称为对照组，可以用 CG_1、CG_2 等符号表示不同的控制组。

X 表示改变自变量，当实验中包含两次或多次实验处理时，可以用 X_1、X_2 等符号表示。X_1、X_2 等在垂直方向上对齐，表示两个或多个不同的实验处理在相同的时间进行。

O 表示实验中因变量的测量，当实验中包含两次或多次实验测量时，可以用 O_1、O_2 等符号表示。O_1、O_2 在垂直方向上对齐，表示在相同的时间对不同组别的因变量进行测量。

R 表示随机化设计，即将实验对象随机分配到各组。随机化能够对某些外生变量进行控制，以增强实验的内部效度。

（一）预实验设计

预实验设计在实验操作中没有采用随机化步骤对自变量以外的其他外部因素进行控制。预实验设计的操作结果对因果关系推断具有启发性，可以构成进一步研究的基础。

1. 无控制组后期设计

只选择若干实验对象作为实验组，对自变量进行处理后才测量其对因变量的影响。用符号表示如下：

$$EG \quad X \quad O$$

该实验设计的缺陷是既没有控制组，也没有前期测量，所以后期测量的结果无法与控制组的测量结果进行比较，也无法与前期测量结果进行比较；实验的内部效度不高，因变量的作用结果是否为实验处理 X 的作用值得怀疑。例如，某服装企业认为其服装价位偏高，销售不理想，遂在原价基础上调低 10%。服装降价后，销售额比上年同期增长 20%，该企业领导认为，如果不采取降价措施，企业绝不会取得如此理想的销售效果，于是决定实施降价策略。实际上，由于没有对降价前的销售额进行测量，因此无法将降价前后的销售额进行对比；此外，引起销售额增长的潜在因素很多，除了企业可以控制的产品价格、渠道和促销外，可能还包括消费者自身的因素、季节因素和其他宏观环境变化的因素等。

2. 无控制组前后设计

只选择若干实验对象作为实验组，通过实验前后实验对象变化结果的对比得出实验结论。用符号表示如下：

$$EG \quad O_1 \quad X \quad O_2$$

这种实验设计是市场研究中比较常见的、简便的实验方法。例如，企业在进行重大的战略和策略调整时，可以选择局部市场，实现对反映营销绩效的变量，如市场份额、销售额进行测量，然后实施战略和策略的改变，经过一个时间周期后再对因变量进行测量，通过事前与事后的对比，了解实验处理的效果。

该实验设计比无控制组后期设计有进步，但依旧无法消除实验前后外来因素的影响，所以实验效度不高。

3. 有控制组后期设计

将实验对象分为实验组和控制组两组。实验中只对实验组进行实验处理，而对控制组不做实验处理，经过一段时间后再对两个组展开测量。用符号表示如下：

$$\begin{array}{lll} EG & X & O_1 \\ CG & & O_2 \end{array}$$

实验处理的效果可以用 O_2-O_1 表示。例如，某食品公司欲测定改进巧克力包装的市场效果：选定 A、B、C 三家超市作为实验组，经销新包装巧克力；选定 D、E、F 三家超市作为控制组，经销旧包装巧克力。实验期为 1 个月。试验结果：实验组三家超市的销量为 2 000 盒，控制组三家超市的销量为 1 600 盒。由此得出结论，新包装巧克力比旧包装巧克力的销售效果好。与无控制组后期设计相比，有控制组后期设计的一个突出优点是可以通过与控制组的对比，凸显实验处理的效果。但是，O_2-O_1 的差值可能受外生变量的影响。此外，实验组与控制组的实验对象没有随机化分配到组里，实验组和控制组在实验前就可能存在差别，这自然也会影响实验效果。

（二）真实验设计

真实验设计利用随机化和设立控制组，控制外生变量的干扰。真实验设计有两个特征：一是设立一个或多个控制组；二是实验对象随机分配到实验组和控制组，以保证实验前实验组和控制组一致。常用的真实验设计有以下三种：

1. 有控制组的前后随机化设计

实验对象被随机分配到实验组和控制组，每组在实验前后各进行一次测量。用符号表示如下：

$$\begin{array}{llll} EG(R) & O_1 & X & O_2 \\ CG(R) & O_3 & & O_4 \end{array}$$

这种实验设计的实验效果可以用$(O_2-O_1)-(O_4-O_3)$表示。由于实验对象随机分配到实验组和控制组，因此，这两个组在理论上被认为是一样的。(O_2-O_1)反映了实验处理 X 的影响，同时受其他外来因素的影响。(O_4-O_3)反映了 X 以外其他外来因素的影响。$(O_2-O_1)-(O_4-O_3)$既反映了实验处理对因变量的影响，又控制了其他外来因素的干扰。依然以前面某食品公司通过实验了解新旧包装对巧克力销量的影响为例，按照随机原则将六家超市分成实验组和控制组。换新包装前，分别对两组超市的巧克力销量进行测量，实验组和控制组的旧包装巧克力月销售量分别为 1 400 盒和 1 500 盒，使用新包装后，巧克力月销售量分别为 2 000 盒和 1 600 盒。那么，改用新包装的效果是 500 盒[(2 000－1 400)－(1 600－1 500)]。

有控制前后随机化设计可以较好地排除外生变量的干扰。随机化设计还可以控制实验组和控制组本身存在差异对实验结果产生的影响。但这种方法的应用条件比较复杂，它必须对实验组和控制组分别做出实验前后的测量才能计算实验效果。此外，还容易产生前测效应，即由于前一次测量使实验组中的实验对象对自变量的变化更加敏感而产生误差。

2. 有控制组的后期随机化设计

将实验对象随机分配到实验组和控制组，只在试验后同时对实验组和控制组进行测量。用符号表示如下：

$$\begin{array}{lll} EG(R) & X & O_1 \\ CG(R) & & O_2 \end{array}$$

实验效果可以用 O_2-O_1 表示。与有控制组的前后随机化设计相比，这种实验设计操作相对简单，所以是一种常用的设计类型。

【案例 3－4】

"城门失火"会"殃及池鱼"吗？

现在很多企业喜欢用明星做广告，可是明星常常爆出丑闻。明星的丑闻对所代言的广告会有负面影响吗？为了回答这个问题，研究者进行了一项实验，请 60 名大学生参与实验。

这 60 名大学生被随机分成两组，每个人拿到一本小册子，小册子的第一页是一位虚构歌星的照片和简短介绍："××是一位国内著名的流行歌手，他于 1980 年出生在北京，20 岁开始演艺生涯，已发行了 5 张个人专辑，曾两次获得'中国年度最佳流行歌曲奖'，专辑中的有些歌曲是他自己写的。"两组唯一的不同是，组 1 的小册子中还介绍了一些这位明星的负面信息："××歌星经常因酒后驾车和斗殴被拘留。最近，他被指控偷税漏税约 100 万元。"然后，请每位参与者给这位明星的人品、所代言的广告和品牌打分，并给出购买其代言产品的意向。结果表明，有丑闻的明星所做的广告的效果会大打折扣。

由此可见，有控制组的后期随机化设计会因为控制内容而影响调查结果。

（资料来源：http://www.docin.com/p－543184435.html）

3. 所罗门四组六设计

这实际上是将前面两种设计组合起来的实验设计，共设立四个组，两个实验组，两个控制组，进行六次测量，两次实验前测量，两次实验后测量。用符号表示如下：

$$
\begin{array}{llll}
EG(R) & O_1 & X & O_2 \\
CG(R) & O_3 & & O_4 \\
EG(R) & & X & O_5 \\
CG(R) & & & O_6
\end{array}
$$

所罗门四组六设计需要花费较高的实验成本，但是可以有力地控制外生变量的影响。该设计提供了对实验处理效果的多种测量，分别是：$(O_2-O_1)-(O_4-O_3)$、(O_5-O_6)和(O_2-O_4)。如果在这些测量中存在一致性，那么，对实验处理影响所做出的推断就更加有力。

（三）准实验设计

真实验设计要求能够对受试对象进行随机分组，并有效地控制处理和测量过程，这在实际工作中常常很难做到，所以经常需要采取变通的准实验方法。

准实验设计在控制测量时间和对象的条件下进行，但缺乏对处理进程安排的控制，也无法随机分组。准实验设计简单易行，但缺乏完全的实验控制，影响了效度。常用的准实验设计包括时间序列设计和多重时间序列设计。

1. 时间序列设计

时间序列设计涉及对一组测试单位的因变量的一系列周期性测量，以确定实验处理的影响。用符号表示如下：

$$EG: O_1\ O_2\ O_3\ O_4\ O_5 \quad X \quad O_6\ O_7\ O_8\ O_9\ O_{10}$$

市场研究中常用的时间序列数据来自消费者固定样本组。可以对一组消费者进行持续追踪测量并在适当的时候引入促销活动，通过比较促销前后购买行为的变化来评估促销的效果。

在这种情况下，实验设计者可以控制开展促销活动的时间和进程，但是无法控制消费者何时或者是否能接触到促销刺激，也无法随机选择实验对象。

2. 多重时间序列设计

与时间序列设计相似，多重时间序列设计只是增加了一个控制组。用符号表示如下：

$$EG: O_1\ O_2\ O_3\ O_4\ O_5 \quad X \quad O_6\ O_7\ O_8\ O_9\ O_{10}$$

$$CG: O_1\ O_2\ O_3\ O_4\ O_5 \quad X \quad O_6\ O_7\ O_8\ O_9\ O_{10}$$

增加了一组对照组，使得对处理 X 的作用的估算更加可靠。例如，为了评价广告效果，可以选择两个市场潜力和竞争强度相似的城市，在其中一个城市投放广告，另一个城市作为对照，然后比较两个城市在广告投放前后的销售量，估计广告的短期和长期效果。

四、实验法的优缺点

实验法的优缺点如表 3—3 所示。

表 3—3　　实验法的优缺点

实验法的优点	实验法的缺点
调查结果具有一定的客观性，可信度高	市场中可变因素难以掌握，使得实验结果不易相互比较
具有一定的可控性	有一定的限制性，如经销商不愿意全面配合
可提高调查的精确度	保密性差，可能暴露新产品或营销计划的某些关键部分
应用范围广	费用和时间方面的成本高

第四节　观察调查法

人们在日常生活中，无时无刻不通过观察获取信息。在市场调查活动中，观察法也是如此。观察法不需要通过问卷向被调查者收集信息，只需要依靠调查者的眼睛、耳朵或者借助一定的工具、设备去记录和考察市场活动，以获取必要的、有用的信息。

一、观察法的含义

要了解并运用观察法实现市场调查的目的，应了解观察法的概念、特征及其使用条件。

(一)观察法的概念

观察法是指调查者到现场凭借自己的视觉、听觉或借助摄录像器材，直接或间接观察和记录正在发生的市场行为或状况，以获取有关原始信息的一种实地调查法。

(二)观察法的特征

1. 具有明确的目的性指向

观察法有别于日常观察，是根据明确的调查目的和现实需要，有计划地收集市场营销方面的数据资料，从而为科学地研究市场行为服务。

2. 系统、全面且严谨

观察者需要根据市场调查的目的制订详细的计划，设计细致可行的观察方案并予以实施。市场调查者在观察过程中严格执行操作程序，避免或尽可能减少观察误差，以提高观察所得数据资料的可靠性。

3. 借助观察工具收集市场信息

一类主要是指照相机、摄像机、望远镜和显微镜等科学观察工具，以提升观察的深度和广度；另一类主要是指借助观察表格、记录清单等辅助手段，帮助调查者更精确或更有效地采集、筛选、保存所需的数据资料。

4. 观察结果具有客观性

观察者是观察正在发生的市场现象，不带有人为痕迹，与实验条件下的结果不同，更能反映市场动态。

（三）观察法的使用条件

开展市场调查要顺利地或成功地使用观察法收集数据资料、研究市场现象及其规律，就必须具备以下三个条件：

第一，所需要的数据资料必须是能被观察到的，或者能从观察到的行为中推测出来，如消费者的购物动作、消费者与售货员的对话、消费者的面部表情或者语调等。

第二，所需观察的行为必须是重复性的、频繁的或者在某些方面是可预测的。如果仅仅观察到某个个体的偶然行为或者个别的怪异行为，试图以此推导出规律性的研究结果，就不仅成本过高，而且没有实际意义。

第三，所观察的行为必须是相对短期的，宜“速战速决”，避免费用过大，如针对皮鞋商店中的皮鞋购买选择或饭店的餐饮服务进程的观察。

【案例 3－5】

观察的效力

《美国文摘》曾经报道，恩维罗塞尔（Enverrossel）市场调查公司有个叫帕科·昂得希尔（Paco Underhill）的人，是著名的商业密探。在进行调查时，他一般会坐在商店的对面，静静地观察来来往往的行人，与此同时，他的同事正在商店里进行着调查工作，他们负责跟踪在商品架前徘徊的顾客，主要调查目的是找出商店生意好坏的原因，了解顾客走出商店后如何行动，以及为什么许多顾客在对商品进行长时间挑选后还是失望地离开。通过他们的详细工作，许多商店在日常经营过程中做出了实际的改进。

有一家音像商店地处学校附近，大量青少年经常光顾。恩维罗塞尔市场调查公司经过调查发现，这家商店把磁带放置过高，身材矮小的孩子往往拿不到，从而影响了销售。帕科·昂得希尔指出，应把商品降低放置，结果使该商店的销售量大大增加。

另一家叫伍尔沃思（Woolworth）的公司发现商店后半部分的销售额远远低于其他部分，帕科·昂得希尔通过观察揭开了这个谜：在销售高峰期，现金收款机前顾客排着长长的队伍，一直延伸到商店的另一端，妨碍了顾客从商店的前面走到后面。针对这一情况，商店专门安排了结账区，结果使商店后半部分的销售额迅速增长。

通过案例可以看出，行之有效的市场观察活动可以针对性地解决企业面临的实际困难和问题，有利于企业调整产品策略、促销策略等营销组合策略。

（资料来源：https://wenku.baidu.com/view/5099715a3b3567ec102d8adf.html）

二、观察法的分类

依据不同的角度，观察法可以分为不同的种类。

（一）按照观察环境划分

1. 自然观察

自然观察是指不对观察环境进行任何设计，在完全自然的环境下进行观察调查。观察环境越自然，观察结果就越真实。例如，某购物商场想了解顾客的基本特征，包括性别、年龄、是独自还是结伴而来等，这时，观察者就可以在自然环境下进行观察调查。这里，没有任何人为因素鼓励或禁止顾客进出商场，前来购物的顾客也不会感觉到任何异常。

2. 受控观察

很多市场研究很难在自然环境下进行观察，而必须有意识地改变环境，使之形成观察所需要的特定条件。例如，某商店的管理者想了解店员的服务态度和业务水平，虽然也可以在自然环境下观察店员接待顾客的整个过程，但由于绝大多数顾客是匆匆忙忙买完东西就走，很难辨别不同店员在服务态度和业务水平上的具体差异，因此，管理者可以安排几个有经验的调查者假扮普通顾客，在购物过程中故意制造一些麻烦，以观察店员的反应。

（二）按照观察行为划分

1. 隐蔽观察

隐蔽观察是在观察对象不知道自己正被观察的情况下进行的观察活动。例如，在焦点小组座谈中，产品经理可以从单向镜后观察人们对不同包装设计的反应。隐蔽观察的优势在于能够对行为进行度量而不会对行为本身产生影响，所获取的调查结果更加客观、真实、可信。

2. 公开观察

公开观察是指观察对象知道自己正处于被观察的状态的观察活动。公开观察容易造成“实验反应”，引起不安、反感甚至反常，使获取的信息资料失真。这就需要观察者做好必要的解释说明工作，辅之以一定的技巧，尽量减少“实验反应”。

（三）按照观察方式划分

1. 人员观察

人员观察是指主要凭借观察者的主观感觉进行的观察调查。但是由于受人们生理上的限制，观察者会因疲劳观察而影响观察结果的准确性；此外，有时候观察者根本无法获取研究人员所需要的资料，即使能够得到，资料的精确性和成本也往往不能满足要求。

2. 机器观察

机器观察是指采用专门的机械设备进行的观察活动。随着科学技术的发展，各种先进的机器、仪表等设备逐渐被运用到市场调查中。观察者可以借助摄像机、收视计数器、交通流量计数器、检测器、闭路电视、计算机设备来观察或者记录观察对象的行为，以提高调查的准确性。例如，交通流量计数器比人员观察所得的数据更准确，成本也更低；零售商店使用的电子扫描仪提供的有关产品的流通数据比人员观察所提供的数据更准确、更及时。随着科学技术的发展，越来越多的人员观察将会被机器观察所代替。

（四）按照观察时机划分

1. 直接观察

直接观察是指对正在发生的市场行为或状况进行的观察。直接观察是一种比较直观的观察技术，市场研究中的绝大多数观察是通过直接观察来收集数据资料的。

2. 间接观察

间接观察是指对已经发生的市场行为和状况进行观察和记录，即通过对现场遗留下来的实物或痕迹进行观察来了解或推断过去的市场行为。最常见的间接观察法有食品橱柜观察法、垃圾清点观察法等。

食品橱柜观察法是指观察顾客的食品橱柜，记录食品的品牌、数量、品种，获取家庭食品购买与消费资料。

垃圾清点观察法是指通过对家庭垃圾的观察与记录，收集家庭消费资料的调查方法。例如，通过观察垃圾桶中啤酒瓶的数量，可以估计该城市的啤酒消耗量。这种调查方法的特点是调查者不直接对住户进行调查，而是通过察看住户所处理的垃圾对家庭食品消费进行调查。

三、常用的观察法

在市场研究活动中，观察法发挥着至关重要的作用，有时甚至是其他方法无法替代的。常用的观察法有以下几种：

（一）神秘顾客法

神秘顾客法是由经过严格培训的调查者在规定的时间内扮演顾客，对事先设计的一系列问题逐一进行评估或评定的一种调查方式。神秘顾客的调查目的是对购物环境、雇员的服务态度和服务质量等因素进行评价。为了使调查数据更真实，神秘顾客一般采取隐蔽观察。在收集数据时，观察者会以顾客的身份与雇员交流，但这种交流不是访谈，而只是为了观察雇员的行为。神秘顾客法主要有以下三种形式：

1. 业务办理

实际办理业务，详细观察并感受接受服务的整个过程。例如，零售企业中的神秘顾客以普通顾客的身份到有关商店购物，对购物环境、商店陈设、店铺形象、雇员的业务水平和服务态度做出评价；铁路、航运和汽车运输公司等服务型企业中的神秘顾客以普通旅客的身份到相关服务地点考察服务环境、服务质量和服务水平并做出评价；等等。

2. 现场咨询

到企业的营业场所咨询问题，并不发生真正的购买行为。神秘顾客可以考察现场销售人员的产品知识，如产品技术参数、基本性能，以及销售人员是否能够阐明产品性能对消费者使用的利益点、产品的主要卖点和与竞争对手的产品相比的主要优劣势等。

3. 打神秘电话

通过与客户进行电话交流，观察、评估所接受服务的水平。

（二）顾客观察法

与神秘顾客法不同，顾客观察法的观察对象是普通顾客，是指调查者在各种商场秘密观察、跟踪和记录顾客的行踪及举动，以总结企业经营所需要的信息。顾客观察法也属于隐蔽观察法，主要适用于超市、购物中心等购物场所。顾客观察法的观察项目包括：顾客的行走方向、路线；顾客关注的产品；顾客购买的产品；顾客在商场停留的时间；等等。例如，零售商希望商店中的产品尽可能多地暴露在顾客面前，以促使顾客产生购物冲动，购买更多的产品。通过对一些有代表性的顾客的行走方向、路线的观察，商店经理可以决定不同产品的最佳陈设地点，从而使顾客在购买必需品的同时产生更多购物冲动。

（三）顾客行为机器观察法

顾客行为机器观察法是指在特定场所放置机器，对顾客的行为进行观察以获取信息的一种方法。常用的机器有以下三种：

1. 计数器

顾客行为机器观察法所用的计数器包括收视计数器、流量计数器和交通计数器等。

（1）收视计数器

利用收视计数器进行的电视收视率调查是深入分析电视收视市场的科学基础，也是制定评估媒介计划、提高广告投放效益的有力工具。AC 尼尔森曾采用尼尔森电视指数系统评估全国的电视收视情况。尼尔森电视指数系统代替了传统的日记调查方法，抽样挑出 2 000 户有代表性的家庭为调查对象，并为这 2 000 户家庭各安装一个收视计数器。当被调查者打开电视时，计数器会自动提醒收视者输入收视时间、收视人数、收看频道和节目等数据，所输入的数据通过电话线传到电脑中心，由 AC 尼尔森的调查者对电脑记录的数据进行整理和分析。

（2）流量计数器

几乎所有网站都设置了流量计数器，以记录网页的访问量。流量的多少意味着访问网站的顾客的多少。通过对流量的分析，不仅可以掌握真正消费者的数量，而且可以了解市场趋势。例如，对某类或某种产品信息的访问流量分析可以反映访问者，也就是潜在消费者的需求和兴趣；对同行业访问流量的分析可以了解本企业在市场中的地位和所占比例；对主页访问流量和各主题访问流量分布规律的分析可以了解企业网络营销的效果；等等。

（3）交通计数器

交通计数器用来测量特定路段的车流量。户外广告商根据交通计数器可以确定每天经过特定广告牌的人数。零售商使用这些信息来决定在哪里开设商店比较合理，因为零售商店需要一定的顾客流量以实现预期的利润水平。

2. 阅读器

阅读器看起来像一盏台灯，被观察对象坐在阅读器前不会意识到自己的行为已经被记录下来。作为一种全自动装置，使用阅读器进行观察，被观察对象可以阅读任何杂志和报纸。阅读器特别设计的隐藏式照相机能够记录被观察对象的阅读习惯和广告使用效果等方面的信息。发明阅读器的公司通过研究发现，近 40％的读者不是从杂志的后面开始阅读就是从感兴趣的文章和广告开始阅读，不到一半的读者是从杂志的第一页开始阅读；能比单页广告产生多 15％的第一注意力的双页广告很少；一般杂志中，大约 35％的广告收到了不超过 2 秒钟的自动注意；等等。

3. 条码扫描仪

利用条码扫描仪对产品条形码做记录是一种普遍应用的市场调查法。例如，商店经营者可以根据条码扫描仪的记录对该商店的促销活动进行调查，以了解消费者对降价活动的反应以及降价活动对商店利润的影响。

(四)生理测量法

生理测量法是指通过机器来测量人体的反应。当一个人受到刺激而感到紧张或者产生警觉时,身体就会出现反应,生理测量就是在此基础上产生的。常用的生理测量机器如下:

1. 脑电图仪

脑电图仪可以测量大脑中电位节奏的波动。通过脑电图,调查者可以测试被调查者在某一刺激下的真实反应。美国资本集团公司开始使用脑电图仪测量人们对广告的反应。当人们对电视广告、商业广告、网页广告和横幅广告等媒体做出反应时,美国资本集团公司使用耳机以每秒 5 次的频率读取来自受测者脑中的电信号。因视觉刺激而产生的这些脑电波被转化成滚动图,这样使研究人员清楚地知道哪一部分刺激了受测者,哪一部分没有。

2. 测瞳仪

测瞳仪可以通过测量瞳孔的变化来了解受测者的真实反应。测瞳仪经常被用于对广告效果的测量。

3. 声音高低分析器

声音高低分析器通过检查人们声音振动频率的变化来衡量人们的感情。在声音分析中,首先,调查者与被调查者进行普通对话,声音高低分析器以这段对话为基础可以画出被调查者声音的常态线。然后,调查者与被调查者进行访谈,声音高低分析器再次记录被调查者声音的强度。最后,通过对比两次谈话声音的高低、强度的变化就可以了解被调查者对刺激(调查内容)的反应。

四、观察法的适用范围及其局限性

(一)观察法的优点与适用范围

1. 观察法的优点

(1)直观性

观察法所观察的是处于自然状态下的市场现象,较好地保证了观察结果的客观性。观察人们实际在干什么而不是依赖他们所说的,这种思想非常有意义,也是观察法最明显的优点。

(2)客观性

观察法不受被观察者回答意愿和回答能力的影响,能够保持被观察者正常的活动,不打断或影响被观察者的自觉行为,使观察者所获得的信息比较真实、自然。

(3)准确性

通过观察可以避免许多因为市场调查者的介入而导致的误差因素。由于观察者(调查者)一般不正面接触被观察者,因此,其所获得的数据资料更为准确。

除此之外,观察法还具有适应性强、操作方便、相对灵活等优点。

2. 观察法的适用范围

由上述优点可以看出,观察法适用于以下几个方面的市场调查:

第一,观察法是收集非语言行为的最有效方法。在面对观察对象不能表达、表达不准确或表达意愿不强烈的状况时,观察法能够体现突出的作用。

第二,观察法适用于需要了解被观察者当前行为选择的调查,对被观察者突出的行为特征的记录尤其有效。

第三，观察法适用于区分偶然现象和普遍现象，以对被观察者进行深度分析的调查。通过观察，能够了解事情的来龙去脉和环境氛围，能够观察事情的发展趋势。

(二)观察法的缺点与局限性

观察法也有诸多缺点，这导致运用该方法时受到一定的限制，主要表现如下：

1. 表面性强

观察法一般只能观察市场行为的表面现象而无法深入探索形成这种行为的原因，尤其是无从知晓观察对象的态度。观察法只能运用于公开的行为，对于人们私下的行为无法实施观察，而这恰恰可能是人们行为的真正依据。

2. 得到的样本数量有限

运用观察法所得到的样本数是有限的(这是问卷法的优势)。依靠观察所得到的数据资料往往难以推论总体，而要增加观察样本数则会大大提升观察成本。所以，观察法面临运行成本和总体可靠性的两难困境。

3. 对观察者的依赖程度大

对于同样的市场交易行为或物体、环境的布置和设计等，不同观察者的理解会有很大的不同，换句话说，观察法实践的成效通常取决于观察者个人能力的强弱。所以，对观察者的培养和训练十分重要，没有成熟的、富有经验的观察者，在使用观察法了解市场现象时，其客观性方面会受到限制。

复习自测

一、单项选择题

1. 经过他人收集、记录、整理所积累的各种数据和资料是(　　)。

A. 原始数据　　B. 二手数据　　C. 内部数据　　D. 外部数据

2. 某机构为研究各种品牌电冰箱受消费者欢迎的程度及其原因，直接向消费者进行调查，通过这种方式所取得的资料是(　　)。

A. 原始数据　　B. 二手数据　　C. 内部数据　　D. 外部数据

3. 在访问法中，获得信息量最大的方法是(　　)。

A. 入户访问　　B. 邮寄调查　　C. 电话调查　　D. 网络调查

4. 电话调查的特点是(　　)。

A. 时效快、费用低　　B. 可用于调查较敏感的问题

C. 不需要设计调查问卷　　D. 调查的资料较为准确

5. 人员访问调查的主要优点是(　　)。

A. 回答率较高、调查结果较为准确、调查者容易控制

B. 回答率较高、调查结果较为准确、可使用较复杂的问卷

C. 调查成本较低、可使用较复杂的问卷、调查者容易控制

D. 调查成本较低、调查结果较准确、可消除受访者的心理压力

6. 观察法是调查者到现场利用(　　)收集被调查者行为表现及有关市场信息的方法。

A. 感官　　B. 仪器　　C. 录像机　　D. 感官或仪器

7. 下面各种市场调查法中,不属于观察法的是(　　)。

A. 参加产品博览会　　B. 商场安装摄像机以记录顾客的购物行为

C. 参加展销会　　D. 询问商场营业员产品的销售情况

8. 实验法通过实验对比,可以比较清楚地分析事物的(　　)。

A. 变化规律　　B. 变化原因　　C. 变化结果　　D. 因果关系

9. 对于特定地段、特定时间内的交通流量进行调查,适合采用的调查方法是(　　)。

A. 收集二手数据　　B. 观察法　　C. 实验法　　D. 访问法

10. 麦当劳总部聘用一些人员作为“神秘顾客”到麦当劳餐厅现场了解服务人员的服务水平、餐厅环境等,这属于(　　)。

A. 观察法　　B. 访问法　　C. 实验法　　D. 深度访谈

二、多项选择题

1. 获取二手数据的基本方法有(　　)。

A. 查找　　B. 索取　　C. 购买　　D. 接收

2. 网络访问的局限性有(　　)。

A. 调查结果的可信度不佳　　B. 问卷设计受到限制

C. 调查对象的身份验证存在问题　　D. 调查成本高

3. 实验调查法是一种(　　)。

A. 直接调查方法　　B. 间接调查方法

C. 比较复杂的调查方法　　D. 比较简单的调查方法

4. 预实验设计包括(　　)。

A. 无控制组后期设计　　B. 无控制组前后设计

C. 时间序列设计　　D. 有控制组后期设计

5. 下列各项中,属于神秘顾客法的有(　　)。

A. 以普通顾客身份到有关商店购物,对购物环境、商店陈设、店铺形象、雇员的业务水平和服务态度做出评价

B. 到企业的营业场所咨询问题,考察现场销售人员的产品知识

C. 在各种商场秘密观察、跟踪和记录顾客的行踪和举动,以总结企业经营所需要的信息

D. 给客户打电话并根据电话交流,观察、评估被调查者的服务水平

三、简答题

1. 简述原始数据与二手数据的区别,以及各自的优缺点。

2. 访问调查法有哪几种具体形式?试从时间、费用、回收率和覆盖范围等方面对这几种访问方法进行比较。

3. 在市场研究中,为什么准实验设计比真实验设计更受研究人员欢迎?

4. 观察法的使用需要满足哪些条件?有哪些常用的观察手段?

四、判断题

1. 二手资料调查需要投入大量人力、物力和财力，需要较长时间才可能得出调查结论。（ ）

2. 市场调查者在开始调查时，总是先收集原始资料，再决定是否收集二手资料。（ ）

3. 在调查的时效性要求不高、调查对象的地址比较清楚、调查经费比较紧缺而调查内容又比较多和敏感的情况下，采用邮寄访问比较合适。（ ）

4. 计算机辅助电话访问由调查者将数据录入计算机，节约了调查完成后对数据进行整理的时间，也避免了部分录入误差。（ ）

5. 用符号表示实验设计时，O_1、O_2 在垂直方向上对齐表示两个不同的实验处理在相同的时点进行。（ ）

6. 预实验设计能够对威胁实验内部和外部有效性的因素进行有效控制。（ ）

7. 神秘顾客一般采取隐蔽观察。（ ）

五、案例分析题

案例 1 百家商场销售监测

南京金海田公司曾总结其对江苏省百家商场销售监测的体会。他们所进行的连续追踪调查属于零售统计，可以使商家及时把握市场动态，紧随市场的变化调整经营策略，进而更好地占据市场份额，促进产品销售。南京金海田公司与政府有关部门联合，在江苏省选取了 100 家大中型零售商场进行产品销售监测。他们根据城市规模大小、消费能力来确定样本数，选取的样本包括各个城市中的大、中、小型商场，以保证每一种产品取样的公平合理。

在设计报表前，他们做了相应调研，根据市场的特点、市场经营情况、产品的竞争程度以及厂家的要求，首先对商场各类产品的总销售情况进行统计，然后重点对生活类家电、服饰两类消费品进行监测。各类产品的总销售情况，包括家电、服装、食品等 24 类产品，要求填报每月的零售额和批发额，第二年要求填报上一年同期的销售情况。

每月上旬，各商场将上个月的数据资料如期寄来，电脑录入人员立即开始数据录入工作，并对所录入的数据进行检测，最后生成有规律的汇总表格。研究部人员对数据资料进行分析，凭借自己多年对市场的研究所形成的敏锐洞察力，对汇总的数据资料从现象到本质进行分析。

每个月月底，上个月的数据资料如期送到各商家。在一些商家那里，南京金海田公司的资料成了对江苏市场的考核标准，用以考核员工的工作情况。他们的资料成了一面“镜子”，商家可以通过他们提供的资料调整价格策略、产品策略及营销组合策略，并取得了较好的成绩。

（资料来源：http://www.linkshop.com.cn/web/archives/2007/75891.shtml）

问题：

1. 通过阅读上述案例，请你谈谈固定样本连续调查的重要性。

2. 市场调查机构如果依靠市场规则和自身力量来进行固定样本连续调查，你认为需要把握哪些要点？

案例 2 儿童家具的选择实验

在西方国家的家庭中，孩子们往往有自己的房间，但房间里的家具购置总是众口难调，父母喜欢的孩子们往往不喜欢，而孩子们喜欢的父母不一定看得中，即使是父母之间也常有分歧。原因在于，孩子们喜欢的是新奇、漂亮、色彩鲜艳的家具，母亲则比较注重家具的功能性、整理便捷性和安全性，而父亲往往看重家具的经济性。

如何解决这个难题？日本一家主营儿童家具的公司为此做了一个应对性的实验。公司组织了 50 个三口之家，邀请他们参观公司的家具展厅和设计工场，请他们提出对儿童家具配置的意见。具体步骤：(1)事先了解家庭的经济和住宅背景；(2)50 个家庭到达现场后，先对调查做一个简单的说明；(3)将孩子、父亲、母亲分开，组成孩子组、父亲组和母亲组；(4)由公司员工分别带着 50 个孩子、父亲和母亲，按照不同的参观路线浏览公司展厅和设计工场，展厅中陈列了二十多套公司事先布置好的组合家具，三组人可以随意体验；(5)参观完成后，公司要求每个父亲、母亲和孩子选出自己最满意的 3 套家具组合；(6)如果对某套家具组合比较满意，但对其中的单体家具不满意，可以提出来；(7)集中了父母和孩子的意见后，形成家具组合的初步意见。

实验结束后，公司根据各个家庭成员的选择意见，将满意度比较集中的家具及家具组合重新进行了改进。不久，一系列全新的儿童家具组合上市，受到大量有孩子家庭的热烈追捧，大量订单接踵而至，公司产品取得了相当大的成功。

（资料来源：https://wenku.baidu.com/view/972bd4705727a5e9856a61b2.html）

问题：

1. 这家日本公司运用的是什么样的实验调查方法？
2. 该公司为什么会获得成功？

实训课堂

某服装店店主想要了解到她店里购买东西的顾客与到其他店里购买东西的顾客有什么不同；同时，她还想知道其他竞争者对她的店的印象。她为此项调查提供了少量经费，要求一个月内得到结果。你将推荐哪种调查方法？为什么？

第四章

市场调查量表设计

学习要点及目标

1. 了解测量的概念、种类与要求
2. 掌握测量尺度的类型
3. 比较各种类型的态度量表
4. 理解在选择类型量表时应考虑的基本因素
5. 评估测量的信度和效度

核心概念

量表　信度　效度

引导案例

A 商场的语义差异量表测量

你对 A 商场的看法怎样？下面是一系列评价标准，每个标准的两端分别是描述它的形容词，这两个形容词的意义是相反的。用这些标准来评价 A 商场，在你认为合适的地方打勾。请注意，不要漏掉任何一项标准。

你认为 A 商场是：

可靠的……………………不可靠的
时髦的……………………过时的
方便的……………………不方便的
态度友好的………………态度不友好的
昂贵的……………………便宜的
选择多的…………………选择少的

（资料来源：https://wenku.baidu.com/view/59c9c8b41511cc7931b765ce05087632301274fc.html）

第一节　测量与测量尺度

一、测量的定义

测量是指按照特定的规则赋予测量对象(目标、人物或事件)某种属性的数字或符号,将其属性量化的过程。

测量的本质是数字分配的过程,即用数字反映测量对象的某种属性,进而通过属性对应的数字或统计量来研究个体或整体的性质。

需要指出的是,要测量的不是对象本身,而是它们的某种属性。在市场营销研究中,我们感兴趣的不是消费者本身,而是消费者的意见、态度、偏好以及其他有关的特征。

测量需遵循一定的规则。测量的规则是指导调研人员实施测量的操作指南和具体方法。测量的规则必须在测量活动开始前就设计出来。测量规则的设计包括确定测量对象和测量单元,确定测量单元的属性特征,划分属性特征的状态和类型,规定数字或符号对相应特征状态的分配方式等。例如,在调查消费者对某品牌手机的喜欢程度时,测量对象就是所要调查的消费者群体,测量单元就是消费者个体,测量单元的属性特征就是消费者个体对某品牌手机的喜欢程度。喜欢程度可以划分为"非常喜欢""比较喜欢""一般""比较不喜欢""非常不喜欢"五种,然后规定将"5""4""3""2""1"依次分配给这五种不同的喜欢程度。这一系列规定都属于测量规则设计的范畴。测量规则的设计有难易之别。例如,测量性别就比较容易,性别特征只能划分为两种状态,即男性和女性,然后可以规定用"1"表示男性,用"0"表示女性。又如,研究者欲测量消费者对品牌的忠诚度、购买动机等,这些属性特征属于心理活动与主观意识的范畴,没有明确的表现形态,也没有既定的划分标准,测量起来具有较大的不确定性,测量规则的设计就比较困难。

二、测量的种类

测量活动有多种类型,根据不同的标准可以划分不同的测量类型。下面主要探讨根据测量的内容、功能、标准化程度的不同,测量的分类情况。

(一)根据测量的内容不同划分

根据测量的内容不同,测量可分为态度测量、行为测量和背景测量。

1. 态度测量

态度测量就是运用测量工具,对被调查者的可能认识或认识态度进行测量。态度是指人们脑海中对某件事物或某个环境的认识、判断以及指导他们的反应、行动的某种状态。态度与个人的基本价值观和基本需要有联系,会造成自我卷入程度上的差异。

态度不是直接观察到的,而是通过可见反应显示出来的。反应可区别为三类,即认知反应(同意或不同意)、情感反应(喜欢或不喜欢)和行为反应(支持或反对)。对态度进行测量,可以通过对上述任何一种反应或三种反应的组合的测量来实现。

在大多数市场调查中,对态度的测量是其中重要的调查内容。

2. 行为测量

行为测量就是运用测量工具，对被调查者在某些方面的行为习惯或行为特征进行测量。市场调查中所指的行为是消费者行为。消费者行为就是消费者寻找、购买、使用、反馈用以满足需求的产品和服务所表现的一切脑力劳动。人们的行为往往取决于他们对待事物的认识与态度，也取决于他们内心深处的需求。通过对消费者行为的测量，可以分析消费者行为的特征、影响消费行为的主要因素以及他们的消费态度。

3. 背景测量

背景测量就是运用测量工具，对与被调查者有关的背景信息进行测量。被调查者的个人背景主要包括自然背景和人文背景。

自然背景是指被调查者的自然属性。被调查者的属性不同，其自然背景也会不同。如果被调查者是消费者个人，则其年龄、身高、性别等就属于自然背景信息；如果被调查者是企业，则其所属地区、企业规模等就属于自然背景信息。

人文背景是指被调查者的一系列社会属性。对于消费者个人而言，其学历、职业、收入等就属于人文背景信息；对于企业而言，其所属行业、企业类型等就属于人文背景信息。

如果被调查者的背景与调查研究的课题相关联，此时就需要对被调查者的背景进行测量。

（二）根据测量的功能不同划分

根据测量的功能不同，测量可分为检验性测量和研究性测量。

1. 检验性测量

检验性测量是指测量结果用于对测量工具的信度与效度的检验。在市场调查活动中，往往会使用问卷进行调查。问卷中会设计各种测量工具，这些测量工具测量的结果是否具有稳定性与准确性是需要检验的。这种检验一般要抽取一个小样本，对被调查者的属性特征进行测量，再根据测量结果，运用统计方法检验测量工具的信度与效度。如果测量工具符合要求，就可以在大规模正式调查中使用。

2. 研究性测量

研究性测量是指测量的结果用于对特定课题的分析与研究。研究性测量发生于正式调查中，正式调查的结果将用于对特定课题中的各种问题进行分析，得出研究结论。研究性测量所使用的测量工具是经过检验并符合要求的，对于达不到要求的测量工具，必须进行修改或重新设计。

（三）根据测量的标准化程度不同划分

根据测量的标准化程度不同，测量可分为标准化测量和非标准化测量。

1. 标准化测量

标准化测量就是对不同的测量单元运用统一的测量工具，对其属性或特征进行测量。问卷中封闭式问题的调查就属于标准化测量。标准化测量所获得的数据具有相同的数据格式和确定的测量结果，便于统计处理与分析。

2. 非标准化测量

非标准化测量就是不采用统一的测量工具对不同测量单元的属性或特征进行测量。问卷中开放式问题的调查以及非结构式面访调查，都属于非标准化测量。非标准化测量的数据往往不具有统一的数据格式，测量的结果具有不确定性，不便于进行统计处理与分析。

三、测量的要求

任何一次有效的测量都应该尽可能达到稳定性、准确性、完备性、互斥性的要求。

（一）稳定性

稳定性是指测量结果的一致性和可靠性程度。如果在相同的条件下，对同一测量单元就同一测量内容运用同一测量工具重复多次进行测量的结果是一致的，就表明测量工具具有稳定性。测量工具的稳定性越强，测量结果的可信度就越高。测量工具的稳定性需要通过检验性测量来检验。然而，测量工具具有了稳定性并不意味着该测量工具就是符合要求的。这是因为测量工具的稳定性并不能代表该测量工具不存在测量误差。如果测量工具设计得不科学，数字或符号的分配规则不合理，则测量的结果就不准确。

（二）准确性

准确性是指测量工具准确地反映客观事物特征和属性的程度。测量总是为了一定的目的进行的，判断测量工具的准确性是评价其达到测量目的的程度。如果一个测量工具能够正确测量所测对象的属性或特征，则该测量工具就具有有效性。测量工具的准确性越高，测量结果的有效性也就越强。测量工具的准确性同样需要检验性测量来进行检验。

（三）完备性

完备性是指测量规则中必须包括所测变量的各种状态或变异。由于测量目标并不是被测对象本身，而是被测对象的某种属性或特征，因此，在设计测量规则时，被测对象的属性状态或特征状态究竟有哪些，研究者必须事先在有关理论和经验的指导下做出科学区分。划分出的属性状态或特征状态必须完备，不能有任何遗漏，否则就可能有部分被测单元的属性或特征不能被测出或不能被准确地测出。

（四）互斥性

互斥性是指被测单元的属性或特征能够用一个且只能用一个数字或符号来表示。互斥性要求在设计测量规则时，划分的所测对象的属性或特征的状态类型不能有任何重叠，一个状态类型必须独立于其他状态类型，这样才能保证一个状态类型对应唯一的一个数字或符号，否则，被测单元的属性或特征就不是唯一的，会存在多个测量结果。究竟哪个结果是正确的，测量活动本身无法告诉我们。这种测量结果的不确定性对测量结果的准确性会造成严重损害。

四、测量的尺度

测量的尺度也称测量的等级或测量的层次，指的是赋予测量对象的数字或符号的含义及其所允许的数学运算，可分为定类、定序、定距和定比四种主要测量尺度。

（一）定类尺度

定类尺度在本质上是一种分类体系，即将测量对象的不同属性或特征加以区分，标以不同的数字或符号。在市场调查中，对诸如消费者的性别、职业、婚姻状况、宗教信仰等特征的测量都是常见的定类尺度的测量。它们分别将消费者分成“男性、女性”“干部、教师、白领、商人、专业技术人员……”“未婚者、已婚者、离婚者……”以及“佛教、伊斯兰教、基督教……不信教”等各种不同的群体或类别，每一个消费者都属于或者不属于其中的某个类别。

定类尺度的测量实质上是一种分类体系，设计这类尺度时应注意其互斥性、穷尽性和完备性，即所分的类别既要相互排斥、互不重叠，又要对各种可能的情况包罗无遗。这样，所测量的每一个调查对象都会在我们的分类体系中占据并且只占据一个类别。

定类尺度是市场调研中使用率最高的，也是四种测量尺度中测量等级最低的，其他三类尺度中无一例外地包含定类尺度的分类功能。

（二）定序尺度

定序尺度也称等级尺度或排序尺度，其数字或符号不仅代表类别，而且反映事物的高低、大小和先后顺序等的差异。定序尺度能够表示一个调研对象具有的某种特征比另一个调研对象更多还是更少，但没有表明相差多少。排在前面的调研对象与排在后面的相比有更多某种特性，但到底相差多少是未知的。在营销研究中，调研人员可以用定序尺度对相对的态度、观点、感受和偏好进行等级排序。

必须注意的是，这一尺度上的间距不能准确代表其测量的特征量相差多少。所以，普通的四则运算不能用于定序尺度，众数、中位数可以用来测量中心趋势，百分数或四分位数可以用来测量离散程度。

（三）定距尺度

定距尺度也称等距尺度或区间尺度。定距尺度除了包含定序尺度的所有信息外，还能够确定不同等级的间隔距离和数量差别。日常生活中常见的例子有温度、成绩等。市场调研中用评价量表获得的分值通常被看作定距数据。

定距尺度的零点和测量单位都是人为设定的。例如，在冬天，我们可以测得北京的气温是0℃，但这并不代表北京"没有温度"，只是代表北京的气温达到了水的结冰点的温度，从测量的角度看，此时的"0"只是个特定的数字，它是人为决定的、可以进行加减运算。对于定距变量，除了计算其众数、中位数、平均数外，还可以计算其算术平均值、标准差、简单相关系数等营销研究中常用的统计量。那些可用于定类和定序数据的统计分析方法也可用于定距数据。

在实际调研中，定序尺度和定距尺度的区分并不是绝对的。一个定序变量可以传达部分有关距离的信息，所以在统计分析时，有时可能会把它近似地看成定距变量。

（四）定比尺度

定比尺度也称等比尺度或比例尺度。它不仅具备上述三种尺度的所有功能，而且有自然零点，从而可以进行四则运算。例如，对人们的收入、年龄、出生率、性别比等所进行的都是定比尺度的测量。对于定比变量，计算比值是有意义的。但是，对态度、观点、感受和偏好等方面的测量，定比尺度就非常困难。绝对零点的存在意味着定比尺度可以进行所有算术运算，还可以计算几何平均数和调和平均数。

表4－1是对以上四种测量尺度的举例及特征的汇总。

表4－1　　四种测量尺度举例及特征

测量尺度	甲、乙的生命现象	测量精度	计算方法	信息数量
定类测量	甲、乙有生命	很低	=、≠	甲、乙有生命
定序测量	甲为中年人，乙为少年人	较低	=、≠、<、>	甲、乙有生命，甲生命时间较乙长

续表

测量尺度	甲、乙的生命现象	测量精度	计算方法	信息数量
定距测量	甲生于1941年,乙生于1986年	较高	=、≠、<、>、+、-	甲、乙有生命,甲生命时间较乙长,甲比乙大45岁
定比测量	甲60岁,乙15岁	很高	=、≠、<、>、+、-、×、÷	甲、乙有生命,甲生命时间较乙长,甲比乙大45岁,甲年龄为乙的4倍

第二节　态度量表

在现代市场营销观念下,营销人员必须设法了解消费者及有关人员对产品、品牌和企业的态度。相比收集客观资料,测量态度的难度更大。营销人员在营销研究的实践中逐渐形成了一些测量人们态度的特定的方法和技术。

一、量表的定义

量表是指试图确定主观的,有时是抽象的概念的定量化测量程序。它被定义为以数字(或其他符号)代表客体的某一特性,从而对所研究客体的不同特性用多个数字来表示的过程。事实上,我们指定数字代表客体的属性。

二、态度的含义

在营销研究中,态度主要有三个方面的含义:一是认知成分,即对某事物的了解和认识,如海尔冰箱是一级能耗的;二是情感成分,即对某事物的偏好,如我喜欢海尔冰箱;三是行为成分,即对未来行为或状态的预期和意向,如下次搬新房装修时我还要买海尔冰箱。

三、态度量表概述

(一)态度量表的含义

态度量表技术是获得消费者态度的必要专门技术。在市场营销活动中,了解人们的态度,特别是消费者对于产品、企业、广告活动等的态度是十分重要的。但是,通过直接询问的方法常常得不到人们的真正态度,因为有些人根本就不知道他们自己的态度,或无法用语言、文字表达。观察法也不是衡量态度的有效方法,因为观察到的外在行为常常不能代表真实的态度。

(二)量表的设计步骤

第一步,设定规则并根据这些规则为不同的态度特性分配不同的数字。在量表中,用数字代表态度的特性是出于两个原因:一是数字便于统计分析,二是数字使态度测量活动本身变得容易、清楚和明确。

第二步,将这些数字排列或组成一个序列,根据受访者的不同态度,将其在这一序列上进行定位。例如,将“对于某商场的态度”这一态度变量的可能取值用不同的数字表示:“1”代表“喜欢”,“2”代表“无所谓”,“3”代表“不喜欢”;然后,根据受访者的回答填写调查问卷或调查表。这就是一个典型的三级量表。

(三)态度量表的类型

对事物的特性变量可以依据不同的规则分配数字,从而形成不同测量水平的态度量表(又称测量尺度)。基本的态度量表有类别量表、顺序量表、等距量表和等比量表四种。

1. 类别量表

类别量表中的数字分配仅仅是用作识别不同对象或对这些对象进行分类的标记。例如,在一个调研项目中,对每个受访者进行编号,这个编号就是类别量表。当类别量表中的数字是用于识别不同对象时,数字与对象之间就存在一一对应的关系。

在市场营销研究中,类别量表常用来标识:(1)不同的受访者,一个编号对应一个受访者;(2)不同的性别,男性记为"1",女性记为"2";(3)不同的品牌;(4)不同的产品特性;(5)不同的商店,将控制组标记为1组、实验组标记为2组。

类别量表的数字不能反映对象具体特征的性质和数量。例如,学号大的学生并不比学号小的学生更优越,反之亦然。

【案例4-1】

类别量表举例

1. 您的性别是(　　)。

A. 男　　B. 女

2. 您可能购买的品牌有(　　)。

A. 联想　　B. 方正　　C. IBM　　D. 清华紫光

3. 您对于"网络教学是一种发展趋势"的态度是(　　)。

A. 同意　　B. 反对

对类别量表中的数字,只能计算发生频率以及与频率有关的一些统计量,不能比大小,不能四则运算,如百分比、众数、卡方检验、二次检验等,计算平均数是没有任何意义的。

2. 顺序量表

顺序量表是一种排序量表,分配给对象的数字表示对象具有某种特征的相对程度,如产品质量的等级、足球赛的名次等。

【案例4-2】

顺序量表举例

1. 请根据您的喜好排列以下品牌,您的首选请标"1",其次标"2",依此类推:

(　　)长虹　　(　　)康佳　　(　　)乐华

2. 您认为2021年中国的GDP增长速度会:

(　　)高于2020年　　(　　)与2020年相当　　(　　)比2020年低

3. 您是否同意"网络教学是一种发展趋势"的观点?

(　　)同意　　(　　)反对

顺序量表可以比大小,但不能进行四则运算。只要能保持对象之间基本的顺序关系,就可以对顺序量表进行任何变换,如"1、2、3、4、5"与"1、5、9、10、12"是等价的。除了计算频率,顺序量表还可用来计算百分位数、四分位数、中位数、秩次数等。

3. 等距量表

等距量表上相等的数字距离代表所测量的变量相等的数量差值。等距量表包含顺序量表提供的一切信息，可以比大小、四则运算、计算百分比等。等距量表中相邻数值之间的差距是相等的，“1”和“2”之间的差距就等于“2”和“3”之间的差距，也等于“5”和“6”之间的差距。

【案例 4－3】

等距量表举例

1. 请根据您的整体偏好划分表 4—2 中品牌的级别：

表 4—2　　用等距量表表示品牌偏好

品牌	排列(圈出)：非常差——非常好									
农夫山泉	1	2	3	4	5	6	7	8	9	10
乐百氏	1	2	3	4	5	6	7	8	9	10
娃哈哈	1	2	3	4	5	6	7	8	9	10

2. 请圈出您对表 4—3 中几句话的同意程度：

表 4—3　　用等距量表表示个人的态度

陈　述	排列(圈出)：非常差——非常好				
我总是期望放假	1	2	3	4	5
我喜欢体育比赛节目	1	2	3	4	5
我喜欢旅游	1	2	3	4	5

4. 等比量表

等比量表具有类别量表、顺序量表、区间量表的一切特性，并有固定的原点。所以，在等比量表中，我们可以标识对象，将对象进行分类、排序，并比较不同对象的某一变量测量值的差别。测量值之间的比值是有意义的。不仅“2”和“5”的差别与“10”和“13”的差别相等，而且“10”是“5”的 2 倍。

在市场营销研究中，销售额、生产成本、市场份额、消费者数量等变量都要用等比量表来测量，可进行四则运算。

【案例 4－4】

等比量表举例

1. 请写出您的年龄：________岁。

2. 上个月您在联华超市购物金额超过 50 元的次数是(　　)。

A. 0 次　　B. 1 次　　C. 2 次　　D. 3 次以上

3. 您认为现在读一年大学(国内的)合理学费应为________元。

【案例 4－5】

态度量表举例

四种量表表示的个人态度比较如表 4—4 所示。

表 4—4　　四种量表表示的个人态度

类别量表		顺序量表	等距量表	等比量表
栏目名称	栏目编号	按喜好程度排序	按喜好程度打分（1～7 分）	上月内收视时间（小时）
A	1	7	5	20
B	2	2	7	40
C	3	8	7	0
D	4	3	6	35
E	5	1	7	50
F	6	5	5	30
G	7	9	4	0
H	8	6	5	20
I	9	4	6	35
J	10	10	2	2

第三节　市场调查常用量表

一、评价量表

评价量表也称评比量表，是由研究人员事先将各种可能的选择标示在一张评价量表上，然后要求应答者在上面指出自己的态度或意见。

评价量表包括图示评价量表和列举评价量表。

（一）图示评价量表

一般图示评价量表要求应答者在一个有两个固定端点的图示连续体上进行选择，主要有三种表示方式，如图 4—1 所示。

（二）列举评价量表

评价量表获得的数据通常作为等距数据使用和处理。

列举评价量表比图示评价量表容易构造和操作。研究表明，在可靠性方面，其也比图示评价量表要好，但是不能像图示评价量表那样衡量客体的细微差别。

从总体上讲，评价量表有许多优点，如省时、有趣、用途广，可以用来处理大量变量等，从而在市场营销研究中被广泛采用。

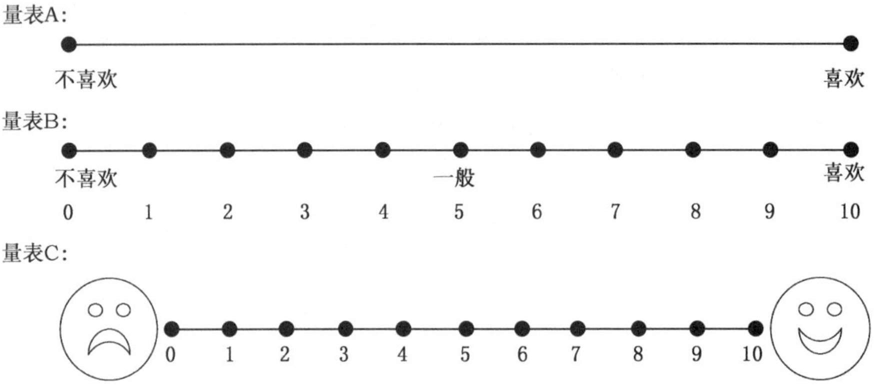

图 4—1　三种图示评价量表

【案例 4—6】

列举评价量表举例

量表 A:下面我将向您列举一些白酒品牌。当我提到每一种品牌时,请您告诉我您认为该品牌的电视广告是非常差的、差的、一般的、好的还是非常好的。

您认为下列白酒品牌的电视广告是(从起点位置●开始循环读出):

	泸州老窖	●黄金酒	茅台	五粮液
1. 非常差	□	□	□	□
2. 差	□	□	□	□
3. 一般	□	□	□	□
4. 好	□	□	□	□
5. 非常好	□	□	□	□

量表 B:下面我将向您列举一些电视机品牌。当我提到每一种品牌时,请您告诉我您认为该品牌的知名度是非常低的、低的、一般的、高的还是非常高的。

您认为下列电视机品牌的知名度是(从起点位置●开始循环读出):

	非常低	低	一般	高	非常高
○康佳	□5	□4	□3	□2	□1
○长虹	□5	□4	□3	□2	□1
●海尔	□5	□4	□3	□2	□1
○索尼	□5	□4	□3	□2	□1
○联想	□5	□4	□3	□2	□1

整张量表中品牌的起始位置是循环的,因为相同的起点会给应答者造成影响,可能成为误差的一个来源。

量表 C:您认为喜之郎公司的“水晶之恋”果冻的味道怎样?

（资料来源：https://wenku.baidu.com/view/59c9c8b41511cc7931b765ce05087632301274fc.html）

二、沙斯通量表

沙斯通量表由一系列要求被测试者评判的表述组成，由被测试者选出其同意的表述。这种量表和前面所讲的量表的显著区别是，上述量表中的各种询问语句及答案是由调查者事先拟定的，而沙斯通量表的语句是由回答者自行选定的，调查者在回答者回答的基础上建立起差异量表。

（一）沙斯通量表的制作步骤

第一，收集大量与要测量的态度有关的语句，一般应在100条以上，保证其中对主题不利的、中立的和有利的语句都占有足够的比例，并将其分别写在特制的卡片上。

第二，选定20个以上评定者，按照所表明的态度有利或不利的程度，将各条语句分别归入11类。第一类代表最不利的态度，第六类代表中立的态度，第十一类代表最有利的态度。

第三，计算每条语句被归在这11类中次数的分布。

第四，删除那些次数分配过于分散的语句。

第五，计算各保留语句的中位数，并将其按中位数进行归类。如果中位数是n，则该态度语句归到第n类。

第六，从每个类别中选出一至两条代表性语句（各评定者对其分类的判断最为一致的），将这些语句混合排列，即得到沙斯通量表。

【案例4－7】

电视商业广告态度测量的沙斯通量表

所有电视商业广告都应该由法律禁止。

看电视广告完全是浪费时间。

大部分电视商业广告是非常差的。

电视商业广告枯燥乏味。

电视商业广告并不过分干扰欣赏电视节目。

对大多数电视商业广告，我无所谓好恶。

我有时喜欢看电视商业广告。

大多数电视商业广告是有趣的。

只要有可能，我喜欢购买在电视上看到过广告的产品。

大多数电视商业广告能帮助人们选择更好的产品。

电视商业广告比一般电视节目更有趣。

（资料来源：https://www.docin.com/p—139210672.html）

(二)沙斯通量表的结构

沙斯通量表通常在设计时将有关态度语句划分为11类;其实,并不一定非要划分成11类不可,多些或少些都可以,但最好划分成奇数个类别,以中点作为中间立场。分类后在每个类别中至少选择一条代表性语句,也可以选择多于一条的代表性语句,这样组成的沙斯通量表就不止包含与类别数相同的语句,可能多达二十几条态度语句;但一般来讲,在每个类别中选择多条语句没有必要。

(三)沙斯通量表的测量

沙斯通量表的制作比较麻烦,但使用操作很简单,只要求受测者指出量表中其同意的陈述或语句。每条语句根据其类别有一个分值。量表中的语句排列可以是随意的,但每个受测者都应该只同意其中分值相邻的几个意见。如果在实际中一个受测者的语句或意见的分值过于分散,则判定此人对要测量的问题没有明确一致的态度,或者量表的构造存在问题。

沙斯通量表根据受测者同意的陈述或意见的分值,通过对分值平均数的计算求得受测者的态度分数。例如,某人同意第八条意见,他的态度分数就是8;如果其同意第七、第八、第九条意见,他的态度分数就为$(7+8+9)\div3=8$。分数越高,说明受测者对某一问题持有的态度越有利;分数越低,说明其持有的态度越不利。沙斯通量表是顺序量表,可以用两个受测者的态度分数比较他们对某一问题所持态度的相对有利和不利情况,但不能测量两者态度的差异大小。

(四)沙斯通量表的缺点

沙斯通量表在市场营销研究中使用得不多,主要原因是:

第一,沙斯通量表的制作非常麻烦,即使单一主题的量表制作也要耗费大量时间,对于有多个主题的沙斯通量表的制作就更加困难。

第二,不同的人即使态度完全不同,也有可能获得相同的分数。例如,一个人同意第五条意见,得5分;另一个人同意第三、第四、第八条意见,也得5分。

第三,沙斯通量表无法获得受测者对各条语句同意或不同意的程度的信息。

三、李克特量表

李克特量表要求被调查者表明对某一表述赞成或不赞成,与沙斯通量表的不同之处在于,回答者对这些问题的态度不再是简单的同意或不同意两类,而是将赞成度分为若干类,范围从非常赞成到非常不赞成,中间为中性类,人们在态度上的差别能充分体现出来;此外,不需要评定员,因为太偏激或绝对化的表述会影响人们对事物的评价。

李克特量表的基本设置步骤如下:

第一,收集大量(50～100条)与测量的概念相关的陈述语句。

第二,由研究人员根据测量的概念将每个测量项目划分为"有利"和"不利"两类,一般测量项目中有利和不利的项目都应有一定的数量。

第三,选择部分受测者对全部项目进行预先测试,要求受测者指出每个项目是有利的或不利的,并在下面的方向-强度描述语中进行选择,一般采用"五点"量表:非常同意、同意、无所谓(不确定)、不同意、非常不同意。

第四,给每个回答一个分数,如从"非常同意"到"非常不同意"的有利项目分别为1、2、3、4、5分,不利项目的分数就为5、4、3、2、1分。

第五，根据受测者各个项目的分数计算代数和，得到个人态度总得分，并依据总分将受测者划分为高分组和低分组。

第六，选出若干条在高分组和低分组之间有较大区分能力的项目，构成一个李克特量表。如果可以计算每个项目在高分组和低分组中的平均得分，就选择那些在高分组平均得分较高并且在低分组平均得分较低的项目。

【案例 4－8】

Johnson 除臭鞋垫的李克特量表测量

下面是用于对那些已经在一个过滤型问卷中承认自己有脚臭问题，但还没有试用过 Johnson 除臭鞋垫的人们进行调查时使用的李克特量表。

现在我想了解您对 Johnson 除臭鞋垫的印象。您说您已很熟悉，但还未使用过。当我读出它的每一个特点时，请您用卡片上的陈述——完全同意、同意、无所谓、不同意或完全不同意——说出您的态度。

	完全同意	同意	无所谓	不同意	完全不同意
□ 它们可能会使我脚热	5	4	3	2	1
□ 我很满意我正在使用的产品	5	4	3	2	1
□ 我的问题不是很严重	5	4	3	2	1
□ 要把它们剪得合尺寸很麻烦	5	4	3	2	1
□ 价格太贵	5	4	3	2	1
□ 可能会使鞋子变紧	5	4	3	2	1
□ 不好意思去买它们	5	4	3	2	1
□ 广告无法让我相信产品有效	5	4	3	2	1
□ 我所试过的其他鞋垫都没用	5	4	3	2	1
□ 足部喷雾剂更好用	5	4	3	2	1
□ 足粉更好用	5	4	3	2	1
□ 本人未用过鞋垫	5	4	3	2	1
□ 不会持续使用超过一个星期	5	4	3	2	1
□ 放在鞋里似乎很难看	5	4	3	2	1
□ 必须购买超过一双	5	4	3	2	1
□ 不得不将它们从一双鞋换到另一双鞋	5	4	3	2	1
□ 没有任何脚臭产品是完全有效的	5	4	3	2	1
□ 可能由于出汗而变湿	5	4	3	2	1
□ 不知道鞋垫穿在鞋子里的感觉	5	4	3	2	1

（资料来源：https://wenku. baidu. com/view/72eed830332b3169a45177232f60ddccda38e6f9. html）

四、语义差异量表

语义差异量表就是一种常用的测量事物形象的方法。语义差异量表可以用于测量人们对产品、品牌、商店的印象。

首先要确定与要测量对象相关的一系列属性，对于每个属性，选择一对意义相对的形容词，分别放在量表的两端，中间划分为7个连续的等级。受访者被要求根据他们对被测对象的看法评价每个属性，在合适的等级位置上做标记。

带有否定含义的形容词有时放在量表的左边，有时放在量表的右边。习惯上，在语义差别量表的形容词中，大约一半是将肯定的形容词放在左边，另一半是将否定的形容词放在左边，这样可以减少反应误差。项目的排列顺序是随机的。

语义差异量表的主要优点是可以有效地描绘形象。若同时测量几个对象的形象，还可以将整个形象的轮廓进行比较，可以清楚、直观地看到消费者对测量对象的不同印象。

五、选择量表时应考虑的基本因素

选择量表有很多需要注意的问题，包括量表构造的本质、量表的类型、平衡量表与非平衡量表的选择、量级层次的个数、强迫性与非强迫性量表的选择等。

（一）量表构造的本质

一张量表是否适合，表现在它是否可以客观、真实地反映调查的对象。客观调查将对量表调查的方式产生重要影响。

（二）量表的类型

大多数商业性调研工作者倾向于使用那些能够通过电话或互联网进行操作从而节省访问费用的量表，其易于管理和制作是重要的考虑因素。例如，等级顺序量表很容易制作而语义差别量表的制作过程冗长且复杂。顾客的需求和决策的制定往往最为重要。是可以利用口头数据就做出决定，还是必须具备等距类数据？调研人员还必须考虑应答者可能更喜欢哪些类别量表和顺序量表，因为这两类量表较简单。最终选择哪种量表基本上取决于所要解决的问题和想要得到的答案。在一次市场调研中，使用多种量表是常见的。例如，在一项为熟食连锁店进行的形象研究中，调研人员可以设计评级量表来对企业的竞争对手排序，设计语义差别量表来测量企业形象的各个组成因素。

调研人员也会从网络或其他调研组直接借来量表。许多在线调研网站有可用的量表，也有些量表手册向调研人员提供完备而成熟的量表，这就使量表系统不断积累。市场调研人员经常会发现借到的量表正好适合，然而也可能不合适。

一位市场调研人员在借量表前，应该清楚地知道需要测量的范围、本质以及相关项目的量表的合理化措辞。总之，在借量表前一定要仔细。

（三）平衡量表与非平衡量表的选择

平衡量表具有相同数量的正面和负面层次，非平衡量表则偏重一端。如果肯定态度的答案数目与否定态度的答案数目相等，则该态度量表为平衡量表，否则为非平衡量表。如果研究人员想得到广泛的意见，那么用平衡量表比较好。如果以往的调研或预先研究已表明，大多数意见是肯定的，那么量表就应该有更多的肯定倾向，这能使研究人员确定对于被测概念的肯定程度。

（四）量级层次的个数

市场调查者要解决的另一个问题是一张量表中应包含的量级层次个数。如果层次个数太少，如只有“好”“一般”和“差”3 级，那么量表过于粗略、不够全面。一张 3 级量表无法反映感觉的强度，而一张 10 级量表可能超出了人们的分辨能力。研究表明，评比量表基本上以 5 级或 7 级为宜。

偶数个量级的量表意味着没有中间答案。如果没有中间答案，被访者就会被迫选择一个正向或负向答案，那些确实持中立意见的人就无法表达他们的观点。此外，一些商业研究人员认为，给被访者设立一个中间点，事实上如同给被访者提供一个简单的出路。假设他确实没有某种很强烈的意见，他就不必集中思考他的真实感觉而可以简单地选择中间答案。研究人员还指出，对一种新口味的沙拉调料、一种包装设计或一个浅斗小货车的测试广告持有某种强烈感受是不正常的。

（五）强迫性与非强迫性量表的选择

选择中间答案的人可以分为两类，即真正持中间态度的人和那些不知如何回答问题的人。一些研究人员已通过加入“不知道”这个答案作为附加分类而解决了这一问题。一张语义差异量表可能如表 4—5 所示。

表 4—5　　语义差异量表举例

友好的	1	2	3	4	5	6	7	不友好的	不知道
令人沮丧的	1	2	3	4	5	6	7	激动人心的	不知道

但是，加上“不知道”的意见也可能使部分应答者偷懒。一张既没有“中间意见”也没有“不知道”的量表强迫那些对所测目标一无所知的人给出一种意见。支持被迫性选择的论据与支持偶数分层量表的大致相同。反对被迫性选择的根据是，这样会使数据不精确或导致应答者拒绝回答问题。一份问卷若在被访者事实上缺少足够信息、不能做出决定时仍继续要求他们给出意见，那么这份问卷就可能导致一种厌恶情绪而致使访问过早结束。

第四节　量表信度与效度评估

一张理想的量表既要准确反映研究对象的属性，又要在一定条件下以最小的计量误差得到所需的所有信息。量表设计完成后，可以通过信度和效度来评价量表设计质量。

一、信度和效度

量表的信度是指量表测量结果的一致性、稳定性和可靠性。如果研究单位的属性不变，测量结果也不变，这种测量就是可信的；相反，就是不可信的。以货物重量的测量为例，某种货物第一次所称重量为 50 千克，再称一次仍然是 50 千克，那么作为一种测量方法，使用的磅秤是可信的，因为两次测量的结果都是 50 千克，具有前后一致性。如果第一次称重量为 50 千克，第二次称为 55 千克，则所使用的磅秤就不可信。在市场调查中，所需测量的属性往往比货物重量这类属性复杂得多，其信度问题也就更加复杂。此外，量表的内容、措辞、问题形式、问题顺序等都会影响答案的一致性。

量表的效度是指量表能否真正测量到所要测量的东西，也就是能否达到测量的目的，是否正确衡量了研究者所要了解的属性。效度有两个基本要求：一是测量方式确实是在测量所要测量对象的属性而非其他属性，二是测量方式能准确测量该属性。当某一测量方式符合上述要求时，它就是有效的。以测试某课程学习成绩的试卷为例，如果试卷内容过于简单或远远超出学习内容，都无法准确反映学生的学习水平，该试卷就属于无效试卷。

信度仅指测量结果的可靠程度，不涉及测量所得结果是否达到目的；效度则针对测量的目的，考察量表能否发挥其测量的功能，考察的是测量的有效程度。效度与信度是优良量表所必备的两个主要条件。效度与信度之间的关系可以用一句话来概括：信度是效度的必要条件而非充分条件，也就是说，量表要有效度就必须有信度，不可信就不可能正确；但是，信度不是效度的充分条件，即有了信度，不一定有效度。

二、信度评价

实际上，不可能多次重复测量一个人，所以无法直接得到受试者内在的变异，而只能利用团体资料，用受访者相互之间的变异进行估计，或者对同一群受访者重复测量一次，用其变异情况的相关系数来表示。对于量表设计，信度评价的方法主要有重复检验法、交错法、折半法和内部一致性等。

（一）重复检验法

重复检验法是通过用同一测量手段对同一群受试者前后测量两次，再根据两次测量的相关系数测量信度。例如，对一群人进行问卷调查后，隔一段时间再用同一张量表对同一群受访者进行调查，两次测量结果之间的相关系数就反映了量表信度。该种测量方法要求同样本重复实施两次调查，优点是可以提供有关测量结果是否随时间而变异的资料，作为预测受试者将来行为表现的依据；缺点是受时间和经费的限制，现实中往往难以实现。此外，为避免记忆的影响，前后两次测验的相隔时间应适当，一般而言，相隔时间越长，稳定系数越低。

（二）交错法

交错法是指研究者设计两张量表，每张使用不同的问题，但测量的是同一个属性，让同一群受访者回答。根据两张量表测量结果的相关系数计算问卷的信度，该种信度称为交错信度。该方法要求两张量表在题数、形式、内容以及难度、鉴别度等方面一致。

（三）折半法

折半法是将一张量表中的问题随机分为两个部分（通常要求这两个部分问题的数目相等），然后考察这两个部分的测量结果的相关系数。如果结果高度相关，量表就是可信的，否则就是不可信的。该种信度称为折半信度。将量表分为两半的方法很多，通常是将奇数题和偶数题分开。

（四）内部一致性

内部一致性是利用测量量表中题目的同质性来测量信度。测量理论表明，题目之间的相关题项与潜在变量之间有某种逻辑关系。如果量表的题目与潜在变量之间存在强相关性，题目之间应该也有很强的相关性。量表的内部一致性程度会影响题目之间的相关性。阿尔法系数（α）常用于度量内部一致性信度。α 被定义为类量表中由共同的因素所引起的总体方差的比例，协方差 α 的一般公式如下：

$$\alpha=\frac{k}{k-1}\left(1-\frac{\sum\sigma_i^2}{\sigma_y^2}\right)$$

式中：σ_i^2——各题项的方差，每个方差所包含的信息都是以单一题项为基础的、非共有的；

σ_y^2——量表的总体方差，等于所有题项方差与协方差之和；

$\left(1-\frac{\sum\sigma_i^2}{\sigma_y^2}\right)$——潜在变量引起的共有的方差比例；

$\frac{k}{k-1}$——把 α 的取值限定在 0～1。

计算 α 的另一个一般公式是以相关性为基础，实际上使用的是平均题目之间的相关性，公式如下：

$$\alpha=\frac{k\bar{r}}{1+(k-1)\bar{r}}$$

一般来说，信度的判别标准如表 4－6 所示。

表 4－6　信度的判别标准

信　度	判　别
信度≤0.30	不可信
0.30＜信度≤0.40	初步研究，勉强可信
0.40＜信度≤0.50	稍微可信
0.50＜信度≤0.70	可信（最常见的信度范围）
0.70＜信度≤0.90	很可信（次常见的信度范围）
0.90＜信度	十分可信

三、效度评价

低效度的量表往往无法达到测量目的。对效度的评价非常重要，但也十分复杂和困难。研究者可以侧重从三个角度进行判断：一是观察问卷量表的内容切合主题的程度。二是测量调查结果与有关标准之间的相关程度。例如，可观察消费者对某种产品的满意状况与对该产品的使用情况的相关性，当显著相关时，说明此问卷具有较高的效度。三是从实证角度分析其结构效度。

对于量表设计，效度的度量可以从内容效度、准则效度和建构效度三个角度进行判断。

（一）内容效度

内容效度是测量内容的适合性和相符性，要看问卷内容是否抓住或体现调查问题的所有或主要特征，能不能实现欲调查的目的。量表内容与事先所要调查的内容越一致，就说明调查问卷的内容效度越高，调查结果越有效。

（二）准则效度

准则效度指的是用几种不同的测量方式或不同指标对同一变量进行测量时的一致性程度。选择其中的一种方式或指标作为准则，其他方式或指标与这个准则做比较，如果不同的测量方式或指标的调查结果高度相关，则具有准则效度。例如，X 是一个变量，用 X_1、X_2 两种工具测量。用 X_1 作为准则，X_1 和 X_2 高度相关，我们说 X_2 也具有很高的准则效度。当然，关键在于，作为准则的测量方式或指标一定要是有效的，否则效果比较差。

（三）建构效度

建构效度也称结构效度，问卷调查结果能够测量其理论特征，即量表调查结果与理论预期一致，则认为有建构效度。换而言之，建构效度就是调查结果与所要调查属性的同构程度。例如，在对婚姻满意度量表的效度分析中，根据理论预期，婚姻满意度与婚姻忠诚度相关。调查结果表明：与对婚姻不满意的夫妻相比，对婚姻满意的夫妻不太可能欺骗对方。调查结果与理论预期一致，证明量表具有建构效度。

效度测定的这三种类型——从内容效度、准则效度到建构效度，可视为一个累进的过程，建构效度常被认为是最强有力的效度测量程序。内容效度只需要一个单一的概念和对该概念的一个测量法；准则效度仅需要一个概念，但需要对该概念的两个以上的测量法；而建构效度不仅需要概念和测量法，而且需要命题中的相关概念及其测量法。效度是针对某种评测目的而言的，并不具有普遍意义，而且效度分析具有多面性，综合分析各类型的效度才能把握结果的有效性。现实中，对效度的分析主要是采用定性的方法。除此之外，因子分析也是效度分析的有力统计工具。

复习自测

一、单项选择题

根据质量的好坏，将某种产品分成一等品、二等品、三等品和次品。这里所使用的数据尺度是（　　）。

A. 类别尺度　　B. 顺序尺度　　C. 等距尺度　　D. 等比尺度

二、多项选择题

1. 在态度测量表法中，测量的量表主要分为（　　）。

A. 需求表　　B. 顺序表

C. 类别量表　　D. 差距量表和等比量表

2. 针对高科技新产品，其上市前的定价调查可以用（　　）。

A. 专家小组　　B. 态度量表　　C. 案头调查　　D. 电话调查

三、简答题

1. 量表的类型有哪些？
2. 测量尺度有哪些？
3. 选择量表时应考虑的基本因素有哪些？
4. 信度和效度评价分别有哪些角度？

四、案例分析

女性购物者介绍

当你考虑女性控制7万亿美元以上的美国国内消费者，以及在大多数主要类别中85%以上的购买决策时，难怪市场人员焦急破译密码——说服女性打开她们的钱包。

为了更好地了解如何刺激女性消费，洞察女性行为和购买决策的无意识的驱动因素，位于伊利诺伊州威尔梅特市的某调研公司开发了五种女性行为洞悉(Female Behavioral Insight, FBI)简介，旨在创造一个完全的、更清晰的关于“对美国女性重要的是什么”的图景。

下面是对女性行为洞悉简介的介绍。

简介1(26%的女性)：受到驱动，专注于不论做什么都成功。这些女性想要拥有一切。不论她是“500强”公司的领导者还是家里的“CEO”，她下决心要实现目标。她经常在工作和家庭生活中犹豫不决。但是，有了明确的目标，她从不会忘记，知道拥有了足够的韧性，她就能够成功。

简介2(21%的女性)：她是一个快乐的传统主义者，很保守且规避风险。你很可能发现她和朋友以及家人待在家里。她是一个通过照顾别人来照顾自己的典型营养家，不论是心理上还是身体上的。比起中心位置，她更喜欢在风景背后，由强烈的信念系统、结构和惯例指导。

简介3(20%的女性)：她是深思熟虑的，很想知道为什么人们会做他们所做的事。惯例是她生活的支柱，她对知道接下来会发生什么感到舒服。当事情按计划进行时，她是一个快乐主义者，但生活和预测之外的世界使她感到失去了平衡。她可以解决几个难题，但是遇到太多难题的时候会很勉强。如果有规则，她会遵从，因为规则定义了指导方针和期待。

简介4(17%的女性)：自我信赖，试图对她身边所有的事保持控制，她感觉只有她能够解决她的问题。她能敏锐地意识到挫折和降临在她身上的失望，促使情感的堡垒包围自己。尽管她看起来独立，但她也需要援军以及来自他人的积极反馈。

简介5(16%的女性)：由不可遏制的好奇心驱动，她是一个活泼的、社会型的、对任何事都开朗的享乐主义者。她不会仅仅为了耀武扬威而爬山或者尝试最新的餐馆，她做这些只是为了满足自己的好奇心。无畏的、坦白的，她会抗拒一切无聊或重复的事。她相信人们会发现并且追求使她开心的事。她想要所有人充分地经历生活提供给她的一切，所以她想尽办法变得有魅力、有涵养并且大方。

问题：

1. 调研的结构是什么？给出一个组成性定义。
2. 调研人员可能使用的是什么测量尺度？举出例子。
3. 调研人员有什么可以用于信度测试？
4. 调研人员可能会怎样进行信度测试？
5. 调研人员可以做什么来证明结构效度？
6. 你认为这张量表对市场调研人员有价值吗？为什么？

实训课堂

设计一张用来评估你所在城市的公园的李克特量表。

第五章
市场调查问卷设计

学习要点及目标

1. 了解问卷的概念、作用与类型
2. 掌握问卷的基本结构
3. 理解问卷设计的基本原则与基本流程
4. 掌握问题、答案的设计方法
5. 理解问卷设计需要注意的问题

核心概念

问卷　　甄别问卷

引导案例

2020 年某市城镇居民小杂粮消费情况市场调查问卷(摘录)

1. 您 2020 年月平均收入为(　　)元。
2. 当您选择一款小杂粮产品时,主要考虑的因素有(　　)。

A. 品牌
B. 价格
C. 包装
D. 功能功效(如降“三高”等)
E. 消费习惯
F. 其他(请注明)

3. 您更倾向于购买(　　)杂粮产品。

A. 初级
B. 简单加工
C. 精深加工

讨论:通过上述问卷可以获得哪些信息?

第一节　问卷设计概述

一、问卷的含义

问卷是指调查者根据调查目的与要求设计的，由一系列问题、备选答案及说明等组成的，用于从调查对象获取信息的一种工具。标准化的问卷不仅有利于准确、迅速地收集市场资料和信息，而且便于快速、高效地对这些数据进行处理和分析。

二、问卷的作用

问卷的主要作用表现在以下三个方面：

第一，使调查活动简单易行。问卷将所需信息转化为被调查者可以回答并且愿意回答的一系列问题。调查者引导被调查者参与并完成调查，正确记录和反映被调查者的回答，尽可能减少调查者与被调查者可能出现的计量误差。

第二，征求被调查者的意见以获取调查者所需的数据资料，从而便于对调查资料进行整理和分析，提高调查结论的科学性。

第三，大大节约了调查时间，提高了作业效率，方便管理者快捷地编辑、处理数据，及时为决策者提供管理和决策所需的信息。

三、问卷的类型

问卷的类型可以从不同的角度进行划分：按问题答案划分，可以分为结构式、开放式、半结构式三种；按调查方式划分，可以分为自填问卷和访问问卷；按问卷用途划分，可以分为甄别问卷、调查问卷和回访问卷等。

（一）按问题答案分

1. 结构式问卷

结构式问卷通常也称封闭式问卷或闭口式问卷。这种问卷的答案是研究者在问卷上早已确定的，由回卷者认真选择一个回答划上圈或打上钩就可以了。

2. 开放式问卷

开放式问卷也称开口式问卷。这种问卷不设置固定的答案，让回卷者自由发挥。

3. 半结构式问卷

半结构式问卷也称半封闭式问卷。这种问卷介于结构式问卷和开放式问卷之间，问题的答案既有固定的、标准的，也有让回卷者自由发挥的，吸取了两者的长处。这类问卷在实际调查中运用得比较广泛。

（二）按调查方式分

1. 自填问卷

自填问卷是由被访者自己填写的问卷。自填问卷因发送的方式不同又分为发送问卷和邮寄问卷两类。发送问卷是由调查者直接将问卷送到被访者手中，并由调查者直接回收的调查形式。邮寄问卷是由调查者直接邮寄给被访者，被访者自己填写后再邮寄回调查者的调查形式。

2. 访问问卷

访问问卷是访问者通过访问被访者，由访问者填写的问卷。

这几种调查形式的特点：访问问卷的回收率最高，填写的结果最可靠，但是成本高、耗时长。这种问卷的回收率一般要求在 90%以上。邮寄问卷的回收率低，调查过程无法控制，可信性与有效性都较低，会导致样本出现偏差，影响样本对总体的推断。一般来讲，邮寄问卷的回收率在 50%左右就可以了。发送式自填问卷的优缺点介于上述两者之间，回收率要求在 67%以上。

（三）按问卷用途分

1. 甄别问卷

甄别问卷的作用是保证调查的被访者确实是所调查产品的目标消费者。它一般包括对个体自然状态的排除、对产品适用性的排除、对产品使用频率的排除、对产品评价有特殊影响的状态的排除和对调查拒绝的排除五个方面。

（1）对个体自然状态的排除

对个体自然状态的排除主要是为了甄别被访者的自然状态是否符合产品的目标市场。主要的自然状态变量包括年龄、性别、文化程度、收入等。我们以一份高档化妆品市场调查的甄别问卷为例来说明对个体自然状态不适用的排除。

①对年龄的甄别。中国人使用化妆品具有明显的年龄倾向，要排除年少的人和年老的人。所以，关于年龄的甄别问题可以设计如下：

您的年龄：

18 岁以下（中止访问）

18～45 岁（继续访问）

45 岁以上（中止访问）

②对性别的甄别。假设此产品为女性专用，甄别问题可以设计如下：

您的性别：

男（中止访问）

女（继续访问）

③对收入的甄别。在中国，收入影响女性购买化妆品的因素有两个，即个人收入和家庭总收入。所以，对收入甄别问题的设计可以包括如下两个方面：

您的个人月收入（包括工资、奖金、第二职业收入等）为：

1 500 元及以上（继续访问）

1 500 元以下（中止访问）

您的家庭月总收入为：

3 000 元及以上（继续访问）

3 000 元以下（中止访问）

（2）对产品适用性的排除

假设这种化妆品只适用于油性和混合性皮肤，那么，其对产品适用性的甄别问题可以设计如下：

您的皮肤类型是：

油性(继续访问)

混合性(继续访问)

中性(中止访问)

(3)对产品使用频率的排除

很明显,使用频率过低,就不可能成为所调查产品的目标消费者。所以,产品使用频率的甄别问题可以设计如下:

您平时多长时间使用一次化妆品:

几乎不用(中止访问)

每月一次以下(中止访问)

每月一次或以上(继续访问)

(4)对产品评价有特殊影响的状态的排除

这种排除主要是为了排除职业习惯可能对调查结果产生的影响。它一般有固定的设计格式,人们对产品评价有特殊影响的状态的甄别问题可以设计如下:

①您和您的家人是否曾在以下单位工作:

市场调查公司或广告公司(中止访问)

社会民意调查机构、咨询公司(中止访问)

电台、电视台、报社、杂志社(中止访问)

化妆品生产或经销单位(中止访问)

以上都没有(继续访问)

②在过去 6 个月里,您是否接受过市场调查公司的访问:

是(中止访问)

否(继续访问)

(5)对调查拒绝的排除

对拒绝调查的甄别问题可以设计如下:

您是否愿意帮助我完成这次访问:

是(继续)

否(谢谢被访者,中止访问)

2. 调查问卷

调查问卷是问卷调查最基本的方面,也是研究的主体形式。任何调查,可以没有甄别问卷,也可以没有回访问卷,但是必须有调查问卷,它是分析的基础。

3. 回访问卷

回访问卷又称复核问卷,是指为了检查调查者是否按照访问要求进行调查而设计的一种监督形式的问卷,它由卷首语、甄别问卷的所有问题和调查问卷中的一些关键性问题组成。

四、问卷的基本结构

问卷的结构是指问卷的组成部分,一般可以分为开头、甄别、主体和结束语四个组成部分,基本内容应该包括问卷的标题、问候语、填写说明、甄别、问题与答案、编码和作业证明的记载七个部分。

（一）标题

问卷的标题是对问卷调查主题的概括说明，它的功能是让被调查者了解该问卷调查的主要内容和基本用意。所以，问卷调查的题目既要简明扼要，又要切中主题，不要简单采用“问卷调查”这样的标题。例如，“太原市居民商品房需求情况调查问卷”，不能简单写成“调查问卷”或“问卷”。

（二）问候语

1. 问候语的内容

（1）称呼：对被调查者的称呼语。

（2）自我介绍：说明调查者所代表的企业以及本人的职务或姓名。

（3）调查目的与意义：尽量从被调查者感兴趣的角度说明本次问卷调查的目的与意义，以争取被调查者的合作。

（4）回报：如果举办方有酬谢，应在前言中说明对被调查者的酬谢方式，如赠品或抽奖等。

（5）保密承诺：对被调查者提供的信息承诺保密。

（6）需花费的时间及感谢语。

2. 问候语的形式

（1）开门见山式问候语

【案例5－1】

消费者对某市乡村旅游消费情况调查问候语

尊敬的女士/先生：

您好！

我是市场调查者，我们正在为阳光旅行社做市场调查，主要目的是进一步了解消费者对某市乡村旅游的消费情况。本问卷采用不记名的方式填写，选项无正误之分，将会占用您3至5分钟时间，问题回答完我们将给您一份小礼物作为回报，您的参与对本研究十分重要。感谢您的参与，祝您生活愉快！

（2）宣传与引导并重式问候语

【案例5－2】

××产品消费市场调查问候语

尊敬的先生/女士：

您好！我是××市场调查公司的访问员××。我们受厂家委托，正在进行一项关于××产品消费的市场调查，您是我们按照随机抽样的方式挑选出来的访问对象，希望能听取您的意见。这项调查主要是想了解您对这个产品在使用过程中的意见，您的意见可以帮助厂家为消费者生产更好的产品和提供更好的服务。请将您的真实想法提供给我们，对您的个人资料我们将严格保密，未经您的书面同意，我们不会透露给第三方，请您放心。可能得耽误您十几分钟时间，希望能得到您的支持和帮助。访问结束后我们将送您一份小礼物以表谢意。

（资料来源：https://mbd.baidu.com/ma/s/h3uu8r5s）

（三）填写说明

填写说明旨在帮助被调查者填写问卷，主要内容包括注意事项、填写方法、交回问卷的时间要求以及返还问卷的方式。

【案例 5－3】

问卷填写说明

(1)请您在所选答案的题号上画圈。

(2)所有单选题只能选择一个答案;可选多个答案的问题,请您在认为合适的答案的题号上画圈。

(3)需填写数字的题目请您在留出的横线上填写。

(4)对注明要求您自己填写的内容,请在规定的地方填写您的意见。

(5)填写问卷时,请不要与他人商量。

问卷回收注意事项:

此次调查的期限是 4 月 20 日至 4 月 27 日,请您在 4 月 27 日前务必将问卷填写完毕。您可在完成问卷后及时来电告知,我们会派人与您商定取回问卷的具体时间,并赠送礼品一份,以示谢意。

(资料来源:王光娟. 市场调查与预测[M]. 北京:中国传媒大学出版社,2014.)

(四)甄别

1. 确定合适的调查对象

通过甄别,筛选调查对象,符合条件的就调查,不符合条件的则放弃,以确保调查资料的针对性和有用性。

2. 排除其他干扰因素

为了能够获取真实的信息资料,应该排除可能会给调查带来不利影响的因素。不利的影响因素主要有:在职业上与调查内容有关联的调查者,曾经接受过调查的人,属于其他调查公司的调查对象,在调查活动中可能提供虚假信息的人等。

【案例 5－4】

关于居民住宅消费调查问卷的部分甄别问题

1. 请问您的年龄属于哪一个阶段?

A. 22 岁以下(终止访问)

B. 22～50 岁(继续访问)

C. 50 岁以上(终止访问)

2. 请问您目前的家庭月平均收入属于哪个层次?

A. 3 000 元以下(终止访问)

B. 3 000 元及以上(继续访问)

3. 您和您的家人以及与您交往密切的朋友是否曾在下列单位或行业工作?

A. 广告/媒体公司或公司的广告部门(终止访问)

B. 市场调查公司或公司的研究部门(终止访问)

C. 房地产公司(终止访问)

D. 都没有(继续访问)

4. 请问您在太原居住了多长时间了?

A. 5 年及以下(终止访问)

B. 5 年以上(继续访问)

5. 请问您在过去 6 个月内有没有接受过同类调查?

A. 有(终止访问)

B. 没有(继续访问)

(资料来源:王光娟. 市场调查与预测[M]. 北京:中国传媒大学出版社,2014.)

(五)问题与答案

问题与答案又称问卷的主体,是调查问卷中最重要的部分,其篇幅占整份调查问卷的绝大比重。问题部分包括根据调查纲要或调查项目设计各种问句、不同问句的回答方式、对各类回答方式的指导和说明。

(六)编码

编码的目的是便于计算机进行统计分析。详细的编码规则将在第七章说明。

【案例 5-5】

“第二期中国妇女社会地位调查”的家庭户编码的说明

该编码由 4 位数组成,具体含义为:第一位为样本类型代码,全国样本为 1,省级追加样本为 2;第二位为样本区县内的样本街道、乡、镇的序号;第三位为样本街道、乡或镇内的样本居委会或村委会序号;第四位为样本居委会或村委会内的样本户(即家庭户)序号。其中,前三位已给定,请根据省、市、自治区妇联下发的“居(村)抽样结果及编号”填写,最后一位按该户在抽样结果表中的顺序填写。

(资料来源:王光娟. 市场调查与预测[M]. 北京:中国传媒大学出版社,2014.)

(七)作业证明

作业证明的内容主要包括访问者的姓名、访问日期、访问时间、访问地点等,被调查者的姓名、单位、家庭住址、电话等。

第二节 问卷设计的原则与流程

一、问卷设计的原则

问卷调查是目前市场调查中广泛采用的调查方式,即由调查机构根据调查目的设计各类调查问卷,然后采取抽样的方式(随机抽样或整群抽样)确定调查样本,通过调查者对样本的访问,完成事先设计的调查项目,最后由统计分析得出调查结果的一种市场调查方式。它严格遵循概率与统计原理,因而调查方式具有较强的科学性,便于操作。除了样本选择、调查者素质、统计手段等因素外,问卷设计水平对调查结果有影响,而问卷设计的好坏很大程度上又与设计制度(原则)有关。问卷的设计主要应符合合理性、一般性、逻辑性、明确性、非诱导性、便于整理分析六项原则。

(一)合理性

合理性指的是问卷必须与调查主题紧密相关。违背了这一点,再漂亮的问卷都是无益的。

所谓“问卷体现调查主题”，实质是在问卷设计之初找出与调查主题相关的要素。

例如，调查某化妆品的用户消费感受，这里并没有一个现成的选择要素的法则。但从问题出发，特别是结合一定的行业经验与商业知识，要素是能够被找出来的：一是使用者（可认定为购买者），包括她（他）的基本情况（性别、年龄、皮肤性质等）和使用化妆品的情况（是否使用过该化妆品、使用化妆品的周期和日常习惯等）；二是购买力和购买欲，包括她（他）的社会状况（收入水平、受教育程度、职业等），化妆品消费特点（品牌、包装、价位、产品外观等），以及使用该化妆品的效果评价（问题应具有多样性，但又限制在某个范围内，如价格、使用效果、心理满足等）；三是产品本身，包括对包装与商标的评价、广告等促销手段的影响力、与市场上同类产品的横向比较等。应该说，具有这样几个要素对于调查主题是有直接帮助的。被访问者也相对容易了解调查者的意图，从而予以配合。

（二）一般性

一般性是指问题的设置是否具有普遍意义。应该说，这是问卷设计的一个基本要求，但我们仍然能够在问卷中发现这类带有常识性的错误。这一错误不仅不利于对调查成果的整理和分析，而且会使调查委托方轻视调查者的水平。例如：

问题：你通常选择哪一种广告媒体？

答案：A. 报纸　　B. 电视　　C. 杂志　　D. 广播　　E. 其他

如果答案是另一种形式：

A. 报纸　　B. 车票　　C. 电视　　D. 墙幕广告　　E. 气球　　F. 大巴士

G. 广告衫　　H. ……

由于我们的统计指标没有那么细（或根本没必要），因此我们犯了一个“特殊性”的错误，导致某些问题的回答实际上是对调查无助的。

在一般性的问卷技巧中，需要注意的是不能犯问题内容上的错误。例如：

问题：你拥有哪一种信用卡？

答案：A. 长城卡　　B. 牡丹卡　　C. 龙卡　　D. 维萨卡　　E. 金穗卡

其中 D 选项的设置是错误的，应该避免。

（三）逻辑性

问卷的设计要有整体感，也就是说，问题与问题之间要有逻辑性，独立的问题本身不能出现逻辑上的谬误，从而使问卷成为一个相对完善的小系统。例如：

问题：你通常每日读几份报纸？

答案：A. 不读报　　B. 1 份　　C. 2 份　　D. 3 份及以上

问题：你通常用多长时间读报？

答案：A. 10 分钟以内　　B. 半小时左右　　C. 1 小时　　D. 1 小时及以上

问题：你经常读的是哪类（或哪几类）报纸？

答案：A. ×市晚报　　B. ×省日报　　C. 人民日报　　D. 参考消息

E. 中央广播电视报　　F. 足球报　　G. ……

在以上几个问题中，由于问题设置紧密相关，因此能够获得比较完整的信息。调查对象也会感到问题集中、提问有章法；相反，假如问题是发散的，问卷就会给人随意、不严谨的感觉，那么，将市场调查作为经营决策的一个科学过程的企业就会对调查失去信心。

所以，逻辑性的要求是与问卷的条理性、程序性分不开的。在一份综合性的问卷中，调查者应将差异较大的问卷分块设置，从而保证各个“分块”的问题之间密切相关。

（四）明确性

明确性是指问题设置的规范性。这一原则具体是指：命题是否准确；提问是否清晰、明确、便于回答；被访问者是否能够对问题做出明确的回答；等等。

例如，问题中的“10 分钟”“半小时”“1 小时”等设计即十分明确，统计后会告诉我们：用时极短（浏览）的概率为多少、用时一般（粗阅）的概率为多少、用时较长（详阅）的概率为多少；反之，答案若设置为“10 至 60 分钟”或“1 小时以内”等，则不仅不明确、难以说明问题，而且令被访问者难以作答。

此外，问卷中常有“是”或“否”一类的是非式命题。例如：

问题：您的婚姻状况如何？

答案：A. 已婚　　B. 未婚

显而易见，此题还有第三种答案，如离婚、丧偶、分居等。如果按照以上方式设置答案，则不可避免地会发生选择上的困难和有效信息的流失。其症结就在于问卷违背了明确性原则。

（五）非诱导性

不成功的访问者经常会在调查中使用诱导性的问题。这种提问方式如果不是刻意地要得出某种结论而甘愿放弃客观性的原则，就是彻头彻尾的职业素质缺乏。在问卷调查中，因为有充分的时间提前做准备，所以这种错误大大地减少了。但这一原则之所以成为必要，在于高度竞争的市场对市场调查的发展提出了更高的要求。

非诱导性指的是问题要设置为中性，不参与提示或主观臆断，完全将被访者的独立性与客观性摆在问卷操作的限制条件的位置上。例如：

问题：你认为这种化妆品对你的吸引力在哪里？

答案：A. 色泽　　B. 气味　　C. 使用效果　　D. 包装　　E. 价格　　F. ……

这种设置是客观的。若换一种答案设置：

A. 迷人的色泽　　B. 芳香的气味　　C. 满意的效果　　D. 精美的包装　　E. ……

这种设置则具有了诱导性和提示性，从而在不自觉中掩盖了事物的真实性。

（六）便于整理分析

成功的问卷设计除了要考虑紧密结合调查主题与方便信息收集外，还要考虑调查结果的容易得出和说服力。这就需要考虑问卷在调查后的整理与分析工作。首先，这要求调查指标是能够累加和便于累加的；其次，指标的累计与相对数的计算是有意义的；最后，能够通过数据清楚地说明所要调查的问题。只有这样，调查工作才能收到预期的效果。

二、问卷设计的流程

问卷设计需要经过事前准备阶段、设计问卷初稿阶段和事后检查阶段。

（一）事前准备阶段

1. 明确调查目的

明确调查目的需要调查者和委托人的深入沟通和分析。市场调查不是为调查而调查，市场调查的机构或企业内部市场调查部门必须做如下工作：与决策者沟通、访问行业专家、搜集并分析二手资料和定性调查。

2. 明确所需获取的信息

明确调查目的和主题后，要对调查目的进行初步的探测性研究，并将其转化为具体理论假设和所需获取的信息。确定所需的第一手资料的内容，并分析哪些资料需要通过问卷取得，需要向谁调查等。特别要搜寻与调查对象的特征相关的资料，如能反映被调查对象社会阶层、行为规范等环境特征的资料，能反映其知识水平、理解能力等文化特征的资料，能反映其需求动机、行为习惯等心理特征的资料。

3. 确定调查方式的类型

明确所需获取的信息后，研究人员需要决定怎样搜索这些信息。常用的问卷调查方式有派员访问调查、电话调查、邮寄调查和网络调查等。不同类型的调查方式对问卷的格式和要求是有差别的。在面访调查中，被调查者能与调查者面对面地交谈，就可以询问较复杂的问题；街头拦截式的面访调查要求问卷内容尽量简短；电话访问要用丰富的词汇描述问题，可用对话的风格设计问题；邮寄问卷由被调查者自己填写，要给出详细的指导语；在计算机辅助访问中，可以实现跳答和随机化安排问题，以减少由于顺序不同造成的偏差。

（二）设计问卷初稿阶段

在做完准备工作的基础上，研究者可以按照设计原则和要求着手设计问卷初稿。其内容主要包括调查中要提出的问句的设计、备选答案的设计、提问顺序的设计以及问卷版面格式的设计等。

1. 确定每个问题的内容

一份问卷的内容不宜过多，把所有问题提出来后，要对已编写好的问题逐一检查，将重复的、不必要的问题删掉，包括修改表达不准确、不适当的问题，有的问题如不能充分体现调查内容，就应加以补充。

2. 决定问题的回答形式

这一阶段首先关心的是询问中所使用的问题的类型。在调查中，有三种主要的问题类型：开放式问题、封闭式问题和半封闭式问题。每种形式的问题各有利弊，用哪种形式完全取决于所研究的问题的性质和特点。一般来说，在需要快速回答、对量化结果感兴趣、受访者受教育水平较低的情况下，采用封闭式问题比较合适。但在有些预备性调查中，想让受访者充分陈述自己的观点和看法，就需要采用开放式问题。在实践中，为了避免各自的缺点，有时需要采用三种类型相结合的方式。

3. 决定问题的措辞

问卷中的问题是为了了解被调查者的意图和提供资料的依据，如何将所需的内容转化为被调查者容易接受的语句，主要应注意以下技巧：

（1）措辞要准确、清楚。如果调查者认为问题是绝对必要的，那么问题的表达对每个人来说就必须意味着相同的意思，应当避免使用含糊不清的词语。例如，“您住的地方离这里只有5分钟的路程吗？”这个问题的回答与出行方式有关，可能是指步行，也可能是指开车。

（2）考虑应答者回答问题的能力。有时应答者可能对回答问题所需的信息一无所知，如询问一位男子他的妻子最喜欢何种品牌的毛线通常就属于这种情形。有时应答者根本无法记住问题的答案，如“您最近3个月看了哪些杂志？”为了避免应答者记忆力差的问题，时间期限应当相对短些，如“在过去的1周里，您买过巧克力吗?”

4. 确定问题的顺序

(1)将过滤性问题放在首位，用来识别哪些是合格的应答者。企业的新产品有自己的目标顾客群，市场调查问卷也是一样。只有合格的应答者回答的问卷，才可能对数据的搜集有帮助。

(2)在得到合格的应答者后，以一个令人感兴趣的问题开始访谈。最初提出的问题应当简单、容易回答、令人感兴趣，并且不存在任何威胁。

(3)先问一般性问题。“热身”问题后，问卷应当按一种逻辑顺序进行。先编排一般性问题，使人们开始考虑有关概念、企业或产品类型，再问具体问题。例如，有关洗发水的一份问卷可以这样开始：“在过去的6个星期里，你曾经购买过洗发水、护发素和定型剂吗?”促使人们开始考虑有关洗发水的问题，再问有关洗发水的购买频率、在过去3个月里所购的品牌、对所购品牌的满意程度、再购买的意向、理想洗发水的特点、应答者头发的特点，最后是年龄、性别等人口统计方面的问题。

(4)需要思考的问题放在问卷中间。

(5)在关键点插入提示。在设计与编排问卷时，在问卷的关键点插入一些简短的鼓励话语通常是吸引应答者保持兴趣或重新培养应答者兴趣的重要手段，如“下面没几个问题了”“下面会更容易些”。另一方面，作为下一部分内容的介绍，可以插入类似“既然您已帮助我们提出了以上意见，请再多问一些问题”的语句，为后面的提问做好铺垫。

(6)开放式问题放在后面。开放式问题一般需要较长时间的思考和填写，应放在后面。

(7)把敏感性问题、威胁性问题和人口统计问题放在最后。

5. 确定格式和排版

在问卷设计中，经常会出现以下问题：

(1)调查者为节省费用而压缩版面，使得问题之间的空间太小，不仅调查者提问或被调查者回答时容易疏漏或窜行，而且后期数据编码录入容易出错。

(2)低档的纸张和粗糙的印刷会产生负效用。尽管开头的问卷说明中一再强调本次调查的重要性，但低质量的问卷外观还是会破坏被调查者对调查的印象，从而直接影响调查质量。

(3)问卷中重要的地方没有突出，尤其是对于自填式问卷，如果答题的规则或条文的提示不醒目，就很容易被忽略，致使被调查者回答错误。

所以，在问卷版面格式的设计中，不容忽视以下四个方面：

第一，外表要求质量精美、专业化。

第二，适当的图案或图表会调动被调查者的积极性。

第三，内部要留出足够的空间，方便提问、回答、编码以及数据处理。

第四，重要的地方注意强调，以引起被调查者的注意。此外，注意把同一份问卷装订在一起，防止部分数据丢失。

(三)事后检查阶段

1. 问卷的模拟试验

问卷设计完成后，在进行大规模正式调查前，需要对问卷的内容、措辞、问题的顺序等进行全面检查，具体办法是通过模拟调查试验及试调查来检查问卷中是否存在问题，并进行适当的修改。如果试调查是按调查设计严格执行的,试调查的样本就可以用作实际调查的样本,从而节约试访问的成本。

2. 制成正式问卷

问卷应当用质量较好的纸张印刷,要有“专业性”或“职业性”的外形。如果问卷有多页,就不应该简单地用订书器装订,而必须正式装订成册,最好是双面印刷,以示正规。

【案例 5－6】

吉林市大学生对“翻转课堂”的认知与挑战研究调查问卷

同学,您好!

我是×××学院的大学生,我们正在研究“翻转课堂”给大学生带来的认知与挑战。本次问卷内容仅做研究使用,只占用您 5 分钟时间,请协助我们回答几个问题,感谢您的配合!

1. 您的性别是?(　　)

A. 男　　B. 女

2. 您的学历是?(　　)

A. 本科　　B. 专科

3. 您对翻转课堂的了解程度?(　　)

A. 非常了解　　B. 了解　　C. 一般了解　　D. 不太了解

E. 不了解

4. 如果您可以选择,传统课堂和“翻转课堂”,您会选哪一个?(　　)

A. 传统课堂　　B. 翻转课堂　　C. 无所谓,都可以

5. 您认为“翻转课堂”应该提供的教学资源主要有哪些?(　　)(多选)

A. 文档　　B. 微课视频　　C. 作品案例　　D. PPT

6.“翻转课堂”提供的各类教学资源是否足够?(　　)

A. 太多　　B. 偏多　　C. 合适　　D. 偏少

E. 太少

7.“翻转课堂”与传统课堂相比,您认为在学习的积极主动性上如何?(　　)。

A.“翻转课堂”对学习的积极主动性促进较强

B. 传统课堂对学习的积极主动性促进较强

C. 两个差不多

8. 在传统的教育模式下,您觉得课堂的操作练习时间是怎样的?(　　)

A. 太长　　B. 比较长　　C. 合适　　D. 比较短

E. 太短

9. 与传统课堂相比,您认为“翻转课堂”的学习效果如何?(　　)(多选)

A. 有利于知识掌握得更加牢固

B. 能够学到更多知识

C. 能够更有针对性地解决问题

10. 针对目前的“翻转课堂”课前学习,您的学习态度和投入的精力是?(　　)

A. 很认真地完成了所有学习任务

B. 比较认真地完成了大部分学习任务
C. 比较应付地浏览了一下
D. 基本没看
11. 与传统课堂相比，您目前每周花在学习上的时间是？(　　)
A. 比以前明显增加　　B. 比以前略有增加
C. 差不多
12. 与传统教育模式相比，您认为"翻转课堂"的学习效率怎么样？(　　)
A. 比传统课堂高　　B. 没有传统课堂高
C. 一样
13. 与传统课堂相比，您认为"翻转课堂"是否有利于提升自学能力和沟通能力？(　　)
A. 非常有利　　B. 有利　　C. 一般　　D. 不太有利
E. 不利
14. 与传统课堂相比，"翻转课堂"是否有利于培养分析问题和解决问题的能力？(　　)
A. 非常有利　　B. 有利　　C. 一般　　D. 不太有利
E. 不利
15. 您认为"翻转课堂"面临的主要挑战是什么？请您排序(　　)。
(挑战性比较大的排在前面，程度依次递减)
A. 传统观念束缚　　B. 教学视频录制难
C. 学生自主能力差　　D. 教师的素质与能力不足
E. 授课方式转变跨度大
16. 您认为在"翻转课堂"的学习过程中存在哪些问题？(　　)
A. 课前没有进行学习　　B. 课下遇到问题无人请教
C. 有些学生不喜欢团队学习的模式　　D. 学生对学习的主动性不高
E. 学生思考分析和解决问题的能力不强　　F. 其他________
17. 在同样的内容下，"翻转课堂"与传统课堂分别能学习到的深度(请用数字表示，1～10中，数字越大，所代表的程度越深)，请在相应的数字下打"√"。
传统课堂　1　2　3　4　5　6　7　8　9　10
翻转课堂　1　2　3　4　5　6　7　8　9　10
18. 您在"翻转课堂"中遇到不懂的问题会怎么做？(　　)(多选)
A. 请教老师　　B. 回看视频
C. 与同学交流　　D. 没有理会，问题没有解决
E. 其他________
19. 您对目前的"翻转课堂"教学模式有何改进意见或建议？(请具体说明)
作业证明
调查者：　　调查日期：　　调查地点：

第三节　问卷设计技术

一、问卷问题的设计

调查问卷提问的方式有多种，不同的问题其设计方法各有不同。

(一)开放式问题和封闭式问题的设计

1. 开放式问题的设计

开放式问题也称自由问题，只提问题，不给具体答案，应答者可以自由地用自己的语言来回答或解释有关想法。

(1)自由回答法

这是要求被调查者根据问题，用文字形式自由表述。例如，“您对网上购物有什么看法?”这类问题能直接了解被调查者的态度和观点，回答不拘泥于形式，被调查者可以自由发挥，能收集大量信息。

(2)回忆法

这是用于调查被访问者对诸如品牌名、企业名、广告等的印象的强烈程度的一种问题设计方法。例如，“请列出最近您在电视广告上看到的手机品牌”“请说出您所知道的洗衣粉品牌”“您知道太原有哪些房地产公司吗”等。

用回忆法获得资料后，在分析时应注意以下问题：一是计算不同回忆次序和次数的比值，以分析被调查者的回忆强度；二是根据各项目回忆量的比值，分析被访问者对各种品牌的印象的深浅程度。

(3)再确认法

再确认法是通过向被调查者提供与调查对象相关的线索来刺激其回忆确认。回忆程度可分为“知道”“听说过”“不知道”或“见过”“好像见过”“没见过”。刺激材料可以是文字、图画或照片等。例如，“请问您知道这个品牌吗?”如果回答“知道”，就可以继续询问“您是通过什么渠道知道的?”直到调查对象不能确认为止。

开放式问题的优点：对于被调查者来说，比较灵活，能调动其积极性，使其充分自由地表达想法。对于调查者来说，能收集到原来没有想到或者容易忽视的资料；同时，被调查者以自己的体会来回答问题，调查者可以从中得到启发，使文案创作更贴近消费者。这种提问方式特别适合答案复杂、数量较多或者各种可能答案尚属未知的情形。

开放式问题的缺点：被调查者的答案可能各不相同、标准化程度低、资料的整理和加工比较困难，还可能会因为被调查者的表达能力差异而产生调查偏差。

2. 封闭式问题的设计

封闭式问题是指在设计调查问题的同时设计各种可能的答案，让被调查者从中选定自己认为合适的答案。

(1)二项选择式问题设计

二项选择式又称是非式，这种类型的问题只允许被调查者在给定的两个性质相反的备选答案中选择其一。最常见的是在“是”与“否”、“有”与“无”、“好”与“坏”等中选取其一。

例如：您吃过奥利奥饼干吗？（　　）

A. 吃过　　　　　　　　B. 没吃过

(2)多项选择式问题设计

多项选择式问题的答案有多项。其可以较多地了解被调查者的态度，但统计时比较复杂。

例如：您购买方便面的原因主要有哪些？（　　）

A. 方便　　　　　　　　B. 好吃　　　　　　　　C. 便宜　　　　　　　　D. 营养

E. 无替代品

(3)排序式问题设计

这是要求被调查者把列出的各个选项按其重要性顺序排列出来的一种方法。

例如：请您按照喜欢的程度对以下品牌的洗发水编号，最喜欢的为1号，以此类推。

（　　）花姿　　（　　）飘柔　　（　　）力士　　（　　）舒蕾　　（　　）潘婷

（　　）诗芬

(4)分等量表问题设计

这是通过被调查者对事物的属性从优到劣分等选择来设计的一种形式。

例如：您认为A品牌方便面的口味如何？（　　）

A. 很好　　　　　　　　B. 好　　　　　　　　C. 尚可　　　　　　　　D. 差

E. 很差

多项选择题比二项选择题的强制性低，答案有一定的范围，可区分被调查者在态度上的差异程度，易于了解消费者的购买动机及对产品的评价，也便于统计处理。

【案例5-7】

对于态度方面的调查是否适合采用二项选择题？

分析说明：在涉及对被调查者的态度调查时，二项选择题不能反映被调查者在态度上的细微差异，所以，对于态度方面的调查很少用二项选择题。

理解要点：

第一，二项选择只适合互相排斥的两项选一项的问题或询问较简单的事实性问题。

第二，对于一些态度性问题，看似只有两个选择，其实并非如此。例如，“您是否准备购买小轿车？”这个问题从表面看答案只有“是”或“否”，但实际上却有五个答案：是、否、可能买、可能不买，不一定买。

第三，对可能包含多个答案的情况不能用二项选择题，最好用多项选择题。

（二）直接性问题和间接性问题的设计

1. 直接性问题的设计

直接性问题的设计是指通过直接提问立即能够得到答案的一种方法。例如，“您的职业是什么？”直接性问题适合针对一些已经存在的事实或被调查者的一些不很敏感的基本情况。

2. 间接性问题的设计

间接性问题的设计指的是当被调查者对于一些敏感、尴尬、有威胁或有损自身形象的问题产生顾虑，不敢或不愿意真实地表达意见时采用的一种方法。

【案例5-8】

直接性问题与间接性问题哪个更好?

背景与情境:“您认为妇女的权利是否应该得到保障?”大多数人会回答“是”或“不是”,但实际情况表明,许多人对妇女权利有着不同的看法。如果改问:

A. 有人认为“妇女权利应该得到保障的问题”应该得到重视

B. 另一部分人认为妇女权利问题并不一定需要特别提出

您认为哪种看法更正确?

对A看法的意见:

①完全同意　　②有保留的同意　　③不同意

对B看法的意见:

①完全同意　　②有保留的同意　　③不同意

背景中的问题采用间接性问题更好一些,这样可以排除调查者和被调查者之间的某些障碍,能比采用直接性问题收集到更多信息。

(资料来源:王光娟.市场调查与预测[M].北京:中国传媒大学出版社,2014.)

(三)事实性问题和行为性问题的设计

1. 事实性问题的设计

事实性问题是要求被调查者回答一些有关事实的问题的一种方法。

例如:您通常什么时候看电视?

提出这类问题可以获得有关事实性的资料,所以问题必须清楚,使被调查者容易理解并回答。通常,被调查者的职业、年龄、收入、家庭状况、受教育程度、居住条件等问题均为事实性问题。

2. 行为性问题的设计

行为性问题是对被调查者的行为特征进行调查。

例如:您是否拥有某物?您是否做过某事?

(四)动机性问题和态度性问题的设计

1. 动机性问题的设计

动机性问题是为了了解被调查者采取某种行为的原因或动机的一种方法。

例如:您为什么购买某物?您为什么做某事?

2. 态度性问题的设计

态度性问题是为了了解被调查者对某些事物的态度、评价等方面的问题的一种方法。

例如:您对公司后勤服务中的自行车存取服务有何意见?

二、问卷设计的注意事项

问卷设计主要包括问题的设计和答案的设计两个方面,所以,问卷设计的注意事项分为问题设计的注意事项和答案设计的注意事项两个部分。

(一)问题设计应注意的事项

1. 措辞的选择

用词要通俗,减少使用专业性词汇。

例如:您认为软饮料的分销充分吗?

用词要确切,少用副词。提出的问题要清楚明了,具有唯一的意义。

例如:您通常读什么样的杂志?

这个"通常",可以指场合,也可以指时间,让被调查者很难把握。类似的词语还有"经常""大概""可能""也许"等。

避免一题两问,在一个问句中最好只问一个要点。

例如:互联网时代,您认为自己的文化水平和生产技术水平能否满足企业发展的需要?

这个问题实际上询问了两件事情,应该分成两个问题来问。

2. 避免否定式提问

否定式提问也称假设式提问,是指对要提出的问题先做出某种假设,以此为前提让被调查者做出单项或多项选择。

例如:《山西晚报》涨价 1 元,您是否将改读另一种未涨价的报纸?您觉得这种产品的新包装不美观吗?

出于多数人愿意尝试新事物或获得新体验的心理,被调查者对这类问题多数会回答"是"。

3. 避免诱导性或倾向性提问

合格的问卷中,每个问题都应该是中立的、客观的,不应该带有某种倾向性或诱导性,应让被调查者自己去选择答案。

例如:您认为教师的工资水平是否应该提高?

这种提法带有明显的肯定倾向,会导致被调查者选择肯定的回答。如果把问题改为"您认为教师的工资水平如何?"就可以消除这种倾向性和诱导性。

4. 避免提断定性问题

断定性问题是先断定被调查者已有某种态度或行为,再进行提问。

例如:您每天抽多少支烟?

事实上,被调查者很可能根本不抽烟。正确处理这种问题的方法是在断定性问题前加一个"过滤性"问题,如"您抽烟吗?"

5. 避免直接提出敏感性问题

有关个人隐私方面的问题,有些不为一般社会公德所接纳的行为或态度类问题通常被称为敏感性问题或困窘性问题。这类问题最好采用间接提问的方式,并且语气要特别委婉,具体方法如下:

(1)假定法

假定法即用一个假定性条件句作为问题的前提,再询问被调查者的看法。

例如:假定对人口不加限制,您认为多生子女好还是独生子女好?假定允许各类人员自由调动工作,您会更换目前的工作吗?

(2)释疑法

释疑法即在敏感问题的前面写上一段消除疑虑的文字。

例如：打麻将是我国民间传统的一种消遣娱乐活动，您平均每个月打几次麻将？

(3)转移法

转移法即让被调查者不以第一人称，而是以第三人称来回答问题。

例如：汽车消费将是我国未来消费中的一个热点，您的朋友对分期付款购买汽车怎么看？

(二)答案设计应注意的事项

1. 答案要穷尽

要将所有答案尽可能地列出，才能使每个被调查者都有答案可选，不至于因找不到合适的可选答案而放弃回答。

例如：您家目前的收支情况是？（　　）

A. 较多结余　　B. 略有结余　　C. 收支平衡

"入不敷出"的被调查者将无法回答此问题。

2. 答案要互斥

多个选项的备选答案之间不能相互重叠或包含，即最多只有一个答案符合答卷人的情况。

例如：在您每月的支出中，花费最多的是哪一项？

（　　）食品　（　　）服装　（　　）书籍　（　　）报刊　（　　）日用品

（　　）娱乐　（　　）交际　（　　）饮料　（　　）其他

备选答案中，"食品"和"饮料"、"书籍"和"报刊"不是互斥的。

3. 选项的排列要科学

答案的顺序也会影响调查结果，在选项较多的情况下，受访者容易接受排在前面的选项，认为这些选项重要。而从设计者的角度来说，很容易产生一种倾向，将自认为重要的选项排在前面。避免这种偏差的一个办法是设计若干种不同排列的问卷。例如，用五套问卷，每套的问题完全相同，但在具体选项的排列上进行更换，最后将五套问卷的结果汇总。另一种办法是访问者在使用问卷时，通过在问卷上添加记号来修改顺序。

4. 多项选择题的备选答案不宜过多

多项选择题的答案一般不超过 9 个，答案过多，被访者在回答时可能会出现遗忘或不耐烦的现象。

5. 敏感性问题的答案设计要慎重

为了消除被访者的顾虑，并结合资料整理与分析的要求，需要将答案进行分段设计。

例如：您的月工资是？

（　　）1 000 元以下　　（　　）1 000～1 500 元

（　　）1 500～2 000 元　　（　　）2 000～2 500 元

（　　）2 500～3 000 元　　（　　）3 000 元以上

第四节　网络问卷创建

目前有很多平台提供网络问卷创建服务，本节以"问卷星"为例，介绍具体创建方法。

一、注册

进入 https://www.wjx.cn,打开“问卷星”首页,点击“注册”,成为“问卷星”的用户。设定用户名、密码,并输入常用的电子邮件地址。在“用户类型”一项中选择“免费版”,当然,根据自身需求,也可以选择支付一定费用的“专业版”和“企业版”。填入验证码,并点击“创建用户”按钮。之后,“问卷星”会向您注册的邮箱发送一封验证邮件。进入您的邮箱,确认邮件内容后,就完成了注册。注意,一个电子邮件地址只能注册使用一次。

二、问卷设计方式选择

登录系统,点击页面右上方的“设计新问卷”按钮。“问卷星”提供了两种设计问卷的方式:一是利用模板创建,二是利用文本创建。

(一)模板创建问卷

“问卷星”中内置了一些常用的问卷类型,如员工满意度调查、就业情况调查等问卷。如果问卷性质和目标比较一致,就可以利用模板创建问卷。如果没有相似的问卷,就需点击“使用空白模板”按钮。使用空白模板设计一份新问卷需要进行问卷基本信息的设置。这些设置包括问卷名称、问卷说明、主题语言、截止日期、分类、问卷公开级别、问卷密码保护和结果公开级别。设置完成后,点击“下一步”按钮开始对问卷题项进行设置。

(二)文本创建问卷

如果已经在 Word 等文字编辑软件中设计好了问卷,就可以采用文本创建问卷的方式,将 Word 中的内容直接复制到“问卷星”所提供的文本框中。然后,点击“生成问卷”按钮,即可生成一份“问卷星”的问卷。生成问卷后,可以修改题目属性,如为选项增加分值、设置跳题逻辑、引用逻辑、转换题型等。

三、问卷题项设计及有关提示

“问卷星”提供了单选题、多选题、测评与测试、矩阵题、主观题等多种题型。

(一)单选题设计

鼠标指向“单选题”,选择具体题型,如“列表单选”“组合单选”“下拉框”“投票单选”等。我们以“列表单选”为例,介绍设计单选题的主要流程。

单击“列表单选”按钮,出现本题的编辑框。然后,按下列流程操作:

第一,输入问题的题干,如在此输入问题“您的学历”。

第二,输入问题的选项。如果有多个选项,就点击选项后的加号;如果该选项允许参与者填空,就在选项后的“允许填空”一列画“√”。

第三,系统默认所增加的每道题都是“必答题”,可以取消“必答题”的设置,将该题改为“非必答题”。

第四,“组合单选”是默认最后一个选项允许参与者填空,而“下拉框”是将选项以下拉框的方式呈现。

第五,设计完成后,点击“完成”按钮,完成对该题的编辑。如果还需要继续编辑,只需将鼠标移动到该题上方,再点击“编辑”按钮即可,也可以点击“上移”和“下移”按钮改变题目的顺序，还可以点击“复制”或“删除”按钮执行相应的操作。

（二）多选题设计

鼠标指向“多选题”，选择具体题型，如“列表多选”“组合多选”“投票多选”等。我们以组合多选为例，展示设计多选题的主要流程。

单击“组合多选”按钮，出现本题的编辑框。然后，按下列流程操作：

第一，输入问题的题干，如在此输入问题“您购买手机时主要考虑哪些因素”。

第二，输入问题的选项，如品牌、价格等，并保留最后一个选项——其他。由于选择的是“组合多选”，因此默认最后一个选项为填空选项，允许参与者手动输入；如果取消“允许填空”，则该题变成“列表多选”。如果还有其他选项，请点击选项后的“删掉选项”。

第三，设计完成后，点击“完成”按钮，完成对该题的编辑。如果需要继续编辑，只需将鼠标移动到该题上方，再点击“编辑”按钮即可，也可以点击“上移”和“下移”按钮改变题目的顺序。

第四，设计完成的题目可以通过题型编辑菜单中的“转换题型”功能快速转换题型，如转换为“列表单选题”“下拉框单选题”以及“问答题”等。

（三）测评与测试设计

鼠标指向“测评与测试”，选择具体题型，如“量表题”“评分单选题”“评分多选题”“测试单选题”“测试多选题”等。该题型适合态度测量问题，根据采用的量表的不同选择不同的回答方式。例如，如果采用的是语义差别量表，就可以选择“高级题型”中的“滑动条”。这一类题型的选项都有可设定分值或设为备选答案。这里重点介绍量表题的设计流程。

单击“量表题”按钮，出现本题的编辑框。然后，按下列流程操作：

第一，输入该题的题干，如在此输入问题“您对目前所使用手机的态度”。

第二，量表题默认本题选项为五个级别，并且选项文字为“很不满意”“不满意”“一般”“满意”“很满意”。可以修改选项的描述性文字，或者重新设定每个选项的具体分值。

第三，设计完成后，点击“完成”按钮，完成对该题的编辑。

第四，“问卷星”中的多种题型都可以设置跳转逻辑。如果勾选“无条件跳题”，则参与者无论选择哪个选项，都将跳转到设定的题作答；也可以设置不同选项跳转到不同的题作答。例如，选择“很不满意”，则填写第六题；选择“很满意”，则跳转至第七题。做这样的设置需按勾选选项后的“跳题”按钮，同时设置跳转的具体选择。

（四）矩阵题设计

鼠标指向“矩阵题”，选择具体题型，如“矩阵单选题”“矩阵多选题”“矩阵量表题”“矩阵文本题”等。该题型适合双向列联表的设计。下面我们将以“矩阵单选题”为例展示该题型的设计流程。

点击“矩阵单选题”按钮。然后，按下列流程操作：

第一，输入该题的题干，如在此输入问题“请为下列品牌的手机打分”。

第二，“矩阵单选题”默认左行标题为两个，也可以通过换行增加标题。该题型默认本题的选项评价有五个等级，并且选项文字为“很不满意”“不满意”“一般”“满意”“很满意”。可以修改选项的描述性文字，也可以增加或调整选项内容。

第三，设计完成后，点击“完成”按钮，完成对该题的编辑。

(五)主观题设计

鼠标指向"主观题",选择具体题型,如"单行文本""多行文本""数值""日期""省份""省市区""地址"等。"单行文本"和"多行文本"只是在答题框的大小设置上有所区别,其他选项则是在答题内容的格式上有所区别。下面以"单行文本题"为例展示该题型的设计流程。

点击"单行文本"按钮,出现本题的编辑框。然后,按下列流程操作:

第一,输入该题的题干,如在此输入问题"你的姓名"。

第二,根据答题内容的多少设置答题框的高度,如"1 行""2 行""3 行"等。

第三,设计完成后,点击"完成"按钮,完成对该题的编辑。

(六)其他编辑内容提示

除上述介绍的功能外,"问卷星"提供了"更多题型"和"分段"设置等功能:

"分段"共有四种选择:分页栏、信息栏、分隔栏、甄别栏等。

"更多题型"提供了排序题、表格题、比重题滑动条和上传文件等功能。

"常用题库"提供了更为丰富的题型选择。

(七)其他注意事项提示

第一,在编辑过程中,"问卷星"每隔几分钟会自动对内容进行保存;如果需要手动保存,请点击左上角的"保存"按钮。

第二,在编辑过程中,可以点击"预览问卷"按钮预览设计效果。

第三,如果问卷设计完成,就点击页面上方的"完成编辑"按钮完成问卷编辑工作。

四、发送问卷

点击页面上方的"完成编辑"按钮,完成问卷的编辑工作,进入发送问卷环节。

(一)发布问卷操作设计

在向其他人发送问卷前,需要进行发布问卷的操作。

发布问卷就是将已经编辑完成的问卷发布到网络上,使其有一个唯一的访问地址。

如果发送前需要继续编辑问卷,可以点击"继续编辑问卷"链接,返回问卷编辑页面。点击"可选操作"链接,展开其他选项,可以有以下三个选择:

1. 测试填写问卷

通过试填检查问卷的逻辑是否正确。

2. 修改问卷设置

设置完成信息、防重复填写、公开级别等属性。

3. 设置问卷外观

可以选择您喜欢的问卷背景与字体样式等。

如果问卷编辑完成,可以点击"立即发布问卷"按钮发布问卷。此时,页面会有提示,点击"发送问卷"链接。

(二)发送问卷与回收答卷的途径

"问卷星"提供了多种发送问卷、回收答卷的途径,如直接获得问卷链接、申请推荐、样本服务、互填问卷、邀请邮件、邀请短信以及嵌入网站等方式。这里重点介绍问卷链接、邀请邮件和嵌入网站。

1. 问卷链接

点击“问卷链接”按钮，页面会出现链接地址信息，任何人通过该地址即可访问本问卷。

2. 邀请邮件

利用邀请邮件，可以直接通过“问卷星”向参与问卷调查的人发送问卷的链接信息。此环节的重点是需要输入收件人地址，点击“直接输入邮件地址”链接，输入收件人的地址和姓名。需要注意的是，收件人的地址和姓名之间要用英文的逗号分开。

3. 嵌入网站

该功能是将本问卷嵌入自己的网站中，其方法是将需要复制的问卷的代码整合到原有网站的代码中。在整合过程中可以修改问卷的宽度和外观。

五、统计分析

一旦有网民填完问卷，“问卷星”就自动统计并分析问卷结果，实时更新结果信息。登录后，找到所发布的问卷，点击“统计分析”，然后选择具体的查看方式。

（一）单题统计

单题统计可以查看每道题的统计数据，也可以直接看到数据图，如饼状图、柱状图等。

（二）数据分析与报告

数据分析与报告可以直接查看所有题目的统计结果，默认呈现柱状图，也可以修改图形格式。

（三）答题来源分析

答题来源分析可以查看用户答题的方式，也可以查看时间分布或地域分布情况。

（四）完成率分析

完成率分析即查看问卷的点击次数和完成情况。

在查看统计结果的同时，可以下载答卷或下载统计结果，也可以点击“查看 & 下载”按钮选择下载内容和下载方式。

【相关链接】

一份合格问卷的标准

一份合格的调查问卷一般应符合以下几个要求：

首先，问卷必须正确反映调查目的，完成所有调查目标。

其次，问卷必须使用被调查者可以理解的语言，最好运用简单的日常用语，即问卷应概念清楚、重点突出、内容全面，能将所要调查的问题明确地传达给被调查者，满足调查者对信息的需要。

再次，问卷能使被调查者乐意合作，并顺利地获得被调查者真实、准确的回答，便于对方无顾虑地回答，保证对方觉得回答此问题于己无害。

最后，问卷要便于资料的统计，易于整理，方便记录，方便评价，易于分析。

复习自测

一、单项选择题

1. 下列各项中,不属于调查问卷组成部分的是(　　)。

A. 问候语　B. 问题　C. 表格　D. 编码

2. 下列关于问题设计应注意的事项中,正确的是(　　)。

A. 避免用否定形式提问　B. 尽量使用专业性术语

C. 直接提敏感性问题　D. 一项提问可以询问许多内容

3. 问卷设计的步骤中不包括(　　)。

A. 准备阶段　B. 检测和修改阶段

C. 初步设计阶段　D. 实地调查阶段

4. 问题答案设计的(　　)是指所列出的答案应包含问题的全部表现,不能有遗漏。

A. 顺序性原则　B. 完备性原则

C. 连贯性原则　D. 时效性原则

5. 问卷中起着对填表的要求、方法、注意事项等的总的说明作用的部分是(　　)。

A. 问卷标题　B. 说明词　C. 问题与答案　D. 填写要求

6. 在问卷设计中,需要被调查者思考的问题应放在(　　)。

A. 前面　B. 后面　C. 中间　D. 随机

7. 答案设计中的(　　)是指同一问题的若干个答案之间的关系是互相排斥的,不能有重叠、交叉、包含等情况。

A. 顺序性原则　B. 连贯性原则　C. 时效性原则　D. 互斥性原则

8. 问卷设计步骤中的(　　)是问卷设计的核心工作。

A. 准备阶段　B. 初步设计阶段　C. 试答和修改阶段　D. 付印阶段

9. 在问卷设计中,封闭式问题的缺点是(　　)。

A. 备选答案可能会产生不穷尽的现象

B. 回答问题的要求比较高

C. 填写问卷花费的时间比较多

D. 可能会产生被调查者不知如何回答的情况

10.(　　)是调查者在提出问题的同时,将问题的一切可能答案或几种主要可能答案全部列出,由被调查者从中选出一个或多个答案作为自己的回答,而不做答案以外的回答。

A. 指导性问题　B. 封闭式问题　C. 开放式问题　D. 实质性问题

二、多项选择题

1. 开放式问题的优点有(　　)。

A. 可以收集更多信息　B. 可以收集调查者意想不到的信息

C. 调查结束后,资料的统计与分析较容易　D. 容易编码

E. 能通过追问使调查对象明确、完整地阐述自己的观点

2. 下列各项中，属于开放式问答的有（　　）。

A. 自由回答法　　B. 回忆法　　C. 再确认法　　D. 多项选择法

3. 封闭式问卷的优点包括（　　）。

A. 答案标准化　　B. 可事先编码　　C. 问题较清楚　　D. 答题简单

E. 提高问卷的回收率

4. 问题的主要类型通常可分为（　　）。

A. 开放型问题　　B. 填空题　　C. 封闭型问题　　D. 自由回答题

E. 多项选择题

5. 在接触被调查者时，不应选择的提问方式有（　　）。

A. 我能占用您一点时间吗？　　B. 您能回答几个问题吗？

C. 您介意我向您做一份调查吗？　　D. 您什么时候有时间？

6. 在问卷设计实践中，往往要求设计者注意的方面有（　　）。

A. 用词必须清楚、简洁　　B. 用词应避免对调查者的诱导

C. 应考虑被调查者回答问题的能力　　D. 避免提断定性问题

E. 避免否定式提问

7. 问卷设计的步骤有（　　）。

A. 准备阶段　　B. 初步设计阶段

C. 试答和修改阶段　　D. 付印阶段

E. 实施阶段

8. 问卷中答案设计应注意的事项有（　　）。

A. 答案要穷尽　　B. 答案要互斥

C. 多选题的答案不宜过多　　D. 选项的排列要科学

9. 对于敏感性问题的设计可以采用（　　）。

A. 假定法　　B. 访问法　　C. 释疑法　　D. 问卷法

E. 转移法

10. 调查问卷的设计程序包括（　　）。

A. 初始确定　　B. 题项内容与类型确定

C. 题项用语决定　　D. 题项顺序决定

11. 在设计调查问卷的过程中，在题项内容中不应出现（　　）。

A.“一般”　　B.“经常”　　C.“很多”　　D.“差不多”

三、判断题

1. 调查问卷是唯一一种调查工具。（　　）

2. 在调查问卷中，一个问句只能了解一个项目，包含一个调查指标。（　　）

3. 只要设计出一份优秀的问卷，就可以在调查中避免误差的出现。（　　）

4. 说明词又称前言，它是对调查的目的、意义及有关事项的说明。（　　）

5. 问卷就是在收集第一手资料的过程中作为提问、记录和编码的工具。（　　）

6. 问卷中问题与答案的设计应该生动、新颖，以吸引被调查者的注意，有时为了使其配合

调查,可以将问句偏离调查目标与内容。 (　　)

7. 为了保证收集到重要资料,问卷设计一定要面面俱到,时间控制在至少30分钟以上。 (　　)

8. 问卷中的一些词汇,如"经常""通常"等已经成为人们有较大共识的词语,可以在设计时大量采用。 (　　)

9. 在现实生活中,许多人认为年龄、收入、受教育程度等属于个人隐私,不愿意真实回答,所以在设计问卷时可以把这些问题省略,以免影响回答的整体真实性。 (　　)

10. 问卷中问题的安排从难易角度来看,一般应将较易回答的问题放在前面,较难回答的问题放在后面。 (　　)

四、简答题

1. 简述问卷的含义。
2. 简述问卷设计的原则。
3. 简述问卷的结构。
4. 简述问题和答案设计需要注意的事项。

实训课堂

下面是一份由学生设计的真实的调查问卷(进行了很小幅度的修改),用以了解某地区居民的化妆品消费行为。它违反了许多问卷设计的基本原则,你能发现多少?

调查问卷

1. 您的年龄是:

□18～25岁　□25～32岁　□32～45岁

2. 您每月用于化妆品的消费额度是:

□100元以下　□100～200元　□200～300元　□300～500元

3. 您使用护肤品的价格是:

□50～100元　□100～150元　□150～200元　□200元以上

4. 您购买一次化妆品的频率是:

□1～3个月　□3个月至半年

□半年至一年　□一年以上

5. 您对自己的皮肤状况的了解程度:

□了解　□不太了解　□不了解

6. 您选择化妆品的习惯:

□只认定自己常用的品牌　□只使用知名度高的品牌

□没有固定习惯,只要口碑好或试用效果好就尝试

7. 您觉得化妆品对自己皮肤的改善作用:

□很好　□一般　□没效果　□其他

8. 您看中基础化妆品的功效有(多选题):

□补水保湿 □美白 □遮瑕

□祛痘 □控油 □隔离防晒

9. 您了解化妆品的相关消息的途径(多选题):

□电视广告 □网络媒体 □时尚杂志

□朋友推荐 □社交软件

10. 购买化妆品你一般会选择的渠道(多选题):

□网购 □品牌专柜 □大型商场 □超市

□其他

11. 您日常使用的化妆品有(多选题):

□打底系列 □隔离系列 □面膜系列 □眼妆系列

□唇妆系列

12. 影响您购买化妆品的因素有(多选题):

□品质 □功效 □价格 □包装

□品牌 □广告 □导购的业务水平 □销售人员的态度

□促销活动

13. 您选择新款产品是基于以下哪种情况(多选题):

□试用效果好 □品牌可信度高

□产品的价格或优惠活动 □口碑或知名度好

□销售人员专业 □其他

14. 您经常使用的化妆品的产地:

□中国 □欧美 □日韩 □其他

15. 您在购买化妆品时,期望的产品包装是:

□简单大方 □古典优雅 □清新可爱

□时尚个性 □高贵奢华

16. 您使用化妆品的问题(多选题):

□效果与广告相差太多 □用后皮肤过敏

□效果一般,不值价格 □低于期望

□其他

17. 您在购买时更倾向的促销方式(多选题):

□折扣 □满减 □赠送礼品 □送小样

□参与抽奖 □会员特权 □折扣券 □美容券

□其他

18. 您希望拥有的售后服务(多选题):

□产品回馈 □美容讲座 □回访服务 □免费美容体验

□答谢会 □优先参与促销活动 □其他

19. 你认为在使用化妆品的过程应注意哪些问题?

第六章

市场调查组织方式选择

学习要点及目标

1. 了解市场调查方式分类
2. 掌握各种调查方式的特点及应用
3. 理解抽样调查的相关程序
4. 理解抽样误差的影响因素
5. 掌握抽样误差的控制途径

核心概念

全面市场调查　　非全面市场调查　　抽样调查

引导案例

有效的调查(检测)方式的选择

凌志灯泡厂新开发了一种灯泡,并试生产了 2 000 只。现在该厂要检查这批灯泡的使用寿命,方法是给灯泡连续通电,直到灯泡不亮为止。那么,凌志灯泡厂应该采用怎样的调查方式呢?很显然,不可能采用对全部灯泡都做这种使用寿命检查(全面调查),而只能从中抽取一部分灯泡(如抽取 100 只)进行使用寿命检查(抽样调查),然后用这部分灯泡的使用寿命来估计这批灯泡的使用寿命。前者是全面调查的方式,后者是非全面调查方式中的抽样调查方式。

由此可见,各种不同市场调查方式的适用范围及适用条件不同,在选用时一定要正确掌握各种市场调查方式的适用范围,辨认各种市场调查方式之间的异同点。

(资料来源:万华,唐羽. 现代市场调查与预测[M]. 北京:北京理工大学出版社,2018.)

在市场调研的资料收集过程中,首先需要确定的问题是采用怎样的调查组织方式来选择合适的被调查者。此项工作看似简单,实际上却比较复杂,需要根据市场调查目的的不同以及调查对象的特点,有针对性地选择不同的被调查者。调查方式的选择决定调查样本的代表性,决定市场调查的质量。

第一节　市场调查组织方式

组织实施市场调查需要根据调查的目的和要求以及调查对象的特点,选择适当的调查方式。根据市场调查范围的大小和被调查者的多少，市场调查的组织方式可以分为全面调查和非全面调查两大类，具体分类如图 6—1 所示。

- 调查调查组织方式
  - 全面市场调查——市场普查
  - 非全面市场调查
    - 抽样调查
      - 随机抽样
        - 简单随机抽样
        - 分层抽样
        - 分群抽样
      - 非随机抽样
        - 任意抽样
        - 判断抽样
        - 配额抽样
        - 系统抽样
    - 重点调查
    - 典型调查
    - 固定样本连续调查

图 6—1　市场调查组织方式的分类

一、全面市场调查

全面市场调查又称市场普查，是对调查对象（总体）的全部单位进行的无一遗漏的逐个调查，是一种全面调查的组织方式。全面市场调查是一次性调查，目的是把握在某一时点上一定范围内调查对象的基本情况，如产品库存普查、全国人口普查等。

（一）全面市场调查的优缺点

全面市场调查，从理论上讲，可以取得调查对象全体的可靠数据，这是其最大的优点。但是，从实践来看，全面市场调查有很多缺点：首先，全面市场调查规模大、工作量大，需耗费大量人力、财力，很不经济；其次，全面市场调查范围广、参与调查的人员杂，若调查组织工作不周密，调查中就容易出现遗漏、重复或者误差；最后，全面市场调查时间较长，不能迅速得出调查结果。所以，全面市场调查很少用于大范围的市场调查工作，只适用于某些小范围的全面调查。例如，商业批发企业调查供应地区内几百家用户对某种生产资料的需求量、食品公司调查一个县或一个乡的生猪存栏量等，可以采用全面市场调查方式逐一调查。

（二）全面市场调查的方式

1. 分发调查表

向所有被调查者分发调查表，由被调查者根据本身的现有资料按规定时间填报。这种方式一般适用于对企业、事业单位的市场调查。

2. 面访登记

调查者按照调查表项目的要求，对被调查者直接进行访问、观察和登记。这种方式一般适用于对农村集体经济组织、居民家庭或个人进行的市场调查。

3. 利用普查机会

利用国家统计部门或其他部门组织的有关普查的机会，收集市场调查所需的全面资料。例如，人口普查的人口及其构成资料、工业企业普查的有关生产资料等都有市场调查所需要的重要内容。

（三）全面市场调查的原则

全面市场调查涉及面广、工作量大，对调查内容的准确性、系统性和实效性有较高的要求。所以，为了确保全面市场调查的质量，在组织全面市场调查时，应遵循以下原则：

1. 必须统一规定调查项目

在全面市场调查时，必须对调查的内容和项目做出统一的规定，不能任意改变或增减，以确保调查内容的一致性，便于数据的汇总和处理，提高数据质量。

2. 必须统一规定调查的标准时点

全面市场调查用于收集一定时点上的有关调查对象的数据和资料，所以，为了保证调查数据在时间上一致，必须统一规定调查的标准时点。

3. 必须统一制定各种标准

进行全面市场调查必须统一制定各种标准，如产业或行业划分标准、产品分类目录、数据编码、计算方法、数据处理程序等，都必须统一规定和实施，这样才能从各个方面确保调查数据的质量。

4. 必须统一调查的步骤和方法

为了确保全面市场调查资料具有一定的时效性和调查质量，必须在调查范围内的各个调查点统一行动、统一进度、统一步骤和方法。

（四）全面市场调查的实施步骤

1. 准备阶段

准备阶段主要是制订全面市场调查的方案。准备阶段包括确定调查对象、调查范围、调查方法、调查内容、具体时间、调查经费的安排、数据处理与质量控制等。

2. 试点调查

选择若干调查点作为试点单位，模拟全面调查工作的全过程，以取得组织实施全面市场调查的经验，检验全面市场调查方案的科学性、可行性，发现问题和缺陷，为进一步改进和完善全面市场调查方案提供依据。

3. 正式调查

在试点调查的基础上，组织正式的全面市场调查登记工作。

4. 数据处理

数据处理包括数据处理程序编制、软件使用培训、调查表人工审核、数据录入、计算机审核、数据校正、数据汇总、数据备份、数据存储和建立数据库进行数据管理等。

5. 分析研究

利用调查数据进行多方面的开发和分析研究，为决策者提供多种形式的信息服务。

6. 总结与评估

对调查工作进行全面总结与评估，总结经验教训，表彰先进，处罚违纪违规的单位和个人。

（五）全面市场调查的应用

由于全面市场调查涉及面广、工作量大，需要耗费大量人力、物力和财力，而且调查时间长，因此，企业不可能组织大范围、大规模的全面市场调查，但是可以组织小范围的全面市场调查，或者对那些不能或不必要进行经常性调查，但对资料的准确性、全面性又要求较高的项目实施全面市场调查。

全面市场调查主要包括以下几个方面：一是企业内部有关人力、物力、财力资源的全面调查，如员工基本情况调查、设备完好率调查等；二是企业员工满意度、忠诚度全员测评；三是供应商的全面调查，包括对供应商的供货数量、质量、品种、价格、服务、运输、配送、信誉度等情况进行全面调查，为优选供应商提供决策所需的信息；四是经销商、代理商全面调查，为企业调整、优化营销渠道提供信息支持。

二、非全面市场调查

（一）重点调查

重点调查是在全体调查对象（即总体）中选择一部分重点单位进行的一种非全面调查。这些重点单位一般是在总体中占重要地位或者在总体的某项标志总量中占绝大比重的单位。例如，调查某座城市某年春节的市场供应情况，只要对这座城市中具有代表性的几家大型零售商店进行调查，就可以反映该城市市场供应的基本态势，因为这些商业企业的销售额在该城市社会商品零售额中占绝对优势。再如，了解全国汽车生产的基本情况，只要对少数几家重点汽车生产企业进行调查即可取得所需资料。

1. 重点调查的优缺点

重点调查的主要优点：调查单位数量不多，可以节省人力、物力、财力和时间；可以及时获取信息，掌握总体的基本情况；调查工作量小，易于组织；等等。

重点调查的主要缺点：若总体各单位发展比较平衡，呈现均匀分布，则不能采用重点调查。

2. 重点单位的选择

对重点单位的选择正确与否直接决定重点调查的结果能否正确反映总体的基本情况，所以，在选择重点单位时一定要慎重，要按以下原则来选择：

(1)目的性原则

重点调查研究的目的不同，其重点单位也不同。所以，应根据市场调查的目的、对象的性质和特点来选择重点单位。

(2)依据性原则

重点单位的选择必须以代表总体的抽样框为依据，要包括总体的全部单位及一些重要的辅助信息。

(3)可控性原则

选择重点单位的数量应注意控制在一个合理的数量界限内，即抽取的重点单位在数量上要尽量少，但其标志总量占总体标志总量的比重要尽量大。一般来说，这个比重应为70%～80%。

(4)时空性原则

选择重点单位时要考虑时间和地点，因为重点单位不是一成不变的，它会因时间、地点的不同而不同，所以要因时因地做出选择。

3. 重点调查的应用

重点调查是用于调查总体呈偏斜分布的状态，部分重点单位又能比较集中地反映所要研究的项目或指标的场合。例如：(1)对农产品重点产区的产销进行调查，以测算农产品资源，分析供求变化;(2)对农产品主要批发市场的价格走势进行调查,以研究市场行情;(3)对原材料、能源重点企业的产销进行调查,以研究原材料、能源的供应潜力;(4)在零售业中,对重点零售企业的购、销、存进行调查,以研究零售市场的发展趋势;(5)在制造业中,对重点工业企业的产、销、存进行调查,以研究主要工业产品的产销情况;(6)在工商企业中,对重点产品、重点供应商、重点客户进行调查,以寻求营销重点,加强营销管理;(7)对重点城市、重点经济区域的经济实力和竞争力进行研究;等等。

重点市场调查的应用范围很广,只要调查总体具备重点调查所要求的条件,即重点单位数少但标志值比重大,采用重点调查就能够取得较理想的结果。

(二)典型调查

典型调查是在全体调查对象(即总体)中有意识地选择一些具有典型意义或者有代表性的单位进行非全面的专门调查研究。典型调查有两个特点:一是典型单位是从调查对象中有意识地选择的,所以选出来的典型单位是否具有代表性完全取决于调查者对调查对象的认识程度;二是调查对象较少,人力和费用开支较节省,运用比较灵活,调查内容可以多一些。运用这种调查方式,有利于深入实际,对问题做比较细致的调查分析。在我国的市场调查中,这种调查方式被广泛采用。

商业企业在市场调查中采用典型调查方式一般有两种情况:一是为了查清市场交易活动中的问题,或者总结经营中的经验教训,有意识地选定具有典型意义的调查对象进行解剖麻雀式的调查研究;二是在产品需求和产品资源调查中,从调查总体中有意识地抽选具有代表性的样本单位进行调查,以样本的综合指标来推断总体指标。用典型调查的综合指标来推断总体的综合指标,一般只能做出估计,不能像随机抽样调查那样计算出抽样误差,也不能指明推断结果的精确度。但在总体各单位的差异比较小,所选典型单位具有较大代表性的情况下,以典型调查资料推断总体指标可以得到较为满意的结果。

1. 典型调查的优缺点

典型调查的主要优点:调查单位少,可做深入细致的调查研究,以便深刻揭示事物的本质和规律;调查范围小,可以节省调查的人力、物力和财力,还能节省时间,并且可以迅速取得调查结果,快速反映市场情况。

典型调查的主要缺点:典型单位的选择依赖调查者的主观判断,难以完全避免主观随意性,如果样本的代表性不强,就会产生较大的系统性误差。

2. 典型单位的选择

典型调查的关键在于典型单位选择的正确与否,这直接决定典型调查结果的有效性。典型单位的选择应考虑以下几个问题:

(1)选择的依据

典型调查的实质是一种非随机抽样方式。为了提高样本的代表性,防止典型单位抽选的主观随意性和片面性,应根据以往的调查资料或所建立的单位目录库,在充分分析、比较、评估的基础上选择有代表性的单位作为典型单位。

(2)选择的数量

应根据调查的目的、调查对象的特点、调查经费的多少、调查精度的要求等合理确定典型单位的数量。如果是定性调研项目,典型单位可少一些;如果是定量调研项目,典型单位要多一些。还可根据以往同类调研的实践经验来确定典型单位的必要数量。

(3)选择的方法

①取中选典

要了解总体的一般数量表现,可选择中等水平(平均型和多数型)的单位作为调查单位。

②划类选典

要较为准确地估计总体的一般水平,首先应将总体中的所有个体划分为不同的类型,然后从各类中按比例大小选择若干典型单位。例如,某县农民家庭彩电需求测算见表6—1。

表6—1　某县农民家庭彩电需求测算表

农户类型	农户数		样本户彩电拥有量	
	全县(户)	样本(户)	拥有量(台)	普及率(%)
高收入	71 000	86	73	84.9
中收入	109 600	132	100	75.8
低收入	68 000	82	56	68.3
合计	248 600	300	229	76.3

③解剖麻雀式选典

要总结经验或教训,则应选择先进单位或落后单位作为典型,以便做深入细致的调查。

3. 典型调查的运作程序

提出典型调查课题→确定典型调查方式→制定典型调查方案→抽取典型样本→正式实施调查→调查结果处理。

4. 典型调查的应用

(1)市场定性问题的研究

①研究市场的新情况、新事物、新问题,即运用解剖麻雀式选典的调查方式,对新情况、新事物、新问题做深入的调查研究,以揭示它们的典型意义。

②总结经验教训。通过深入细致的典型调查,可以总结先进单位的成功经验,剖析落后单位的失败教训,以便吸取成功的经验、找出落后的原因。

③研究消费者的消费心理、动机、行为、偏好等,为潜在的理由和动机求得定性的理解。

(2)市场定量问题的研究

①利用典型调查的数据来验证全面调查数据的真实性。

②利用划类选典的办法测算农产品的产量,以研究农产品供求的变化。

③利用划类选典的办法对生产经营者的供、产、销进行调查研究,以求利用典型样本的数据推断总体的数量特征。

(三)固定样本连续调查

固定样本连续调查是指把随机选定的调研单位固定下来,进行长期连续的调查和观察,主要目的是掌握市场事态在时间历程中的变化趋势,寻找事态发展的连续性、可比性和规律性。在实践中,我国的城镇职工家庭和乡村农户生活调查(即家计调查)、西方国家的住房调查等都采取对固定调查户进行连续调查研究。

1. 固定样本连续调查的方法

第一,要求固定调查户每天记日记,把需要调研的内容详细记录下来,由调研人员定期收集、汇总。例如,禽蛋产销调研的养禽调查户,每天记录家禽饲养情况,包括饲料投放量、生长率、产蛋数,以及与鲜蛋收支有关的其他账务,逐笔登记。又如,产品柜组固定调查户每天记营业日记,反映营业额、客流量、成交率的变化情况。

第二,对固定调查户,每隔一段时间(一个月或一个季度)发放一次调查表,由被调查户按时填写并寄还。

第三,对固定调查户,每隔一段时间进行一次访问调查和指导,检查记录,收集资料。

第四,定期邀请固定调查户代表举行座谈会。

2. 固定样本连续调查的优缺点

固定样本连续调查的优点:(1)可以从时间的连续中反映市场供求双方的动态和发展趋势,有一定的可比性并可保持资料的连贯性。(2)能及时掌握市场上的各种变化。固定样本连续调查都规定了发样和收样时间,以便按时汇总,定期掌握调查对象的变化情况。(3)有稳定的样本群,便于进行纵向、横向对比。(4)可以根据需要,有计划地增加调查项目,或利用固定样本进行针对性较强的专项市场调查。

固定样本连续调查的缺点:(1)调查对象的日记不易坚持,易出现漏报、缺报,影响资料的准确度。(2)样本可能随时间而转移,出现脱节,如果不能及时补充,就容易发生偏差。(3)固定样本要付给一定的补贴费,长期进行的费用开支较大。

3. 固定样本连续调查的范围

消费者固定样本连续调查以职工家庭(农户)为调查对象,了解消费者需求的变化及购买行为、收入支出、消费结构(购买力投入)等变化情况。

生产者固定样本连续调查以生产企业为调查对象,了解产品成本变化的因素和趋势,为制定价格提供可靠资料。

零售商固定样本连续调查以零售商业企业为调查对象,了解产品结构、价格水平、费用、批零差率、利润等的变化情况。

批发商固定样本连续调查以批发商业企业为调查对象,了解批发销售量、进货渠道、费用、批零差率、利润等的变化情况。

(四)抽样调查

抽样调查是根据部分实际调查结果来推断总体的一种统计调查方法,属于非全面调查的范畴。它是按照科学的原理,从若干单位组成的事物总体中抽取部分样本单位进行调查、观察,用所得到的调查标志的数据来代表总体、推断总体。

1. 抽样调查的特点

(1)经济性

这是抽样调查的一个最显著的优点。由于调查的样本单位通常是总体单位中很小的一部分,调查的工作量小,因此可以节省大量人力、物力、财力和时间。

(2)时效性强

由于工作量小,调查的准备时间、调查时间、数据处理时间等都可以大大缩减,因此提高了数据的时效性。

(3)适用面广

抽样调查可以获得广泛的信息,适用于对各个领域、各种问题的调查。从适用范围和问题来看,它的适用面要广于全面调查。抽样调查还适用于对一些特殊现象的调查,如产品质量检验、农产品实验、医药的临床实验等。从调查的项目和指标来看,抽样调查的内容和指标更详细、更深入。

(4)准确性高

由于抽样调查的工作量较全面调查的工作量小,因此,它可以减少由于工作量大、环节多而造成的误差。当然,用样本数据去推断总体时会不可避免地出现推断误差,但是,抽样调查可以通过抽样设计、计算并采用一系列科学的方法,把误差控制在允许的范围内。特别是在总体包括的调查单位较多的情况下,抽样调查结果的准确性一般高于全面调查。所以,抽样调查的结果是非常可靠的。

基于以上特点,抽样调查被公认为非全面调查方法中用来推算和代表总体的最完善、最有科学根据的调查方法。

2. 抽样调查的优缺点

抽样调查的优点:工作量小,调查费用低,耗费时间短。

抽样调查的缺点:易于产生误差,由于抽样调查所取得的整体结果是根据调查母体中的一部分样本推算出来的,因此从一定意义上讲,出现或多或少的抽样误差是难免的,是允许的。但是,为了发挥市场调查的积极作用,必须最大限度地减少误差。要减少误差,关键在于有效抽选样本。

第二节　抽样调查的基本问题

一、抽样调查的相关基本概念

抽样调查是指从市场母体中抽取一个子体作为样本,对样本进行调查,然后根据样本信息推断市场总体情况的方法。

在抽样调查中,常用的基本概念主要有:

(一)总体

总体是事物的所有,也就是基本单位的集合。

(二)样本

样本是从总体中按照一定方式抽取的一部分元素的集合。

(三)抽样元素

抽样元素指的是总体中的每一个基本单位,也称抽样分子或个体。

(四)抽样单位

抽样单位是一次直接的抽样所使用的基本单位。抽样单位与抽样元素有时是同一的,有时是不同的。

(五)抽样框

抽样框又称抽样范围,指的是一次直接抽样的总体中所有抽样单位的名单。

（六）参数值

参数值又称总体值，是关于总体中某个变量的综合描述，或者总体中所有元素的某一特征的综合数量表现。在统计中，最常见的参数值是某一变量的平均值。

（七）统计值

统计值也称样本值，是关于样本中某一变量的综合描述，或者说是关于样本中所有元素的某一特征的综合数量表现。

（八）抽样误差

抽样误差是用样本统计值去估计总体参数值时所出现的误差。

二、抽样调查的程序

抽样调查是由五个步骤组成的工作过程。

（一）对母群体的识别

对于市场调查中的母群体，在调查工作过程中必须坚持一贯性。例如，针对家庭的事实调查，就不要混杂个人意见调查。必须掌握母体或群体的特征，否则容易丧失抽样的代表性。

（二）选择抽样方法

选择抽样方法需要考虑的因素如下：

第一，抽样调查可用的资源极为有限，以非随机抽样为主。

第二，要获得不偏估计值，就必须采用随机抽样，否则可考虑非随机抽样。

第三，必须用客观方法评估抽样设计的精密度的，应采用随机抽样；否则就考虑非随机抽样。

第四，预期抽样误差是研究误差的主要来源，应采用随机抽样；预期非随机抽样误差是研究误差的主要来源，则应可考虑采用非随机抽样。

在实际工作中，常用的随机抽样方法主要有简单随机抽样法、分段抽样法、分层抽样法、群体抽样法和系统抽样法等。每种方法各有优缺点，如表 6－2 所示。

表 6－2　　各种随机抽样方法的优劣比较

抽样方法	优　点	缺　点
简单随机抽样法	①母群体名册完整时，直接从母群体中随机抽取样本，方法简单 ②抽取概率均等，较易估计母群体总值及抽样误差	①通常推算结果的精确度较分层抽样、分段抽样低 ②抽取样本较分散，调查的人力耗费较多 ③无法估计母体的特征
分段抽样法	①分段抽样为群体抽样和分层抽样的折中办法，兼取两者的优点 ②配合行政区域抽样，抽样手续与调查管理均较便利	误差可能加大，且整理与分析较其他抽样复杂
分层抽样法	①层间差异越大，层内差异越小，抽取样本的统计精确度就越高 ②适当分层抽样推定的误差较简单随机抽样小 ③可得到对各层的估计值	分层后的样本数据的整理和推算工作通常较简单随机抽样烦琐

续表

抽样方法	优　点	缺　点
群体抽样法	①群体间差异越小,群体内差异越大,抽取样本的统计精确度就越高 ②群体内样本较为集中,调查者行动半径不大,可节省调查的人力及费用	①以群体为抽样单位,各项整理和统计费用会增加,故一般采取成对抽样,便于估计误差 ②通常在群体内各分子无甚差异时(如农业专业区、加工区、住宅区等)增加群体间差异,调查结果误差较大 ③各群体内含的个体多寡不同时,误差加大
系统抽样法	①随机起号抽取一个,以后累加即可 ②当个体序列号随机出现时,其推定精确度与简单随机抽样相同	①当母体名册或个体单位数不完整时,无法采用 ②遇有个体呈某种周期序列,又恰与抽样间隔相近时,抽取样本的误差较大

(三)决定样本数

在决定样本数时,应注意下列问题:

第一,调查结果所要求的精准度。所要求的精准度越高,所需要的样本数就越多。

第二,抽样母体的特性。若母体不规则且分成若干较小子群体,则需求较多的样本,以保证抽样的准确度。

第三,抽样调查设计。如果样本能真正代表母体,则样本数小,准确性高。由不相干的人来答卷,其误差随样本数的增加而加大。

第四,抽样成本合理化。最佳抽样数量应是样本数既足以产生准确的资料,又不超过调查预算。

(四)实施调查

对选定的样本运用不同的调查方法逐个进行调查,从而取得第一手资料。

(五)测算结果

这是抽样调查的最后一个步骤,也是抽样调查的目的所在,是指用样本指标推断总体指标的结果,具体方法包括百分比推算法和平均推算法等。

第三节　抽样调查方式

一、随机抽样

随机抽样是指母体的全部基本单位都有同等被抽中的机会。首先按照随机原则从母体中选取调查样本,然后依据样本调查结果推算母体,还可以计算抽样误差的大小。一般在调查前明确抽样误差的允许范围,这样就可以了解调查的精确度。

为了达到随机抽样的目的,人们创造了多种多样的抽样方法,主要有单纯随机抽样、分层随机抽样和分群随机抽样。

(一)单纯随机抽样

单纯随机抽样是母体中的每个基本单位(亦称子体)都有相等的被选中的机会。样本抽选完全排除任何有目的的选择，按随机原则选择，优点是简便易行。从母体特征分析，分布均匀的母体比较适用单纯随机抽样，并具有较强的可靠性。

单纯随机抽样通常运用抽签法和随机号码表法来实现随机抽取样本。

1. 抽签法

抽签法是利用骰子的转动来指明样本的方法。骰子是立体正二十面形，每刻一个数字，当正面为“0”时，背面也为“0”，使 0，1，2，…，9 有同等出现的概率。

抽签法的步骤如下：

第一，将母体排队编号。如有 n 个子体，则将其编成从 1 到 n 的正整数号码，即 1，2，3，…，$n-1$，n。

第二，子体转动指明样本。假定某单位有工人 950 人，想从中选出 20 人作为调查样本。因为总体为三位数，这时可以连续转动骰子三次：第一次出现的数字作为百位数，第二次出现的数字作为十位数，第三次出现的数字作为个位数，得到一个三位数。依此办法，取得的 20 个三位数为 972，680，005，490，731，…上列数字中 972 超出原编号，应舍掉，再补充一个，直到选出符合要求的 20 个数字为止。

第三，数字与编号一一配对，作为进行调查的样本。获得样本情况后，再推算总体信息。

2. 随机号码表法

利用随机号码表抽选样本是最常用的一种随机抽样法。

随机号码表又称乱数表，它是将 0～9 的 10 个自然数按编码位数的要求（如两位一组、三位一组、五位甚至十位一组），利用特制的摇码器（或电子计算机），自动地逐个摇出（或电子计算机生成）一定数目的号码编表，以备查用。这张表内任何号码的出现都有同等的可能性。每次抽取样本时，利用这张表，可以大大简化抽样的烦琐程序。随机号码表最早出现在英国，后来在其他国家得到广泛应用。

为了便于说明，现从随机号码表中选取 100 个数字罗列如下：

70 29 12 13 40 33 20 38 26 13 89 54 03 74 17 76 37 43 04 56 62 18 37
35 96 83 50 87 75 97 12 25 93 47 70 33 24 03 54 99 49 57 22 77 88 42
95 45 72 16 64 36 16 00 04 43 18 66 79 16 08 15 04 72 33 27 14 34 09
45 59 34 68 49 12 72 07 34 45 31 16 93 32 43 50 27 89 87 19 20 15 37
00 49 52 85 66 60 41

利用随机号码表的数字不受任何限制，可以任意指定一个数字，然后按上下、左右的顺序或按一定的间隔顺序抽取。数字可以按照排列顺序用作两位数的号码或四位数的号码，也可以用作三位数的号码或五位数的号码。例如，从第一行第一位数字起取三位数（按由左至右顺序），第一个数字是 702，下一个数字是 912，再下去是 134……

采用单纯随机抽样法，在市场调查对象不明，难以划分组类，或总体内单位之间差异小时效果较好。如果市场调查总体范围广，内部各子体之间差异大，则一般不直接采用此方法，而是与其他方法结合进行抽样。

（二）分层随机抽样

分层随机抽样是先将市场母体分成若干层，再从各层中随机抽取所需数量的基本单位，综合成一个调查样本。分层随机抽样在分层时要将同一性质的基本单位分为一层，但层与层之间基本单位的特性差异较大。所以，分层后要做到层内个体特性相似，基本代表了子体的某一特征；层间个体特性相异，代表了子体不同的特征。这种方法适用于母体基本单位特征差异大，且分布不均的情况。这种方法实质上是分层与单纯随机抽样的结合。例如，调查某地区百货商店的产品资金周转情况，先按其经营规模分为大型百货商店、中型百货商店和小型百货商店三种类型(副次母体)，再从三种类型中分别随机抽出样本。按此程序抽取样本的方法便是分层随机抽样法。

采用分层随机抽样的具体形式有分层比例抽样、分层最佳抽样、最低成本抽样和多次分层抽样。

1. 分层比例抽样

分层比例抽样是指各层所抽出的样本数按各层基本单位数目占整个母体的比例来确定。计算公式如下：

$$S_i=\frac{V_i}{V}\times S$$

式中：S_i——第 i 层应抽取的样本数；

V——母体中基本单位总数；

V_i——第 i 层基本单位总数；

S——预定抽取样本数。

【案例 6－1】

某地商业企业销售情况调查

某地有商店 10 000 个，即要调查的母体总数。其中，分层母体为：大型百货商店 1 000 个，中型百货商店 2 000 个，小型百货商店 7 000 个。如果确定样本数为 200 个，采取分层比例抽样法，则各层应抽取的样本数目如下：

大型百货商店应抽取样本数：

$$S_{大}=\frac{1\ 000}{10\ 000}\times 200=20(个)$$

中型百货商店应抽取样本数：

$$S_{中}=\frac{2\ 000}{10\ 000}\times 200=40(个)$$

小型百货商店应抽取样本数：

$$S_{小}=\frac{7\ 000}{10\ 000}\times 200=140(个)$$

确定了各层样本数后，即可按单纯随机抽样原则从各层中抽取预定数目的样本，进行销售情况调查，推算出各层情况，再汇总成母体的销售情况信息。

2. 分层最佳抽样法

分层最佳抽样法又称非比例抽样法。它是根据各层基本单位标准差的大小调整各层样本数的抽样方法。在各层差异过分悬殊，某些层的重要性大于其他层的情况下，采取非比例抽样，这些层抽取的样本数就多；反之，抽取的样本数就少。这样，兼顾层的大小和层内差异程度的大小来抽样，有利于提高综合样本对总体的代表性，提高样本的可信程度。

采用分层最佳抽样法确定各样本数目的计算公式如下：

$$n_i = n \cdot \frac{N_i S_i}{\sum N_i S_i}$$

式中：n_i——各层应抽出的样本数目；

n——样本总数目；

N_i——各层的调查单位数；

S_i——各层调查单位的样本标准差。

【案例 6－2】

城市居民家用电器用品的潜在需求量调查

某部门对某城市居民家用电器用品的潜在需求量进行调查。该城市高、中、低收入家庭分别为 15 万户、65 万户、20 万户，假如 n 和 N 仍然用上例分层的数字，即抽取样本为 1 000，$n=1\ 000$，$N_{高}=15$ 万，$N_{中}=65$ 万，$N_{低}=20$ 万。假定其标准差估计值为 S_i，家庭收入高的为 300，中等的为 200，低等的为 50，即 $S_{高}=300$，$S_{中}=200$，$S_{低}=50$。为了便于计算和观察，列表如表 6—3 所示。

表 6—3　确定样本量的数据表

层	每层中调查单位总数（N_i）（万）	各层中标准差的估计值（S_i）	积（N_iS_i）
高	15	300	4 500
中	65	200	13 000
低	20	50	1 000
合计			10 500

依照分层最佳抽样法，各层应该抽取的样本数分别为：

$$n_{高}=1\ 000\times\frac{4\ 500}{18\ 500}\approx 243（户）$$

$$n_{中}=1\ 000\times\frac{13\ 000}{18\ 500}\approx 703（户）$$

$$n_{低}=1\ 000\times\frac{1\ 000}{18\ 500}\approx 54（户）$$

用这个方法计算出的各层样本抽取数与用分层比例抽样法抽取的样本数相比较，可以看出，因各层标准差大小不同，家庭收入高的分层样本数增加了 93 个（243—150），家庭收入中等的分层样本数增加了 53 个（703—650），而家庭收入低的分层样本数减少了 146 个（200—54）。

这样抽选得到的综合样本比原先只考虑分层比例抽样得到的综合样本更具有对全市居民总体的代表性，其抽样调查推断的总体结果的准确性会有所提高。

各层的标准差估计值反映的是各层的每个子体值和平均值之间的差异。如果某层中各子体特征比较接近，差异较小，那么从理论上说，标准差就小。所以，少抽取一些样本仍然可以反映该层的大致情况。如果某层内各子体差异较大，那么标准差就较大，从而要适当多选一些样本才更合理。各层标准差估计值可以通过在各层中抽取少量子体，用试验调查获取数据计算得到。仍以本例说明(所不同的是将数值缩小若干),假定高收入家庭抽取10户为样本,中等收入家庭抽取20户,低收入家庭抽取5户。经计算:高收入家庭用于购买家用电器的支出平均每月每户为500元。实际上,本层抽出10户子体之间有差异,具体数据为385、390、500、450、800、345、510、240、680、700。

$$\begin{aligned}离差平方和 &=(385-500)^2+(390-500)^2+(500-500)^2+(450-500)^2+(800-500)^2\\&\quad+(345-500)^2+(510-500)^2+(240-500)^2+(680-500)^2+(700-500)^2\\&=281\ 950\end{aligned}$$

代入标准差估计值计算公式,经计算可得:

$$高收入层标准差估计值=\sqrt{\frac{281\ 950}{10}}\approx 167.9$$

用同样的方法可求出中等收入家庭和低收入家庭的标准差估计值。

在实际调查选样中,标准差估计值既可以根据经验或上次调查积累结果确定,也可以根据小规模试验调查确定。最佳抽样根据标准差估计值的不同,选取样本的比例也不同。

3. 最低成本抽样法

最低成本抽样法是指根据抽样的费用支出来调整各层的应抽样本数的抽样方法。分层比例抽样法、分层最佳抽样法主要是考虑统计效果;最低成本抽样法则是在考虑统计效果的基础上,考虑各层之间调查费用支出的明显差异,既注意了统计效果,又考虑了经济效果,也就是说,要在对调查结果的可信水平影响不大的前提下,注意调整各层的样本数目,以节省调查的费用支出。其抽取样本的计算公式为:

$$\boldsymbol{n}_i=\boldsymbol{n}\cdot\frac{\boldsymbol{N}_i\boldsymbol{S}_i\sqrt{\boldsymbol{C}_i}}{\sum(\boldsymbol{N}_i\boldsymbol{S}_i/\sqrt{\boldsymbol{C}_i})}$$

式中:C_i——第i层的调查费用。

4. 多次分层抽样法

多次分层抽样法是指对调查母体进行分层的次数在两次或两次以上的抽样方法。采取这种市场抽样调查方法,从母体分层后再进行一次或多次分层,经多次分层后仍用随机抽样法抽出样本。

(三)分群随机抽样

分群随机抽样是将市场调查母体先区分为若干群体,然后以单纯随机抽样方法选定若干群体作为调查样本,对群体内各子体进行普遍调查。分群随机抽样与分层随机抽样的内容要求不同:分层随机抽样要求所分各层之间有差异性,分层内部的分子之间具有相同性;分群随机抽样恰恰相反,要求各群体之间具有相同性,而每一群体内部的分子之间具有差异性。

假设调查居民家庭收入,采用分层随机抽样和分群随机抽样的不同要求可以概括为图6—2和图6—3。

分群随机抽样是在单纯随机抽样的基础上发展起来的。采用单纯随机抽样,有时会因样本单位过于分散而导致调查费用过高。采用整群抽样,抽中的单位比较集中,调查起来方便、省时,节省人力、物力。但是在分群过程中,分层的群体之间差异要小,以使抽取的群体代表性强。如果分层的群体之间差异大,抽中的群体不能很好地体现总体属性,抽样误差就大。分层

图 6—2 分层随机抽样各层及各层的内部

图 6—3 分群随机抽样各群及各群的内部

抽样适合界限分明的母体抽样;分群抽样则宜在界限不清、母体不同质、单位多、乱度高、不便于判定分层标准时采用,可以按地域或外部特征将调查母体分成若干群。分群随机抽样一般采用两段落式分群抽样法,即先采取随机抽样选定样本,再对有关群体进行普查。

【案例 6－3】

大学生消费支出情况调查

调查某市大学生消费支出情况,拟抽出 1 000 个学生样本。假定某市有 300 所大专院校,每所学校大约有 3 000 名学生。这样,学生按学校分群,按随机原则从 300 所学校中抽出 20 所,然后把这 20 所学校的学生约 1 000 人作为调查样本。本例中可以对第一群体(学校)再划分为若干较小的群体(如年级)作为第二段群体,还可以再划分为若干更小的群体(如班)作为第三段群体,最后按随机原则选取样本群体进行普查。

二、非随机抽样

非随机抽样法是指随机抽样法范围外的抽样法。各种随机抽样都有一个共同点,即每一个样本被抽取的机会是相等的,所以调查结果可信度高、误差小。但在实践中,这种方法并非对所有调查都具有可行性,因为这样做不仅要求市场调研者掌握母体的某些基本信息并具有较高的技术水平与丰富的工作经验,而且调查花费的时间长、费用支出多。所以,在一些市场调查中,在对调查的母体不甚了解或者调查的母体过分庞杂时,往往采用非随机抽样方法抽取样本。

非随机抽样法主要有任意抽样法、判断抽样法和配额抽样法等方法。

(一)任意抽样法

任意抽样法是一种随意选取样本的方法。例如,在街头向过路人访问调查,在柜台销售产品的过程中向购买者做面谈调查等,便属于任意抽样。任意抽样法由于其样本的选取完全是随调查者的方便而定，因此也可以称为便利抽样。任意抽样法的基本理论认为，母体中的每一个子体都是相同的，随意选取任何一个子体都是一样的。而事实上，并非所有母体中的每一个子体都是一样的，有的母体中的子体是同质的，而有的母体中的子体是异质的。只有在母体中的每一个子体都是同质的情况下，才宜采用任意抽样法。

任意抽样法是非随机抽样中最简便、费用最节省的一种方法，但是，如果母体中子体差异较大，抽样误差也较大，其结果的可信度就大为降低。因此，一般来说，任意抽样法多用于市场初步调查或对市场情况不甚明了时，在正式市场调查中较少采用。

（二）判断抽样法

判断抽样法是由市场调查者根据经验判断选定样本的一种非概率抽样法。这种抽样方法通常适用于熟知母体中子体的特征并且样本数目不多的调查。实践中的很多典型性抽样调查，如企业的经营管理水平、企业销售的产品的结构变化、居民家庭收支情况等都可以采取判断抽样法来决定样本。此外，在制定市场物价指数时，选定产品目录和地区样本也可以采用判断抽样法。

依据判断抽样法所选的事实上的样本易于符合市场调查者的调查需要，与随机选定的样本相比，问卷回收率比较高，而且简便易行，所以具有一定的实践意义，但易发生由于主观判断偏差而引起的抽样偏差。基于这种情况，要充分发挥判断抽样法的积极作用，对母体的基本特征就必须相当清楚，做到心中有数，这样，才可能使所选定的样本具有代表性、典型性，从而透过对所选样本的调查研究，掌握母体的情况。在市场调查实践中，常用的典型调查、重点调查的实质均属于判断抽样法的具体应用。

（三）配额抽样法

配额抽样法是指市场调查母体按某些属性特征进行分层，对分层后的副次母体按一定的特征规定（或控制）样本配额，配额内的样本则由调查者主观判断选定。从对市场调查的母体按特征分层并分别规定样本来看，配额抽样法与分层抽样法有类似之处，但对于层内的抽样方法又有所不同。分层抽样是采用随机方法抽取样本，配额抽样是按判断抽样法抽取样本。所以，从一定意义上讲，配额抽样法也是一种分层判断抽样法。

配额抽样法的主要理论认为，特征相同的调查对象，如同一年龄、性别、收入的居民，其要求相似，误差不大，从而不必按随机抽样法抽取样本。在实践中，采取配额抽样法抽取样本简便易行，节省费用，也能够较快地取得调查结果，而且样本不至于偏重某一层。只要调查的项目设计得当，分析方法正确，所取得的结果也就比较可靠。所以，配额抽样法广泛地被人们采用，成为非概率抽样中最为重要的一种方法。

当然，配额抽样法也存在一定的不足。与概率抽样法相比，其容易出现因所依据的资料不确切而发生选择上的偏差的情况；同时，也不能像随机抽样法那样估计抽样误差，对调查者访问调查对象的方法加以规定和控制。

配额抽样法按分配样本数额的不同，分为独立控制配额抽样和相互控制配额抽样两种类型。

1. 独立控制配额抽样

这种方法只对具有某种特征的样本数规定配额，而对具有两种及以上特征的样本数不做规定。

【案例 6－4】

独立控制的配额抽样

控制特征为年龄、性别、收入三种，已确定样本总数为 200，按独立控制的配额抽样，可列表 6—4，表中的数据是假设的。

表 6—4 不同特征的收入分配表 单位：人

年 龄	样本数	性 别	样本数	收 入	样本数
18～34 岁	40	男	100	高	40
35～44 岁	60	女	100	中	60
45～60 岁	70	总计	200	低	100
60 岁以上	30			总计	200
总 计	200				

从表 6—4 可以看出，在 200 个被调查者中，18～34 岁者应有 40 人，35～44 岁者应有 60 人，45～60 岁者应有 70 人，60 岁以上者应有 30 人；男、女应各取 100 人；收入高者应取 40 人，收入中等者应取 60 人，收入低者应取 100 人。虽然就年龄、性别、收入都做了具体规定(样本数)，但对年龄、性别、收入三者之间的关系并没有具体规定，如 35～40 岁的 60 人中，男、女各应有多少，高、中、低收入各应有多少等都没有规定样本数目，而这正是独立控制配额抽样的特点所在。

2. 相互控制配额抽样

这种抽样方法与独立控制配额抽样不同，它对各特征的每一样本数目都有规定，即按各类控制特性分配样本数目时，要考虑各类型之间的交叉关系，采用交叉控制分配样本数目。如上例中，前提不变，采用相互控制的配额抽样法，列表 6—5。根据交叉控制表，市场调查者可以清楚地了解自己应该抽取的不同分层样本数。例如，18～34 岁的被调查者应有 40 人，其中，高收入的男、女各 4 人，中等收入的男、女各 6 人，低收入的男、女各 10 人。

表 6—5 不同性别的各年龄段人员分布 单位：人

年 龄	收入、性别样本数						样本总数
	高		中		低		总 计
	男	女	男	女	男	女	
18～34 岁	4	4	6	6	10	10	40
35～44 岁	7	7	9	9	14	14	60
45～60 岁	6	6	10	10	19	19	70
60 岁以上	3	3	5	19	7	7	30
合计	20	20	30	7	50	50	200

根据国内外市场调查的实践经验，实行配额抽样法大致要经过以下四个步骤：

第一，确定控制特性。配额抽样要以某些社会的、经济的特征作为抽样的基础，而选定的这类特征便称为控制特性。确定控制特性主要是研究确定以哪些特征作为母体分层的标准，如年龄、性别、收入、文化程度等。至于具体选定哪些控制特性则取决于市场调查的目的、调查对象的性质和客观环境。

第二，按控制特性划分副次母体层，确定各分层之间的比例关系。例如，调查某产品的潜在需要，可以以家庭月收入和家庭户主年龄作为控制特性，区分副次母体层。为了便于观察和分析，可以编制一张分层比例表，如表 6—6 所示。

表 6—6　　户主不同年龄月收入分布表

家庭月收入	户主年龄		总　计
	40 岁以下	40 岁及以上	
2 000 元及以上	2%	8%	10%
2 000 元以下	60%	30%	90%
总计	62%	38%	100%

第三，决定各层母体（副次母体层）的样本数。这一步骤通常是依据分层母体在母体中所占的比例来分配样本数。

根据表 6—6 中母体的构成比例，如果确定总样本数为 250，则分层应抽出的样本数如下：

家庭月收入 2 000 元及以上，40 岁以下 $=250\times2\%=5$

家庭月收入 2 000 元及以上，40 岁及以上 $=250\times8\%=20$

家庭月收入 2 000 元以下，40 岁以下 $=250\times60\%=150$

家庭月收入 2 000 元以下，40 岁及以上 $=250\times30\%=75$

第四，配额指派，即各分层母体的样本数目确定后，要向市场调查者指派配额，由调查者在指派的样本数目限度内自由地选择调查对象。

（四）系统抽样法

系统抽样法是一种介于随机抽样法与非随机抽样法之间的抽样方法，是依据一定的抽样距离，从母体中抽出样本，所以又称等距抽样法。

采用系统抽样法，先对母体中的单位（分子）进行有序编号，再按一定的距离确定样本单位的区间数。确定的公式是：

$$\text{样本单位区间(距离)数}=\frac{N}{n}$$

式中：n——样本数；

N——母体单位（分子）的总数。

之后，在 1 到$\frac{N}{n}$之间抽出一个号码作为一个样本单位；再自这个样本单位起加上样本的区间数（$\frac{N}{n}$），取得的号码即第二个样本单位；依此类推，直至样本数取完。

【案例6－5】

居民户系统抽样

假设某地区有居民900户(母体),计划抽出80户作为样本。此时的样本区间数为11(900÷80,四舍五入取整数)。如果在1到11之间确定是11,则样本号码依次为11、22、33、44、55、66、77、88……即每隔11号抽出一个样本,直至抽满80个样本。

从上述说明可以看出,采取系统抽样法抽出的样本能够使样本均衡地分散在母体的各单位中,不会过分集中于某些单位,从而有利于增强样本的代表性,并且抽样的方法简便易行。

系统抽样法,就其类型来讲,可以属于非随机抽样法,也可以属于随机抽样法,究竟属于哪种抽样法,主要取决于第一个样本的抽取方法。如果第一个样本是采取判断抽样法选取的,那就是非随机抽样的一种方法;如果第一个样本是采取随机抽样法抽取的,则属于随机抽样法。系统抽样法在属于概率抽样的条件下,还可以发挥统计推算的作用。所以在实践中,系统抽样法受到人们的普遍重视,是极有意义的一种抽样调查方法。

第四节 抽样误差与样本容量

抽样误差是指抽样样本指标值与相应的未知总体指标值之间的差异。样本容量是指在抽样设计中确定的样本单位数在抽样设计过程中,较大的样本容量可以减少抽样误差,而样本容量的增大又会不可避免地增加抽样设计的费用,这便需要调查者综合平衡,确定合理的样本容量,既保证样本容量足以准确地反映总体特征,又使调查费用最小。

一、抽样误差

(一)影响抽样误差的因素

抽样误差是反映样本代表性的指标。影响抽样误差的因素主要有以下三个:

1. 样本容量

在其他条件不变的情况下,样本容量越大,抽样误差就越小;反之,样本容量越小,抽样误差就越大。

2. 总体各单位之间的差异程度

在其他条件不变的情况下,总体各单位之间的差异程度越大,抽样误差就越大;反之,各单位之间的差异程度越小,抽样误差也就越小。

3. 抽样方法

不同的抽样方法选取的样本对总体的代表性不同,相应的抽样误差也不同。例如,分层随机抽样误差比单纯随机抽样误差小,而分群随机抽样误差比分层随机抽样误差小。

(二)抽样误差的计算

不同的抽样方法,抽样误差的计算也不同。但各种不同的抽样方法都是以单纯随机抽样为基础的。可以把单纯随机抽样误差的计算作为其他各种抽样误差计算的基础。这里以单纯随机抽样为例说明。

单纯随机抽样误差的计算公式如下:

$$\mu=\frac{\delta}{n}$$

式中：μ——抽样误差；

n——样本数；

δ——总体标准差，即子体观察值与平均值之间的差异。

在实际调查中，样本标准差 S 代替总体标准差进行计算。样本标准差 S 可以根据抽样结果来计算，计算公式如下：

$$S=\sqrt{\frac{\sum(X_i-\overline{X})^2}{n-1}}$$

式中：X_i——样本观察值；

X——样本平均值。

（三）抽样误差的控制

1. 正确地确定抽选样本的方法

正确地确定抽选样本的方法会使抽选出来的样本真正代表母体。样本能否代表母体关系到抽样调查结果的准确程度。选取的抽查样本要真正能够反映母体的情况和特征，成为母体的缩影；否则，结果便不会准确，也就失去了实际意义。抽选样本需要借助科学的方法。抽样方法很多，归纳起来可分为随机抽样和非随机抽样两种方法。不同的抽样方法适用于不同的调查要求。从抽样方法本身来看，应该力求做到：使母体任何一分子都有被抽选出来作为样本的机会，它们的“机遇”应该是均等的。只有做到机遇均等，才有利于使样本代表母体。另外，在不影响工作效果的前提下，应尽可能使抽样方法简便易行。

2. 恰当确定样本数目

确定样本的数目是每次市场抽样调查都要遇到的重要问题。样本数目的多与少各有利弊。一般来讲，样本数目多有利于提高调查结果的准确性；但样本数目越多，费用支出越大，需要的时间就越长。样本数量的多少必须从市场调查的实际出发，依据需要调查的问题的性质而定，不能一概而论。对于调查对象母体而言，各子体之间的有关特征差别较大者，称为母体幅度大。凡是调查母体幅度小的问题，样本宜少不宜多；反之，调查母体幅度大的问题，则样本宜多不宜少。例如，调查一个市场中居民主要生活必需品的消费量，在一定的生产力水平条件下，这个市场的居民不论收入、职业、文化程度等如何不同，生活必需品消费量这个特征之间的差别是比较小的，所以，可以称作母体幅度小。相反，如果要调查高档产品消费普及率（如私人汽车、高级音响等），由于收入水平不同，高档产品的消费差异较大，因此，属于市场母体幅度大的情况。在市场抽样调查中，如果市场母体幅度小，就可以确定较少的样本数目，这是因为母体中有关问题特征的差别小，少量的样本可以反映母体的情况。对母体幅度大的情形，则要在允许的条件下，确定较多的调查样本。抽样数目的多少还取决于允许误差的大小。在市场调查中，有时可以根据调查要求提出对调查误差的允许度。一般来说，允许误差越小，抽样数目应越多；允许误差越大，抽样数目应越少。

3. 通过加强抽样调查组织来提高工作质量

抽样调查的结果除了取决于怎样抽选样本，以及受样本数量等因素的影响外，还受实践过程中一系列属于工作质量方面的因素的影响。如果工作质量差，就会明显地降低调查的效果。

这类调查误差属于工作组织问题，并不是抽样方法本身造成的，称为非抽样误差。

非抽样误差的产生主要基于下列原因：(1)工作过程中容易出现调查项目设计不当，调查说明含义不清而引起的调查误差；(2)调查者进行实地访问调查的询问方法不当，被调查者不愿如实回答而引起的误差；(3)调查过程中由于误记、统计计算错误和未按规定要求进行调查而引起的误差。

非抽样误差不是采取市场抽样调查形式所必然产生的。只要加强工作组织，注意提高工作质量，就能有效地减少抽样误差，发挥抽样调查的积极作用。

二、样本容量的确定

(一)在确定具体的样本容量前要确定的几个因素

1. 允许误差

允许误差是指根据抽样资料估计总体参数所允许的误差范围，用 X 表示。

2. 置信度

允许误差常用一定的概率以保证抽样误差不超过某一允许的范围。这一用于保证抽样误差不超过允许范围的概率即置信度，又称概率保证度，它表明抽样误差落在允许误差范围内的可能程度，用 $F(t)$表示。

3. 概率度

在实际调查过程中，可以根据专门的标准正态分布表，由给定的置信度 $F(t)$查出相应的概率度，用 t 表示，用以计算允许误差。计算允许误差的公式如下：

$$\Delta X = t \cdot \mu$$

根据抽样误差的公式，可以推导出确定样本容量的公式如下：

$$n=\left(\frac{t \cdot \delta}{\Delta X}\right)^2=\left(\frac{t \cdot S}{\Delta X}\right)^2$$

(二)影响样本容量的因素

从公式可以看出，影响样本容量的因素有以下三个：

1. 总体各单位之间的差异程度

样本标准差 S 是在计算抽样误差时代替总体标准差的，而总体标准差正是用来说明总体各单位之间差异程度的。所以，总体各单位之间的差异程度越小，所需样本数目就越少。

2. 概率度的大小

概率度的大小即对抽样误差范围估计可靠程度的大小。对可靠程度要求越高，概率度越小，所需抽取的样本数就越多；反之，对可靠程度要求越低，概率度越大，所需抽取的样本数就越少。

3. 允许误差的大小

这是对抽样误差范围估计精确度的需求。对精确度要求越高，可允许的抽样误差范围越小，需要抽取的样本数就越多；反之，对精确度要求越低，所允许的误差范围越大，则所需的样本数就越少。

【案例 6－6】

职工每月消费支出调查

某企业调查职工每月消费支出情况。已知职工平均每人每月消费支出的标准差为 30 元。(1)若抽出 160 人进行调查,计算抽样误差;(2)若要求掌握程度即置信度为 95%,即 $F(t)=95\%$,查正态分布表对应的 $t=2$,允许误差为 2 元,计算调查的样本容量。

根据给定条件计算如下:

已知:$\delta=30, n=160$

求:抽样误差 μ。

解:$\mu=\dfrac{\delta}{\sqrt{n}}=\dfrac{30}{\sqrt{160}}=2.37$

答:抽样误差为 2.37 元。

已知:$t=2, \Delta X=2, \delta=30$

求:样本容量。

解:$n=\left(\dfrac{t\cdot\delta}{\Delta X}\right)^2=\left(\dfrac{2\times30}{2}\right)^2=900$

答:为达到要求,要抽取 900 人进行调查。

综上所述,抽样调查样本容量一般应根据市场调查要求母体平均数指标达到的置信度、允许误差,经调查了解母体标准差估计值 S,便可按公式估算单纯随机抽样的样本容量。其他随机抽样形式样本容量的计算请参阅有关统计学书籍。

【相关链接】

“大”数据一定胜过“小”抽样吗

在西方国家,抽样调查被普遍接受有一个过程。在市场调查的发展历史上,有一个典型的事件,即 1936 年的美国总统大选(当时的市场调查在美国刚刚起步)。

1936 年,美国民主党的罗斯福和共和党的兰登竞选总统。颇有声望的杂志《文学文摘》承担了选情预测的任务。该杂志曾在连续 4 届美国总统大选中成功地预测总统宝座的归属。为了使预测结果准确,《文学文摘》从自己的订户中选取 1 000 万人,以发出询问信的方式进行民意调查,覆盖美国 1/4 的选民。最终,该杂志收到了近 240 万分回执。据此加以整理,《文学文摘》推断兰登将获胜。然而,真实的选举结果是罗斯福击败兰登,赢得大选。

当时,有一个名为盖洛普的年轻人,仅仅通过一场规模小得多的问卷调查,即一个 5 万人的问卷调查,准确地预测出罗斯福将稳操胜券。盖洛普成功的法宝在于科学地抽样,他没有盲目扩大调查范围,而是首先以选民的总体特征为基础对总体进行分类,如根据男女比例,不同收入、年龄的人群所占比例等对总体进行分类;然后按分类比例选择各类人群作为被调查者,如选择一定比例的富人、黑人、都市女性等,根据这样的比例来了解各类民众的意见,使得样本有了较强的代表性,做到“以小见大”“一叶知秋”。

(资料来源:万华,唐羽. 现代市场调查与预测[M]. 北京:北京理工大学出版社,2018.)

复习自测

一、单项选择题

1. 理论上，最符合随机原则的抽样方法是（　　）。

A. 单纯随机抽样　　B. 类型随机抽样

C. 等距随机抽样

2. 抽样误差的表现形式有（　　）。

A. 平均数指标　　B. 成数指标　　C. 概率指标　　D. 百分位指标

E. 二项指标

3. 与类型随机抽样有相似之处的是（　　）。

A. 定额抽样　　B. 偶遇抽样　　C. 主观抽样

4. 在对实际问题的分析中，标准差比方差用得更多，因为（　　）。

A. 标准差的计算比较简单

B. 标准差比方差更准确

C. 标准差与变量值有相同的计量单位，实际意义更清楚

D. 标准差没有计量单位

5. 在市场调查对象不明，难以划分组类，或总体内单位之间差异小时，采用（　　）抽样法的效果较好。

A. 单纯随机抽样法　　B. 概率抽样法

C. 非概率抽样法　　D. 配额抽样法

6. 要减少抽样误差，必须注意的问题是（　　）。

A. 恰当地确定样本数目

B. 加强抽样调查的组织工作，提高工作质量

C. 选择好的总体进行调查

D. 适当地增加样本数目

7. 在各类概率抽样方法中，抽样误差相对较小的是（　　）。

A. 简单随机抽样法　　B. 分层随机抽样法

C. 分群随机抽样法　　D. 系统等距抽样法

8. 不能计算和控制抽样误差的市场调查法是（　　）

A. 市场普查　　B. 任意抽样　　C. 系统抽样　　D. 判断抽样

9. 一般来说，重复抽样的误差（　　）不重复抽样的误差。

A. 小于　　B. 等于　　C. 大于

10. 抽样调查的特点表现在（　　）。

A. 抽取样本具有主观性

B. 调查费用较高

C. 特别适用于研究市场现象的数量表现

11. 在一定置信区间的要求下，总体的标准差越大，所必须抽取的样本容量相应（　　）。

A. 越大　　B. 越小　　C. 不变

12. 抽样调查的主要优势表现在（　　）。

A. 准确性高　　B. 工作量小

C. 调查费用低　　D. 调查时间短

13. 分层随机抽样可供选择的具体方法有（　　）。

A. 分层比例抽样　　B. 混合分层抽样

C. 类型随机抽样　　D. 混合分群抽样

14. 抽样误差越大，则（　　）。

A. 置信区间越大　　B. 置信区间越小　　C. 置信度越低

二、判断题

1. 分群随机抽样要求各群体之间保持异质。（　　）

2. 代表性误差是指在抽样调查中，由于抽选的部分调查单位对总体的代表性不足而产生的一种调查误差。（　　）

3. 总体一般称为全域，就是具有某些特征的各要素的集合，它是一个有限的区域。（　　）

4. 从一个完整的调查总体中抽取样本可称为一次性抽样框。（　　）

5. 样本是抽样总体的简称，是从总体中抽选出来的具有代表性的一部分对象。（　　）

6. 简单随机抽样对总体不进行任何分组、排列，完全客观地从中抽取调查单位。（　　）

7. 判断抽样也称立意抽样、目的抽样或典型抽样。（　　）

8. 配额抽样也称定额抽样、整额抽样或计划抽样。（　　）

9. 滚雪球抽样方式是一种随机的多阶段抽样。（　　）

三、概念题

1. 等距抽样

2. 判断抽样

3. 配额抽样

4. 分层抽样

5. 分群抽样

6. 定额抽样

7. 总体

8. 系统抽样法

四、简答题

1. 抽样调查的含义及特点是什么？

2. 简述随机抽样方法的优缺点。

3. 分层抽样和分群抽样有何区别？各有什么优缺点？

五、计算题

某县城常住居民有12万户，抽选2 400户进行洗衣机预期购买调查，得知样本下年度打算购买洗衣机120台。

要求：

(1)用单纯随机抽样方式的重复抽样公式计算下年度每百户预期购买率的抽样误差。

(2)若置信度为95%，试估计样本每百户预期购买率的置信区间，并推断全县城预期新增购买量置信区间。

实训课堂

为了了解某市中学生的饮料消费情况，需要从全市500所中学中抽取10所，再从每所抽中的中学中抽取3个班级，最后从每个抽中的班级中抽取10名学生，需要选择那些抽样框？

第七章
市场调查实施与资料整理

学习要点及目标

1. 了解市场调查实施队伍组建的基本理论
2. 能够有效实施市场调查活动
3. 掌握市场调查资料整理的内容、步骤等基本理论
4. 掌握现代化的方法和手段,会进行调查资料的整理

核心概念

无效问卷　编码

引导案例

杜邦公司的市场"瞭望哨"

杜邦公司创办于1802年,是世界上著名的大企业之一。经过两百多年的发展,杜邦公司今天所涉足的领域包括化纤、医药、石油、汽车制造、煤矿开采、工业化学制品、油漆、炸药、印刷设备等,每年研究出1 000种以上新奇化合物——相当于每天有两三件新产品问世,而且每个月至少从新开发的众多产品中选出一种使之商业化。

杜邦公司兴盛两百多年的一个重要原因就是围绕市场开发产品,并且在世界上最早设立了市场环境"瞭望哨"——经济研究室。成立于1935年的杜邦公司经济研究室由受过专门培训的经济学专家组成,以研究全国性和世界性的经济发展现状、结构特点及发展趋势为重点,注重调查、分析、预测与本公司产品有关的经济、政治、科技、文化等市场动向。除了向总公司领导及有关业务部门做专题报告、口头报告、解答问题外,经济研究室每月整理并出版两份刊物。一份发给公司的主要供应厂家和客户,传递有关信息和资料;另一份内部发行,根据内部经营全貌分析存在的问题,提出解决措施,研究短期和长期的战略规划、市场需求量,以及与竞争对手之间的比较性资料。另外,经济研究室每季度整理并出版一期《经济展望》供总公司领导机构和各部门经理在进行经营决策时参考。

(资料来源:孙戈.与时代同行——杜邦家族[M].北京:海潮出版社,2015.)

第一节　市场调查的实施

市场调查实施阶段的主要工作有市场调查实施队伍的组织、市场调查实施队伍的培训、市

场调查实施的监督和管理。在市场调查过程中,实施主管、督导、访问员本身的条件、素质、责任心等都在很大程度上制约着市场调查作业的质量,影响着市场调查结果的准确性和客观性。所以,加强对市场调查实施队伍的组织与管理是市场调查研究中的一项重要工作。

一、市场调查实施队伍的组织

市场调查实施的关键是拥有一支高素质、高效率、快速反应的市场调查实施队伍。访问员队伍是这支队伍的主力军,组建的时候需要特别注意。

(一)组建市场调查实施队伍的标准

只有明确了组建访问员队伍的标准,才能在访问员队伍建设中有针对性地开展工作。一般情况下,好的访问员队伍的标准大致可以从以下几个方面来衡量:

1. 访问员的数量

访问员数量的确定主要根据公司业务的状况。就公司业务来讲,访问员数量过多或过少都不利于访问员队伍的建设。

2. 访问员队伍的结构

(1)访问员队伍的等级结构

访问员队伍的等级结构即不同等级的访问员数量。访问员一般可以分成 A、B、C、D、E 五等,有的公司分初、中、高级访问员。在访问员队伍中,高、中级访问员数量应占绝大多数,这样可以承接一些复杂的调查项目,保证调查质量。

【案例 7－1】

访问员的招聘选择和等级晋升

河南省营销协会市场调研中心(简称调研中心)在对访问员进行招聘时,主要实行两次招聘制度,即每半年进行一次访问员招聘活动,招聘的访问员经面试、筛选与签署兼职访问员协议,接受调研中心安排的 12 个课时的基础培训后为其建档,成为调研中心的备选访问员(A 级访问员),这被称为第一次招聘。在调研中心操作项目时,根据项目的要求选取适当级别的访问员并与选中的访问员签署有关项目操作协议,这就是第二次招聘。

调研中心将访问员划分为 A、B、C、D、E 五个等级,如图 7—1 所示。

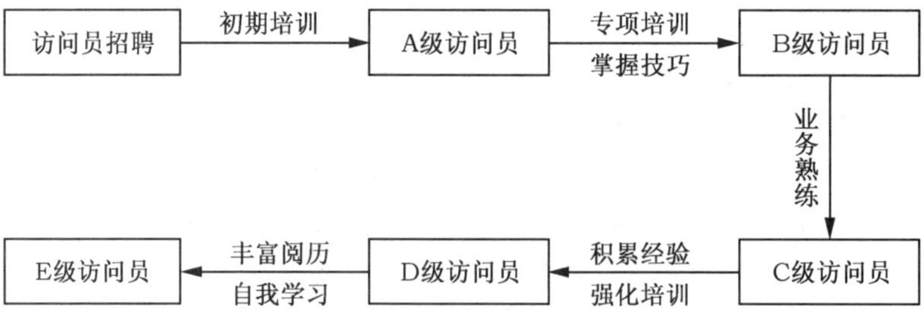

图 7—1 访问员的晋级过程

接受了 12 个课时的培训成为 A 级访问员,这个级别的访问员只能从事非常简单的甄别拦访工作(寻找合适的被访者并将其带到指定地点),或在培训督导的陪同下进行问卷的随机街访工作。他们的工作会被记录并有相关的督导给出评价，在参与了两三个项目后，表现优秀者在接受4个课时的专项培训（如中心地点访问的技巧等）后，可升入B级访问员。B级访问员在评定和从事的工作方面与A级访问员相比有较大提升。同样，在B级访问员工作一段时间后，参与若干项目表现优秀的人员会依照相应的程序升入下一级。当达到E级时，该访问员就成为调研中心的重点培养对象。目前，调研中心中有几位督导就是这样从兼职访问员一步一步培养起来的。

（资料来源：朱胜. 市场调查方法与应用学习指导与习题[M]. 北京：中国统计出版社，2005.）

（2）访问员队伍的文化层次结构

访问员队伍的文化层次结构即不同文化层次的访问员数量。一般而言，访问员的文化层次应尽可能在高中以上，否则会影响访问质量和对访问要求的理解。

（3）访问员队伍的来源结构

访问员队伍的来源结构即不同来源的访问员数量。为了保证不同类型项目的顺利执行，在招聘访问员时，应考虑从不同的途径招聘。目前，访问员的主要来源是当地大学生、下岗工人，但有的项目需要行业专业人士参加。所以，需要在访问员队伍中适当储备一些兼职的行业人士。

3. 访问员可用于现场工作的时间

在招聘访问员时，必须要求访问员详细登记他们的空余时间，主要包括一周的什么时间有空闲、一周有多少空余时间等。一般来讲，一支好的访问员队伍，访问员的空余时间基本上能够覆盖现场工作时间。

4. 访问员对现场工作和公司的认同度

一支好的访问员队伍中的绝大多数访问员应该对现场工作和公司有很强的认同度。只有认同公司，才能自觉接受公司的文化和管理制度，才能树立信念和信心，在现场实施中克服各种困难，完成工作。

（二）实施队伍人员的基本素质和职责

市场调查实施队伍中除了访问员外，还包括实施主管和督导。这三类人员的基本素质和职责如下：

1. 实施主管的基本素质和职责

（1）实施主管的基本素质

实施主管是调查机构的中层职位，需要掌握有关市场调查的基本理论和方法，有比较丰富的工作经历和经验，同时需要具有较强的组织和运作能力。一般要求实施主管具有大学本科或以上学历，有至少两年以上市场调查经验。

（2）实施主管的职责

对于规模不大的市场调查机构，市场调查的实施主管往往就是项目主管（项目负责人），但如果市场调查机构本身没有足够的实施能力，就需要通过市场调查协会或相关会议的名录、商业广告、网上查询等办法寻找、选择并委托专门的调查实施公司或数据收集公司来负责项目的实施。在后一种情况下，项目主管要担负起实施主管的工作。受委托的实施公司将派出督导和访问员，在委托机构的项目主管（实施主管）的监督下工作。

一些大型的或国际性的市场调查公司设有专门的市场调查实施部门以负责公司所有项目的实施。在这种情况下，实施主管和项目主管的职责是完全不同的。实施主管一般要同时负责几个项目的实施，其职责主要有以下几个方面：①深入了解调查研究项目的性质、目的，以及具体的实施要求；②负责选择合适的实施公司（如果需要的话）并与之联络；③负责制订实施计划和培训计划；④负责挑选督导和访问员（如果需要的话）；⑤负责培训督导和访问员；⑥负责实施过程中的管理和质量控制；⑦负责评价督导和访问员的工作。

2. 督导的基本素质和职责

（1）督导的基本素质

督导是项目运作的监督人，负责对项目实施过程的检查、监督和对实施结果的检查、验收。督导应由有调查经验的人员担任。对督导的培训应当从调查环节开始，所有担任调查督导的人员都必须经过调查实践操作。一般督导应选择年龄较大、有一定社会交往能力的人员。除此以外，督导还应具备5种能力，分别是管理能力、沟通能力、培训能力、专业能力和团队协作能力。

（2）督导的职责

按管理职责，可以将督导分为现场督导和常规督导，其职责分配如下：

1）现场督导的职责

这种督导一般在街头访问或者电话访问的场合中使用。街头访问很难对被调查者的身份进行事后复核，如果没有有效的现场督导，访问员的作弊行为基本上是无法被证实的。由于有督导的存在，访问员的工作责任心会更强一些，因此可以有效地避免错误的出现。所以，利用现场督导是一种事前控制误差发生的方法。现场督导的主要职责包括：

①监督访问员是否真实进行调查

大多数街头访问的组织方式是由一名督导带领若干名访问员在同一个调查点进行访问。为了避免对访问员工作的影响，督导一般只在访问现场附近观察，而不直接与访问员站在一起。督导可以观察访问员与被调查者接触的情况，并计算访问时间，以判断访问员对访问工作是否认真负责。在访问员结束调查后，督导可以对被调查者进行现场复核，询问其接受调查的主要内容。

电话调查是在室内进行，督导与访问员坐在同一个电话间内，督导能够对访问员进行监督。如果有必要，督导还可以通过另一部串联的电话监听访问员与被调查者的对话，并及时检查访问员的记录情况。

在入户访问中，督导一般不宜陪伴访问员进入被调查者的居所，只在作为培训手段的情况下才使用督导陪访的方式，但这种方式对被调查者会构成一定的威胁，在有两名调查者在场的情况下，被调查者的紧张情绪会更强，调查结果会受影响。在入户调查的组织中，现场督导一般只负责将访问员带到调查现场，分配访问员入户，督导在户外等待。

②及时检查访问质量，纠正可能的偏差

督导直接在现场进行管理，访问员每完成一份问卷，督导都可以进行现场检查，发现访问员对问卷有理解错误或者其他失误，可以及时进行解释，帮助访问员及时纠正。在电话调查中，督导如果从电话监听中发现访问员的叙述方式不合理，就可以在电话结束后及时指出，避免访问员再次出错。现场督导还可以对调查进度进行控制，尤其是进行配额控制，使调查工作有序进行，避免到调查时间结束时才发现进度、配额等方面的问题。

③处理现场意外情况

在调查现场情况比较复杂的时候，督导可以作为现场负责人进行处理。例如，现场调查受到保安或者其他人员的干涉，督导可以与他们接触，征询合作。由于这种解释工作需要一定的社交能力，而一般访问员很难将关系处理得很好，因此需要使用有能力的督导。现场意外情况还包括现场调查环境与预想情况不同，如访问员到达某居民区后发现该居民区正在拆迁，住户已经离开。此种情况是否属实，应如何处理，都需要由现场督导进行判断；否则，等访问员回公司报告，再由公司人员进行确认，就会耽误许多宝贵的调查时间。

④为访问员提供现场服务

现场督导还应做好对访问员的服务工作，如为访问员提供饮料、食品，安排交通等。在按时间计酬的调查项目中，督导应判断访问员的工作强度，适时安排访问员休息，避免过分劳累。

在入户调查中，有时一名访问员负责一个居民点的调查，为每名访问员都安排现场督导是不现实的。此时，现场督导可以有另一种表现形式——热线电话支持。督导向访问员提供一个固定的电话号码，要求访问员定时报告调查进度，当出现意外情况时，及时联系。这种方式也可以有效地避免错误的积累。

2)常规督导的职责

常规督导不出现在调查现场，主要负责访问员的招聘、培训以及充当访问员的联络人。常规督导的主要职责包括：

①访问员的招聘与组织

考虑到经济性原则，大多数商业调查公司采用兼职访问员的方法，通过人才市场或者直接到大、中专院校学生实践部招聘兼职访问员。所以，常规督导应保持与当地大、中专院校的紧密联系，以便在第一时间为调查公司输送高素质的访问员。在使用固定访问员队伍的情况下，督导需要对每一名访问员的工作质量和能力进行评价，及时进行奖励或撤换。

在具体项目中，常规督导负责向访问员交代工作内容、报酬标准等。在调查结束后，常规督导负责核定访问员的工作量并发放报酬。

②访问员的培训

常规督导主要负责对访问员进行访问方法上的培训和项目培训、组织模拟访问，并根据项目要求选派合适的访问员，确保顺利完成调查任务。

③回收并审核问卷

回收并审核问卷是常规督导最核心的工作内容。由于访问员人数较多，每名访问员完成访问后交回的问卷需要进行审核，工作量非常大，因此，一般采用的方法是每若干名访问员编为一个小组，安排一名常规督导负责，访问员的所有问卷都由常规督导回收后进行逐份审核，确定有效问卷数，发现问题时责令访问员返工。

从这一点看，常规督导对质量的控制是事后的，只有在访问结束后才能发现访问员的失误或者作弊，尽管能够责令访问员返工或者重新安排其他访问员进行调查，但会造成调查时间上的损失。

商业调查中的督导一般由公司的工作人员充当，必要时也可以使用外聘人员。当使用外聘督导时，为了避免督导与访问员串谋，不宜使用与访问员私人关系较好的人员。外聘督导不应固定与同一个小组的访问员合作，而应经常轮换，同时应加大对督导作弊的处罚力度。

在大型调查项目中，可以采用两级或者三级督导制，由总督导管理普通督导，再由普通督导管理访问员，逐级建立责任制，并加强各级督导的记录机制，尤其是下级督导必须及时向上级督导定期报告调查情况。

3. 访问员的基本素质和职责

(1)访问员的基本素质

访问员是调查的具体执行者，其自身素质是调查成功的重要保证。所以，在访问员的挑选上要注意以下两个方面的问题：一是尽量选择与访问对象的人口特征和社会经济特征相匹配的访问员；二是应考虑访问员完成访问工作的有效性和可靠性，尽量选择有道德、技术过硬的访问员。

一般情况下，商业调查公司不设立常年的访问员队伍，因为调查业务是一种突发性的业务。对于小型调查公司来说，一年中的大多数时间，访问员是闲置的，日常维持成本非常大。即使是大型调查公司，各个时期的调查业务量也有很大差异，有时候可能同时有几个调查项目在操作，需要较多访问员，而有时候可能没有业务，不需要访问员。此外，有些调查业务可能涉及多座城市，任何一家商业调查机构都无力在每一座城市设立自己的访问员队伍，而只能到被调查的城市临时招聘兼职人员。所以，调查公司大多数采用兼职访问员的形式，在有访问任务时临时招聘访问员参加工作。招聘访问员可以采取书面形式，也可以采取面试形式。西方国家大型的市场调研公司每年定期向社会招聘职员，一般倾向于采取书面形式。而在我国，一般是直接面试访问人员。在招聘过程中，除了要考虑以上两个方面外，还要考虑以下几点：

①会说普通话

普通话受众面广，应尽量选择普通话标准的人作为市场调查者，当然，也要具体情况具体分析。例如，我国各地都有方言，许多地方的民众习惯使用当地的方言交流。如果访问员能够使用方言与被调查者交谈，就容易得到被调查者的认同，降低被调查者的心理防御，提高访问的成功率。所以，访问员应该既能讲流利的普通话，又熟悉当地的方言。

②具有强烈的事业心和责任感

市场调查是一项重要而又艰巨的工作，带有明显的服务性。调查者要接触社会经济的各个方面，工作量大、繁杂琐碎，独立工作的可能性大，这就要求调查者有强烈的事业心和责任感。缺乏事业心和责任感的人，即使工作能力很强、专业水平很高，也很难把事情做好。据一家较成功的市场调查公司介绍，他们使用下岗女工作为长期兼职的市场调查者。因为下岗女工具有较丰富的社会经验，并且她们比较珍惜这一工作，相应的事业心和责任感比较强。

③交际能力强

访问员的工作是与被调查者交流，所以，一名好的访问员应该既善于向他人做有效的询问，又能细心倾听、正确领会和解释他人的回应。虽然我们通常希望访问员是比较合群、善于交际、性格开朗并喜欢与他人接触的，但不能过于活跃，否则，他们可能既没有给予被调查者充分的机会来做完全的和彻底的回答，也无法抓住回答中更细微的或非语言暗示的内容。

④具备相应的文化水平

一般来说，调查公司在选择访问员的时候会根据调查内容的要求使用特定文化水平的访问员。从访问员成本的角度来说，其文化水平越高，单位成本就越大。如果调查内容比较简单，调查设计也不需要过多技巧，则使用下岗女工或者普通工人即可，成本比较低廉。如果调查项目涉及特定的专业领域，访问员就需要具备一定的文化水平才可能在访问时了解相关内容。

⑤女性尤其是家庭妇女为佳

女性访问员有三个明显的优点：一是女性的语言表达能力相对强一些；二是许多市场调查是入户访问，女性入户，被调查者比较有安全感，而且从实践经验来看，女性遭拒访的可能性相对小一些；三是女性特别是家庭妇女相对比较有耐心，而这恰恰是访问成功的一个重要条件。

一个应聘者在越多方面符合上述条件，就越有可能成为一名合格的访问员。

【案例7－2】

招聘访问员的要求

某公司招聘计算机辅助电话访问(CATI)访问员的要求如下：

年龄：20～30岁较佳。

学历：大专以上。

工作经验：有一年以上工作经验较好(包括兼职)，有访问经验或传呼台工作经验更好。

品格：具有良好的品德和强烈的工作责任心。

气质：有高尚的情操、内涵。

性格：诚实、稳重、敏捷、温文尔雅或开朗、大方。

谈吐：口齿伶俐、吐字清晰，能讲流利的国语和粤语。

文笔：语文水平较好，文笔流畅，字体工整，有速写能力。

电脑操作：小键盘操作80个/分钟以上，中文输入约30个/分钟以上。

(资料来源：侯贵生，罗玉祥. 市场调查实务[M]. 武汉：华中科技大学出版社，2010.)

(2)访问员的基本职责

访问员的工作是采集资料，对指定的受调查者进行访问调查，以获取原始数据。兼职访问员主要是进行调查访问，专职访问员除进行调查访问外，还要协助督导对新招聘的访问员进行培训，执行一般访问员难以胜任的调查访问，对某些抽到的访问者进行复访或回访。

二、市场调查实施队伍的培训

在市场调查实施的过程中，访问员负责具体的访问工作，是市场调查实施队伍的主体。在此，市场调查实施队伍的培训主要介绍对访问员的培训。为了使访问工作有效、高效，在招聘访问员后，不管他们是否有访问经验，都需要进行访问员培训。通过培训可以达到以下目的：一是培养访问员的技能；二是提高访问的完成率，使拒绝和访问中断的可能性减至最小；三是激励访问员全身心地参与。

(一)培训准备

对访问员进行培训前要做好准备工作，具体包括以下几个方面：

1. 要有足够大的空间

培训可以在公司的会议室或者专门的培训教室进行，但必须能够满足受训访问员与培训督导、其他陪同培训人员及访问员之间进行互动。通常采用圆桌式安排座位，使每个访问员在模拟时都能相互看到。

2. 配备投影仪或者多媒体设备

培训督导的讲授内容、以前访问的现场照片、模拟中一些错误的访问行为都可以通过多媒体设备进行演示，使培训具有可视性，引起访问员的兴趣和注意。

3. 准备签到表及访问员培训资料

访问员名单一旦确定，就要严格按照公司制度进行管理，明确培训纪律。准备签到表、基本问卷、访问员工作手册、访问员基本协议、督导培训教材、公司简介等培训资料。

（二）培训方法与内容

1. 培训方法

访问员培训的方法主要有四种：集中讲授、个别指导、模拟培训和加强管理。

（1）集中讲授

集中讲授主要用于培训新参加调查的访问员，对其进行系统培训，讲授市场调查的基本理论知识、经验和方法，介绍相关背景资料。

（2）个别指导

个别指导是指由在实际工作中具有丰富经验的工作人员对访问员进行指导。担任指导的人员要结合实际调查任务，对访问员在市场调查、搜集资料和整理资料等方面进行指导；同时，对访问的技巧与艺术给予指导。

（3）模拟培训

模拟培训是一种由受训人员参加并具有一定真实感的培训方法。模拟法包括角色扮演法和案例法。角色扮演法是由受训人员和有经验的调查者分别担任不同的角色，模拟各种难以处理的市场问题，培训受训人员。案例法可以就某家企业的实例论证，也可假拟某个案例进行分析，用以培养受训者处置各种情况的能力。

（4）加强管理

在市场调查开始后，需要通过各种方式加强对访问员的监督和管理。其中，主要方法是检查他们访问的问卷是否合乎要求，访问是否真实、可信。此外，还可以通过跟踪现场调查，检查访问员的工作态度和工作质量，作为评价其工作效果的依据之一。对于出色完成任务、表现突出的访问员应给予奖励，以激励他们的工作积极性和工作热情。对于不能胜任的访问员，应及时更换。

2. 培训内容

访问员培训的主要内容包括基础培训、技能培训、技巧培训和项目培训，如表7－1所示。

表7－1　访问员培训内容

培训类型	培训内容
基础培训	公司基本情况简介、市场调查的基本原理和知识、如何确定访问对象、市场调查问卷的性质、访问员态度和行为准则、把握受访者的心态、如何处理访问中发生的特殊情况
技能培训	如何使用接触表、如何使用随机表、如何提问和追问、如何记录受访者的回答
技巧培训	访问前的技巧、访问中的技巧、访问结束时的注意事项
项目培训	具体调查项目的内容和调查目的，具体调查项目的问卷结构和内容，具体调查项目的调查时间、调查步骤和调查注意事项

【案例7－3】

访问员的选聘及培训方案

浙江明达房地产有限公司在江西省南昌市青山湖畔购得40亩土地，准备在南昌开展房地产经营。南昌精英市场调研公司接受浙江明达房地产有限公司的委托，在南昌市开展购房意向调查。南昌精英市场调研公司设计了"消费者购房意向调查问卷"，经委托方审查同意后，准备实施调查。

在调查正式开始前，其拟订了一个访问员选聘及培训方案，主要内容如下：

一、访问员的选聘

第一，调查部主任和项目经理确定本项目的调查实施部主任。

第二，在征得调查部主任和项目经理同意后，调查实施部主任选聘7名有相关调查工作实践经验且以前调查业绩优异的访问员作为本项目的运作督导。

第三，安排一天的时间对选聘的运作督导进行先期培训。

第四，以调查实施部主任、运作督导为主体组成访问员选聘小组。

第五，根据调查项目的样本容量(800)、规定的调查完成时间(7天)，以及每个访问员预计每天平均可能完成的问卷数(10份/天)，在留有适当余地的情况下，决定选聘14名访问员。

第六，选聘范围和对象为南昌大学和江西师范大学房地产专业的三年级和四年级学生。

第七，在报名后，由选聘小组组织进行面试，确定18人初步入选，待培训结束后，再进行一次书面考试和试调查，筛选出14人作为最后人选。

二、访问员的培训

(一)培训人员

培训的主讲人员：项目经理、调查部主任、3名优秀的督导。

(二)培训途径

考虑到本次选聘的访问员都是在校大学生，他们上午在学校一般有课程要学习，因此，本次培训以业余培训为主，主要利用下午和晚上的时间安排培训课程。

(三)培训方法及过程

采用集中讲授、模拟训练和实习锻炼相结合的方法进行培训。

1. 集中讲授

利用两天的时间对初步选聘的18人进行集中讲授，由项目经理、调查部主任、督导等分别就本次调查项目的目的、调查问卷、调查方式、调查要求、时间安排、调查技巧、调查中应注意的问题、访问员的基本职业道德等内容进行讲解。

在培训中，必须让访问员掌握两个方面的内容："怎样做"和"为什么要这样做"。

"怎样做"主要包括八个方面：(1)怎样确定访问地点(包括抽样的基本方法)；(2)怎样确定访问对象(包括抽样和配额方法)；(3)怎样进行接触(包括仪表和谈话方式等)；(4)怎样问候(包括开场白等)；(5)怎样确认合格的被访者；(6)怎样询问和追问；(7)怎样记录；(8)怎样结束访问。

"为什么要这样做"主要是指为什么要遵循所规定的访问习惯和访问程序。必须让新聘访问员明白这样做而不是那样做的理由，以及不这样做而那样做会造成怎样的后果。

2. 模拟训练

在集中讲授结束后，给予一天的时间，让访问员进行模拟训练，即访问员相互扮演访问者和被访问者的角色,模拟实际调查情况进行问卷调查。督导从旁观察访问员的具体操作,检查和发现他们在模拟作业中存在的问题,进行指导和纠正。

3. 实习锻炼

在模拟训练的基础上,让访问员到实践中去接受培训。一般是让拟聘的访问员直接充当调查访问的主角,督导从旁观察,必要时给予辅导。通过实地调查,使访问员获得真实的感受,从实践中提高技能、掌握技巧。

(四)面试与试调查

考核培训结束后,安排一次书面考试,并进行一次试调查。由培训小组对每名拟聘访问员在培训中的表现、个人素质、工作态度等进行综合评价,提出考核意见。最后,选聘小组根据培训小组提出的意见,选出本次调查所需要的 14 名访问员,予以聘用。排在最末的 4 名作为替补访问员。

(资料来源:汤杰,郭秀颖,刘威娜. 市场调查与预测(第 3 版)[M]. 哈尔滨:哈尔滨工业大学出版社,2016.)

三、市场调查实施的监督管理

市场调查活动的全过程都是参与性的,调查项目完成质量的高低与市场调查实施情况存在密切的联系,所以,必须对市场调查的实施情况进行有效的监督和管理。市场调查实施的监督管理包括调查实施的经费预算和进度安排、市场调查实施过程的监管以及对访问员的评价。在实施队伍的所有人员中,访问员是信息的直接收集者,是整个任务质量保证的首要环节。为了保证调查能够优质、高效地完成,对访问员的监督和管理尤为重要。

(一)调查实施的经费预算和进度安排

1. 调查实施涉及的经费

访问实施所需的费用主要包括访问员劳务费、被调查者礼品费、督导劳务费、交通费、材料费(纸张、录音机、录音带等)、问卷和相关资料的印刷费、实施主管的薪金、必要的办公费用(电话、传真等)等,在进行经费预算时要考虑到所有的可能花费。

2. 访问员劳务费的支付

访问员的劳务费通常有两种支付方法:按完成的访问份数计算和按工作的实际小时数计算。两种支付方式各有优缺点,不管采用哪种方式,其他可能的直接花费都是另外单独支付给访问员的。

(1)按完成的访问份数计算访问员的劳务费

按完成的访问份数计算劳务费的优点:一是鼓励多劳多得。工作效率高、善于争取被调查者的合作或工作时间长的访问员会得到更多报酬以此鼓励访问员。二是防止访问员工作草率、不负责任。三是方便计算。研究者可以准确地估算所需的费用,访问员也很容易估计自己应得的报酬。

按完成的访问份数计算的缺点:一是访问员有可能采取欺骗的手段获取更多份数。二是访问员有可能为了赶进度而匆忙地记录。三是访问员有可能有意避免那些比较难合作的或反应太慢的被调查者。因此,即使是按完成的访问份数支付劳务费,研究员也应事先准确地估计访问的难度和所需的时间，从而规定一个既对访问员也对项目委托者比较公平的付费标准。

按完成份数支付劳务费的方法仅在访问工作的难度大致相等，或对不同难度的工作已经做了平均分配的情况下才适用。

(2)按工作的实际小时数计算访问员的劳务费

按工作的实际小时数计算劳务费的优点是可以有效地克服按份数支付方法的缺点。由于劳务费是按实际工作时间计算的，因此访问员不太会有意避免访问那些比较难合作的被调查者，或不会为赶进度而不顾访问的质量等。

按工作的实际小时数计算劳务费的缺点：一是难以事先准确地估计整个项目的花费。二是需要更严格的监督管理，因为按工作时间的长短付费，访问员比较容易懒散、聊天、拖长休息时间等。

当访问工作的差异较大时，最好考虑按实际小时数支付劳务费。例如，当面访的访问员被固定地安排在不同的访问地点(普通居民区或高收入居民区)，或电话访问的访问员被固定地安排在不同的时段工作(白天或晚上)，这时完成的访问工作量不仅与访问员的能力和努力程度有关，而且与所分配的地区或时段有关。

3. 调查实施的进度安排

(1)调查进度监控的重要性

调查进度的安排是否合适会直接影响调查的完成情况和调查工作的质量。调查进度表经双方一致认可后，市场调查公司就必须严格按照这个进度表执行，保证市场调查的所有工作在进度表规定的时间内完成。

(2)确定调查进度的几个因素

进度的安排要综合考虑所有相关因素。确定调查进度主要考虑的因素有客户的要求、兼职访问员和督导的数量及比例、访问员每天所完成的工作量等。

①客户的要求

客户的要求是市场调查公司安排调查进度时必须考虑的第一个重要因素。

②兼职访问员和督导员的数量及比例

市场调查实施期间可以工作的兼职访问员的人数和督导的数量及比例直接影响调查进度。如果访问员的人数超过督导所能监督和管理的范围，质量的控制就会出现问题。所以，访问员的人数并非越多越好，要考虑到访问员的能力和督导的数量。

③访问员每天所完成的工作量

对每位访问员每天所完成的工作量也有一个限制范围；否则，完成的数量太少会影响进度，而完成的数量过多，质量就难以保证，督导的检查也可能无法到位。确定访问员每天应完成的工作量主要考虑以下几个方面：一是访问员的工作能力，二是访问员的责任心，三是调查问卷的复杂程度，四是调查的方式，五是调查的区域和时段。

【案例 7－4】

调查进度及质量监控方案

南昌精英市场调研公司接受浙江明达房地产有限公司的委托，在南昌市开展购房意向调查。为了确保调查质量，南昌精英市场调研公司拟订了一个调查进度及质量监控方案，现将该方案的主要内容简要介绍如下：

一、调查进度监控

调查进度与调查质量密切相关，切记防止访问员为了赶进度或讲求经济效益而片面追求完成问卷的数量，忽视调查的质量。为此，有必要对访问员每天完成问卷的份数做出规定。根据调查项目的样本容量(800)及规定的调查完成时间(7 天)，以及每个访问员预计每天平均可能完成的问卷数(10 份/天)、访问员的人数(14 人)，确定了调查进度表(见表 7—2)。

表 7—2　　调查进度表

日　程	完成问卷数上限(份)	备　注
第一天	5 份	随着熟悉程度的提高，访问员完成问卷的数量会逐渐增多
第二天	7 份	
第三天	9 份	
第四天及以后	从第四天起每天完成问卷数不能超过 10 份	

督导每天记录访问员所做的工作(完成的问卷数)，以便掌握实际进度与计划进度的差距，以及访问员存在的问题。访问员在调查过程中必须按规定的进度开展调查，在确保问卷质量的前提下，每天完成的问卷数不能突破规定的上限。

每位访问员所能完成的问卷份数应稍大于其必须完成的问卷份数，留有余地，以便对不合格问卷进行补充调查或重新调查。

督导每天都要如实向调查实施部主任报告项目实施的进展情况；当可能无法按预期的进度完成时，要事先通知有关的部门或单位。

所有调查者都应对调查取得的资料和结果保密。

二、调查质量的监控

第一，每天按 15%的比例，由督导采取公开与隐蔽相结合的方法监视访问员的工作。发现操作问题，应及时纠正并解决，必要时对访问员进行进一步培训。

第二，督导每天回收当天完成的问卷，并且每天都要对每份问卷做检查，看是否所有该回答的问题都回答了、字迹是否清晰、跳答的问题是否按要求回答等。对检查中发现的问题应及时向访问员正面反馈。

第三，督导要按一定比例对调查问卷进行复核。本次调查采用了两种方式：70%的问卷采用入户调查的方式，30%的问卷采用街头拦截的方式。经与委托方——浙江明达房地产有限公司协商，确定复核问卷的比例为总问卷的 35%。在入户调查中，电话复核占 2/3，实地复核占 1/3。

第四，街头拦截访问的问卷全部采用电话复核。对于有作弊嫌疑的访问员的问卷的复核比例提高到 70%，明确有作弊行为的访问员的问卷全部进行复核。

第五，对于经督导检查后上交的调查结果，调查实施部主任要按 15%的比例抽查被访者，询问访问员是否认真地按要求进行了访问，经核实和复查后验收。

(资料来源：陆克斌，崔元波. 市场调查与预测[M]. 北京：教育科学出版社，2013.)

（二）调查实施中的监督管理

对访问员进行监督管理的目的是保证访问员按照培训的方法和技术实施调查。要做好对访问员的监督管理，首先要了解在调查过程中由于访问员本身的原因可能出现的误差，其次要掌握监控的各种方法和手段，对访问员的工作过程和质量实施监督管理。

1. 调查实施中的误差

访问实施质量的高低决定了研究项目可靠性和有效性的强弱。访问员之间、完成的访问之间的变差越大，误差也越大，从而数据的可靠性和有效性就越弱。所以，为了得到可靠、有效的结果，研究者应当努力实行质量控制，使所有访问过程始终保持一致的标准。主要访问误差见表7—3。

表7—3　　调查实施中的几种误差

误差类型	误差含义
指导语误差	访问员没有完全准确地按问卷中所给出的指导语访问而造成的误差
访问员提问误差	对不同的被调查者所提问题的表达形式不同而产生的误差
答案提示误差	访问员没有按照访问中的指导语的规定在合适的时间向被调查者出示可供选择的答案而造成的误差
量表转换误差	访问员在使用量表卡片时，可能会产生误差。例如，李克特量表卡片上有五个可供选择的答案："非常同意"为1，"同意"为2……有些被调查者看到卡片后可能会回答数字，有些会回答具体的措辞。如果问卷上没有将数字和可供选择的答案同时列出，就有可能产生误差
记录误差	要求访问员记录的东西越多，产生的记录误差就越大。用文字来记录被调查者的回答比只用一个数字或字母来记录造成误差的可能性要大得多
理解误差	访问员在访问的过程中对被调查者的回答理解不同而引起的误差，多见于开放性问题的回答中

2. 误差的控制

为了控制上述访问误差，必须对整个访问过程进行认真仔细的监控和管理。

（1）指导语误差的控制

在访问员培训时，实施主管或督导要仔细观看访问员的模拟访问，要求访问员完全准确地按问卷中所给出的指导语进行访问，使问卷中的要求和访问员的表演练习之间的任何微小差异都被检测出来，以减少指导语误差。

（2）访问员提问误差的控制

访问员在提问的时候，表达形式不同，所得到的回答就会不同。例如，"请问您的年龄是多少？"和"你多大了？"这两种问法，前者可能会得到较大的年龄，后者可能会使有些人说出较小的年龄。所以，访问员的措辞要按照问卷的统一要求。

（3）答案提示误差的控制

实地陪访或现场观看时，看访问员是准确地在"读"有关材料，还是仅凭自己的记忆在"说"。为了减少答案提示误差，问卷中应该把指导语非常明显地放在括号内，以说明供选择的答案是否要对被调查者读出。

（4）量表转换误差的控制

如果要使用量表卡片，那么在问卷中应同时标出数字和对应的文字说明，并与出示的量表卡片一致，这样才能减少量表转换误差。

(5)记录误差的控制

记录误差是无法仅靠监控访问过程发现的。督导在监控访问员的访问工作时，应对其中的一些回答亲自记录，然后与访问员在问卷中的实际记录相比较。为了防止记录错误，重要的是在问卷设计时精心地构造问答题的答案，使之能快速、简单、容易记录。

(6)理解误差的控制

尽量避免可供选择的答案是针对不允许出示或读出的开放题的。如果必须有这样的开放题，那么在培训访问员时，应重点指导，让他们彻底弄清楚选择答案的准则，而且自始至终都应进行监督，以确保访问员对答案的理解是正确的、一致的。

(三)对访问员的评价

对访问员的访问进行评价也是一项非常重要的工作，可以制作访问员项目评价表进行评价(见表7—4)。

表7—4　　访问员项目评价表

项目号：　　项目负责人：　　项目编号：　　年　月　日

访问员姓名	遵守培训时间	完成培训要求	服从督导安排	卷面工整	正确使用地址表	正确使用随机表	逻辑关系跳问正确	开放题追问好	按时完成项目	超额完成	总体评分	备注

除此以外，对访问员评价的准则主要有：(1)访问员花费的时间与费用；(2)被调查者的回答率、合作率、拒绝率和接触率；(3)访问员访问的质量；(4)数据资料的质量。

第二节　市场调查资料的整理

文献调查和实地调查工作全部结束后，无疑会收集到大量原始信息资料。如果这些资料未经加工整理，就不能用以说明任何问题。原始信息资料只有经过整理，才能揭示市场经济现象的内在联系和本质，为企业经营决策提供依据。

一、市场调查资料整理的意义

所谓市场调查资料的整理，是指将收集到的各种信息资料按一定的程序和方法分类、审查、检验、初步加工和综合，使之系统化、条理化，从而以集中、简明的方式反映调查对象总体情况的工作过程。市场调查资料的整理对整个调查研究来说具有重要的意义。

(一)调查资料的整理是市场调查研究中不可或缺的环节

通过市场调查取得的原始资料都是从各个被调查单位收集来的、零散的、不系统的资料，只是反映事物的表面现象，不能说明被研究总体的全貌和内在联系。在收集资料的过程中，由于主客观原因，可能会出现考虑不全、计划不周或工作中的偏差等问题，这些问题必然会造成虚假、差错、短缺、余冗等现象。只有经过加工和整理，才能使调查资料条理化、简明化，确保调查资料的正确性和可靠性，为深入研究打好基础。

(二)调查资料的整理可以大大增加调查资料的使用价值

市场调查资料的整理过程是一个去粗取精、去伪存真、由此及彼、由表及里、综合提高的过程。它能有效提高信息资料的浓缩度、清晰度和准确性，从而大大增加调查资料的使用价值，达到深刻认识事物本质的目的。

(三)调查资料的整理可以产生新的信息

在信息的整理过程中，研究人员通过脑力劳动，进行发散性、创造性思维，使已有的信息发生交合作用，从而产生一些新的信息。

(四)调查资料的整理是保存调查资料的客观要求

市场调查得到的原始信息资料不仅是当时企业做出决策的客观依据，而且对今后研究同类市场经济活动具有重要的参考价值。所以，每次市场调查后都应认真整理所收集的原始信息资料，以便今后长期保存和研究。

市场调查资料的整理是从信息获取过渡到分析研究的承上启下的重要环节。调查资料的整理对市场调查者来说也是一个对市场现象认识深化的过程。在这个过程中，不仅能揭示市场经济现象的内在联系和本质，为企业经营决策提供依据，而且可以发现市场调查研究工作中的不足之处，为后续开展调查研究积累经验。如果说实地调查阶段是认识市场现象的感性阶段，那么整理资料阶段就是认识市场现象的理性阶段。只有经过调查资料的整理，才能发现市场现象的变化规律、发现市场调查活动中出现的问题，及时反馈，采取相应的方法和对策对存在的问题加以纠正，避免不良后果的发生。

二、市场调查资料整理的基本原则

要使经过整理的市场调查资料具有较高的使用价值，就应在资料整理的过程中遵循以下几个原则：

(一)目的性原则

目的性原则是调查资料整理的首要原则，也是调查者选定调查资料的最主要的标准。目的性原则主要指的是整理调查资料的时候要注意资料范围和内容方面是否与调查目的相吻合，是否与调查主题密切相关，调查资料是否属于本项调查所需要的、可利用的，资料涉及的范围能否全面地、准确地满足市场调查主题的需要。

(二)核查性原则

核查性原则主要是指在调查资料的整理过程中要注意资料的真实性和准确性。

真实性是指收集的调查数据资料必须真实，不能弄虚作假、主观杜撰。对收集到的调查数据资料要根据实践经验和常识进行辨别，看其是否真实、可靠地反映了调查对象的客观情况。一旦发现有疑问，就要再次根据事实进行核实，排除其中的虚假成分，保证调查数据资料的真实性。整理出来的调查数据资料不真实，比没有调查数据资料更危险。因为没有调查数据资料，最多得不出结论，而资料不真实，就会得出错误的结论，这比得不出结论更有害。

准确性是指调查数据资料必须准确，不能模棱两可、含混不清，更不能自相矛盾。如果某位被调查者在年龄栏内填写的是 25 岁，而在工龄栏内填写的是 21 年，这显然是不合乎逻辑的,对类似的调查数据资料应认真审核。同时,对收集来的各种统计图表应重新计算复核。利用历史资料时,要注意历史数据的可靠性。

【案例7－5】

错误的数据不如没有数据

普瑞辛格调研公司给《中国财富》出示了两组数据,以说明调研的严谨性。同样的调研问卷,结构完全相同的抽样,两组数据得出的结论却差异巨大。国内一家知名的电视机生产企业,2004年年初设立了二十多人的市场研究部门,就是因为下面的这次调查,部门被注销、人员被全部裁减。

问题:列举您会选择的电视机品牌?一组的结论是:有15%的消费者选择本企业的电视机。另一组的结论是:36%的消费者表示本企业的产品将成为其购买的首选。巨大的差异让公司高层非常恼火,为什么完全相同的调研抽样会有如此矛盾的结果呢?公司决定聘请专业的调研公司进行调研诊断,找出问题的真相。

普瑞辛格调研公司的执行小组受聘和参与调查执行的访问员进行交流,并很快提交了简短的诊断结论:第二组在调查执行的过程中存在误导行为。首先,在调研期间,第二组的成员佩带了公司统一发放的领带,领带上有本公司的标志,其尺寸足以让被访问者猜出调研的主办方;其次,第二组在调查过程中向被访问者出示选项的记录板(无提示问题),而本企业的名字处在第一位。以上两个细节向被访问者泄露了调研的主办方信息,影响了消费者的客观选择。

这家企业的老总训斥调研部门的主管:"如果按照你的数据,我要增加一倍的生产计划,最后的损失恐怕不止千万元。"

市场调查是直接指导营销实践的大事,对错可以得到市场验证,只是人们往往忽视了市场调查本身带来的风险。一句"错误的数据不如没有数据"包含了众多中国企业家对数据的恐慌和无奈。

(资料来源:汤杰,郭秀颖,刘威娜.市场调查与预测(第3版)[M].哈尔滨:哈尔滨工业大学出版社,2016.)

(三)系统化原则

企业的生产经营活动受内外许多因素的制约或影响。如果单纯地了解某一事物,而没有了解与该事物有关的其他因素,就难以把握事物的本质。系统性原则是指调查资料必须完整,不能残缺不全,更不能以偏概全。在市场调查资料的整理过程中,要全面、完整地整理有关的信息资料,检查调查数据资料是否按照调查提纲或统计表格的要求收集齐全、填报清楚,应该查询的问题和事项是否都已经查询无漏。如果调查数据资料残缺不全,就会降低甚至失去研究的价值。

(四)时效性原则

时效性原则主要是指调查资料本身所属的时间是否及时、有效。时效性原则主要包括两个方面的内容:一是指资料与事实发生的时间间隔的长短。对于某些时效性较强的问题,如果调查资料过于滞后,就会失去研究意义。所以,填写的调查资料应该是最新的资料。二是指所填写的指标所属时间与调查方案中所规定的指标所属时间的一致性。

三、市场调查资料整理的流程

市场调查工作一结束，就进入资料的整理阶段。市场调查资料的整理需要有科学的工作标准和认真、高效的工作态度。资料的整理一般包括六个阶段的工作：审核、缺失数据的处理、数据编码、资料录入、数据分组、资料的汇编及图表化。

(一)资料的审核

调查资料的审核是调查资料整理中的第一步，也是非常重要的一个环节。在前期市场调查中，由于种种原因(如时间、能力、方式方法、人为因素等的局限)可能导致获得的原始资料不够准确或有错误，因此就需要对收集到的原始资料进行验证，以确保调查结果的准确性。

1. 调查资料审核的内容

调查资料主要包括四个方面的审核：准确性、完整性、及时性和有效性。

(1)准确性审核

准确性审核主要是审核调查者是否按照调查的正规程序进行调查，调查过程是否规范，重要的工作是否有记录、备案、可查证，各流程的职责是否明确。不管是入户调查、街头拦截访问还是电话调查，通常复查的比例在10%～20%。准确性审核的内容包括：

①确认被调查者是否真正接受了调查，如询问被调查者何时何地接受过调查。

②确认被调查者是否符合条件。例如，要求对家庭年支出在30 000元以上的人进行调查，那么，在复查中，被调查者被再次问到家庭年支出时，回答是否一致。

③审核市场调查是否按照要求的方式进行。例如，街头拦截访问应在指定的百货商场门口进行，那么，审核被调查者是否是在这个区域接受调查。研究人员应确保所有资料都是按指定方式收集取得。

④审核问卷回答的内容是否全面、真实，有无造假行为。例如，调查过程中是否存在访问员偷工减料、中途退出，特别是一些比较特殊的问卷，很难找到合适的调查对象，容易出现访问员代为填写的现象；问卷填写的所有答案没有变化，如封闭式问题中的单项选择题的回答全部都是“C”。

总体来看，为确保原始资料的准确性，应从两个方面入手：一方面，要加强现场控制(要求调查者严格按照规定的程序和形式进行调查，尽可能防止错误的发生；同时，加强现场的校正和处理，及时发现问题并及时解决)；另一方面，要实行专人负责制，加强对资料的审核工作。

(2)完整性审核

完整性审核主要是审核问卷是否包括所有信息，被调查单位是否被完全涵盖，问卷是否有缺损，所有问题的回答是否完整，是否有模糊不清的回答等。无论是被调查者不能回答或者不愿意回答，还是调查者遗忘所致的缺损，都应立即查明原因，或向被访者进行再访问，或由访问员回忆，立即填补，否则只能放弃该问卷资料。

(3)及时性审核

及时性审核主要是检查各种市场调查资料是否按规定及时提供，是否符合调查的时效性要求，填写的资料是否是最新的资料(只有代表市场活动最新状态的信息才是有价值的信息)。例如，看问卷资料填写和提交日期，审核所得资料是否是符合要求的资料，避免将失效、过时的信息资料用作决策的依据。

(4)有效性审核

有效性审核就是检查各调查资料有无造假、虚报、前后不一致等情况,以及问卷是否符合配额要求。例如,在一项市场调查中,调查对象在某一个调查问题中选择自己月薪低于 1 000 元,而在另一个问题中又选择自己拥有一辆豪华轿车,从逻辑上分析,前后不一致。有时候,问卷本身没有问题,但同类被调查者的配额超过了规定的数量,超过的部分只能视为无效。

2. 市场调查资料审核的程序

一般市场调查资料需要经过五层审核,有些重要项目需要经过九层甚至更多层次的审核。

(1)访问员自审

访问员在被调查者填写或者回答完问题后,要当场对问卷进行审核。如果条件允许,访问员还可以在访问过程中查看被调查者在回答问题时有无遗漏、前后矛盾、逻辑错误等显而易见的问题,从而进行追问以确认答案。除此之外,还要及时填写问卷上要求的访问开始与结束时间、访问地点等信息,使之成为一份完整的问卷。

(2)现场督导审核

现场督导审核为第二层审核,指的是现场督导得到督导区访问员收集的问卷后,在 24 个小时内采用电话复核和实地复核的方式对回收的调查问卷进行二次审核。需要注意的是,复核人员不能为访问人员。复合的基本任务是查看问卷信息是否完整,前后是否一致,访问员的工作是否规范,访问进度是否正常等。

复核也可抽选一定数量的问卷,通过被调查者留下的电话号码、地址进行电话复核或者实地复核。如果被调查者的电话是空号、停机、屡次无人接听,地址不存在,或已接受过访问员的访问,或时间未达到要求,或与访问员填写的信息不一致等,均可视为无效问卷。若由于无效问卷导致访问配额达不到要求,还需及时与访问员沟通以增加访问量。

(3)QC 督导审核

QC(Quality Control)督导主要负责调查问卷的审卷和复核工作;负责各类型项目的质量控制及监督,及时准确地提供 QC 报告;从审核工作中发现问题,以便在问卷调查执行的过程中更好地避免问题重复产生。QC 督导在访问开始后开展两三天一次的审核,以把握和控制现场访问的质量。QC 督导主要通过问卷中事先设定好的逻辑性问题对问卷的真实性、准确性进行审核。

(4)策划公司审核

这主要是指制定调查方案的策划公司阶段性地对执行调查的公司提交的问卷进行抽查复核,复核比例一般为 10%~50%。

(5)项目委托方审核

这主要是指客户对调查资料进行审核,一般也是采取抽选复核的方式,以确保根据资料推断的结论的准确性和真实性,并视其为调查质量的主要方面。

3. 调查资料审核的主要方法

(1)逻辑审核法

逻辑审核法是人们认识推理事物的一种思维方法,包括比较、分析与综合、论证推理等方面,在日常生活和很多正式场合发挥很大的作用。市场调查资料中的逻辑审核主要是根据调查项目指标之间的内在联系和实际情况对资料进行逻辑判断,看各个项目之间是否有不合情理或者前后矛盾的地方，有无不应有的空白，有没有随意填答、答非所问或者部分项目不回答等情况。例如，"年龄 25 岁，工龄 15 年"就属于明显的逻辑错误。又如，一张调查表中，被调查者在回答"就业状况"时填写的是"失业"，而在回答"职务"时填写的是"计划处长"，这就存在矛盾，属于逻辑错误。

(2)计算审核法

计算审核主要是对数据进行计算性检查，检查调查表中各项数据在计算方法和计算结果上是否有误，数据的计量单位有无与规定不符的地方，如分量相加是否等于小计，小计相加是否等于合计，数据之间该平衡的是否平衡，各项数据在计算方法、计算口径、计量单位等方面是否有误等。具体的计算方法有：

①加总法

加总法就是对资料中的有关指标或项目进行加总，看是否等于合计数。例如，对 2 000 人的受教育程度进行调查，看各个学历层次的人数之和是否等于总数，各学历层次所占比重之和是否等于 100%，汇总见表 7—5。

表 7—5　　2 000 人的学历状况调查

学历层次	人口数	比重(%)
高中及以下	120	6%
大　专	900	45%
大学本科	480	24%
硕士研究生	400	20%
博士研究生	100	5%
合　计	2 000	100%

②对比法

对比法就是把相互联系的数据进行对比，看是否合理。例如，用总产值、销售收入、利润等指标的计划数与实际数对比来检查总产值、销售收入计划的完成情况是否与实际情况相符。

③平衡法

平衡法就是把具有平衡关系的调查数据联系起来计算，看是否平衡。例如，把产品的购进、销售、库存等数据联系起来进行平衡审核，看期初库存额加本期购进额再减去本期销售额是否等于期末库存额。

(3)经验审核法

经验审核法是最古老的审核方法，即组织一些具有丰富调查经验的专家对回收的调查问卷进行初步研究和判断，以审核获取的资料有无错误。例如，如果被调查者的年龄填 105 岁，根据经验判断，年龄填写在很大程度上有误。又如，某便利店的营业面积为 1 000 平方米，根据经验，这样的营业面积肯定与事实不符。但这种方法也有一定的局限性，主要是因为人的认识是有限的、有差异的，而事物是在不断变化的，各种主客观因素都会对人们判断的准确性产生影响。

（二）缺失数据的处理

在调查资料的审核过程中，会发现有些问卷不完整，即数据存在缺失的现象，需要进行缺失数据的处理。在处理缺失数据的时候，首先要分清楚无效问卷和不满意问卷。

1. 无效问卷

以下情况的问卷被视为无效问卷：

（1）回答不完全。在一份问卷中，有相当一部分题目没有作答，这类问卷应视为无效问卷。

（2）调查对象不符合要求。例如，很多调查中规定从事广告策划类业务的人员不能成为调查对象，如果问卷是由这一类人来作答，就视为无效问卷。

（3）选择答案高度一致。例如，不管什么题目，被调查者都选择最后一个答案，这种情况也视为无效问卷。

（4）截止日期后回收的问卷也被视为无效问卷。这些问卷提供的信息可能受外界环境的影响，虚假性较强。

2. 不满意问卷

以下情况的问卷属于不满意问卷：

（1）回答模糊不清。例如，字迹不清楚、无法辨认，或者把标记记在两个答案之间等。

（2）问卷的回答中有前后不一致或者明显错误。例如，没有看过该广告，却说广告效果很好；年龄 47 岁，“职业”一栏填的却是“学生”；等等。

（3）回答模棱两可。比如，单项选择题选择了多个答案。

（4）问卷里有个别问题“无回答”。

（5）有相当多的问卷对同一问题“无回答”。这种“无回答”固然会对整个项目的资料分析工作造成一定的影响，但反过来也促使调研组织者和问卷设计者思考如下问题：为什么相当多的被调查者对该问题采取了“无回答”的方式？是因为这个问题的用词含糊不清让他们无法理解，还是因为该问题太具敏感性或威胁性使他们不愿意回答，或者是根本就无法给此问题找到现成的答案？

3. 对不满意问卷的处理

不满意问卷仍属于有效问卷，通常有四种处理方法：

（1）重新调查

若条件允许，可返回现场，再次接触被调查者，重新获取数据。

（2）由访问员自行填充

若条件不允许对被访者进行再调查，则需要访问员自行填充。访问员在自行填充的时候可以选择两种方法。

①均值代替法

均值替代法是指用变量的平均值代替缺失值进行填充。假设要研究某一总体的平均收入，浏览回收的问卷发现，只有一定比率的受访者提供了数据。如果我们能够通过其他来源取得“无回答”那部分受访者平均收入的估计值，就可以用下面的公式得到该总体的平均收入，再用这一平均收入代替缺失值进行填充。

$$\overline{X}=w_1\overline{X}_1+w_2\overline{X}_2$$

式中：$\overline{X}$——总体的平均收入；

$\overline{X}_1$——通过访问取得的平均收入；

w_1——做出回答的受访者所占比率；

$\overline{X}_2$——“无回答”受访者平均收入的估计数；

w_2——“无回答”比率。

②逻辑答案代替法

逻辑答案代替法是指用一个逻辑答案来代替缺失值进行填充。例如，性别缺失，可根据笔记、录音等推断填充；收入缺失，可根据职业、职位、工作年限等推断填充。

(3)删除

如果不满意的答案不是关键问题，可以将该问题删除，不参加数据的统计处理。

(4)空缺

在样本量很大、不满意问卷所占比例较小的前提下，可以考虑作废整份问卷。

(三)数据编码

1. 编码的含义和作用

编码是把原始资料转化为符号或数字的资料简化过程。编码对资料的分析和整理尤为重要，特别是在用计算机来对资料进行统计分析时，必须进行编码，通过编码，资料输入计算机进行统计就简单多了。编码的重要作用表现在以下三个方面：一是编码可以为各项信息资料提供简要而清晰的认定，便于储存和检索；二是编码可以显示信息资料单元的重要意义，并能协助资料的检索和操作；三是编码有利于提高信息资料处理的效率和精度，节省处理费用。

2. 编码方式

在数据编码的过程中，根据其是发生在调查实施前或后，可将编码分为事前编码或事后编码。在市场调查过程中，要根据问题的特点选择合适的编码方式。

(1)事前编码

事前编码是指问卷设计者在编写题目时就给予每一个变量和可能答案一个符号或数字代码，通常适用于封闭式问卷的调查。

例如：请问您的性别是？

A. 男性　　1

B. 女性　　2

例如：请问您是否购买过电脑？

A. 是　　1

B. 否　　2

(2)事后编码

事后编码是指研究者在调查已经实施、问题已经作答后，通过逐一浏览问卷，给予每一个变量和可能答案一个符号或数字代码，通常适用于开放式问卷的调查(因为这类开放性问题事先是不知道有多少个答案的，所以不可能事先进行编码)。

例如：除了联想笔记本电脑，您还知道哪些品牌的电脑？这是一个开放性问题，事先不知道会出现几种答案，所以，无法进行事前编码，只有浏览所有问卷后，发现一类新的答案，给予一个符号或数字代码,如第一份问卷的答案是“苹果”,第二份问卷的答案是“IBM”,第三份问卷的答案是“神州”,第四份问卷的答案是“明基”,第五份问卷的答案是“惠普”等。我们可以依次为出现的答案进行编码:

苹果	1
IBM	2
神州	3
明基	4
惠普	5
⋮	⋮

在对开放性问题进行事后编码时,如果需要对开放性问题的答案进行量化分析,那么编码工作就会更加复杂,一般要分为四个步骤:

第一步,列出答案。在调查实施的过程中,进行编码的人员需要浏览每个开放性问题的答案,并列成目录。

第二步,合并答案,即对那些表面上看不一样,但实质是一样的回答进行适当合并。例如,表7—6中的④、⑤、⑦、⑮说的都是从众因素,回答的实质是一样的,可以合并。

表7—6　　一个开放性问题的回答的例子

问题	您为什么最喜欢喝金星啤酒?
回答	①口感好 ②比较清淡 ③我喜欢这种口味 ④大家都喝这个品牌 ⑤市场上这种啤酒最畅销 ⑥不知道 ⑦朋友们都喝这种啤酒 ⑧价格便宜 ⑨它是新品牌 ⑩它是郑州人自己的啤酒 ⑪它的口味不如别的啤酒重 ⑫平时在商店购买方便 ⑬没什么特殊的理由 ⑭无所谓 ⑮大多数人喝它 ⑯说不出来 ⑰喜欢金星这个品牌

第三步,设置编码。被调查者的答案合并后,要对合并后的几个因素进行编码。对“喜欢喝金星啤酒”这一问题设置编码的结果如表7—7所示。

表7—7　　合并后的情况

回答归类要点	回答项	分好的数字编码
喜欢这种口味	①②③⑪	
价格因素	⑧	

续表

回答归类要点	回答项	分好的数字编码
从众因素	④⑤⑦⑮	
购买方便	⑫	
不知道	⑥⑬⑭⑯	
区域因素	⑩	
品牌喜好	⑨⑰	

第四步，输入编码。这一步主要涉及实际数字的记录，包含以下几个步骤：明确调查问卷中每个开放性问题的回答，找出可以适当合并为同一类别的回答，给每个具体回答一个数字编码并填入相应的类别中，在调查表的适当地方注明每个问题的回答的数字编码。

3. 编码过程中需注意的事项

第一，编码时应预留足够的位置，以适应需要的变化，如需要插入某个代码等。

第二，代码要系统化（要能适应整个系统的全部功能）。

第三，代码要标准化（一个代码代表一个变量）。

第四，编码的内容要保持一致性（可用固定的数字顺序表示回答项的次序，如 1、2、3 按从小到大的顺序，1 代表最差，2 代表一般，3 代表最好等）。

第五，要尽量使代码具有兼容性和适用性（以便与其他系统链接）。

（四）资料录入

1. 数据录入

数据录入即由录入员将经过编码的数据资料输入计算机的存储设备中，也就是将计算机不可识别的信息转换成计算机能够识别的信息的过程。此过程要经过反复操作以验证数据录入准确无误，要避免遗漏和重复。数据的录入形式有两种：一种是以单独数据文件的形式录入，另一种是直接录入专门的统计分析软件中（如 SPSS、Excel）。

在数据输入的过程中，错误是不可避免的。为了将错误控制在最低水平，应做好以下几个方面的工作：

（1）为每个录入员提供一份清楚的记录格式说明书，每个录入员必须熟悉录入格式。

（2）在录入工作开始时，研究人员最好能在场，以便录入人员提问或进行相关咨询。

（3）研究人员绝不能主观盲目地认为录入员是懂得如何做数据录入的。录入员并不一定对录入设备很熟悉，对计算机操作和数据处理也不一定很了解，可能对手中的项目不熟悉。所以，在这个过程中，研究人员切忌对录入员估计过高。

（4）如有可能，应对录入的数据进行全面核查。如果全面核查不可行，就采取抽查的方法。

2. 录入数据的审核

经过市场调查获取的资料在编码和录入的过程中，由于资料形式发生变化，可能会出现一些错误，因此，数据录入后，还要检查数据录入的准确性，以免返工，浪费人力、物力和财力。

数据录入可能出现以下两种错误：

（1）录入的选项在回答项目中根本找不到。例如，“是否购买过电脑？”的编码只有 01 和

02,即“是”编码为 01,“否”编码为 02,其他值都无效。

(2)回答的内容不真实。检查此类错误的方法,一种是进行数据的二次录入,然后将两次录入的结果进行比较,对不同的数据与原始问卷资料进行核对。但这种方法比较费时、费力。另一种方法是逻辑查错,即对一些变量进行频次、频率的分析,根据分析结果判断是否存在错误。这种方法只能查出不符合逻辑的错误,无法判断符合逻辑的错误,而且该方法只能对一些变量进行检查,难以对所有变量都做检查。

(五)数据分组

1. 数据分组的作用

数据分组是指将所有数据资料归入组距适当的各组,以利于进一步数据处理的过程。

数据分组在资料整理中非常重要,主要体现在以下几个方面:(1)数据分组有利于访问员更清楚地掌握各种资料的内容;(2)数据分组有利于有效地管理、储存和查找各种资料;(3)数据分组有利于形成系统化的资料,以便于对资料进行加工、分析和使用。

2. 数据分组的步骤

数据分组的关键就是进行分组及确定分组的数量,主要是根据调查的目的和资料的特点而定。有时,对资料的分组早在问卷设计时就已经确定,有时则需要在回收问卷后确定分组的标志。对数据分组的具体步骤包括:

(1)确定分组标志

分组标志是将总体资料划分为各个性质不同的部分的标准(即按什么标准来划分)。分组标志较多,通常可分为:

①品质标志分组

这是指按反映事物属性的标志来分组,如性别、职业等。此方法较容易划分组别。

②数量标志分组

这是指按照某一标志的不同数量,将总体单位划分为若干组,如收入、年龄、企业规模等。按数量标志分组的时候要注意数据分组能否适应经济发展变化的情况,能否满足研究的目的,能否反映事物的本质,能否揭示某种经济规律等。

(2)确定分组界限

分组标志确定后就需要划分和确定分组界限。分组界限是指组与组之间划分的界限。

对于品质标志分组界限的确定较简单、明确,可以按规定的标准来确定,如性别中的男、女等划分;而对于数量标志分组,则需要考虑组数、组距、组限和组中值。

①组数

组数即分组的数量。分组的数量要能够真实地反应数据之间的差异。组数太少,可能会掩盖重要信息;组数太多,又起不到分组的作用。

②组距

组距即组与组之间的距离,它实际上就是各组中最大值和最小值之间的差额。若标志值的变化比较均匀(即组距相同),则可采取等距分组,反之则为不等距分组。

③组限

组限是指组距的两个端点,即每组的上限和下限。若一组中只有上限、没下限(如 100 人以下),或者只有下限、没上限(如 5 000 人以上),则此组就称为开口组;若上下限齐全,则称为闭口组(如 100～500 人)。

组限的确定要注意的一个问题是各组频数的计量不能重复。也就是说,每一总体单位只能记数一次。对于恰好重叠在组限上的变量值,应纳入下一个组的下限,即遵循“上限不在内”原则。

【案例 7－6】

我国高新技术企业员工人数状况调查分组

对我国高新技术企业员工人数资料分组情况为:

A. 100 人以下　　B. 100～500 人　　C. 500～1 000 人

D. 1 000～2 000 人　　E. 2 000～5 000 人　　F. 5 000 人以上

而不应该是下面的分组:

A. 100 人以下　　B. 101～500 人　　C. 501～1 000 人

D. 1 001～2 000 人　　E. 2 001～5 000 人　　F. 5 001 人以上

④组中值

组中值即上限与下限之间的中点数值,它是各组标志值的代表值。

若为闭口组,计算公式为:

$$组中值=\frac{上限+下限}{2}$$

若为开口组,只有上限的,计算公式为:

$$组中值=上限-\frac{相邻组的组距}{2}$$

若为开口组,只有下限的,计算公式为:

$$组中值=下限+\frac{相邻组的组距}{2}$$

(3)编制变量数列

这是指把总体中的各个单位具体划归所属的各组,是对各个个体归纳整理的汇总过程,也是对调查对象分组的最终实现。

(六)资料的汇编及图表化

1. 汇编技术

汇编就是按照调查的目的和要求,对分类后的调查资料和数据进行计算、编辑和汇总,使之成为能反映调查对象客观情况的系统、完整、集中、简明的材料。

资料汇编阶段常常要处理大量数据,特别是在市场经济条件下,信息社会化已成为社会发展的必然趋热,需要处理的调查信息资料会越来越多。为了满足需求,迅速、准确、保质保量地完成数据整理工作,汇编技术正在经历一场大变革。手工汇编资料技术逐步退居次要的、辅助的地位,电子计算机技术的应用则越来越广泛。

(1)手工汇总技术

手工汇总技术的特点是所需工具少、方便、灵活。所以,即使在电子计算机广泛应用的今天,手工处理信息资料技术在某些调查项目中仍是主要采用的方法之一。常用的手工汇总方法有划记法、折叠法、过录法、卡片法等。

划记法是在预先设计的汇总表上画点或画线作为记号的汇总方法，适用于对频数的统计。

折叠法是把调查表所要汇总的同一项目的数值折叠，在一条线上进行汇总，并填入汇总表，较适用于对标志值进行汇总。

过录法是指先将调查资料过录到预先设计的汇总表中，然后计算加总，得出各组数值的合计数，填入统计表。此方法既可汇总频数，又可汇总标志值。

卡片法是指利用特制的摘录卡片作为分组记数的工具进行汇总。此方法较适用于调查资料多、分组细的情况。

(2)计算机数据处理技术

随着统计调查范围的不断扩大，调查项目越来越多，分类要求也越来越细。如果采用手工汇总方式，不仅花费过多的人力、时效性差、数据质量难以保证，而且很多调查数据的处理无法完成。所以，越来越多的统计调查采用了计算机汇总。

计算机汇总的优势：①计算机应用范围广，适应性强；②计算机储存信息量大，丢失资料少；③计算机能适应复杂计算和分类；④计算机进行数据汇总质量高，时效性强；⑤计算机能够做到数据汇总与资料印刷一体化；⑥计算机可以根据事先编好的程序，对编辑审核后的数据进行计算和制表，并且可以完成手工难以完成的多层次交叉分类表和多维分析图的制作。

2. 制作资料统计表

一个调查项目结束后，一般需要制作大量资料统计表。资料统计表就是把收集的资料组合起来并通过人工或机器使之以表格的形式表现出来。用表格的形式来表达数据比用文字表达更清楚、更简明，便于显示数据之间的联系，有利于进行比较和分析研究，如表7—8所示，能够清晰地看出被调查者的职务和学历情况。

表7—8　　被调查者的个人情况

被调查者的特征	类　别	人　数	百分比	累计百分比
个人职务	技术研发	33	26.61%	26.61%
	财务管理	4	3.23%	29.84%
	市场营销	39	31.45%	61.29%
	生产管理	15	12.10%	73.39%
	其他	33	26.61%	100.00%
学历层次	高中及以下	6	4.84%	4.84%
	大专	22	17.74%	22.58%
	大学本科	79	63.71%	86.29%
	硕士研究生	16	12.90%	99.19%
	博士研究生	1	0.81%	100.00%

在设计表格时，要注意下面几个问题：

(1)要以科学、适用、简明、美观为原则。

(2)每张表格都需要有号码和标题，标题应简明扼要，恰当反映表格所要表达的内容。

(3)表格的内容要简明扼要,不要过分庞杂烦琐,若内容较多,则最好分成几张表来表达。

(4)适当排列项目顺序,一般应将最主要的放在前面,也可以按照问卷中的顺序排列。

(5)表中数据要注明单位,小数点要对齐,一般应有合计。

【相关链接】

安·莫勒的编码与数据录入经验之谈

安·莫勒(Ann Moller)是亚特兰大 SDR 公司的数据录入员。20 年来,他在管理项目数据录入方面积累了丰富的经验。他认为,要在客户预算允许的范围内如期完成调研工作,重要的是避免问卷中出现过多开放性问题,这些问题的回答不能直接输入数字代码,解决的办法是根据项目分类设计编码,或将反馈内容原样录入计算机。

安·莫勒说:"编码是数据录入过程中耗资大且最主要的部分。""我们读同一文本,对它的编码可能不同……如果有太多的答案需要编码,分析过程就会令人厌烦,而且理解详尽答案的花费是非常高的。"

(资料来源:史哲闻,姜磊磊,林志达.市场调查与预测[M].长沙:湖南师范大学出版社,2017.)

复习自测

一、多项选择题

1. 以下各项中,属于现场督导的职责的是(　　)。

A. 监督访问员是否真实进行调查　　B. 及时检查访问质量,纠正可能的偏差

C. 处理现场意外情况　　D. 为访问员提供现场服务

E. 访问员的招聘与组织

2. 常用的调查资料审核方法有(　　)。

A. 逻辑审核法　　B. 计算审核法　　C. 经验审核法　　D. 加总法

E. 对比法

3. 访问实施所需的费用主要包括(　　)。

A. 访问员劳务费、督导劳务费　　B. 被调查者礼品费、交通费、材料费

C. 问卷和相关资料的印刷费　　D. 实施主管的薪金

E. 必要的办公费用

4. 按完成的访问份数计算访问员的劳务费的优点有(　　)。

A. 鼓励多劳多得

B. 防止访问员工作草率、不负责任

C. 方便计算

D. 访问员有可能采取欺骗的手段获取更多份数

E. 访问员有可能为了赶进度而匆忙记录

5. 确定访问员每天应完成的工作量主要应考虑(　　)。

A. 访问员的工作能力　　B. 访问员的责任心

C. 调查问卷的复杂程度　　D. 调查的方式

E. 调查的区域和时段

6. 调查资料的审核主要包括(　　)的审核。

A. 准确性　　B. 完整性　　C. 及时性　　D. 有效性

二、判断题

1. 访问员队伍的文化层次越高越好。　(　　)

2. 考虑到经济性原则,大多数商业调查公司采用兼职访问员。　(　　)

3. 在性别上,访问员选择女性尤其是家庭妇女为佳。　(　　)

4. 加强管理不是访问员培训的基本方法。　(　　)

5. 访问员的劳务费通常有两种支付方法:按完成的访问份数计算和按工作的实际小时数计算。　(　　)

6. 如果整理出来的调查数据资料不真实,就会比没有调查数据资料更危险。　(　　)

7. 回答不完全的问卷属于不满意问卷。　(　　)

8. 对于缺失数据,可以选择均值替代法进行填充。　(　　)

三、简答题

1. 实施主管和督导的职责有哪些?

2. 市场调查的实施对访问员有哪些基本要求?

3. 如何培训访问员?

4. 访问误差有哪几种类型? 如何控制访问误差?

5. 如何对市场调查的实施进行监督管理?

6. 如何对市场调查资料进行整理?

7. 为什么要对调查资料进行审核? 如何审核? 常用的审核方法有哪些?

8. 何谓无效问卷和不满意问卷? 对不满意问卷应该如何处理?

实训课堂

1. 从学校图书馆找一份调查资料,并对其进行整理。

2. 设定某一个调查主题,如对本校、班级同学手机、电脑等购买和使用情况的调查。围绕这一主题,尝试在班内模拟市场调查,讨论和分析调查结果,将调查结果用图表等方式进行列示。

第八章

市场调查资料的分析

学习要点及目标

1. 熟练掌握调查资料分析的原则和内容
2. 掌握静态和动态的基本分析方法
3. 掌握 SPSS 基本分析功能

核心概念

描述性统计分析　　推断性统计分析

引导案例

移动精准助力中国农业银行四川分行"E 农管家"推广

2015 年,中国农业银行在"互联网+"的发展趋势下,首次研发并推出了"E 农管家"电商服务平台,填补了银行"三农"电商服务的空白。为了更好地宣传"E 农管家"电商服务平台,中国农业银行携手"互动通",于 2016 年 3 月 1 日至 15 日推出了为期 15 天的电子银行推广活动。

一、推广过程

(一)合适的媒介

结合人群上网时间,以及媒介使用习惯。例如,投放集中于碎片时间(11∶30 至 14∶00,17∶30 至 23∶30),频控为全档期 6 次。在媒介投放组合上集中于匹配度高的新闻、财经类媒体,选择除了如一点资讯、参考消息、ZAKER、凤凰新闻等财经类 App,也挑选了一些视频、音乐类受众广泛的媒体进行投放,如优听、喜马拉雅、腾讯视频等。

(二)精确的定向

"互动通"借助多种定向技术,包括关键词、地点、时间、受众人群、行为、内容、媒体等进行定向投放,建立人群数据标签。例如,通过后台系统匹配文章,以及文章内容页关键词抓取,开展内容定向,精准投放广告;运用 Look-alike 技术,建立有效人群样本,分析并找寻相同类型的目标群体,进行潜在群体延展,进而生成目标人群动态数据库;借助人群属性标签,对目标人群进行精准投放。

(三)富媒体广告

通过全屏广告、通栏广告等形式直观地展现"E 农管家"的特色。

二、投放效果

短短半个月内，全屏创意实现曝光1 693 665次，超过预估值32.11%，广告信息获得了广泛传播，为品牌宣传打下了良好基础。Banner＋信息流＋焦点图创意，预估点击数125 000次，实现点击数143 010次，超出预计数14.41%，有效地实现了目标受众到活动页面的引流，提升了“E农管家”的知名度。活动后，中国农业银行四川分行电子银行网站浏览量在全国各省分行中排名第一。

（资料来源：http://a.iresearch.cn/case/5689.shtml）

第一节　市场调查资料分析概述

市场调查资料是反映客观事物或现象的，然而这些资料并不能直接显现规律，需要对它们进行分析和总结，寻找客观事物发展的规律。所以，在收集资料的基础上，必须既对资料进行定量分析，也对资料进行定性分析，只有这样，才能达到调查研究的目的。

市场调查资料分析是指根据市场调查的目的，运用多种分析方法对市场调查收集整理的各种资料进行对比研究，通过综合、提炼、归纳、概括得出调查结论，进行对策研究的过程。

一、市场调查资料分析的意义

对市场调查资料进行分析具有重要意义。

（一）市场调查资料分析是市场调查过程中十分必要的环节

通常，通过各种途径收集的各类信息，尤其是各种第一手资料，大多处于杂乱的状态，即使是第二手资料，也很难直接运用，必须经过必要的加工。通过加工会使收集的信息资料统一化、系统化和适用化。可以说，任何收集到的信息资料都必须经过一定的处理与分析。

（二）通过市场调查资料分析可以提高市场调查资料的价值

市场调查资料的分析过程是一个去粗取精、去伪存真、由表及里、综合提高的工程，它能大大提高信息的浓缩度、清晰度和准确性，从而大大提升调研资料的价值。

（三）通过市场调查资料分析可以产生新的信息

在信息加工的过程中，通过调查使已有的信息发生交合作用，从而有可能产生新的信息。

（四）通过市场调查资料分析可以发现市场调查过程中的不足之处

通常，市场调查工作的各个阶段、各个具体环节会出现计划不周或工作偏差等问题。此时，对市场调查问题的定义可能并不全面，对市场调研的设计可能忽视了某些工作，信息资料的收集可能存在遗漏或者收集方法欠缺等。这些问题有可能在实施过程中，通过检查、监督、总结等活动被发现并纠正，但是，很难避免有些问题未能被发现。在信息加工过程中往往能发现一些问题，通过及时反馈，就能采取措施，纠正存在的问题，对已经产生的不良后果实施补救。

二、市场调查资料分析的原则

实践证明，为保证最终形成的信息资料的质量，必须在资料分析过程中遵循以下原则：

(一)针对性原则

针对性原则是指要采用与调查目的、调查资料的性质、现有资源相适应的分析方法，对调查资料进行分析。任何一种分析方法都有优点和不足，有使用范围和分析问题的角度。某一种情况可能需要采用某一种或某几种特定的统计分析方法。所以，分析人员需要准确把握各种分析方法的特点和作用，将多种与调研目的相匹配的方法组合应用，形成最准确、最恰当的方法系统，取长补短，相互配合，从而得出全面、准确的结论。

(二)完整性原则

完整性原则是指对调查资料进行多角度的、全面的分析，以反映和把握调查资料的总体特征。它不是对资料进行局部的分析，而是全面考察各种相关因素的现状和趋势，分析现象之间的关系。

(三)客观性原则

客观性原则是指必须以客观事实和调查资料为依据进行分析，不能受外来因素或内部主观倾向的影响；否则，就会使前面各个阶段的努力化为乌有，更重要的是会误导企业决策者做出背离实际的决策，使企业陷入困境。

(四)动态性原则

动态性原则是指对调查资料的分析不但要把握其现状，而且要把握其变化趋势。要注意分析各相关因素的变化特点，用发展的观点、动态的方法来把握问题，从而正确地引导企业的发展。在具体操作中，要主动掌握并合理运用科学的预测方法，得出符合市场变动趋势的分析结论。

(五)经济性原则

经济性原则是指市场调查资料分析必须符合经济核算的要求，即以较少的费用形成尽可能多的有用的市场信息资料。任何经济工作都要考虑经济效益，实施经济核算、资料分析也必须遵循经济性原则。对市场信息的处理与分析需要投入一定的人力、物力和财力。遵循经济性原则就是在保证一定信息数量和质量的前提下，尽可能节省费用开支，或者在一定的耗费下形成尽可能多的有用信息，从而提高经济效益。

三、市场调查资料分析的内容

在市场调查过程中，主要针对以下四个方面的内容进行分析：

(一)背景分析

了解问题的由来和背景，把握分析研究的目的和方向。

(二)状态分析

描述和评价现象各个方面的数量表现，概括现象的各种特征。

(三)因果分析

找出影响事物变化的内因和外因，提示问题产生的原因。

(四)对策研究

针对调查结论和启示、问题和原因，提出解决问题的对策。

第二节　市场调查资料的分析方法

一、市场调查资料的静态分析

市场调查资料的静态分析主要包括定性分析法、定量分析法、描述性统计分析和推断性统计分析四种分析方法。

(一)定性分析法

1. 定性分析的概念

定性分析是与定量分析相对而言的,它是对不能量化的现象进行系统化理性认识的分析,其依据是科学的哲学观点、逻辑判断及推理,其结论是对事物的本质、趋势及规律的性质方面的认识。

2. 定性分析的特点

定性分析是市场调查资料的基础分析方法之一,主要具有以下几个特点:

(1)定性分析注重整体发展的分析

定性分析的目的在于把握事物本质的规律性,所以必须立足于对研究对象的整体分析,获得对研究对象的完整透视。

(2)定性分析的对象是描述性资料

定性分析以事物的描述性资料为研究对象,这些资料通常以文字或图片等形式表现,而不是精确的数据形式;这些资料是在各种自然场合,通过定性研究的方法(如通过参与观察和深入访谈)得来的,带有很大程度的模糊性和不确定性;定性分析的资料来自小的样本以及特殊的个案,而不是随机选择的样本和大的样本,从而决定了定性分析有独特的分析方法,且需要定量的分析来补充。

(3)定性分析的研究程序具有一定的弹性

在分析程序上,定性分析不同于定量分析。定量分析有一个标准化程序,使用数学方法获得定量的结果,用数学语言表示事物的状态、关系和过程,在此基础上加以推导、演算和分析,以形成对问题的解释和判断,具有逻辑上的严密性和可靠性。而定性分析是一个不太严格的研究程序,前一步收集资料的数量与质量往往决定下一步应该怎么做,原因是调查对象作为一个不断变化的主体所具有的动态性使定性分析过程常常出现变动,具有很大的灵活性和弹性。

(4)定性分析的方法是对收集的资料进行归纳的逻辑分析

归纳分析有着不同于演绎分析的一般程序。演绎分析是先有一个假设,然后收集能检验假设的资料或者事实,将事实与假设进行比较后得出结论。而归纳分析是先列出事实材料,将这些资料归类,然后从中得到一些启示,抽象概括出概念和原理。这是一种自下而上的分析路径。定性分析的客观性取决于所研究的对象是否有丰富的、合乎实际的材料,它不仅可以从不同事物的经验中找出共同联系,而且可以从不同的观察事例中找出共同的特点,同时研究事物的特例,找出相异之处及其原因。

(5)定性分析中的主观因素影响及对背景的敏感性

定性分析是一种价值研究,一方面很容易受研究者和被研究者的主观因素的影响,如研究者的能动性、独立性、创造性、若干差异的存在，以及较强的主观体验色彩，从而影响分析的客观性；另一方面，市场调研对象的表现状况又总是与特定的情景相关联，离开这一特定的情境，一定的市场现象就不会发生，这就是背景的敏感性。所以，定性分析很注重对背景的分析。

3. 定性分析的主要方法

(1)归纳推理方法

归纳推理方法是把一系列分离的事实或观察到的现象放在一起研究从而得出结论。归纳推理方法首先产生一系列个别的前提，然后把这些前提与其他前提组合在一起，得出结论。这些个别的前提可以从观察、实验、调研中获得。在归纳推理中，任何结论都是从观察、实验或调研的事实中得出的。市场调研中，通过对大量个体的调研得出一般性结论的方法就是归纳推理方法。

(2)演绎推理方法

演绎推理方法是从一般的前提推出个别结论的方法。其结论取决于大前提和小前提。例如，某市 40%的消费者购买 A 牌卷烟(大前提)。预计第二年该市卷烟消费量为 100 万箱(小前提)，第二年该市 A 牌卷烟销售量可能是 40 万箱(结论)。由此可见，结论是从大前提和小前提推理出来的。但实际结果常常与上面的结论有差别，有时甚至差别很大。所以，尽管演绎法可用在资料分析中，但必须明白其使用的前提常常是脆弱的，不能作为制定营销决策的唯一参考依据。

归纳推理方法和演绎推理方法常相互作用、相互补充。演绎推理法中的前提常是从归纳推理中得出的。例如，通过归纳推理得出的结论第一季度是卷烟消费旺季可作为演绎推理的前提，因为这个归纳结论是通过观察数年来每年各季度卷烟销售量得出的。

(3)比较分析法

比较分析法是把两个或两类事物相对比从而确定它们的相同点和不同点的逻辑方法。客观事物是相互联系又相互区别的，万事万物之间总是既有共同点，又有不同点，这种存在于事物中的异同点是进行比较分析的客观基础。

一般比较分析法有以下三种：

①纵向比较分析法

纵向比较分析法是将分析对象自身发展过程的不同阶段的状况加以对照，以确定分析对象的阶段特点的思维方法，是比较同一现象在不同时间的具体状态、特征的方法。

②横向比较分析法

横向比较分析法是将处于不同空间的两个事物进行对照，确认分析对象与参照物之间的异同关系，从而把握分析对象本质的思维方法。

③类比比较分析法

类比比较分析法是以两个事物具有某些相同属性的判断为前提，推出两者的其他属性也相同的结论。

(二)定量分析法

1. 定量分析的概念

定量分析是指从事物的数量特征方面入手，运用一定的数据处理技术进行数量分析，从而挖掘数量中所包含的事物本身的特性及规律的分析方法，即从数据中得出分析结论和启示。

2. 定量分析的方法

定量分析中最常用的方法是统计分析方法。根据研究目的的不同，可分为以下两种：

(1)描述性统计分析

描述性统计分析是市场调查资料分析中最常用的定量分析方法，主要用于描述和评价调查现象的数量特征及规律，包括单变量描述统计分析和多变量描述统计分析。

(2)推断性统计分析

推断性统计分析是以概率论理论为基础，利用样本提供的信息来推断总体数量特征的统计分析方法，主要包括参数估计、假设检验和方差分析研究等。

(三)描述性统计分析

1. 单变量描述统计分析

单变量描述统计分析主要包括对调查数据的集中趋势分析和离散程度分析两部分内容。

(1)数据的集中趋势分析

对调查数据的集中趋势分析是对调查总体的特征进行描述和推断的基础与前提。集中趋势是指一组数据向其中心值靠拢的倾向和程度，测定集中趋势就是寻找数据水平的代表值或中心值。测定数据集中趋势常用的指标有平均数、中位数和众数。

①平均数

平均数又称均值，主要有算术平均数、调和平均数和几何平均数三种计算方法。其中，算术平均数是最常用的计算方法。

如果是未经整理的调查数据，算术平均数一般用如下公式计算：

$$\bar{x}=\frac{x_1+x_2+\cdots+x_n}{n}=\frac{\sum_{i=1}^{n}x_i}{n}$$

对于已经分组并形成次数分配的数据，算术平均数可用如下公式计算：

$$\bar{x}=\frac{x_1f_1+x_2f_2+\cdots+x_kf_k}{f_1+f_2+\cdots+f_k}=\frac{\sum_{i=1}^{k}x_if_i}{\sum_{i=1}^{k}f_i}$$

②中位数

中位数是数据排序后，位置在最中间的数值，记为 M_e。中位数将全部调查数据分为两个部分，其中一半的数值小于中位数，另一半的数值大于中位数。

当数据个数为奇数时，中位数为最中间的那个数；当数据个数为偶数时，中位数为最中间的两个数的平均数。

③众数

众数是数据中出现次数最多的变量值，记为 M_0。分类数据或单项式分组数据的众数可直接通过观察得到，即出现次数最多的变量值就是众数。数值型数据经组距分组后可用如下公式近似计算：

$$M_0\approx L+\frac{\Delta_1}{\Delta_1+\Delta_2}\times i$$

式中：L——众数所在组的下限值；

Δ_1——众数所在组变量值的次数与下一组变量值的次数之差；

Δ_2——众数所在组变量值的次数与上一组变量值的次数之差；

i——众数所在组的组距。

(2)数据的离散程度分析

离散程度是指调查数据远离其分布中心值的程度。如果集中趋势指标反映的是调查数据的共性和集中性，那么离散程度指标反映的就是调查数据的个性和分散性。调查数据的离散程度越高，用于描述数据集中趋势的指标的代表性就越差，使用这些代表性指标进行统计分析的效果也就越差。

常用的反映数据离散程度的指标有极差、内距、方差与标准差、离散系数等。

①极差

极差也称全距，是数据的最大值与最小值的差，是数据离散或差异程度的最简单的测度值，即：

$$\text{极差}(R)=\text{最大值}-\text{最小值}$$

显然，数据越分散，极差就越大。极差的计算简单，但它易受极端值的影响，因为它只利用了数据两端的信息。

②内距

把调查数据按照从小到大的顺序排列后，用三个四分位点(Q_1,Q_2,Q_3)将其分为四个相等的部分，第一个四分位数点(Q_1)是第二十五个百分位数点，又称下四分位数；第二个四分位数点(Q_2)是第五十个百分数点，即中位数；第三个四分位数点(Q_3)是第七十五个百分位数点，又称上四分位数。内距是两个四分位数之差，即：

$$\begin{aligned}\text{内距}&=\text{上四分位数}-\text{下四分位数}\\&=Q_3-Q_1\end{aligned}$$

内距较小，说明数据相对集中于中位数附近；反之，则说明调查数据的分布比较分散。

③方差与标准差

方差是指一组数据的各个变量值与其算术平均数离差平方的算术平均数，是测度数据离散程度的主要方法，记为 s^2。标准差是方差的算术平方根，记为 s。方差和标准差反映了所有变量值对平均数的离散程度，其数值的大小与平均数的代表性大小呈反向变化，即方差或标准差越大，平均数的代表性越差；反之，方差或标准差越小，平均数的代表性就越好。

根据原始数据计算方差如下：

$$s^2=\frac{\sum_{i=1}^{n}(x_i-\bar{x})^2}{n-1}$$

根据分组数据计算方差如下：

$$s^2=\frac{\sum_{i=1}^{k}(x_i-\bar{x})^2 f_i}{\sum_{i=1}^{k}f_i-1}$$

④离散系数

离散系数是用来比较两组数据的差异程度的。因为在比较相关的两组数据的差异程度时，方差和标准差是以均值为中心计算出来的，所以有时直接比较是不准确的，需要剔除均值大小的影响，计算并比较离散系数。

离散系数的计算公式如下：

$$cv=\frac{s}{\bar{x}}\times 100\%$$

离散系数越大，说明数据的离散程度越大，平均数的代表性越差；反之，离散系数小，说明数据的离散程度越小，平均数的代表性越好。

2. 多变量描述统计分析

多变量描述统计是分析多个变量在不同取值情况下的数据分布状况以及不同变量之间的密切程度的一类统计分析方法。常用的多变量描述统计方法有交叉列联表分析、相关与回归分析等。

(1)交叉列联表分析

列联表是两个或两个以上变量交叉分组后形成的频数分布表，也称交叉表或交叉列联表。列联表的数据可以是数值型的，也可以是字符型的。问卷中的大量题目属于定类变量和定序变量，所以，在对调查结果进行统计分析时，交叉列联表成为一个十分重要的工具。

①二维交叉列联表

二维交叉列联表也称双向表。如果表中的行标题有 c 个栏目，列标题有 r 个栏目，便称为 $c\times r$ 交叉列联表。

【案例 8－1】

“居住时间”和“熟悉程度”的交叉列联表分析

研究城镇居民在某地的居住时间与其对当地商场的熟悉程度之间的关系，调查结果如表 8－1 所示。

表 8－1　　居住时间与对商场的熟悉程度的交叉列联表分析　　单位：人

熟悉程度	居住时间			合　计
	13 年以下	13 至 30 年	30 年以上	
不熟悉	45	34	55	134
熟悉	52	53	27	132
合计	97	87	82	266

居住时间与对商场的熟悉程度有没有关系呢？从上述资料可知，居住时间短于 30 年的居民似乎更熟悉百货商场。进一步计算百分比则可以看得更直观一点。

两个变量都已交互分层，我们既可以根据行合计计算行百分比，也可以根据列合计计算列百分比。行百分比与列百分比的选择取决于哪个变量是因变量，哪个变量是自变量。一般的规则是，在自变量的方向上，对因变量计算百分比。以表 8－1 为列，居住时间是自变量，对商场的熟悉程度是因变量，从而可以对各居住时间计算熟悉程度百分比，结果如表 8－2 所示。

表 8－2　　居住时间与对商场的熟悉程度的交叉列联表分析　　单位:%

熟悉程度	居住时间		
	13 年以下	13 至 30 年	30 年以上
不熟悉	46.4	39.1	67.1
熟悉	53.6	60.9	32.9
合计	100.0	100.0	100.0

从表 8—2 可见,53.6%的居住时间短于 13 年的人和 60.9%的居住时间在 13 至 30 年的人熟悉该商场,而只有 32.9%的居住时间在 30 年以上的人熟悉该商场。可见,同样是住在该地区的人,居住时间越长,对购物环境反而越不熟悉。这个结论是有一定道理的,在一个地方居住很长时间的人反而没有动力去熟悉该商场。

②三维交叉列联表

三维交叉列联表用以描述三个变量的各种交叉取值的频数和百分比。三维列联表与二维列联表的不同在于前者涉及三个变量,不仅有行变量和列变量,而且有一个"层变量"。列联表的分析会给我们提供更多信息。

在两个变量进行交叉列联表分析的基础上引入第三个变量后再进行交叉列联表分析,可能出现四种结果:更加精确地表达原来两个变量之间的关系,显示原来两个变量的联系是虚假的,显示原先被隐含的关系,显示原有的联系没有改变。

【案例 8－2】

三维交叉列联表分析

以某次对私家车拥有者的抽样调查为例,样本容量为 1 000,研究受教育水平与私家车拥有状况之间的关系,得到的结果如表 8—3 所示。

表 8－3　　受教育水平与私家车拥有状况的交叉列联表分析　　单位:%

私家车	受教育水平	
	本科及以上	本科以下
有	32	21
没有	68	79
合计	100	100
个案数	250	750

从表 8—3 可见,仅对受教育水平和私家车的拥有情况进行交叉列联表分析,发现文化程度越高的人拥有私家车的比例越高。但引入收入变量后发现,收入才是影响拥有私家车的真正原因,对于低收入者,不论文化程度的高低,在购买私家车方面没有差异,如表 8—4 所示。

表 8—4　　受教育水平和收入对私家车拥有状况的交叉列联表分析　　单位：%

私家车	收入			
	低		高	
	受教育水平		受教育水平	
	本科以上	本科以下	本科及以上	本科以下
有	20	20	40	40
没有	80	80	60	60
合计	100	100	100	100
个案数	100	700	150	50

（2）相关与回归分析

在市场调查分析中，相关与回归分析广泛应用于研究变量之间的关系。

①相关分析

相关分析是研究变量之间相关关系密切程度的统计方法。变量之间的相关关系，按表现形式的不同，可以分为线性相关和非线性相关；按相关方向的不同，可以分为正相关和负相关。如果变量之间的关系可以近似表现为一条直线，就称为线性相关。在线性相关中，如果两个变量的变动方向相同，即一个变量数值的增大或减小，另一个变量的数值也随之增大或减小，就称为正相关；如果两个变量的变动方向相反，就称为负相关。

常用的测量变量之间相关关系的方法有散点图和相关系数。

散点图是以直角坐标系的横轴代表自变量 x，以直角坐标系的纵轴代表因变量 y，将两个变量相对应的变量值用坐标点的形式在坐标平面上形成图形。利用散点图可以直观地看出两个变量之间相关关系的形式、方向及密切程度。

在直线相关条件下，相关系数是衡量两个变量之间线性相关程度的统计指标，记为 r，计算公式如下：

$$r=\frac{\sum_{i=1}^{n}(x_i-\bar{x})(y_i-\bar{y})}{\sqrt{\sum_{i=1}^{n}(x_i-\bar{x})^2\sum_{i=1}^{n}(y_i-\bar{y})^2}}$$

当 $r>0$ 时，X 与 Y 正相关；当 $r<0$ 时，X 与 Y 负相关。若 r 没有单位，则取值介于 -1 与 1 之间。r 的绝对值越接近 1，说明两个变量之间的关系越密切。$r=1$ 为完全正相关，$r=-1$ 为完全负相关。当 $r=0$ 时，表明两个变量之间不存在线性关系。

②回归分析

回归分析就是利用两个或两个以上变量之间的关系，由一个或几个变量来预测另一个变量。

（四）推断性统计分析

在市场调查中，除了对样本数据的水平或其他特征进行描述外，还经常需要根据样本的信息，对总体的分布以及分布的数据特征进行统计推断。推断统计的前提是，样本是随机抽样出来的，能够反映总体的特征。推断性统计分析方法主要包括两个部分：参数估计和假设检验。

1. 参数估计

参数估计是指在满足一定精度和把握程度的条件下，利用样本信息来估计总体特征的统计分析方法。参数估计有点估计和区间估计两种形式。

(1)点估计

点估计就是直接用样本统计量作为总体未知参数的估计量。例如，用样本均值直接作为总体均值的估计值，用样本方差直接作为总体方差的估计值。假定要估计一个班学生考试的平均分数，根据抽出的一个随机样本计算的平均分数为 75 分，用 75 分作为全班考试平均分数的一个估计值，这就是点估计。

点估计方法具有简便、直观等优点，但由于点估计仅以一次抽样的结果来估计总体参数值，因此无法提供误差程度的信息。

(2)区间估计

区间估计是以区间的形式给出包括总体参数真值的范围，以及该区间包括总体参数真值的可信度。对于定距变量和定比变量，区间估计方法主要是对总体的均值和方差进行估计；对于定类变量和定序变量，主要是对估计总体的比例进行估计。这里只简单介绍总体均值和比例的区间估计。

①总体均值的区间估计

总体均值的区间估计就是根据样本均值来估计总体均值可能的范围，即置信区间。

对于正态总体，当总体方差 σ^2 已知时，总体均值 μ 的置信度为 $1-\alpha$ 的置信区间如下：

$$\left[\bar{x}-Z_{\alpha/2}\cdot\frac{\sigma}{\sqrt{n}},\bar{x}+Z_{\alpha/2}\cdot\frac{\sigma}{\sqrt{n}}\right]$$

式中：$\bar{x}$——样本均值；

n——样本容量；

σ——总体标准差；

$Z_{\alpha/2}$——显著性水平 α 所对应的 Z 值。

对于正态总体，当总体方差 σ^2 未知时，总体均值 μ 的置信度为 $1-\alpha$ 的置信区间如下：

$$\left[\bar{x}-t_{\alpha/2}\cdot\frac{\sigma}{\sqrt{n}},\bar{x}+t_{\alpha/2}\cdot\frac{\sigma}{\sqrt{n}}\right]$$

式中：$\bar{x}$——样本均值；

n——样本容量；

σ——总体标准差；

$t_{\alpha/2}$——显著性水平 α 所对应的自由度为$(n-1)$的 Z 值。

②总体比例的区间估计

总体比例的区间估计是根据样本比例来估计总体比例。给定显著性水平 α，总体比例在 $1-\alpha$ 的置信水平下的置信区间如下：

$$\left[p-Z_{\alpha/2}\cdot\sqrt{\frac{p(1-p)}{n}},p+Z_{\alpha/2}\cdot\sqrt{\frac{p(1-p)}{n}}\right]$$

式中：p——样本比例；

$Z_{\alpha/2}$——显著性水平 α 所对应的 Z 值；

n——样本容量。

这里要求样本容量 n 足够大。

【案例 8－3】

总体比例的区间估计

某城市想要估计下岗职工中女性所占的比率，随机抽取了 100 位下岗职工，其中 65 人为女性职工。试以 95％的置信水平估计该城市下岗职工中女性比率的置信区间。

已知 $n=100, Z_{\alpha/2}=1.96, p=65\div 100=65\%$

$$\left[p \pm Z_{\alpha/2} \cdot \sqrt{\frac{p(1-p)}{n}}\right]=65\% \pm \sqrt{\frac{65\% \times (1-65\%)}{100}}=65\% \pm 9.35\%$$

即（55.65％，74.35％），该城市下岗职工中女性比率 95％的置信区间为 55.65％～74.35％。

2. 假设检验

假设检验是统计推断的另一类基本方法，它与参数估计类似，但角度不同。参数估计是利用样本信息推断未知的总体参数，而假设检验是先对总体参数提出一个假设值，然后利用样本信息判断这一假设是否成立。假设检验可以分为参数检验和非参数检验两种。参数检验是在总体分布已知的情况下，先对总体参数提出假设，再利用样本信息去检验该假设是否成立。非参数检验是在总体分布未知的情况下，先对总体提出假设，再根据样本资料对假设的正确性进行判断。

假设检验的基本依据是“小概率事件原理”，即发生概率很小的随机事件在一次实验中几乎不可能发生。根据这一原理，我们利用样本数据判断原假设是否成立。

假设检验分析的一般步骤如下：

第一，根据实际问题，提出原假设 H_0 和备择假设 H_1。原假设是接受检验的假设，备择假设是当原假设被否定时，另一种可能成立的假设。

第二，确定显著性水平 α，视情况而定，通常取值 0.1、0.05、0.01。

第三，确定适当的统计量以及拒绝域的形式。

第四，根据样本观察值计算检验统计量的值。

第五，根据显著性水平和统计量的分布，找出接受域与拒绝域的临界点，比较临界点与检验统计量的值，做出决策，是拒绝 H_0 还是不拒绝 H_0。

总体参数检验的方法主要有单一样本检验、两独立样本检验和配对样本检验等基本形式。

二、市场调查资料的动态分析

（一）动态分析法的含义

动态分析法是把反映经济现象发展变化的一系列数据按时间先后顺序排列成一组动态数列，对其进行分析的一种方法。经济现象是随着时间的进程而不断变化的，所以，要进行动态分析。

运用动态分析法时要注意，各指标所属时间的长短要相同，指标内容、计算方法、计量单位等要统一。有些指标要根据具体情况进行调整，不可简单地沿袭套用。

(二)市场调查资料动态分析法的指标

1. 动态数列的水平分析指标

(1)发展水平

发展水平反映现象实际已经达到的规模和水平，是动态数列最基本的指标。时间数列中各项指标的数值就是发展水平。习惯上把时间数列中第一项的水平称为最初水平，最末项的水平称为最末水平，中间各项的水平则称为中间水平；同时，一般把被研究的时期称为报告期，相应的发展水平称为报告期发展水平，而把研究中作为比较基数的时期称为基期，相应的发展水平称为基期发展水平。

(2)平均发展水平

平均发展水平又称序时平均数或动态平均数，是将动态数列中各时期或时点上的指标加以平均而得到的平均数。这种平均数是将某种事物在时间上变动的差异平均化，用以说明一段时间内的一般水平。

(3)增长量

增长量是指现象在一定时期内发展水平提升或降低的绝对数量，用公式表示如下：

$$增长量=报告期发展水平-基期发展水平$$

由于对比的基期不同，增长量有逐期增长量和累计增长量两种。

逐期增长量是两个相邻时期发展水平之差，用公式表示如下：

$$逐期增长量=报告期发展水平-上一期发展水平$$

累计增长量反映报告期水平比某一固定时期发展水平的增加量，用公式表示如下：

$$累计增长量=报告期发展水平-固定时期发展水平$$

(4)平均增长量

平均增长量是动态数列逐期增长量的序时平均数，表明某市场现象在一定时期内平均每期增长的数量。它可将各个逐期增长量相加后，被逐期增长量的个数除，也可将累积增长量被动态数列项数减 1 除求得。

2. 动态数列的速度分析指标

(1)发展速度

发展速度是以相对数表现的动态分析指标，是报告期发展水平与基期发展水平的商，说明报告期发展水平是基期的多少倍或百分之几，也称动态系数，用公式表示如下：

$$发展速度=\frac{报告期发展水平}{基期发展水平}$$

当发展速度大于 1 时，说明报告期水平较基期上升；当发展速度小于 1 时，说明报告期水平较基期下降；当发展速度等于 1 时，说明报告期水平和基期持平。

发展速度可根据基期的不同分为环比发展速度和定基发展速度。

环比发展速度是报告期发展水平和前一期水平之比，说明现象逐期变化的相对程度，用公式表示如下：

$$环比发展速度=\frac{报告期发展水平}{前一期发展水平}$$

定基发展速度是报告期水平与某个固定时期发展水平的对比，用公式表示如下：

$$定基发展速度=\frac{报告期发展水平}{某一固定时期发展水平}$$

各环比发展速度的连乘积等于相应时期的定基发展速度。

(2)增长速度

由增长量与基期水平对比可计算增长速度,说明报告期水平较基期水平增长的相对程度。增长速度为发展速度减1,用公式表示如下:

$$增长速度=发展速度-1$$

增长速度也可分为环比增长速度和定基增长速度,与环比发展速度和定基发展速度的关系如下:

$$环比增长速度=环比发展速度-1$$

$$定基增长速度=定基发展速度-1$$

(3)平均发展速度

平均发展速度是现象各期环比发展速度的序时平均数,通常采用几何平均法计算。几何平均法又称水平法,是将一段时间内各期环比发展速度的连乘积开 n 次方根。其计算公式如下:

$$\bar{x}=\sqrt[n]{x_1 \cdot x_2, \cdots, x_n}$$

(4)平均增长速度

平均增长速度是动态数列中各期环比增长速度的序时平均数,它不能由各期的环比增长速度直接平均求得,也不能根据一定时期的总增长速度直接计算,而只能通过与平均发展速度的数量关系,即由平均发展速度减1计算求得。

第三节 统计分析软件 SPSS

一、SPSS 简介

SPSS 统计软件从 1968 年开发至今,已经历多次改版,并于 20 世纪 90 年代以后推出了以交互式对话为主要特征的第 7 版。第 7 版以后的版本称为 SPSS for Windows 版,各种版本大同小异,本书选择 IBM SPSS Statistics 20 中文版进行市场调研数据的统计分析操作。

(一)SPSS 的特点

SPSS 是 Statistical Package for the Social Sciences 的英文缩写,即“社会科学统计软件包”。随着 SPSS 产品服务领域的扩大和服务程度的加深,SPSS 公司于 2000 年正式将英文全称改为 Statistical Product and Service Solutions,意为“统计产品与服务解决方案”,以反映市场的新趋势。但是,在 2009 年 4 月,基于一系列原因,SPSS 公司做出了一个令广大用户无法接受的决定:将 SPSS 更名为 PASW(Predictive Analytics Software)Statistics! 幸好在当年 9 月,SPSS 公司被 IBM 收购,新东家立即终止了更名计划,重新将软件命名为 IBM SPSS Statistics,算是给这一事件画上了句号。

SPSS 是一种集成化的计算机处理和统计分析通用软件,是世界上公认的最优秀的统计分析软件包之一,被广泛应用于自然科学、社会科学的各个领域。近年来,我国政府部门、医疗卫生、体育、经济等领域的工作者广泛使用该软件进行信息管理和决策分析。SPSS 界面友好、功能强大、易学、易用，包括几乎全部尖端的统计分析方法，具备完善的数据定义、操作管理和开放的数据接口，以及灵活而美观的统计表格和统计图形制作。所以，SPSS是调研人员首选的统计软件。

（二）SPSS的功能

SPSS的基本功能有数据管理、统计分析、图表分析、输出管理等，具体内容包括描述统计、列联表分析、总体的均值比较、相关分析、回归模型分析、聚类分析、主成分分析、时间序列分析、非参数检验等多个大类，每个大类中有多种专项统计方法。

（三）SPSS的主要窗口

SPSS的主要窗口包括数据编辑窗口和结果输出窗口。

1. 数据编辑窗口

数据编辑窗口是SPSS默认的启动用户界面，用户可以在这里建立、读取、编辑数据文件，进行统计分析。数据编辑窗口如图8—1所示。

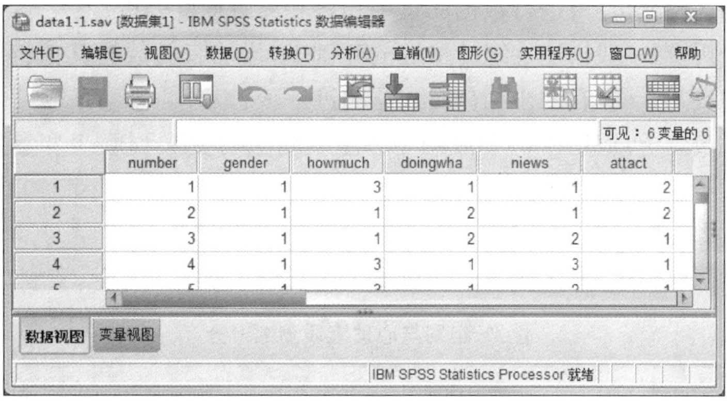

图8—1　SPSS数据编辑窗口

2. 结果输出窗口

结果输出窗口是SPSS的另一个主要窗口，该窗口的主要功能是显示和管理SPSS统计分析的结果、报表及图形。结果输出窗口如图8—2所示。

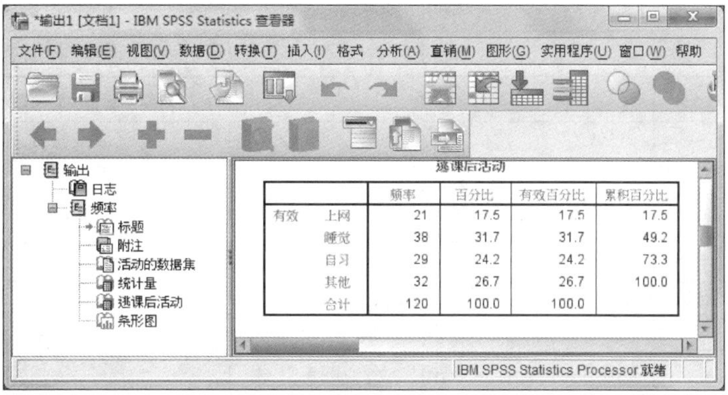

图8—2　SPSS结果输出窗口

二、SPSS统计分析的操作与应用

下面通过几个SPSS上机实验来熟悉常用的调研统计分析方法，引导读者切实掌握SPSS统计软件的关键操作，通过实践不断积累经验，逐渐深化对软件和统计分析功能的理解，提高数据统计分析的技能水平。

（一）描述性统计分析

1. 实验目的

(1)熟悉单个变量的频数分析，编制频数分布表。

(2)熟练计算单个变量的描述统计量。

(3)能够比较两个变量，编制列联表，并分析变量之间是否相关。

2. 实验内容

(1)频数分析：可概略地看到调查数据的分布情况，作为初步整理之用。

(2)单变量描述性分析：可进行数据的集中趋势和离散程度分析。

(3)探索性分析：在一般描述性统计指标的基础上，增加有关数据其他特征的文字与图形描述，显得更加细致与全面，有助于用户对数据的进一步思考。

(4)交叉列联表分析：适用于两个或两个以上变量进行交叉列联表变量之间的关联性分析。

3. 实验案例及步骤

通过调研，我们获得了30名城市和农村学生的心理素质测试得分，资料如表8—5所示。

表8—5　　性别、组别与心理素质测试得分

性别	组别	心理测试得分
男	城市	4.75
男	农村	2.38
女	农村	2.60
男	农村	2.10
女	城市	6.40
男	城市	2.62
女	农村	1.80
女	城市	3.44
女	农村	1.90
女	城市	6.50
男	城市	5.20
女	农村	3.65
女	城市	5.60
男	城市	3.80
男	城市	4.30

续表

性别	组别	心理测试得分
女	农村	2.30
男	农村	3.80
男	农村	4.60
女	农村	4.85
女	城市	5.78
女	农村	5.80
男	城市	3.76
女	农村	4.25
女	城市	4.30
男	城市	4.20
男	城市	5.54
男	农村	4.22
女	城市	3.80
男	农村	3.84
男	城市	4.15

在 SPSS 中进行频数分析、描述性分析、探索分析和交叉列联表分析如下：

(1)先确定变量个数。案例中的变量有 3 个，加上被调查者的观测序号，总共 4 个变量，分别为 number(序号)、gender(性别)、group(组别)和 score(心理测试得分)。由于性别和组别是定类变量，因此需做值标签。对性别变量，可定义“1”代表“男”，“2”代表“女”；对组别变量，可定义“1”代表“城市”，“2”代表“农村”。变量定义完后，录入样本数据，建立 SPSS 数据文件。

(2)选择菜单【分析(Analyze)】→【描述统计(Descriptive Statistics)】→【频率(Frequencies)】命令，选择分析变量、要输出的统计量以及要绘制的统计图，即完成了频数分析。

(3)选择菜单【分析(Analyze)】→【描述统计(Descriptive Statistics)】→【描述(Descriptives)】命令，选择分析变量，在打开的对话框中勾选“均值(Mean)”“标准差(Std. Deviation)”“最小值(Minimum)”“最大值(Maximum)”“峰度(Kurtosis)”“偏度(Skewness)”等复选框，就完成了描述性分析。

(4)选择菜单【分析(Analyze)】→【描述统计(Descriptive Statistics)】→【探索(Explore)】命令，选择相关变量进入因变量列表和因子列表，勾选要输出的统计量以及要绘制的统计图，就完成了探索分析。

(5)对频数变量的值进行加权处埋，选择菜单【分析(Analyze)】→【描述统计(Descriptive Statistics)】→【交叉表(Crosstabs)】，在“交叉表(Crosstabs)”对话框中选择“行”变量和“列”变量，然后勾选卡方检验，定义列联表中需要计算的指标，就完成了交叉列联表分析。

(二)均值比较分析

1. 实验目的

(1)熟练掌握单样本 T 检验的 SPSS 操作。

(2)熟练掌握两个独立样本 T 检验的 SPSS 操作。

(3)熟练掌握配对样本 T 检验的 SPSS 操作。

(4)利用单样本 T 检验、独立样本 T 检验、配对样本 T 检验的方法解决市场调研中的实际问题。

2. 实验内容

(1)单样本 T 检验:利用来自某一个正态总体的样本数据推断该总体的均值是否与指定的检验值之间存在显著差异。

(2)独立样本 T 检验:主要用于检验两个独立总体的均值是否存在显著性差异。

(3)配对样本 T 检验:利用来自两个正态总体的配对样本数据推断两个总体的均值是否存在显著性差异。配对的概念指的是两个样本的各个样本值之间存在对应关系。它与独立样本 T 检验的区别在于:一是独立样本 T 检验是针对两个独立的不同总体,两个总体没有关系,而配对样本 T 检验是针对两个关联的总体;二是两者对抽样的要求不同,独立样本 T 检验的两个总体的样本数量可以不同,而配对样本 T 检验的两个样本的观察值先后顺序要一一对应,不能随意更改,且样本数量必须一致。

3. 实验案例及步骤

(1)单样本 T 检验案例

一家生产高性能汽车的公司生产直径为 322mm 的圆盘制动闸。公司的质量控制部门随机抽取不同机器生产的制动闸进行检验。每台机器抽取 16 支产品。其测量结果如表 8—6 所示。

表 8—6　　不同机器生产的圆盘制动闸直径测量数据　　单位:mm

机器编号	机器 1	机器 2	机器 3	机器 4
圆盘制动闸直径	322.000 3	322.006 9	321.986 3	321.993 9
	322.004 8	322.030 6	321.989 9	322.003 0
	322.021 5	322.011 4	322.001 6	322.005 5
	321.990 7	322.028 9	321.984 3	322.002 8
	322.010 9	322.008 7	322.017 4	321.986 3
	321.995 4	322.025 7	321.983 4	322.001 7
	322.005 9	322.017 6	322.002 4	321.997 8
	321.975 9	322.007 0	322.000 5	321.991 4
	321.998 1	322.018 3	322.003 9	321.995 7
	321.995 7	321.986 4	322.016 1	321.998 9
	321.984 1	322.017 8	322.001 7	321.989 8
	321.983 6	322.018 2	322.008 5	322.002 3
	322.003 7	322.020 0	321.990 2	321.986 1
	322.000 0	322.012 2	321.993 2	321.991 0
	322.003 0	322.013 7	321.991 2	321.982 5
	322.002 3	322.004 8	322.001 9	321.998 2

利用单样本 T 检验方法检验每台机器生产的产品均值和 322mm 在 95%的置信水平下是否有显著差异。

①建立 SPSS 数据文件，方法同描述性统计分析的案例。

②打开数据文件。由于要对不同机器生产的产品分别进行检验，因此必须首先利用变量“机器编号”对数据文件进行拆分。选择【数据(Data)】→【拆分文件(Split File)】命令，在打开的“分割文件(Split File)”对话框中，选中“比较组(Compare Groups)”单选按钮，将变量“机器编号”选入“分组方式(Groups Based on)”列表框中，单击“确定(OK)”按钮，执行拆分操作。然后选择【分析(Analyze)】→【比较均值(Compare Means)】→【单样本 T 检验(One-Sample T Test)】命令，打开“单样本 T 检验”对话框，将待检验变量“制动闸直径”选入“检验变量”列表框，在“检验值”参数框中输入待检验值“322”。接着单击“选项(Options)”按钮，打开“单样本 T 检验：选项”对话框，在“置信区间”参数框中输入“95”(默认值为 95%)。在此对话框中还可以指定对缺失值的处理方式。单击“继续(Continue)”按钮返回“单样本 T 检验”对话框。最后单击“确定(OK)”按钮，得到输出结果。

(2)独立样本 T 检验案例

在体育课上记录 14 名学生乒乓球的得分，男女各 7 名，数据如下：

男：82.00　80.00　85.00　85.00　78.00　87.00　82.00

女：75.00　76.00　80.00　77.00　80.00　77.00　73.00

比较在置信度为 95%的情况下男女生的得分是否有显著差别。

①建立 SPSS 数据文件，方法同描述性统计分析的案例。

②打开数据文件，选择【分析(Analyze)】→【比较均值(Compare Means)】→【独立样本 T 检验(Independent-Samples T Test)】命令，打开“独立样本 T 检验”对话框。

③在对话框中，将待检验的变量“得分”选入“检验变量”列表框，将分组变量“性别”选入“分组变量”列表框，单击“定义组(Define Groups)”按钮，打开“定义组”对话框，在“组 1(Group1)”和“组 2(Group2)”文本框中分别输入“1”和“2”，单击“继续(Continue)”按钮返回对话框。单击“选项(Options)”按钮，打开“独立样本 T 检验：选项(Independent-Samples T Test：Options)”对话框，在该对话框中可以设置置信区间和缺失值。

④单击“确定(OK)”按钮，即完成独立样本 T 检验的 SPSS 操作。

(3)配对样本 T 检验案例

本次实验所用的数据是 10 例矽肺病患者经克矽平治疗前后血液中的血红蛋白量(g/dL)。数据中有 10 个样本观察值，代表了 10 个接受治疗的患者，有两个变量 x_1 和 x_2，分别代表患者治疗前后的血红蛋白量，其数据如表 8—7 所示。本实验的内容是使用配对样本 T 检验判断这种治疗对患者的血红蛋白有没有显著影响。

表 8—7　　治疗前后 10 位患者血液中的血红蛋白量　　单位：g/dL

治疗前(x_1)	11.3	15.0	15.0	13.5	12.8	10.0	11.0	12.0	13.0	12.3
治疗后(x_2)	14.0	13.8	14.0	13.5	13.5	12.0	14.7	11.4	13.8	12.0

①建立 SPSS 数据文件，方法同描述性统计分析的案例。

②打开数据文件，选择【分析(Analyze)】→【比较均值(Compare Means)】→【配对样本 T 检验(Paired-Samples T Test)】命令，打开“配对样本 T 检验(Paired-Samples T Test)”对话框，在左侧的列表框中选择配对的第一个变量“治疗前(x_1)”和第二个变量“治疗后(x_2)”，单击右向箭头按钮，将其选入“成对变量(Paired Variables)”列表框中，可以选择多对检验样本。

③单击“选项(Options)”按钮，打开“配对样本 T 检验：选项(Paired-Samples T Test：Options)”对话框。该对话框用于指定置信水平和缺失值的处理方法，与“单样本 T 检验：选项”子对话框完全相同。设置置信区间为 95%，单击“继续”按钮返回对话框。

④单击“确定(OK)”按钮即完成配对样本 T 检验的 SPSS 操作。

(三)相关分析与回归分析

1. 实验目的

(1)熟练掌握相关分析的 SPSS 操作。

(2)熟练掌握回归分析的 SPSS 操作。

(3)能够运用相关分析与回归分析解决市场调研中的实际问题。

2. 实验内容

(1)相关分析：研究变量之间关系的密切程度。线性相关分析研究两个变量线性关系的强弱程度。

(2)线性回归分析：如果只包括一个自变量和一个因变量，且两者的关系可用一条直线近似表示，这种回归分析就称为一元线性回归分析。如果回归分析中包括两个或两个以上自变量，且自变量和因变量之间是线性关系，则称为多元线性回归分析。

3. 实验案例及步骤

(1)两变量相关分析的案例

测得 30 名 13 岁男童的体重(kg)和肺活量(mL)数据，如表 8—8 所示。对该资料进行体重与肺活量的相关分析。

表 8—8　　13 岁男童体重和肺活量数据

编号	体重(kg)	肺活量(mL)	编号	体重(kg)	肺活量(mL)
1	32.0	1 750	16	47.2	1 750
2	30.4	2 000	17	40.5	2 000
3	46.2	2 750	18	43.3	2 250
4	33.5	2 500	19	44.7	2 750
5	37.1	2 750	20	37.5	2 000
6	35.5	2 000	21	31.5	1 750
7	41.5	2 750	22	33.9	2 250
8	31.0	1 500	23	40.4	2 750
9	33.0	2 500	24	38.5	2 500
10	37.2	2 250	25	37.5	2 000

续表

编号	体重(kg)	肺活量(mL)	编号	体重(kg)	肺活量(mL)
11	49.5	3 000	26	36.0	1 750
12	27.6	1 250	27	34.7	2 250
13	41.0	2 750	28	39.5	2 500
14	32.0	1 750	29	32.0	1 750
15	47.2	2 250	30	30.9	2 050

①建立 SPSS 数据文件，方法同描述性统计分析的案例。

②选择【分析(Analyze)】→【相关(Correlate)】→【双变量(Bivariate)】命令，打开“双变量相关”对话框。在此对话框中选择变量“体重”“肺活量”，进入“变量(Variables)”列表框，勾选“相关系数(Correlation Coefficients)”选项区域中的“Pearson”复选框，选中“显著性检验(Test of Significance)”选项区域中的“双侧检验(Tow-Tailed)”单选按钮，勾选“标记显著性相关(Flag Significant Correlations)”复选框。

③单击“确定(OK)”按钮，系统输出简单相关系数的计算结果。

(2)线性回归分析案例

表 8—9 列出了某地能源消耗量与工业总产值的数据，x 表示能源消耗量，y 表示工业总产值，利用一元线性回归分析描述两者的关系。

表 8—9　　　　某地能源消耗量与工业总产值

年份	能源消耗量(10 万吨)	工业总产值(亿元)	年份	能源消耗量(10 万吨)	工业总产值(亿元)
1995	35	24	2003	62	41
1996	38	25	2004	64	40
1997	40	24	2005	65	47
1998	42	28	2006	68	50
1999	49	32	2007	69	49
2000	52	31	2008	71	51
2001	54	37	2009	72	48
2002	59	40	2010	76	58

①建立 SPSS 数据文件。定义变量名：工业总产值 y，能源消耗 x。输入原始数据。

②打开数据文件，选择【分析(Analyze)】→【回归(Regression)】→【线性(Linear)】命令，打开“线性回归”对话框。将变量“工业总产值”选入“因变量(Dependent)”列表框中，作为线性回归分析的被解释变量。然后将变量“能源消耗”选入“自变量(Independent)”列表框中，作为回归分析的解释变量。在“方法(Method)”处下拉菜单，选用“进入(Enter)”法。

③单击“统计量(Statistics)”按钮，根据需要，可输出回归系数、回归系数的标准差、非标准

化回归系数的置信区间、判定系数、方差分析表等。“图(Plots)”选项主要提供绘制散点图、直方图等功能。观察这些图形，有助于确认样本的正态性、线性和等方差性，也有助于发现异常值和超界值。“保存(Save)”选项，在此对话框中可决定将预测值、残值或其他诊断结果值作为新变量保存于当前工作文件或保存到新文件。“选项(Options)”设置对话框用于为变量进入方程设置 F 检验统计量的标准值以及确定缺失值的处理方式。

④以上全部设置完成后，返回“线性回归”对话框，单击“确定(OK)”按钮得到输出结果。

【相关链接】

尿布与啤酒摆放在一起

在一家超市里，有一个有趣的现象：尿布和啤酒赫然摆在一起出售。但是这个奇怪的举措使尿布和啤酒的销量双双增加了。这不是一个笑话，而是发生在美国沃尔玛连锁超市的真实事例，并一直为商家所津津乐道。原来，美国的妇女们经常会嘱咐她们的丈夫下班后为孩子买尿布。而丈夫在买完尿布后会顺手买下自己爱喝的啤酒，所以啤酒和尿布一起购买的机会很多。是什么让沃尔玛发现了尿布和啤酒的关系呢？正是商家通过对超市一年多原始交易数据进行详细分析才发现了这对神奇的组合。

复习自测

一、单项选择题

1. 使用类别量表测量单一变量，进行描述性分析时只能使用(　　)描述数据的集中趋势。

A. 众数　　B. 频率　　C. 均值　　D. 标准差

2. 描述样本数据集中趋势最基本、最简单、最常用的一个统计量是(　　)。

A. 均值　　B. 众数　　C. 中位数　　D. 方差

3. 市场营销课程的某小组由 8 个学生组成，他们期末考试的成绩分别为 92、68、84、88、71、65、79、69 分，则市场营销课程期末考试成绩的中位数是(　　)。

A. 71　　B. 79　　C. 69　　D. 75

4. 下列关于均值、众数、中位数的说法中错误的是(　　)。

A. 均值容易受到样本数据中极端值的影响　　B. 众数容易受到样本数据中极端值的影响

C. 众数不具有唯一性　　D. 中位数的可靠性比较差

5. 相关分析是一种(　　)。

A. 定性分析　　B. 以定性分析为前提的定量分析

C. 定量分析　　D. 以定量分析为前提的定性分析

6. 某校有学生 8 000 人，随机抽查 100 人，其中 20 人对学校后勤管理有意见，则该校学生中对学校后勤管理有意见的人数的点估计是(　　)。

A. 20%　　B. 20 人　　C. 100 人　　D. 1 600 人

7. 下列场合中，适用 T 检验统计量的是(　　)。

A. 样本为小样本，且总体方差已知　　B. 样本为大样本，且总体方差已知

C. 样本为小样本，且总体方差未知　　D. 样本为大样本，且总体方差未知

8. 如果假设检验的 p 值小于给定的显著性水平 α，则应(　　)。

A. 接受原假设　　B. 拒绝原假设

C. 拒绝备择假设　　D. 拒绝进行假设检验

9. 对具有因果关系的现象进行回归分析时，(　　)。

A. 只能将原因变量作为自变量　　B. 只能将结果变量作为自变量

C. 原因变量和结果变量均可作为自变量　　D. 没有必要区分自变量

二、多项选择题

1. 根据分析变量的数目来划分，数据统计分析分为(　　)。

A. 描述性统计分析　B. 单变量分析　C. 推断性统计分析　D. 双变量分析

E. 多变量分析

2. 使用顺序量表测量单一变量进行推断性分析时，可以使用(　　)。

A. K-S 检验　B. 区间估计　C. 卡方检验　D. Z 检验

E. T 检验

3. 使用等差或等比量表测量单一变量进行描述性分析时，可以用来描述数据的离散程度的有(　　)。

A. 标准差　B. 极差　C. 内距　D. 离散系数

E. 中位数

4. 下列说法中正确的有(　　)。

A. 可以用均值来分析和描述地区间的工资水平状况

B. 用众数来描述流行的服装颜色比较适合

C. 考试成绩中位数的含义是有一半考生的成绩超过此数

D. 在数据资料呈高度偏态分布时，用中位数作为集中趋势的测量指标比较适合

E. 一般常用算术平均法来计算平均增长率

5. 对 300 名职工的收入情况进行调查，结果表明职工的收入水平与受教育程度之间的相关系数为 0.801 4，这说明(　　)。

A. 两者之间具有高度的正线性相关关系

B. 两者之间只有 80.14%的正线性相关关系

C. 80.14%的高收入者具有较高的受教育程度

D. 80.14%的较高受教育程度者有较高的收入

E. 通常来说，受教育程度较高者有较高的收入

6. 区间估计(　　)。

A. 没有考虑抽样误差的大小　　B. 考虑了抽样误差的大小

C. 不能说明估计结果的可靠程度　　D. 能说明估计结果的可靠程度

E. 所求置信区间都是以点估计为中心的对称区间

7. 在假设检验中，当我们做出拒绝原假设而接受备择假设的结论时，表示(　　)。

A. 有充分的理由否定原假设　　B. 原假设必定是错误的

C. 犯错误的概率不大于α　　　　　　D. 犯错误的概率不大于β

E. 在原假设为真的情况下发生了小概率事件

三、简答题

1. 市场调查资料分析有何意义？
2. 市场调查资料分析应遵循哪些原则？
3. 什么是定性分析法？其有哪些特点？
4. 数据集中趋势的指标有哪些？各有何特色？
5. 数据离散程度的指标有哪些？各有何特色？
6. 什么是列联表？怎样对二维交叉列联表中的两变量相关关系进行判断？
7. 简述假设检验的一般步骤。
8. 市场调查资料动态分析法的指标有哪些？
9. 试举例说明如何进行相关分析。
10. 如何运用SPSS软件建立数据文件？

四、计算题

1. 某化妆品公司开发了一种新型护肤化妆品，委托某市场调查公司进行市场调查，以检验消费者的偏好情况。根据该公司管理者的判断，除非该产品有20%以上的消费者喜欢，否则不能投入生产。根据对625名消费者的一次市场调查，结果有140人表示喜欢该新产品。试检验喜欢该新产品的消费者的比例是否低于20%($\alpha=0.05$)。

2. 某医疗机构针对具有家族心脏病史的病人研发了一种新药。为了检验这种新药的疗效是否显著，对16位病人进行为期半年的观察测试，测试指标为使用该药前后的体重以及甘油三酯水平的变化。数据如表8—10所示。

表8—10　　　　服药前后的甘油三酯水平和体重数据

测试指标	测试数据							
服药前甘油三酯水平	180	139	152	112	156	167	138	160
	107	156	94	107	145	186	112	104
服药后甘油三酯水平	100	92	118	82	97	171	132	123
	174	92	121	150	159	101	148	130
服药前体重(kg)	198	237	233	179	219	169	222	167
	199	233	179	158	157	216	257	151
服药后体重(kg)	192	225	226	172	214	161	210	161
	193	226	173	154	143	206	249	140

可以认为甘油三酯水平和体重都近似服从正态分布，数据是成对出现的。试用配对样本T检验过程检验服药前后甘油三酯水平和服药前后体重之间的差异。

3. 某单位对12名女工进行体检，体验项目包括体重(kg)和肺活量(L)，数据如表8—11所示。

表8—11　　12名女工体重和肺活量数据

序号	1	2	3	4	5	6	7	8	9	10	11	12
体重(kg)	42	42	46	46	46	50	50	50	52	52	58	58
肺活量(L)	2.55	2.20	2.75	2.40	2.80	2.81	3.41	3.10	3.46	2.85	3.50	3.00

用 x 表示体重，用 y 表示肺活量，建立SPSS数据文件。利用一元线性回归分析描述两者的关系。

实训课堂

进行一次小规模的调查，调查主题自选，在校园或学校周边实施调查。调查结束后，将调查资料进行整理与分析，提交一份调查数据分析报告。

第九章

市场预测的基本方法

学习要点及目标

1. 熟练掌握市场预测的类型、内容和步骤
2. 掌握德尔菲法、集合意见法、购买意见法等定性预测方法
3. 掌握时间序列预测法、因果关系预测法

核心概念

市场预测　　德尔菲法　　集合意见法　　时间序列预测法

引导案例

头脑风暴法的有趣例子

有一年，美国北方格外严寒，大雪纷飞，电线上积满冰雪，大跨度的电线常被积雪压断，严重影响通信。许多人试图解决这一问题，却未能如愿以偿。电信公司经理应用奥斯本发明的头脑风暴法，尝试解决这一难题。他召开了一种能让头脑卷起风暴的座谈会，参加会议的是不同专业的技术人员，要求他们必须遵守以下原则：

第一，自由畅想，要求与会者尽可能解放思想，无拘无束地思考问题并畅所欲言。

第二，会后评判，要求与会者在会上不对他人的设想评头论足，不发表“这主意好极了”“这种想法太离谱了”之类的“捧杀句”或“扼杀句”。对设想的评判留在会后组织专人考虑。

第三，追求数量，鼓励与会者尽可能多而广地提出设想，以大量设想来保证质量较高的设想的出现。

第四，改进与补充，即鼓励与会者积极进行智力互补，在自己提出设想的同时，注意思考如何把两个或更多设想结合成另一个更完善的设想。

按照这种会议规则，大家七嘴八舌地议论开来。有人提出设计一种专用的电线清雪机；有人想到用电热来化解冰雪；有人建议用振荡技术来清除积雪；还有人提出能否带上几把大扫帚，乘直升机去扫电线上的积雪。对于这种“坐飞机扫雪”的想法，大家心里尽管觉得滑稽，但在会上无人提出批评。相反，有一位工程师在百思不得其解时，听到“用飞机扫雪”的想法后，大脑突然受到冲击，一种简单可行且高效率的清雪方法冒了出来。他想，每当大雪过后，出动直升机沿积雪严重的电线飞行，依靠调整旋转的螺旋桨即可将电线上的积雪迅速扇落。他马上提出“用干扰机扇雪”的新设想，顿时引起其他与会者的联想，相关主意一下子又多了七八

个。不到1个小时，与会的10名技术人员共提出九十多个设想。

会后，公司组织专家对设想进行分类论证。专家们认为，设计专用清雪机，采用电热或电磁振荡等方法清除电线上的积雪，在技术上虽然可行，但研制费用大、周期长，一时难以见效。那种因“坐飞机扫雪”激发出来的几种设想倒是大胆的新方案，如果可行，将是既简单又高效的好办法。经过现场试验，发现用直升机扇雪真能奏效，一个久悬未决的难题终于在头脑风暴法中得到了巧妙的解决。

随着发明创造活动的复杂化和课题涉及技术的多元化，单枪匹马式的冥思苦想将变得软弱无力，群策群力的发明创造将显示攻无不克的威力。

（资料来源：https://wenku.baidu.com/view/196c027332d4b14e852458fb770bf78a64293ad7.html）

第一节　市场预测基本理论

市场预测是在市场营销调研的基础上，利用一定的方法或数学模型分析调查数据或资料，测算未来一定时期内市场供求趋势和影响市场营销的因素的变化，从而为企业的营销决策提供科学的依据。

一、市场预测的含义和作用

（一）市场预测的含义

市场预测是运用科学的方法，对影响市场供求变化的诸因素进行调查研究，分析和预见其发展趋势，掌握市场供求变化规律，为经营决策提供可靠的依据。

市场预测历史悠久。根据《史记》的记载，公元前六世纪到公元前五世纪，范蠡在辅佐勾践灭吴复国后，即弃官经商，19年中三致千金，成为天下富翁，他的商场建树取决于他懂得市场预测。例如，“论其存余不足，则知贵贱，贵上极则反贱，贱下极则反贵”。这是他根据市场上产品的供求情况来预测产品的价格变化。

严格地说，市场预测是从19世纪下半叶开始的。一方面，资本主义经济中的市场变化极其复杂，为了获取利润，减少经营风险，就要把握经济周期的变化规律；另一方面，数理经济学对现象数量关系的研究逐步深入，各国统计资料的积累也日益丰富，适用于处理经济问题，市场预测的统计方法也逐步完善。学术界关于市场预测的里程碑是从奥地利经济学家兼统计学家斯帕拉特·尼曼（Splat Niemann）算起的。他运用指数分析方法研究了金、银、煤、铁、咖啡和棉花的生产情况，有关铁路、航运、电信和国际贸易方面的问题，以及1866年至1873年的进出口价值数据。

预测为决策服务。为了提高管理的科学水平，减少决策的盲目性，我们需要通过预测把握经济发展或者未来市场变化的有关动态，减少不确定性，降低决策可能遇到的风险，使决策目标得以顺利实现。

（二）市场预测的作用

市场预测可以为企业的经营决策者提供可靠的、客观的、具有高度可操作性的依据。具体而言，市场预测的作用体现在以下几个方面：

1. 市场预测是企业制订经营计划的前提与依据

企业制订经营计划不能单凭当前的状况和过去的资料。“人无远虑,必有近忧。”要想使经营管理更加富有成效,就需把握企业内外部条件的变化,以及企业有关产品的发展趋势、生命周期以及市场需求的变化发展趋势。欲达此目的,就得运用各种科学的方法进行深入、细致的分析和科学的预测。

2. 市场预测是经营决策的基础

企业生产经营活动的各个阶段、各个生产环节均存在决策问题。任何企业都面临生产技术、产品品种的选择及其经济效益的评价等许多复杂的问题。对此,若无细致周密的调查和科学的预测作为基础,就难以优选出合理、经济、可行的方案,也就很难做出正确的决策。

3. 市场预测可以把握规律与趋势

市场预测的中心问题是掌握市场发展变化的规律,把握发展趋势。科学的预测可以帮助人们按照事物的发展规律办事,并充分发挥人的主观能动性,减少企业经营活动中的盲目性和经营风险。所以,预测能提高企业的适应性和竞争力,帮助企业真正按市场需求组织生产和销售,从而更好地满足市场需求。

4. 市场预测有利于企业的经营管理和经济效益

经济效益是企业生产经营活动的根本,提高经济效益是经营管理的目标。搞好经营管理的条件之一就是积极做好市场预测工作。在企业工作中,进行任何一项科研或技术经济项目都要讲求经济效益,使之达到技术上的先进可行、经济上的合理可行,这同样也需要对一系列有关指标进行科学的预测。如果不做经济效益方面的预测,就有可能出现研究成果在技术上是先进的、可行的,但在经济上是不合理的,或者试制出的产品市场不需要,从而给企业造成很大的经济损失。所以,市场预测可以帮助企业改善经营管理,提高经济效益。

二、市场预测的类型和内容

(一)市场预测的类型

市场预测的类型多种多样,有不同的划分标准。

1. 按预测期长短的不同分类

按预测期长短的不同,市场预测可分为长期预测、中期预测和短期预测三种。

(1)长期预测

长期预测一般是指 5 年以上的预测,主要用于宏观预测,是制订中长期计划和经济发展规划的依据。

(2)中期预测

中期预测是指 1 年以上 5 年以下的预测,主要用于宏观预测,是制订中期计划和规划经济 5 年发展任务的依据。

(3)短期预测

短期预测是指 1 年以下的预测,常用于微观预测,如旺季产品的供求预测、节日产品的供求预测、季节性产品的销售预测及专题预测等,是规定近期市场活动具体任务的依据。

2. 按预测范围的不同分类

按预测范围的不同,市场预测可分为宏观市场预测和微观市场预测两种。

（1）宏观市场预测

宏观市场预测是从宏观经济管理角度出发，以整个国民经济、部门、地区的市场活动为范围进行的预测，主要目标是预测市场供求关系的变化和总体市场的运行态势，如社会商品购买力与供应量及其平衡状况的预测、主要产品的需求总量与供应总量及其平衡状况的预测等。

（2）微观市场预测

微观市场预测是从企业角度出发，对其经营的各种产品或劳务市场的发展趋势做出估计和判断，为企业的生产经营决策提供支持，如企业某种产品（包括品种、规格、花色等）的需求预测、企业市场占有率和销售预测等。

3. 按预测性质的不同分类

按预测性质的不同，市场预测可分为定性预测和定量预测两种。

（1）定性预测

定性预测又称判断预测或调研预测，是指根据一定的经济理论与实践经验，对市场发展前景的性质、方向和程度做出判断的预测方法。虽然定性预测只是对事物发展变化的大趋势做出判断，但是它简便易行，当缺乏量化数据时，它是唯一可以使用的方法。

（2）定量预测

定量预测是指根据历史和现实的统计数据及市场信息，运用统计方法和数学模型，对市场的未来状态与趋势做出定量描述，对各项预测指标提供量化预测值。定量预测用得好，不仅可以得到量化的预测结果，而且因为用数据说话，所以预测结果比较客观。

在实际预测中，往往是将定性预测与定量预测结合起来进行综合预测。

（二）市场预测的内容

企业的市场营销活动受宏观和微观多种因素的影响与制约，这使得市场预测的内容相当广泛，涉及市场营销的各个方面，归纳起来有三大类，即市场需求预测、市场供给预测和市场销售预测。

1. 市场需求预测

市场需求预测是指通过一定的市场营销活动，对一定地区和市场营销环境中特定的消费者群体在一定时期内对某一产品的购买力及其购买趋势的预测。市场需求变化，除研究整个经济社会在市场上购买产品的货币支付能力外，还需要研究社会潜在的购买力。例如，某地区电话的普及率只达到50%，假如饱和普及率为90%，那么就还有40%的潜在购买力；再如，居民手中的闲置现金和银行中的储蓄存款也是强大的潜在购买力。

【案例9－1】

奥纳西斯的“浮动金矿”

第二次世界大战前，在人们相信世界末日为期不远的一片狂乱中，奥纳西斯（Onassis）却保持着清醒的头脑：生产过剩，物价暴跌，这是暂时的现象，而当世界经济再次出现繁荣的时候，价格毫无疑问会随之回升，甚至还会暴涨。谁要是在今天买进便宜货，到明天就可以几倍的高价把它们抛出。这就是奥纳西斯的高明之处，他的先见之明和敏锐洞察力使他对形势做出了准确的判断。更令人惊奇的是，奥纳西斯买入的既不是公司的股票，也不是不动产，更不是黄金，而是被人们认为在危机中最不景气并注定要遭难的海上运输工具——轮船。在这一领域，他孤注一掷地押上了他的全部资产，因为他深信，一旦世界经济复苏，就离不开运输，他投下的本钱就会像热带植物一样狂长，利润就会源源不断。

一天，奥纳西斯得到一条消息：在经济萧条的袭击下，加拿大国有运输公司元气大伤，不得不拍卖产业，其中，有 6 艘货轮 10 年前价值 200 万美元，而今船价暴跌，每艘只售 25 万美元。听到这个消息，奥纳西斯高兴得跳了起来。他那双鹰一样锐利的眼睛紧紧地盯住了这个千载难逢的目标。他急匆匆地赶到加拿大，将这 6 艘被遗弃在“墓地”的船只全部买下。当时许多人断定奥纳西斯办了一件蠢事，认为不久这几艘船只怕连 5 000 美元都不值。事态的发展正如这些人所预料的那样，年复一年，危机越来越严重，整个资本主义世界仿佛陷入泥沼。面对严酷的现实，奥纳西斯毫不动摇自己的决心，坚信好日子一定会到来。

奥纳西斯盼望的好日子终于来了，第二次世界大战爆发。战争给那些拥有水上运输工具的人带来了神奇的机会，奥纳西斯的 6 艘大船一夜之间变成了“浮动金矿”。到战争结束时，他这个“机缘船东”已置身于希腊拥有“制海权”的巨头行列。

（资料来源：徐彤宝，王光娟. 市场营销学[M]. 吉林：吉林大学出版社，2014.）

2. 市场供给预测

经济学上把供给分为个别供给和市场供给，其中，市场供给是指所有个别生产者提供产品的总和。由于市场供给的大小能够反映市场供应能力的强弱，因此，它是决定市场供求状态的重要变量。市场供给预测是指对一定时期和一定范围内的市场供应量、供应结构、供应变动因素等进行分析预测。它是市场预测的重要内容。一般来说，应在市场供给调研的基础上，运用恰当的预测方法对产品的生产量、国外进口和其他供应量等决定供应总量的变量进行因素分析、趋势分析和相关分析，从而对市场供应量和供应结构的变化做出预测。

3. 市场销售预测

市场销售预测是指对企业本身的产品销售量，包括花色、种类、规格、式样等的预测，如何使产品销售顺畅以满足消费者的需要。它是在充分考虑未来各种影响因素的基础上，结合企业及区域的实际销售业绩，通过一定的分析方法提出切实可行的销售目标。对于一家企业来讲，市场销售预测是市场营销预测中必不可少的内容，必须对所经营的产品在某一时期内的市场需求量进行预测。例如，同一种产品从几处进货，有外地产品，也有本地产品，各占多大比重？顾客欢迎外地产品还是本地产品？从而选择进货渠道并为生产部门提供市场信息，以利于企业安排生产并做出选择。

三、市场预测的步骤

市场预测应该遵循一定的程序和步骤以使工作有序化、统筹规划和协作。市场预测的过程大致包含以下几个步骤：

（一）确定预测目标

明确目标是开展市场预测工作的第一步，因为预测的目标不同，预测的内容和项目、所需要的资料和所运用的方法就不同。明确预测目标就是根据经营活动存在的问题，拟定预测项目，制订预测工作计划，编制预算，调配力量，组织实施，以保证市场预测工作有计划地进行。

（二）收集资料

进行市场预测必须占有充分的资料。有了充分的资料，才能为市场预测提供进行分析、判断的可靠依据。在市场预测计划的指导下,调查和收集与预测有关的资料是进行市场预测的重要一环,也是市场预测的基础性工作。

(三)选择预测方法

根据预测的目标以及各种预测方法的适用条件和性能,选择合适的预测方法。有时可以运用多种预测方法来预测同一目标。预测方法的选用是否恰当将直接影响预测的精确性和可靠性。运用预测方法的核心是建立描述、概括研究对象特征和变化规律的模型,根据模型进行计算或者处理,即可得到预测结果。

(四)预测分析和修正

分析判断是对调查所收集的资料进行综合分析,并通过判断、推理,使感性认识上升为理性认识,从事物的现象深入事物的本质,从而预计市场的发展变化趋势。在分析与评判的基础上,通常还要根据最新信息对原预测结果进行评估和修正。

(五)编写预测报告

预测报告应概括预测研究的主要活动过程,包括预测目标、预测对象及有关因素的分析结论、主要资料和数据,预测方法的选择和模型的建立,以及对预测结论的评估、分析和修正等。

第二节　定性预测法

市场预测方法是指在全面、系统、准确地占有有关资料的基础上,对预测目标进行定性分析和定量预测的各种方法的总称。市场预测的方法很多,上一节中已经提到,本节按照市场预测的性质对其划分进行了系统的诠释,即市场预测可以分为定性预测与定量预测,其中,定量预测方法又分为时间序列预测法和因果关系分析预测法两种。

定性预测主要是依靠预测者个人的专门知识、经验和直观材料,对市场发展做出分析判断,以确定市场发展的趋势、性质和程度。它是以市场调研为基础的经验判断法。定性预测的具体方法主要有对比类推法、专家预测法、集合意见法和购买意见法。

一、对比类推法

对比类推法就是把预测对象与其他相似的事物放在一起,通过相互对照来推断预测对象的发展变化趋势。对比类推法根据类推目标的不同,可以分为地区类推法和产品类推法。

(一)地区类推法

在同一时期,不同国家或地区之间的经济发展水平是不同的。一般而言,发达国家或地区的发展状况和生活方式对欠发达国家或地区有着很大的影响,所以,在一定条件下,欠发达国家或地区会出现发达国家或地区曾经出现过的现象。地区类推法就是依据其他国家或地区曾经发生过的事件来进行类推,如根据发达国家的某些产品的市场生命周期在很大程度上可以类比推断这些产品在欠发达国家的市场生命周期。

(二)产品类推法

这种对比类推是指有许多产品在功能、构造、技术等方面具有一定的相似性,因而这些产品的市场发展规律往往会呈现某种相似性,人们就利用产品的这种相似性来进行类推。例如,随着生活水平的不断提高,人们更加注重自身的美感,特别是形体美,针对这种情况,一些厂商就会生产减肥茶、减肥药、减肥食品等。如果这些产品能够被消费者所接受,并受到欢迎,就可以预测其他类似减肥产品也能受消费者的欢迎。

二、专家预测法

专家预测法又称专家意见法,是指根据市场预测的目的和要求,向有关专家提供一些背景资料,请他们就市场的发展趋势做出判断。专家预测法在具体运用过程中有两种基本形式:专家会议法和德尔菲法(又称专家小组法)。

(一)专家会议法

专家会议法就是指邀请有关方面的专家,通过共同讨论的形式达成共识,做出预测。这种方法的优点是能够充分发挥专家的智慧,寻求预测的依据,之后做出理智的判断。但是,会场的气氛会对与会者的心理状态等产生影响,从而影响预测结果的准确性。

(二)德尔菲法

德尔菲法是由预测组织者以通信的形式向专家直接征询意见,之后将各位专家的第一次书面意见综合后再一次寄给专家,在收到专家的回信后,将他们的意见分类统计、归纳,再将结果反馈给他们,供他们做进一步的分析和判断,提出新的估计。如此反复,直到获得比较一致的意见为止。

【案例 9-2】

某公司新产品的销售量预测

某公司研制出一种新产品,现在市场上还没有相似产品出现,所以没有历史数据。但公司需要对可能的销售量做出预测,以决定产量。于是,该公司成立专家小组,并聘请业务经理、市场专家和销售人员等 8 位专家预测全年可能的销售量。8 位专家通过对新产品特点、用途的介绍,以及人们消费能力和消费倾向的深入调查,提出了个人判断,经过三次反馈得到的结果如表 9—1 所示。

表 9—1 **产品销售量德尔菲法预测表** 单位:千件

专家编号	第一次判断			第二次判断			第三次判断		
	最低销量	最可能销量	最高销量	最低销量	最可能销量	最高销量	最低销量	最可能销量	最高销量
1	500	750	900	600	750	900	550	750	900
2	200	450	600	300	500	650	400	500	650
3	400	600	800	500	700	800	500	700	800
4	750	900	1 500	600	750	1 500	500	600	1 250
5	100	200	350	220	400	500	300	500	600
6	300	500	750	300	500	750	300	600	750
7	250	300	400	250	400	500	400	500	600
8	260	300	500	350	400	600	370	410	610

续表

专家编号	第一次判断			第二次判断			第三次判断		
	最低销量	最可能销量	最高销量	最低销量	最可能销量	最高销量	最低销量	最可能销量	最高销量
平均数	345	500	725	390	550	775	415	570	770
极差	650	700	1 150	380	350	1 000	250	340	650
中位数	280	475	675	325	500	700	400	550	700

从表9—1可以看出，专家的第一轮意见汇总得出最低销量、最可能销量和最高销量的极差分别为650、700和1 150，表明专家的意见相当分散。之后，专家根据反馈意见，大多数人修改了自己的意见并向中位数靠拢，在第二轮和第三轮意见汇总中极差逐步变小。这里以第三次汇总结果为依据进行销量预测。

最可能销量、最低销量和最高销量的中位数分别为550、400和700，将其分别按0.50、0.20和0.30的概率加权平均，则预测的平均销量为：

550×0.5+400×0.2+700×0.3=565(千件)

三、集合意见法

集合意见法又称集体经验判断法，是指企业领导人集合企业内外各方面人员，尤其是经营管理人员，在过去和日常经营的基础上进行座谈讨论，相互交换意见，共同研究，对市场发展趋势进行预测。这种方法的程序：首先，让每个与会者自由发表见解；其次，通过讨论找出预测的依据；最后，由预测的组织者综合大家的意见，进行分析权衡，从而做出预测。

这种预测方法的具体做法：假设第 i 位预测者($i=1,2,3,\cdots,n$)给出的预测值为 F_{ij}。其中，$j=1$ 表示预测最高值，$j=2$ 表示预测最可能值，$j=3$ 表示预测最低值。最高预测值给出的概率是 P_1，最可能预测值给出的概率是 P_2，最低预测值给出的概率是 P_3。

于是，第 i 位预测者的预测值如下：

$$\boldsymbol{F}_i = \sum_{i=1}^{n} \boldsymbol{P}_i \boldsymbol{F}_{ij}$$

若第 i 位预测者的意见权重为 W_i($i=1,2,3,\cdots,n$)，则最终预测结果如下：

$$\boldsymbol{F}_i = \sum_{i=1}^{n} \boldsymbol{W}_i \boldsymbol{F}_i$$

【案例9－3】

某连锁超市糖果销售量的预测

某连锁超市的销售经理和两位副经理对本地区超市下一年度糖果的销售量进行预测，得到如表9—2所示的数据，试求预测值。

表 9—2　　预测数据表　　单位：千克

项　目	最高销量	最可能销量	最低销量	权重
经理	2 720	2 510	2 350	0.6
副经理 A	1 900	1 800	1 700	0.2
副经理 B	2 510	2 490	2 380	0.2
概率	0.3	0.4	0.3	

经理的预测值为：

$F_1=0.3\times 2\ 720+0.4\times 2\ 510+0.3\times 2\ 350=2\ 525$(千克)

副经理 A 的预测值为：

$F_2=0.3\times 1\ 900+0.4\times 1\ 800+0.3\times 1\ 700=1\ 800$(千克)

副经理 B 的预测值为：

$F_3=0.3\times 2\ 510+0.4\times 2\ 490+0.3\times 2\ 380=2\ 463$(千克)

最终预测值为：

$F=0.6\times 2\ 525+0.2\times 1\ 800+0.2\times 2\ 463=2\ 367.6$(千克)

四、购买意见法

购买意见法又称用户意见法，就是通过一定的调查方法调查一部分或全部潜在购买者未来的购买量，由此预测市场未来的需求量。可以通过直接上门调查、打电话调查等形式听取用户的购买意向和了解购买力水平。应用这一方法对生产资料和耐用消费品的预测较非耐用消费品精确，这是因为对非耐用消费品的购买意向容易受到多种因素的影响而发生变化。这种方法也比较适用于与本企业有固定协作关系的老顾客，能得出比较准确的预测结论。但是这种预测方法对某种具体品牌的产品缺乏指导意义，所以，具有一定的局限性。

【案例 9－4】

某公司音响设备销售量的预测

某公司要预测某市下半年音响设备的销售量，对该市居民进行音响设备购买意向调查。该市居民为 12 万户，选取样本 300 户。

公司首先把消费者的购买意向分为不同等级，用相应的概率来描述其购买可能性大小：“肯定购买”，购买概率是 100%；“可能购买”，购买概率是 80%；“未确定”，购买概率是 50%；“可能不买”，购买概率是 20%；“肯定不买”，购买概率为 0。

接着，向被调查者说明本公司音响设备的性能、特点、价格，市场上同类产品的性能、价格等情况，以便使购买者准确地做出选择和判断，并请被调查者明确购买意向，即属于上述 5 种购买意向中的哪一种。

然后，假设对所有样本进行调查的结果如下：肯定购买 4 户，可能购买 10 户，未定 20 户，可能不买 110 户，肯定不买 156 户，则可以得到购买比例的期望值 E。

$$E=\frac{\sum P_i X_i}{\sum X_i}$$

$$=\frac{4\times100\%+10\times80\%+20\times50\%+110\times20\%+156\times0}{300}$$

$=14.7\%$

其中，P_i 代表不同购买意向的概率值，X_i 代表不同购买意向的人数（户数）。

最后，购买量的预测如下：

$Y=E\times N$

$=12\times14.7\%$

$=1.764$（万件）

其中，E 代表购买比例的期望值，N 代表预测范围内的总人数（总户数）。

第三节　时间序列预测法

时间序列预测法是一种历史资料延伸预测，也称历史引申预测法，是以时间数列所能反映的社会经济现象的发展过程和规律性进行引申外推，预测其发展趋势的方法。时间序列也称时间数列、历史复数或动态数列，它是将某种统计指标的数值按时间先后顺序排列所形成的数列。时间序列预测法就是通过编制和分析时间序列，根据时间序列所反映的发展过程、方向和趋势进行类推或延伸，借以预测下一段时间或以后若干年内可能达到的水平。其内容包括：收集与整理某种社会现象的历史资料；对这些资料进行检查和鉴别，排成数列；分析时间数列，从中寻找该社会现象随时间变化而变化的规律，得出一定的模式；以此模式去预测该社会现象将来的情况。

根据对资料分析方法的不同，时间序列预测可以分为以下几种预测方法：

一、简易平均预测法

简易平均预测法常用的有算术平均法、几何平均法和加权平均法。

（一）算术平均法

算术平均法就是以观察期数据之和除以求和时使用的数据个数（或资料期数），求得平均数进行预测的方法。其计算公式如下：

$$\overline{X}=\frac{x_1+x_2+x_3+\cdots+x_n}{n}$$

运用算术平均法求平均数有两种形式：

一种是以最后一年的每月平均值或数年的每月平均值作为次年的每月预测值，为了确定合理的误差，用公式估计出预测的标准差。

另一种是以观察期的每月平均值作为预测期对应月份的预测值。当时间序列资料在年度内变动显著或呈季节性变化时，用第一种方法求平均值进行预测势必影响预测值的精确度，也不能反映年度内不同月、季的情况。

（二）几何平均法

几何平均法就是运用几何平均数求出预测目标的发展速度。它是将观察期 n 个环比速度相乘，开 n 次方，所得的 n 次方根。根据几何平均数建立预测模型进行预测的计算公式如下：

$$\overline{X}=\sqrt[n]{x_1x_2x_3\cdots x_n}$$

（三）加权平均法

加权平均法就是在求平均数时，根据观察期各项资料重要性的不同，分别给予不同的权数后加以平均的方法。其特点是所求得的平均数已包含长期趋势的变动。其计算公式如下：

$$\overline{X}=\frac{x_1f_1+x_2f_2+x_3f_3+\cdots+x_nf_n}{n}$$

二、移动平均法

移动平均法是按相等的时间间隔和顺序对时间序列数据依次计算平均数，并把计算结果排成新的动态数列，根据预测对象的变化规律进行定量预测的方法。移动平均法能够部分地消除事物变化的随机波动，起到修匀历史数据和揭示事物变动趋势的作用。其计算公式如下：

$$M_{t+1}=\frac{\sum X}{n}$$

式中：M_{t+1}——$t+1$ 期的预测值；

n——移动资料期数；

X——观察期数据。

例，某厂 5 至 8 月份的实际销售额分别为 380 万元、420 万元、360 万元和 340 万元。如果 $n=3$，则 9 月份的预计销售额如下：

$$\frac{420+360+340}{3}=373.33\text{（万元）}$$

三、指数平滑法

指数平滑法也称指数移动平均法和指数修匀法，是采用上一期的预测值和实际值，用指数加权的办法进行预测。这种方法只要有上一期的实际数和上一期的预测值，就能计算出下一期的预测值，比较简便。

指数平滑法的计算公式如下：

$$F_{t+1}=\alpha X_t+(1-\alpha)F_t$$

式中：F——预测值；

X——历史数据；

α——平滑系数，并且 $0\leqslant\alpha\leqslant1$。

【案例 9－5】

指数平滑法的预测

已知某企业 2020 年下半年各月销售收入分别为 870 万元、890 万元、760 万元、730 万元、810 万元和 880 万元，试用一次指数平滑法（$\alpha=0.3$）预测 2021 年 1 月的销售收入。

解：根据公式 $F_{t+1}=\alpha X_t+(1-\alpha)F_t$，得：

$$F_1=\frac{870+890+760}{3}=840$$

$$F_2=0.3\times870+(1-0.3)\times840=849$$

$F_3=0.3\times890+(1-0.3)\times849=861.3$

$F_4=0.3\times760+(1-0.3)\times861.3=830.9$

$F_5=0.3\times730+(1-0.3)\times830.9=800.63$

$F_6=0.3\times810+(1-0.3)\times800.63=803.44$

$F_7=0.3\times880+(1-0.3)\times803.44=826.41$

四、季节指数预测法

季节变动是指某些市场现象由于受自然气候、生产条件、生活习惯等因素的影响，在一段时间内随季节的变化而呈现周期性的变化规律。例如，农副产品受自然气候影响，形成市场供应量的季节性变动；节日产品、礼品性产品受民间传统的影响，其销售量也呈现明显的季节性变动。

季节变动的主要特点是，每年重复出现，各年同月（或季）具有相同的变动方向，变动幅度一般相差不大。所以，研究市场现象的季节性变动，收集时间序列的资料一般应以月（或季）为单位，并且至少需要有 3 年或 3 年以上市场现象各月（或季）的资料，才能观察到季节性变动的一般性规律。

季节指数法就是根据预测目标各年按月（或季）编制的时间数列资料，以统计方法测定反映季节变动规律的季节指数，并利用季节指数进行预测的方法。测定季节指数的方法大体有两类：一是不考虑长期趋势的影响，直接根据原时间数列计算季节指数；二是考虑长期趋势的存在，先将长期趋势消除，然后计算季节指数。这里仅介绍不考虑长期趋势影响的季节指数法的应用。

如果时间数列没有明显的长期变动趋势，就可以假设其不存在长期趋势，直接对时间数列中各年同月（或季）的实际值加以平均，再将各年同月（或季）的平均数与各年的总平均数进行比较，求出季节指数，或将各年同月（或季）的平均数与各年的总平均数相减，求出季节变差，最后通过季节指数或季节变差来计算预测值。

【案例 9－6】

某产品的季节指数预测

表 9—3　　某产品销售量 5 年的分季资料（假设该资料无长期趋势）

年度	第一年				第二年				第三年				第四年				第五年			
季度	一	二	三	四	一	二	三	四	一	二	三	四	一	二	三	四	一	二	三	四
销售量(吨)	—	—	13	18	5	8	14	18	6	10	16	22	8	12	19	25	15	17	23	30

要求：

①设第六年第一季度的销售量为 10 吨，试预测第二季度的销售量；

②设第六年上半年的销售量为 27 吨，试预测第三季度的销售量。

预测计算过程如表 9—4 所示。

表 9—4 季节指数和季节变差的计算表

项　目	第一季度	第二季度	第三季度	第四季度	全年合计
第一年	—	—	13	18	31
第二年	5	8	14	18	45
第三年	6	10	16	22	4
第四年	8	12	19	25	4
第五年	15	17	—	—	32
同季合计	34	47	62	83	226
同季平均数	34÷4=8.5	47÷4=11.75	62÷4=15.5	83÷4=20.75	年总平均数=14.125
季节指数(%)	8.5÷14.125=60.18	11.75÷14.125=83.19	15.5÷14.125=109.73	20.75÷14.125=146.90	400
季节变差	8.5−14.125=−5.625	11.75−14.125=−2.375	15.5−14.125=1.375	20.75−14.125=6.625	0

注意：计算季节指数时，若以月为周期，则 12 个月的季节指数之和应为 1 200%；若以天为周期，则一周 7 天的季节指数之和应为 700%。如果计算时由于误差使季节指数之和不等于相应标准，则需用比例法将其调整为标准形态。同理，季节变差之和应等于 0，否则也应做调整。

解①：先根据已知的第一季度销售量和第一季度的季节指数，求出第六年的季平均数；再根据第六年的季平均数和第二季度的季节指数，求出第二季度的预测值。

第六年的季平均数=10÷60.18%=16.62

第六年第二季度的销售量=16.62×83.19%=13.82(吨)

用季节变差预测第二季度的销售量，可直接计算：

第六年第二季度的销售量=10+5.625−2.375=13.25(吨)

解②：先根据上半年的已知数和第一、第二季度的季节指数求出第六年的季平均数；再根据第六年的季平均数和第三季度的季节指数求出第三季度的预测值。

$$第六年的季平均数=\frac{27}{60.18\%+83.19\%}=18.83$$

第六年第三季度的销售量=18.83×109.73%=20.66(吨)

也可用季节变差直接计算：

$$第六年第三季度的销售量=1.375+\frac{27+5.625+2.375}{2}=18.875(吨)$$

五、趋势方程拟合预测法

趋势方程拟合预测法是指把预测目标的时间序列所揭示的发展变化规律拟合成一个趋势方程，并使用拟合方程进行预测的方法，包括直线方程拟合法和曲线方程拟合法。

(一)直线方程拟合法

直线方程拟合法是把具有线性变动趋势的历史时间序列拟合成直线方程进行预测的方

法。其计算公式如下：

$$\hat{y}_t=\hat{a}+\hat{b}t$$

其散点图呈线性，逐期增长量大致为常数。

利用最小二乘法即可求出模型中的参数，即 $G=\sum(y_t-\hat{y}_t)^2$ 最小时，求 $\hat{a}$、$\hat{b}$ 的值。

$$\frac{\partial G}{\partial \hat{a}}=2\sum(y_t-\hat{a}-\hat{b}t)(-1)=0$$

$$\frac{\partial G}{\partial \hat{b}}=2\sum(y_t-\hat{a}-\hat{b}t)(-t)=0$$

求得：

$$\hat{b}=\frac{n\sum ty_t-\sum t\sum y_t}{n\sum t^2-(\sum t)^2}$$

$$\hat{a}=\hat{y}_t-\hat{b}\bar{t}$$

这样可以得到拟合直线方程，再代入数据，即可求得预测值。

【案例 9－7】

某家电企业直线方程拟合法的预测

某家电企业 2010 年至 2020 年利润额数据资料如表 9—5 所示，当时间变量的编号分别为 －5、－4、－3、－2、－1、0、1、2、3、4、5 和 0、1、2、3、4、5、6、7、8、9 时，试预测 2021 年、2022 年该企业的利润各为多少万元。

步骤一：绘制时间序列数据散点图。观察散点的变化趋势是否可用直线方程来拟合。

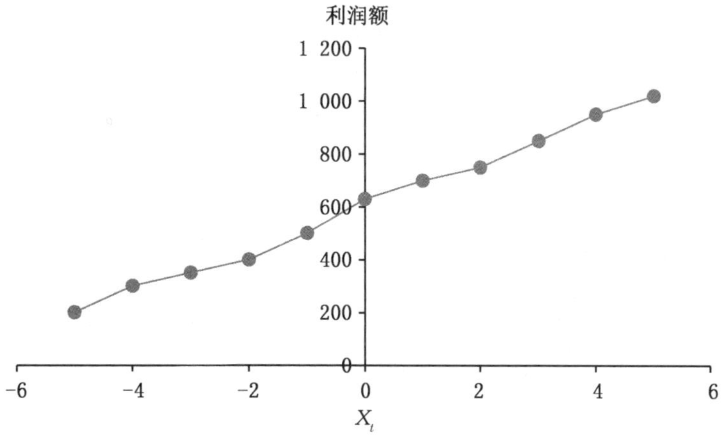

图 9—1　某家电企业 2010 年至 2020 年利润额时间序列数据散点图（单位：万元）

步骤二：计算求待定系数所需的数据资料。

表 9—5　　某家电企业 2010 年至 2020 年利润额数据　　单位：万元

年份	2010	2011	2012	2013	2014	2015	2016	2017	2018	2019	2020
编号	−5	−4	−3	−2	−1	0	1	2	3	4	5
利润额	200	300	350	400	500	630	700	750	850	950	1020

$$\sum_{t=1}^{n} x_t = 0, \hat{a} = \frac{\sum_{t=1}^{n} y_t}{n} = \bar{y}, \hat{b} = \frac{\sum_{t=1}^{n} x_t y_t}{\sum_{t=1}^{n} x_t^2}$$

$$\sum_{t=1}^{n} y_t = 6\ 650, \sum_{t=1}^{n} x_t y_t = 9\ 100, \sum_{t=1}^{n} x_t^2 = 110$$

代入公式可以求得：

$\hat{y}_t = 604.5 + 82.7x_t$

$\hat{y}_{2021} = 604.5 + 82.7 \times 6 = 1\ 100.7$（万元）

$\hat{y}_{2022} = 604.5 + 82.7 \times 7 = 1\ 183.4$（万元）

上述过程也可以直接在表中计算，如表 9—6 所示。

表 9—6　　计算过程

年份	y	x_t	x_t^2	$x_t y_t$	$\hat{y}_t$	x_t	x_t^2	$x_t y_t$	$\hat{y}_t$
2010	200	−5	25	−1 000	191.0	0	0	0	191.0
2011	300	−4	16	−1 200	273.7	1	1	300	273.7
2012	350	−3	9	−1 050	356.4	2	4	700	356.4
2013	400	−2	4	−800	439.1	3	9	1 200	439.1
2014	500	−1	1	−500	521.8	4	16	2 000	521.8
2015	630	0	0	0	604.5	5	25	3 150	604.5
2016	700	1	1	700	687.2	6	36	4 200	687.2
2017	750	2	4	1 500	769.9	7	49	5 250	769.9
2018	850	3	9	2 550	852.6	8	64	6 800	852.6
2019	950	4	16	3 800	935.3	9	81	8 550	935.3
2020	1 020	5	25	5 100	1 018.0	10	100	10 200	1 018.0
Σ	6 650	0	110	9 100		55	385	42 350	

说明：表中 x_t 有多种赋值方法，其中最常见的为表中的两种方法。

（二）曲线方程拟合法

常见的曲线方程拟合有以下几种模型：

多项式预测模型：

$$Y_t = a + bt + ct^2$$

指数曲线预测模型：

$$Y_t = ab^t$$

对数曲线预测模型：

$$\hat{y}_t = a + b\ln t$$

现以二次抛物线模型为例，说明如下：

二次抛物线预测模型：

$$\hat{y}_t = b_0 + b_1 t + b_2 t^2$$

设有一组统计数据 $y_1, y_2, \cdots, y_n$。

令：

$$Q(b_0, b_1, b_2) = \sum_{t=1}^{n}(y_t - \hat{y}_t)^2 = \sum_{t=1}^{n}(y_t - b_0 - b_1 t - b_2 t^2)^2 = \text{最小值}$$

即：

$$\sum y = nb_0 + b_1 \sum t + b_2 \sum t^2$$
$$\sum ty = b_0 \sum t + b_1 \sum t^2 + b_2 \sum t^3$$
$$\sum t^2 y = b_0 \sum t^2 + b_1 \sum t^3 + b_2 \sum t^4$$

解这个三元一次方程就可求得参数。

第四节　因果关系分析预测法

因果关系分析预测法是基于市场营销活动中存在着各种变量之间的因果关系而提出的。它从社会经济现象之间所具有的因果关系入手，通过统计分析建立数学模型，并据此进行定量预测。这种方法的可靠性比较强，预测精度较高；但也有一定的局限性，主要表现在模型所描述的经济结构关系不能完全等同于未来的经济结构关系，故模型的应变性较差。因果关系分析预测法主要包括一元线性回归、多元线性回归、一元非线性回归等多种模型。本书只讨论一元线性回归法和多元线性回归法。

一、一元线性回归法

一元线性回归法是指只有一个自变量的变动对因变量产生的影响，两者之间的关系可用回归直线表示如下：

$$Y = a + bx$$

在上式中，Y 为因变量；x 为自变量，即引起市场变化的某影响因素；a、b 为回归系数，是两个待定参数，其中 a 是截距，b 是斜率，a 与 b 的数值可用最小二乘法求解，求解公式为：

$$a = \frac{\sum y}{n} - \frac{b\sum x}{n}$$

$$b = \frac{n\sum xy - \sum x \sum y}{n\sum x^2 - (\sum x)^2}$$

【案例 9－8】

某产品销售量的一元线性回归预测

某地区居民 2016 年至 2019 年的人均年收入与某企业生产的某种产品的年销售量如表 9－7 所示。当 2020 年居民人均年收入为 8 500 元时，用一元线性回归法预测 2020 年该产品的销售量。

表 9—7　　某地区居民年均收入和某种产品年销售表

年份	人均年收入（千元）x	x^2	年销售量（万件）y	xy	年销售量理论值（万件）
2016	3	9	8.0	24	8.24
2017	4	16	9.5	38	9.32
2018	5	25	10.6	53	10.40
2019	6	36	11.5	69	11.48
合计	18	86	39.6	184	39.44

根据上述公式，得：

$b=1.16, a=4.68$

据此建立的预测模型为：

$y_i=4.68+1.16x$

当 2020 年居民人均年收入为 8 500 元时，该企业的年销售量预测值为：

$y_i=4.68+1.16\times8.5=14.54$（万件）

二、多元线性回归法

多元线性回归法是指在利用统计资料进行多元回归分析的基础上，通过建立多元回归预测方程，用两个及两个以上已知变量来估算预测对象。多元回归分析与一元回归分析基本相同，只是表达式和计算都较为复杂。其计算公式为：

$$y=a+b_1x_1+b_2x_2+\cdots+b_nx_n$$

式中：y——因变量；

x_i——变量；

a——回归系数；

b_i——回归系数。

下面以二元线性回归模型为例进行分析。二元线性回归模型的公式如下：

$$y=a+b_1x_1+b_2x_2$$

利用最小二乘法可以求得 3 个标准方程式，即分别对 a、b_1、b_2 求偏导数，并令函数的一阶导数等于 0。可得到如下三个标准方程式：

$$\sum y = na + b_1x_1 + b_2x_2$$

$$\sum x_{1y} = a\sum x_1 + b_1\sum x_1{}^2 + b_2\sum x_1x_2$$

$$\sum x_{2y} = a\sum x_1 + b_1\sum x_1 x_2 + b_2\sum x_1 x_2$$

解上列 3 个方程式，将 x_1、x_2、y、x_{1y}、x_{2y}、$x_1{}^2$、$x_2{}^2$、x_1x_2 各项数值之和代入 3 个方程式进行运算，求出三个参数 a、b_1、b_2 的数值。最后将参数代入多元方程式，进行预测。

【相关链接】

德尔菲法

德尔菲法是在 20 世纪 40 年代由赫尔默(Helmer)和戈登(Gordon)首创。1946 年，美国兰德公司为避免集体讨论存在的屈从于权威或盲目服从多数的缺陷，首次用这种方法来进行定性预测，后来该方法被广泛采用。20 世纪中期，当美国政府执意发动朝鲜战争的时候，兰德公司又提交了一份预测报告，预告这场战争必败。政府完全没有采纳，结果一败涂地。从此以后，德尔菲法得到广泛认可。

德尔菲是古希腊的地名，在这个地方有一座神殿，据传能够预知未来，后人用德尔菲比喻高超的预见能力。20 世纪 40 年代末，美国兰德公司借用这个地名作为替美国空军做某项预测的代号，德尔菲法由此得名。德尔菲法最初产生于科技领域，后来逐渐被应用于任何领域的预测，如军事预测、人口预测、医疗保健预测、经营和需求预测、教育预测等；此外，还用来开展评价、决策、管理沟通和规划工作。

德尔菲法既可以避免由于专家会议面对面讨论带来的缺陷，又可以避免个人一次性通信的局限。其缺点是信件往返和整理都需要时间，所以相当费时。

（资料来源：http://baike.boraid.cn/doc_8439.html）

复习自测

一、选择题

1. 按市场预测的性质来看，市场预测有(　　)。

A. 定性预测　　B. 专题市场预测　　C. 定量预测　　D. 综合性市场预测

2. 从已知的经济现象和经济指标的发展变化趋势推断未来发展趋势的方法是(　　)。

A. 对比类推法　　B. 相关推断法　　C. 比例分析法　　D. 平衡分析法

3. 下列定性预测方法中，在整个预测过程中需要匿名进行的是(　　)。

A. 经验判断预测法　　B. 专家意见集合法

C. 德尔菲法　　D. 调研判断预测法

4. 为了弥补移动平均法在运用中的不足，可以采用(　　)。

A. 指数平滑法　　B. 直线模型法

C. 平均数比率法　　D. 非直线趋势预测法

5. $Y_t = a + bc^t$ 是(　　)。

A. 指数曲线模型　　B. 修正指数曲线模型

C. 逻辑曲线模型　　D. 龚拍资曲线模型

二、简答题

1. 什么是市场预测？它的作用是什么？
2. 市场预测有哪几种类型？
3. 市场预测有哪些步骤？
4. 市场预测可采用的方法有哪些？

三、计算题

1. 某产品市场销量(y)与其影响因素(x)的统计数据如表9—8所示，试建立一元线性回归预测模型，并预测 $x=8$ 时，该产品的市场销量预测值。(保留两位小数)

表9—8　某产品市场销量(y)与其影响因素(x)的统计数据

编号	1	2	3	4	5	6	7
x	1	2	2	3	4	4	5
y	5	6	7	8	10	12	13

2. 某公司2020年下半年各月营业额如表9—9所示。

表9—9　某公司2020年下半年各月营业额

月份	7月	8月	9月	10月	11月	12月
销售收入(万元)	150	176	189	205	225	240

试运用一次指数平滑法(平滑系数0.8)预测2021年1月份的营业额。

3. 某地区2008年至2020年的历年冰箱销售统计数据如表9—10所示，取 $n=5$，用移动平均法建立预测模型，预测2022年、2024年某地区冰箱的销售量。

表9—10　某地区2008年至2020年的历年冰箱销售统计数据　单位：台

年份	实际销售量 X_i	一次移动平均 M^1	二次移动平均 M^2
2008	116		
2009	349		
2010	499		
2011	356		
2012	646	393.2	
2013	976	565.2	
2014	1 529	801.2	
2015	2 302	1 161.8	
2016	2 193	1 529.2	890.12
2017	2 269	1 853.8	1 182.40

续表

年份	实际销售量 X_i	一次移动平均 M^1	二次移动平均 M^2
2018	1 864	2 029.4	1 475.08
2019	2 368	2 179.2	1 754.28
2020	2 454	2 227.6	1 967.44

实训课堂

充分调查自己的学习情况，收集资料，预测自己下学期各科学习成绩走势。

第十章

市场调查报告撰写

学习要点及目标

1. 了解市场调查报告的含义、作用与特点
2. 掌握市场调查报告的内容构成
3. 掌握市场调查报告中常用的统计图

核心概念

市场调查报告　　统计图

引导案例

大学生手机市场调查报告

一、调查方案

（一）调研目的

通过了解大学生手机的使用情况，为手机销售商和手机制造商提供参考，同时为大学生对手机消费市场的开发提供参考。

（二）调研对象

在校大学生。

（三）调研程序

第一，设计调研问卷，明确调研方向和内容。

第二，进行网络调研。

第三，对回收的网络问卷进行分析：一是根据样本的购买场所、价格及品牌、月消费分布状况的均值、方差等数据特征推断大学生总体手机月消费分布的相应参数；二是根据大学生对手机功能的不同要求，对手机市场进行分析。

二、问卷设计

大学生手机使用情况调研问卷。

三、数据分析

根据以上整理的数据分析得出结论：大学生手机市场是一个很广阔的具有巨大发展潜力的市场。

(一)根据大学生手机市场份额分析

(二)大学生消费群的普遍特点

第一,没有经济收入。

第二,追逐时尚、崇尚个性化的独特风格和注重个性张扬。

第三,大学生以集体生活为主,相互间信息交流很快,易受同学、朋友的影响。

四、结论

第一,大学生购买手机时考虑的因素主要有四个:款式、功能、价格和品牌。

第二,大学生选择手机时最看重的是手机的外观设计,如形状、大小、厚薄、材料、颜色等,占65%。

第三,大学生选择手机时重视的第二个要素是手机的功能,占50%。

第四,大学生选择手机时重视的第三个要素是价格,占43%。

第五,大学生选择手机时重视的最后一个要素是品牌,占31%。

(资料来源:www. unjs. com)

完成了资料的收集和分析工作,之后的任务就是把研究结果以某种恰当的形式传达给他人,与他人进行交流。所以,市场调查的最后一步就是撰写调查报告。

第一节　市场调查报告的含义、特点与作用

一、市场调查报告的含义

市场调查报告是指根据调查目的,将调查资料通过文字、图表组织而成的主题鲜明、逻辑清晰的有观点和建议的文字材料。市场调查报告可以使客户和后来的研究者对所调查的市场现象和所关心的问题有全面、系统的认识。

二、市场调查报告的特点

归纳起来,市场调查报告有以下特点:

(一)针对性

市场调查报告的针对性是指市场调查报告应针对不同的调研目的和不同的阅读对象安排报告的内容和格式。例如,学术探讨、决策参考、思想教育以及交流经验等所要解决的问题不同,则市场调查报告各有不同;实用性调查报告和学术性调查报告在写法上也相差甚远。

(二)真实性

市场调查报告以叙述为主,即用大量事实材料说明问题,而这些事实材料必须是百分之百真实的。事实是市场调查报告的基础,在市场调查报告中不能夸大,也不能缩小,更不能歪曲事实;否则,没有真实性,市场调查报告就失去了可信度。

(三)新颖性

市场调查报告在对市场调查获取的资料进行整理和分析的基础上,要总结有创见性的、新颖的观点、结论,以增强调查报告的使用价值,更好地指导企业的生产经营活动。

（四）时效性

市场调查报告是服务于企业营销决策的，而企业面临的市场环境瞬息万变，这就决定了针对具体营销问题的调查报告有时效性，即要求调查报告及时反馈给使用者，以便适时做出决策。尽管不像新闻那样紧迫，但必须针对现实需要，及时地回答需要迫切解决的问题。

（五）简洁性

市场调查报告的语言要简洁明了。调查报告作为一种应用文体，内容上要求充足的材料加少量议论，不要求详细叙述，只要有简明朴素的语言反映客观情况即可。但由于调查报告也涉及可读性问题，因此，语言上要避免使用专业性术语，适当采用白话性的生动而形象的语言，但要注意不管采用怎样的语言，都必须为说明所要调查的问题服务。

除此之外，市场调查报告在形式上要规范，在结构上要严谨，在资料上要翔实，在观点上要客观，在内容上要全面，在结论上要鲜明。

三、市场调查报告的作用

市场调查报告是调查活动及其成果的集中体现，是调查目的的实现，其主要作用包括以下几个方面：

（一）市场调查报告能把获得的市场信息传递给决策者和领导者

这是市场调查报告最主要的作用。决策者决策时需要的不是市场调查采集的大量信息资料，而是这些信息资料所蕴含的市场特征、规律和发展趋势。市场调查报告就是在对信息资料进行分析的基础上形成的，为决策者决策所需要的结论和建议。

【案例 10－1】

“中国将出兵朝鲜”一字千金

在 20 世纪 50 年代美国出兵朝鲜前，除了美国兰德公司（Research and Development，RAND）对这次战争进行的战略预测外，还有欧洲的一家名叫德林的公司，倾其所有，甚至不惜亏本倒闭，花巨资研究了有关朝鲜战争问题的报告。经过大量研究分析，该公司认为，如果美国向朝鲜出兵，中国也一定会出兵；若中国出兵，则美国注定要失败。

报告的主要结论只有寥寥数字——“中国将出兵朝鲜”，还附有 380 页研究报告。在朝鲜战争爆发前 8 天，德林公司把这一研究成果以 500 万美元的价格卖给美国对华政策研究所，但美方认为价码太高而没买。

嫌贵的后果是什么呢？正如我们后来所知，美国盲目出兵朝鲜，中国随即派出了志愿军抗美援朝，使美军惨败。美国远东司令官麦克阿瑟（General McArthur）将军讽刺美国政府：不愿花一架战斗机的价钱，却花掉了数艘航空母舰的代价打了这场预先可以避免的战争。

朝鲜战争结束后，美国人为了吸取教训，仍花费了 280 万美元买回了德林公司的这项研究成果。

这个案例的启示：没做调研，失败了，可恨；做了调研却没有正确使用调研结果，可悲。

（资料来源：www.doc88.com）

（二）市场调查报告能够展现市场调研的细节和成果

市场调查报告应对已完成的市场调查研究活动做出完整而准确的描述。市场调查报告必须能够详细地、完整地表达以下内容:市场调查的目的、市场调查的背景信息、采用的市场调查方法及评价、各种形式的市场调查结果的展示,以及市场调查结论和建议等。

(三)市场调查报告能够重复作为决策的参考依据

市场调查报告的使命是为决策者和领导者的决策提供参考依据。调查报告所包含的一系列意义重大的市场信息资料、结论和建议是决策者在研究问题、做出决策时需要参考的必要资料。当市场调查报告完成其直接使命后,就成为记录这一次市场调查活动的历史资料,作为历史资料,它有可能被重复使用,扩大其使用价值。

(四)市场调查报告在一定程度上可作为市场调查活动质量的判断标准

市场调查活动包括调查策划、资料收集、资料的整理与分析、调查总结等。每一个调查阶段的设计和实施都会影响市场调查活动的质量,如调查策划的科学性和可操作性、调查方法的选取、抽样设计、调查工具(如问卷等)的设计、调查资料的处理过程等。在市场调查报告中,对市场调查活动的各个方面进行了总结性描述,并且得出了调查活动的结论和建议,进而成为决策者进行决策的主要参考依据。从这层意义上来说,市场调查报告的质量是市场调查活动质量的体现,所以,市场调查报告本身可以作为衡量市场调查活动质量的重要指标。

第二节 市场调查报告内容的构成

市场调查报告既要充分展示调查的全貌,又要考虑报告阅读者的心理特征。一次调查活动结束后,调查委托方的负责人最迫切想要阅读的部分是结论与建议。作为决策者,他们很难从头到尾读完一份市场调查报告的所有内容。所以,市场调查报告在内容的安排上应当充分照顾到这种阅读需求的心理特点,将企业负责人最想阅读的内容放在突出的位置。

根据报告阅读者关心报告内容的顺序组织框架,一份规范的市场调查报告一般包含以下几个部分:封面、标题、目录、摘要、市场调查背景与目的、正文、结论、建议、参考书目与附录、数据质量报告。

一、封面、标题与目录

(一)封面

封面的内容一般应当包括市场调查报告的名称、委托方、调查公司的名称及项目负责人、完成报告撰写的日期,通常单独占用一张纸,也称扉页。封面的设计要简洁大方,具有品质感。

(二)标题

市场调查报告的名称就是标题。标题应是画龙点睛之笔,它必须准确提示市场调查报告的主题思想。标题要简单明了、高度概括,具有较强的吸引力。

1. 标题的种类

市场调查报告的标题一般有两种:单标题和双标题。

单标题就是调查报告只有一个标题,一般是通过标题把被调查单位、市场调查的内容等明确而具体地表示出来,如"南宁市场居民住宅消费需求调查报告""关于化妆品市场的调查报告"等。

双标题就是调查报告有两行标题,采用正副标题形式。一般正标题表达调查的主题,副标题用于补充说明调查对象或主要内容，如"'天生好米'有机胚芽大米市场需求调查与分析——以沈阳市为例""鲜去哪寻——生鲜农产品购买渠道的调查"等。

2. 标题的形式

市场调查报告的标题的形式大致可以分为三类：直叙式标题、表明观点式标题和提出问题式标题。

直叙式标题是反映调查意向和说明调查范围、调查对象、调查时间的一种标题。这种标题简明、客观，使人一目了然，如"2018 年中国景区旅游消费调查分析报告"等。

表明观点式标题是直接阐明作者的观点、看法，或对事物的判断、评价的标题，如"新能源汽车'热'的冷思考""领'鲜'享受——消费者网购生鲜意愿调查分析报告"等。

提出问题式标题是以设问等形式，突出问题的焦点以吸引读者阅读，促使读者思考，如"'信'可贷？——P2P 投资者意愿调查及发展前景分析"等。

以上几种标题的形式各有所长，特别是后两种形式的标题，既表明了作者的态度，又提示了主题，具有很强的吸引力。但是这类标题不容易看出调查的范围和调查的对象。所以，这种形式的标题可用双标题的形式，用一个副标题补充说明调查内容和调查对象，如"不求洋品但求最好——对大学生品牌消费观的调查"等。

（三）目录

目录是指市场调查报告中各章、节、目的标题，具体包括：(1)章、节、目的标题与副标题，并附页码；(2)表格目录——标题与页码；(3)图形目录——标题与页码；(4)附录——标题与页码；等等。

在通常情况下，内容目录只列出各部分的标题名称及页码。目录的篇幅以不超过一页为宜。有时报告中图、表比较多，也可再列一张图表目录。在现代办公系统软件中，目录一般根据标题层次自动生成，常见的是三级目录形式，即包括章、节、目三级标题的目录形式。

二、摘要

阅读市场调查报告的人往往对调查过程的复杂细节没有兴趣，他们只想知道调查所得的主要结论，以及他们应如何根据调查结果行事。所以，摘要可以说是市场调查报告中极其重要的一环，它也许是读者唯一阅读的部分。由于这一部分如此重要，因此它应当采用清楚、简洁而概括的手法，扼要地说明调查的主要结果。一般而言，摘要包括如下几个方面的内容：

（一）市场调查背景与目标简述

在摘要中，首先要阐明调查背景与目的，即为什么企业要在某个方面花费时间和金钱、它想得到些什么。这部分不仅为报告的其余部分规定了切实的方向，而且使管理者在评审调查的结果与建议时获得大致的参考框架，即所陈述的问题。

（二）市场调查方法及调查过程简述

这部分说明市场调查资料来源、调查方法及调查过程的可靠性、科学性与合理性。

（三）主要调查结果简述

这包括来自市场的真实情况是什么，有什么发现等。

（四）主要结论与建议简述

这是指从结果中能归纳总结出哪些结论，从而提出哪些有意义的建议，企业应当针对这些结论采取什么样的措施。

（五）市场调查的局限性简述

这部分说明受时效性及经费等现实因素影响，调查结果中可能存在的偏差。

除上述内容外，在摘要的篇幅上有如下建议可供参考：一是调查背景主导目标应尽量明确，简明扼要，用1至2页文字进行阐释；二是摘要的主体部分，即主要结论及建议要比其他部分多几页，长短视具体情况而定，原则上，该部分也应当简短，一般不超过报告内容的1/5，其中，主要调查结果的陈述应限制在为数不多的几页内，结论和建议要言简意赅，必要时还应加上简短的解释。

三、市场调查背景与目的

（一）市场调查背景

市场调查背景是整个研究的缘由与整个调查方案的依据。研究者要对调查的由来或接受委托进行该项调查的原因做出说明。调查背景需要着重说明的问题有两个：一是企业的产品或服务当时面临的问题或所处的状态；二是在当时的情况下，想通过调查解决什么问题。一般而言，需要根据委托企业所在的行业的特点进行调查背景的说明。具体而言，市场调查背景可能涉及以下两个方面的问题：

1. 委托企业所在行业的特点及企业的整体营销战略

这一调查背景主要包括：产品或服务在一定时期内的销售情况，产品价格、包装情况，企业的销售渠道及销售方法，广告、促销策略与实施情况，消费者的基本情况及消费者对企业营销执行情况的反应。

2. 竞争对手的情况

这一调查背景主要包括：竞争对手的市场占有情况，竞争对手的营销策略，竞争对手的营销手段组合及市场反应情况，竞争对手的新动向。背景资料的介绍不仅可作为调查目的提出的铺垫，而且可以作为调查结论和建议的佐证，并可与调查结果相结合来说明问题。背景资料的介绍不强求面面俱到，但必须与调查主题有关。

（二）市场调查目的

市场调查目的通常针对背景分析认为存在的问题提出，一般是为了探究市场上的某些情况或论证某些假设。例如，“产品销售下滑的原因是什么”这一问题可能有两个方面：一方面，如果不清楚产品销售下滑的原因，那就需要进行探究性调查，找到影响产品销售下滑的主要原因，从而提出解决方案；另一方面，如果企业已经感觉到产品销售下滑的一些原因但不能肯定，或者不知道这些因素的影响到底有多大，以及在众多影响因素中，重要的因素是哪些，这就需要对假设进行详细的检验与论证。在调查目的中，研究者应当对本项调查的预期结果列出一张清单，主要包括事实性描述、主要变量之间的关系分析、主要假设及其验证方法与结果。

【案例10－2】

2018年上半年度国内耳机市场调研报告的背景

2018年上半年，国内耳机市场整体企稳，与第一季度相比没有十分明显的变化。整体发展态势延续了我们2017年年末的判断，那就是无线耳机的时代已经全面到来。所有耳机厂商都对无线耳机极端重视，产品做得好不好先不说，研发力量和新品出货向无线耳机倾斜是个不争的事实，整个2018年上半年能引起人们关注的产品大部分是无线耳机产品。

耳机的产业升级在过去的半年内有条不紊地进行，消费类耳机已经占据了耳机市场的绝大多数，HiFi耳机虽然呈退守之势，但其实处境并不像人们之前想象的那么悲惨，相反，目前HiFi耳机已经找到了自己的安全地带，聚焦于服务小众群体，这样可能反而更加有利于厂商将精力集中于提升耳机的音质上而不是想着去跟消费类耳机抢市场。

硬件智能化是目前数码产品的一个大趋势。我们之前预测过2018年可能会有智能耳机崭露头角，但就2017年上半年的情况来看，智能耳机的概念尚不明确，各耳机厂商也没有拿出比较完整的智能耳机解决方案。不过值得注意的是，现在的耳机，或者更进一步说，无线耳机，呈现与手机结合更加紧密的趋势，有很多产品推出了配套的手机应用软件用来实现一些特殊功能，这或许是下一个阶段智能耳机的一个切入点。

（资料来源：www. baijiahao. baidu. com）

四、正文

正文是市场调查报告的核心部分，它决定着整个调查报告质量的高低和作用的大小。它使用客观、中性的语言阐述通过调查了解到的事实，分析说明被调查对象发生、发展和变化的过程，调查的结果及存在的问题，提出具体的意见和建议。正文一般涉及很多内容，通常需分成若干章节。

（一）正文文字表述的要求

首先，应提供与本次市场调查有关的概念及重要指标的定义（更多细节可列在附录中），对调查数据资料、背景资料和调查使用的方法进行说明。接着，在论述调查结果时，通常是以文字为主，插入适当的图和表。数据汇总表一般附在报告的后面。最后，所使用的语言应尽可能简洁明了。对报告主体的每个章节来说，常用且有效的结构是针对引人关注的问题，陈述该问题的各种数据及材料的合理结构和问题答案。每一个用于陈述结果的章节都应该先概述主要的调查结果，再给出更详细的说明。应当按照各种论点的重要性程度合理地安排它们的逻辑顺序。可以是按照主报告、分报告逐一展开，也可以是按照重要性排序的调查结果一一展开。既要层次分明，又要重点突出。

关于正文论述部分的层次段落，一般有以下四种展开形式：

第一，层层深入形式。各层内容之间是一层深入一层的关系，层层剖析。

第二，先后顺序形式。按事物发展的先后顺序安排层次，各层内容之间有密切的联系。

第三，综合展开形式。先说明总的情况，然后分段展开；或先分段展开，然后综合说明。

第四，并列形式。各层之间是并列的关系。

当然，也不限于以上形式，撰写市场调查报告时应结合主题的需要，采取适当的形式，使之能充分反映主题。

（二）统计表编制的注意事项

市场调查报告涉及大量统计表的编制与使用。合理使用统计表可以增强报告的清晰性与简明性。以下是编制统计表的注意要点：

(1)表格应该尽量简单并且只显示主要信息。在通常情况下,一张表格只说明一个要点。使用两张简单的表格比使用一张过于复杂的表格好。

(2)整体格式、间距和标题位置等表格布局应该合理,不要使表格过长或过短。

(3)总标题应清楚、简洁、醒目,避免缩写。

(4)行标题、列标题有时可以互换,但应当有助于表中数据的清晰表达,避免产生曲解。

(5)各标题应该按一定顺序合理排列,用于支持分析内容。一般应将最显著的放在前面。如果强调的是时间,可按时间顺序排列;如果强调的是大小,就按大小顺序排列。当然,也可以按其他顺序排列。

(6)分组要适当,不可过细,以免烦琐。尤其是频数分布,若分组过细,就会使频数太少,不能看出分布的规律;但分组太粗会掩盖差别,不易看出分布的规律。

(7)所有计量单位都必须表述清楚。如果表中的数据都是同一计量单位,则可放在表的右上角标明;若各指标的计量单位不同,则应在每个指标后或单独列出一列标明。

(8)表格的设计应尽可能简便易读。通常,表的左右两边不封口,印刷要清晰。

(9)表中的数据,个位数、十位数等应上下对齐,一般是右对齐,有小数点时应小数点对齐,而且小数点后的位数应统一。

(10)没有数据的表格单元一般用"—"表示。一张填好的统计表不应出现空白单元格。

(11)应保证数据的舍入不会影响读者对估计精度的理解。

(12)当数据来自抽样调查时,应当使用最终的样本权数计算估计值和精度。

(13)在引用别人的统计表时,可在表的下方加注释,注明来源,以表示对他人劳动成果的尊重,也方便读者查阅,了解指标的口径。

(三)统计图编制中的注意事项

统计图可以直观地显示数据,它能集中强调数据的相对模式,反映数据的分布形态、结构和数量的级别等。好的统计图是对正文和表格的补充,而不仅仅是重复的信息。适用于统计表的那些基本规则一般也适用于统计图。统计图编制中的注意事项如下:

(1)保持形式上的简单明了,一张图一般只说明一个要点。

(2)每张图都要有标号与标题,标题应简明扼要。

(3)项目较多时按照一定顺序排列,使其一目了然。

(4)尽可能将图标的含义和表示的数量标注在对应的位置上,避免使用附加的图标说明。

(5)保持变量数值与作图刻度之间的比例关系适当,表达清晰又简明。

(6)适当选择度量单位,使图形表现均衡,变量之间的差异可见且可解释。

(7)作图时使用线型、图标及文字综合说明。

(8)在颜色和纹理选择时突出重要内容的表达,并具有逻辑性。

(9)图形的排列符合人们的阅读习惯。

(10)图形下面注明数据来源。

(11)一般情况下应避免使用三维图形。

(12)当用样本数据制图来说明总体情况时,必须使用最终样本权数对抽样调查获得的数据进行加权,以防止估计中的偏差。

五、结论

结论部分是调查报告的结束语，好的结尾可使读者明确主题，加深对问题的认识，并能进一步启发思考和联想。结尾通常有以下几种形式可供参考：

第一，概括全文。经过层层剖析后，综合说明调查报告的主要观点，深化报告的主题。

第二，形成结论。在对收集到的资料进行深入细致的科学分析的基础上，得出报告结论。

第三，提出看法和建议。通过分析，形成对事物的看法，在此基础上提出建议。

第四，展望未来，说明意义。通过调查分析展望未来前景。

【案例 10－3】

2018 年上半年度中国耳机市场调研报告的结论

2018 年上半年度中国耳机市场继续稳步向着无线化推进，可以说是渐入佳境，消费类耳机无线化的全面铺开使得消费类有线耳机的生存空间被大大压缩。当然，“压缩”不是说完全没有市场，它还会存在，只是会越来越少。有不少厂商推出了折中方案，允许无线耳机接耳机线聆听，这个思路不失为过渡时期的一个好办法，既保证了无线耳机使用的便利性，也满足了部分人对有线耳机聆听的需求，还能成为解决无线耳机电量耗尽的一个手段，不过，这基本限于头戴式耳机，如果是追求小型化，那还是只能以无线耳机为主。

未来半年，我们将看到更多无线耳机上市，新型“混血”耳机将迎来发展的高峰期，特别是颈挂式混血耳机，将成为打破使用场景藩篱的生力军，“全天候使用”的概念将浮出水面。智能耳机的概念在下半年还会被继续讨论，或许到年底才有初步的共识。HiFi 耳机远离了主战场，这对于致力于研发高水准 HiFi 耳机的厂商也许不是一件坏事——这样就能专心为小众群体服务了。

我们一直在强调耳机厂商要有“创新”的概念，这是一个包含多个层面意义的词。“创新”既有对于材料的创新，也有对于功能的创新，更有对于未来可能出现的使用情境的创新。在具体的研发过程中可能会有不同的侧重，但这个大方向一定不能偏离。当整个产业升级转向时，创新就是领先制胜的法宝，尤其是对于传统耳机生产大厂，更要有推陈出新的勇气，否则一步步落后于人乃至被淘汰也不是不可能的事。

在行业变革期间，中国的耳机生产厂商更需要清楚自己的行进方向，不能胡子眉毛一把抓，这也想做那也想做，一定要找准发力点，集中力量去突破。不管是纯技术层面还是一般性产品层面，都要有创新点，这样才能在未来的新领域与国外大牌一较高下。

（资料来源：www. baijiahao. baidu. com）

六、建议

该部分是可选的。因为前面的结尾中已经对调查结果提出建议，这里可侧重于调查方法和技术方面。在技术报告中，可以就任何调查活动中遇到的问题提供建议。通常这样做会有益于其他调查项目的管理者，因为他们可能会遇到同样的情况，而且对以后的调查有帮助。

【案例 10－4】

大学生网络分期付款市场需求调查分析的建议

——以广州大学生为例

通过对广州大学生分期付款市场需求的PEST和SWOT分析及所获得的结论，给出如下建议：

1. 网络分期付款平台

(1)因人制宜

(2)条款设置详细、公开

(3)优化营销渠道

(4)提高产品和服务质量

2. 政府和学校

(1)加大监管力度

(2)引导分期付款平台规范化发展

(3)学校正确引导

3. 大学生

(1)量力而行和信用消费

(2)正确维护自己的消费权益

(资料来源：www. wenku. baidu. com)

七、参考书目与附录

所有参考文献都应该清楚地标明。

附录是指调查报告的主题包含不了或没有提及，但与主题有关，必须附加说明的部分。它是对主报告的补充和更详细的说明。这样做既可以使报告的主题更突出，也能避免正文过于冗长。

附录可以包括以下内容：(1)调查目的和研究总体，借助问卷收集的数据的类型，抽样设计的主要特点，以及建立抽样框或抽选样本中遇到的问题；(2)现场采集数据的方法，实地调查者的培训和监督程序；(3)调查中所使用的计算机硬件和软件，以及计算机系统的开发；(4)数据汇总表。

附录还可以包括其他重要文档，如术语索引、各种数据表、关于数据质量的技术细节、方法论、调查问卷以及对统计检验的描述等。在报告中的适当地方，还可以给出相关的数学公式，如方差估计公式等。

附录中要包括承担项目方的联系方式，这一部分内容是必需的。对任何调查，必须提供给用户一个明确的直接联络人，这个人应十分了解这个项目。应该写明联络人的电话、传真、电子邮件地址及通信地址等。网址的提供也越来越受重视，因为从网上可以查到很多信息。

八、数据质量报告

数据质量报告是指对整个市场调查项目完成全过程进行质量评估的书面材料。在任何市场调查中，数据质量评估都是一个重要步骤，并且应该记录在主报告中，或撰写一份单独的数据质量报告。数据质量评估是指根据统计活动的最初目的，从数据的精确性和可靠性等方面对调查的最终产品进行评估的过程。这种信息可以帮助数据用户更好地对调查结果进行解释和使用。用户必须学会评估数据的误差会在何种程度上限制他们对数据的使用。但是，很少有用户能够独自估算调查所得数据的精确性。所以，市场调查机构有责任进行必要的数据质量评估，并及时地以易于使用的方式向用户发布评估结果。数据质量评估对统计机构同样有利。对误差的追踪应具体到调查过程中的每一个特定的步骤，这样的质量评估可以用于改进调查后续阶段以及其他同类调查的数据质量。控制和质量保证活动适用于调查的每一个步骤。影响数据质量的每一个问题都应予以报告和记录，并且尽快找到解决办法。在分析期间，分析人员应该验证所得的估计值和表格，以及结果是否内在一致。这意味着不同表格中关于同一个变量的边际总和应该相等，子总体的数量相加应该等于总体的总数量等。最后，还应该考虑使用验证法。验证涉及很多数据分析步骤，包括对数据资源与历史数据的大量比较研究。

根据发达国家的经验，大规模的市场调查数据都需经过严格的质量评估和近乎苛刻的评审，以判断在特定的报告地区水平下，向公众发布这些调查数据的适当性和可靠性。所谓适当性，指的是数据符合特定的质量标准和保密标准的程度。数据质量报告中应将调查的方法论与数据质量指标结合起来。对方法论的描述应使用户能够判断数据是否适合用来估计他们想要测量的指标，以及所得的估计对预期目标来说是否可接受。

数据质量报告在内容上的详细程度依赖下列各组成部分：(1)收集的数据的类型、数据来源的类型（普查、抽样调查、行政数据等）和数据分析的类型；(2)发布媒体；(3)数据使用的范围和影响；(4)项目的总预算；(5)数据的用途（对政策、社会及经济计划的影响等）；(6)潜在的错误和应用这些数据的潜在危险；(7)质量随时间的变化（指重复性调查）；(8)相对于总费用的质量评估费用；(9)在以后调查中提高质量的潜力；(10)提供给用户的各种度量的解释要通俗易懂。

第三节　市场调查报告中常用的统计图

统计图是指通过图的方式来呈现某事物或某信息的特征或发展趋势的图形，如条形图、饼图、面积图、折线图等。不同的统计图所能表示的数量信息特征或发展趋势是不同的，如条形图可以用直条的长度表示数量的多少；折线图可以用折线的起伏表示数量的增减变化；饼图可以用整个圆的面积表示总数，用圆内的扇形面积表示各个部分占总数的比例。所以，在市场调查报告中，需要根据适用范围选取合适的统计图。统计图具有直观明了的优点，广泛应用于市场调查报告中。本节主要介绍市场调查报告中常用的统计图。

一、饼形统计图

饼形统计图又称扇形统计图或简称为饼图，是用整个圆表示总数，用圆内各个扇形的大小表示各个部分数量占总数的百分数。通过饼形统计图，可以清楚地表示各个部分的数量与总数之间的百分比关系或部分与部分之间的关系。

《关于重庆消费者服装需求状况的市场调查报告》的项目 1 和项目 2(您的性别？您的年

龄?)采用了饼图分析(如图 10—1 和图 10—2 所示)。

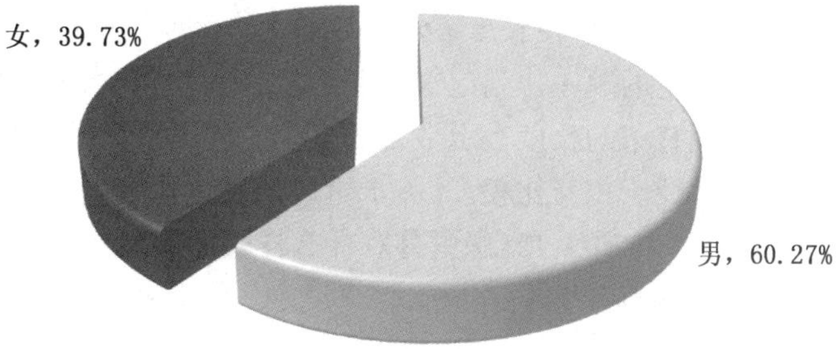

图 10—1 性别比例饼图

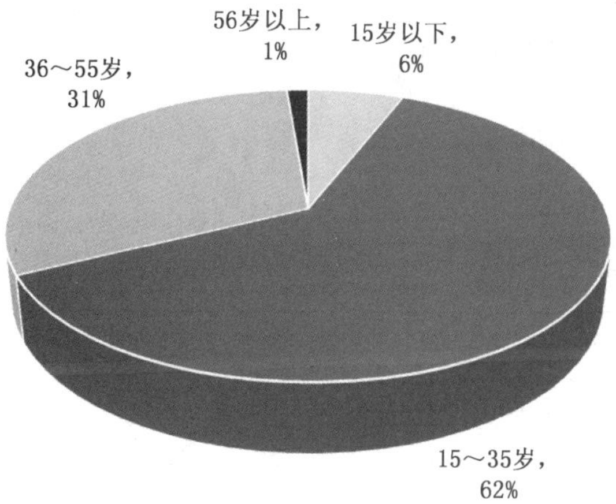

图 10—2 年龄构成饼图

根据图 10—1 我们可以清楚、直观地知道,男性比例(60.27%)远远大于女性(39.73%)。由图 10—2 可知,年龄是 15～35 岁的人群占超过一半的比例(62%)。根据上述结果,我们可以得出中青年男性服装市场应该作为目标市场。

如图 10—3 所示,常见的各种饼形统计图及其用途为:饼图(第一幅图)和三维饼图(第二幅图)显示每一数值相对于总数值的大小。分离型饼图(第三幅图)和分离型三维饼图(第四幅图)显示每一数值相对于总数值的大小,同时强调每个单独的值。

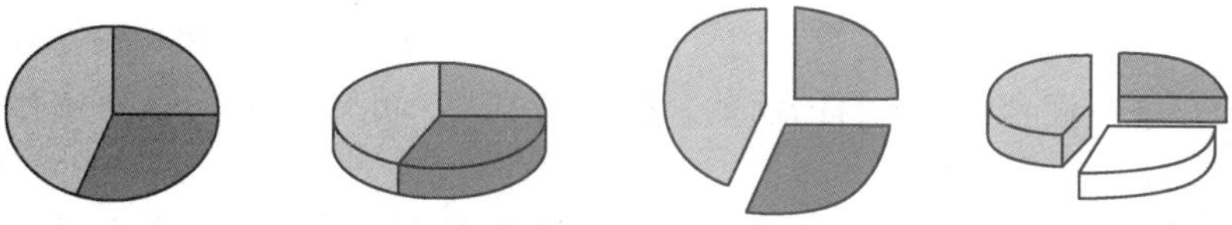

图 10—3 常见的饼形统计图种类

二、条形或柱形统计图

条形或柱形统计图是用一个单位长度表示一定数量，根据数量的多少画成长短不同的直条，然后把这些直条按照一定的顺序排列起来。条形统计图是以横向直条的长度表示数量的多少，柱形统计图是以纵向直条的长度表示数量的多少。利用条形或柱形统计图可以直观、清楚地看出各种数量的多少，便于相互比较。《关于重庆消费者服装需求状况的市场调查报告》的项目 3（您的月收入范围?）和项目 12（您更喜欢什么样式的服装?）采用了条形图（如图 10—4 所示）和柱形图（如图 10—5 所示）进行分析。

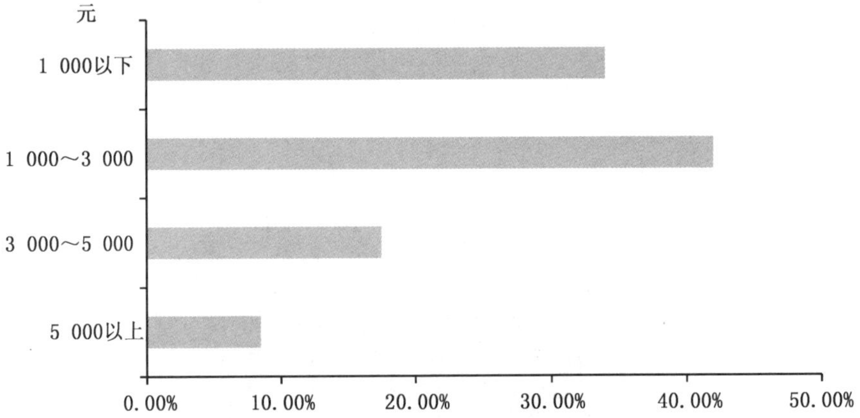

图 10—4 月收入范围的条形统计图

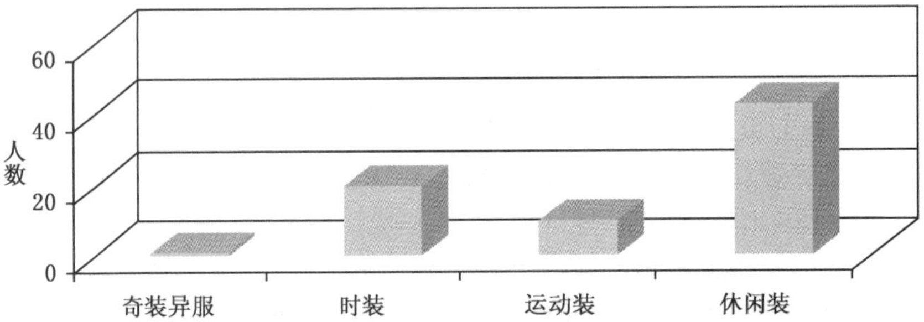

图 10—5 消费者喜欢的服装的柱形统计图

根据图 10—4 可知，重庆市消费者的月收入主要集中于 1 000～3 000 元，所以在选择市场细分的时候应该注意迎合大众人群的消费。根据图 10—5 可知，大部分人会选择休闲装，而对于奇装异服，人们一般不会过问。

条形统计图或柱形统计图除了直接用直条的长短表示数量多少的簇状型外，还可以表示一个全体的组成部分或分支以及趋势，即堆积条形或柱形图。条形或柱形统计图按照维度不同又分为二维图和三维图。

如图 10—6 所示，各种条形统计图及其用途为：簇状条形图（第一幅图）和三维簇状条形图

（第四幅图）比较相交于横轴上的数值大小。堆积条形图（第二幅图）和三维堆积条形图（第五幅图）比较相交于横轴上的每一数值所占总数值的大小。百分比堆积条形图（第三幅图）和三维百分比堆积条形图（第六幅图）比较相交于横轴上的每一数值所占总数值的百分比大小。

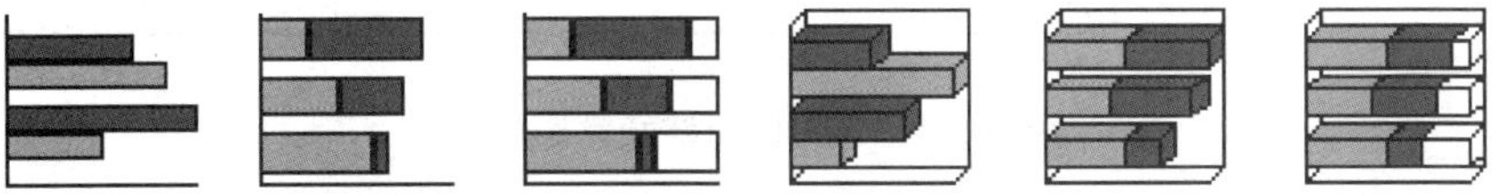

图 10－6　常见的条形统计图种类

如图 10－7 所示，各种柱形统计图及其用途为：簇状柱形图（第一幅图）和三维簇状柱形图（第四幅图）比较相交于横轴上的数值大小。堆积柱形图（第二幅图）和三维堆积柱形图（第五幅图）比较相交于横轴上的每一数值所占总数值的大小。百分比堆积柱形图（第三幅图）和三维百分比堆积柱形图（第六幅图）比较相交于横轴上的每一数值所占总数值的百分比大小。三维柱形图（第七幅图）比较相交于横轴和相交于纵轴的数值。

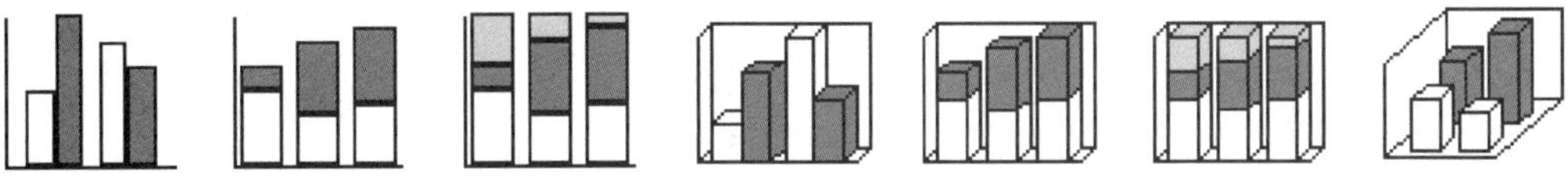

图 10－7　常见的柱形统计图种类

三、折线统计图

折线统计图是用一个单位长度表示一定的数量，根据数量的多少描出各点，然后把各点用线段顺序连接起来。折线统计图不但可以表示数量的多少，而且折线的起伏能够清楚地表示数量增减变化的情况。

从图 10－8 可知，该企业的年销售额在 5 年中不断增长，从第一年的 9 百万元增加到第五年的 34 百万元。

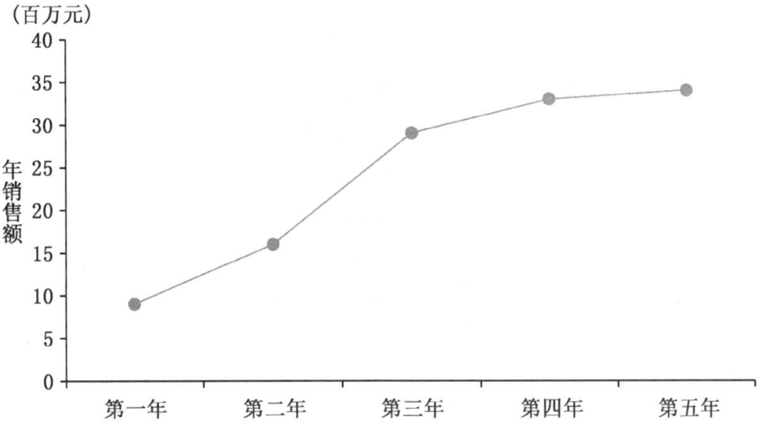

图 10－8　某企业连续 5 年的销售额的折线统计图

折线统计图也有二维折线图和三维折线图，如图 10—9 所示。

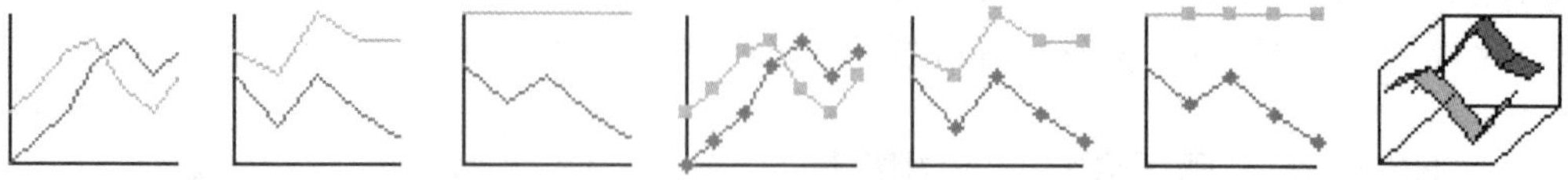

图 10—9 常见的折线统计图种类

根据图 10—9，各种折线统计图及其用途为：折线图（第一幅图）和数据点折线图（第四幅图）显示随时间或类别而变化的趋势线。堆积折线图（第二幅图）和堆积数据点折线图（第五幅图）显示每一数值所占大小随时间或类别而变化的趋势线。百分比堆积折线图（第三幅图）和百分比堆积数据点折线图（第六幅图）显示每一数值所占百分比随时间或类别而变化的趋势线。三维折线图（第七幅图）是带有三维效果的折线图。

除了饼形统计图、条形统计图、柱形统计图和折线统计图外，还有面积图（如图 10—10 所示）、圆锥图（如图 10—11 所示）等。其中，面积图与折线统计图所显示的内容是一致的，圆锥图与条形或柱形统计图的用途相同。

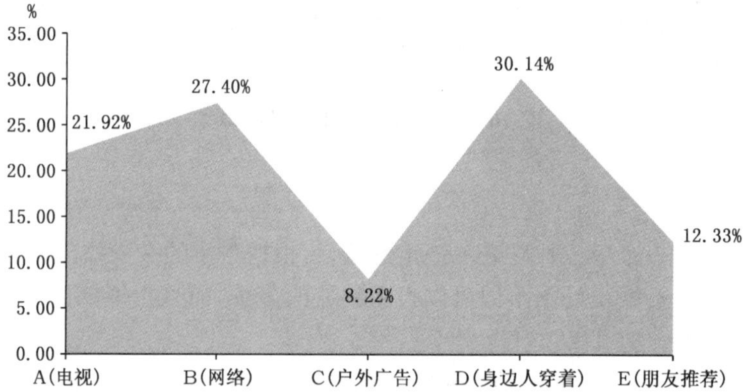

图 10—10 新服饰信息来源的面积图

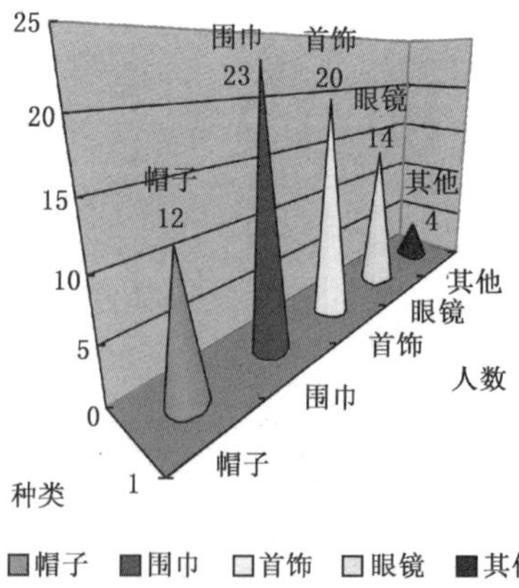

图 10—11 服装的配饰选择的圆锥图

复习自测

一、单项选择题

1. 以文字、数据、图表等形式将调查结果表现出来的是(　　)。

A. 调研报告　　B. 消费者调研数据

C. 内部部门总结　　D. 外部部门指导意见

2.(　　)是调查报告内容的浓缩点。

A. 标题　　B. 摘要　　C. 目录　　D. 调查结论

E. 调查建议

3. 市场调查报告的主体是指(　　)。

A. 标题　　B. 前言　　C. 正文　　D. 附件

4. 在对市场调查获取资料进行整理与分析的基础上,要总结有创见性的、新颖的观点、结论,表示市场调查报告应具有(　　)特点。

A. 针对性　　B. 典型性　　C. 时效性　　D. 创新性

5. 市场调查报告最主要的作用是(　　)。

A. 为决策者提供信息　　B. 总结调查成果

C. 充当参考文献　　D. 作为调查活动质量的判断标准

6. 饼图主要适合于显示(　　)。

A. 变量值在不同空间点上的差异　　B. 变量值在不同时间点上的差异

C. 单元不太多的结构分布　　D. 不同样本之间分布差异的比较

7. 下列各项中,(　　)不是市场调查报告的结构框架元素。

A. 正文　　B. 标题　　C. 方法　　D. 附录

8.(　　)是指调查报告正文包含不了或没有提及,但与正文有关,必须附加说明的部分。

A. 目录　　B. 标题　　C. 结论　　D. 附录

9. 市场调查报告必须明确调查的目的,同时要明确阅读对象,这表明市场调查报告具有很强的(　　)。

A. 针对性　　B. 新颖性　　C. 预见性　　D. 及时性

10. 为使调查研究报告中的图表有效,必须注意(　　)。

A. 图表的数量要多　　B. 若使用图表,则不必再进行书面解释

C. 一张图表尽量表达多种信息　　D. 应给予图表书面解释

二、多项选择题

1. 市场调查报告的内容通常包括(　　)。

A. 说明调查目的及所要解决的问题　　B. 介绍背景资料

C. 分析的方法和调查数据　　D. 提出论点和论证理由

E. 提出解决问题的建议、方案和步骤

2. 撰写的市场调查报告应具有(　　)。

A. 针对性　　　B. 科学性　　　C. 创新性　　　D. 可读性
E. 时效性
3. 市场调查报告的标题有(　　)。
A. 表明观点式　　　B. 提出问题式　　　C. 直叙式　　　D. 形象式
4. 市场调查报告一般包括(　　)。
A. 标题　　　B. 前言　　　C. 正文　　　D. 附件
E. 目录
5. 市场调查报告的核心部分应包括(　　)。
A. 信息材料　　　B. 分析预测　　　C. 对策建议　　　D. 标题
E. 附件

三、判断题

1. 市场调查报告只写明调查到的情况和数据即可。(　　)
2. 市场调查报告可以用提问的方式写标题。(　　)
3. 市场调查报告不用写明结论。(　　)
4. 市场调查报告的标题应概括全文的基本内容。(　　)
5. 市场调查报告主要是陈述市场情况,所以其表达方式主要是叙述,不用议论。(　　)

四、简答题

1. 什么是市场调查报告?它的作用是什么?
2. 简述市场调查报告的特点。
3. 市场调查报告的内容主要包括哪几个部分?
4. 市场调查报告中常用的统计图有哪些?如何用?

实训课堂

根据下述材料,按市场调查报告的写作要求,写一篇完整的市场调查报告。

为了解泉州市旅游市场的消费行为和需求状况,我们对泉州市旅游消费市场进行了调查。调查结果如表10—1至表10—9所示。

表10—1　休闲活动及其比重

休闲活动	外出旅游	看书看报	看电视	串门聊天和娱乐健身	业余学习	逛街购物	打牌玩麻将	其他
所占比重	23.4%	19.8%	16.7%	9.5%	8.6%	4.2%	2.7%	5.5%

表 10—2 **每年外出旅游次数比例**

每年外出旅游次数	4 次	3 次	2 次	1 次	基本不出游
所占比重	5%	9%	38.7%	34.2%	13.1%

表 10—3 **年旅游花费**

年旅游花费	500 元以下	500 至 1 000 元	1 000 至 2 000 元	2 000 至 4 000 元	4 000 至 7 000 元	7 000 元以上
所占比重	19.8%	25.2%	24.6%	23%	5%	2.3%

表 10—4 **被调查者月收入情况**

年旅游花费	1 000 元以下	1 000 至 1 500 元	1 500 至 2 000 元	2 000 至 3 000 元	3 000 至 4 000 元	4 000 元以上
所占比重	35.6%	41.3%	14.9%	5.9%	1.8%	0.5%

表 10—5 **出游时间选择**

出游时间	周末	暑假	元旦	春节	劳动节	国庆节	其他时间
所占比重	12.2%	17.6%	2.7%	13%	18.8%	19.4%	16.2%

表 10—6 **出游逗留时间**

出游逗留时间	1 至 3 天	3 至 7 天	7 至 15 天	15 天以上	依假期而定
所占比重	28.8%	36.9%	10.4%	2.7%	21.2%

表 10—7 **出游方式选择**

出游方式	与友人结伴	与家人同行	参团	单位组织	独自	其他方式
所占比重	42.8%	22.1%	16.7%	10.4%	6.8%	1.2%

表 10—8 **近期出游形式**

近期出游形式	个性化旅游	一人或几人自助游	度假式旅游	两人蜜月游	探险式旅游	其他方式
所占比重	42.8%	39.3%	23.9%	14.4%	6.8%	12.2%

表 10—9 **出游目的**

出游目的	放松自己	增长见识	与家人、朋友度假、度蜜月、游玩	探险、挑战自己	艺术采风、摄影创作	购物、品尝美食	开会出差顺便一游	其他
所占比重	42.3%	33.3%	14%	3.6%	2.3%	1.8%	0.5%	2.2%

从表 10—1 和表 10—2 可以看出，外出旅游已经逐渐成为人们假期休闲的主流，一年内出游多次的人数比例略高于基本不出游的人数比例。由此可见，旅游市场存在巨大的消费能力

和潜力。旅游花费的多少是人们生活水平高低的标志之一。

表10—3和表10—4反映了不同阶层居民的旅游消费水平。

从表10—5可以看出,人们对出游时间的选择比较理性,有利于避免节假日旅游过于拥挤的现象。调查比例也符合不同时间段的出游特点:周末和元旦时间短,比较适合各种短途旅行;春节、劳动节和国庆节时间较长且人们的假期统一,适合团体出游和长途旅行;暑假则多为学生和教师出游。基于此,各旅游景点如能按不同假期细分不同目标市场,并针对具体目标市场制定相应的促销活动,定能把握极好的商机。

从表10—6可知,目前假期制度对大多数人的出游时间长短有一定影响。

从表10—7可知,目前泉州市的旅游市场呈现团体旅游者逐渐减少、散客旅游者不断增加的趋势,旅行社可以根据此项数据所反映的消费者需求,推出各种更受欢迎的旅游线路,或者尽量为消费者提供"超级市场式"的自选旅游项目,使他们有充分的挑选组合空间。

从表10—8可知,人们近期将选择的旅游形式中,排在前两位的是个性化旅游和一人或几人的自助式旅游,其后依次为度假式旅游、两人蜜月游、探险式旅游和其他方式。

从表10—9可知,人们出门旅游的目的中,排在前两位的为放松自己,释放工作、学习压力和增长见识,然后依次为与家人或朋友度假、度蜜月、游玩,探险、挑战自己,艺术采风、摄影创作,购物、品尝美食,开会出差顺便一游,其他。

复习自测参考答案

第一章　市场调查认知

一、单项选择题

1. B　2. B　3. C　4. B　5. A　6. B　7. D　8. D　9. D　10. B

二、多项选择题

1. ABE　2. ACDE　3. ABCDE　4. ABCE　5. A CD　6. AD

三、判断题

1. √　2. ×　3. √　4. √　5. ×　6. ×

四、简答题

1. 根据研究的性质分类:探测性调查、描述性调查、因果性调查和预测性调查。

根据资料来源分类:文案调查和实地调查。

根据调查的组织形式分类:专项调查、连续性调查和搭车调查。

根据调查研究的方法分类:定性调查研究和定量调查研究。

根据调查对象包括的范围分类:全面调查和非全面调查。

2. 时效性原则、客观性原则、准确性原则、科学性原则、全面性原则和效益性原则。/

3. 市场调查包括宏观环境调查、微观环境调查和市场营销活动调查。

宏观环境调查主要包括政治和法律环境、经济环境、人口环境、社会和文化环境、技术和自然资源环境的调查。

微观环境调查主要包括市场需求调查、市场供应调查、竞争状况调查。

市场营销活动调查主要涉及产品调查、价格调查、分销渠道调查和促销调查等几个方面的内容。

4. 市场调查大致要经过确定调查问题、设计调查方案、实施调查计划、处理与分析数据和报告研究结果五个前后相连的阶段,每个阶段又分为若干具体步骤。

5. 要有良好的沟通能力;要有高度的敏感性;要有广博的知识、广泛的兴趣;要有较强的综合分析能力;要有良好的工作态度和严谨细致的工作作风;要为人诚恳;要掌握现代科学知识。

第二章　市场调查方案设计

一、单项选择题

1. D　2. A　3. A　4. C　5. A　6. B　7. B　8. A　9. C　10. B

二、多项选择题

1. ABCDE 2. ACD 3. CD 4. ACDE 5. ACD 6. ABCD
7. ABC

三、简答题

1. 市场调查方案是市场调查的重要组成部分，市场调查方案有利于实现企业既定的目标，市场调查方案有利于提高调查工作的效果。

2. 了解相关群体的特征；确定顾客对产品或服务特征的理解和反应；估计某个特殊群体在具有某种行为特征的人群中的比重；判断各种变量对营销问题的关联程度；描述性调查也可以围绕六个问题展开，即人物是谁(Who)，什么事情(What)，什么时间(When)，什么地点(Where)，什么原因(Why)，什么方法(Way)，即所谓“6W 模式”。

3. 对比性原则、协同性原则和随机性原则。

4. 确定市场调查目的、确定调查对象和调查单位、确定调查项目、编制调查提纲和调查表、确定调查时间和调查工作期限、确定调查费用预算、确定调查地点、确定调查方式和方法、确定调查资料整理和分析方法、确定提交报告的方式、制订调查的组织计划。

四、论述题

1. 答题要点：围绕市场调查方案的意义回答。

从认识上讲，市场调查方案设计是从定性认识过渡到定量认识的开始阶段。虽然市场调查所收集的许多资料是定量资料，但应该看到，任何调查工作都是先从对调查对象的定性认识开始的，没有定性认识就不知道应该调查什么和怎样调查，也不知道要解决什么问题和如何解决问题。

从工作上讲，调查方案设计起着统筹兼顾、统一协调的作用。现代市场调查可以说是一项复杂的系统工程，对于大规模的市场调查来讲，尤其如此。在调查中会遇到很多复杂的矛盾和问题，其中许多问题是属于调查本身的问题，也有不少问题则并非调查的技术性问题，而是与调查相关的问题。

从实践要求上讲，调查方案设计能够适应现代市场调查发展的需要。现代市场调查已由单纯的收集资料活动发展到把调查对象作为整体来反映的调查活动，与此相适应，市场调查过程也应被视为市场调查设计、资料收集、资料整理和资料分析的一个完整工作过程，调查设计正是这个过程的第一步。

2.(1)为什么要进行这样一项调查？

答题要点：问题导向，可以为就业统计单位提供现状、问题反馈，为未来决策提供借鉴和参考。

(2)调查中想获取的信息有哪些？

答题要点：就业人员个人信息，就业现状(就业单位性质、收入等)，就业满意度，就业过程中存在的问题等。

(3)谁使用这些数据？如何使用这些数据？

答题要点：就业指导单位使用，为推进就业工作顺利开展奠定基础。

(4)请对调查过程中各环节所涉及的问题予以说明。

答题要点：调查对象代表性、调查地点区域平衡性、调查成本控制等。

五、案例分析题

1. 答题要点：卷烟市场中女性消费者的需求。

2. 答题要点：调查了解女士烟在中国市场的市场容量、女性吸烟者的不同需求及女性香烟品牌的主要竞争对手。

3. 答题要点:参考调查方案格式展开。

说明前言部分→调研目的和意义→调查内容和具体项目→市场调查对象和范围→资料整理和分析的方法→调查时间进度安排→说明经费预算开支情况→说明市场调查结果的表达形式→附录。

第三章 市场调查方法选择

一、单项选择题

1. B 2. A 3. A 4. A 5. B 6. D 7. D 8. D 9. B 10. A

二、多项选择题

1. ABCD 2. AC 3. AC 4. ABD 5. AC

三、简答题

1.

原始数据和二手数据的比较

项目	原始数据	二手数据
优点	可靠性强、来源可控制、真实性强	花费少、来源广、收集快捷、节省时间
缺点	费时、费力、费钱,仅靠自身力量很难收集	适用性差、精确度不高,需进一步加工处理
收集难度	较难收集	容易收集
收集成本	高	相对较低
收集所需时间	长	短

2.

各种访问调查法的比较

项目	人员访问	电话访问	邮寄访问	网络访问
数据收集速度	中	快	慢	最快
数据收集成本	高	中等偏低	最低	低
回访难度	难	易	易	较难
地域灵活性	中	高	高	很高
回收率	高	中	低	低
问卷长度	长	短	中	中
曲解题目的可能性	低	中	高	高
调查员的影响程度	高	中	无	无

3. 环境比较:准实验环境是自然的,与现实联系密切。真实验环境与实际生活情况相差大,完全是"人工

制作”的环境，与现实联系较难。

控制水平：准实验不用完全控制研究条件，在某些方面降低了控制水平。真实验控制水平高，操作更困难，现实性比较低。

4. 条件：第一，所需要的数据资料必须是能够观察到的，或者能够从观察到的行为中推测出来，如消费者的购物动作、消费者与售货员的谈话、面部表情、声音或者语调等；第二，所需观察的行为必须是重复性的、频繁的或者在某些方面是可预测的，如果仅仅观察到某个个体的偶然行为或者个别的怪异行为，就试图以此推导出规律性的研究结果，不仅成本过高，而且没有实际意义；第三，所观察的行为必须是相对短期的，宜“速战速决”，避免费用过大，如针对皮鞋商店中的皮鞋购买选择或饭店的餐饮服务进程的观察。

手段：神秘顾客法、顾客观察法、顾客行为机器观察法和生理测量法。

四、判断题

1. ×　2. ×　3. √　4. √　5. √　6. ×　7. √

五、案例分析题

案例 1

1. 第一，可以了解变化事项的动态变化，因此对长期趋势调查而言，利用价值甚大，此点为其他仅以记忆或统计预测方法寻求长期资料的调查法所不及。

第二，调查表回收率较高。因为固定样本连续调查的调查次数不止一次，通常会编列调查预算对被调查者逢年过节赠送礼品，所以，调查者与被调查者之间会逐渐建立起深厚的友谊，调查回收率较高。

第三，可以连续观察一群消费者的活动，从而了解消费者行为和态度的规则性或变动趋向。这是其他调查方法难以办到的。

第四，只对同一样本做连续的、多次的调查，不需要每次都重新找样本，可以减少许多抽样上的麻烦。

第五，不用每次重复收集样本的基本分类资料，如被调查者的性别、年龄、职业、教育程度等，可使研究人员集中注意力于特定的信息。

2. 答题要点：按照调查的目的选定固定样本户；对固定样本户进行必要的培训，提出要求，并发放预先设计的调查登记表；由各样本户按要求每天将需要调查的内容一一记下来；由调查者定期收集各个调查对象记录的材料，并进行汇总、整理、分析，得出有关结论；对固定的调查对象，每隔一段时间进行一次访问，了解调查对象的记录情况，并给予具体指导，发现问题及时纠正，保证资料的真实性；定期召集调查对象举行座谈会，听取意见，改善工作。

案例 2

1. 其运用的是实验法中的现场实验法。

2. 调研目的明确，调研对象合理，调查方式与方法科学，调研结果反馈具有针对性。

第四章　市场调查量表设计

一、单项选择题

B

二、多项选择题

1. BCD　2. ABC

三、简答题

1. 基本的测量量表有类别量表、顺序量表、等距量表和等比量表四种。

2. 测量尺度有定类尺度、定序尺度、定距尺度和定比尺度。

3. 应考虑的因素有量表构造的本质、量表的类型、平衡量表和非平衡量表的选择、量级层次的个数、强迫性与非强迫性量表的选择。

4. 信度：重复检验法、交错法、折半法和内部一致性。

效度：内容效度、准则效度和建构效度。

四、案例分析

1. 略。

2. 定类尺度。

3. 测量的标准误。

4. 采用重复检验法、交错法、折半法和内部一致性等。

5. 评价收敛效度和区别效度。

6. 有。

第五章 市场调查问卷设计

一、单项选择题

1. C　2. A　3. D　4. B　5. D　6. B　7. D　8. B　9. A　10. B

二、多项选择题

1. ABE　2. ABC　3. ABCDE　4. AC　5. ABCD　6. ABCDE

7. ABCD　8. ABCD　9. ACE　10. ABCD　11. ABCD

三、判断题

1. ×　2. √　3. ×　4. √　5. √　6. ×　7. ×　8. ×　9. ×　10. √

四、简答题

1. 问卷是指调查者根据调查目的与要求设计的，由一系列问题、备选答案及说明等组成的用于从调查对象获取信息的一种工具。

2. 合理性、一般性、逻辑性、明确性、非诱导性、便于整理分析。

3. 一般而言，可以划分为开头、甄别、主体和结束语四个组成部分，基本内容应该包括问卷的标题、问候语、填写说明、甄别、问题与答案、编码和作业证明的记载七个部分。

4. 问题需要注意的事项：措辞的选择、避免否定式提问、避免诱导性或倾向性提问、避免提断定性问题、避免直接提出敏感性问题。

答案需要注意的事项：答案要穷尽；答案要互斥；选项的排列要科学；多项选择题的答案选择不宜过多；敏感性问题的答案设计要慎重。

第六章 市场调查组织方式选择

一、单项选择题

1. A 2. D 3. B 4. C 5. B 6. A 7. D 8. B 9. C 10. C

11. A 12. B 13. A 14. A

二、判断题

1. √ 2. √ 3. × 4. × 5. × 6. √ 7. √ 8. × 9. ×

三、概念题

1. 等距抽样是先将总体各单位按某一标志顺序排列，编上序号，然后用总体单位数除以样本单位数求得抽样间隔，并在第一个抽样间隔内随机抽取一个单位作为样本单位，最后按计算的抽样距离作等距抽样，直到抽满为止。

2. 判断抽样由专家或经验丰富的调查人员依据其个人意志或判断而进行样本选择。

3. 配额抽样就是预先把具有一定控制特征的样本数目分配给调查员，由调查员按照控制特征自由选择被调查的对象样本。

4. 分层抽样根据调查目的及一定的分类特征，把全体成员划分为数目较多并各具不同特征的群体或类别，然后在各种类别中独立进行简单随机抽样或别的抽样方法。分层抽样的效果与设计者的经验和判断能力关系很大。

5. 分群抽样是以“群体”为单位进行的随机抽样，而不是“单个”样本。在分群抽样前提下，通过简单随机抽样选定具体的走访群体，对在这个群体内的全部个体逐一走访。分群抽样法适用于调查对象高度混乱的总体。

6. 定额抽样是指按市场调查对象总体单位的某种特征，将总体分为若干类，按一定比例在各类中分配样本单位数，并按各类数额任意或主观抽样进行调查的一种方法。

7. 总体一般称为全域，是具有某些特征的各要素的总数。它是产生样本的基础，又称母体。

8. 系统抽样法是按照某种顺序给总体中的单元排列编号，然后随机地抽取一个编号作为样本的第一个单元，样本的其他单元则按照某种确定的规则抽取。

四、简答题

1. 抽样调查有广义和狭义之分。狭义的抽样调查只包括随机抽样，它是从研究对象的总体中，按照随机原则抽取一部分单位作为样本进行调查，并用样本结果推断总体。

抽样调查的特点：抽取样本的客观性；抽样调查可以比较准确地推断总体；抽样调查是一种比较节省的调查方法；抽样调查的应用范围广泛，特别适用于研究市场现象的数量表现。

2. 优点：母群体名册完整时，直接由母群体中随机抽出样本，方法简单；由于抽出概率均等，因此较易估计母群体总值及抽样误差。

缺点：通常推算结果的精确度较分层抽样、分段抽样低；由于抽出样本较为分散，所以调查人力和费用较大；无法估计子母体特征。

3. 分层抽样根据调查目的及一定的分类特征，把全体成员划分为数目较多并各具不同特征的群体或类别，然后在各种类别中独立进行简单随机抽样或别的抽样方法。分层抽样的效果与设计者的经验和判断能力关系很大。

优点：层间差异愈大，层内差异愈小，则抽出的样本统计精确度愈高；适当分层抽样推定的误差一定比简单抽样低；可得到对各层的估计值。

缺点：分层后样本资料的整理推算工作较简单抽样法复杂。

分群抽样是以“群体”为单位进行的随机抽样，而不是“单个”样本。在分群抽样的前提下，通过简单随机抽样选定具体的走访群体，在这个群体内对全部个体逐一走访。分群抽样法适用于调查对象高度混乱的总体。

优点：群集间差异愈小，群集内差异愈大，则抽出的样本统计精确度愈高；群集内样本较为集中，调查员行动范围不大，可节省调查人力及费用。

缺点：以群集为抽样单位时，各项整理统计费用将增加；群集内各单位无差异时，将增加群集间差异，调查结果误差大；各群集内含个体多寡不同时，误差加大。

五、计算题

解：下年度每百户预期购买量＝120÷2 400×100＝5(台)

即　$P=5\%=0.05$，$n=2\,400$。

$\mu p=sqrt\left[\frac{p\times(1-p)}{n}\right]=0.004\,4$(即 0.44%)

又因为置信度为 95%，所以 $t=1.96$。

$\Delta=t\mu\approx 0.86\%$

所以，样本置信区间为：5%±0.86%，即 4.14%～5.86%。

又因为 N＝12 万户，所以该县城下年度预期购买量为：

4.14%×120 000～5.86%×120 000，即 4 968～7 032 台。

第七章　市场调查实施与资料整理

一、多项选择题

1. ABCD　2. ABCDE　3. ABCDE　4. ABC　5. ABCDE　6. ABCD

二、判断题

1. ×　2. √　3. √　4. ×　5. √　6. √　7. ×　8. √

三、简答题

1. 实施主管的职责有：深入了解调查研究项目的性质、目的以及具体的实施要求；负责选择合适的实施公司（如果需要的话）并与之联络；负责制订实施计划和培训计划；负责挑选督导和访问员（如果需要的话）；负责培训督导和访问员；负责实施过程中的管理和质量控制；负责评价督导和访问员的工作。

督导包括现场督导和常规督导。现场督导的职责有：监督访问员是否真实进行调查；及时检查访问质量，纠正可能的偏差；处理现场意外情况；为访问员提供现场服务。常规督导的职责有：访问员的招聘与组织，访问员的培训，回收并审核问卷。

2. 一是尽量选择与访问对象的人口特征和社会经济特征相匹配的访问员；二是应考虑访问员完成访问工作的有效性和可靠性，尽量选择有道德、技术过硬的访问员。除此之外，访问员还需要会讲普通话，有较强的事业心和责任感，有良好的交际能力及与调查项目相匹配的文化水平等。

3. 对访问员的培训，首先应确定培训步骤，包括：基础培训→项目培训→现场模拟→试访→督导陪访→培训总结。其次要做好培训准备，包括：场地准备、设备准备以及访问员签到表和培训资料的准备。最后要确定培训内容与培训方法，包括集中讲授、个别指导、模拟培训、加强管理。培训的主要内容包括基础培训、技能培训、技巧培训、项目培训。针对不同的培训内容要采用与之相适应的培训方法，以便取得良好的培训效果。

4. 访问误差包括指导语误差、访问员提问误差、答案提示误差、量表转换误差、记录误差和理解误差。

对指导语误差的控制，在访问员培训时，实施主管或督导要仔细观看访问员的模拟访问，要求访问员准确地按问卷中所给出的指导语进行访问，使问卷中的要求和访问员的练习之间的任何微小差异都被检测出来，以减少指导语误差。

对访问员提问误差的控制：访问员的措辞要按照问卷的要求以控制提问误差的产生。

对答案提示误差的控制：实地陪访或现场观看时，看访问员是准确地在“读”有关材料，还是仅凭自己的记忆在“说”。为了减少答案提示误差，问卷中应该把指导语非常明显地放在括号内，以说明供选择的答案是否要对被调查者读出。

对量表转换误差的控制：如果要使用量表卡片，那么在问卷中应同时标出数字和对应的文字说明，要和出示的量表卡片相一致，这样才能减小量表转换误差。

对记录误差的控制：记录误差是无法仅靠监控访问过程就能发现的。督导在监控访问员的访问工作时，应对其中的一些回答亲自记录，然后与访问员在问卷中的实际记录相比较。为了防止记录错误，重要的是在问卷设计时要精心地构造问答题的答案，使之能快速、简单、容易记录。

对理解误差的控制：尽量避免可供选择的答案是不允许出示或读出的开放题。如果不得不出现这样的开放题，那么在培训访问员时，应该重点指导，让他们彻底弄清楚选择答案的准则，而且自始至终都应进行监督，以确保访问员对答案的理解是正确的、始终一致的。

5. 主要从三个方面对市场调查的实施监督管理：调查实施的经费预算和进度安排、调查实施中的监督管理以及对访问员的评价。调查实施的经费预算和进度安排要注意经费包含的各个方面、访问员劳务费的支付方式和调查实施的进度安排；调查实施中的监督管理主要是控制各种误差的发生；对访问员的评价主要是为了对表现突出的访问员给予奖励，对表现较差的访问员予以批评指正，使其后期能更加高效地工作。

6. 市场调查资料的整理需要有科学的工作标准和认真、高效的工作态度，一般包括六个阶段的工作：审核、缺失数据的处理、数据的编码、数据的录入、数据的分组、资料的汇编与图表的制作。

7. 调查资料的审核是调查资料整理中的第一步，也是非常重要的一个环节。在前期市场调查中，由于种种原因（如时间、能力、方式方法、人为因素等的局限）可能会导致获得的原始资料不够准确或有错误，这就需要对收集到的原始资料进行验证，以确保调查结果的准确性。调查资料的审核主要包括四个方面：准确性、完整性、及时性和有效性。常用的方法有逻辑审核法、计算审核法和经验审核法。

8. 以下情况的问卷被视为无效问卷：回答不完全，调查对象不符合要求，选择答案高度一致，截止日期后回收的问卷。

以下情况的问卷属于不满意问卷：答案模糊不清，问卷的答案中有前后不一致或者明显错误，答案模棱两可，问卷里有个别问题无回答，有相当多的问卷对同一问题无回答。

对不满意问卷的处理：出现以上五种情况时，仍属于有效问卷，只是对这些问卷不太满意，通常有以下四种处理方法：

一是重新调查。条件允许可返回现场，再次接触被调查者，重新获取数据。

二是由访问员自行填充。若条件不允许对被访者进行再调查，则需要访问员自行填充。访问员在自行填充的时候可以选择均值替代法和逻辑答案代替法两种方法。

三是删除。如果不满意的答案不是关键问题，就可以将该问题删除，不参加数据的统计处理。

四是空缺。在样本量很大、不满意问卷所占比例较少的前提下，可以考虑作废整份问卷。

第八章 市场调查资料的分析

一、单项选择题

1. A　2. A　3. D　4. B　5. B　6. D　7. C　8. B　9. A

二、多项选择题

1. BDE　2. AC　3. ABCD　4. ABCD　5. AE　6. BD

7. ACE

三、简答题

1. 市场调查资料分析的意义:调查资料的分析是市场调查过程中十分必要的环节;通过对市场调查资料的分析,可以提高市场调查资料的价值;通过对市场调查资料的分析,可以产生新的信息;在对市场调查资料的分析过程中,可以发现市场调查的不足之处。

2. 市场调查资料分析应遵循的原则主要有针对性原则、完整性原则、客观性原则、动态性原则和经济性原则。

3. 定性分析是与定量分析相对而言的,它是对不能量化的现象进行系统化理性认识的分析,其方法依据是科学的哲学观点、逻辑判断及推理,其结论是对事物的本质、趋势及规律的性质方面的认识。

定性分析的特点:定性分析注重整体发展的分析,定性分析的对象是描述性资料,定性分析的研究程序具有一定的弹性,定性分析的方法是对收集的资料进行归纳的逻辑分析,定性分析中的主观因素影响其对背景的敏感性。

4. 测定数据集中趋势的常用指标有平均数、中位数和众数。

平均数又称均值,主要有算术平均数、调和平均数和几何平均数三种计算方法。其中,算术平均数是最为常用的计算方法。计算算术平均数时使用了所有数据,其数学性质优良,主要用于数值型数据,在数据对称分布或接近对称分布时应用,但易受极端值的影响。

中位数是数据排序后,位置在最中间的数值,对一组数据来说,中位数是唯一的。中位数不受极端值的影响,当数据分布偏斜程度较大时应用,主要用于顺序数据。

众数是数据中出现次数最多的变量值,有的数据无众数或有多个众数。众数不受极端值的影响,当数据分布偏斜程度较大时应用,主要用于分类数据。

5. 常用的反映数据离散程度的指标有极差、内距、方差和标准差、离散系数等。

极差也称全距,是数据最大值减去最小值的差,它是数据离散或差异程度最简单的测度值,但它易受极端值的影响。

内距是上下两个四分位数之差。如果内距较小,就说明数据相对集中于中位数附近,可以用于衡量中位数的代表性。

方差是指一组数据的各变量值与其算术平均数离差平方的算术平均数,是测度数据离散程度的主要方法。方差和标准差反映了所有变量值对平均数的离散程度。

离散系数是用来对两组数据的差异程度进行比较的,反映了相对于均值的相对离散程度,可用于比较均值和计量单位不同的数据的离散程度。如果两组数据的均值相差悬殊,离散系数就可能比标准差等绝对指标更有意义。

6. 列联表是两个或两个以上变量交叉分组后形成的频数分布表,也称为交叉表或交叉列联表。在二维交叉列联表分析中,可以根据交叉列联表卡方值的大小顺序,得出两变量相关关系的强弱。

7. 假设检验的一般步骤如下:

一是根据实际问题，提出原假设 H_0 和备择假设 H_1。原假设是接受检验的假设，备择假设是当原假设被否定时，另一种可能成立的假设。

二是确定显著性水平 α，通常取值 0.1、0.05、0.01。

三是确定适当的统计量以及拒绝域的形式。

四是根据样本观察值计算检验统计量的值。

五是根据显著性水平与统计量的分布，找出接受域与拒绝域的临界点，比较临界点与检验统计量的值，做出决策，是拒绝 H_0 还是不拒绝 H_0。

8. 市场调查资料动态分析法的指标包括水平指标和速度指标。动态数列的水平分析指标有发展水平、平均发展水平、增长量和平均增长量。动态数列的速度分析指标有发展速度、增长速度、平均发展速度和平均增长速度。

9. 略。

10. 数据文件建立的步骤：确定变量个数→定义每个变量的属性→录入样本数据→保存 SPSS 数据文件。

四、计算题

1. 提出假设：$H_0:\pi\leqslant 0.2\quad H_1:\pi>0.2$

(2)计算检验统计量的值：

$$z=\frac{p-\pi_0}{\sqrt{\frac{\pi_0(1-\pi_0)}{n}}}=\frac{0.224-0.2}{\sqrt{\frac{0.2(1-0.2)}{6.25}}}=1.5$$

(3)根据显著性水平 $\alpha=0.05$ 查标准正态分布表得 $Z_{\alpha/2}=1.96$。由于 $Z<Z_{\alpha/2}$，所以不拒绝 H_0，即没有证据表明喜欢该产品的消费者比例超过 20%。

2. 先确定变量个数，本题变量有四个，分别为 tg_0（服药前甘油三酯水平）、tg_1（服药后甘油三酯水平）、wgt_0（服药前体重）和 wgt_1（服药后体重）。变量定义完后，录入样本数据，建立 SPSS 数据文件。

打开数据文件。选择【分析(Analyze)】→【比较均值(Compare Means)】→【配对样本 T 检验(Paired-Samples T Test)】命令。打开“配对样本 T 检验(Paired-Samples T Test)”对话框，在左侧的列表框中选择变量，单击右向箭头按钮，将其选入“成对变量(Paired Variables)”列表框中，可以选择多对检验样本，如下图所示。

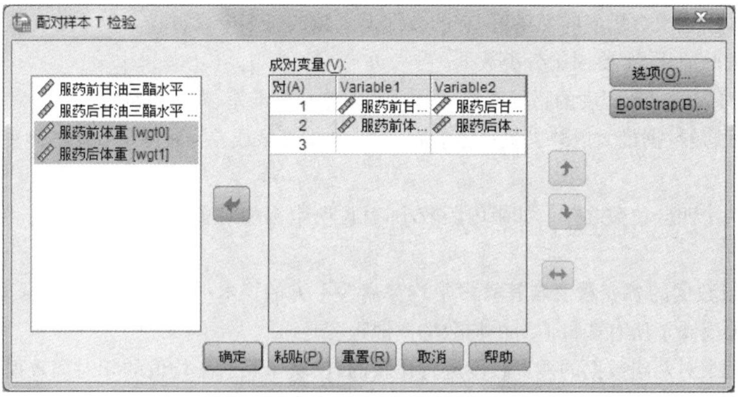

单击“选项(Options)”按钮，打开“配对样本 T 检验：选项(Paired-Samples T Test: Options)”对话框。该对话框用于指定置信水平和缺失值的处理方法，与“单样本 T 检验：选项”子对话框完全相同。设置置信区间为 95%，单击“继续”按钮返回对话框。

单击“确定(OK)”按钮即完成配对样本 T 检验的 SPSS 操作，输出结果如下表所示。

成对样本统计量

项目		均值	N	标准差	均值的标准误
对 1	服药前甘油三酯水平	138.44	16	29.040	7.260
	服药后甘油三酯水平	124.38	16	29.412	7.353
对 2	服药前体重	198.38	16	33.472	8.368
	服药后体重	190.31	16	33.508	8.377

成对样本相关系数

项目		N	相关系数	*Sig.*
对 1	服药前甘油三酯水平和服药后甘油三酯水平	16	−.286	.283
对 2	服药前体重和服药后体重	16	.996	.000

两配对样本 T 检验结果

项目		成对差分					t	df	*Sig.*（双侧）
		均值	标准差	均值的标准误	差分的 95%置信区间				
					下限	上限			
对 1	服药前甘油三酯水平−服药后甘油三酯水平	14.063	46.875	11.719	−10.915	39.040	1.200	15	.249
对 2	服药前体重−服药后体重	8.063	2.886	.722	6.525	9.600	11.175	15	.000

3. 建立 SPSS 数据文件。定义变量名：肺活量 y，体重 x。输入原始数据。

打开数据文件，选择【分析(Analyze)】→【回归(Regression)】→【线性(Linear)】命令，打开“线性回归”对话框，将变量“肺活量”选入“因变量(Dependent)”列表框中，作为线性回归分析的被解释变量；然后将变量“体重”选入“自变量(Independent)”列表框中，作为回归分析的解释变量；在“方法(Method)”处下拉菜单，选用“进入(Enter)”法，如下图所示。

单击“统计量(Statistics)”按钮，依次选择“估计”“模型拟合”等。单击“图(Plots)”按钮，选择“DEPENDENT”作为 Y 轴因变量，“ZPRED(标准化预测值)”作为 X 轴变量。“保存(Save)”选项，依次选择未标准化(Unstandardized)预测值、非标准化(Unstandardized)残差，在“预测区间”中勾选“均值(Mean)”或“单值(Individual)”复选框后，“激活置信区间”参数框，在此指定 1～99.99 的任意数值作为上述两个预测区间的置信度，默认值为 95。“选项(Options)”设置此对话框用于为变量进入方程设置 F 检验统计量的标准值以及确定缺失值的处理方式。

以上全部设置完成后，返回“线性回归”对话框，单击“确定(OK)”按钮，得到主要输出结果如下表所示。

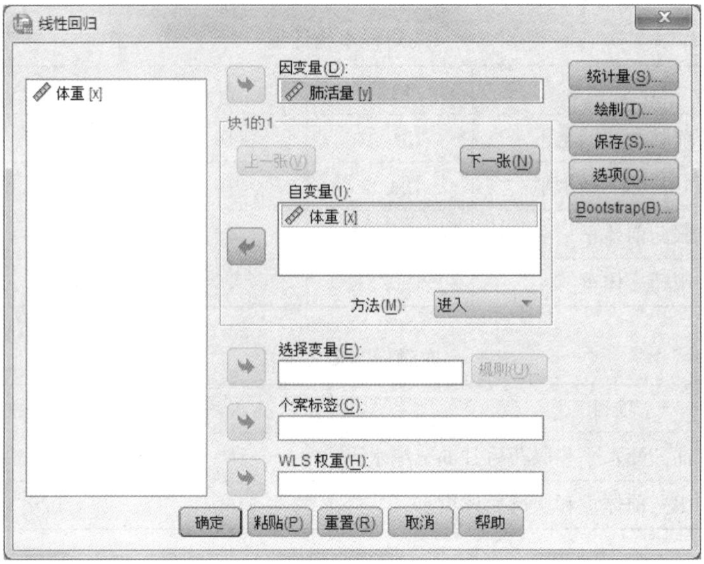

模型摘要

模型	R	R 方	调整 R 方	标准估计的误差
1	.749[a]	.562	.518	.287 75

a. 预测变量:体重(常量)

b. 因变量：肺活量

ANOVA(b)

模型		平方和	df	均方	F	$Sig.$
1	回归	1.061	1	1.061	12.817	.005[b]
	残差	.828	10	.083		
	总计	1.889	11			

a. 因变量:肺活量

b. 预测变量:体重(常量)

系数(a)

模型		非标准化系数		标准系数	t	$Sig.$
		B	标准误差	试用版		
1	(常量)	.000	.815		.001	1.000
	体重	.059	.016	.749	3.580	.005

a. 因变量：肺活量

第九章 市场预测的基本方法

一、选择题

1. AC 2. B 3. C 4. A 5. B

二、简答题

1. 所谓市场预测，就是运用科学的方法，对影响市场供求变化的诸因素进行调查研究，分析和预见其发展趋势，掌握市场供求变化的规律，为经营决策提供可靠的依据。

市场预测的作用：市场预测是企业制订经营计划的前提与依据；市场预测是经营决策的基础；市场预测可以把握规律与趋势；市场预测有利于企业的经营管理与经济效益。

2. 按预测期长短不同分类，可分为长期预测、中期预测和短期预测三种；按预测的范围不同分类，可分为宏观市场预测和微观市场预测两种；按预测的性质不同分类，可分定性预测和定量预测两种。

3. 市场预测应该遵循一定的程序和步骤以使工作有序化、统筹规划和协作。市场预测的过程大致包含以下步骤：确定预测目标、收集资料、选择预测方法、预测分析和修正、撰写预测报告。

4. 市场预测可以分为定性预测和定量预测。

定性预测的具体方法主要有对比类推法、专家预测法、集合意见法和购买意见法。

定量预测包括时间序列预测和因果关系预测两种。其中，时间序列预测方法包括简易平均预测法、移动平均预测法、指数平滑预测法、季节指数预测法、趋势方程拟合预测法；因果预测法主要包括一元线性回归法和多元线性回归法。

三、计算题

1. 解：$a=\frac{\sum y}{n}-\frac{b\sum x}{n}$

$b=\frac{n\sum xy-\sum x\sum y}{n\sum x^2-(\sum x)^2}$

得：$b=2.08$（2 分），$a=2.47$

据此建立的预测模型为：

$\hat{y}=2.47+2.08x$

当 x 为 8 元时，该企业的销售量预测值为：

$\hat{y}=2.08+2.47\times 8=21.84$

2. 解：设 $X_1=F_1$

$F_2=0.8\times 150+0.2\times 150=150$

$F_3=0.8\times 176+0.2\times 150=170.8$

$F_4=0.8\times 189+0.2\times 170.8=185.36$

$F_5=0.8\times 205+0.2\times 185.36=201.1$

$F_6=0.8\times 225+0.2\times 201.1=220.22$

$F_7=0.8\times 240+0.2\times 220.22=236.044$

3. 解：M^1，M^2 见表，$n=5$，取 $t=13$

$a_{13}=2\quad M_{13}^1-M_{13}^2$

$=2\times 2\,227.6-1\,967.44=2\,487.76$

$b_{13}=2\div(5-1)\times(M_{13}^1-M_{13}^2)$

$=1/2\times(2\ 227.6-1\ 967.44)$

$=130.08$

得预测方程：$X_{13+i}=2\ 487.76+130.08\times i(i=1,2,3,\cdots)$

则：$X_{2022}=X_{2020+2}=2\ 487.76+130.08\times 2=2\ 747.92$

$X_{2024}=X_{2022+2}=3\ 008.08$

所以，该地区 2022 年的冰箱销售量为 2 747.92，2024 年的冰箱销售量为 3 008.08 台。

第十章　市场调查报告撰写

一、单项选择题

1. A　2. A　3. C　4. D　5. A　6. D　7. C　8. D　9. A　10. C

二、多项选择题

1. ABCE　2. ACDE　3. ABC　4. ABCDE　5. BCD

三、判断题

1. ×　2. √　3. ×　4. √　5. ×

四、简答题

1. 市场调查报告是对某一市场营销现象或问题进行深入细致地调查研究后，将调查得到的材料和结果以书面形式表示的市场调查成果。

市场调查报告具有以下作用：市场调查报告能把获得的市场信息传递给决策者和领导者；市场调查报告能够展现市场调研的细节和成果；市场调查报告能够重复地作为决策的参考依据，即具有参考文献的作用；市场调查报告在一定程度上可作为市场调查活动质量的判断标准。

2. 市场调查报告的特点有针对性、真实性、新颖性、时效性、简洁性。

3. 一份规范的市场调查报告一般包含以下几个部分：封面、标题、目录、摘要、市场调查背景与目的、正文、结论、建议、附录、数据质量报告。

4. 常用的统计图主要有饼形统计图、条形或柱形统计图、折线统计图。

饼形统计图又称扇形统计图或简称为饼图，是用整个圆表示总数，用圆内各个扇形的大小表示各个部分数量占总数的百分数。饼形统计图可以清楚地表示各个部分数量与总数之间的百分比关系或部分与部分之间的关系。

条形或柱形统计图是用一个单位长度表示一定的数量，根据数量的多少画成长短不同的直条，然后把这些直条按照一定的顺序排列起来。条形统计图是以横向直条的长度表示数量的多少，柱形统计图是以纵向直条的长度表示数量的多少。所以，利用条形或柱形统计图，可以容易、清楚地看出各种数量的多少，便于相互比较。

折线统计图是用一个单位长度表示一定的数量，根据数量的多少描出各点，然后把各点用线段顺次连接起来。折线统计图不但可以表示数量的多少，而且折线的起伏能够清楚地表示数增减变化的情况。

参考文献

(1)刘国强,苗杰.市场调查与市场分析(第三版)[M].北京:中国人民大学出版社,2017.

(2)简明,金勇进,蒋妍,王维敏.市场调查方法与技术(第四版)[M].北京:中国人民大学出版社,2018.

(3)肖苏,张建芹.市场调查与分析[M].北京:人民邮电出版社,2017.

(4)郑聪玲.市场调研:任务、案例与实践[M].北京:人民邮电出版社,2017.

(5)姚小远.市场调查原理、方法与应用[M].上海:华东理工大学出版社,2015.

(6)王光娟.市场调查与预测[M].北京:中国传媒大学出版社,2014.

(7)楼红平,涂云海.现代市场调查与预测[M].北京:人民邮电出版社,2012.

(8)陈友玲.市场调查预测与决策[M].北京:机械工业出版社,2019.

(9)刘常宝.市场调查预测与决策[M].北京:机械工业出版社,2017.

(10)小卡尔·麦克丹尼尔,罗杰·盖茨.当代市场调研(原书第十版)[M].北京:机械工业出版社,2018.

(11)宫宝仁,曾祥君.市场调查与预测[M].北京:航空工业出版社,2012.

(12)朱建平.市场调查[M].北京:高等教育出版社,2012.

(13)林建邦.市场调研与预测[M].广州:中山大学出版社,2018.

(14)徐映梅.市场调查理论与方法[M].北京:高等教育出版社,2018.

(15)冯利英,额尔敦,陶克涛,巩红禹.市场调查——理论、分析方法与实践案例[M].北京:经济管理出版社,2017.

(16)元明顺.市场调查与预测(第3版)[M].北京:清华大学出版社,2020.

(17)杨勇.市场调查与预测[M].北京:机械工业出版社,2018.

(18)万华,唐羽.现代市场调查与预测[M].北京:北京理工大学出版社,2018.

(19)周静.市场调查与预测[M].北京:科学出版社,2018.